U1010023

共创中国特色、世界水平的大数据时代情报学

Join hands to elevate the information science with Chinese characteristics to world-class in the big data era

Frontiers of Information Science in China

Editor-in-Chief Cao Shujin

Editors Wang Yaqi, Yue Wenyu

Zhao Bang

Frontiers
of Information Science
in China

中国情报学前沿

曹树金 主 编
王雅琪　岳文玉　赵 浜 编

国家图书馆出版社

图书在版编目（CIP）数据

中国情报学前沿 / 曹树金主编 .— 北京 : 国家图书馆出版社 , 2020.11
ISBN 978-7-5013-7117-4

Ⅰ . ①中…　Ⅱ . ①曹…　Ⅲ . ①情报学－中国－文集　Ⅳ . ① G250.2-53

中国版本图书馆 CIP 数据核字（2020）第 217285 号

书　　名　中国情报学前沿
著　　者　曹树金　主编
责任编辑　高　爽　唐　澈
封面设计　耕者设计工作室

出版发行　国家图书馆出版社（北京市西城区文津街 7 号　100034）
　　　　　（原书目文献出版社　北京图书馆出版社）
　　　　　010-66114536　63802249　nlcpress@nlc.cn（邮购）
网　　址　http://www.nlcpress.com
排　　版　九章文化
印　　装　河北鲁汇荣彩印刷有限公司
版次印次　2020 年 11 月第 1 版　2020 年 11 月第 1 次印刷

开　　本　880 × 1230　1/16
印　　张　26.75
字　　数　580 千字
书　　号　ISBN 978-7-5013-7117-4
定　　价　98.00 元

版权所有　侵权必究
本书如有印装质量问题，请与读者服务部（010-66126156）联系调换。

前 言

自20世纪中叶情报学诞生以来，其发展受三个主要因素的驱动：信息（情报源）、信息技术和情报需求。这三个因素虽然在计算机时代、网络时代、大数据时代表现出不同的特征，但都深刻地影响着情报学，而且这三个因素在三个时代对情报学的影响强度呈现递进的关系。如果说在计算机时代和网络时代这三个因素对情报学发展的影响很大，那么可以预期，在大数据时代，大数据、大数据技术及情报需求将对情报学的发展产生更大的影响。如果说在计算机时代和网络时代，我国的情报学发展相对于国际上情报学的发展有所延后的话，那么可以相信，大数据时代情报学在我国的发展与国际的发展将是并驾齐驱。

为了检视大数据时代我国情报学的发展，也为了配合2020中国情报学年会暨情报学与情报工作发展论坛、第十届（2020年）全国情报学博士生学术论坛这两个我国情报界的盛会在广州举行，我们编辑出版了这本《中国情报学前沿》。

该书汇集了国内情报学界和业界31位学者专家的31篇论文，这些学者专家来自国内主要的情报学教育机构和情报业务单位，这些论文有的是他们近几年在专业刊物上发表的，有的是他们应邀新写的，这些论文应该能够一定程度上反映我国的情报学前沿。

这些论文分为五个部分：大数据视角的情报学和情报工作、人文视角的情报学理论和方法、大数据环境中的情报分析和知识组织、支持创新的情报学方法和情报工作、情报学与情报事业的过去和未来。这五个部分浓缩了当前情报学研究的四个特征：一是大数据对情报学的深远影响被高度重视，从整体的情报学和情报工作到分支的情报分析和知识组织，从抽象的方法论到具体的理论方法，从技术的应用到技术的专门化，从人文传统到人文的革新，大数据作为一个新要素、作为一种新技术、作为一门新学科，已开始了与情报学和情报工作的深度融合。情报学研究在坚守情报学原理体系的基础上，有了新的扩展、新的深化、新的应用。二是致力于情报学理论方法创新的同时，越来越明确地开展了情报学和情报工作支持创新尤其是科技创新的研究，并且由点及面、由粗到细、由浅入深地发展，体现了情报学对国家战略的响应，不断强化情报学对以科技创新为中心的全面创新的支持。三是情报学的跨学科、多元化的研究倾向进一步发展，研究主题与其他学科或领域的交叉特征更加突出。四是大变之时，对情报学和情报事业的回顾与展望得到加强，尤其是重视对学科发展方向的精准把握。

从CNKI上查询可知，2016年以来我国情报学、情报工作类的论文共有1.6万余篇。因篇幅有限，本书所选不多，对我国情报学前沿来说难免挂一漏万，尤其是情报学青年才俊的成果反映甚少。我们希望今后能够继续编辑出版该书的后续年度版本，更全面、动态地反映我国的情报学前沿。

该书得以编辑出版，要感谢各位论文作者的热情赐稿，感谢论文原发期刊的慷慨授权，感谢国家图书馆出版社的大力支持，感谢中山大学的有力资助，感谢我的多位研究生的鼎力相助！

曹树金
中山大学信息管理学院教授
二〇二〇年十月

目　录

第一部分

大数据视角的
情报学和情报工作

引 言

进入大数据时代以来，情报学和情报工作的核心内容和应用场景正在经历着一场深刻的变革。一方面，大数据正在重塑情报学与情报工作新的核心能力与竞争力。大数据对情报学的理论、方法与技术等方面提出了新的要求[1]，开展大数据环境下新原理和新技术的应用，将数据采集、组织、挖掘、可视化分析以及知识发现作为情报学的新能力已是当前研究工作的重点内容[2]。另一方面，在大数据时代，国家安全面临新博弈，经济发展和科学创新呈现新格局[3]，国家利益安全和情报工作紧密相连，具体的情报工作需要通过国家政策的实现来体现其情报价值[4]，这些赋予了情报学和情报工作新的使命。情报生产技术智能化和服务全流程化的时代已经到来，运用先进的大数据技术，为国家治理和科技、经济、社会发展提供高效的情报服务，是情报学和情报工作努力的方向。

情报学领域的研究者敏锐地关注到了大数据给情报学和情报工作带来的影响，近五年的相关研究主要涉及大数据时代情报学和情报工作面临的机遇和挑战[5-7]、情报学理论研究与实践发展[8-10]、情报学学科建设[11-13]以及情报学和情报工作的发展道路探究[14-17]等方面。

围绕大数据视角的情报学和情报工作研究主题，本部分组稿五篇，深入探索了大数据时代我国情报学和情报工作的挑战和机遇，分别从不同维度创新性地揭示情报学学科生长点和情报工作发展方向。《大数据对情报学研究的影响》一文从学科发展角度，考察大数据对情报学研究过程中的研究问题、研究方法、研究数据、研究工具各个要素的影响，并认为只有在大数据环境中找到有价值的研究问题，才能产出有影响力的研究成果，促进学科发展。《大数据与智能环境下的情报学理论发展》一文在情报学与情报理论研究回顾的基础上，认为当前的情报学理论深受信息化影响，提出基于大数据和智能技术的学科发展构架和面向应用的拓展要求。《新时代社科情报学研究的新挑战、新举措》一文以信息链视角重新定位社科情报工作的地位与价值，指出其面临的困境与挑战，从数据与技术双重视角提出社科情报研究的创新举措，对形成具有中国特色的人文社科学术体系和话语体系均有一定的借鉴作用。《大数据时代情报学和情报工作的“变”与“不变”》一文梳理了国际情报学和我国情报学的发展脉络，认为在大数据时代情报学和情报工作的历史使命、根本任务、研究或工作对象、学科或工作边界不变，改变的只是研究或工作内容、方法、工具、技术、机制和模式，为今后的情报学和情报工作发展导向提供借鉴。《论情报学与情报工作“智慧”发展的几个问题》一文认为情报学学科发展要兼具科学性、前沿性、系统性、开拓性等“智慧”元素，从思维、资源、技术、教育、路径等5个方面论述了情报学与情报工作的智慧发展，为促进具有特色的情报学学科建设与情报事业发展提供了参考。

这些论文从大数据视角对情报学研究过程受到的影响、面向应用的前沿理论发展、社科情报工作的地位与价值进行解读与分析，对情报学和情报工作的定位和核心竞争力进行重新审视和重构，将为大数据环境下情报学和情报工作的下一步研究拓展更为广泛的主题空间。

参考文献：

[1]AGARWAL R, DHAR V. Editorial—big data, data science, and analytics: the opportunity and challenge for IS research[J]. Information systems research, 2014(3): 443-448.

[2]初景利. 新时代情报学与情报工作的新定位与新认识——“情报学与情报工作发展论坛(2017)”侧记与思考[J]. 图书情报工作, 2018(1): 140-142.

[3]包昌火, 马德辉, 李艳, 等. 我国国家情报工作的挑战、机遇和应对[J]. 情报杂志, 2016(10): 1-6, 17.

[4]CODEVILLA A. Informing statecraft: intelligence for a new century[M]. New York: Free Press, 1992.

[5]MAASS W, PARSONS J, PURAO S, et al. Data-driven meets theory-driven research in the era of big data: opportunities and challenges for information systems research[J]. Journal of the association for information systems, 2018(12): 1253-1273.

[6]JIAN X Z, LAI W. The changes of information science in big data era[J]. Journal of the China society for scientific and technical information, 2015(1): 37-44.

[7]栗琳, 孙敏. 数据智能技术驱动的情报全流程变革及发展[J]. 情报理论与实践, 2020, 43(10): 7-12.

[8]FRICKÉ M, Big data and its epistemology[J]. Journal of the association for information science & technology, 2015(4): 651-661.

[9]KAR A K, DWIVEDI Y K. Theory building with big data-driven research—moving away from the “What” towards the “Why”[J]. International journal of information management, 2020, 54: 102205.

[10]李阳, 孙建军. 中国情报学与情报工作的本土演进: 理论命题与话语建构[J]. 情报学报, 2018(6): 631-641.

[11]MARRIN S. Improving intelligence studies as an academic discipline[J]. Intelligence & national security, 2016(2): 266-279.

[12]李品, 杨建林. 基于大数据思维的情报学科发展道路探究[J]. 情报学报, 2019(3): 17-26.

[13]柯平. 迎接下一代情报学的诞生——情报学的危机与变革[J]. 情报科学, 2020(2): 3-10.

[14]NOLTE W. US intelligence and its future: aligning with a new and complex environment[J]. Intelligence and national security, 2019(4): 615-618.

[15]WANG H, XU Z, FUJITA H, et al. Towards felicitous decision making: an overview on challenges and trends of big data[J]. Information sciences, 2016, 367/368: 747-765.

[16]HIGGINS S. Digital curation: the development of a discipline within information science[J]. The journal

of documentation, 2018 (6): 1318-1338.
[17] 冯昌扬, 单思远, 肖海清, 等. 中国情报学年会暨情报学与情报工作发展论坛(2019)纪要[J]. 图书情报知识, 2020(2): 123-133.

大数据对情报学研究的影响*

马费成　张　瑞　李志元（武汉大学信息资源研究中心）

大数据作为一种新的理念和技术，对现代生活产生了重要影响，同时它也作为一种科学图景，为不同领域学科发展提供了新的契机。在大数据环境下，社会信息化和智能化程度有了前所未有的提升，技术环境也发生了革命性变化。目前出现了许多与情报学、信息管理学发展密切相关的技术，包括：作为现实世界的转换路径和介质的数字化技术、拥有取之不尽数据来源的互联网/物联网技术、创建即时可用计算环境的云计算技术、形成移动泛在信息行为的智能手机和终端技术，以及无孔不入的时空分析GIS技术[1]。这些技术全方位多角度渗透到人文社会科学各个领域和各个方面，给人文社会科学带来了活力，引起了这些学科研究范式的深刻变革。情报学作为专门研究数据、信息和知识组织与利用的学科，其影响更是首当其冲，大数据不仅极大丰富了情报学研究内容，也给情报学理论和方法带来了深刻影响，更为情报学满足用户信息服务需求提供了新模式，给情报学发展带来了新的机遇。

我们可以从不同的视角和侧面研究大数据对情报学的影响，但就学科发展和研究而言，考察大数据对情报学研究过程的各个要素即研究问题、研究方法、研究数据、研究工具的影响，是最根本的、最能揭示大数据及当代信息技术对情报学研究影响的实质和方式。

1　拓展了情报学的问题域

问题是一个学科研究的入口，无论是学科发展还是研究实践，问题都是其首要环节和基础要素。有没有丰富的问题，这些问题在所处的介质、场景、时间和空间上有没有层次性、延展性是学科创新和突破的关键。因为学科发展就是通过不断提出问题、解决问题，揭示事物的本质和规律。

过去我们常常听到一些博士生和硕士生抱怨找不到恰当的论文题目，不知道研究什么问题。这可能是本身对问题的把握不足，也可能是在传统小数据环境下的确找不到更

---

* 2018年7月14日，马费成教授在武汉大学召开的第八届全国情报学博士生学术论坛上做题为“大数据对情报学研究的影响”的主题报告。此文由博士生张瑞和李志元根据原报告内容整理而成，有所增删和调整，后经马费成教授审校和修改。

多的问题进行研究。在20世纪90年代，人们曾提出大情报观，试图将自身的触角延伸到社会经济的各个方面和各个领域，也尝试借助信息资源管理、知识管理来拓展情报学研究的空间，但学科所处的传统介质、空间和场景都非常有限，而从这些介质、空间和场景中提炼出来的研究问题也很有限。

在大数据环境下，情报学所处的介质、空间和场景发生了根本变化。情报学传统的介质是纸质文献，主要以论文、专利、报纸、科技报告、政策文本等为载体[2]。这种介质不仅存储不便，加工处理和传递交流也很困难。数字化将文字、图像、声音等一切对象都转化为0和1，存储在计算机中，进一步上传至互联网，建立了人与自然的“数字体系”关联。在情报学领域，数字介质带来的直接变化是存储介质替代了传统档案，而后又出现了数字化书籍、数字报刊、数字图书馆等。数字化手段使得人类或人类思想文本转变成为巨大的数字库[3]。情报学诞生于纸质信息环境，因此对情报学领域而言，数字介质最直接的效益便是解决了人类知识需求与供给之间的阻碍。除了传统的文献、文本资源移植到数字介质中，在数字介质中产生的一些原生数字资源也进一步拓展了情报学研究资源，并与之融为一体，如图像、音频、视频、网页等都成了情报学领域的研究资源。同时，经过数字化转化，社会、经济和文化得以在无边的数字空间中飞速发展，人类的信息过程也发生了全方位、全链条、全要素的变化。在数字介质中，信息链演化加速，范围拓展，因此产生了许多过去没有的问题。

在传统纸质介质背景下，情报学的研究场景主要是图书馆、文献中心和情报中心的工作流程，即围绕文献生成、获取、加工、存储、检索、传递和利用展开。例如，典型的工作流程一般是首先由出版商生产纸质文献，通过一次分发，被图书馆或文献中心采集，经过加工整理成为目录、索引、文摘和题录等二次文献，再通过二次分发，被信息服务中心采集，向用户提供服务[4]。在新场景中，情报学工作流程完全被颠覆，一次分发和二次分发没有明显的界线，信息生产者、加工者和用户的角色并不固定。互联网改变了传统信息传播模式，出现了以用户为中心来组织、传播信息的场景；物联网改变了传统信息传播主体，信息的发送者和接受者不是人而是物；机构知识库改变了信息存在和利用的形式，作为一种群体知识成果进入人们视野。随着科技的发展和应用深入，还会出现不断突破以往固定情报工作流程的新场景，并涌现出新问题，不断促进情报研究的发展。

在传统介质下，情报学所处的空间是图书馆、文献中心、情报中心为主体的物理空间，传统的情报工作流程在有限的物理空间中形成了固定模式，各个环节中的问题也基本确定，没有拓展的余地。在当代大数据环境下，情报学面对的空间是互联网、传感网和通信网三位一体的虚拟空间，在这个新空间中，情报工作模式发生了革命性变化。过去只能在物理空间中进行的信息加工组织传递转移到了虚拟空间，或者在物理空间和虚拟空间中交叉进行。新空间提供了一个全方位研究和计算的新平台，社会信息形态和人类信息活动在新空间中发生了巨大变化。利用虚拟空间，情报学研究工作的绩效得到空前彰显。传统的情报学研究方法、工具和手段能够在新的空间中得到运用和拓展。

这些突破传统框架的新介质、新空间和新场景的问题都是跨学科、跨领域的研究问题。诸如新出现的社交媒体、舆情传播、商品评论、信息行为、多渠道信息替代、大规模文本统计等，很难确定属于哪个学科，应该由谁去研究？虚拟空间中的犯罪问题应该由哪些学科去主导？因为这些新出现的研究问题往往更为综合，涉及要素更为多元，不仅仅来自情报学领域，还需要运用很多其他学科的知识进行交叉分析，因此跨学科、跨领域的合作非常关键。

在新的技术环境下，情报学研究需要汲取其他领域专业知识，同时也可以为其他专业提供新的思维和引导；情报学研究人员要到其他领域去找问题，也欢迎其他领域的专家来到情报学领域。同时，这些新问题的解决对情报学变革有着重要的现实意义，不管是产生好的成果，或是形成巨大的挑战，都是促进情报学研究进步的一个重要机遇。

2 创新了情报学的研究方法

研究方法是解决问题的钥匙。提炼出好的科学问题，需要有针对性强的研究方法。研究方法对任何一个学科都十分重要，甚至可以视为一个学科是否成熟的标志。美国的*Library Trends*杂志曾经总结了图书馆学、情报学在过去相当长一段时间里常使用的几种研究方法，包括实证研究、案例研究、系统性综述、纵向研究、生活史。另外，扎根理论、引文分析与计量也是图书馆学、情报学界常常使用的方法。这些方法今天仍在情报学研究中发挥着重要作用，但也显现出较大的局限性。最大的局限在于数据来源的有限性和主观性，表面看来所有数据和资料都源于对被调查对象针对访谈或问卷的回答，是客观准确的一手数据，事实上，被调查对象在回答问题时，带有很大的随意性和主观性，有时也存在对问题理解的歧义。因此研究结论的正确性将大打折扣。依赖研究人员个人收集、阅读文献的系统性综述纵向研究其实也带有很大的主观性和随意性，难以保证结论客观准确。

随着情报学所处的介质、空间、场景的变化，问题域不断拓展，情报学研究工作的复杂性也随之提升，传统研究方法的局限性越来越大，由此引入和产生了许多新的研究方法，如社会网络分析、复杂网络分析、大数据分析、认知计算、社会感知计算、平行计算、数据挖掘、机器学习等。这些新的研究方法为情报学利用实时数据、大规模数据和客观数据开展研究提供了条件。结合对过去与现在情报学研究方法的对比，本文认为大数据环境下，情报学研究方法呈现出从介入性方式到非介入性方式、从部分探究到整体研究、从人工分析为主到计算机分析为主的变化趋势。

面对当前大数据带来的汹涌的信息潮流，情报学研究涉及的问题越来越广，吸引了不同学科领域的一些学者关注情报学研究，所运用的方法也不断推陈出新，为情报学科的发展注入了新的活力。例如，统计物理学家采用统计物理模型和复杂网络方法研究引文网络，建立了更加抽象、又能够刻画真实网络特征的模型；计算机科学家借用强大的计算能力和模型研究网络信息分布及传播规律，采用计算实验和平行系统研究情报工作模式，采用大规模电子踪迹和用户生成内容研究信息行为。这些研究不仅大大丰富了情报学研究，还带来了情报学研究范式的革命。这些研究方法所呈现出来的特点，符合大数据时代的特征，代表着情报学研究方法的拓展和进步。其实，研究方法并没有好坏之分，新的研究方法的出现代表着突破传统研究方法的局限，可以解决过去无法解决的问题，达到曾经无法企及的目标，这对科学研究意义重大。

3 增加了数据获取的渠道、方式和规模

情报学研究离不开数据支持，同时情报学也是与数据十分密切的学科，许多著名的数据库或网站都是情报学家的杰作，如我们熟知的科学引文数据库，不仅仅用于科研服务，还被广泛用于科学评价、人才评价和研究机构评价等工作；又如，Research Gate、MedlinePlus等平台不仅仅提供信息服务，而且提供了丰富的数据。与小数据环境相比较，情报学在数据获取渠道、方式和规模上都发生了巨大变化，对情报学研究也产生了巨大影响。

3.1 数据获取渠道的变化

情报学研究方法的变化和数据获取渠道的变化是相互影响、相互促进的。过去情报学研究的数据获取渠道单一，主要以文本文献作为数据对象和基础，而当代信息技术环境下，情报学数据获取渠道不仅包括文献数据库数据，还包括商业数据、网络数据和政府数据。常见的数据类型分为电子踪迹、用户生成内容（UGC）、文本数据、空间位置数据[5]，这些数据形式都极大地丰富了情报学研究中的数据来源。

情报学研究数据渠道的拓展，改变了科学交流的方式，同时也带来了新的研究思路。以往情报学者研究信息搜索或利用行为，主要是通过问卷形式获取用户数据，现在则可以方便地利用点击流和搜索日志，如用户点击网络情况、浏览情况以及IP地址等，这些数据都属于电子踪迹，也可以通过用户生成内容（UGC）。再如，有关文献计量或信息计量分析，过去主要依赖的是引文数据库。但随着情报学数据获取的渠道变得丰富，信息计量学的数据不再仅仅围绕传统的引文数据库展开，Altmetric.com公司提供的许多替代计量的指标就包括有公共政策文件、主流媒体、维基百科、专利数据等；Plum Analytics公司提供的PlumX Metrics指标就包含使用、捕获、提及、社交媒体和引文指标。这些指标所包含的数据来源，其广度和深度远远超过了过去的范围。通常认为，通过正式交流渠道获取文献信息进行科研评价具有一定的局限性。因此，数据来源渠道的扩大，使得科研评价方法得到创新，并且突破局限搭建更客观、公正的评价体系。这不单单是信息计量分析发展的突破口，也是情报学科不断发展的源泉。

3.2 数据获取方式的变化

数据获取方式的变化，主要体现在客观数据向实时数据的转变。过去情报学在研究

过程中使用客观数据比较多（这也是与其他领域最大的差别），主要运用传统结构化数据库，如各种图书馆资源、引文数据库等，情报学运用客观数据具有成熟的经验。但如今的客观数据，可以通过网络实时日志、社交媒体、开放API、点击流等方式来获取，也就是实时数据。实时数据也可以称为“热数据”[6]，相应地，我们可以把过去积累下来的档案性数据称为“冷数据”。情报学以往一直擅长用冷数据分析传统成熟的问题，并且取得了很好的成果。如今也有能力和条件获取热数据，这对解决学科当前的、近期的热点问题、前沿问题和敏感问题非常重要。

冷数据是静态的、稳定的、有序的和成熟的数据，比较容易把握，选择性虽然受限，但结果可以预期。相对而言，热数据则是动态、多样、复杂、无序的数据，不仅获取有难度，分析要求时效性，结果也很难把握。这对情报学信息分析提出了更高的要求。对于热数据的获取，可以通过现代化手段或工具对某个特别现象相关的所有数据进行持续跟踪。例如运用大数据采集技术对网络信息进行自动化获取，采用众包（Crowdsourcing）的方式开放、动态地进行协同化信息组织等。数据获取在情报学研究工作中占有重要的地位，在大数据环境下显得更加重要。

3.3 数据规模的变化

在小数据环境下，情报学研究中的数据规模是有限的，情报分析、用户研究、行为研究、计量研究等通常只针对几十篇文章、几十个用户来进行分析，因为早期分析大规模数据缺乏相应的数据源、渠道和工具。但现阶段存储计算环境发生了重大变化，可以基于现有技术条件来分析处理海量数据。可以看到现在存留在虚拟空间中的数据规模已经从TB级别上升到了PB级别，甚至未来还会出现EB、ZB甚至是YB级别。面对如此庞大的数据量，情报学领域中越来越多的文献统计研究都是围绕大规模的作者、用户以及文献展开分析。情报学领域的大规模数据源也吸引了其他学科的专家进入情报学研究领域，大大提高了情报学领域的门槛。例如，计算科学、统计物理学等领域的专家研究信息计量问题，他们拥有处理大规模数据的模型和计算优势，动辄分析几十万作者、上千万篇文献数据，这些技术手段和文献统计工作大大提高了情报学领域的研究水平。

不同的数据渠道、获取方式和规模的变化，可以反映出随着数字化和网络化速度的不断加快，情报学研究数据来源具有明显的改善和提升。这些量级、结构、维度空前的数据来源，为研究人员全面探究数据背后事物的真实要素、环节时态给予支持，为情报学研究进一步探究人类信息活动和满足社会信息需求提供了数据保障。

4 提供了新的研究工具

在数据来源日趋庞杂和数据化日益明显的情况下，情报学对研究工具性能也提出了新的要求。新技术为传统资料的分析处理提供了新的手段，传统的研究方法在新技术环境下延伸出新的思路。第一，出现了许多专门针对大数据的集成、管理及分析的技术，这些技术以某种软件或系统为载体，极大提高了情报学研究的效率，可以称为有形的研究工具。第二，网络环境作为一种全新的社会形态和活动空间，在这个空间中涌现出一些新的研究方法和实验手段，但没有一定形式的载体，称为无形的研究工具。

4.1 有形研究工具

从数据采集来讲，根据不同领域的数据来源有不同的数据采集工具，如运用日志采集、网络爬虫或网站公开API等方式获取网络数据，用传感器工具获取自动产生的数据。在数据存储阶段，除了关系型数据库和数据仓库，建立在分布式存储基础上的云存储已经成为大数据存储的主要趋势。在数据分析阶段，当传统的分析方法无法满足数据分析需求时，新的大数据处理工具出现了，包括批数据处理、流数据处理，以及非结构化数据处理工具，例如文本数据处理、图数据处理[7-8]。在数据呈现阶段，面向大数据主流应用的信息可视化技术，主要包括文本可视化、网络可视化、时空数据可视化、多维数据可视化等。大数据时代的一系列分析工具帮助情报学研究人员更为有效、可信地处理数据，研究者已经充分认识到，那些以往只能依靠人工，必须付出大量人力、财力和时间成本来分析处理的信息资料，现在依托大数据技术体系可以运用计算机系统进行高效率、低成本的分析处理。

4.2 无形研究工具

网络虚拟空间中形成的社区平台、社交媒体平台等，涵盖了人们生产、生活方方面面的信息。通过互联中介来进行各项人类和社会规律的研究，消除了物理时空的限制，这是许多传统研究方法不能比拟的，如互联网实验法和在线数据分析法。传统社会科学中有三种数据获取方式：实验室、田野实验和自然实验，但今天互联网提供了一个天然实验室，通过互联网实验室进行各种各样的实验，包括信息行为分析、信息计量等。再如前面提到的众包，通过协同的方式能以较低成本找到更为有效或具代表性的样本，同时兼顾匿名性、质量及成本。在虚拟数字空间中，以传统的研究方法为基础，不断呈现出新的思路和方法，这些方法为满足情报学研究人员进行探究和揭示人类信息活动的规律提供了无限可能性。

5 增加了研究人员的参与度

一方面，在过去研究过程中，研究人员获取数据的方式，以及实证分析、案例分析等，都需要密切依靠用户和调查对象配合。而在当代信息技术环境下，研究人员可以通过工具从网上获取客观数据，或者通过网络虚拟实验室采集研究数据，并不需要被调查对象的配合和响应，这不仅提高了研究效率，而且使研究结论更加客观准确。对于研究人员自身而言，除了研究的主体角色外，还可以通过互联网实验平台进行自我体验或检验。另一方面，情报学是一个距离数据很近的学科，所做的工作就是文献、信息、知识的组织，一直都是跟数据、信息、知识打交道，积累了丰富的数据分析处理经验，创新了许多研究方法。大数据大大拓展了许多原有的数据资源的应用范围，使情报学可以引领其他学科，尤其是人文社会科学研究中的数据分析处理，也能够为其他学科提供研究工具和方法。可以认为，情报学研究人员有足够的空间和机会来一展所长。

改变意味着机遇，在新的背景下，情报学研究无论是在研究范式、研究对象，还是研究工具和手段上，都面临巨大的变化。因此，情报学研究应该察觉大势、顺应潮流，在大数据时代应该抓住机遇展现自身的优势。对于获取处理批量的、动态的、交互式的，以及实时的数据，所应运而生的一些有形和无形的研究工具，包括数据挖掘技术、数据处理技术、数据可视化技术等，在情报学研究中应该予以充分重视和运用。在应用上，情报学科具有良好的发展前景，情报工作和情报学自产生到近几十年的发展过程中，基本上都是作为后勤服务保障性系统出现的。大数据环境带来了巨大改变，情报学善于捕捉、处理和利用数据的传统将使它在整个人文社会科学研究中发挥引领作用，甚至在未来一段时间内，可能会对社会各行各业带来重要影响，因此强调重视情报学领域复合型、交叉型人才的培养。但从历史经验来看，新的环境在带来机遇的同时，也必然会存在各种挑战和困难。对于情报学研究而言，获取信息的价值是信息增值的核心过程，而问题引导才是从大数据中提炼价值的核心。情报学者在解决自身学科问题基础上，可以展开跨学科跨领域研究，在更广阔的背景下进一步促进情报学的发展。

参考文献：

[1][6]马费成. 推进大数据、人工智能等信息技术与人文社会科学研究深度融合[N]. 光明日报，2018-07-29（6）.

[2]李广建，化柏林. 大数据分析与情报分析关系辨析[J]. 中国图书馆学报，2014(5):14-22.

[3]胡易容，张克. 从“数字化生存”到“符号的栖居”——论数字人文学的符号学界面[J]. 华南师范大学学报(社会科学版)，2016(2):31-36.

[4]马费成. 在改变中探索和创新[J]. 情报科学，2018(1):3-4.

[5]郝龙，李凤翔. 社会科学大数据计算——大数据时代计算社会科学的核心议题[J]. 图书馆学研究，2017(22):20-29,35.

[7]程学旗，靳小龙，王元卓，等. 大数据系统和分析技术综述[J]. 软件学报，2014(9):1889-1908.

[8]彭宇，庞景月，刘大同，等. 大数据：内涵、技术体系与展望[J]. 电子测量与仪器学报，2015(4):469-482.

（本文原发表于《图书情报知识》2018年第5期）

大数据与智能环境下的情报学理论发展

胡昌平　吕美娇（武汉大学信息管理学院）

科学技术进步与经济、社会发展，决定着各时期情报的存在形式、交流方式和利用机制，直接关系到反映其内容的信息管理、知识揭示和数据交互的组织与服务开展。这说明不同发展时期的社会情报形态和基础结构变化，是情报工作必须面对的现实。情报工作需要从多方面进行基于实践的理论探索，寻求适应社会环境和需求的理论研究与发展范式。随着社会的不断进步，特别是信息化和全球环境下的资源要素和交互关系的改变，情报理论研究经历了不断变革的过程。当前的情报学理论正处于信息化深入发展中面向应用的转型期，这就要求情报学要发展基于大数据和智能技术的学科发展构架并面向前沿问题进行理论研究和应用拓展。

1　情报学与情报理论研究的回顾

在自然科学和社会科学学科发展中，情报学具有自身的特征和学科属性。从发展上看，情报学经历了情报活动和工作经验积累基础上的理论归纳、基于实践的学科基础理论研究和面向前沿的研究发展过程，从客观上形成了学科定位与理论发展取向。

一般认为，情报学的产生是以社会化情报工作的出现为标志的。尽管情报活动的广义存在可以追溯到社会文明的早期，然而作为学科领域的形成则依赖于社会实践的发展。在美国，大约从20世纪40年代开始有人将情报学作为一门专门学科来对待；此后，英国、法国、德国、苏联、日本等国建立了科技情报专门机构。我国的情报学研究始于1956年中国科技情报研究所成立之时。这说明，情报学理论研究和情报理论的创立与各国的情报实践密切相关。各国多样化的情报工作模式和各具特色的实践发展，促使早期不同理论学派的形成。虽然这些理论之间有着不同的侧重点和构架，但各派理论都立足于情报工作实践，其共性问题的研究形成了学科领域的核心，决定了各派理论的融合和发展，从而形成了情报学理论的基础构架。20世纪60年代末以来的学科发展中，情报理论研究的国际化趋势不断得以强化，同时理论研究与应用发展的同步在学科领域中得到全面体现。

情报学理论研究与各个时期的形态结构相适应。从学科发展和研究架构上，情报学理论经历了20世纪40—70年代的学科形成与理论归纳、20世纪80—90年代初期的理论与技术融合和20世纪90年代末期以来的面向前沿的学科理论发展阶段。各阶段的研究与发展如图1所示。

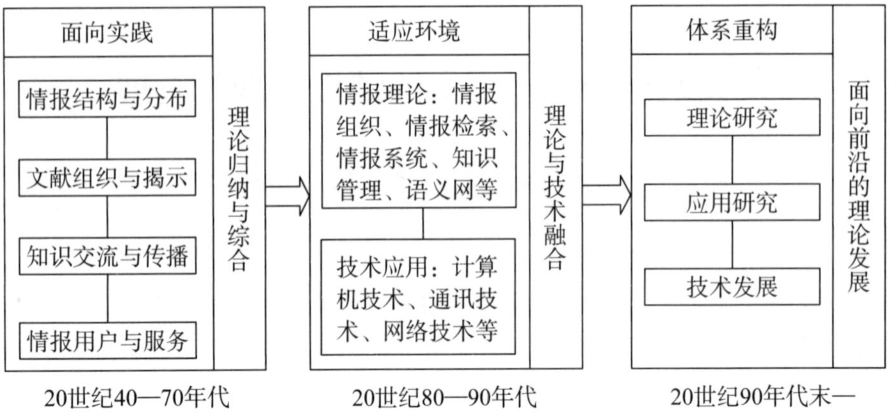

图1　情报学理论研究的发展

在如图1所示的情报学理论研究，经历了面向情报实践的理论归纳，适应于信息化发展环境的理论和技术融合，以及基于大数据智能化的前沿研究发展过程。这一发展过程不仅体现了情报学理论研究上的突破，而且反映了情报学研究对科学研究和社会信息化发展的全局性影响，从客观上确立了情报学科面向前沿问题的研究发展地位。

1.1　20世纪40—70年代的理论归纳

情报学的产生有其社会背景，20世纪初期科学技术开始进入高速发展期，特别是在二战后的经济与社会发展，如何解决情报数量激增与有效利用之间的矛盾，已成为各国普遍关注的问题。在这一现实下，基于文献载体形式的情报组织模式随之发生变化，从而导致了有别于传统文献学的情报理论形成与发展。1948年，S. C. 布拉德福提出了“文献工作内容的改进和扩展”问题，展示了文献工作向情报工作拓展的必然趋势。同年，英国皇家学会在伦敦召开了首次具有国际背景的科学情报会议，强调科学管理文献和致力于文献情报服务的职业化问题。1949年，美国芝加哥大学的M. E. 伊根和J. H. 谢拉在《编目和分类杂志》上发表了《书目控制理论》一文，从而确立了有别于传统文献学的书目情报控制框架。哈佛大学语言学家G. K. 齐夫于1949年发现，“文献中的词频与其在统计表里的排序成反比”，其实验归纳在文献主题语义揭示中确立了语言学意义上的词汇控制规范。此后，各国所开展的专门研究和实践，促使了情报学研究领域的形成。20世纪50年代，情报学（Information Science）作为学科名词被广泛使用。1958年，第二次国际科学情报会议在美国华盛顿召开，该会议将情报工作的范围从情报组织、书目控制、情报检索进一步扩展到情报活动所涉及的诸多方面。从情报学产生至20世纪70年代末的发展中，理论研究着重于学科构架、情报实践基础上的规律探索和理论归纳，旨在确立完整的学科理论体系，以提供情报工作的理论指导。

在情报学理论的创建中，研究者来自不同的领域，形成了不同的理论派别。其中包括：S. C. 布拉德福关于学科期刊文献分布的研究，以及称之为布拉德福定律的等级分布规律的得出；以苏联情报学家米哈依洛夫为代表的“科学交流学派”，其代表作为《科学交流与情报学》；以英国情报学家B. C. 布鲁克斯为代表的“知识学派”，其代表作包括1967年发表的“情报科学的新范例”和所提出的“知识结构方程”；日本情报学家北川敏男从事情报组织管理的系统化、最优化和情报科学方法的研究，其代表作有《社会与情报》《情报科学的立足点》等。在情报学理论发展中，这些研究交互作用，在努力寻求共同生长点的基础上相互渗透，从而在情报实践中不断完善。

1.2　20世纪80—90年代初期的融合研究

20世纪80—90年代不仅是信息化全面推进和迅速发展时期，也是情报服务面向用户和社会需求的转型发展期。这一时期的特征是，情报组织和服务手段需要实现传统方式向数字化系统方式转变，这就要求在组织与服务环节上进行基于现代信息技术的管理实现。情报学理论研究，要突破传统理论框架的约束，形成理论研究和技术实现的有机衔接，即理论模型的提出必须与现代环境下的应用发展相适应，从而实现情报理论研究与技术应用的有机结合。这一发展期也是情报组织形式从系统向网络发展的转型期，这一时期的理论研究已不再局限于理论体系的完善，而在于现代情报服务的不断深化和拓展。

20世纪80年代，与情报事业和情报教育发展相适应，我国的情报学理论研究得以全面发展，在注重基础理论的同时，进行了跨学科领域的全方位研究。以此为基础，一系列研究成果，在情报组织、情报搜索、情报计量和情报用户与服务研究中，实现了与国际研究的同步。

20世纪90年代，国内外情报学理论研究所面对的一个共同问题是信息化环境下的情报服务拓展问题。为适应多层次、全方位服务发展需要，我国科技情报机构完成了机构名称从“情报”到“信息”的变更；情报学博、硕士学位授权点在保留原有专业的同时进行了信息资源专业的增设，本科专业也进行了相应的调整。因而，“情报”的概念化描述和“情报”活动的界定已成为情报学学科理论中不可回避的问题。虽然精确而完善的理论界定仍需要在学科发展中进一步明确，但对于数字化形态的情报而言，其资源组织和内容揭示必须涵盖信息、知识和数据管理。这一共识，在理论研究和实践发展中得以全面体现。这一时期，情报学研究不断深化。研究领域的进一步拓展，呈现出情报学与计算机科学、经济学、心理学等学科交互发展的趋势，其研究在数字信息组织与服务中不断取得进展。

1.3　20世纪90年代末以来的体系重构

20世纪90年代末以来，互联网的高速发展，不仅改变着网络信息结构、分布和交互利用状况，而且激发了新一轮技术创新和互联网+背景下的情报学与信息管理体系的变革。在大数据和智能化技术环境下，情报学理论归纳和融合基础上的学科体系重构得以实现。在新的理论研究与发展构架中，情报学领域的理论研究、应用研究和技术发展体系得以形成，为面向前沿问题的理论研究提供了完整的基础构架。这一基本结构的改变，也是情报学理论与实践结合的深层次发展结果。

新时期的情报学理论，从面向情报组织、交流与利用的范式，发展为信息化环境下的规律揭示和按大学科发展模式建立的情报科学理论框架，并将文献信息组织理论的研究，推进到对各种存在形式的社会信息的产生、转化、组织、控制与开发的研究。

网络时代，信息的社会化组织与传播发生了深刻变化，一些最原始的信息可以不必通过中间转化而直接为用户所用。例如，对宇宙飞行器从太空发回地面的观测数据、图像、视频等，可以直接汇入系统，经序化处理和"判读"提供网络应用，以此形成基于大数据和智能转换技术的时空大数据网络；又如，各种经济运行和电子商务市场大数据，可以方便地进行采集和过滤，在有序化和安全规则的约束下提供利用。显然，对这些问题的研究已不能沿用传统意义上的情报学理论，而需要从信息管理和数据层面进行基于数字化网络技术的研究拓展。由此可见，与情报学密切关联的信息管理和数据管理的产生与发展已成必然。

事实上，信息管理、数据管理的产生促进了情报学理论研究的深层发展和理论应用的进一步拓展。在科学发展中，学科研究领域与内容变化是科学进步和社会发展的产物，这一点在自然科学的发展中已得到证明。对于情报学来说，其内容正处于深刻的变化之中，随着实践的进一步发展，也可能产生与信息管理科学关系的变化，但情报学的核心不会改变，其理论研究在面向实践的应用中将得到进一步发展。

2　大数据与智能化中的情报学基础理论构架

网络时代，大数据与智能化技术的发展不仅改变着网络信息环境，促进情报组织与服务面向需求环境的变革；更重要的是从信息技术基础和手段上影响着情报学理论研究与应用发展。这一背景下的前沿理论与实践研究，便成为必须关注的重要问题。

现代社会发展中，信息存储和交互利用已融入科学研究和社会、经济活动之中，信息形态作用和属性特征决定了人们会从不同角度展开研究。其中，属于自然科学范畴的是信息的自然存在、转化、传输、识别、处理等方面的问题，由此构成了包括信息论、控制论、计算机科学和通讯科学在内的信息科学所涉及的研究内容；而社会范畴的信息（社会信息或情报）则是情报学和信息管理的研究对象。值得指出的是，在大数据技术、智能技术和虚拟网络技术的支撑下，信息资源深层次的发掘、内容组织和知识元数据管理，需要情报学理论的进一步发展，以适应数字化和智能化服务环境。从情报学理论体系结构上看，其学科交互作用关系如图2所示。

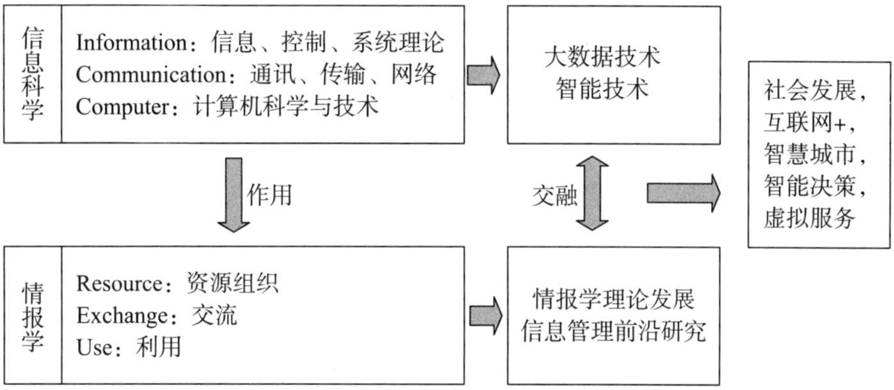

图2　大数据与智能化中的情报学研究与发展

如图2所示，大数据技术和智能技术的产生和应用不仅依托于电子技术、通讯、网络与计算机技术的发展，而且是信息科学中相关领域的融合发展结果。大数据与智能化技术在情报服务与信息组织中的应用直接关系到基于互联网络的整体效应。这一客观上的交融决定了情报学与大数据智能技术在数据管理层面上的结合，其中情报学关于知识结构的描述、用户认知空间的构建，以及机器交互学习本体创建等，也是大数据、智能识别中不可缺失的。因此，有理由认为，应以关键问题为导向进行二者的融合研究和整体化实现。

在情报学发展中，以文献载体为主体形式的情报组织理论，存在着滞后于信息科学理论与技术发展的问题，在情报系统建设、信息资源管理、信息检索和信息利用中，往往将业已广泛使用的技术进行面向情报领域的应用移植，从而限制了情报学科与情报实践发展。20世纪90年代，这种研究和利用上的反差在国内外普遍存在。此后的20年，在信息服务不断拓展和信息化深层发展中这一障碍逐步得到突破。其中语义网络构建、领域本体规则、数字空间描述、面向用户的智能交互和知识嵌入等，基于情报学的研究不仅实现了领域的融合，而且从应用上进一步促进了大数据技术、智能技术、云计算和虚拟网络技术的发展。这说明，学科上的交互发展进一步促进情报学和信息科学间的融合。从学科理论研究和实践看，在大数据、智能技术作用下，情报学开放发展研究已成为面向前沿的研究发展主流。

从情报的社会属性、知识属性和交互传递与利用上看，包括科技、经济和其他社会活动在内的各领域情报可归入社会信息的范畴，而数字化社会信息的内容提取、组织、存储、传播和利用理应属于情报组织与服务业务范围。由此可见，数字环境下的情报管理与信息管理具有内在的关联性，由于信息所具有的数字化处理和多模态转化特征，在现代情报组织与服务中是不可缺失的。信息的自然属性和形态特征决定了超出情报时空范围的存在和功能，反映了信息管理与情报管理的差异性。由此可见，信息管理领域与情报学的必然联系决定了基于情报学理论的信息管理研究的不可缺失性。

大数据技术一般认为起源于2004年前后的分布式文件系统GFS、大数据分布式计算框架Mapreduce、NOSQL数据库系统BigTabie和Google。针对大量数据存储、计算和搜索进行的文件系统、计算框架和数据库系统构建，在大数据技术的形成和应用中发挥着关键性作用，其基本技术构架决定了在数据管理、交互、提取和应用中的发展前景。网络信息的海量堆积和分散分布，带来了用户搜索和获取所需信息的障碍，加之网络传输通道和数字存储与计算技术的限制，造成了网络信息无序堆积和交互共享的困难。如何应对这一现实问题，在互联网基础设施的不断升级和高速发展的前提下，计算能力的提升和数据管理技术便成为关键。其中，大数据技术作为普遍采用的新一代核心信息技术，其应用关系到信息化发展全局。对于发展中的情报学和信息管理学科而言，必须进行全面应对。大数据环境下的信息管理和情报利用，必然面对数据存储和调用的海量化增长。在数据类型繁多的异构数据中，动态性地处理来源广泛的数据和提升其价值密度，便成为大数据技术背景下的情报学核心研究问题。因而，在研究发展中，基于大数据的云计算和虚拟化技术应用便成为近10年理论研究与应用发展的热点。其研究发展不仅体现在信息管理和情报学科体系变革与完善上，而且具有互联网+背景下信息化发展支持的全局性意义。因而，大数据应用研究在各领域正不断取得进展，从而确立了整体化研究与发展框架。

智能技术在智能情报系统和信息管理中的应用始于早期的专家系统和随后的人工智能发展。从数字化时代的应用看，包括自然语言处理、语义网络构建、基于本体的内容分析、知识管理、智能学习等。自20世纪50年代机器定理证明、求解程序、表处理语言开始，60—70年代专家系统的出现将其应用于语义处理、医疗诊断、情报咨询等领域，在此基础上于1969年成立了国际人工智能联合会；20世纪80年代，随着第五代计算机的研制，人工智能得到进一步发展，其中知识信息处理计算机系统（KIPS）的研发与应用，实现了知识逻辑推理与数值运算的同步，从而开始了人工智能与知识管理的密切结合；20世纪80年代末，神经网络的出现，进一步确立了智能技术的框架模型；90年代互联网技术的迅速发展，使单一智能主体的研究向网络环境下分布式人工智能研究转变，从而推进了智能技术在网络信息服务中的全面应用。在21世纪初以来的10余年的发展中，人工智能（AI）已融入人们生活的各个方面，以此为基础，对信息管理产生了全面影响。“智能化”以物理系统运行代替人的智慧活动，从而极大地提高了大数据网络环境下面向应用的信息处理与控制能力，其主要特征表现为：数字信息网络的智慧化；信息交互的知识化；过程决策的自动化；系统学习的自适应；人性化运行与面向应用主体的智能交互和融合。从智慧情报系统和信息智能识别与数据挖掘上看，智能化已覆盖数据组织、存储、调用、交互的各个环节，因此引发了面向智慧交互的信息管理系统变革。

在大数据技术和智能化技术发展中，2013年来自美国卡内基梅隆大学的研究团队发布了一种可以比较和分析图像关系的语义机器学习系统（Never Ending Image Learner，NEIL），其虚拟环境中的应用展示了虚拟网络服务的发展前景。这一期间云计算服务的迅速发展，在并行计算、分布式和网络计算中实现了虚拟化的网络应用，从而形成了情报学与信息管理领域的新的发展基础。

3 面向应用的情报学前沿发展

网络时代，微电子技术、数据存储与网络传输已不再是全球互联互通的障碍，基础设施建设的快速发展为其应用创造了巨大的空间。正是由于数字网络设施的充分保障，大数据、智能技术的应用发展才成为现实。值得指出的是，与计算机信息系统早期发展不同的是，大数据、智能化条件下的应用需要计算机科学技术与信息管理的深层次融合，从信息单元的空间描述、知识构建和数据关联出发，进行多元数据和知识的序化组织和内容关联，从而实现面向用户的多元应用目标。显然这一基础上的融合研究，不仅需要面向情报学科和信息管理领域的前沿问题，而且在于通过跨领域研究，推进计算机科学技术和数字网络技术的进一步发展。从前沿发展的形成和全局性影响看，面向应用的前沿问题涉及学科发展的基本层面，从总体上看，以下几个方面的问题值得关注。

3.1 多模态信息处理

多模态（Multimodality）是指在特定物理媒介上信息的多种存在、表示及交互方式，其概念源于人机交互中的信息表示方式研究。在内容描述上，信息表示方式往往比较宽泛，难以精细化地揭示其细粒度内涵。因而，基于完整性、交互性、关联性和直观描述的要求，融合多种单模态信息的处理对于网络信息的深层开发和知识组织而言具有现实性。在实现中，其内容涉及多模态信息的获取、组织、分析、检索、表达和创建。对于多模态信息处理问题，Niels Ole Bernsen于2008年对“多模态理论”（Multimodality Theory）中进行了归纳，提出输入/输出模态的分类框架。同时，国内外学者展开了相关研究，在理论与实践中取得进一步进展。从总体上看，多模态信息处理是在文本、图像、音视频等形态信息处理基础上发展起来的，其信息存在和交互方式的多样性决定了采集信息和数据获取和处理的复杂性。当前，理论研究和技术实现围绕多模态信息建模、多模态信息获取、数据采集与解析、多模式训练数据集构建，以及不同领域的语义分析、描述等方面的环节展开。在面向应用的发展中，存在着大数据来源处理、人机交互识别和智能化处理问题。其关键技术的进一步突破和发展，对于信息内容的细粒度表达和不同媒介信息的融合应用具有重要的现实性。

3.2 知识形态及其转化

长期以来，知识服务大都局限于显性知识信息的组织、存储和面向用户的提供与交流，而对隐性存在的知识和动态传播的知识却缺乏关注，其原因主要是知识组织技术发展和应用上的限制。从这一方面看，大数据环境下智能交互技术的应用为问题的实质性解决提供了可能。当前的研究，拟从知识的存在形态及其转化机制出发，进行面向机器学习的描述，确立隐性知识向显性知识的映射规则，从而以人工智能的组织方式实现显性与隐性知识的融合管理和集成推送。在知识组织研究中，情报学理论已有完整的解释，但由于知识组织技术上的限制，往往限于显性知识的获取、挖掘、描述和内容开发应用；对于隐性知识则局限于用户认知需求的挖掘和基于潜在知识需求的交互学习，未能进行更深层次的隐性知识描述和管理。因此，拟在知识形态理论和知识内化、外化与社会化规律揭示的基础上，进行知识形态的交互关联研究，确立人工智能识别接口，以实现智能化知识管理的发展目标。知识形态转化研究在知识服务中具有重要位置，其转化不仅包括隐性知识的外化和显性知识的内化，而且包括不同形态知识之间的转化和描述，因此需要进行细粒度的知识单元作用表达，寻求适应于智能技术的组织规则。

3.3 基于用户认知的智能交互机制

交互式人工智能（Conversational AI）在问答系统、阅读理解、任务目标对话、开放交流等方面已得到广泛应用；其中任务或目标型对话系统在于通过交互实现特定的任务或目标，已成为当前社会生活中人们普遍接受的方式。在社交机器人走进社会生活的过程中，交互系统不仅以自然语言为载体，而且应用图形、视频、文本等信息进行情景交互，其实用化发展迅速。信息服务和知识推送中，机器学习从计算机模拟用户学习思维出发，在大数据环境下有效获取用户知识、以深度学习方式通过与用户的交互，实现自适应、自学习目标。机器学习在于用户需求的全面理解和行为目标的精准实现，近10年着重于符号学习、神经网络学习和统计学习的研究不断取得新的进展，从而为该领域的应用发展奠定了新的基础。由于智能交互和机器学习的双向性，进一步深化交互与学习机制具有必要性和现实性，其目标在于按用户认知结构和认知作用关系，进行基于认知识别的结构化交互与学习架构，解决认知非结构化的结构化转换问题，在深度学习基础上进行语义处理、图像分析、共享识别和内容分析，最终实现基于认知交互的面向用户主动服务的个性化目标。

3.4 大数据嵌入与服务理论

大数据处理并不是一个独立的工作，它需要和具体的应用平台或工作流程结合才能体现其作用价值。这样，往往要求采用相应的技术将其嵌入集成到应用程序之中，以方便调用。其中，在J2EE架构上的部署比较完整地体现了这一思路。从信息服务实施上看，信息面向用户业务流程的嵌入逐渐成为人们关注的问题。数字化科学研究、智能制造和智能服务的推进，需要更深层次的数据保障，从而促进大数据嵌入式服务的产生与发展。嵌入式服务最初出现在嵌入式系统实现上，其嵌入式计算机系统和执行机制是整个系统的核心，执行装置通过接受嵌入式计算机系统指令完成所规定的操作任务。互联网+背景下，数字化流程的形成要求以应用为中心，进行数字信息面向设计、供应、生产和经营的融入，从而依托于智能技术实现数字化生产的目标；与此同时，科学研究中的数据嵌入和系统支持以及各领域活动，都存在着数据嵌入和服务融合的问题。围绕这一问题的研究，需要从服务理论上进行完善，通过嵌入机制、技术和数据调用关系研究，寻求基于大数据和智能识别技术的构架。

3.5 信息时空结构探索与理论模型研究

信息时空结构的研究可以追溯到情报学形成的早期发展中，其中米哈依洛夫关于情报交流的理论描述和布鲁克斯对知识结构的研究，都是在确定的时空范围内进行的。在情报服务与信息组织中，用户认知空间与情报空间的一致性决定了信息组织和服务内容的时空范围，由此提出了时空转换问题。从传统的文献信息内容揭示上看，基于分类和主题的描述大都按统一的规则进行，而规则的确定和标准的形成必然在当时的社会知识活动范围内进行，且符合社会共识原则。随着个性化服务的开展，用户认知结构与内容描述空间结构的非一致性，必然成为用户利用深层知识的障碍。在知识创新中，这一矛盾日趋突出，因而提出了用户认知空间与结构描述空间映射问题。当前，知识的深层挖掘和动态组织进一步加剧了这一冲突，因而需要进行信息时空结构及其演化的深化研究，从理论上探索内在的关联性和模型构建。在理论应用中，进行多维知识地图创建，实现动态时空结构下的知识关联和图谱结构展示，为大数据挖掘和动态知识提取提供技术上的支持。

3.6 信息安全与信息生态结构理论

信息安全是网络化时代各国集中关注的重要现实问题，在信息组织与服务中必须面对。其安全保障不仅关系到信息资源、网络和相关服务主体与用户的安全，而且直接影响国家安全和信息化的全面推进。在中央网络安全和信息化委员会的统一部署下，我国信息安全机制、体系的确立从根本上适应了国家创新和社会发展需要。从国外发展上看，在全球环境和国家战略框架下，网络服务安全正从整体构架、体系结构、机制保障和技术支持上全面推进，在理论研究中，形成了相对完整的安全保障构架。对此，我们在承担国家社会科学基金重大项目研究中，与相关部门进行了服务链安全关系的探索、信息安全认证、协议、监管和环节上的实现机制研究，以此出发提出了需要进一步解决的问题。与此同时，数字环境下信息治理与生态环境的优化，不仅关系到信息安全，而且直接影响到信息资源无序积累所导致的数据冗余和质量。在这一问题的研究中，靖继鹏教授在国家社会科学基金重大项目研究中进行了理论与实践结合的全面探索，在生态理论研究基础上提出了基于网络信息生态链的信息组织理论。在面向互联网不断高速发展的情况下，面对服务与环境交互影响问题，面向实践的研究必然面对信息建设的全局性问题，因而需要推进该领域研究的深层发展。

情报学学科和理论研究的回顾与分析，在于面向现实问题明确情报学研究的社会基础、应用结构和关系全局的前沿进展。从情报学范式演化、研究规范和应用发展上看，大数据与智能化环境下的情报学理论研究与实践发展，正处于新的挑战和变革之中，其理论研究的深化与拓展将在信息形态、数据技术、服务组织和促进社会信息化的深层次转变中得到全面体现。

参考文献：

[1]胡昌平. 论网络时代的情报学理论研究[J]. 图书情报知识，1997（2）：9-13.

[2]米哈依洛夫，等. 科学交流与情报学[M]. 徐新民，等译. 北京：科学技术文献出版社，1980：30-35.

[3]马费成，宋恩梅. 情报学的历史沿革与研究进展[M]. 情报学研究进展. 武汉：武汉大学出版社，2007：3-5.

[4]王昌亚，胡昌平. 试论当代情报学理论研究[J]. 情报学报，1988（3）：171-177.

[5]胡昌平. 论情报用户研究的理论发展基础[J]. 情报学报，1990（4）：302-309.

[6]靖继鹏. 网络信息生态链的形成机理与演进规律研究[J]. 图书情报工作，2013（15）：39.

[7]胡昌平，许祎蕾. 国际视野下的情报学研究发展导向[J]. 情报理论与实践，2017（3）：143-144，118.

[8]BERNSEN N O. Multimodality theory[C]// Multimodal user interfaces, signals and communication technologies. Heidelberg：Springer，2008：5-29.

[9]SHUKLA N, TIWARI M K, BEYDOUN G. Next generation smart manufacturing and service systems using big data analytics[J]. Computers & industrial engineering，2019（2）：905-910.

[10]ALEMU E N, HUANG J. Health aid：extracting domain targeted high precision procedural knowledge from online communities[J]. Information processing & management，2020（6）：102299.

[11]BANDARAGODA T, DE SILVA D, ALAHAKOON D, et al. Text mining for personalized knowledge extraction from online support groups[J]. Journal of the association for information science and technology, 2018（12）：1446-1459.

（本文原发表于《情报理论与实践》2020年第10期）

新时代社科情报学研究的新挑战、新举措

夏立新（华中师范大学信息管理学院）

较之科技情报工作，社科情报具有明显的政治倾向与意识形态，是对其生产、流通、处理、存储及利用等各个环节与过程进行的综合性研究，并以情报为出发点对人类社会开展科学性的解释阐明、分析与预判，以实现“为科研服务、为决策服务”的目的[1]，涉及各种社会发展趋势、社会思潮、政治现象，从而反映整个人类的社会生活[2]。社科情报工作以自身所具有的科学性、服务性、社会性、政治性，在管理方式与组织模式上体现出特有的学科优势与工作性质，在应对国家安全与大数据挑战时，发挥着极为重要的作用，可以说社科情报研究及其工作正在进入一个新时代。系统梳理我国社科情报工作的发展现状，并从新的研究视阈定位社科情报学内涵，挖掘其内在演化趋势，廓清大数据背景下社科情报面临的机遇与挑战，对开展新时代社科情报学研究、推进新时代社科情报工作均有重要价值。

笔者以社科情报工作的历史沿革与发展现状为出发点，以信息链为视角，确立社科情报研究的根本使命与历史方位，分析总结我国社科情报工作的价值意义与功能特性，从数据与技术两个维度，提出促进我国社科情报学研究的创新举措，以期对我国社科情报事业发展及其机构的革新提供参考。

1 社科情报工作的发展与社科情报研究的内涵：基于信息链视阈

情报学是一门研究有效地运用信息、知识和情报的规律性科学，发源于图书馆学和文献学“二战”后期以来，其发展得益于香农（C. Shannon）和韦弗（W. Weaver）的信息论模型、维纳（N. Wiener）创立的控制论以及计算机技术的快速普及，现已成为融合自然科学、技术科学和社会科学的交叉学科[3]。随着国际政治、经济、军事等领域的竞争加剧，国际敌对势力的渗透，加之国内复杂的斗争形势，总体国家安全观受到空前重视，从而强化与扩展了情报学产生之初的本源性特征与基础性职能，情报工作也有了细分的类别，社会情报应运而生。20世纪70年代，S. Dedijer[4]提出社会情报（Social Intelligence）的思想，同科技情报工作相比，社会情报工作需要使用科学的方法来理解和解释社会中的经济一技术情报活动，更聚焦于面向社会发展的经济和技术情报活动，其核心目的就是解释社会中存在的现象和原因，以获取竞争优势[5]。

我国的社会情报发展路径和服务宗旨较之其他国家略有不同，更多的是开展社科情

报（Social Science Information）工作，这与其起源有一定程度的关联。中国社会科学情报的产生并非仅仅是情报学学科内部的分化与解构，而是我国改革开放后中国社会科学的变革使得研究者更加面向应用与决策。关于社会情报的信息需求主要分为两大类：一是科学信息需求，即人们在获得感性认识的基础上，经过逻辑思维和实践的不断检验而形成的概念及理论系统的知识；二是社会动态信息需求，即以事实、数据、信息、知识等形式反映社会历史发展过程中的相关情况。无论是科学信息需求还是社会动态信息需求，在市场经济环境下又被赋予了信息的内涵，社会科学信息存在着不公开、不共享、不兼容、非对称、分散化、碎片化等现象，各种载体的文献信息源并存、各层次的信息存取系统并存、多信息管理方式并存[6]，为社科情报工作者与使用者的信息搜索、获取和利用带来了诸多困难。为将分散的社科情报研究力量组织起来，共同克服社科信息开发与利用过程中存在的困境与挑战，我国于1986年成立了中国社会科学情报学会，这是中国社会科学对学科信息的需求达到一个新高度的必然结果[7]。该学会在理论与实际结合的过程中将社会需求与社科情报力量相结合，极大地推动了我国社科情报事业的发展，使我国社科情报理论研究在此阶段达到了前所未有的高度[8]。鉴于信息化技术的发展，此时中国社科情报工作在实践层面已经认识到数据资源及其建设的重要作用，信息化程度亦有显著的提高；在理论研究中，通过融合文献内容特征与计量特征，挖掘与发现当前社会热点与社会现象，使其决策更具科学性与预见性。

尽管社科情报学以社会科学为突破口取得了独立的学科地位[9]，但处于当代数字化环境下，其研究所涉及的用户需求、获取途径、分析方法、利用方式、交流模式、服务手段等都发生了重大变化，亟待从理论高度对社科情报现象与社科情报研究的演化规律进行更为科学的阐释。2003年，梁战平先生率先从信息链视角对情报做出明确解释，马费成教授亦用该理论进一步阐释了情报学研究的行为规律，即情报是由事实、数据、信息、知识、情报/智能五个要素构成的信息链，信息的上游面向物理属性，信息下游面向认知属性。英国科学哲学家卡尔·波普尔提出的“三个世界”的理论，不仅从哲学高度阐述了信息的属性，更与信息链视域下的情报理论解读有着极大相似之处。可以发现，以信息链与三个世界理论为出发点梳理我国社科情报工作的发展与社科情报学研究的脉络，有助于进一步厘清我国社科情报的历史、现状与发展趋势：首先，在我国社科情报学研究初期，相关社科情报工作大多在客观物理世界中开展，这一阶段的工作重心集中于文献资料的编撰、汇总、归纳、整理与传递。随着联机检索技术的发展，社科情报服务机构的工作逐渐转移至以数据库建设为基础的文献获取、查询与传递，以便以文献或数据的形式为特定用户提供定题或专题服务，然而这一阶段的社科情报获取与利用工作依然存在于物理客观世界中；随后，我国社科情报研究进入高速发展时期，这一阶段的社科情报工作借助诸如全国党校文献情报学会、中国新闻资料学会等研究学会，展开跨学科、多领域的合作，其研究模式与工作核心向意识/精神状态的心理世界转移，社科情报工作的实际效果以信息产品与知识服务工具等方式提供给广大用户；当下，我国社科情报工作随着人工智能与大数据技术的飞速发展，正处于信息化朝向智能化的转型过程中，大量社科情报服务机构的工作目标均以发挥思想库和智囊团作用为主，旨在成为向党中央和国务院报送决策参考信息的重要平台、国内国际重要思想理论与战略决策的重要信息库、中国社会科学科研成果转化并应用于实践的重要渠道[2]，这也充分显示出我国社科情报工作逐步形成了集“用户—技术—情报”的自主“信息世界”。

2 新时代社科情报学研究的新挑战

我国社科情报研究“起步晚，发展快”[10]，其工作的开展是社会决策、管理和服务的重要基础。但是，诸多社科情报机构均依托于社会科学研究机构进行工作，在面向社会服务与国家重大战略需求方面略显不足。社科情报学乃至整个图书情报学研究的发展历史充分说明，其拓展与深入很大程度上得益于不同阶段研究视角和研究范式的转变，从而使研究方法和研究过程发生变化。因此，从研究视角、研究范式、研究方法与研究过程四个方面考量社科情报学研究在新时代背景下所面临的机遇与挑战，有助于指引社科情报研究的新趋势、新发展。

2.1 研究视角的转变：多元化拓展

马费成教授[11]强调，一些人文社科研究以前行不通而现在却可以进行的原因是技术环境的变化为其演进创造了有利条件。充分利用信息技术，有效组织与管理信息，进而推动知识、信息的共享与创新是社科情报研究与社科情报工作发展的方向。在上述形势下，社科情报研究须与现代信息技术紧密结合，拓展社科情报的研究视角，扩宽社科情报的研究领域与范畴，创造交叉互融的学科优势。当前，社科情报研究中由于信息技术革新所带来的研究视角多元化包括：①知识视角。知识获取、转移、共享等涉及知识开发与利用的过程，本就属于社会科学的研究范畴，知识管理已在政府部门、企事业单位及民营机构中得到广泛重视，社科情报的应用辐射范围也逐渐扩大至电子商务、虚拟企业、客户关系管理、供应链管理等方面。②用户视角。目前个人或机构参与社科情报活动的现象越来越多，作为社科情报利用主体与最终归属的情报用户更是其主要研究对象，故以用户为视角产生的面向用户个性化服务为目标的用户需求、用户行为、用户交互等内容亦成为社科情报工作的研究重心。③环境视角。由互联网、数字化、多媒体、云技术和大数据等组成的集合式多维信息环境构成了新时代的主要信息特征，其影响也具有泛在特点，泛在数据、泛在信息和泛在知识很大程度上影响了社科情报研究范式与研究方法，也向社科情报工作与服务提出了更高的要求。

2.2 研究范式的转变：第一范式到第四范式

在当前复杂的动态环境中，情报运动由线性为主要运动方式向非线性、多路径、交互式运动方式转变[12]，研究视角的变革不仅为现代社科情报理论研究提供了全新理论工具和研究基础，且直接影响现代社科情报研究范式的转变，在社科情报发展的动态过程中经历了四类范式的变革：第一范式，即经典范式，人类最早的科学研究主要以记录和描述自然现象为特征，从原始的钻木取火发展到开普勒创建的实验观察模式；第二范式，即模型推演和理论科学，以牛顿微积分和经典力学为代表的模型推演和理论精准预测；第三范式，即仿真模拟和计算科学，20世纪初，量子力学和混沌理论的发展否定了模型推理和理论预测的可行性，并以电子计算机诞生为契机，演变出科研第三范式；第四范式，即数据密集型科学，随着小世界网络和无尺度网络等复杂网络研究的深入，以及计算能力提升和传感器的无处不在，数据密集型科学从计算科学中分离出来，成为科学研究的第四范式[13]。当前，在技术与数据的双重驱动下，我国社科情报研究已步入“数据密集型”科学研究范式，即科学研究高度依赖数据的聚集和分析，特别是海量数据分析，通过相关关系算法分析海量的数据从而做出预测。新时代背景下，大数据所涉及的信息、数据已超过普通阅读和理解所能处理的范畴，从大数据中挖掘出其中的关联关系与因果关系链条，更是揭示知识与信息内涵的重要途径。值得一提的是，深入挖掘数据中知识间的相关关系并非观察、思索、领悟等传统方法获得，而是通过对大量数据引入计算分析方法使其中所包含的关联关系“自动涌现”。

2.3 研究方法的转变：“技术至上”到“人文领先”

情报学的研究过去偏重技术，主要是由于图书情报技术作为一种方法手段与社会生产力，在该领域中的直接应用推动着其事业的演变与发展。以大数据为代表的新兴技术运用于人文社会科学的研究中，使数据在获取、管理、分析、展示等方面均得到了长足的发展，技术的促进作用及其重要性也是显而易见的，然而长期依靠技术也暴露出人文社科研究的弊端。对于社科情报研究而言，信息技术只是工具或手段，研究人员在掌握一定的技术工具和方法的基础上，需要回归社会文化的价值本性。当前的研究趋向表明，信息技术与人文社科本源的融合已逐渐得到众多研究者的认可，如数字人文在社科情报中的深度应用。数字人文将计算机方法与技术融入人文研究，提出并回答人文问题，其产生与发展得益于数字技术的进步及其在科学领域的普及应用。新时代下，以数字媒介和人工智能为基础的新兴文化形态和知识生产体系正日见雏形，数字人文正在积极引领文化时空的数字化转换，在社科情报研究中展现出广阔的发展前景[14]。

2.4 研究过程的转变：理论与实践的融合、人文科学与自然科学的借鉴

社科情报研究受上位学科情报学学科属性及自身特点、研究方式的影响，造就了其内容体系由“理论探索”与“应用实践”两大部分共同构成的格局。在前文分析中可以凸显，近年来由于信息技术及大数据环境的影响，社科情报学研究开始面向宏观经济政策，重视开发性、应用性研究，很多课题和项目都是围绕经济发展和社科情报工作发展遇到的重大问题而展开，如国家社科重大项目“情报学学科建设与情报工作未来发展路径研究”“面向知识创新服务的数据科学理论与方法研究”“智慧城市应急决策情报体系建设研究”等，涵盖图书馆资源建设、数据资源共建共享、知识组织与知识服务等多

个研究领域。不可否认的是，理论性问题的研究从来不是孤立存在的，理论探索旨在促进人类认知与观念上的变革，而应用研究则面向实践，试图解决国家重大战略需求中的实际问题，理论研究与应用研究通过国家重大创新工程或重大课题进行融合，互相促进、共同发展。以人文科学为基础的社科情报研究，需紧密与自然科学研究相结合。自然科学研究自始至终都在强调其研究结果的可重复性，故评价方式与衡量标准也较为客观，但人文社会科学研究由于人文现象与社会问题的异质性，导致了社科情报研究较之科技情报研究的巨大差异。然而，在社科情报研究的实际过程中，不能一味强调其中的区别，而应认识到自然科学中的理论、方法、技术是人文社会科学研究的重要手段与工具，人文社会科学的研究范式也可为自然科学研究提供应用场景与理论指导。

3 数据与技术双重驱动下的社科情报学研究创新举措

新的信息技术环境下，社科情报事业面临前所未有的压力和挑战，人、信息技术和信息环境相互作用和动态演化是把握社科情报学研究发展的一条主线，每当这条主线中各要素间的交互关系发展到一个新的阶段，社科情报学研究就会有所创新，直至产生研究范式的变迁（如图1）。基于这一视角，大数据及技术双重驱动下社科情报学研究可被提炼出的三大创新举措。

（1）积极应对新时代人文社科研究面临的“环境－用户－技术”三位一体挑战，面向不同类型社科情报用户需求，推动社科情报研究范式与研究方法的变革与突破。在传统人文社会科学的学术研究中，尤其是考古学、历史、文学，以及经济学、社会学、法学、政治学等学科的学科史研究和依赖大量数据的实证研究，对于研究资料具有较强的依赖性，因此时常导致上述学科的学术研究过程须花费大量时间用于搜集、获取研究相关的一手资料或者研究数据[15]。随着社科情报逐渐向社会各行各业渗透，涉及的研究问题更为广泛而细化，单一的数据来源并不能完全满足社科情报用户的深度需求，故不同类型、不同内容、不同载体的数据源应互相补充，既须充分利用多源、异构的各类数据库资源，尽可能为用户提供结构化数据信息，如期刊论文、专利信息等，又须充分考量社会化媒体、多媒体、融媒体兴起所带来的以用户生成内容（UGC）为代表的非结构化数据集合。不同的数据源可以从不同侧面揭示同一事实或规律，融合多模态的异构数据才能从多个维度共同表达同一高层语义，使用户获取知识全貌而非知识片段。解决上述问题的一个重要途径就是加强社科情报的共建共享，将人文社会科学研究人员从大量的资料工作中解放出来，使其能够将时间用于更加具有创造性的研究工作上，且大规模、集成、深度组织关联与共享的人文社会科学数据也将有助于改变传统人文社科研究的范式，为人文社科研究提供新的研究问题、研究视角，并拓展其研究空间。同时，也应借助大数据技术高速发展的契机，面向不同类型的社科情报用户提供个性化知识服务，如学科知识服务、面向机构的决策咨询服务、面向公众的学科科普服务，为当前社科情报用户提供能够满足其各自需求的基础数据来源，促进开放数据、信息技术、学术资源的共融与互联，推动社科情报研究范式与研究方法的变革与创新。

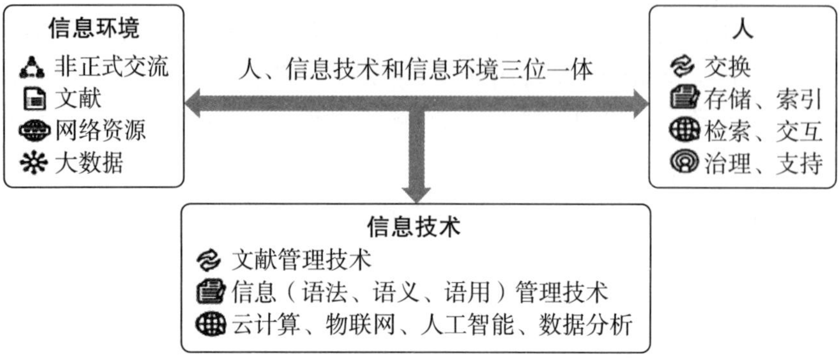

图1 “环境—用户—技术”三位一体交互下的社科情报研究变迁

（2）数据驱动引领大数据战略与社会科学研究的交互和创新，助力社科情报的信息化、智慧化发展。大数据不断融入人文社会科学的研究，诞生了人文社科大数据研究这一前沿议题，尤其是近年来数字人文、人文计算等新方向、新热点的涌现，有效推动了数据驱动的人文社科知识发现的纵深化发展[16]。在此背景下，社科情报领域的数据观与研究范式发生了重要变革，可以预见，未来的社科情报研究必然面向数据密集型展开，并以数据驱动作为其主要范式。一方面，由第一范式向第四范式转换的科研范式变革，将会从本质上影响社科情报的研究方向与研究热点，数据也必将成为社科情报学的重要研究对象。另一方面，以大数据技术为核心手段的数据科学将作为社科情报的研究内容，旨在明确数据在社科情报学科体系与学科发展中的地位，充分发挥情报研究在数据采集、组织、分析、服务、利用中积累的既有优势与经验，重构数据资源、技术工具、学科平台、创新服务为重要特征的社科情报学科体系。具体来说，从数据资源方面，规范社科情报类数据的主题、类型、领域与来源，建立一整套数据采集、处理、整合、存储的规范流程，并同步构建数据共享与服务的机制与管理制度；从技术工具层面，以大数据技术为核心，逐步形成包括社会网络分析工具、数据挖掘工具、自然语言处理工具、深度学习工具、机器学习工具、可视化展示工具等在内的技术支撑体系；从学科平台层面，依托于高校、科研机构、社科情报机构构建包括图书馆知识服务平台、历史文献研究中心、地方特色馆藏、教育大数据平台、城市社会大数据平台等在内的公共服务平台，纵跨本地化科研数据管理、城市共享、跨地区联盟三个层次实现社科情报领域数据共享，并促使科研人员、情报用户基于上述平台开展社科情报数据整理、加工、归档、长期保存及知识增值工作，从而发挥社科情报数据的最大价值；创新服务层面，除包括数据调研、元数据规范、数据监管、数据共享等基础性服务工作，也应涉及数据采集、数据挖掘、数据分析在内的驱动性支撑服务，还须覆盖多学科数据整合、跨学科数据共享等融合型创新服务。

（3）技术驱动推动人文和计算的跨界和融合，实现社科情报的共建共享。以计算机、大数据、人工智能为代表的现代信息技术的发展，将为社科情报研究提供新的手段与动力。美国陆军部《2016—2045年新兴科技趋势》[17]通过对近700项科技趋势的综合对比分析，最终明确了24项最值得关注的科技发展趋势，该报告一方面旨在帮助相关部门明确与把握影响国家核心竞争力的关键性技术，另一方面为国家与社会指明科技投资的方向。同样，阿里达摩院也做出2019年十大科技趋势报告，其中包括5G网络催生全新应用场景等技术。当前，支撑社科情报研究的“ABCD5”技术体系已逐步形成，即人工智能（Artificial Intelligence）、区块链（Blockchain）、云计算（Cloud Computing）、大数据（Big Data）和5G技术。大规模人类计算、自然语言处理、机器学习、语义自动匹配等技术对于重构社科情报知识体系与学科体系均具有积极的推动意义，但这并不意味着社科情报研究就需要颠覆传统的研究范式与研究方法，毕竟技术手段对人文社科学术研究而言更多承担的是变量或者工具的角色，因此“技术理念”与“人文价值”是一种有机的结合而非摒弃，以技术为驱动实现社科情报的共建共享，才能更好地发挥其对社科情报研究的积极效应。当前，已有研究将技术因素与体制、机制、法制等人文智慧进行融合，并提出“文化计算”这一概念，旨在利用社会计算、大数据、人工智能等技术与人文、历史等学科相互交叉融合，实现文化内容挖掘传播、推动数字人文研究，促进文化的繁荣发展[18]。而从研究的角度出发，上述探索即使已提供了一种技术与数据驱动下的人文社科研究新模式，但在实践中仍需具备一个集“数据－技术－文化”于一体的全局人文社科数据生态系统，借助当前已有的人文社科数据资源、开放数据集与共享服务平台的应用示范作用，通过研究与实践相贯通、需求与服务相结合，面向信息链视域下的信息服务生态体系，实现社科情报资源的共建共享。

新时代，意味着社科情报研究与工作面临着新的变化、新的挑战与新的机遇，无论是大数据的影响，还是人工智能和区块链等信息技术环境的深化，都对社科情报事业的演变与发展产生了不可估量的影响。与时代接轨，以新的视角重新定位社科情报工作的地位与价值，剖析、审视社科情报工作面临的困境与挑战，瞄准新时代下“环境－用户－技术”三位一体交互对社科情报研究所带来的变革，从数据与技术双重视角提出社科情报研究的创新举措，以期推动社科情报朝向智慧化、智能化发展，对形成具有中国特色的人文社科学术体系和话语体系均就有一定的借鉴作用。

参考文献：

[1]谭安洛. 出路在于拓展：关于社科情报事业的发展[J]. 情报杂志，1992（3）：30–33.

[2]张惠娜，周京艳，刘如，等. 我国社科情报工作发展回顾与思考[J]. 情报理论与实践，2019（9）：171–176.

[3]梁战平. 论情报学研究[J]. 中国信息导报，2003（1）：12–15.

[4]DEDIJER S. Social engineering of intelligence for development[C]. Document No. 6 at the Meeting on

the Knowledge Industry and the Process of Development, OECD Development Center, Paris, 1980: 1-59.
[5]CORNIN B. An introduction for social intelligence[J]. Social Intelligence, 1991 (1): 1-6.
[6]张亚莉，胡家荣. 社会科学学术信息的组织分布特点及获取策略[J]. 现代情报，2007 (1): 83-84.
[7]范并思. 推动社科情报的学科建设[J]. 情报资料工作，2006 (5): 12-14.
[8]范并思. 社科情报学：一个逐渐远行的学派[J]. 图书情报知识，2006 (6): 80-83.
[9]彭斐章，娄策群，赵涛. 新世纪社科情报理论研究的走向[J]. 中国图书馆学报，1996 (4): 14-19.
[10]范并思. 中国社会科学情报理论研究评述[J]. 图书馆，1989 (5): 11-14.
[11]马费成. 推进大数据、人工智能等信息技术与人文社会科学研究深度融合[J]. 评价与管理，2018 (2): 1-4.
[12]刘冰. 复杂性科学与现代情报学理论范式的转变[J]. 图书情报工作，2011，55 (14): 24-27，72.
[13]TONY H，STEWART T，KRISTIN T，等. 第四范式：数据密集型科学发现[M]. 潘教峰，张晓林，等译北京：科学出版社，2012.
[14]王晓光. "数字人文" 的产生、发展与前沿[G]//全国高校社会科学科研管理研究会组. 方法创新与哲学社会科学发展. 武汉：武汉大学出版社，2010: 207-221.
[15]孔青青，顾娅婕. 新时代社科情报学能力建设与创新路径：中国社会科学情报学会2019年学术年会综述[J]. 文献与数据学报，2019 (4): 122-126.
[16]冯惠玲. 数字人文：在跨界中实现交融[N]. 中国社会科学报，2017-12-21 (8) .
[17]美国陆军智库. 2016—2045年新兴科技趋势[EB/OL]. [2020-06-16]. http://www.199it.com/archives/554626.html
[18]李阳，孙建军. 人文社科大数据研究的价值追寻[J]. 图书与情报，2019 (1): 1-7.

（本文原发表于《情报资料工作》2020年第4期）

大数据时代情报学和情报工作的“变”与“不变”*

王知津（南开大学商学院）

随着大数据时代的到来，以统计学、数学和计算机为三大支撑性学科的数据科学正在兴起，生物学、医学、环境科学、经济学、社会学和管理学等应用拓展性学科在发生变化，而与数据有关的学科如信息科学、知识科学、行为科学等，也在积极探索数据科学和大数据技术为其自身带来的影响及其变革。

情报学的研究内容和情报工作的工作内容与数据具有高度的相关性。对于情报学和情报工作来说，大数据时代的到来，既是机遇，更是挑战。历史的经验和教训值得注意，回顾情报学和情报工作走过的道路，有过陷入困境的时期，而至今都不能自拔。因此，在大数据时代来临之际，有必要重新审视情报学和情报工作的定位，回归其本来面目，重构情报学和情报工作的核心竞争力，进而规划情报学和情报工作的未来发展战略。本文主要探讨作为一门独立学科的情报学和作为一项独立职业的情报工作，在大数据时代哪些应该改变，哪些不应该改变，既要顺势跟进，又要坚守好自己的阵地。

1 情报学的起源与演变

1.1 国际情报学发源于文献学

从世界范围看，情报学发源于文献工作或文献学（Documentation），而文献工作的早期用语是目录工作或目录学（Bibliography）。

英国著名情报学家布鲁克斯（B. C. Brookes）提出，两名比利时学者，保尔·奥特莱（P. Otlet）和亨利·拉·封丹（H. L. Fontaine）于1895年在布鲁塞尔建立了“国际目录学学会”（International Institute of Bibliography，IIB）。该学会成立初期只有5个会员国，即比利时、荷兰、德国、法国和瑞士。由于它们都不是以英语为母语的国家，所以“目录学”这个术语在英美文义中被误解，后来才被改成了“文献学”[1]。

国际目录学学会创立的宗旨是对人类的知识进行科学的加工整理，或者说，该组织是在编制闻名于世的《国际十进分类法》（Universal Decimal Classification，UDC）的基

---

* 本文是在2018年11月9—10日武汉大学举办的“情报学与情报工作发展论坛（2018）”上的发言稿的基础上修改而成。

础上成立的。UDC后来被世界各国情报机构广泛采纳，用于处理文献级而非图书级的科技资料。由此，IIB的创立被认为是国际情报学产生的源头。1908年，IIB接受了"文献学"（Documentation）术语。1931年，IIB更名为国际文献学会（International Institute of Documentation，IID）。1937年，IID又改名为国际文献联合会（Fédération Internationale de Documentation，FID），其英文名称为International Federation for Information and Documentation（国际情报与文献联合会，FID）。

遗憾的是，2001年底，因财政拮据，FID秘书处停止工作，但作为比利时的一个正式的法律实体，FID仍将继续保留。FID的百年档案现在由UDC联盟代管。一个多世纪以来，FID一直是世界各国科学技术情报机构开展交流与合作的国际组织。

随着FID的成立，世界各国也陆续成立了相应的组织。例如，1937年成立了美国文献学会（American Documentation Institute，ADI）。20世纪50年代，ADI转向现代情报科学。1968年，ADI改名为美国情报科学学会（American Society for Information Science，ASIS）。2000年，又更名为美国情报科学技术学会（American Society for Information Science and Technology，ASIS & T）。2013年，再次更名为情报科学技术协会（Association for Information Science and Technology，ASIS & T），不再限定在美国范围内，除了建立美国各州分会之外，还设立了欧洲分会、亚太分会、南亚分会和巴西分会等。该组织出版的学会会刊《情报科学技术协会学报》（Journal of Association for Information Science and Technology，JASIS & T），创刊于1950年，前身为1938年创刊的《文献复制杂志》（Journal of Documentation Reproduction，JDR），后来改为《美国文献工作》（American Documentation，AD）。该组织于1966年还创刊了《情报科学技术年度评论》（Annual Review of Information Science and Technology，ASIS & T），至2011年第45卷终止。

1979年8月31日，中国科学技术情报研究所（中国科学技术信息研究所的前身）代表中国正式申请加入FID。1980年9月，在丹麦哥本哈根召开的FID第40届大会上，一致通过接纳中国科学技术情报研究所代表中国为国家会员。因此，可以把FID看成是世界各国情报科学技术学会的国际组织。

目前，中国科学技术信息研究所是国际科学技术情报委员会（International Council for Scientific and Technical Information，ICSTI）的代表单位。ICSTI是国际科学协会委员会（ICSU）的一个附属机构，也是一个非营利的国际会员组织。ICSTI成立于1984年6月20日，其前身是成立于1952年6月1日的国际科学协会委员会文摘理事会（International Council of Scientific Unios-Abstracting Board，ICSU-AB）。2011年6月7—8日，中国科学技术信息研究所承办了2011年国际科技情报委员会夏季大会。2019年年会和研讨会将于9月24—26日在中国举行，由上海市图书馆/上海科学技术情报研究所（ISTIS）承办。

以上事实证明，国际情报学起源于文献工作或文献学，并经历了从文献学到情报科学技术的演变，中国情报学也理所当然地融入其中。

1.2 情报学正式诞生于第二次世界大战后

国内外比较一致的看法是情报学正式诞生于第二次世界大战后的20世纪40年代中期。

第二次世界大战后，世界各国吸收了战争中的经验和教训，投入大量的人力、物力和财力，竞相发展科学技术，科研成果不断涌现，科技文献呈爆炸式增长。面对浩如烟海的信息，如何收集、整理、加工、获取和利用，造福于社会，成为摆在世界各国政府和科技人员面前的紧迫课题。在这种形势下，1944年11月，美国总统罗斯福致信总统科学顾问布什（V. Bush），要求布什就如何把战时取得的经验和教训运用到未来的和平时期提出意见。1945年7月，布什在《大西洋月刊》（*The Atlantic Monthly*）上发表了著名的论文《诚如所思》（"As We May Think"），以回答"战后科学应该朝着什么方向发展，以及战后科学发展带来的数量激增的信息如何处理和利用"[2]。

布什在《诚如所思》中创造性地构想了一个可以模拟人类思维记忆过程的机器——记忆扩展器（Memory Extender，MEMEX），可以模拟大脑轨迹的方式快速、灵活地对相关信息进行联想式检索、处理和整合，这将使科学家与知识之间达成一种全新的关系，完整共享人类知识的框架也将由此而得以建立。"MEMEX和世界大脑使情报学显然成为与社会相关的而且是位于社会中心的学科。"[3]

布什提出的MEMEX构想自1945年问世至今的60多年间，一直受到情报学界的推崇。许多学者将其作为情报学的诞生标志，并阐述了它在理论性、实践性与预见性方面对情报学发展的影响[4]。与此同时，布什在情报学史上的重要地位得到学术界的充分肯定，并与情报学的其他先驱者们同时出现在情报学史的文献里[5]。对于把布什的《诚如所思》作为情报学诞生的标志，虽然存有异议，但其在情报学发展历史上的巨大贡献，是不言而喻的。

1953年，荷兰学者法拉丹（J. F. Farrandance）首次提出"情报学家"（Information Scientist）这个名称。两年后，"情报学"（Information Science）作为一个学科名称在他的倡导下首次被使用[6]。正是在此背景下，美国才将学会的名称由"文献学"更名为"情报学"，直至今日。这标志着这门学科由经历了半个多世纪的文献学时代正式进入了情报学时代。

由此可见，作为一门新兴学科，情报学正式诞生于第二次世界大战结束以后的一段时间，但孕育于19世纪末20世纪初的文献工作或文献学，在借鉴其他学科理论与方法研究成果的同时，逐步形成了自己独特的学科。

1.3 中国情报学发源于科技情报

从世界范围看，科技情报工作是从科学研究活动中分离出来的。

众所周知，科技情报工作是科学研究活动的支撑，但在十五六世纪之前，支撑科学研究的情报工作并不是一项独立的工作，还没有成为一个独立的社会职业，而是与科学研究活动融为一体的，完全由科研人员自己承担。“直到1560年，第一个学术团体‘自然奥秘学院’在那不勒斯成立后，欧洲相继成立了林河学院、猫眼学会、皇家学会等科学团体之后，才标志着情报工作开始进入有组织的团体活动阶段”[7]，进而，为情报工作的科学体系奠定了基础。

理论来源于实践，这是一条马克思主义的基本原则。根据这条原则，科技情报学应当是来源于科技情报工作实践。推而广之，情报学来源于情报工作实践。

中华人民共和国成立前，我国既没有科技情报工作，也没有情报学研究。新中国成立初期，当时的历史背景是西方帝国主义对我国实行封锁，我国没有跟世界各国广泛交流的机会，而只能与以苏联为首的社会主义国家友好往来，特别提倡向苏联“老大哥”学习。1952年，苏联成立了全苏科学技术情报研究所，其英文名称为“All Union Institute for Scientific and Technical information”。这是我国科技情报工作开创的国际背景。

中华人民共和国成立后，1949年11月，中国科学院成立。1956年初，中国科学院领导向周恩来总理汇报《1956—1967年科学技术发展远景规划纲要》(简称“十二年科技规划”)制定工作，当讲到中国科学院成立后，对国际上科学技术的发展了解甚少时，周总理说:“你们工作这几年，连个情报机构都没有建立，你们的‘仗’是怎么打的?”[8]根据周总理的这一指示，科技情报以第57项任务列入1956年国务院科学规划委员会编制的“十二年科技规划”[9]。1956年10月，中国科学院科学情报研究所成立。1958年5月，国务院批准扩大中国科学院科学情报研究所为全国的科学技术情报中心，改称中国科学技术情报研究所[10]。

随着中国科学技术情报研究所的成立，国家各个部委都成立了相应的科技情报研究所，各个省、自治区、直辖市以及各个地、市、县也都成立了相应的科技情报所，甚至各个科研院所、工矿企业以及理工科大学也都成立了自己的科技情报研究室。至此，我国纵横交错、分布广泛的科技情报工作体系初步形成。

我国科技情报事业开创后，人才培养问题提到议事议程。1958年，中国科学技术情报研究所创办了科技情报大学，成为我国情报学教育的开端。1978年，武汉大学率先恢复了情报学教育，创办了科技情报本科专业。1984年中国科学技术情报研究所和武汉大学首批获得情报学硕士学位授予权。1990年武汉大学首批获得情报学博士学位授予权。各个层次的情报学专业教育逐步走上了正轨。

情报学教育的恢复促成了情报学学术研究的繁荣。1978年9月，中国科学技术情报学会成立，1986年12月中国社会科学情报学会成立，情报学研究人员有了自己的全国性学术组织。1980年，陆续创刊了情报学刊物《情报科学》和《情报学刊》等，情报学研究人员有了自己的发表学术研究成果的交流平台和园地。我国情报学研究开始走上了正轨。

历史事实表明，我国情报学开始于科技情报学，发源于科技情报工作，并与科技情报工作结下了不解之缘。

2 大数据时代和数据科学

2.1 大数据时代的到来

当今社会是一个快速发展的社会，科学技术日新月异，电脑、手机、网络越来越成为人们手中的便捷工具。信息呈爆炸式增长，数据迅速膨胀并变得越来越大，人们之间的交流交往日益密切和频繁，社会生活也变得越来越丰富和方便。于是，人们用“大数据”来描述和定义信息爆炸时代所产生的海量数据，大数据时代悄然而至。

最早提出大数据时代到来的是全球知名咨询公司麦肯锡，麦肯锡称：“数据，已经渗透到当今每一个行业和业务职能领域，成为重要的生产因素。”[11]正如《纽约时报》2012年2月的一篇专栏中所称，大数据时代已经降临，在商业、经济及其他领域中，决策将日益基于数据和分析而做出，而并非基于经验和直觉。

大数据通常用来形容互联网上每时每刻创造出来的大量的非结构化数据和半结构化数据。这些数据的规模是如此之庞大，以至于无法用G或T来衡量。下载并分析这些数据，会花费过多的时间和金钱。

在大数据时代，数据无处不在，无时不有，无孔不入。人类面临的是一场革命，技术的革命、文化的革命以及思维的革命，庞大的数据资源促使各个行业、各个领域开始了量化进程。无论学术界、产业界、商业界还是政府、学校、医院，几乎所有行业和领域都将开始这一进程。大数据时代正在深刻地改变着人们的工作方式、学习方式和生活方式。

2.2 数据科学的兴起

大数据时代的到来，直接催生了一门新的学科——数据科学。

一般认为，数据科学在20世纪60年代已被提出，只是当时并未获得学术界的注意和认可[12]。数据学（Dataology）一词是由丹麦学者诺拉（P. Naur）创造的，用于表示数据处理的科学。1966年3月，他用丹麦语出版了*Plan for a Course in Datalogy and Datamatics*一书[13]。之后，数据科学这个概念沉寂了多年。1993年，日本学者林知己夫（Chikio Hayashi）提出了数据科学（Data Science）一词，发表了论文“What is Data Science? Fundamental Concepts and a Heuristic Example”，该文收录在由他主编的《什么是数据科学？基本概念与探索性实例》会议论文集中[14]。2001年，美国学者克莱夫兰（W. S. Cleveland）发表了论文“Data Science：An Action Plan for Expanding the Technical Areas of the Field of Statistics”[15]。有人认为是克莱夫兰首次将数据科学作为一门独立学科，从而奠定了数据科学的理论基础。

不管是数据学还是数据科学，它们都是关于数据的科学，通常被定义为研究和探索网络空间中数据自然界奥秘的一套理论、方法和技术。数据科学与自然科学和社会科学不同，数据科学的研究对象既不是自然界，也不是人类社会，而是Cyberspace数据。对数据科学主要有两种理解：一个是研究数据本身，包括数据的类型、状态、属性及变化形式和规律；另一个是为各门学科的研究（包括自然科学和社会科学）提供一种新方法，即数据方法，目的是揭示自然界和人类社会各种行为的现象和规律。

处在大数据时代，面对数据科学，任何一门学科（包括自然科学和社会科学）都要做出自己的响应和回答，当然，情报学和情报工作更不例外。情报学和情报工作首先要回答的一个问题是哪些要变和哪些不变。

3 情报学与情报工作的“变”

由于情报学的特殊性，研究情报学和情报工作的最好工具是使用概念链，而情报学中已有的信息链可以作为理解情报学和情报工作的最好的概念链。情报学和情报工作的这个概念链就是“事实—数据—信息—知识—情报”（FDIKI）。由这个概念链可以看出，情报学与大数据、数据科学存在着必然的和密切的联系。

3.1 分析对象由“信息”深入到“数据”

如果从FID成立的1895年算起，情报工作和情报学经历了120余年的演变和发展。从世界范围看，情报学研究逐步形成了以地域为特征的多种范式，这些范式成为各个国家和地区情报工作和情报学的本土特色，是符合各国国情的。我国自情报工作和情报学形成以来，在吸收了其他范式的基础上，创造了有别于其他范式的具有中国特色的范式：“以科技情报研究为特色的情报学，后拓展到对其他领域的情报研究”“情报研究是中国科技情报工作的重要特色”[16]。

我国原有的情报研究，分析的对象主要是信息，分析的结果是情报。在情报学的核心概念链上，从数据到情报经历了三个环节：数据—信息、信息—知识、知识—情报。在大数据时代，这个概念链发生了一些变化，即除了原有的路径外，还增加了数据—情报的直通环节。

在这个概念链上，除了保持原有的“信息—知识—情报”流程以外，还可以从数据直达情报，即“数据—情报”流程，跨越了信息和知识环节，这是大数据时代情报研究的一大变化。事实上，由于信息生成人员的主观性和不同的目的，数据转化为信息存在多种模式，而不同的模式又会形成不同的信息。正是由于不同转化人员、不同转化目的和不同转化模式的存在，即使同一组数据，所生成的信息也可能有所不同，从而导致情报研究的信息起点不同，情报研究的结果也可能有所不同。而把数据作为情报研究的分析起点，与把信息作为分析的起点相比，可能会产生不同的结果。

在大数据时代，情报研究的分析对象不仅保留了信息，而且还延伸到数据。也就是说，情报研究的起点在信息的基础上，又前推或深入到数据。情报研究从信息的原料（数据）入手，可以突破了原有的信息生成模式，使情报研究更具有原始性。比如，大数据种类繁多，情报研究不仅要面对结构化数据，更要重视半结构化数据和非结构化数据，对不同类型的数据进行抽取、挖掘和融合。

3.2 研究对象由“信息”回归到“情报”

无论分析对象是信息还是数据，对于作为一门独立学科的情报学和作为一项独立社会职业的情报工作来说，研究对象都应该是不变的，只能是“情报”，即情报活动与情报过程，否则就不能称其为“情报学”和“情报工作”了。学者们也都明确指出了情报学的研究对象：中国情报研究应以国家情报工作为研究对象[17]。中国情报学以组织的情报活动为研究对象，主要为组织安全和社会发展科学决策提供支撑，其核心任务是研究如何将信息转化为情报和谋略[18]。

我们在谈论研究对象的时候，不能与研究内容混淆。作为一门独立的学科或职业，随着时代的进步、社会的变迁和环境的改变，其研究内容或许会发生某些变化，但其研究对象不应该由此而发生动摇和漂移，除非这门学科或职业从根本上消失或消亡。反之，必然导致“学科内部的研究对象的转移，招致学科生存的危机”[19]。这表明，情报学研究对象是同情报学的学科名称与生俱来的，是不能转移的。

曾几何时，20世纪90年代初，“科技情报”改为“科技信息”给情报工作和情报学的生存和发展造成了许多困惑和混乱，我们至今记忆犹新。以情报学教育的本科专业名称为例，先是把原本情报色彩浓厚的“科技情报”专业和“情报学”专业改为“科技信息”专业和“信息学”专业，外延被扩展而内涵却发生漂移，造成了学科和职业边界模糊，引起了许多是是非非。值得庆幸的是，研究生专业的情报学并未由此而改为信息学，总算保留了情报学的血脉。类似地，中国科学技术情报学会和中国社会科学情报学会以及情报学学术期刊也没有用“信息”取代“情报”，从而守住了“情报”的一席之地。如同布鲁克斯所说，信息（Information）这个术语是一个包罗万象的神秘的存在[1]。既然“信息”如此之神秘，又如此之包罗万象，那么试想，如果研究生专业名称、学会名称以及学术刊物名称统统都改成“信息”，那将会是一种什么样的结果和情景呢？情报学和情报工作将不复存在，剩下的只有信息学和信息工作，但这能得到社会的认可吗？

随着“情报”改为“信息”，曾经出现过信息是情报学和情报工作研究对象的观点。在大数据时代，分析对象又从信息前推到数据，那么能说数据是情报学和情报工作的研究对象吗？笔者认为，研究对象必须能够反映学科的本质特征，必须能够很容易地明显区别于其他学科，从而划定了学科边界。最简单和浅显的道理，学科名称本身就反映了研究对象，研究对象本身就支持了学科名称。数学、物理学、化学、天文学、地学、生物学、农学、医学等是如此，文学、历史学、哲学、经济学、法学、教育学、管理学、军事学等也是如此，除非改变了学科名称。大数据时代为情报学和情报工作的重新明确定位或归位又带来了一次难得的机遇，我们这次一定要把握好，不能让研究对象再发生漂移，应坚定地从“信息”回归到“情报”，坚守情报学和情报工作的“情报”这块儿阵地。

3.3 加工层次由“分析”提升到“研究”

如上所述，对于一门独立的学科来说，研究对象不同于研究内容，研究对象不能漂移，而随着科学和社会的发展，研究内容可以有所变化。比如，信息社会的到来，信息成为情报学的重要研究内容；知识社会的到来，知识成为情报学的重要研究内容；如今，大数据时代的到来，数据也成为情报学的重要研究内容。然而，不管研究内容如何变化，研究对象都必须始终如一，从而保持学科的独立性、科学性和稳定性。

情报研究是我国科技情报工作创建的初衷，是情报学和情报工作的核心内容和根本任务，既是出发点，也是落脚点和归宿。“情报研究是一项内容广泛的信息加工处理和情报提炼活动，它以大量相关的原生信息为处理对象，通过对原生信息内容的分析、综合或评价，以提炼出对管理、决策等活动有支持作用的情报，为管理、决策等活动服务。”[6]

20世纪90年代，我国的情报学和情报工作在继续沿用“情报研究”或“情报分析”这两个术语的同时，也在大量使用“信息分析”，并把它们视为同义语，似乎它们之间并没有什么区别。笔者认为，从广义上讲，在情报学和情报工作中，交替使用“情报研究”（Intelligence Studies）和“信息分析”（Information Analysis）并无不妥，不必过于拘泥于形式。但是，为了阐明这两个概念的内涵和外延，有必要从狭义上加以区分。

从词义上看，“信息分析”是对信息进行分析，对象是“信息”，任务的实质是“分析”。而“情报研究”是对情报进行研究，对象是“情报”，任务的实质是“研究”。根据《现代汉语词典》的解释，分析是“把一件事物、一种现象、一个概念分成较简单的组成部分，找出这些部分的本质属性和彼此之间的关系（跟‘综合’相对）”[20]。换句话说，分析是将复杂的话题或事物逐渐拆分的过程，以此来达到对话题更好的理解。而“研究”则是“探求事物的真相、性质、规律等”。或者，把“不同种类、不同性质的事物组合在一起”[20]。

由此可见，从词义上看，“分析”和“研究”处于不同的工作层次或阶段，“分析”是“研究”的基础和前提。另外，“分析”对应于“综合”，所谓综合，就是“把分析过的对象或现象的各个部分、各属性联合成一个统一的整体（跟‘分析’相对）”[20]。显然，“分析”在先，“综合”在后，一先一后，构成一个完整的逻辑思维链。通过对以上三个概念含义的区分和讨论，我们可以得出这样的结论：分析≠研究，分析+综合=研究。所以，再加上前面所讨论的“信息”和“情报”，结论是，信息分析≠情报研究。

在大数据时代，“数据分析”一词高频出现，对于情报学和情报工作来说，分析对象又前推到数据，数据成为情报研究的新的分析对象。由于数据的原始性要强于信息的原始性，尽管数据分析采用更为先进的现代化的分析工具和分析技术，但就其本质而言，数据分析仍然处于“分析”层次，还没有达到“综合”和“研究”的阶段和高度。

众所周知，信息分析中常用的统计学是基于随机抽样理论的方法，强调因果关系，从抽取的局部数据来推断全局，得出事物的总体趋势，追求的是准确性。而大数据分析不是基于随机样本理论，而是“样本 = 总体”，得出事物之间的关系，追求的是相关性，而不是准确性。基于此，对于情报学和情报工作来说，与信息分析一样，数据分析的结果也不能直接用作支持决策的情报。要想把分析结果用于决策，还必须经过“综合”这个阶段，即补充从其他渠道搜集来的数据、信息和情报，进行综合的研究，“去粗取精，去伪存真，由表及里，由此及彼”，这样得出的结果才能用于支持决策。否则就有可能误导决策，而失去情报支持决策的意义。进一步地，在这个综合研究过程中，不但要充分发挥电脑的作用，更要充分发挥人脑的作用。

因此，在大数据时代，情报学和情报工作应当把数据分析纳入情报研究，在对数据或信息进行“分析”之后，再补充“综合”这一必要阶段，上升为“研究”，进而完成情报学和情报工作的核心任务——情报研究，支持决策和制定战略。

3.4 引入相关学科的理论与方法

情报学和情报工作历来有引进相关学科理论、方法和技术的传统。大数据时代的到来，给情报学和情报工作提供了一个“重整旗鼓”的机遇。首先，由于情报学的研究对象与数据科学的研究对象高度相关，因此，毫无疑问，情报学和情报工作要最大限度地引入数据科学的理论、方法和技术，为“情”所用。其次，随着数据科学的兴起，情报学的相关学科也在发生变化，情报学和情报工作必要进一步引入其他相关学科的理论、方法和技术，为“情”所用。一方面丰富情报学和情报工作的研究内容；另一方面扩大情报学和情报工作的应用领域。下面以管理学和军事学为例，阐述情报学和情报工作对相关学科的理论与方法的引入，以及在大数据时代继续吸收和借鉴相关学科新理论、新方法的必要性。

3.4.1 管理学

在我国，情报学是管理学的下属学科，在学科本质上，两者存在着必然的紧密联系。因此，对于情报学和情报工作来说，引进管理学的理论与方法是天经地义和顺理成章的。管理学是在经济学以及社会科学和自然科学的边缘相互渗透发展起来的，既有自然科学的属性，也有社会科学的属性。比如，在定量分析时采用数学方法，但在定性分析时却采用逻辑推理和辩证分析的方法，而有时又是两者的结合。

古典管理理论中的泰勒（F. W. Taylor）科学管理理论、法约尔（H. Fayol）过程管理理论和韦伯（M. Weber）行政组织理论，以及后来的行为科学理论、竞争战略理论、战略管理理论（战略规划和战略决策）等，在情报、情报活动和情报管理中的相应领域都有具体应用。管理学的常用方法，如质量管理、决策分析、行为科学以及管理信息系统等，也被情报学和情报工作借鉴。

以管理学中的战略管理和情报学中的竞争情报为例，战略管理是企业管理中的高层活动，其核心是战略决策。在进行战略决策的过程中，需要有用的竞争情报。在战略的规划、制定、实施和评价过程中，需要对企业的竞争环境、竞争对手的信息进行搜集、分析和研究。事实上，竞争情报是企业战略管理中的一种行为。基于此，竞争情报“不仅从战略管理的思维上，更是不断借鉴战略管理的最新理论和方法，丰富与充实竞争情报理论的宝库，如战略分析阶段的战略群体图分析法、关键成功因素分析法、SWOT分析法；战略选择阶段的波士顿矩阵（BCG）分析法、战略地位和行动评价模型（SPACE）分析、行业吸引力分析法（竞争能力矩阵分析）等和模型都成为竞争情报分析的基本技术与手段”[21]。而波特（M. Porter）的五力模型、价值链分析和竞争对手分析框架等更是成为竞争情报常用的技巧和工具。

在大数据时代，数据分析渗透到各行各业、各个领域。当然，也不可避免地影响着管理学的发展，且必将促进管理学形成新的理论与方法。作为管理学的下属学科，情报学和情报工作有必要进一步地继续吸收和借鉴管理学原有的和新的理论与方法，促进与管理学的紧密融合，推动情报学和情报工作的发展。

3.4.2 军事学

军事学是一门古老的学科，起源于原始社会，是研究战争的本质和规律的综合性科学。情报学应用于各个领域形成了情报学在各个学科的分支，如军事情报学、政治情报学、经济情报学、科技情报学等。其中，军事情报学也是军事学的一个学科分支，在情报学的各个学科分支中历史最为悠久，也最具特殊性，对情报学和情报工作的产生和发展具有直接的、重要的作用，而且“情报”一词本来就是来源于军事学。虽然说军事情报学是情报学的一个学科分支，但军事情报学的历史却远远早于情报学。所以，情报学和情报工作吸收和引进军事学特别是军事情报学的相关理论和方法也是应该和必然的。

“军事情报学是研究军事情报特性、军事情报工作规律和军事情报工作指导规律的学科，是人们对军事情报工作实践的理性思考和概括总结，是指导军事情报工作的理论基础，其基本任务是揭示军事情报工作规律，阐明军事情报工作的理论与方法，指导军事情报工作实践。”[22]诞生于2500年前的《孙子兵法》是我国古代的一部伟大的军事著作，被称之为军事学的开山之作，世界各国也将其视为“兵学圣经”。“《孙子兵法》共十三篇，其重点就在说明‘情报’对‘决策’的重要。”“《孙子兵法》一言以蔽之，即是充分利用情报来达全胜的决策目标。”[23]显然，《孙子兵法》中的军事情报思想是军事学的基础，也构成了军事情报学的基本框架。推而广之，国内外情报学著作和论文都大量引用了《孙子兵法》中的经典语句。

以情报学中的重要分支竞争情报为例，专家们较为认同的观点是：“竞争情报兴起的原因之一是军政情报力量向经济技术领域转移，以及军事原理、方法和思想的移植，如C3I（通信、指挥、控制和情报）原理、孙子兵法思想等的应用。”[21]第二次世界大战后，世界各国的注意力开始从战场转向商场，军事情报战、政治情报战开始转向经济情报战、科技情报战。美国中央情报局及其他政府部门的前情报人员，或者直接进入企业，为企业建立竞争情报系统，或者开办培训机构，为企业培养情报人员，从而极大地促进了美国企业竞争情报工作的发展。其他国家的情况也大体类似。除了前军政情报人员进入企业界直接从事竞争情报外，有的还进入竞争情报学会或协会担任要职，出版竞争情报著作，发表竞争情报论文，把适用的军事情报理论、方法和技术引入企业竞争情报，诸如竞争情报Herring模型、安全保障策略（OPSEC）、竞争情报战争游戏法、竞争情报作战室以及反竞争情报方法等都被国内外企业竞争情报工作采用。军事学理论和方法的“军转民”为竞争情报的产生和发展起到了巨大的推动作用。

大数据分析不但为情报学和情报工作提供了新的发展机遇，而且也给军事情报理论和方法的深入发展提供新的可能。情报学和情报工作应当密切关注大数据时代军事学相关理论和方法的进展，抓住大数据时代为情报学和情报工作进一步吸收和引进军事学的新理论、新方法和新技术提供的契机，在情报学和情报工作理论和方法方面进一步做好军民融合。

4 情报学和情报工作的“不变”

4.1 “广、快、精、准”的要求和标准不变

1958年11月，在聂荣臻副总理的主持下，第一次全国科学技术情报工作会议召开了。这次会议确定了科技情报工作“广、快、精、准”的工作方针。这四个字，既是对科技情报工作的要求，也是衡量科技情报工作的标准[10]。科技情报工作必须遵守。之后，在1963年第三次全国科技情报工作会议上再次重申了这一方针。

所谓“广”，就是要求情报搜集的来源要“广”。广开渠道，广辟来源，广泛搜集情报、信息、数据。搜集不能有死角，不仅要从公开渠道搜集，更要注意从非公开渠道搜集，要特别注意细枝末节，不能有大的遗漏。

所谓“快”，就是要求情报工作的速度要“快”。强调时间上的及时性和超前性。也就是说，反应要快，搜集整理、加工处理、分析研究、传递报道各个环节都要快，讲求速度，讲求效率。宁作马前卒，不当马后炮，力争走在时间的前面。

所谓“精”，就是要求情报产品的内容要“精”。不求多，但求精，少而精。通过深加工、精加工，去粗取精，去伪存真，由表及里，由此及彼，提炼出高、精、尖的简明扼要的浓缩情报，提出结论性的意见、预测性的见解以及精炼的应对措施和行动方案。

所谓“准”，就是要求情报报道的质量要“准”。这里有两层含义：一是指情报内容的真实性和可靠性，分清正误，辨别真伪，判断准确；二是指提供情报的人要实事求是，不说假话、空话、大话，不能漏报甚至谎报军情，误导决策。

“广、快、精、准”这四个方面，相辅相成，有机结合，互相制约，辩证统一，不可分割。在“广、快”的基础上，求精、求准；在“精、准”的前提下，求广、求快。半个多世纪以来，“广、快、精、准”这四个字事实上已成为指导我国科技情报工作的四项基本要求和标准。尽管时代在变迁，社会在进步，科技情报工作面临的形势发生了很大的变化，但实践证明，这四个字是符合我国国情的。它们不仅适用于科技情报工作，也同样适用于其他行业和领域的情报工作，是对各项情报工作的共同要求和标准。

大数据时代赋予情报学和情报工作新的理论和方法，研究或工作内容可能有所变

化，但“广、快、精、准”这四个方面的要求和标准不能变。

4.2 “耳目、尖兵、参谋”的角色地位不变

中央军委聂荣臻副主席为国防科技情报工作会议题词为：“科技情报是科技工作的耳目、尖兵。”中央军委张爱萍副秘书长在参观兵工科技情报工作成果展览时指出：“情报研究工作要参与决策、当好参谋。”[24] 1965年，时任国家科委和国防科委主任的聂荣臻元帅提出：“要把90%以上的力量摆在情报研究方面，当好中央军委和国防科工委的科技情报参谋。”[25] 中央领导不仅强调了情报研究在科技情报工作中的位置和重要性，而且还对我国科技情报工作的使命和任务做出了准确定位。中央首长的这些题词和讲话为我国科技情报工作指明了前进方向，明确了科技情报工作的使命和任务。同时，也揭示了科技情报工作的性质和特点。半个多世纪以来，这些题词和讲话一直指引着我国科技情报工作向前发展。

我国科技情报事业创建后，一直把“耳目、尖兵、参谋”作为自己的历史重任和战略定位，各级科技情报机构始终把这六个字作为生存和发展的基石，我国情报学也把这六个字作为本土情报学的特色，而有别于其他国家的情报学。

所谓“耳目”，原意是刺探、侦察情况和消息的人，引申为监听、监视环境和他方的人。“耳目”的主要任务是眼观六路，耳听八方，及时搜集和告知有用的最新情报。对“耳目”的基本要求是耳聪目明，成为“顺风耳”和“千里眼”。

所谓“尖兵”，原意是走在前面、身处前沿的人。特指担负行军警戒的连以下分队，按兵力大小称为尖兵班、尖兵排、尖兵连，兼有战斗搜索、侦察敌情、观察地形地貌的任务。优秀的尖兵应当具备良好的、敏锐的猎人头脑和技能，具有初步的判断和预测能力。对于情报工作来说，尖兵的作用主要体现在搜索信息、摸清情况、把握态势。

所谓“参谋”，原意是代出主意的人。“参”，即参加、参与决策；“谋”，即出谋、计谋、谋略。在军队中，特指参与指挥部队行动和制定作战计划的人。引申为参与商议、出谋划策的人。对于情报工作来说，参谋的主要任务是综合各种信息、辅助决策，为领导决策、制订规划提供科学依据和可选方案。基本要求是足智多谋、深谋远略，运筹帷幄，决胜千里。

对于情报工作来说，“耳目、尖兵、参谋”这三个角色是一个有机的整体，不能分割，同时，也揭示出情报工作相互衔接、层层递进的三个主要阶段。如果只完成了信息的搜集和分析，而不进一步综合研究，并提出解决问题的建议或方案，即只作“尖兵、耳目”，不作“参谋”，就不是完整的真正的情报工作。

在大数据时代，情报学和情报工作需要推陈出新，自我调整，不断完善，赋予新的内容。但无论怎样变化，坚定不移地保持情报学和情报工作“耳目、尖兵、参谋”的角色定位不变，牢记情报学和情报工作的基本性质、历史使命和根本任务，这对于情报学和情报工作在大数据时代稳健发展具有重要的意义。

4.3 决策支持的功能定位不变

“我国情报工作向来就有服务决策的职能。”[18]决策，就是决定策略或办法，是人们为有关事情出主意、做决定的复杂的思维操作过程，这个过程包括信息的搜集和加工，进而做出判断，最后得出结论。

决策是任何有目的的活动发生之前必不可少的一步，是人们在政治、经济、社会、技术和日常生活中普遍存在的一种行为。同时，决策是各种管理的基本活动和成败的关键，贯穿于管理活动的全过程。科学决策是现代管理的核心，也是现代管理者的主要职责。为了做出正确的决定，进而实现特定的目标，通常要根据客观环境和条件的可能性，在充分占有信息和经验的基础上，借助一定的工具、方法和技巧，对影响目标实现的各种因素进行分析、计算和判断，再进行选优后，对未来行动做出决定。决策按照范围分为战略决策、战术决策和业务决策。

我国情报学和情报工作一直强调情报要为决策服务。“情报工作的本质目的就是在决策过程中信息不完备的情况之下，消除信息不确定性，从而降低决策的盲目性，优化决策者的思路。”[26]消除或减少决策中的不确定性和盲目性，支持和确保决策的科学性，是情报学和情报工作追求的目标。

从情报学历史和情报学理论来看，情报学主要分为古典信息理论学派、社会传播学派、属性结构学派、智能过程学派、系统理论学派和决策功能学派等[27]。其中，决策功能学派强调通过情报搜集与分析为决策提供支持。

以美国约维茨（M. C. Yovits）为代表的一批学者从决策论的角度出发，对情报流动和分析的理论基础进行深入研究，并取得一系列成果，逐渐形成情报学的决策功能学派。该学派的突出特点是：“在理论基础上将情报看作是决策中有价值的资料。通过对人类决策过程的分析，建立起以情报处理为核心的通用决策模型，用定量的方法对一系列与决策过程有关的变量和参数进行处理，描述情报流在决策过程中的动态过程，揭示相互之间的定量关系，以情报量、情报价值、情报效益、决策者效能、决策者能绩等概念和关系量来揭示情报的决策功能。”[28]与其他学者不同，约维茨并不认为情报是知识的同义语，而把情报定义为“对于决策具有价值的数据”。他通过分析情报流在决策中的功能，提出“广义情报系统”的概念。也就是说，情报机构向决策者提供情报，决策者利用这些情报，选择最佳的可执行方案，并转换成可观察的数据。在执行过程中，把情报又从外部或内部环境反馈到情报机构，决策者再利用反馈数据来修正原先的决策。

我国情报学和情报工作的历史表明，为决策服务始终是情报学和情报工作的核心任务及立命之本，至今未变。比如，科技部目前仍然强调，“科技情报机构要积极开展科技预测、决策分析、舆情监测等工作，为政府和创新主体的决策提供情报支撑，将自身打造为高端智库。”[29]情报学和情报工作如果脱离了为决策服务这个终极目标，情报学和情报工作就会迷失方向，甚至没有立足之地。

在大数据时代，情报学和情报工作的决策功能定位不但不能变，反而还要强化。人工智能、机器学习等各种面向智能的技术和方法的出现，使得情报处理和分析变得更为精准和科学。因此，情报学和情报工作应当针对面临的研究和工作问题，引入并改进大数据技术和方法，进一步强化情报学和情报工作的决策功能。2015年1月，《关于加强中国特色新型智库建设的意见》的正式印发，引起情报学和情报工作的高度重视，不少学者围绕智库建设和情报机构的转型与变革进行了有益的探索。强化情报工作，使之服务于智库建设和发展，从而为决策者提供科学的支持，已经成为众多学者的共识。

4.4 战略规划的功能定位不变

战略与决策通常是联系在一起的。“战略”最早是一个军事术语，“战”指作战、战争，“略”指谋略，系作战谋略之意。“战略”一词在中国历史久远，《孙子兵法》被认为是中国最早对战略进行全局筹划的著作。由于战略是从全局考虑来谋划实现长远目标的远期规划的，所以，一般来说，规划战略、制定战略和实现战略目标的时间比较长。

所谓战略规划，是指对重大的、全局性的、基本的、未来的目标、方针、任务的谋划。战略事关国家和组织的重大问题，属于大政方针的制定。战略规划的范围涉及大方向、总目标及其主要步骤、重大措施等方面，要求能统揽全局，全面把握事物发展，立足当前，着眼未来，从宏观上考虑问题，增强预见性。

我国科技情报事业开创之初，就把为国家、政府和各级组织的战略规划制定服务作为情报研究的重要内容，并取得了很大成绩。我国情报学和情报工作，在对国外情报学三个研究范式“引进介绍和综合集成的基础上，形成了中国独特的战略性情报研究的特色”[16]。在我国，有些科技情报机构把情报研究部门改称为“战略研究中心”，“就是要满足国家战略情报需求、为重大战略决策提供支持，并且在实际工作中也确实发挥了重要作用”[16]。比如，中国科学技术信息研究所的“政策与战略研究中心”定位于为科技决策主体提供“基于事实的、科学、客观、系统的”战略研究以及面向科技战略决策方案的产品与服务。由此可见，“情报是一个组织对外部环境变化的感知和响应，而且总是为组织的战略和安全服务的，是组织制定发展战略和安全对策的先导和基础”[9]。因此，为战略规划服务是我国情报学和情报工作的功能定位，任何时候都不能改变。

情报学和情报工作的战略规划功能在竞争情报领域体现得最为明显。竞争情报是以竞争为前提的情报活动，既然是竞争，就必然存在竞争对手、竞争战略、竞争策略、竞争优势和竞争力等问题，而这些问题一直是竞争情报研究的主要内容。因此，迈克尔·波特的竞争“三部曲”——《竞争战略》《竞争优势》和《国家竞争优势》成为国内外竞争情报研究的重要理论基础。成立于1986年的竞争情报专业人员学会（Society of Competitive Intelligence Professionals，SCIP），于2010年更名为战略与竞争情报专业人员学会（Strategic and Competitive Intelligence Professionals，SCIP），将竞争情报与战略情报相提并论，进一步凸显和强调竞争情报的战略决策功能。该组织在更名时宣称：名字的变更反映了竞争情报职业的发展演变——支持高层决策和坚定地认可竞争情报与战略之间的关系。这使竞争情报专业人员正式认识到：战略与竞争情报不可避免地联系在一起。竞争情报专业人员直接支持和影响着战略。为了反映这个变化趋势，更名是合乎逻辑的。支持和增加对战略决策的关注，这是SCIP的主要目标之一，即向SCIP成员强调战术导向和战略导向，通过把战略情报与竞争情报结合起来，创造出唯一有价值的建议。SCIP的愿景：通过竞争情报更好地决策[30]。

在大数据时代，我们应该抓住机遇，充分运用先进的数据分析工具、方法和技术，进一步提升情报学和情报工作的战略规划功能，为国家发展和组织发展提供有价值的战略情报，提升自身的战略支撑作用。

随着信息时代的到来，20世纪90年代初，情报学和情报工作曾经有过一次“扩军”，即内涵从“情报”放大到“信息”。研究对象发生漂移，造成了学术界、情报界的困惑和迷茫。如今，大数据时代到来了，情报学和情报工作又面临着第二次选择，是再从“信息”扩展到“数据”，还是回归和坚守“情报”的阵地，这是摆在每位情报学家和情报专家面前的一个必须给予明确回答的严肃课题。

作为一门学科和职业，其研究或工作对象是不应该改变的。随着时代的变迁和社会的进步，研究或工作内容是可以改变的，但是，这种改变不能以牺牲研究或工作对象作为代价来换取。无论何时何地，研究或工作内容都应该服从研究或工作对象，不管当时的热点和焦点如何变化，都不应该动摇学科或职业的根基。对于情报学和情报工作来说，无论什么时代，“情报”永远是研究或工作对象，既不能被取代，也不能漫无边际地扩张。此外，任何事物都有一个“度”，超过了这个“度”，就不是这个事物了。因此，我们不主张过度强调情报学和情报工作的综合性和交叉性，避免被消解、被边缘化。

随着大数据时代的到来和数据科学的兴起，情报学和情报工作的分析对象要从“信息”深入到“数据”；研究对象要从“信息”回归到“情报”；加工层次要从“分析”提升到“研究”；同时，还要引入数据学、管理学和军事学等相关学科的适用理论、方法和技术。

在大数据时代，新理论、新方法和新技术层出不穷，合理地吸收和引进这些理论、方法和技术是每个学科、每个职业的必然选择。但是，就一门学科和一个职业而言，它的历史使命、根本任务和边界不能因时因地而改变，能改变的只是内容、方法、工具、技术、机制和模式等。也就是说，“枝”和“叶”可以成长，而“根”是不能移动的。对于情报学和情报工作来说，“广、快、精、准”的要求不能改变；“耳目、尖兵、参谋”的角色地位不能改变；决策支持的功能定位不能改变；战略规划的功能地位不能改变。

今后的情报学和情报工作要以情报为导向，以信息和数据为来源，通过现代技术和情报人员智能、智力和智慧的分析，再经过综合研究，将分析后的数据和信息转化为有价值的情报，服务于决策和战略。

参考文献：

[1]布鲁克鲁. 论文献计量学、科学计量学和信息计量学的起源及其相互关系（1）[J]. 程焕文，译. 情报科学，1993（3）：71–75.

[2]BUSH V. As we may think [J]. Atlantic monthly，1945（1）：101–108.

[3]KOCHEN M. Information and society [J]. Annual review of information science and technology，1983，18：277–304.

[4]周晓英，崔佳佳，唐宇萍，等. 情报学的起源与方向：从布什的《诚如所思》谈起[J]. 情报科学，2004（2）：129–136.

[5]BUCKLAND M K，LIU Z M. History of information science[J]. Annual review of information science and technology，1995（1）：385–416.

[6]贺德方，等. 数字时代情报学理论与实践：从信息服务走向知识服务[M]. 北京：科学技术文献出版社，2006.

[7]丁庆生. 科技情报事业发展的历史回顾[J]. 情报学刊，1981（4）：31–35.

[8]武衡. 科技战线五十年[M]. 北京：科学技术文献出版社，1992.

[9]包昌火. 中国情报学论纲[J]. 情报杂志，2018（1）：1–8.

[10]武衡. 回顾历史开创未来：纪念中国科学技术情报事业开创卅周年[J]. 情报学报，1986（3/4）：195–198.

[11]程学旗，靳小龙，王元卓，等. 大数据系统和分析技术综述[J]. 软件学报，2014（9）：1889–1908.

[12]数据学和数据科学[J]. 天津经济，2017（7）：63–64.

[13]刘磊. 从数据科学到第四范式：大数据研究的科学渊源[J]. 广告大观（理论版），2016（4）：44–52.

[14]HAYASHI C. What is data science? Fundamental concepts and a heuristic example[M]//KIERS H A L，RASSON J P，GROENEN P J F，et al. Data science，classification，and related methods. Germany：Springer，1998.

[15]CLEVELAND W S. Data science：an action plan for expanding the technical areas of the field of statistics [J]. International statistical review，2001（1）：21–26.

[16]马费成. 情报学发展的历史回顾及前沿课题[J]. 图书情报知识，2013（2）：4–12.

[17]高金虎. 从“国家情报法”谈中国情报学的重构[J]. 情报杂志，2017（6）：1–7.

[18]包昌火，金学慧，张婧，等. 论中国情报学学科体系的构建[J]. 情报杂志，2018（10）：1–11，41.

[19]苏新宁. 大数据时代情报学学科崛起之思考[J]. 情报学报，2018（5）：451–459.

[20]中国社会科学院语言研究所词典编辑室. 现代汉语词典[M]. 北京：商务印书馆，1978.

[21]王知津，陈维军. 论竞争情报的理论来源[J]. 图书情报工作，2007（7）：28–30，61.

[22]高金虎. 军事情报学研究现状与发展前瞻[J]. 情报学报，2018（5）：477–485.

[23]王进. 论《孙子兵法》的情报决策思维[J]. 前沿，2009（10）：57–59.

[24]本刊评论员. 抓紧时机乘胜前进[J]. 兵工情报工作，1984（1）：1–2.

[25]包昌火. 关于以Intelligence Studies取代Information Studies的建议[J]. 情报理论与实践，2009（7）：10–11.

[26] 刘如，吴晨生，刘彦君，等. 中国科技情报工作的传承与发展[J]. 情报学报，2019（1）：38-45.
[27] 丁久辉，蔡景平. 情报学理论学派与情报学研究热点分析[J]. 情报探索，2010（1）：17-19.
[28] 张新华. 情报学理论流派研究纲要[M]. 上海：上海社会科学院出版社，1992.
[29] 李萌. 大数据时代对我国科技情报事业发展的新思考[J]. 中国软科学，2016（12）：1-4.
[30] SCIP[EB/OL]. [2019-03-25]. https://www.scip.com/?tn=56080572_4_hao_pg.

（本文原发表于《情报理论与实践》2019年第7期）

论情报学与情报工作“智慧”发展的几个问题*

孙建军　李　阳（南京大学信息管理学院）

自2017年情报界的《南京共识》[1]发布以来，中国情报学与情报工作发展被赋予了全新的时代内涵。在此一年多时间里，一股“大情报观”新风热潮扑面而来，不仅出现了更多的新文献、新观点、新思考，也催生了不同领域情报研究与情报服务的跨界融合与纵深化发展。2018年11月10日，情报学与情报工作发展论坛再次召开，来自情报学各个领域的专家学者们汇聚武汉大学，就情报学定位、情报学学科建设、情报学教育及人才培养、情报工作创新等议题进行了思想交锋、领域发声和智慧碰撞，对于进一步推动具有中国特色的情报学与情报工作发展具有重要意义。

情报学是一门特殊的学科，不仅仅因为“情报”本身的神秘色彩，更因为在中国情境下它所携有的诸多特殊历史印记。一直以来，不同领域、不同学派对信息、情报、情报学、情报工作等相关问题都持有不同的立场、见解和观点，某些学科甚至将其误解为是纯粹的“资料提供者”“信息推送者”，这造成了人们对中国情报学与情报工作发展产生了“强烈”似又“过分”的纠纷乃至忧患意识。实际上，从逻辑演进的角度来看，中国情报学与情报工作始终是在“变”与“不变”的辩证体系中发展的。一方面，技术、政策、人文等要素是在不断变化的，这意味着学科发展需要根据需求、环境、情境等做不同的规划和设计；另一方面，作为信息链的重要一环，“情报”服务管理与决策的基本锻造逻辑始终没变，这也是我们对“情报”认知的第一要义。在这“变”与“不变”之中，“情报”在知识世界与社会空间中的内涵与内容不断丰富、系统、多元、深入，尤其是在全新的时代背景下，它更需要新的“传承”与“创新”。智慧是人们追求的永恒话题，学科发展也应充满其特殊的“智慧”元素——要兼具科学性、前沿性、系统性、开拓性等。随着大数据、智慧数据、互联网+、人工智能、智慧社会等理念与技术在情报学学科中的广泛应用，情报学与情报工作发展已经显示出智慧化的迹象。有鉴于此，本文从思维、资源、技术、教育、路径等五个方面简单谈谈如何更好地注入“智慧”元素。

* 本文系国家社会科学基金重大项目“人文社科专题数据库建设规范化管理研究”（18ZDA326）的成果之一。

1 “智慧”元素之一：思维要与时代接轨

当前，我们已经进入了新时代，新时代是各个学科、各行各业都急需研究和实践的新课题。情报学与情报工作的“智慧”发展首先要在思维上与时代接轨，这种接轨并不是简单地喊喊口号这么轻松，而是要落实到各个方面、各项工作的始终。目前来看，有几种新思维理念需要引起情报教育工作者以及业务实践人员的高度重视。

一是战略思维。随着各项工作的推进，情报学已经发展到了一定的规模，但学科地位仍然缺乏广泛的认可。究其原因，主要与学科发展缺乏明确的战略定位与全流程的规划设计密切相关。在某种程度上，战略思维决定了情报学学科的涉足空间与发展潜力。因此，无论是情报学科体系、教育体系抑或业务体系，都应在数据意识、知识整合、情报能力等方面更具有战略眼光，用战略思维统筹推进“硬件”与“软件”建设。当然，战略思维强调有坐标的内涵发展，既要牢记情报学“耳目、尖兵、参谋”的初心，又要强调高屋建瓴的“大情报”格局，这些对于情报学与情报工作的可持续发展以及话语权争取具有长远意义。

二是跨界思维。由于长期的体制机制限制，科技情报、军事情报、医学情报、政治情报、外交情报等不同领域的学科理论没有很好地实现有效协同与交叉融合，这在一定程度上限制了情报学与情报工作的整体提升与创新发展。因此，如何通过合理的方式、途径、机制实现面向情报力量的跨界融合、实现垂直化管理与横向情报业务关联，是当前中国情报学与情报工作的主要任务之一。当然，随着大科学、大工程的兴起，也需要通过“筑巢引凤”来吸引其他学科的参与，积极搭建情报式科学研究协作服务平台，有效地推进跨学科、跨领域乃至国际层面的“情报”合作交流。

三是工程思维。情报工程是近几年来情报学界的新兴话题和领域，或者也可以说是一种以“情报”为特色的新研究范式。实际上，过去钱学森老前辈就提出了“综合集成研讨厅体系”，强调将专家体系、数据和信息体系以及计算机体系三者结合起来。在情报学领域，目前也正在不断诠释以数据资源、工具方法与专家智慧的集成与协同为核心轴的情报工程体系，这对于适应新场景的情报服务创新具有重要意义。那么，为什么具备社会科学属性的情报学也要强调工程思维呢？实际上，这一方面与大数据、智能化环境的迅速发展直接相关，但更多的应该是对过去情报业务效率不高的一种需求变革的回应。因此，我们所强调的工程化情报服务，高效协调、快速响应、因应而变应是其重要的考量指标，唯有如此，情报工作的整体效率才会提高。可见，工程思维在情报学领域的应用实质上是对情报投入端与情报输出端的一种综合平衡。当然，情报工程的推进是一项系统性工作，涉及情报需求工程、情报分析工程、情报行动工程等各类子工程项目。因此，从现代化发展的角度出发，我们需要更多地面向新业务、全流程的情报工程化能力，积极推进情报事业的“广、快、精、准”。

2 “智慧”元素之二：资源强调“大、智”结合

资源建设一直是情报学领域的重要内容，也是情报研究与情报服务工作开展的基础保障。正如一座大厦，如果没有砖瓦和基石，何谈屹立不倒！目前，我们已经进入了国家知识资源服务建设的关键阶段，情报资源作为一种特殊的战略性资源，其重要性可想而知。

当前的情报资源建设已经显示出新变化与新方向：

第一，情报资源建设的“大数据”特征越发明显。过去，情报资源建设主要集中在文献信息源层面，到了网络化时代，又发展为以网络信息源为主。如今，在数字化转型和大数据推动下，情报资源建设的内涵与内容更加丰富化，“大数据”特征以及由此推动而来的多元聚合性特征越发凸显，数据驱动模式已经成为情报资源建设及其服务架构设计的基本参考。当然，目前为止，很多情报资源建设多拘泥于纯粹的泛在信息服务层面，没有上升到“智库型”模式的情报服务、战略性服务层面。实际上，很多领域的情报资源库建设仍然有待开发，比如应急大数据情报资源库、科技大数据情报资源池等。

第二，智慧数据观成为情报资源建设的新导向。在新一轮大数据革命中，智慧数据成为新宠儿。智慧数据强调语义互联，强调自动知识推理，这实质上对数据质量和数据价值提出了更高的要求。当前，人文社科数据资源建设与管理不断兴起，各类专题特色数据库建设如雨后春笋，情报学也不例外，但如何将智慧数据理念嵌入其中，通过多源数据的融合、关联和分析等活动实现智能决策支持和行动，是需要考虑的难题，这其中涉及一系列的标准、规范、质量、安全等问题。其中需要指出，以情报为特色的智慧数据资源建设与目前数字人文等领域的智慧数据资源建设还存在诸多差异，毕竟情报学的学科属性更加贴近战略管理、政策与决策、应用实战等方面。目前，情报学在这方面的探讨实际上可以围绕智慧城市、智慧社会层面的智慧数据建设展开，但这方面的研究仍然比较少见。

上述两个方向实际上也是当前数据资源建设的两条路径，而情报资源建设则更强调对零散、分化的数据资源的转化和升级。在大数据与智能化环境下，情报资源建设的“大、智”结合是一种必然趋势，当然，它们之间也是相互关联和相互影响的，但并不矛盾，前者强调“面”的覆盖，后者强调“质”的提升。大数据方向已经广为人知，从智慧层面出发，当前情报资源建设的智慧数据路径更加值得我们去系统关注，去深入挖掘。有学者提出，目前的人工智能发展主要有两种方向：一种是大数据吞吐式，主要通过海量数据的机器学习来实现智能化；另一种是绿色人工智能理念，倡导使用尽量简约的数据来获得一种更为智能的认知结果[2]。受此启发，我们认为，作为情报学科乃至其他学科的资源基础和研究平台，绿色型也应是未来情报资源建设的重要导向，它对于提升情报资源的可用性具有重要意义。实际上，现在所说的情报工程范式所倡导的效率与成本的综合平衡[3]，本质上就是这种节俭性的一种折射，这与我国“建设美丽中国”一直倡导的绿色发展理念也是一脉相承的。因此，情报资源建设应积极关注这种（大数

据）智慧型绿色取向，要在需求、价值、成本、效率等方面保持一种平衡。

3 “智慧”元素之三：技术凸显领域话语

技术始终是推动学科创新与发展的关键驱动力。情报学的研究对象和理论方法具有特殊性，因而更加容易受新技术环境的影响，相对而言处于变化旋涡的中心。一直以来，情报学处于一种“文”不“文”、“理”不“理”的尴尬境地，其本质上便是情报技术这一关键驱动力的不足和迷失。因此，设计开发凸显情报特色和领域话语的技术体系，在一定程度上甚至可以被视为当前情报学与情报工作的核心任务。

情报技术的创新对于提升情报工作与情报服务的标准化与流程化具有重要意义。在全新的环境下，情报界似乎过多关注了大数据、云计算、系统仿真等基础核心技术，却忽略了对自身技术范式与逻辑、分析方法学的凝练与探索。因此，应改变过去泛在信息技术运用的做法，尝试以情报流程、情报系统等情报技术范式为指导，创造适用于情报学与情报研究特色的分析方法学。同时，设计开发凸显情报概念的工具、方法与模型，以及面向情报系统的融合和集成技术，建立完备的标准规范与模拟系统，为情报技术体系打造领域新标签。未来，情报技术的发展应面向三元世界（信息空间、物理世界与人类社会）而不断扩展和升级，情报技术体系将集生产技术体系（与生产大数据内容相关的基础性通讯、网络等技术）、分析技术体系（包括对各类情报源的识别、评估、调度、推理、处理等）、决策技术体系（包括研讨环境研发、知识精准推荐与求解、意见融合与生成等）等为一体。可以想象，在这样的情境下，情报技术的边界得到了扩大，在品质层面也将得到提升，全新的情报生产模型将诞生并投入应用，更多的智能情报助理将会不断出现，并成为管理与决策的最佳帮手。

当然，情报技术的创新仍然需要关注情报人文问题，切不能忽视用户认知和社会语境。目前来看，情报界正在尝试着从“计量”到“计算”的转变，计算型情报分析逐渐成为情报技术领域的主流。实际上，在新环境下，这种技术理念的改变非常有必要，至少它是情报技术脱离传统文献范畴、统计范畴的一种积极表现。当然，这其中也仍然存在一些困惑，毕竟计算型情报模式往往会忽视情境，这本身与情报人文是有所悖的。因此，鉴于情报往往与敏感性问题直接挂钩，尤其是在人工智能与情报学高度融合发展的背景下，如何驾驭这种技术带来的可能性临界值和奇点问题，将情报技术与情报人文进行智慧融合，是个难题。目前，这个问题仍然有待进一步系统探索，因为这不是技术范本本身的自我“圈定”就能单独解决的，还涉及外部规章制度的规范化、情报技术人才的素质等各个方面内容。

4 “智慧”元素之四：教育注入情报活力

教育一直是百年树人的伟业，情报学教育直接关系到情报学科和情报事业发展的未来。由于当前各领域中基于大数据的情报业务在急剧增加，社会对情报学人才需求的广度与深度被扩展，但情报学教育的“情报活力指数”明显偏低，这就要求我们做出相应的变化。

第一，理念上强调以“情报”（Intelligence）教育与“信息”（Information）教育的一体化成长为基础。多年来，情报学教育的重心和发展方向始终存在争论，教育体系也处于不断的演变之中，“一船两夫”[4]式教育现象长期存在。一方面，普通高校的情报学大多脱胎于图书馆学，后来虽然加入了竞争情报教育等具有情报属性的教育内容和研究方向，但Information倾向仍然比较严重。而军事、公安、政治、外交等院校和领域的“情报”教育所占的份额又相对较少，得不到很好的普及和推广。实际上，情报与信息本质上就具有高度的关联性，Intelligence式情报学教育与Information式情报学教育尽管侧重点有差异，但从信息链视角看仍然具备相通性。因此，在现有的条件下，更需要做的是放下固守和偏见，即“少争论，多做事”。具体来说，就是首先要从理念导向上坚持交叉式教育融合、“两条腿走路”等基本方针策略，不再搞“二元对立”，而应强调“综合创新”与一体化成长，建立以信息链为基础的“情报”教育共同体。目前，需要在LIS范式（Library & Information Science）的基础上重点关注IS范式（Intelligence Studies）的情报对抗、情报智能化再造、智慧情报等理论与应用，回归“正宗”的情报学教育。

第二，拓展Intelligence课程体系，提升情报学教学内容的应用性。基于上文所言，情报学与情报工作应将更多的学术精力放到“情报”（Intelligence）这一视域上，在情报教育的各个环节突出情报意识的植入与塑造[5]，创新情报教育内容与方法，增强“情报活力指数”。可以着力于两个方面：一是灵活设置并拓展反映“情报”最新发展的课程以适应社会发展需求。目前来看，需要制定全新的情报人才培养目标，在本、硕、博的课程设置上搭建出层次化教育体系，尤其在情报学教育的硕博阶段，要积极拓展科技情报、安全情报、应急情报等研究方向。同时，可根据具体机构的资源优势和特色领域考虑增设数据科学、情报工程等相关的全新情报教育课程，并对一般性的信息教育课程进行情报意义的改造和深化，强化数据驱动、“技术”与“人文”结合、军民融合、跨界协同等情报新思维，并辅之以课程质量管理体系。二是创新情报学人才培养模式，提升情报学教学内容的应用性。需要重视具有科技、安全、医学等专业背景的情报人才的引进与培养，培养既能承担领域大数据处理与分析工作，也能解决信息链后端情报服务与决策支持工作的人才。在具体方式上，可以通过增加以Intelligence为核心的跨学科知识及决策服务相关知识的灌输，开展跨院校、跨系统、跨学科的情报学人才交流和联合培养方式来实现。同时，扎根于情报工作实践，加强情报教育训练与转化应用，打造具有竞争力的“大情报”开放体系，积极推动情报人才与业务部门的完美对接，以顺应政府、企业等相关组织的复合型人才需求。

5 “智慧”元素之五：路径重视“体能”同构

情报学与情报工作的“智慧”发展既需要有方位感，也要凸显本土化特征。在之前的一篇文章中，我们曾指出，当前中国情报学与情报工作创新发展的主要矛盾正在从形式层面、内容层面的“情报域”与“信息域”的阵地论争，转为价值层面的情报生态建构需求与落后的共享交融文化、低效的情报服务水平之间不同步、不匹配、不兼容的矛盾[6]。因此，中国情报学与情报工作发展路径应坚持“体能”同构，即情报体系与情报能力的双重转型——一方面推进各类情报体系的借鉴交融，另一方面促进各种情报能力的协同培育。“体能”同构符合中国情报学与情报工作“智慧”发展的管理理念与治理方式，是完成情报事业战略转型的理论命题。

“体能”同构的一体化、现代化是情报学与情报工作的终极目标。目前，最首要的问题是要循序渐进地促进各类情报域的命题体系兼容。受历史传统、领域资源、体制框框、文化差异、业务原则等各方面的因素影响，“军口”（国防科技情报学科、军事情报学科、公安情报学等）与“民口”（竞争情报学科、经济情报学科、社会情报学科、科技情报学科等）[7]的命题体系存在较多的差异和不同。从“大情报观”出发，需要将各类情报域的逻辑认知、资源储备、技术专长、专家智慧等进行合理融合与配置，调整过去单一情报范畴与边界的结构性不合理问题，通过搭建“大情报”对话平台，促进层次化的情报能力协同配合，支持“大情报”驱动的大工程、大项目开展。同时，在命题体系融合过程中，还需要注意风险规避问题（如目前比较受关注的军民资源共享和情报、成果转移问题），构建情报干预机制和情报监督机制，支持各类“情报+”活动的顺利开展。

当然，从更高层面看，“体能”同构应衔接于国家治理体系与治理能力的现代化。情报学除了自身的理论建设和学科发展外，还有社会化服务等职能[8]。从这个角度考虑，“体能”同构应具有全局性、宏观性、长远性，因为中国情报学与情报工作的终极追寻仍然是服务于国家安全与管理决策。因此，在任何时候，我们都需要以新时代战略推进路径为总体指引，以国家治理体系与治理能力现代化为基本参考，通过情报“体能”同构打通业务联系、抚顺逻辑关系，培育面向跨领域的情报助理团和情报智库，实现数据链的融合、服务链的协同、价值链的升级，提升中国情报学与情报工作的整体水平和品质，为国家治理体系与治理能力现代化提供强大动力，并成为其关键引擎。

“我是谁？我从哪里来？我要到哪里去？”这个终极哲学命题始终是中国情报学与情报工作发展需要认真考量的[9]。时至今日，过去情报学与情报工作的理论体系、知识体系、技术体系、教育体系、组织体系、业务体系等已经难以适应新时代、新环境的要求。情报学作为一门综合交叉性学科，理应发挥它的特色优势，打造其独有的定位、理念、技术、体系、能力，方能有为有位。因此，各个领域和方向的情报学学者与从业者应该积极投身到新时代情报学科与情报事业建设之中，坚定自己的信念，贡献自己的知识与智慧，增强荣誉感、使命感、成就感，激发情报学与情报工作的潜力和能力，提升情报学与情报工作的理论自信与实践自觉，最终实现情报学与情报工作的“智慧”发展。

参考文献：

[1]邓三鸿，郭骅. 情报学与情报工作发展论坛（2017）隆重召开并凝聚形成《南京共识》[J]. 图书情报知识，2017（6）：125-127.

[2]余盛峰. 大数据与大智慧：人工智能范式与“三个世界”的立法使命[EB/OL]. [2018-10-10]. http://ex.cssn.cn/zx/bwyc/201808/t20180824_4548109_1.shtml.

[3]朱礼军，段黎萍，赵婧. 面向创新战略的情报工程理论方法与挑战[J]. 情报工程，2016（2）：26-33.

[4]BATTY D. Intelligence work and information science：two men in a boat[M]//WILLIAMS R V，LIPETZ B A. Covert and overt：recollecting and connecting intelligence service and information science. Medford. NJ：Information Today. 2005：25-32.

[5]王延飞，钟灿涛，赵柯然，等. 论情报专业特色教育[J]. 情报杂志，2016（11）：1-4.

[6]李阳，孙建军. 中国情报学与情报工作的本土演进：理论命题与话语建构[J]. 情报学报，2018（6）：631-641.

[7]肖勇. 论基于“三大研究范式”之上的当代中国情报学学科体系与学科群体系构建[J]. 情报学报，2017（9）：895-907.

[8]黄长著. 对情报学学科发展的几点思考[J]. 信息资源管理学报，2018（1）：4-8.

[9]陈峰. 让历史回答对中国情报学的终极追问：评高金虎的《中西情报史》[J]. 情报杂志，2017（12）：1-4.

（本文原发表于《信息资源管理学报》2019年第1期）

第二部分

人文视角的
情报学理论和方法

引　言

卢泰宏先生曾说，只有情报没有人不可能构成情报过程或活动，因此情报科学的人文性质不能够被忽略[1]。的确，情报活动的发生来自于人类的某种特定需要，如果想要探究并掌握情报的活动规律，就必须探明人类的动机、目的、需要等深层次的人文原因[2]，“以用户为中心”的核心价值应该贯穿情报学理论体系[3-4]。

进入大数据时代，情报学的技术元素会有所增强，但是这并不意味着情报学的人文元素会削弱。实际上，近几年情报学理论研究在很大程度上围绕“人文”展开，如情报系统设计强调人的存在价值和自然能力[5]、从哲学和社会的角度提出情报科学应该重新思考思维本身和人的主体性[6]、科技情报机构的服务工作不应与“人”脱节[7]。李阳等认为情报服务需要技术理性与人文价值相结合[8]；杨建林等强调情报的定义离不开用户所需要解决的问题[9]；叶鹰提到“人”是情报学研究的重要学术思想之一[10]；Liu等发现“用户驱动”是不可避免的情报学研究重点[11]；曹文振等提出情报学需要重视“人”的价值以及重视跨学科融合、跨领域应用的发展趋势[12]；Hsiao等发现对“行为”的研究一直是情报学热门课题[13]；柯平认为仅偏向信息技术和经济层面而忽视对用户的研究是情报学研究的舍本求末[14]。

情报学研究中的人文视角包括什么？一方面，段和平将情报学的人文精神体现主要分为知识组织、知识管理和知识创新、信息构建以及知识发现等[15]；Aithal等提出情报学涉及很多与社会科学和人文科学密切相关的领域，如社会信息系统和社会信息、社会计算和社区计算、信息社会与知识社会、知识经济、数字鸿沟、用户研究以及信息架构等[16]。另一方面，对信息文化、信息法律等领域的关注也充分体现了情报学中的人文精神[17]。

近年来，人文视角下情报学研究的热点主要集中在用户行为与信息需求、面向用户使用的知识组织与创新、基于需求的知识服务与管理、公共信息及其服务平台、信息活动中的法律保障等。如，Zhao等针对社交问答网站的用户知识共享态度进行了影响因素分析[18]；刘冰等在科研用户网络学术信息选择评价关系研究中探讨了信息需求和信息选择评价的关系[19]；苏新宁等基于用户行为信息提出较为通用的用户信息知识组织模型[20]；白华利用用户标注，提高知识组织系统的组织能力和标引功能[21]；郭顺利等构建出社会化问答社区知识聚合服务过程模型和用户需求驱动的知识聚合服务体系框架[22]；周毅等提出公共信息服务的行动逻辑包括再造公共信息服务流程，改善用户的服务体验和获得感[23]。

这部分收录的论文，其研究的核心目的是把握人在情报活动中的行为和倾向，尽可能地满足人的情报需求。《游戏化信息检索系统用户研究：游戏元素偏好、态度及使用意愿》一文针对特定用户对游戏化信息检索系统中游戏元素的偏好、态度及使用意愿开展研究，探讨嵌入游戏元素的信息检索系统能否在一定程度上激发用户积极、有效、持续地使用，以获取有用信息的目的。《解释水平理论视角下的社交网络隐私悖论研究》一文从解释水平理论的视角，整合隐私计算、信任和计划行为理论构建了理论模型，并通过实证研究，对隐私悖论现象及其成因进行深入分析。《信息素质链：信息素质内涵的多维度延伸与工具介入》一文首次提出“信息素质链”的概念，基于对象、内容、技术、信息链和延伸拓展维度构建了信息素质链的多维关系模型。《社交媒体中的突发公共卫生事件信息可信度影响因素研究——以微信为例》一文对社交媒体信息来源进行区分，引入用户知情意愿和环境外部性两个因素，从信息用户、信息来源、信息内容和信息环境四个维度对社交媒体中的突发公共卫生事件信息可信度影响因素进行探索。《基于复杂网络分析的智慧政务信息协同结构及特征研究——以深圳市为例》一文依据深圳市政务服务流程提取信息主体及信息链，基于业务流程解析其信息协同结构，构建信息协同网络。《基于DEA模型的公共文化云平台运营效率研究》一文从网站的规模、内容、结构、维护等角度出发选择投入产出指标，运用数据包络分析法计算分析省级公共文化云平台的运营效率。

人是情报的创造者、管理者和使用者，情报学离不开人文主义和人文视角。本部分收录的论文只是相关研究的一个小的缩影。

参考文献：

[1]卢泰宏. 情报科学的人文性质——关于情报科学学科性质的反思[J]. 图书情报工作，1989(6):1-7.

[2]章春野. 论图书情报学的人文性[J]. 现代情报，1991(2):18-19.

[3]靖继鹏，郑荣. 我国情报学学科发展的创新机制及创新领域研究[J]. 情报学报，2005(3):268-276.

[4]马丽华，孙宁宁. 情报学立场——情报学走出困境的路径[J]. 情报科学，2007(12):1769-1772,1822.

[5]丁久辉，邓小昭. 论认知与用户导向的情报检索[J]. 图书馆理论与实践，2010(1):44-48.

[6]BEER C S D. Towards the idea of information science as an interscience[M]. Metapress:Chandos publishing，2015:11-24.

[7]曾建勋. 花甲之年的惆怅：科技情报事业60年历程反思[J]. 情报理论与实践，2017(11):1-4.

[8]李阳，孙建军，裴雷. 科学大数据与社会计算：情报服务的现代转型与创新发展[J]. 图书与情报，2017(5):27-32.

[9]杨建林，李品. 基于情报过程视角辨析情报分析与数据分析的关系[J]. 情报理论与实践，2019(3):1-6.

[10]叶鹰. 图书情报学的学术思想与技术方法及其开新[J]. 中国图书馆学报，2019(2):15-25.

[11]LIU G，YANG L. Popular research topics in the recent journal publications of library and information science[J]. The journal of academic librarianship，2019(3):278-287.

[12] 曹文振，赖纪瑶，王延飞. 人工智能时代情报学发展走向之辨——对本体论、感知论、方法论、服务论的再思考[J]. 情报学报，2020(5):557-564.
[13] HSIAO T M, CHEN K H. The dynamics of research subfields for library and information science: an investigation based on word bibliographic coupling[J]. Scientometrics, 2020(125):717-737.
[14] 柯平. 迎接下一代情报学的诞生——情报学的危机与变革[J]. 情报科学，2020(2):3-10.
[15] 段和平. 人文精神与情报学研究的深化[J]. 情报资料工作，2009(2):10-13.
[16] AITHAL S, PAUL P K, BHUIMALI A. Information science: science or social science?[J]. International journal on recent researches in science, engineering & technology, 2017(5):54-65.
[17] 肖勇. 情报学的人文研究(续)[J]. 情报科学，2004(8):905-909.
[18] ZHAO L, DETLOR B, CONNELLY C E. Sharing knowledge in social Q&A sites: the unintended consequences of extrinsic motivation[J]. Journal of management information systems, 2016(1):70-100.
[19] 刘冰，姜筱晗. 科研用户网络学术信息选择评价关系模型构建研究[J]. 图书情报工作，2019(12):77-85.
[20] 吴恺，苏新宁，郑昌兴. 基于用户行为信息的知识组织模型构建研究[J]. 情报资料工作，2015(1):14-18.
[21] 白华. 从用户标注中抽取本体框架与知识组织系统创新研究[J]. 图书馆建设，2016(1):51-57.
[22] 郭顺利，宋拓，程子轩.用户需求驱动下社会化问答社区知识聚合服务研究[J/OL]. 情报科学，2020:1-8[2020-10-20]. http://kns.cnki.net/kcms/detail/22.1264.G2.20200521.1525.012.html.
[23] 周毅，白文琳. 数据驱动环境下公共信息服务行动的向度与逻辑[J]. 情报资料工作，2019(5):61-67.

游戏化信息检索系统用户研究：游戏元素偏好、态度及使用意愿*

李月琳（南开大学商学院信息资源管理系）
何鹏飞（南昌大学管理学院）

信息检索系统是数字时代人类获取信息的主要工具。不断完善信息检索系统的设计，提高系统的性能，满足不同类型用户的信息需求，一直是图书馆学情报学（Library and Information Science，LIS）领域学者关注的焦点之一。自20世纪80年代以来，用户导向的信息检索研究受到了前所未有的重视，形成了用户导向的研究范式[1]，对信息检索系统的开发与设计产生了深远的影响。学者们开始注重用户研究，并在信息检索系统用户研究方面积累了丰硕的研究成果，这些研究涉及用户使用信息检索系统时的态度、意愿、情感、心理、行为以及从用户角度对信息检索系统的评价等，极大地拓展和丰富了信息检索研究领域。然而，随着新一代信息检索系统用户的成长，针对他们的系统偏好和使用意愿的研究却相对较少。本文将这些用户称为Z一代（Generation Z）[2]，也即“数字原住民”（Digital Natives）[3]，即出生于20世纪90年代中期，伴随着网络等新技术的发展与普及成长的一代人。Z一代用户在认知心理以及学习动机等方面表现出异于其他用户群体的特征。例如，在学习方面，基于游戏的学习（Game-based Learning）是这类群体的显著特征之一[2][4]。

游戏（Gaming）和玩乐（Playing）是人类的天性。游戏被运用于各个领域，催生了“游戏化”的概念，即在非游戏情境（Non-game Contexts）下利用游戏的元素实现不同的功能[5]。当前，游戏化的应用研究主要集中在教育[6]、企业创新与营销[7]、交互设计[8]、图书馆服务[9]以及健康[10]等领域。然而，在信息检索领域，游戏与信息检索相关的研究仍然处于探索阶段[3]，缺乏如何利用游戏的优势适应Z一代的信息检索需求的相关研究。因此，前期研究着重分析了游戏化、游戏元素的含义以及游戏元素的作用机制，结合用户对信息检索系统游戏方面的需求，提出了游戏化信息检索系统（Gamified Information Re-trieval System，GIRS）理论模型[11]，阐明了游戏元素及嵌入信息检索过程的机制。在此基础上，进一步设计GIRS交互界面，构建GIRS情境；在GIRS

* 本文系国家社会科学基金重点项目“网络用户健康信息素养及交互信息行为引导机制研究”（编号:17AZD036）的研究成果之一。

情境下，采用实验研究方法，探究用户对游戏元素的偏好，从用户视角切入，明确哪些游戏元素更适合植入GIRS以支持用户与系统的交互。同时，揭示他们对GIRS的态度和使用意愿，为后续研究进一步开发和设计高保真GIRS提供实证基础。

具体而言，本文主要探究以下问题：①GIRS情境下，Z一代用户对哪些游戏元素最感兴趣，哪些游戏元素最能帮助他们完成检索任务，哪些游戏元素最能吸引他们持续使用GIRS系统？②影响Z一代用户选择不同的游戏元素的因素有哪些？③Z一代用户对GIRS的态度和使用意愿如何？以此进一步探讨游戏化信息检索系统是否能实现激发用户积极、有效地使用信息检索系统，支持用户与系统的交互及鼓励用户持续使用意愿的目的。

1 文献回顾

信息检索系统自诞生以来，如何支持用户与其更好地进行交互，一直是LIS领域重要的研究课题。不断改善系统界面设计，增强系统的人机交互功能，以更符合用户的行为和使用习惯，是重要的途径之一。当前的研究主要集中在以下方面。

（1）信息检索界面开发技术。相关研究主要探讨信息检索界面开发的关键技术和设计语言。例如，García等[12]提出一种基于本体的信息检索系统界面原型系统，可帮助用户“精炼”检索式；Villa等[13]开发了一种基于内容的“分面”多媒体信息检索界面——Facet Browser，帮助用户开展涉及复合概念的复杂检索任务；李广建和王巍巍[14]对国外信息服务系统进行调研，分析当前信息检索系统界面的特点，归纳了5种信息检索系统的界面形式及其关键技术；黄晓斌和邱明辉[15]介绍了6种较有代表性的网站用户界面设计模式语言，提出针对不同网站用户界面设计模式语言的评价指标，以提高数字图书馆网站的可用性；陈冬梅和胡正华[16]提出面向用户的信息系统界面设计方法，加强用户参与软件开发的深度，让用户有能力在一定程度上对信息系统界面直接进行设计和修改，使系统能满足用户个性化和多变的需求。

（2）信息检索界面的用户研究。儿童用户因其有限的阅读和理解能力成为信息检索界面设计主要关注的用户，在界面设计中多采用图片、音乐等多媒体元素帮助儿童使用信息检索系统。Wu等[17]在研究中指出儿童的信息行为不同于成人，基于文本的、任务导向的传统的信息检索界面不适合儿童的信息检索需求，儿童更倾向于接受基于图形的检索界面；Hourcade等[18]开发了一款专为5—10岁的儿童使用的数字图书馆检索界面——Search Kids，采用图形界面帮助儿童进行信息查询、浏览和检索。

在非儿童用户的研究方面，相关研究主要关注多语言检索界面的开发和检索界面的个性化。Hansen等[19]认为，跨语言界面应该为多语言检索用户的信息检索过程提供全面的支持，应考虑同时搜索多种语言、在同一检索会话中更改查寻式语言、按语言过滤检索结果等八个方面；Ling等[20]发现用户进行多语言检索时会大量使用他们掌握的语言进行信息检索，该类用户更偏向于接受有清晰的语言分离（Clear Language

Separation）的信息检索界面；张新凤[21]指出设计良好的通用界面可降低用户在个别系统的交互成本和学习成本，帮助用户有效地使用信息检索系统；李月琳等[22]的研究表明，链接丰富有效、网页组织有序、页面排版布局合理是影响用户与数字图书馆界面交互的重要因素。

（3）游戏化与信息检索系统。相关研究的主题及研究目的比较分散，一些学者着重阐述游戏化信息检索的理念，试图从理论上提出游戏化信息检索的思路、原则和途径。Shovman[23]指出游戏化信息检索应该让用户感到有趣，应该强化用户使用系统过程中的成就感，使检索结果浏览过程不枯燥，提供系统出错后的反馈入口，减少使用者在信息检索过程中的认知负荷；Karatassis等的研究还表明，将游戏元素植入信息检索系统不仅可以帮助用户构建和完善检索式，还可以通过游戏元素激励用户，提高其信息检索能力[24]；Galli等[25]指出游戏化是对传统信息检索系统的强化，游戏元素与游戏的机制可以应用在信息检索的不同阶段以鼓励用户积极、有效地进行信息检索。李月琳和何鹏飞[11]基于心理和行为科学的理论，结合不同领域游戏化应用的成果，提出一种GIRS的理论模型。也有一些学者开始探讨如何在信息检索系统的开发和设计中植入游戏化的元素。Azzopardi等[26]开发了一款网页检索系统——PageFetch2，将四种游戏元素（积分、奖章、排行榜和头像）嵌入网页检索，用户输入能检索到该页面的检索式，耗时越短、检索式越精练，获取的积分或其他奖励就越多，这种游戏化的方式既可用于评估搜索引擎的质量，还可评估各种用户群体的信息获取能力。此外，在合作信息检索方面，Fernández-Luna等[27]提出了一种游戏化与合作信息检索相结合的研究设想。首先，在信息检索系统中分别给用户设立独立账户，用户可以设置游戏头像等；其次，采用组件的方式为用户的信息检索提供支持，当用户完成特定的检索任务后给予用户不同的奖励；系统中设有排行榜，用户可查看自己的排名，另外，用户还可以通过积分换取虚拟奖品等。最终通过游戏化的设计提高用户的参与感，减小任务带给用户的挑战，同时还可增强用户之间的协作行为。

文献回顾的结果表明，不同信息检索情境下，用户群体对信息检索的界面设计需求存在差异，面向不同的用户群体开展有针对性的研究是必要的。此外，游戏化的理念已被应用到信息检索系统的开发和设计中，一些游戏元素已被植入系统，发挥着不同的功能。然而，游戏元素种类较多，哪些是Z一代用户更乐于使用的，哪些更能吸引或激发他们的兴趣和持续使用意愿？已有研究缺乏对这些问题的探讨。揭示这些问题有助于开发和设计更符合用户需求的信息检索系统，因而具有重要意义。此外，游戏化信息检索的相关研究中，用户研究偏少，尤其是针对Z一代用户的研究缺失。鉴于此，本文试图弥补此前研究的不足，针对Z一代开展用户研究，揭示其在GIRS情境下对游戏元素的使用偏好及对GIRS的态度和使用意愿，为构建更有效的GIRS提供理论和实证支持。

2 研究设计

2.1 游戏元素

在前期研究[11]对游戏元素的梳理和分析基础上，本文选取20种适合信息检索系统使用的游戏元素（见表1），其中独立元素14种、嵌入元素6种。前者在游戏中能独自发挥作用，如头像、积分等；后者无法独立发挥作用，必须和其他元素组合才能发挥作用，如交易、赠送等。两者进行合理组合，设计出12个游戏模块，如表1所示。其中，5类是简单模块，只考虑游戏元素的功能和效果，如音效，用户可根据自己的偏好或者当前的使用情境，开启或者关闭。其余7类是复合模块，复合模块是由两种或者两种以上的游戏元素结合构成的模块，不同的游戏元素在模块中要相互结合共同发挥作用。

表1 20种游戏元素和12个游戏模块

编号	简单模块	游戏元素	编号	复合模块	游戏元素
1	交易（E）	交易	7	积分（P）	积分、赠送
2	商店（S）	商店	8	帮助（H）	随机奖励、内容解锁
3	排行榜（L）	排行榜	9	新手指导（G）	收集、关卡
4	好友（F）	好友	10	奖章（B）	奖章、时间
5	音效（Au）	音效	11	成就（A）	成就、时间
6	个人信息（Pe）	个人信息、头像、社交图谱	12	等级（Lv）	等级、经验、头衔

2.2 纸面原型系统

本文采用原型法，设计开发GIRS原型系统，由于纸面原型无法表现音效和时间元素，这两种元素暂不考虑，而将表1中余下的11个模块中的18种元素与信息检索功能模块整合在同一个交互界面中，将游戏模块嵌入信息检索系统，以表1的游戏元素为基础，采用实验研究方法，探讨Z一代用户对GIRS情境下游戏元素的偏好及对GIRS的态度和使用意愿。

纸面原型（Paper Proto Typing）是系统开发前期广泛使用的方法，在一定程度上表示一个产品或系统的全部或部分，可用于系统评估[28]。这种方法适用于产品开发的早期，检验产品的设计概念，以便于改善设计。

本文在设计纸面原型的过程中，借助Mock-ups软件绘制原型系统的界面。界面整体设计以简洁为主，设计的美学和模块布局方面参考了当前系统评估的两项主要指标——页面表现和视觉美感[29-31]，同时兼顾用户的使用习惯。

图1展示了由11个模块构成的纸面原型系统的主界面，即用户登录系统后的初始界

面。界面主要包含四个部分：①界面顶部是标题栏；②左侧是个人信息；③中间是信息检索栏，积分、等级模块会实时参与用户的信息检索过程，用户可通过检索或下载文献积累积分或者经验；④右侧是系统功能栏。还有一些模块，如交易和赠送，只有当用户发起此类操作时才会出现。此外，为反映检索过程，共设计52张检索过程界面。

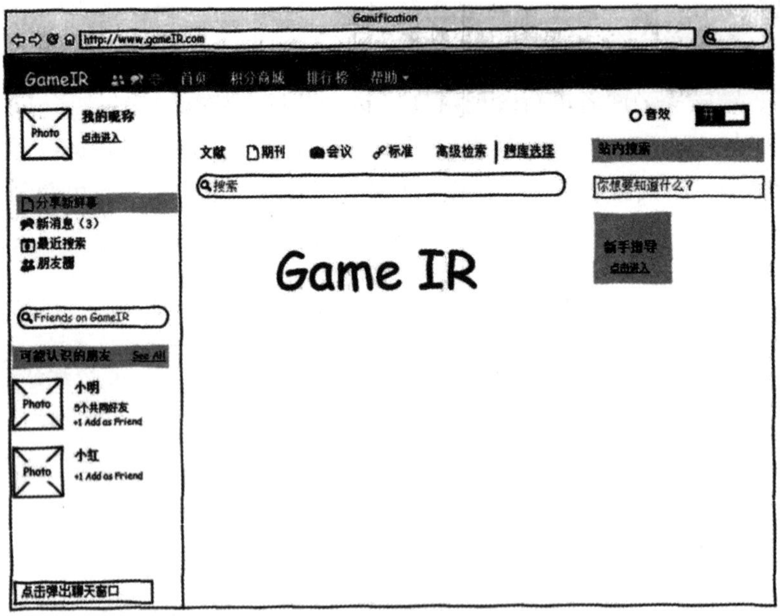

图1　游戏化信息检索系统主界面

2.3　实验参加者的基本特征

本文共招募37名学生参加实验，其中本科生30名、研究生7名，男、女比例分别为37.8%和62.2%。实验参加者来自不同的学科。其中，人文学科7人、社会科学18人、自然科学12名。37名实验参加者中有5人（13.5%）来自图情档专业。此外，实验参加者年龄在18至25岁之间，属于Z一代用户群体，均有信息检索系统的使用经验和游戏经验，其中有1年以上信息检索经验的人占86.5%；1年以上游戏经验的人占83.8%；98.7%的用户使用过与游戏相关的学习软件或系统，如单词类学习软件百词斩等。益智类、角色扮演、动作冒险类是参加者最爱选择的三种游戏类型；91.8%的参加者通过游戏实现放松和消遣的目的；35%的参加者表示玩游戏的目的是打发时间。

图2表明参加者对游戏的喜欢程度、依赖程度、尝试新游戏意愿及游戏上手程度（指熟悉新游戏的速度）。基于7点李克特量表，对游戏的喜欢程度，“1”为非常不喜欢，“7”为非常喜欢；对游戏的依赖程度，“1”为非常不沉迷，“7”为非常沉迷；对尝试新游戏意愿，“1”为非常不愿意，“7”为非常愿意；对新游戏的上手程度，“1”为非常慢，“7”为非常快。

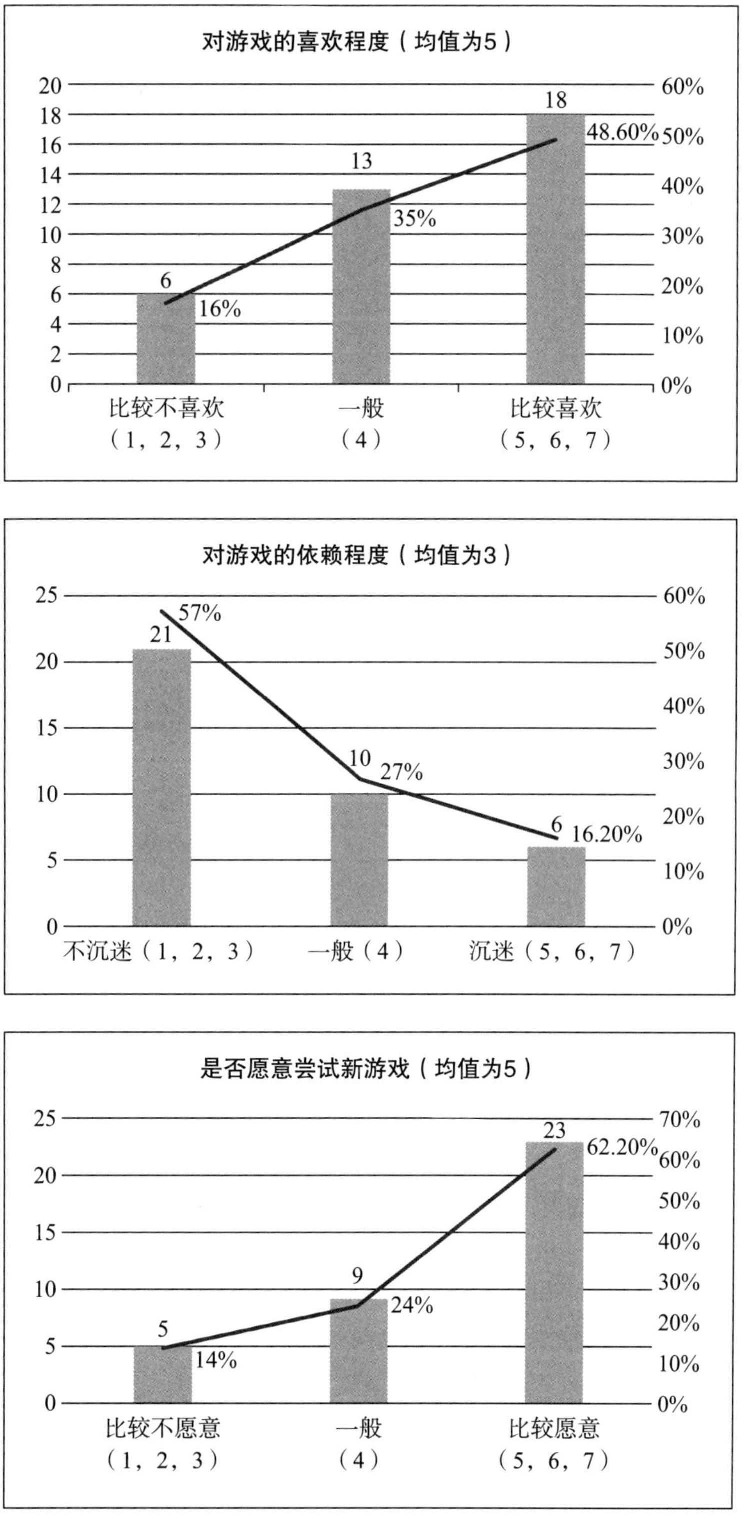

图2　实验参加者对游戏的态度（人数、所占比例）

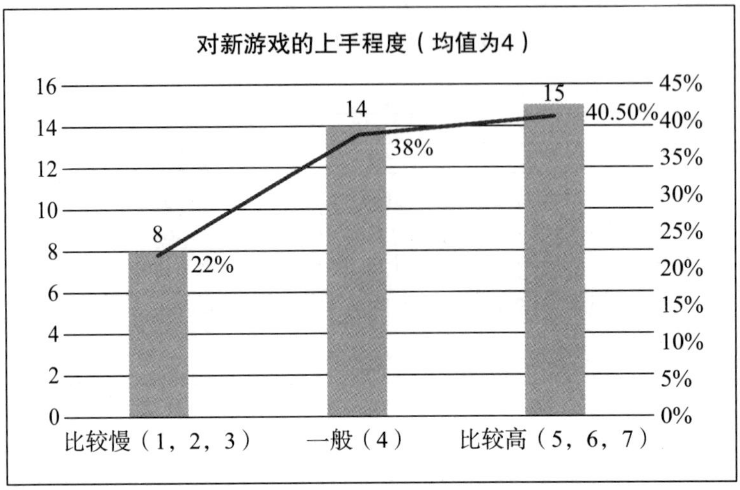

图2　实验参加者对游戏的态度（人数、所占比例）（续）

由此可知，大多参加者经常玩游戏，不沉迷于游戏，对游戏依赖程度较低，愿意尝试新的游戏，并且对游戏上手比较快。对于实验参加者来说，玩游戏的主要目的是消遣和娱乐，与学习和工作之间的关联不强。

2.4　任务设计

任务设计是信息检索实验的关键环节之一[32]。任务的目的是促发参加者与GIRS之间的交互，通过交互使参加者了解系统的模块和游戏元素，进而熟悉系统的各项功能。同时，让用户在完成任务时有一定的游戏体验和游戏参与感。本实验任务的设计须涉及系统的所有模块和游戏元素。同时，任务设置为解决问题类任务，兼顾简单任务和复杂任务。任务设置如表2所示。

表2　实验任务及任务描述

任　务	序号	任务描述
简单任务	1	添加一位好友，然后给自己的任意一位好友发表的帖子点赞或评论
	2	在积分商城中任意购买一件虚拟商品，并在系统中使用该商品；选择一位好友，赠送其一枚头像
复杂任务	1	完成新手指导中的任务1，激活游戏中的称号系统，并获得称号；在个人信息界面选择显示称号，分享至朋友圈
	2	在帮助中学习高级检索知识，学习结束后完成闯关小游戏第1关；然后检索W学者发表的论文，下载该学者发表的“最高被引”论文，并转发给好友小明
	3	在系统中集齐奖章4枚，解锁“荣耀”成就；在排行榜中查看自己的等级排名，分享至朋友圈

如表2所示，实验任务分两类，共5个子任务。在实验过程中，参加者可以选择任意一个简单任务开始实验，到完成复杂任务结束。参加者在完成任务的过程中会获得一定数量的积分、经验或者奖章等奖励。

2.5 实验流程

为了还原用户真实的游戏与检索场景，缓解参加者的紧张情绪，选择开放的空间作为实验场地，即环境较好、安静的公共空间和教学楼。实验过程中通过数字录音设备记录访谈内容。

实验过程中，通过前测和后测问卷收集参加者的基本信息以及对GIRS的态度和使用意愿的评估数据。前测问卷主要针对参加者的性别、专业等基本情况。后测问卷包括两个部分：第一部分是参加者根据实验情况选择自认为最感兴趣的、对检索最有帮助以及吸引其持续使用游戏化信息检索系统的游戏元素，要求参加者至少选择3种，并依次从高到低排列。第二部分是对GIRS原型系统态度及使用意愿的评估，包括用户对系统的游戏体验和参与感、系统对用户检索的支持程度、用户对游戏化检索系统的偏好和持续使用意愿等。实验完成后，对实验参加者进行访谈，内容包括使用纸面原型系统时遇到的问题、选择不同游戏元素的原因、GIRS的设计以及改进建议。

实验开始之前，研究人员向参加者介绍实验的目的、任务以及大致的流程，让参加者了解纸面原型系统。实验的每个参加者平均耗时大约1小时。具体实验流程如下：

S1：阅读和签署知情同意书；

S2：填写前测问卷；

S3：阅读第一组任务的描述，用户确定完成任务的顺序，选择任务；

S4：用户思考完成任务的操作步骤，开始执行任务；

S5：任务执行期间，参加者自行思考并完成任务，研究者根据参加者完成任务过程中对原型系统界面的操作，将对应的结果页面放置在14英寸笔记本电脑屏幕前，模拟GIRS系统中结果的呈现过程；将图1所示主界面和检索过程界面一一呈现给参加者，并在实验过程中记录用户在完成任务时获得的“奖励”，如积分、奖章的数量等，同时记录用户在完成任务时的评价；

S6：重复3—5步骤，完成第二组任务；

S7：完成所有的任务后，填写后测问卷；

S8：接受访谈并结束实验。

2.6 数据处理

本文采用多种方法处理数据。为明确用户对游戏元素的偏好，对用户的元素选择结果按游戏元素被选择的次数进行排序，然后对排序的结果赋值，排名第一赋3分，第二赋2分，第三赋1分，计算每个游戏元素获得的分值，得分越高，表示该游戏元素越符合参加者偏好，以此确定在游戏化信息检索系统中最符合用户偏好的几种元素。为方便分析，本文选取了分值排名前五的游戏元素，进一步采用交叉列联表，利用卡方检验分析不同性别、学科的参加者的游戏元素偏好是否有显著差异；通过描述性统计分析和Spearman关联分析探知Z一代用户对GIRS的态度、使用意愿及影响因素。数据分析的工具为SPSS25.0。同时，采用开放编码分析访谈数据，提炼相关概念和主题，揭示影响用户游戏元素偏好的主要因素。

3 研究结果

3.1 游戏元素的使用偏好

图3显示了实验参加者选择不同游戏元素的频次，由此可明确GIRS情境下用户对游戏元素的偏好。

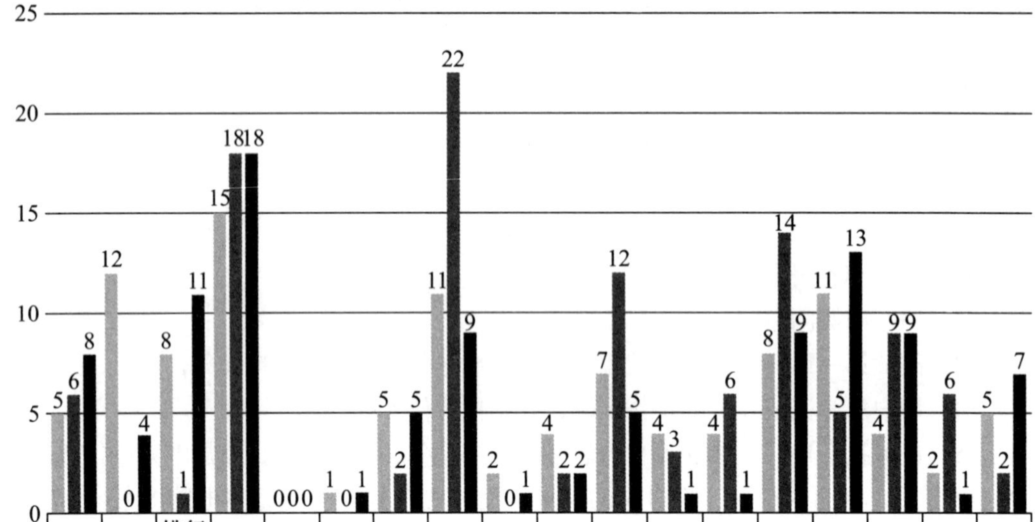

	交易(E)	商店(S)	排行榜(L)	好友(F)	个人信息	头像	社交图谱	积分	赠送	随机奖励	内容解锁	收集	关卡	奖章	成就	等级	经验	头衔
Q1	5	12	8	15	0	1	5	11	2	4	7	4	4	8	11	4	2	5
Q2	6	0	1	18	0	0	2	22	0	2	12	3	6	14	5	9	6	2
Q3	8	4	11	18	0	1	5	9	1	2	5	1	1	9	13	9	1	7

注：Q1，最感兴趣的元素（浅灰）；Q2，对检索最有帮助的元素（灰色）；Q3，吸引用户持续使用GIRS的元素（深灰）

图3 用户游戏元素的使用偏好

图3显示，用户最感兴趣的5种元素依次是：好友（15）、商店（12）、积分/成就（11）、排行榜/奖章（8）、内容解锁（7）；用户认为对检索最有帮助的元素依次是：积分（22）、好友（18）、奖章（14）、内容解锁（12）、等级（9）；吸引用户持续使用游

戏化信息检索系统的元素为：好友（18）、成就（13）、排行榜（11）、奖章/等级/积分（9）、交易（8）。

3.2 用户游戏元素偏好的差异分析

用户在使用带有游戏机制的交互产品时，其行为因性别等人口统计学因素而呈现出明显的差异[33]。为进一步分析影响用户选择游戏元素的影响因素，本文采用交叉列联表，通过卡方检验分析性别、学科、受教育程度与用户选择GIRS情境下的游戏元素是否存在显著关联性。结果如表3所示。

表3 游戏元素选择卡方检验结果

Pearson Chi-Square	游戏元素选择	N	Value	df	Sig.
性别（男/女）	最感兴趣的元素	37	37.267	18	0.005
	对检索最有帮助的元素	37	20.603	14	0.112
	吸引用户持续使用的元素	37	36.657	18	0.051
学科（人文/社科/自然科学）	最感兴趣的元素	37	79.652	34	0.000
	对检索最有帮助的元素	37	33.795	28	0.208
	吸引用户持续使用的元素	37	73.282	34	0.000
学历（本科生/研究生）	最感兴趣的元素	37	30.118	18	0.026
	对检索最有帮助的元素	37	21.532	14	0.089
	吸引用户持续使用的元素	37	30.922	18	0.020

表3显示，性别与用户最感兴趣的游戏元素的选择存在显著关联性（$N=37$，$df=18$，$\chi^2=37.267$，$p<0.01$）；在选择另外两类游戏元素时的关联性不显著，但在吸引用户持续使用的元素方面存在显著关联的趋势（$p=0.051$）。学科与用户游戏元素的选择存在显著关联性，即不同学科的用户在选择最有趣的元素（$N=37$，$df=34$，$\chi^2=79.652$，$p<0.01$）和吸引用户持续使用的元素（$N=37$，$df=34$，$\chi^2=73.282$，$p<0.01$）方面存在显著关联性，而在用户选择对检索有帮助的元素时关联性不显著。用户受教育程度与用户游戏元素的偏好也具有显著关联性。不同学历的用户在选择最有趣的元素（$N=37$，$df=18$，$\chi^2=30.118$，$p<0.05$）和最能吸引用户持续使用的元素（$N=37$，$df=18$，$\chi^2=30.922$，$p<0.05$）方面显著相关。可见性别、学科差异和受教育程度的不同是影响用户游戏元素选择的重要因素。

3.3 影响用户游戏元素偏好的因素分析

本文通过开放编码，分析了实验结束前的访谈数据，剖析影响用户游戏元素偏好的主要原因。为减少数据分析的偏差，对访谈数据进行二次编码，并通过小组讨论形成最终编码结果。结果如表4所示。其中，影响用户选择最感兴趣的游戏元素的因素有感知趣味性、游戏经验和新颖性；影响用户选择对检索最有帮助的游戏元素的因素包括感知实用性、社交功能与分享功能；影响用户选择吸引其持续使用GIRS的游戏元素的因素有成就感、挑战性和感知趣味性。

表4　访谈数据的编码结果

用户对游戏元素的偏好	访谈结果编码	解释说明	访谈数据示例（P1、P3…PN表示参加者）
影响用户选择最感兴趣的游戏元素的因素	感知趣味性	用户在使用信息系统时主观感受到的趣味性[34]	“应该是觉得那几个元素比较有意思，能装饰自己的页面之类。”（P27） “主要是因为那个元素比较吸引人，比较有趣。”（P36）
	游戏经验	用户以往的游戏经验、经历、体验和感受	“我最喜欢什么，较多是基于以前玩游戏的经验。”（P23） “我觉得比较好玩吧，更像游戏。”（P30）
	新颖性	用户以前未接触过，感觉新鲜、好奇的事物	“感觉这个系统比较新颖的地方。”（P25） “交易是我觉得比较新颖的东西。”（P34）
影响用户选择对检索最有帮助的游戏元素的因素	感知实用性	是否能够帮助用户完成检索，获取需要的信息	“就是比较实用，对检索有直接或者间接的指导和帮助。”（P06） “出于有没有用选的，就是选那些对获得文献有帮助的。”（P12）
	社交功能	检索过程中是否能够获得朋友或他人的帮助	“感觉可以促进和朋友之间的交流，提高积极性所以选择的。”（P14）
	分享功能	通过系统的社交功能获得帮助或者帮助他人	“我没想到有赠送这个功能，算是个惊喜，也可能用这个帮助别人或者获得帮助。”（P18）
影响用户选择吸引其持续使用系统的游戏元素的因素	成就感	能够获得超越自己以往成绩的收获	“可能就是自己玩什么都很注重成就这个东西。”（P28） “我觉得人都有积累东西的想法，容易获得成就感。”（P34）
	挑战性	有一定难度，通过努力可以实现或无法实现	“这个，我比较喜欢刷级，挑战高难度。”（P22） “个人喜好，对成就等级这些比较痴迷。”（P28）
	感知趣味性	同上	“比较有趣，可以激励我继续使用，比如头衔那个。”（P06） “主要是有趣，可以玩游戏打发时间或者休闲娱乐。”（P12）

3.4 用户对GIRS原型系统的态度和使用意愿

为进一步了解用户对GIRS的态度和使用意愿，在实验结束之前，我们要求参加者填写后测问卷，评估该系统能否实现激发用户使用兴趣、支持用户的检索与交互功能并吸引其持续使用。为此，在以往研究的基础上设计相应的测量指标，以7点李克特量表进行测量。采用描述性统计分析归纳参加者对GIRS的态度、倾向和意愿。研究结果如表5所示。在激发用户的使用兴趣及吸引用户使用系统方面，81.1%的学生表示愿意学习如何使用GIRS，56.8%的学生认为GIRS符合其使用偏好；在帮助和支持用户进行检索方面，64.9%的学生认为使用GIRS能够帮助其提升检索技能，83.8%的学生赞同GIRS能够帮助其获取文献；在吸引用户持续使用方面，78.4%的参加者表示愿意使用GIRS，75.7%表示如果有机会的话，愿意继续使用GIRS。

此外，实验结束后，要求参加者根据自己在系统使用过程中的使用体验对系统进行综合评估，以此从整体上获知用户对GIRS的态度。用户对纸面原型系统的使用体验评估包括三个测量指标（见表5）。其中，86.5%的学生在实验结束后表示在系统中的参与感较高，56.8%的学生认为在系统中的游戏体验较充分，54.1%的学生表示在与系统的交互中获得了游戏的乐趣。

表5 用户对纸面原型系统的评估结果

评估指标	测量问项	李克特7点量表	人数（%）	平均值（标准差）
激发使用兴趣	我愿意学习使用GIRS	不太愿意（1，2，3）	0	5（0.166）
		一般（4）	7（19.0）	
		愿意（5，6，7）	30（81.1）	
	GIRS符合我的偏好程度	不太符合（1，2，3）	5（13.5）	5（0.190）
		一般（4）	11（30）	
		符合（5，6，7）	21（56.8）	
帮助和支持信息检索	GIRS能够帮助我提升信息检索的技能	不太有效（1，2，3）	5（13.5）	5（0.227）
		一般（4）	8（22）	
		有效（5，6，7）	24（64.9）	
	GIRS能够帮助我获取文献	不太赞同（1，2，3）	0	6（0.185）
		一般（4）	6（16）	
		赞同（5，6，7）	31（83.8）	
吸引持续使用GIRS	我愿意使用GIRS的程度	不太愿意（1，2，3）	1（2.7）	5（0.174）
		一般（4）	7（19.0）	
		愿意（5，6，7）	29（78.4）	
	我愿意继续使用GIRS	不太愿意（1，2，3）	1（2.7）	6（0.196）
		一般（4）	8（22.0）	
		愿意（5，6，7）	28（75.7）	

续表

评估指标	测量问项	李克特7点量表	人数（%）	平均值（标准差）
用户在GIRS中的使用体验	在GIRS使用过程中的参与感	比较低（1，2，3）	1（2.7）	5（0.157）
		一般（4）	4（11）	
		比较高（5，6，7）	32（86.5）	
	GIRS带给我的游戏体验	不太充分（1，2，3）	6（16.2）	5（0.188）
		一般（4）	10（27）	
		比较充分（5，6，7）	21（56.8）	
	在GIRS使用过程中的乐趣	不太有趣（1，2，3）	2（5.4）	5（0.162）
		一般（4）	15（41）	
		比较有趣（5，6，7）	20（54.1）	

表5中用户对原型系统的评估，所有指标的平均值均不低于5（7点李克特量表）。可见，参加者对使用GIRS持积极的态度和使用意愿，表明开发和设计GIRS系统具有一定的前景。

考虑到用户的游戏经历对用户使用GIRS的影响，利用Spearman相关分析进一步探究用户的游戏经历和过往体验与用户对GIRS的态度和使用意愿的关联性。研究发现，用户对游戏的喜爱程度和新游戏的上手程度，与他们使用GIRS的态度和使用意愿没有显著相关性。然而，用户对游戏的依赖程度和尝试新游戏的愿望却与之存在一定程度的显著相关性。分析结果如表6所示。

表6　用户游戏经历及其对GIRS的态度和使用意愿关联分析

游戏经历	对GIRS的态度和使用意愿				
	GIRS游戏体验	GIRS学习意愿	继续使用意愿	符合用户偏好	使用GIRS的意愿
依赖程度	–	–	0.337*	–	–
尝试新游戏	0.389*	0.414*	–	0.342*	0.365*

注：* 表示 $p < 0.05$。

表6显示，用户对游戏的依赖程度与用户继续使用意愿之间呈显著相关，用户对尝试新游戏的态度与用户的GIRS游戏体验、GIRS学习意愿、符合用户偏好与使用GIRS的意愿之间呈显著相关。这一结果表明，Z一代用户中对游戏有一定的依赖或喜欢尝试新游戏的用户最有可能成为GIRS的用户群体。

4　讨论与总结

当前的信息检索系统越来越多地面对Z一代用户，如何更好地满足他们的信息需求和交互行为是信息检索系统开发和设计者的重要任务。了解他们的兴趣和偏好是开发出能满足用户需求、确保信息获取的信息检索系统的前提。以此为出发点，同时考虑到Z一代“游戏学习”的特征，本文基于前期研究构建的GIRS理论模型[11]，探讨Z一代用户在GIRS情境下的游戏元素偏好及其对GIRS的态度和使用意愿，以在后续研究中将这些元素嵌入信息检索系统，为进一步开发GIRS及开展游戏化信息检索系统情境下的用户交互行为研究奠定基础。以下进一步讨论游戏元素、GIRS及用户的相关问题。

4.1 游戏元素与GIRS

游戏化的核心在于如何将游戏化的元素和机制运用到不同领域，以增强该领域用户与系统交互的能力和改善用户的体验，在信息检索领域也不例外。游戏化的相关研究在信息检索领域仍然处于探索阶段，如何发挥游戏元素及机制的功能，以更加符合用户的偏好和使用习惯与意愿，是亟须解决的问题。本文的研究结果表明，Z一代用户在GIRS情境下倾向使用的游戏元素，无不体现出用户在游戏情境下对成就感的追求，这些元素包括奖章、成就、排行榜、等级等。根据动机理论和成就目标理论，游戏用户往往具备内在和外在动机，在游戏中寻求一定目标和成就的实现，这一点也同样体现在使用游戏化信息检索系统的过程中。换言之，GIRS的开发和设计也须遵从游戏化的一些基本理论、原则和特征。此外，具备社交性质和功能的游戏元素也是用户选择的元素之一，包括好友和积分。这一结果体现出用户对GIRS具备社交和信息与知识分享功能的期待，由此可见，GIRS情境下协同信息检索系统机制的构建是极为必要的，游戏化机制可促进协同信息检索功能的提升。这一结果进一步支持了Fernandez-Luna等[27]提出的游戏化与合作信息检索结合的研究设想。

在游戏元素的选择和应用方面，以往的研究主要以一些常用游戏元素，如积分、奖章和排行榜（简称为PBL）[35]为主，本文通过探讨用户的游戏元素偏好，揭示了用户在信息检索情境下倾向的游戏元素并非仅有PBL，还包括好友、等级、商店等，研究结果拓宽了人们游戏化过程中游戏元素选择的空间。用户对游戏元素的偏好反映了用户对GIRS的功能认知清晰，即该系统的主要功能在于支持用户学习和工作，而非娱乐，一些与娱乐关系较为密切的元素，如关卡、交易、头衔等元素并非用户在GIRS情境下选择的元素。

进一步分析可知，对于Z一代用户来说，“感知趣味性”影响了用户对游戏元素的偏好。本文在实验过程中参加者的主观感知排行榜最有趣，即选择排行榜作为GIRS中的游戏元素。同时，感知趣味性也是用户选择吸引他们持续使用GIRS的重要因素，反映的是用户的内部动机，用户在使用信息系统时产生的愉悦感会影响用户的情绪，进而影响用户的使用意愿[36]。在技术接受相关的研究中，感知趣味性对用户使用信息的影响是积极、正向的[37]，且直接影响用户对系统的使用态度[38]。可见，在GIRS设计和开发过程中，如何确保游戏元素的设计及运行机制是“有趣的”，是设计者要考虑的重要因素之一，只有“有趣的”GIRS，才能吸引用户持续地使用该系统。此项研究结果支持了Shovman[23]的观点，即游戏化信息检索应该让用户感到有趣。此外，访谈中用户指出在其他游戏情境下，喜欢收集虚拟物品，如皮肤或者头像，于是在GIRS情境下他们选择“商店”这一元素，这一结果体现了用户过往的游戏经验、经历对GIRS中游戏元素偏好选择的影响。由此可见，即使是在GIRS情境下，习惯对用户行为的影响也是深远的。

感知实用性、社交及分享功能是用户选择“对检索最有帮助的游戏元素”的影响因素。其中，感知实用性作为预测用户使用意愿的关键影响因素[39-40]，是决定用户是否接纳信息系统的因素之一，用户对系统感知的实用性会直接影响用户对信息系统的绩效期望[41]，且对系统满意度有显著正向影响[42]。本文设定用户如果在系统中积累积分、奖章等虚拟奖励，当这些奖励达到一定程度，能够用其换取文献，即GIRS应能从实质上对用户获取文献提供帮助。可见，让用户感受到GIRS的实用性是其能够获得用户认可和接受的必要条件之一。游戏机制的设计在“有趣”的前提下，应能支持和方便用户完成其检索任务，满足其信息需求。社交与分享功能的设计可使用户通过系统获得同行或朋友的帮助或者帮助他人，也应是GIRS的重要机制。访谈中一些参加者表示他们乐于回答自己熟悉领域的问题，乐于分享信息和知识，愿意通过交友的方式为陌生的新手用户回答与检索文献相关的知识。

吸引用户持续使用GIRS的游戏元素的影响因素包括成就感、挑战性和感知趣味性。成就感越强，越能吸引用户持续使用，如排行榜是参加者展示自己等级或者奖章的界面，参加者排名越高，越有成就感，越愿意持续使用。挑战性会激励用户持续使用系统，如参加者通过游戏可以持续获得稀有的奖章时，会激发其挑战更高难度的游戏，获得更多的奖章奖励。

4.2 用户的态度、使用意愿与GIRS

为用户带来游戏体验，减轻信息检索过程的乏味感，降低信息检索任务的挑战性是GIRS的重要任务[24]。GIRS应能支持用户完成检索任务，获取所需信息，并能吸引其持续使用。具体而言，本文基于GIRS的纸面原型系统，从激发用户使用兴趣、帮助和支持用户进行信息检索、吸引用户持续使用及用户使用体验四个方面揭示用户对GIRS的态度和使用意愿。本文研究表明，在用户愿意学习使用GIRS、GIRS帮助用户获取文献及用户体验到的参与感方面，超过80%的用户给予了较高的评价，体现了GIRS在吸引用户使用、支持用户检索和改善用户体验方面对其所持的积极态度。在吸引用户使用方面，愿意使用和愿意继续使用两项指标均获得了70%以上用户的较高评价，这一结果也体现了GIRS具有持续吸引用户使用的基础。然而，由于是纸面原型的结果，本文的GIRS在用户使用过程中体会到的乐趣方面，仅有54.1%的用户给予较高的评价，而41.0%的用户认为其表现一般。为此，下一步的研究工作中要进一步改善该系统的设计，增强其趣味性。本文的主要目的是探究GIRS情境下符合用户使用偏好的游戏元素，因而在游戏元素的嵌入和机制的设计上主要基于以往研究的结果[11][23-26]，无法充分体现用户的偏好和意愿，因而在考察系统是否符合用户的偏好程度上，本文开发的GIRS表现也不尽如人意：30%的用户表示一般；超过10%的用户给予其较低的评价。此外，本文研究的结果揭示了GIRS可能的用户群体，即Z一代用户中对游戏有一定程度的依赖或喜欢尝试新游戏的用户。这些结果无疑对帮助系统改善设计、构建符合用户偏好、带给用户更好的搜索体验和游戏体验的GIRS具有重要的意义。同时，也表明开发和设计GIRS之前开展用户研究的必要性和重要性。

4.3 启示、局限性与后续研究

本文为后续的GIRS开发和设计带来的启示包括：①GIRS情境下用户倾向使用的游戏元素；②用户对GIRS抱有积极和正面的态度，GIRS的开发和构建对Z一代用户具有现实意义和应用价值；③GIRS的趣味性、实用性、社交和分享功能、新颖性、成就感和挑战性对用户具有重要意义，也是系统应具备的主要功能；④GIRS的设计应符合用户的偏好，让用户具有游戏体验的同时，体会使用该系统完成检索任务过程中的乐趣。因而，本文为后续的GIRS开发奠定了基础。

本文也存在一定的局限性，如样本量偏小，样本选择不均衡，尤其是受教育程度上，本科生比例偏高而研究生比例偏低。虽然研究结果表明受教育程度不同的用户在选择倾向使用的游戏元素时存在显著差异，但由于样本分布的不均衡，研究结果仍需进一步验证。在数据处理方面，未能全面考察用户个体差异对其游戏元素偏好的影响。此外，纸面原型系统无法表现动态的游戏效果，音效、时间元素在本文中无法体现，一定程度上影响了实验的结果。再有，由于是纸面原型系统，GIRS给用户带来的游戏体验、使用过程中的乐趣等方面评价偏低。后续研究将在前期研究[11]和本文的基础上，开发高保真的GIRS系统，进一步验证这些结果，探讨游戏化情境下用户与信息检索系统的交互。此外，学习新的信息检索系统是否会增加用户的认知负担，是否会降低系统的使用率等问题也将是后续研究探讨的重要问题。

总之，本文揭示了Z一代用户对GIRS的积极态度和较强的使用意愿，弥补了此前针对GIRS用户研究的缺失和不足，为相关研究提供了实证证据，也为进一步开发GIRS系统和相应的研究奠定了理论和实证基础。

参考文献：

[1] DERVIN B, NILAN M. Information needs and uses[J]. Annual review of information science, 1986, 21: 1-32.

[2] MCINTOSH-ELKINS J, MCRITCHIE K, SCOONES M. From the silent generation to generation X, Y and Z: strategies for managing the generation mix[C]//Proceedings of the 35th Annual ACM SIGUCCS Fall Conference. Orlando: ACM, 2007: 240-246.

[3] PRENSKY M. Digital natives, digital immigrants part1[J]. On the horizon, 2001, 9(5): 1-6.

[4] TAPSCOTT D. Educating the net generation[J]. Educational leadership, 1999, 56(5): 6-11.

[5]DETERDING S, DAN D, KHALED R, et al. From game design elements to game fulness: defining gamification[C]//Proceedings of the 15th internation academic mind trek conference: envisioning future media environments. Tampere: ACM, 2011: 9-15.
[6]LEE J J, HAMMER J. Gamification in education: what, how, why bother?[J]. Academic exchange quarterly, 2011(2): 1-5.
[7]HUOTARI K, HAMARI J. Gamification from the perspective of service marketing[C]//CHI2011 Workshop Gamification. Vancouver: CHI, 2011: 1-7.
[8]FRASCARA J, MEURER B, TOORN J V et al. User-centred graphic design: mass communication and social change[M]. Florida: CRC Press, 1997.
[9]BIGDELI Z, HAIDARI G, HAJI YAKHCHALI A, et al. Gamification in library websites based on motivational theories[J]. Webology, 2016(1): 1-12.
[10]KING D, GREAVES F, EXETER C, et al. Gamification: influencing health behaviors with games[J]. Journal of the royal society of medicine, 2013, 106(3): 76-78.
[11]李月琳,何鹏飞. 游戏化信息检索系统理论模型的构建[J]. 图书情报工作,2018(6):69-76.
[12]GARCÍA E, SICILIA M. Designing ontology-based interactive information retrieval interfaces[C]//On the move to meaningful internet systems 2003: OTM2003 workshops, OTM confederated international workshops. Catania: OTM, 2003: 152-165.
[13]VILLA R, GILDEA N, JOSE J M. Facet browser: a user interface for complex search tasks[C]//ACM international conference on multimedia. Vancouver: ACM, 2008: 489-498.
[14]李广建,王巍巍. 信息检索系统的服务展示界面及关键技术[J]. 图书情报工作,2012(9):11-17.
[15]黄晓斌,邱明辉. 网站用户界面设计模式语言的比较研究[J]. 现代图书情报技术,2011(10):12-17.
[16]陈冬梅,胡正华. 面向用户的信息系统界面设计方法研究[J]. 现代图书情报技术,2007(11):49-53.
[17]WU K C, TANG Y M, TSAI C Y. Graphical interface design for children seeking information in a digital library[J]. Visualization in engineering, 2014, 2(1): 5.
[18]HOURCADE J P, DRUIN A, SHERMAN L, et al. Search kids: a digital library interface for young children[C]// CHI'02 extended abstracts on human factors in computing systems. New York: Minneapolis: CHI, 2002: 512-513.
[19]HANSEN P, PETRELLI D, KARLGREN J, et al. User-centered interface design for cross-language information retrieval[C]//The 25th annual international ACM SIGIR conference on research and development in information retrieval. Tampere: SIGIR, 2002: 383-384.
[20]LING C, STEICHEN B, CHOULOS A G. A comparative user study of interactive multilingual search interfaces[C]//The 41st International ACM SIGIR conference on research and development in information retrieval. Ann Arbor: SI GIR, 2018: 211-220.
[21]张新凤. 基于数字图书馆信息检索交互界面的用户需求研究[J]. 高校图书馆工作,2010(2):65-67, 95.
[22]李月琳,肖雪,仝晓云. 数字图书馆中人机交互维度与用户交互绩效的关系研究[J]. 图书情报工作,

2014(2):38-46,120.
[23]SHOVMAN M. The game of search:what is the fun in that?[C]//ECIR 2014 proceedings of the first international workshop on gamification for information retrieval. Amsterdam:ACM,2014:46-48.
[24]KARATASSIS I, FUHR N. Gamification for web sail[C]//The 39th international ACM SIGIR conference on research and development in information retrieval. Pisa:SIGIR,2016:15-20.
[25]GALLI L, FRATERNALI P, BOZZON A. On the application of game mechanics in information retrieval[C]//ECIR 2014 proceedings of the first international workshop on gamification for information retrieval. Amsterdam:ACM,2014:7-11.
[26]AZZOPARDI L, BEVC M, GARDNER A, et al. PageFetch2:gamification the sequel[C]//ECIR 2014 proceedings of the first international workshop on gamification for information retrieval. Amsterdam:ACM,2014:38-41.
[27]FERNÁNDEZ-LUNA J M, HUETE J F, RODRÍGUEZ-AVILA H, et al. Enhancing collaborative search systems engagement through gamification[C]//ECIR 2014 proceedings of the first international workshop on gamification for information retrieval. Amsterdam:ACM,2014:42-45.
[28]ISO13407. Human-centred design processes for interactive systems[S]. ISO// IEC,1999.
[29]黄晓斌,卢琰. 论数字图书馆用户界面的评价[J]. 图书馆论坛,2005(3):16-19.
[30]邱明辉. 数字图书馆可用性评价研究综述[J]. 国家图书馆学刊,2010(3):33-38.
[31]李月琳,梁娜,齐雪. 从交互维度到交互功能:构建数字图书馆交互评估理论模型[J]. 中国图书馆学报,2016(1):66-82.
[32]李月琳,肖雪,胡蝶. 信息检索实验中的任务设计:真实与模拟仿真工作任务的比较研究[J]. 图书情报工作,2014(16):5-12.
[33]MAY A, WACHS J, ANIKÓ H. Gender differences in participation and reward on stack over flow[J]. Empirical software engineering,2019(1):1-23.
[34]LIN C S, WU S, TSAI R J. Integrating perceived playfulness into expectation-confirmation model for web portal context[J]. Information & management,2005(5):683-693.
[35]WERBACH K, HUNTER D. For the win:how game thinking can revolutionize your business[M]. Philadelphia:Wharton Digital Press,2012.
[36]VENKATESH V, BALA H. Technology acceptance model 3 and a research agenda on interventions[J]. Decision sciences,2008(2):273-315.
[37]杨雅芬,李广建. 基于TAM3的数字图书馆用户技术接受模型研究[J]. 图书情报研究,2012(3):15-24.
[38]PADILLA-MELÉNDEZ A, AGUILA-OBRA A R D, GARRIDO-MORENO A. Perceived playfulness, gender differences and technology acceptance model in a blended learning scenario[J]. Computers & education,2013(1):306-317.
[39]KAASINEN, E. User acceptance of location-aware mobile guides based on seven field studies[J]. Behaviour & information technology,2005(1):37-49.

[40] WANG H Y, WANG S H. User acceptance of mobile internet based on the unified theory of acceptance and use of technology: investigating the determinants and gender differences[J]. Social behavior & personality: an international journal, 2010 (38): 415–426.
[41] VENKATESH V, MORRIS M G, DAVIS G B, et al. User acceptance of information technology: toward a unified view[J]. Mis quarterly, 2003 (3): 425–478.
[42] 顾小清,付世容. 移动学习的用户接受度实证研究[J]. 电化教育研究,2011 (6):48–55.

（本文原发表于《中国图书馆学报》2019年第3期）

解释水平理论视角下的社交网络隐私悖论研究

李　贺　余　璐　许一明　解梦凡（吉林大学管理学院）

近年来，社交网络（social network sites，SNS）凭借其特有的功能和服务迅速风靡全球，影响力也与日俱增。然而在人们享受社交网络带来的人际满足感、愉悦感等收益的同时，个人信息泄漏、不当使用等隐私问题也愈发严重。中国互联网协会于2016年6月发布的《中国网民权益保护调查报告（2016）》[1]指出，84%的网民亲身感受到了个人信息泄漏带来的不良影响，其中54%的用户认为泄漏严重。层出不穷的隐私问题使得人们对隐私问题的关注度不断提升。该报告还指出网民最重视的权益就是个人隐私权，即保护个人信息、避免个人信息泄露的权利。

然而，有学者在研究中发现，尽管社交网络用户对个人隐私问题存在着很高的关注度，但仍会乐此不疲地在社交网络中表露或分享个人信息。这与人们对隐私问题越在意，就会更努力地保护个人信息、自我表露行为就越谨慎的理论并不相符。这种理论与实际的不一致性引发了国内外学者的广泛思考和深入探讨。学者们将用户的隐私关注和隐私披露行为的不一致性或者无关性称为“信息隐私悖论”或简称为“隐私悖论”（privacy paradox）[2]。这一现象是否真的普遍存在，若存在其产生的机理又是什么，是近年来学术界关注的热点和焦点。本文将通过问卷调查法，探寻中国庞大的社交网络人群的隐私关注与隐私行为间的关系；同时将从解释水平理论视角切入，结合隐私计算、信任、计划行为等理论构建社交网络用户隐私披露行为模型，并进行实证研究，以期从认知维度以及社会关系维度对社交网络中的隐私悖论现象做出合理的解释。

1　文献综述

1.1　隐私悖论现象及成因

2001年，Spiekermann等[3]在研究中发现，人们在网上购物时个人的自我表达的隐私偏好和实际的隐私信息披露行为存在不一致的情况。2006年，Barnes[4]在对社交网络中的学生用户的调查研究中，首次在社交网络环境中提及“隐私悖论”现象。而后，通过调查法、实验法等实证研究方法，国内外大量学者均提出在线社交网络用户普遍存在着一方面担心、抱怨自己的隐私被侵犯，另一方面又自由随意地披露个人信息的矛盾行为，即存在隐私关注与隐私行为无关或不一致的悖论。需要明确的是，隐私关注的是指用户对于隐私信息的收集、二次利用和控制等方面问题存在的担忧[5]，是一种多维度的风险认知。然而，也有学者认为隐私悖论实际并不存在，而是由于研究中对隐私关注和隐私披露行为的概念不清[6]或测量缺陷[7]导致。如今，SNS用户隐私悖论现象是否真的存在仍是学术界研究的热点问题。

对于隐私悖论的另一研究焦点是隐私悖论的成因问题。国内外学者基于多种不同的视角和理论对此进行了探讨与分析，但研究基本可以被分为社会理论视角和个体行为视角两大类。

基于社会理论的视角，学者对隐私悖论原因的解读主要有两种。其一是由于在线社交网络是一种基于内在情感建立的社区（Gemeinschaften），这有别于基于契约或者规则形成的团体（Gesellschaften）[8]。在这种以情感为纽带的环境中，人们即使知道这种披露隐私的行为存在风险也愿意展露[9]。其二是Zafeiropoulou等[10]基于吉登斯的结构化理论提出的，他认为人们的行为不是完全自主的，而是会受到社会结构的限制。在隐私披露中，对SNS的信任等社会因素会促进用户主动产生披露行为，而社会规范、应用商强制等因素又使用户不得不选择披露个人信息[10]。

从个体行为角度看，研究者大多从隐私计算、有限理性和认知偏差三个方面来解释隐私悖论现象。隐私计算理论假定SNS用户是理性的，其将披露隐私视为一种交易[11]，即用户最终产生披露行为是由于其认为披露隐私所能获得的收益要大于他所受的损失。Debatin等[12]、Lee等[5]学者通过实证研究表明人们认为在SNS中能获取娱乐感、社会关系资本以及情感支持等收益要高于可能的风险。Acquisti等[13]却认为披露行为是有限理性导致的。人们需要在短时间内做出是否披露隐私的决策，导致对风险和收益的考量是不全面的，因此做出的决策也难以基于理性。而认知偏差包括了过于乐观、过于自信、情感偏向或者时间不一致性等。认知上的过于乐观是指人们会乐观地认为隐私泄露带来的问题发生在自己身上的可能性小，发生在他人身上的可能性大[14]；Jensen等[15]指出，SNS用户常过分自信地认为他们已有足够的知识和技巧保护自己的隐私，因此即使对隐私问题有很高的担忧，但仍会持续披露信息；Kehr等[16]还发现人们对收益的积极情感会影响决策中的价值判断，导致高估收益而低估风险，因此产生了悖论现象。此外，研究还指出由于时间因素导致的认知偏差也是隐私悖论的重要因素。人们常低估未来的收益而更重视近期的利益，在隐私披露中就表现为低估保护隐私能对未来的安全的好处而更重视近期的娱乐性等收益[17]。

总的来说，国外学者对隐私悖论现象已从多方面进行解释。但大多数学者对隐私悖论现象成因的分析都从单一角度入手，而未整合社会因素、隐私计算、认知偏差等的共同影响。且相较于国外学者，国内隐私悖论的研究较为匮乏，研究的数量和深度都亟待扩充[18]。因此本文拟在中国社交网络环境下，运用从个体认知维度出发的解释水平理论，结合信任等社会关系维度的因素，对用户隐私披露的行为机制进行分析，以此探究隐私悖论问题。

1.2 解释水平理论

解释水平理论（construal level theory，CLT）是近20年发展起来的认知理论[19]。要理解CLT首先需要明确解释水平和心理距离的概念。具体而言，解释水平描述的是人们对认知客体的心理表征的抽象水平。高解释水平指人们用本质的、核心的、抽象的特征表示事物，而低解释水平指人们用外围的、具体的特征解释事物[20]。心理距离是指个体对与自我距离远近的主观体验。Trope和Liberman在研究中对心理距离的划分受到了学界的普遍认可。他们认为心理距离可分为时间距离（Time）、空间距离（Space）、社会距离（Social Distance）和假设性（Hypotheticality）[21]四个维度，其参照点是自我、此时、此地[22]。CLT的核心是：解释水平即个体对客体的表征方式，受到心理距离的影响，同时解释水平又作用于个体对未来事件反应。

CLT认为心理距离通过影响解释水平进而影响个体对未来事件的意向或行为[23]。人们对于那些发生在过去或远期未来等时间距离长、空间位置间隔远、事件主人公为非我或发生概率较低的事件，在心理上人们更倾向用高解释水平来表征，即会用更抽象的、本质的方式理解这些事件。同时，这些高解释水平的表征又对远心理距离事件的影响更大。反之，对于近心理距离的事物或事件人们倾向用低解释水平表征，并对近期未来、空间距离近、主题为自我或较可能发生的事件产生更重要的影响。

该理论是由时间折扣理论[24]发展而来，其区别就是时间折扣理论仅考虑时间距离对解释水平和人行为的影响，而未考虑其他三个维度的影响。从单一维度扩展到多维度，使得CLT的内涵更为丰富，适用范围也有所扩大，同时对社会现象的解释力也有所增强。

解释水平理论扎根于认知心理，并通过大量实践不断扩充其内涵，近年来影响力和解释力在心理学、管理学和社会学中不断增强[25]。该理论被广泛用于研究道德判断[26]、消费决策[27]、谈判[28]等领域，还有学者运用该理论来解释现实中的某些悖论现象及其形成机理。如Lynch等[29]根据CLT探讨了退休意识和储蓄行为之间的不一致，Gurtne等[30]探究了创新意识和创新行为的悖论；Jones等[31]提出由于人们认为气候变化是可能在未来发生的不确定事件且影响的是遥远的地方、与自己不相似的人，因此哪怕认识到了气候变化的严重性也很少参与气候变化行动。此外，Acquisti等[32]在2003年就用时间折扣理论解释了隐私悖论，认为这是由于保护隐私而产生的收益由于时间距离远而对行为影响较小造成的；Hallam等[33]首次根据解释水平理论探讨网络用户隐私披露行为问题以解释隐私悖论现象，他认为用户感知到的隐私风险和隐私收益处于不同的水平，因此对隐私披露行为产生的影响存在差异[33]。解释水平理论从个体认知出发，对悖论现象有很好的解释力；同时隐私关注和感知收益在心理距离的四个维度上存在显著差异，因此我们认为CLT能很好地解释隐私悖论现象。

本文基于解释水平理论，结合隐私计算模型、计划行为理论和信任理论，从个体角度和社会关系两个维度对SNS用户隐私披露行为进行更为全面和深刻的分析，以期解释隐私悖论现象背后的成因。

2 研究模型和假设

2.1 理论基础及研究模型

2.1.1 隐私计算模型——自变量的确定

隐私计算模型是当下隐私研究中最常用，也是最有效的模型[34]。它是基于经济学的效用最大化理论和社会心理学中的社会契约理论和社会交换理论而形成的[35]。该理论认为隐私披露是用户为了使自身效用最大化进而利用隐私换取经济收益或社会收益的结果，用户的隐私披露行为是在对感知收益和隐私忧虑进行权衡后决定是否实施的[36]。当SNS用户感知到由于隐私披露的可能带来的收益大于其对隐私的担忧时，该行为会被采纳，反之，该行为不会被实施。此外，Pentina等[37]大量学者在实证研究中验证了用户的隐私关注和感知隐私收益会通过影响隐私披露意图进而影响行为。在隐私悖论的研究中，用户的隐私关注与隐私行为之间的关系是核心，若两者之间不存在显著的作用关系则证明了隐私悖论现象的存在。因此本文将隐私关注和感知收益作为研究的两个自变量。

2.1.2 计划行为理论——中介变量的引入

在个体行为研究领域，计划行为理论（TPB）作为影响力较大的基础理论模型被广泛应用。TPB将意图作为自变量和最终行为间的中介变量，认为自变量会通过改变个体意图进而影响个体行为。TPB模型已经在隐私保护行为[36]、隐私悖论[38]等研究中得到了很好的运用。因此，本文引入隐私意图作为研究模型的中介变量，来探究隐私关注和隐私行为的矛盾。

同时，我们认为个体的隐私披露行为是在两种存在显著差异的隐私意图的共同影响下形成的。解释水平理论及大量相关实证研究已表明，由于价值判断[39]、不确定性[33]等因素，人们的近期意图和远期意图会存在显著的差异。对于SNS隐私问题，一方面，用户担心披露隐私可能会产生个人信息被非法利用等问题，但同时又认为该问题出现的不确定性较大，因此往往会产生在远期的未来减少披露的意图；另一方面，由于披露信息能够换取即时的、确定的人际交互的满足感等，因此用户会存在倾向于披露的近期意图。综上，SNS用户的远期自我披露意图和近期自我披露意图存在较大的差异。基于此，本文将远期披露意图和近期披露意图作为两个独立的中介变量，来探究其对SNS用户的隐私披露行为的影响。

2.1.3 信任理论——调节变量的引入

信任作为社会关系中一个重要的概念，在心理学、社会学、行为学等领域都受到了极高的关注，且被认为在不确定性较高的互联网环境中有重要作用[40]。信任通常被定义为基于对对方的能力、善意和正直的认知，个体产生的愿意去依赖的心理状态[41]。Zafeiropoulou[42]认为信任是一种社会关系因素，这种社会因素会对用户行产生重要促进作用。此外，不同的信任程度会导致人们对社交网络存在不同程度的偏好，而这种情感倾向会进而影响人的价值判断和最终行为[43]。在隐私行为的研究中，Anderson等[44]学者验证了信任对隐私的披露的意图和行为会产生重要影响。还有部分学者研究了信任在隐私披露中的调节作用，Premazzi等[45]探讨了信任是否会显著调节收益补偿等对披露意图的影响；Bansal等[46]通过实证验证了信任会减缓隐私关注对个体隐私行为的影响；国内学者朱侯[47]在其隐私心理机制的集成模型中，根据效用最大化、期望价值等理论提出信任会调节隐私关注和结果变量之间的关系。基于理论和已有研究，本文认为信任在隐私披露中有重要作用。本文引入信任作为调节变量，提出信任因素由于社会关系、情感偏好等原因，会影响隐私关注与披露意图、感知收益与隐私披露意图间的关系。

2.1.4　解释水平理论——影响强度的差异

根据解释水平理论，隐私关注在用户心理处于高解释水平，这使得隐私关注对用户的远期隐私披露意图影响强烈而对近期隐私披露的意图的影响不显著；感知收益由于是低解释水平的表征，对近期和远期两种意图也有不同的影响。同时，由于时间折扣的存在，我们认为心理距离较近的近期披露意图和心理距离较远的远期披露意图对SNS用户最终的披露行为的影响存在显著差异。用户对事物或事件以不同的抽象程度（解释水平）进行解释，导致变量间的作用存在显著差异。这种影响差异的具体产生机理将在研究假设中阐述，因而在此不做赘述。

根据相关理论和文献综述，本文提出了如图1所示的研究模型。

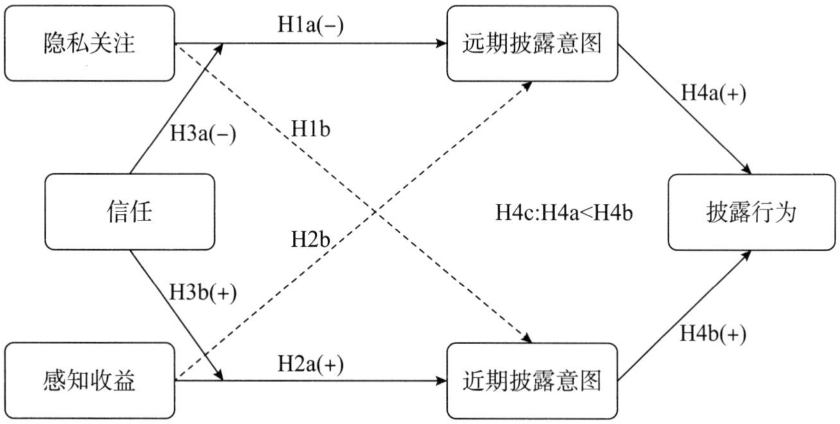

图1　研究模型

2.2　研究假设

2.2.1　隐私关注与披露意图

隐私关注被定义为用户对于隐私信息的收集、二次利用和控制等方面问题存在的担忧[6]，是一种多维度的风险认知。对于风险，人们会不自觉地产生自我保护的、减少隐私披露意图，进而确保自身效益不受损害。并且已有研究表明，隐私关注程度高的SNS用户往往倾向于不提供个人信息[48]。基于对现有理论和研究的思考，本文认为隐私关注对于SNS用户而言属于远心理距离事件，原因如下：①隐私泄漏、二次利用等带来的问题通常被认为不会在近期体现[32]，因此SNS用户认为其在时间距离上较远。②社交媒体环境下用户对隐私问题的威胁的认知大多来源于少数其他人的隐私侵犯的“二手”经历[49]，而隐私关注只是一种模糊的感知，因此社会距离较远。③隐私泄露等问题通常被认为是假设性的[50]。在大众媒体环境下，存在“第三人效应”[51]，用户认为隐私问题通常只会发生在他人身上[12]，而发生在自身的可能性较低。隐私关注的这些远心理距离特征，都使得其在用户心理上表征为高解释水平。解释水平理论提出，以高解释水平表征的事件往往会对个体的远期意图有较为显著的影响，而对近期意图作用不显著。当用户使用社交网络时，对隐私问题的担忧会显著增强其在未来要努力维护个人隐私安全并尽量减少信息披露的意图，即隐私关注会抑制用户远期披露意图；而这种担忧却往往不能很好地约束人们当下渴望披露隐私信息的意图，即隐私关注对近期隐私披露意图影响不显著。

因此，本文提出以下假设：

H1a：隐私关注对SNS用户的远期隐私披露意图有显著负向影响。

H1b：隐私关注对SNS用户的近期隐私披露意图无显著影响。

2.2.2　感知收益与披露意图

基于理性行为的假设，收益是用户披露隐私的驱动力。用户通过在SNS中展现个人信息，获得情感上的支持以及自我表露的愉悦感等收益，均会使其产生披露隐私的意图。同时，根据感知收益的特征及CLT对心理距离的界定，我们提出感知收益处于低解释水平，原因有三：①SNS中用户感知的收益往往被认为是融入社会或自我呈现获得的满足感、喜悦感[52]，是情感上的收益。Metcalfe等[53]学者提出人通常将情感以具体的方式在心理上呈现，即低抽象水平。②基于前景理论，SNS用户获得的情感归属感、使用娱乐性等是即时的，是一种“眼前利益”[54]。近时间距离使得感知收益处于低解释水平。③用户对于在社交网络中表露自我，以获得支持或满足的方式较为熟悉，即SNS用户对获得收益的方式较为熟悉。而熟悉的事物比不熟悉的事物在心理距离上要更加接近[55]，因此感知收益的解释水平也相对降低。根据CLT，低解释水平事件会对属于近心理距离的近期意图产生重要影响，而对那些时间距离相对遥远的未来意图无显著影响。人们往往会为了当下的、即时的愉悦感、满足感等熟悉的收益，选择在近期披露个人隐私信息；而对于远期的隐私披露意图，人们可能会更关注潜在的风险问题，而并不那么关注隐私披露所能带来的较为短暂的满足感或愉悦感等收益。

因此，本文提出以下假设：

H2a：感知收益对SNS用户的近期隐私披露意图有显著正向影响。

H2b：感知收益对SNS用户的远期隐私披露意图无显著影响。

2.2.3　信任的调节作用

信任在个体行为意图的研究中扮演着重要的角色，近年来众多学者对信任的调节作用进行了深入的研究。Alsaad等[56]通过对450家企业的实证调研，验证了信任作为调节变量会对感知满意度和B2B服务的采纳意愿之间的关系产生影响；Premazzi等[45]通过实验表明，不同的信任状态下，内生动因与金钱补偿对用户的信息披露意图的影响有显著差异，王雪芬等[57]在其关于隐私关注的综述中，总结了已有的研究中信任在隐私关注与隐私披露关系间的调节效应。根据已有研究，我们不难发现信任会间接影响个人的意图，因此本文研究假设信任将调节隐私关注、感知收益与SNS用户隐私披露意图的关系。信任通常被划分为能力、善意和正直三个维度。能力维度指被信任方具备能满足信任方需求的技能，善意指的是被信任方会主动考虑信任方的利益，正直则是指被信方能诚实做事[41]。若用户对SNS服务商及社交媒体中的其他用户具有这三个维度的信任，其会减轻其由于隐私关注而产生的、在未来进行风险规避及自我保护的意图，即高信任状态会减轻隐私关注对远期披露意图的负向作用。然而，若用户处于低信任状态，这种负向作用则会加强。Lo[58]以Facebook用户为研究对象，发现对社交网络的信任会促进当下个人信息表露的意愿，增强感知收益的效用。即信任能加强感知收益对近期披露意图的影响。

因此，本文提出以下假设：

H3a：信任会负向调节隐私关注与远期披露意图之间的关系。

H3b：信任会正向调节感知收益与近期披露意图之间的关系。

2.2.4 披露意图与披露行为

行为意图作为实际行为的倾向性表达，在实际控制条件充分的情况下，会直接决定行为；即使个体行为还会受到其他各类因素的影响，行为意图在一定程度上也可以预测实际行为[59]。因此，隐私披露意图显然会影响行为，近期及远期的自我表露意愿均会促使披露行为的产生。同时根据CLT在时间维度上的解释，本文提出个体的披露意图存在时间折扣。大量的行为研究均表明，当个体认为事物发生的时间点不同时，其决策行为也会有很大的差异[22]。以个体当下作为参照的标准点，未来的远期披露意图在时间维度上相距较远，是一种远心理距离的意图；而近期披露意图由于时间距离近，因此是一种近心理距离的意图。解释水平理论表明，近期决策对远心理距离（远时间距离）事物赋予的权重相较于近心理距离（近时间距离）事物较少[23]。当用户做出披露隐私信息的行为决策时，不论是近期的意图抑或是远期的意图都会对其产生影响，且行为通常与意图保持一致。但由于心理距离的差异，SNS用户往往更容易受近期意图的影响，而受远期意图影响相对较小。

因此，本文提出以下假设：

H4a：远期披露意图对披露行为有显著正向影响。

H4b：近期披露意图对披露行为有显著正向影响。

H4c：远期披露意图对披露行为的影响小于近期披露意图对披露行为的影响。

3 研究方法

3.1 研究设计

本文以国内SNS用户为数据采样样本，通过问卷调查的方法进行数据收集，进而对研究模型实证检验。问卷分为两个部分：第一部分是被调查者的人口描述性变量，包括性别、年龄、学历等；第二部分是对隐私关注、感知收益、信任、近期披露意图、远期披露意图以及披露行为这六个潜变量，通过各观测变量进行考察。问卷核心部分的问项均采用里克特七度量表法设计，分别用1—7标识，1表示“完全不同意”，7表示“完全同意”。

对于衡量各个潜变量的测量变量，本文参考了国外已有研究中经验证的测度项，并结合国内SNS用户的实际情况进行了适当修改，以保证问项的有效性。其中隐私关注这一潜变量的度量，本文采用了Malhotra等[60]、Dienlin等[61]开发及改进的IUICP量表，并进行了适度调整；对于感知收益，我们参考了Kehr等[16]设计的量表；披露行为的测量则借鉴了Dienlin等[61]在研究隐私悖论中衡量隐私披露行为的各测度项，在此基础上形成了5个测量项；对于SNS用户的近期及远期披露意图，本文采纳了Hallam等[33]所设计的问项，并根据国内用户的特征进行了适当调整；对于SNS用户信任的衡量，本文结合了Malhotra等[60]和Sutanto等[62]设计的量表。在问卷设计完成后，本文进行了小范围的预调研（n=30）。根据问卷结果和被调查者反馈情况，本文在问卷中进一步明确了网络社交媒体的概念并对部分问项的表述方式进行了调整。

3.2 数据收集

正式调查于2017年4月3日至2017年5月10日进行，以发放网络问卷的方式实施。问卷通过国内主流问卷平台“问卷星”发布，通过链接在社交网络中以Snow Ball的方式进行传播。本次调查共回收问卷340份。根据网站显示的每份问卷的作答时间，剔除填写时间短的问卷后得到有效问卷309份，有效率为90.1%。样本的人口统计学特征如表1所示。

表1 调查样本特征分布

统计分析	分类	百分比（%）	样本数量
性别	男	44.01%	136
	女	55.99%	173
年龄	20岁及以下	23.30%	72
	21—30岁	52.42%	162
	31—40岁	14.24%	44
	41—50岁	6.60%	21
	51—60岁	2.27%	7
	60岁以上	0.97%	3

续表

统计分析	分类	百分比（%）	样本数量
受教育程度	高中及以下	8.11%	25
	大学本科或专科	69.97%	216
	硕士	19.82%	61
	博士及以上	2.1%	7

4 数据分析与结果

4.1 信度与效度分析

测量模型的有效检验通常分为信度和效度两方面。

信度反映了问卷的可靠性、稳定性和一致性。本文利用科伦巴赫系数（Cronbach's Alpha）以及组合信度（Composite Reliability，CR）指标来检验问卷的信度。一般认为，科伦巴赫系数超过0.8、CR值超过0.7为内部一致性水平较好。本文在剔除了部分因子载荷较小问项后（保证每个潜变量有两个以上测量项），计算得出所有潜变量的科伦巴赫系数及CR值均超过了0.8，这说明研究问卷具有较高的信度。

效度反映了测量结果的有效性程度，效度检验可以测量出问卷数据是否能够准确反映研究的目的。本文采用聚合效度（Convergent Validity）以及区分效度（Discriminant Validity）共同检验数据的有效性。一般认为测量变量的因子载荷大于0.7且平均萃取方差（AVE）大于0.5为聚合效度达标。本文研究修正后的各测量变量的因子载荷均大于0.76、潜变量AVE值大于0.68，表明量表具有较好聚合效度。而区分效度的检验标准通常是：每个潜变量的平均萃取方差的平方根（表4斜对角线元素）大于其与其他潜变量之间的相关系数（表4非对角线元素）。测量结果表明，本文研究的各潜变量间存在显著差异，区分效度较好。

表2 信度及聚合效度检验结果

潜变量	测量变量	因子载荷	Cronbach's Alpha	CR	AVE
隐私关注	PC3	0.880	0.935	0.9422	0.7319
	PC4	0.893			
	PC5	0.911			
	PC6	0.776			
	PC7	0.896			
	PC8	0.886			

续表

潜变量	测量变量	因子载荷	Cronbach's Alpha	CR	AVE
感知收益	PB1	0.893	0.839	0.9386	0.7926
	PB2	0.884			
	PB3	0.893			
	PB4	0.882			
信任	TR1	0.782	0.898	0.8941	0.6793
	TR2	0.905			
	TR3	0.813			
	TR4	0.791			
远期意图	Fv1	0.940	0.868	0.9382	0.8836
	Fv3	0.940			
近期意图	N1	0.856	0.853	0.9114	0.7744
	N2	0.927			
	N3	0.855			
披露行为	B1	0.848	0.895	0.9336	0.7377
	B2	0.899			
	B3	0.857			
	B4	0.756			
	B5	0.832			

表3　区分效度检验结果

	PC	PB	TR	FI	NI	B
隐私关注	0.856					
感知收益	0.357	0.890				
信任	0.229	0.547	0.824			
远期意图	−0.719	−0.307	−0.179	−0.960		
近期意图	0.175	0.401	0.393	−0.257	0.880	
披露行为	0.301	0.469	0.403	−0.270	0.564	0.859

表4　模型拟合度检验结果

评估指标	CMIN/DF	CFI	NFI	TLI	GFI	AGFI	RMAEA
建议标准	<3	>0.90	>0.90	>0.90	>0.90	>0.80	<0.08
测量模型	2.232	0.959	0.928	0.95	0.914	0.868	0.063

4.2　假设检验

本文采用结构方程模型、层次回归分析等方法，利用Spss22和Amos22对提出的模型和假设进行检验。结构模型的拟合度指标如表4所示。其中简约适配度指标CMIN/DF（χ^2自由度比），增值适配度指标NFI、TLI、CFI以及绝对适配度指标GFI、AGFI、RMSEA均达到适配标准，这说明模型具有较好的拟合度。

模型的路径检验结果如图2所示。隐私关注对远期披露意图有显著负向影响（$\beta=-0.71$，$p<0.001$），对近期意图的负向影响不显著，因此假设H1a和H1b得到支持；感知收益对近期意图有显著且为正向的影响（$\beta=0.41$，$p<0.001$），而对远期意图的影响不显著，假设H2a和H2b被证实。同时，远期披露意图对披露行为有显著负向影响（$\beta=-0.25$，$p<0.001$）；近期披露意图对披露行为有着显著正向影响（$\beta=0.54$，$p<0.001$），且相较远期意图其影响更强。因此假设H4b、H4c成立，H4a不成立。

对于中介作用的验证，本文运用了三步分析法。中介作用的存在需要满足三个条件：首先，不存在中介变量时，自变量对因变量有显著影响；其次，自变量对中介变量有显著影响；最后，存在中介变量时，若自变量对因变量有显著影响为部分中介作用，若不显著则为完全中介作用[63]。中介作用结果如表5所示。结果表明，远期披露意图为隐私关注和隐私披露行为的完全中介，这也验证了隐私悖论现象的存在，即隐私关注和隐私披露行为之间无显著关系（$\beta=0.08$，$p=0.49$）。近期披露意图则为感知收益及披露意图的部分中介，表明感知收益一方面通过近期披露意图间接影响披露行为，另一方面会直接对披露行为产生正向影响。

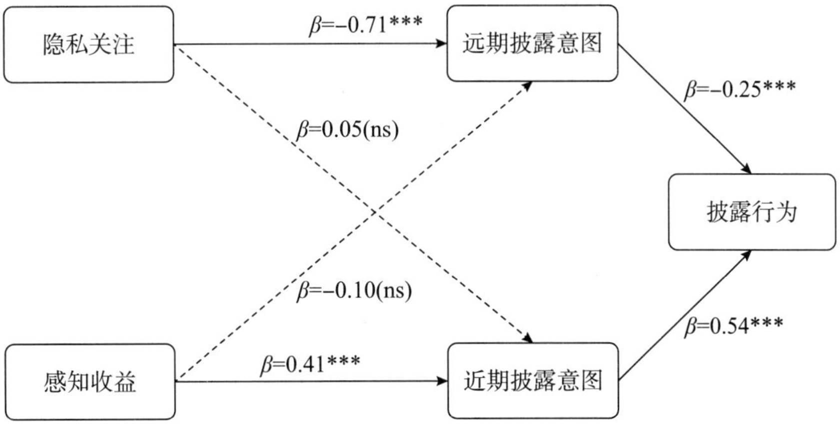

图2　结构模型路径检验结果

注：*** 表示 $p<0.001$；ns表示不显著。

表5　中介作用检验结果

变量			回归系数				中介作用
自变量（IV）	中介变量（M）	因变量（DV）	IV → DV	IV → M	IV + M → DV		
					IV → DV	M → DV	

续表

变量			回归系数				中介作用
隐私关注	远期披露意图	披露行为	0.30***	−0.72***	0.08（ns）	−0.32***	完全中介
感知收益	近期披露意图	披露行为	0.49***	0.41***	0.28***	0.54***	部分中介

注：*** 表示p<0.001；ns表示不显著。

此外，我们通过层次回归分析对信任的调节作用进行了检验。首先将自变量及调节变量放入模型，公式如下：

$$FI=\beta_{01}+\beta_{11}PC+\beta_{21}TR+\mu_1$$
$$NI=\beta_{02}+\beta_{12}PB+\beta_{22}TR+\mu_2$$

再放入二元交互项，公式如下：

$$FI=\beta'_{01}+\beta'_{11}PC+\beta'_{21}TR+\beta'_{31}TR\times PC+\mu'_1$$
$$NI=\beta'_{02}+\beta'_{12}PB+\beta'_{22}TR+\beta'_{32}TR\times PB+\mu'_2$$

通过两者回归结果中FI及NI的R2变化来考察在控制上一步变量的情况下交互项对回归方程的贡献，并且根据交互项显著性及回归系数判断因子的调节作用。调节作用的检验结果如表6所示。隐私关注和信任对远期披露意图的直接解释率为51%，加入调节变量后解释率增长到80%。根据Cohen[64]的调节效应计算公式得到效应大小$f^2=0.39$，且交互项隐私关注 × 信任在0.001水平上显著。该结果表明，信任对隐私关注与远期披露意图之间的关系存在显著且较大的调节作用（$\Delta R^2=0.02$对应小调节作用，0.15对应中等调节作用，0.35对应大调节作用）。同时，根据上述公式可得隐私关注的边际效应为$\frac{\alpha FI}{\alpha PC}=\beta'_{11}+\beta'_{31}TR$，$\beta'_{11}=-0.64$〈0，$\beta'_{31}=0.45$〉0，即当信任TR增大时，隐私关注对远期披露意图的边际效用$\frac{\alpha FI}{\alpha PC}$绝对值减小。这意味着当SNS用户信任增强时，隐私关注对远期披露意图的抑制作用减弱。因此假设H3a被证实。然而感知收益 × 信任这一交互项未在0.1水平上达到显著，因此信任对感知收益及近期披露意图的调节作用不显著，假设H3b不成立。

表6　调节变量检验结果

自变量	远期披露意图		自变量	近期披露意图	
	直接影响	直接影响 + 调节效应		直接影响	直接影响 + 调节效应
隐私关注	−0.72***	−0.64***	感知收益	0.29***	0.002
信任	−0.01	−0.43**	信任	0.23**	−0.51

续表

自变量	远期披露意图		自变量	近期披露意图	
	直接影响	直接影响+调节效应		直接影响	直接影响+调节效应
隐私关注 × 信任		0.45***	感知收益 × 信任		0.50
R^2	0.51	0.8	R^2	0.14	0.25
ΔR^2		0.29	ΔR^2		0.09
f^2		0.39	f^2		0.09

注：** 表示 p<0.01*** 表示 p<0.001。

图3整合了所有研究结果，展现了用户隐私披露行为的机制，为解释隐私悖论现象背后的原因提供了数据支持。

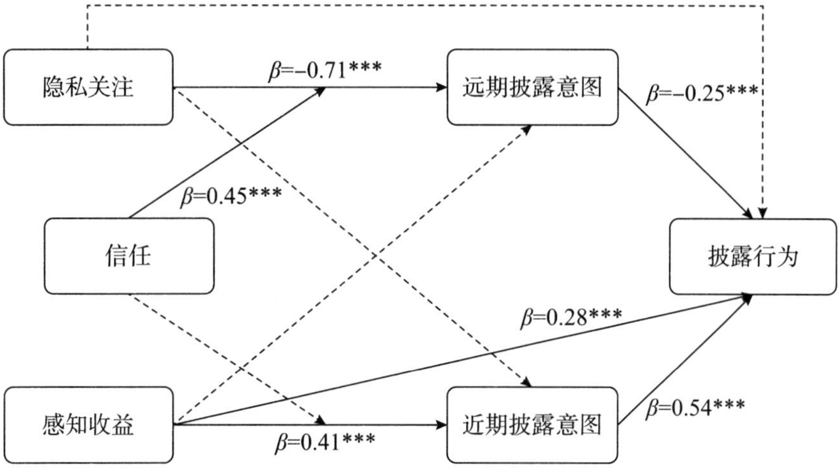

图3　结果整合模型

注：*** 表示在0.001水平上显著，* 表示在0.05水平上显著，虚线表示影响不显著。

5　结果讨论与研究总结

5.1　结果讨论

根据研究模型以及实证研究的结果，本文主要得出了以下三点结论：

（1）隐私悖论现象的确存在，且这一现象是SNS用户远期意图和披露行为不一致的表征。尽管人们对隐私问题的意识、希望得到隐私控制权的想法，使得他们认为保护隐私是对自己是有利的，且强烈地希望并声称在未来会更好地保护自己的隐私信息；然而实证表明，人们的最终披露行为与这种远期未来的、不愿意披露的、渴望保护隐私的意图并不相符，而是和近期的、渴望披露的意图一致。这一结论也论证了Jeff Smith提出的隐私意图和实际披露行为不完全一致的观点[65]。本文认为这一现象是由于隐私关注在个体的认知上处于高解释水平，对近期的意图影响不显著，而主要影响人们远期的披露意图。同时，时间折扣的存在又使得人的行为受远期意图影响小，受近期意图更强烈，因此导致了SNS用户的披露行为仅和近期意图相符，却与远期意图不一致的现象。此外，对于远期意图和行为的矛盾，本文还可以理解为是个体自我调节失败所致。自我调节是指人们能根据长远的目标来指导当前的行为，而不为当下的情境所限[66]，但显然多数SNS用户不能很好地控制自我并进行自我调节。虽然人们普遍有远期的、在未来保护隐私的高层次的目标，但仍无法抗拒当下披露信息的渴望而选择了自我表露。隐私关注仅对远期意图产生显著影响，而远期意图又与行为不一致，在现实中就表现为隐私关注与隐私披露行为相悖。

（2）感知收益是用户披露行为重要且主要的因素。研究表明用户通过社交网络获得的人际交互的愉悦感、满足感等收益会使其产生更强烈的在社交网络中分享个人信息、表露更真实的自己的意愿，这种近期的、倾向披露的意愿又直接导致了人们在SNS选择展现个人信息的最终行为。根据CLT理论的观点，这是由于感知收益较高的确定性以及其他一些近心理距离的特征而使其处于低解释水平，因而对近期意图产生极为重要的影响。同时，近期意图又是对个体行为起决定性作用的关键因素，进而使得披露行为和感知收益密切相关。此外，研究还发现，感知收益除了通过意图间接影响行为外，还会直接对行为产生显著影响。这些都表明，展现个人信息所能获得的收益相较于隐私关注对SNS用户更为重要。

（3）信任作为社会关系中的重要因素，通过减轻用户由于隐私关注而产生的风险规避的、未来自我保护的意图，从而使得隐私关注与披露行为之间的关系减弱。当SNS中用户对社交网络服务商以及其他用户处于信任状态时，会认为其有能力提供良好的服务并且不会随意滥用个人信息，因而会不自觉地降低由隐私关注产生的风险规避、自我保护意识。这种在社会关系的调节作用，也可以被理解为是情感偏好所致的认知偏差。即当人们存在的情感偏好时，即当人们对事物存在正面情感时，会认为隐私问题产生的后果并没有那么严重，因此更容易放下戒备心理而产生愿意披露的意图。信任的调节，使得隐私关注和保护意图关系削弱，进一步表现为隐私关注对隐私行为无显著影响不显著。由此本文认为信任在一定程度上也导致了隐私悖论现象的出现。

5.2 研究总结

本文以较为新颖的视角，深刻分析了隐私悖论产生的机理，为大众理解隐私悖论现象及后续深入研究奠定了良好的基础。本文从个体认知出发，整合隐私计算理论、计划行为理论及社会关系维度的信任因素，构建了研究模型，并通过实证验证了隐私悖论现象的存在及现象存在的原因。本文将用户的隐私意图分为近期和远期两种，发现隐私悖论现象实际上是用户远期意图与行为不一致的表征，而感知收益才是人们决策是否披露个人信息的更为重要的因素。研究还表明，信任通过调节隐私关注与远期披露意图的关系，在一定程度上又进一步导致了隐私关注对披露行为的无显著影响的现象。

本文运用了解释水平理论对情报学中的用户信息行为问题进行剖析，有重要的理论价值。解释水平理论起源于心理学，经过数十年的发展，理论已日趋成熟。该理论能够很好地从个体认知维度解释个体行为和相关的现实现象。如今，CLT已在消费者行为研究等领域得到广泛应用。但遗憾的是，该理论在互联网用户信息行为研究领域却少有验证及应用；在国内情报学领域更鲜有学者有重视该理论，并依此进行相关研究。本文以解释水平理论为视角，较好地解释了有关用户信息行为的隐私悖论现象。这不仅丰富了解释水平理论的内涵，也拓宽了用户信息行为研究的视角，为今后的研究提供了新的思路。

在实践方面，本文对服务商理解用户行为、优化服务也有着重要的意义。对于服务商而言，要更为注重用户使用SNS能够获得的收益，并争取获得用户的信任。只有用户在使用过程中获得更大的满足感和愉悦感等，并且在使用过程中产生充足的信任感，才能使用户在使用SNS过程中表露更多的、真实的个人信息，进而帮助服务商完善其应用，扩大其影响力和竞争力。

然而，本文也存在着一定的局限性。首先，本文未对不同用户的性别、年龄等人口学特征进行区分。研究表明，性别因素会影响用户对基于位置服务的接受[67]，那么这些人口因素也很有可能对用户隐私行为和隐私悖论产生影响。因此，未来可从此角度开展研究工作。其次，从社会理论角度看，本文虽然考虑了信任的关系的重要影响，但前人的研究表明社会规范等因素也会影响用户的披露隐私行为[68]。这些因素是否也导致了隐私悖论现象，并且是如何作用的有待进一步探讨。此外，在实证研究方法方面，本文采用了问卷调查法，虽然此方法具有调查范围广泛等优势，但对隐私披露行为较强的情境性重视不够，问卷往往不能完全反映出人在不同情境中最真实的反应。因此在今后的研究中，希望能运用访谈法、实验法等对用户隐私悖论进行进一步的验证。

参考文献：

[1]《中国网民权益保护调查报告2016》:54%的网民认为个人信息泄露严重[EB/OL].[2017-05-04]. http://www.isc.org.cn/zxzx/xhdt/listinfo-33759.html.

[2] KOKOLAKIS S. Privacy attitudes and privacy behaviour: a review of current research on the privacy paradox phenomenon[J]. Computers & security, 2017, 64: 122-134.

[3] SPIEKERMANN S, GROSSKLAGS J, BERENDT B. E-privacy in 2nd generation e-commerce: privacy preferences versus actual behavior[C]//Proceedings of the 3rd ACM conference on electronic commerce. New York: ACM Press, 2001: 38-47.

[4] BARNES S B. A privacy paradox: Social networking in the United States[J]. First monday, 2006(9): 862-877.

[5] LEE H, PARK H, KIM J. Why do people share their context information on Social Network Services? A qualitative study and an experimental study on users' behavior of balancing perceived benefit and risk[J]. International journal of human-computer studies, 2013(9): 862-877.

[6] STADDON J, ACQUISTI A, LeFevre K. Self-reported social network behavior: Accuracy predictors and implications for the privacy paradox[C]//Proceedings of the international conference on social computing. IEEE, 2014: 295-302.

[7] BAKE Y M. Solving the privacy paradox: a counter-argument experimental approach[J]. Computers in Human Behavior, 2014, 38: 33-42.

[8] TÖNNIES F. Community and society[M]. New York: Courier Dover Publications, 2002: 33-61.

[9] LUTZ C, STRATHOFF P. Privacy concerns and online behavior not so paradoxical after all? viewing the privacy paradox through different theoretical lenses[J/OL]. [2017-05-10]. http://dx.doi.org/10.2139/ssrn.2425132.

[10] ZAFEIROPOULOU A M, MILLARD D E, WEBBER C, et al. Unpicking the privacy paradox: can structuration theory help to explain location-based privacy decisions?[C]//Proceedings of the 5th Annual ACM Web Science Conference. New York: ACM Press, 2013: 463-472.

[11] JIANG Z H, HENG C S, Choi B C F. Privacy concerns and privacy-protective behavior in synchronous online social interactions[J]. Information System Research, 2013(3): 579-595.

[12] DEBATIN B, LOVEJOY J P, ANN-KATHRIN H M A, et al. Facebook and online privacy: Attitudes, behaviors, and unintended consequences[J]. Journal of computer-mediated communication, 2009(1): 83-108.

[13] ACQUISTI A, GROSSKLAGS J. What can behavioral economics teach us about privacy[C]//Digital Privacy: Theory, Technology, and Practices. Washington DC: Auerbach Publications, 2007.

[14] CHO H, LEE J S, CHUNG S. Optimistic bias about online privacy risks: Testing the moderating effects of perceived controllability and prior experience[J]. Computers in human behavior, 2010(5): 987-995.

[15] JENSEN C, POTTS C, JENSEN C. Privacy practices of Internet users: self-reports versus observed behavior[J]. International journal of human-computer studies, 2005(1/2): 203-227.

[16] KEHR F, KOWATSCH T, WENTZEL D, et al. Blissfully ignorant: the effects of general privacy concerns, general institutional trust, and affect in the privacy calculus[J]. Information systems journal, 2015(6): 607-635.

[17] WILSON D W, VALACICH J S. Unpacking the privacy paradox: irrational decision-making within the privacy calculus[C]//Proceedings of the 33rd international conference on information systems. Florida: AIS/ICIS Administrative Office, 2012.

[18] 管家娃，张玥，朱庆华，等. 国外社交网站隐私悖论问题研究综述与国内研究建议[J]. 图书情报工作，2016(22): 126-134.

[19] 黄俊，李晔，张宏伟. 解释水平理论的应用及发展[J]. 心理科学进展，2015(1): 110-119.

[20] TROPE Y, LIBERMAN N. Construal-level theory of psychological distance[J]. Psychological review,

2010(2):440-463.

[21]LIBERMAN N, SAGRISTANO M D, TROPE Y. The effect of temporal distance on level of mental construal[J]. Journal of experimental social psychology,2002(6):523-534.

[22]TROPE Y, LIBERMAN N, WAKSLAK C. Construal levels and psycho-logical distance:effects on representation, prediction, evaluation, and behavior[J]. Journal of consumer psychology,2007(2):83-95.

[23]LYNCH JR J G, ZAUBERMAN G. Construing consumer decision making[J]. Journal of consumer psychology,2007(2):107-112.

[24]TROPE Y, LIBERMAN N. Temporal construal and time-dependent changes in preference[J]. Journal of personality and social psychology,2000(6):876-889.

[25]李雁晨,周庭锐,周琇. 解释水平理论:从时间距离到心理距离[J]. 心理科学进展,2009(4):667-677.

[26]GAMLIEL E, KREINER H, MCELROY T. The effect of construal level on unethical behavior[J]. The journal of social psychology,2017(2):211-222.

[27]张梦,杨颖,叶作亮. 酒店网络评论内容特征对消费者购买意愿的影响——基于时间距离和社会距离情景的实验研究[J]. 旅游学刊,2012(11):97-104.

[28]HENDERSON M D, TROPE Y, CARNEVALE P J. Negotiation from a near and distant time perspective[J]. Journal of personality and social psychology,2006(4):712-729.

[29]LYNCH J G, ZAUBERMAN G. When do you want it? time, decisions, and public policy[J]. Journal of public policy & marketing,2006(1):67-78.

[30]GURTNER S, REINHARDT R. Ambidextrous idea generation—antecedents and outcomes[J]. Journal of product innovation management,2016(S1):34-54.

[31]JONES C, HINE D W, MARKS A D G. The future is now:reducing psychological distance to increase public engagement with climate change[J]. Risk analysis,2017(2):331-341.

[32]ACQUISTI A, GROSSKLAGS J. Losses, gains, and hyperbolic dis-counting:an experimental approach to information security attitudes and behavior[C]//Proceedings of the 2nd annual workshop on economics and information security(WEIS 2003). Maryland:Economics of Information Security,2003.

[33]HALLAM C, ZANELLA G. Online self-disclosure:the privacy paradox explained as a temporally discounted balance between concerns and rewards[J]. Computers in human behavior,2017,68:217-227.

[34]袁金巧. 基于隐私计算理论的移动医疗服务用户采纳意愿研究[D]. 哈尔滨:哈尔滨工业大学,2013:16-18.

[35]JIANG Z H, HENG C S, Choi B C F. Privacy concerns and privacy-protective behavior in synchronous online social interactions[J]. Information system research,2013(3):579-595.

[36]YAO M Z. Self-protection of online privacy:a behavioral approach[M]//TREPTE S, REINECKE L. Privacy Online. Heidelberg:Springer,2011:111-125.

[37]PENTINA I, ZHANG L, BATA H, et al. Exploring privacy paradox in information-sensitive mobile app adoption:A cross-cultural comparison[J]. Computers in human behavior,2016,65:409-419.

[38] LWIN M O, WILLIAMS J D. A model integrating the multidimensional developmental theory of privacy and theory of planned behavior to examine fabrication of information online[J]. Marketing letters, 2003 (4): 257-272.
[39] EYAL T, SAGRISTANO M D, TROPE Y, et al. When values matter: expressing values in behavioral intentions for the near vs. distant future[J]. Journal of experimental social psychology, 2009 (1): 35-43.
[40] SALO J, KARJALUOTO H. A conceptual model of trust in the online environment[J]. Online information review, 2007 (5): 604-621.
[41] GEFEN D, KARAHANNA E, STRAUB D W. Trust and TAM in online shopping: an integrated model[J]. MIS Quarterly, 2003 (1): 51-90.
[42] ZAFEIROPOULOU A M. A paradox of privacy: unravelling the reasoning behind online location sharing[D]. UK, Southampton University of Southampton, 2014.
[43] 杨腾蛟. 基于消费者感知的企业品牌权益对品牌忠诚的作用研究[D]. 杭州:浙江大学, 2008: 38-43.
[44] ANDERSON C L, AGARWAL R. The digitization of healthcare: boundary risks, emotion, and consumer willingness to disclose personal health information[J]. Information systems research, 2011 (3): 469-490.
[45] PREMAZZI K, CASTALDO S, GROSSO M, et al. Customer information sharing with e-vendors: The roles of incentives and trust[J]. International journal of electronic commerce, 2010 (3): 63-91.
[46] BANSAL G, ZAHEDI F, GEFEN D. The moderating influence of privacy concern on the efficacy of privacy assurance mechanisms for building trust: a multiple-context investigation[C]// Proceedings of International Conference on Information Systems. Paris: ICIS Doctoral Consortium, 2008.
[47] 朱侯. 社交媒体用户隐私关注的心理机制研究[J]. 图书情报知识, 2016 (2): 75-82.
[48] ZLATOLAS L N, WELZER T, HERIČKO M, et al. Privacy antecedents for SNS self-disclosure: the case of Facebook[J]. Computers in human behavior, 2015, 45: 158-167.
[49] 郭龙飞. 社交网络用户隐私关注动态影响因素及行为规律研究[D]. 北京:北京邮电大学, 2013: 3-64.
[50] LUTZ C, STRATHOFF P. Privacy concerns and online behavior not so paradoxical after all? Viewing the privacy paradox through different theoretical lenses[J]. SSRN electronic journal, 2013 (12): 81-99.
[51] DAVISON W P. The third-person effect in communication[J]. Public opinion quarterly, 1983 (1): 1.
[52] KRASNOVA H, GÜNTHER O, SPIEKERMANN S, et al. Privacy concerns and identity in online social networks[J]. Identity in the information society, 2009 (1): 39-63.
[53] METCALFE J, MISCHEL W. A hot/cool-system analysis of delay of gratification: dynamics of willpower[J]. Psychological review, 1999 (1): 3-19.
[54] 朱侯, 王可, 严芷君, 等. 基于隐私计算理论的SNS用户隐私悖论现象研究[J]. 情报杂志, 2017 (2): 134-139, 121.
[55] FÖRSTER J, FRIEDMAN R S, LIBERMAN N. Temporal construal effects on abstract and concrete thinking: consequences for insight and creative cognition[J]. Journal of personality & social psychology, 2004 (2): 177-189.

[56]ALSAAD A, MOHAMAD R, ISMAIL N A. The moderating role of trust in business to business electronic commerce (B2B EC) adoption[J]. Computers in human behavior, 2017, 68: 157–169.

[57]王雪芬,赵宇翔,朱庆华. 社交媒体环境下的用户隐私关注研究现状[J]. 情报学报,2015(12):1322–1334.

[58]LO J. Privacy concern, locus of control, and salience in a trust-risk model of information disclosure on social networking sites[C]// AMCIS 2010 proceedings, 2010: 110–122.

[59]BARRY M. Applying the theory of planned behavior to cadastral systems[J]. Survey review, 2005(296): 124–137.

[60]MALHOTRA N K, KIM S S, AGARWAL J. Internet users' information privacy concerns (IUIPC): the construct, the scale, and a causal model[J]. Information systems research, 2004(4): 336–355.

[61]DIENLIN T, TREPTE S. Is the privacy paradox a relic of the past? An in-depth analysis of privacy attitudes and privacy behaviors[J]. European journal of social psychology, 2015(3): 285–297.

[62]SUTANTO J, PALME E, TAN C H, et al. Addressing the personalization-privacy paradox: an empirical assessment from a field experiment on smartphone users[J]. MIS quarterly, 2013(4): 1141–1164.

[63]BARON R M, KENNY D A. The moderator-mediator variable distinction in social psychological research: conceptual, strategic, and statistical considerations[J]. Journal of personality and social psychology, 1986(6): 1173–1182.

[64]COHEN J. Statistical power analysis for the behavioral sciences[J]. Journal of the American statistical association, 1988(4): 19–74.

[65]SMITH H J, DINEV T, XU H. Information privacy research: an interdisciplinary review[J]. MIS Quarterly, 2011(4): 989–1015.

[66]孙晓玲. 大学生自我透视的时间距离效应[D]. 上海:华东师范大学,2008:1–2.

[67]SUN Y, WANG N, SHEN X L, et al. Location information disclosure in location-based social network services: Privacy calculus, benefit structure, and gender differences[J]. Computers in human behavior, 2015, 52: 278–292.

[68]GURUNG A, RAJA M K. Online privacy and security concerns of consumers[J]. Information and computer security, 2016(4): 348–371.

（本文原发表于《情报学报》2018年第1期）

信息素质链：信息素质内涵的多维度延伸与工具介入*

马海群（黑龙江大学俄罗斯语言文学与文化研究中心；
黑龙江大学信息资源管理研究中心）
蒲　攀（成都航空职业技术学院图书馆）

大数据和人工智能时代，信息社会建设与信息安全保障日益成为国际社会普遍关注的重要话题，包括俄罗斯、美国在内的诸多国家均在其信息化战略、信息化规划、信息安全学说、信息安全条例等信息政策与信息法律文件中，明确提出保护公民个人信息权利、提升国民信息素质、有效开发利用信息资源，是国家信息化建设的核心组成部分。《面向未来：21世纪核心素养教育的全球经验》研究报告显示，最受各国际组织和经济体重视的七大素养中有6项均为指向跨领域的“通用素养”，仅有“信息素养”指向特定领域[1]。结合当今信息智能化的发展趋势可见，信息素养已经被共识为全球范围内发展未来公民核心素养的特殊且占据制高点的核心能力，近年来国内有关Information Literacy的研究成果也较为普遍地使用信息素养一词。但是，正如笔者在2018年6月全国高校信息素养教育研讨会的报告中所提，我们更愿意将Information Literacy解读为信息素质而非信息素养，借鉴信息链的定位，我们提出信息素质链的概念及多维关系模型，并认为可以考虑采用大数据、人工智能、认知计算、情感计算等工具介入的方法对信息素质进行科学评价。

1　Information Literacy内涵解析

信息文化和信息素质是社会教育体系中的重要主题领域及战略性发展方向，因此，信息素质及信息素质教育的研究呈现出持续增长、跨学科、多学科等特征，尤其随着大数据、云计算等技术的广泛应用，信息素质的人文品质重要性更加凸显，其表现形式也愈加多样化和多元化。相对于信息素养的提法，我们认为，信息素质更能表达Information Literacy的本质内涵。

* 本文系黑龙江大学对俄问题研究专项项目“俄罗斯信息安全体系研究”（编号:DEZ1906）、黑龙江省高等教育教学改革项目“大学生信息素养体系建构研究”（编号:SJGY20170457）的研究成果。

1.1 Information Literacy基本释义

英文词汇“Information Literacy”翻译成汉语，最常见的含义是信息素养和信息素质，到底哪种翻译更准确，我们先将两个词拆开来说。Information译为信息或情报，并且常见为信息，Literacy译为识字、素养、有文化，单纯地组合来说，信息素养好像更合适，但是注意Literacy还有另外两个含义，识字和有文化。素质教育的根本目的在于全面提高人的基本素质，强调德、智、体、美、劳全面发展，这时候Literacy是超越了“会识字、有文化、有素养”的综合含义。Information Literacy作为信息文化的核心组成部分，显然只用素养概括Literacy略显单薄。笔者通过以下分析进一步提出，将Information和Literacy组合在一起，翻译为信息素质更为恰当。

1.2 信息素质的本质内涵

美国大学与研究图书馆协会（ACRL）于2015年发布了新版The Framework for Information Literacy in Higher Education。虽然国内普遍将该框架翻译为“信息素养框架”，但是我们认为，与2000年的老版本相比，ACRL的新版本已经发生了一些实质性的变化，即从对人的能力的重视转向对人的品质的更多关注，因此将该新版本翻译为《高等教育信息素质框架》（以下简称《框架》）应该是发布者导向的一种合理而恰当的理解。《框架》对信息素质的解释是“信息素质是指包含对信息的反思性发现，对信息如何产生和评价的理解，以及利用信息创造新知识并合理参与学习团体的一种综合能力”[2]。《框架》包含六大要素，每一种要素都包括一个信息素质的核心概念、一组知识技能、一组行为方式[3]。尤其值得关注的是，《框架》的理论基础新突破体现在其所提出的“阈概念”（Threshold Concepts）和“元素质”（Meta Literacy）。清华大学图书馆翻译的汉语版《框架》这样定义“阈概念”：“它是指那些在任何学科领域中，为增强理解、思考以及实践方式起通道或门户作用的理念”[3]。而“元素质”中的元认知是一种对自己行动和思想的反思能力[4]，同时强调学习者与环境的关系，以及对信息的主观和批判态度[5]。可以看出，《框架》用更开放的眼光去关注多种形式信息融会贯通的信息情境[6]，相比于老版本强调的能力，新版《框架》的“理念”“态度”等定位较为明显地突出了体现文化过程和结果的人的品质。ACRL对信息素质的重新定位，成为催生、拓展其他素质的核心素质，并通过对相关素质理念和新技术进行关联整合吸纳，实现对学生进行学习行为（Behavioral）、情感（Affective）、认知（Cognitive）、元认知（Metacognitive）方面的培养。当然，同笔者对信息素质本质内涵的解读相比，《框架》从整体上看还是有较强的偏重客观工具性、技能性的痕迹。而笔者认为，信息素质更应该突出的是人的主观品质、人格，尤其在信息技术的强大操控和强力驱动环境下，品质更彰显珍贵和不可或缺。因此，信息素质并不等同于信息素养，它的内涵还需要进一步深入解读。

其实早在1997年，笔者就曾探讨过信息素质的含义，并提出，信息素质可以广义地理解为“在信息化社会中个体成员所具有的各种信息品质，包括信息智慧、信息道德、信息意识、信息觉悟、信息观念、信息潜能、信息心理等”[7]。也有其他学者将信息素质看成一种品质，认为信息素质是指人们有目的地采集、选择、储存、加工和利用信息过程中所具备的一种复合品质，它从结构上包括信息心理、信息知识、信息技能三方面构成要素[8]。严格来讲，信息素质与信息知识、信息能力是有区别的，信息素质更强调的是个体的主观信息品质；当然，我们也不反对将信息知识、信息能力理解为信息智慧构成为信息素质的组成部分。那么，在1997年论文发表20多年后的数据经济蓬勃发展的当下，我们解读信息素质的含义是否应该有变化呢？答案是肯定的，我们从“Information Literacy”内涵研究演进的两个简单角度分析来看这种变化。

“Information Literacy”一词最早出现于1974年Paul Zurkowski的报告中，他认为信息素质就是利用大量的信息工具及主要信息资源使问题得到解答的技术和技能[9]，这一时期的信息素质基本等同于信息技能。1989年美国图书馆协会（ALA）重新定义了信息素质，ALA指出：具有信息素质能力的人，能够充分认识何时需要信息，并能有效地检索、评价和利用所需信息[10]，这一时期的信息素质不仅包含信息技术与技能，对个体的信息评价也有了关注。数据库检索结果显示，进入20世纪90年代以后，国内外开始关注信息素质的教育问题。2005年，联合国教科文组织、国际图书馆协会联合会（IFLA）和美国全国信息素养论坛发布的《亚历山大宣言》认为：信息素质应该拓展现有的技术，使之包括学习技能、批判性思维和跨专业领域的阐释能力[11]。这一时期，信息素质开始关注个体对信息的批判性思维。2018年6月，全国高校信息素养教育研讨会在沈阳召开，会议主题为“从‘信息素养教育’到‘创新素养教育’”，初景利教授谈到了从信息素养教育到创新素养教育的转型变革，以此为点，信息素质开始关注更深层次的创新素养和能力。

基于前期研究和以上变化，我们将广义的信息素质概括为，在信息化社会中，个体成员在合理运用信息工具和资源解决问题与启发创新时所具备的信息品质与人格（兼容包含信息知识与信息能力在内的信息智慧）。相对来说，信息知识和信息能力容易测度，信息品质与人格不易测度，由此我们又可以将信息素质分为容易测度的硬信息素质和不易测度的软信息素质；值得关注的是，大数据、人工智能、认知计算、情感计算等工具的大量出现及广泛应用，为理性工具介入信息素质的科学评价提供了新的手段与方法。

2 信息素质链及信息素质内涵的多维度延伸分析

随着与信息素质相关概念的不断出现与演变，如计算机素质、网络素质、人工智能素质等，以及数字素质、数据素质、媒介素质等，我们提出，可以用信息素质链的概念解读它们之间的逻辑关系并进行可寻求建模表达。

2.1 信息素质链

梁战平[12]在2003年提出了信息链（Information Chain）的概念，他认为信息链由事实、数据、信息、知识、智能（情报）这五个环节构成。叶鹰在接受采访时[13]也提出，从数据、信息到知识，可以构成一条测度链。借鉴梁战平、叶鹰对信息链、测度链的定位和思路，笔者在此尝试提出“信息素质链”的概念，并认为二者是有内在关联的。信息链的五大环节是情报学、信息管理研究的重要对象，也广泛地、横断性地应用于自然科学、人文社会科学诸多领域，从上游的事实到下游的智能（情报）是人类认知从低级阶段向高级阶段的演进，而信息素质链上的各类信息素质也存在类似的演进。

信息素质链从对象上看可以理解为数字素质、数据素质、信息素质、媒介与信息素质、知识素质、智能（情报）素质的统称，这些环节构成信息素质链的非闭合链环，即链环中的链节还会不断地演化与发展。其中，信息素质是信息素质链的代表性称谓，数字素质是当前的突出表现形式，数据素质是大数据技术下异军突起的表现形式，媒介与信息素质是面向社交媒体的综合表现形式，知识素质是人类认知的高阶表现形式，智能（情报）素质则是面向安全和影响决策的稀缺财富。

2.2 信息素质链的多维关系模型

信息素质链还可以从其他维度进行解读，如技术维度的计算机素质、网络素质、云计算素质、人工智能素质、大数据素质等；再如内容维度的信息智慧、信息伦理、信息意识、信息觉悟、信息观念、信息潜能、信息心理等。依据这些不同维度对信息素质链环内容的不同表达，我们可以建立信息素质链的多维关系模型（如图1是其中的一种表达方式）。

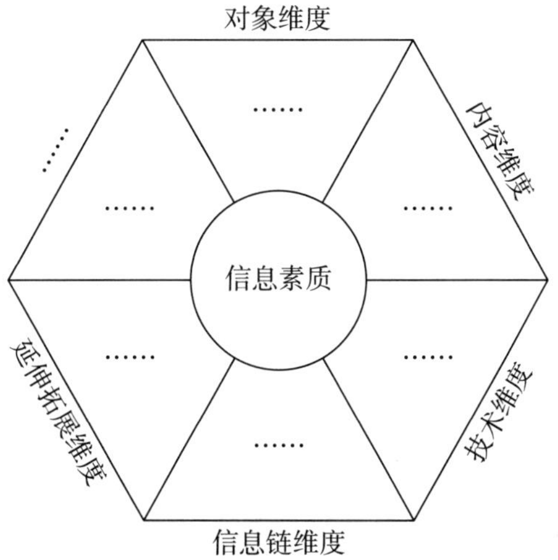

图1　信息素质链多维关系模型

我们还可以通过表1来表达并进一步深入阐述信息素质链中的多维度信息素质链环的具体内容。

表1 信息素质链多维度信息素质内涵表达方式表

对象维度	内容维度	技术维度	信息链维度	拓展延伸维度
数字素质	信息意识	计算机素质	元素质	信息（数据）权利
	信息观念	网络素质	数据素质	
信息素质	信息觉悟	云计算素质	信息素质	信息公开
	信息智慧			数据开放
媒介与信息素质	信息潜能	人工智能素质	知识素质	信息（数据）安全
	信息伦理			
创新素质	信息心理	大数据素质	智能（情报）素质	数字人文
	信息批判性思维			
……	……	……	……	……

2.2.1　基于对象维度的信息素质链

按信息素质的对象来划分，信息素质链上的数字素质、信息素质、媒介与信息素质、创新素质属于此维度。在《新媒体联盟地平线报告》2017高等教育版和2017图书馆版列出的六大挑战中，可解决的挑战里都有提高数字素养这一项，也就是说数字素质是我们目前了解并且知道如何解决的挑战[14–15]。数字素质是指在工作、就业、学习、休闲以及社会参与中，自信、批判和创新性使用信息技术的能力[16]。它超越了所获得的孤立技术技能，能够使人们产生对数字环境的更深理解。推进数字公平、改善技术的不平等接入、开设数字能力培养课程等，都能在一定程度上提高公民的数字素质。信息素质是信息素质链在对象维度上的代表性称谓，单就这一维度来说，信息素质是信息技能和信息品质的总和，并且技能和品质同样重要。以前信息素养与媒介素养是分开讲的，2013年，联合国教科文组织公布了《媒介与信息素养：政策与策略指南》，率先提出媒介与信息素质这一概念，认为它是将信息素质与媒介素质合成一个整体的复合概念，其中的媒介素质体现言论传播和评判的自由，而信息素质强调对信息的利用[17]。在大数据时代，具有媒介与信息素质意味着个体可以使用社交平台特定工具获取、理解、共享和使用所有载体形式的媒介信息，并以批判性的思维和更高的效率挖掘信息价值。与原来单一的信息素质相比，媒介与信息素质更注重个体对社交媒体信息的甄别以及对网络舆情客观判断的能力与品质。正如2018年6月全国高校信息素养教育研讨会主题“从‘信息素养教育’到‘创新素养教育’”的设定一样，具备了基本的信息素质之后，必然要走向创新素质，有学者认为创新素质包括认识领域的创新素质和实践领域的创新素质两大类[18]。也就是说，创新素质并非凭空产生的，而是基于一定的素质基础，在认识和实践领域的创新。基于这个认识我们认为，创新素质并非人人具备的，正是因为这样，在信息时代拥有创新素质的人才难能可贵。

2.2.2 基于内容维度的信息素质链

按信息素质的内容划分，信息素质链上的信息意识、信息观念、信息觉悟、信息智慧、信息潜能、信息伦理、信息心理、信息批判性思维属于此维度。

信息意识体现在个体对信息的认识、捕捉和敏感度上，包括信息主体意识、信息获取意识、信息传播意识、信息保密意识、信息守法意识、信息更新意识等多种形式。信息观念体现在个体对信息的认知、看法和态度当中，这里的认知是信息意识中认识的高阶体现，主体已经能够通过自主的判断形成信息效用观念、信息价值观念等。信息觉悟是信息主体对自身信息行为基本权利和义务的一种自我认识与判断，比如公民依法享有信息民主权、信息自由权、知情权、隐私权、知识产权等，同时必须履行保守国家秘密、维护信息公平正义、维护信息网络安全等。

信息智慧体现在个体对信息的查找、筛选、利用、扬弃等的过程中，涉及信息知识与技能，也涉及对信息不对称的消解，直接影响利用信息资源和工具解决问题和激发创新的效率。信息潜能是个体内含的还未释放的或通过某种途径可以激发的对于信息生产和挖掘的潜在能力，它与信息智慧存在内在联系。理想的情况下，信息智慧高的个体，其内含的信息潜能越大，信息潜能被激发的可能性也越大。信息伦理也常见为信息道德，是信息素质在社会关系上最直观的体现，其实伦理和道德并非同级概念，在此不做严格区分。信息伦理是包含信息供给者、传播者、使用者、保存者等全部信息主体在信息行为过程中应遵守的伦理和道德约束等行为规范，以及由此形成的伦理关系的总和。信息信用的内化与自觉就是信息伦理的一种表现形式。

信息心理是个体在信息的需求、获取、吸收、利用等整个信息行为过程中心理状态的总和，分为认知、情感和意志三个阶段[19]，信息心理会在一定水平值上呈现波动状态。信息批判性思维要求个体在信息行为中保持开放的思想和批判的态度，要学会在吸收信息的时候“取其精华，去其糟粕”。关于信息的批判性思维，《亚历山大宣言》和美国《高等教育信息素质框架》中都有所论及，比如《框架》中论述权威的构建性与情境性的行为方式时指出，提高个人信息素养能力的学习者在评估时需持有批评精神，并对自己的偏见和世界观保持清醒认识[3]。

2.2.3 基于技术维度的信息素质链

基于技术维度的信息素质也可以称为信息技术素质，它是个体具备一定信息技能的先决条件。按信息素质所涉及的技术技能来划分，信息素质链上的计算机素质、网络素质、云计算素质、人工智能素质、大数据素质属于此维度。

美国北肯塔基大学将计算机素质定义为“具有熟练地和有效地利用计算机的能力”[20]。那么，计算机素质应该是处于信息素质链底层的最基本的操作层面的能力。网络素质体现在个体通过互联网渠道和平台，利用信息技术手段获取和处理信息等相关过程中，也称为互联网素质。2017年12月，网络素养标准评价体系发布，其中提出了网络素养的十条标准：认识网络、理解网络、安全触网、善用网络、从容对网、理性上网、高效用网、智慧融网、阳光用网、依法用网[21]。

云计算作为传统计算机和网络技术发展融合的产物，最初是为了灵活调配计算资源、网络资源和存储资源，所以严格来说，云计算素质可以作为计算机素质或网络素质的一种。在此单独列出，是因为基于云计算出现的各种云盘、网盘服务存在泄露用户隐私、分享违规内容、侵犯知识产权等各种风险，事实上这样的案例已有很多。大数据的出现，颠覆了人们传统的计算、认知和理解世界的方式，我们对数据信息的需求从小而精变成了广而全，相应地就需要我们具备大数据的能力。大数据素质正是体现在我们对大数据的认识、评判和利用等方面。人工智能是基于大数据和云计算，对人的意识、思维的信息过程进行模拟。人工智能固然不能代替人的智能，但正如2016年人工智能机器人AlphaGo击败了围棋世界冠军一样，并没有人可以保证人工智能有一天不会超越人的智能。所以，具备基本的人工智能素质，是我们在人的智能和机器的智能之间保持清醒认识并加以合理利用的基本条件。

2.2.4　基于信息链维度的信息素质链

按信息素质对信息链的表达来划分，信息素质链上的元素质、数据素质、信息素质、知识素质、智能（情报）素质属于此维度。

美国《高等教育信息素质框架》中提出了"元素质"（Meta Literacy）的概念[3]，这种元素质扩展了传统信息技能的范畴，把参与式数字环境中的协作生产和信息共享包括了进来，需要批判性思考和反思。数据素质在大数据环境下变得尤为重要，并催生了数据科学家这一新兴职业，因此有学者认为在大数据时代数据素养是信息素养的一种扩展，主要包含数据意识、数据能力和数据伦理三个方面，具体来说就是数据价值意识、数据安全意识、数据管理的生命全周期所需要的能力、数据隐私、数据的合理与合法利用、数据交流的规则等[22]。数据素质不同于数字素质，但也存在内在联系，可以说数据素质是数字素质在大数据背景下的发展与延伸[23]。信息素质是信息技能和信息品质的总和，从信息链的维度来说，信息品质与人格更为重要。

知识素质是指一个人在知识方面的基本品质，主要包括知识结构、知识价值观、对待知识的基本态度，以及获取和应用知识的方法与能力等[24]。知识处于信息链下游的认知属性范畴，知识素质在链维度上也对应认知领域，从它的定义可以看出，知识素质是信息素质链中比较特殊的一环，它既可以转化为一种工具，也可以内化成一种资源，在知识经济时代还可以挖掘经济价值。智能（情报）位于信息链的最高阶，是信息从物理性质向认知属性转化的成果，同样的，智能（情报）素质也不是凭空产生的，而是信息素质发展的高级形式，是信息素质在人工智能时代的具体体现。严格来说，智能素质和情报素质存在一定的差异。智能素质具有普适性，它是集智能知识、智能能力、智能态度、智能伦理为一体的多维复合结构体[25]。情报素质多是面向信息安全领域，包含知识层面的情报理论、情报资源、情报整合，文化层面的情报伦理、情报网络、情报美学，能力层面的情报意识、情报技能、情报安全[26]。但由于智能素质和情报素质在认知层面具有相同的定位，暂且把它们归为一类。

2.2.5　基于进一步拓展延伸维度的信息素质链

除了以上四个维度的划分，态势感知、认同、习惯、使命感、境界、情怀、理想、信念、创新等都是人的品质表现，因此信息素质链还会涉及一些进一步延伸拓展的领域，比如信息（数据）权利的认知与习惯、信息公开（数据开放）的认同与境界、信息（数据）安全的感知与信念、数字人文的理念与掌握等。

公民应当依法享有知情权、数据权、隐私权、被遗忘权等信息（数据）权利，国家应该依法进行信息公开、数据开放，同时保障公民的各项信息权利和信息安全。2007年1月，我国国务院通过了《中华人民共和国政府信息公开条例》，旨在保障公民、法人和其他组织依法获取政府信息。2010年5月，英国首次提出了“数据权”的概念，随后组织了落实全民数据权的“My Data”项目[27]。2015年7月通过的新的《中华人民共和国国家安全法》和2016年11月颁布的《中华人民共和国网络安全法》都对信息（数据）安全做出了相应的规定。2018年5月，欧盟通过了《通用数据保护条例》（GDPR），被称为欧盟最严数据保护条例，该条例对违法企业的罚金最高可达1.5亿元人民币，脸书和谷歌等美国企业就成为GDPR法案下第一批被告[28]。此外，条例还确立了被遗忘权、删除权、可携带权等一系列用户权利[29]。以上都是在信息（数据）权利和信息安全领域的具体实践，只有让公民知道自己在信息领域享有哪些权利，同时应该履行哪些义务，才能充分地发挥信息（数据）的最大价值，同时激发创新、创造社会财富。个人的信息素质在公共领域的凝结，必将上升为集体的信息素质，这也是信息素质在全民共享共建的领域内大有可为之处。

信息素质链拓展延伸的另一领域是数字人文，数字人文的前身是“人文计算”，随着数字技术更新迭代、数字化内容不断增加，数字人文逐步替代了人文计算，数字人文研究的内涵是强调人脑和电脑哪一个在什么时候、什么情况下更智能和更能发挥作用[30]。显然，数字人文是数据科学的技术和方法在人文科学领域的重要实践，具备数字人文知识与技能，必将为人文科学研究的系统观和方法论带来新的突破。

3　信息素质评价的工具介入

如上文所述，信息知识和信息能力作为硬信息素质相对容易评价和测度，而信息品质与人格作为软信息素质不易评价也更难以进行测度。但是随着大数据、云计算、人工智能等现代新型技术工具的快速发展与广泛应用，软信息素质已经可以通过工具介入来进行评价和测度。

3.1　信息素质的可测度性

前文将信息素质定义为“在信息化社会中，个体成员在合理运用信息工具和资源解决问题与启发创新时所具备的信息品质与人格”，既然笔者强调信息素质更突出的应该是主观的品质与人格，那么在通常的认知中，品质和人格属于软信息素质，是否可以通过一定的方法定量测度信息个体是否具备信息素质，具备信息素质的高低标准又该如何评判？

我们认为这种方法是存在的。理由之一是人工智能。人工智能可以无限接近人的智能。那么，通过数学建模和大规模计算可以让机器模仿人类完成复杂工作，反过来，也应该可以通过同样的方式将人的智能分解成无数精细的计算。从这一点上来说，任何不易测度的品质与人格，都是可以通过模拟与分解达成计算的目的的。理由之二是大数据。大数据时代，人在信息活动上的行为方式、思想逻辑、意识心理等都会通过各种各样的方式留下痕迹，这些痕迹会沿着内在逻辑形成轨迹，而这些轨迹就会折射或者揭示出我们的行为方式与习惯，其中就包含信息品质与人格。当然，这里需要强调的是，这种对个人大数据的利用，前提必须是不侵犯个人隐私或者征得个人授权同意使用其数据。理由之三是科学计算。科学计算是利用计算机再现、预测和发现客观世界运动规律和演化特性的全过程[31]。有了人工智能的模拟和大数据，再借助大规模的科学计算，实现对信息素质（尤其是软信息素质）的评价测度是可以期待的。

3.2 信息素质评价测度的新型工具方法

3.2.1 大数据

大数据技术能够为信息素质评价提供可供分析的样本数据。在大数据时代，数据抽样的计量方法已经被"样本即总体"的规模计量所取代，物联网、云计算、移动互联网等技术，能够为信息素质评价提供海量的数据集样本。同时，大数据技术也能够处理如今存量和增量都非常庞大的文本、图像、声音、影视、超媒体等非结构化数据，而人的信息行为轨迹和品质观念更多地是以这种非结构化的形式产生和存储的。信息素质链在对象维度、内容维度、技术维度、链维度、延伸拓展维度等不同维度上的表达，使得信息素质评价和测度的指标及内容存在着根本的差别。同时，任一维度下的信息素质在用户的具体信息行为过程中也都有多样化的表达。因而，要想科学测度用户个体或群体的信息素质水平，测度对象（即用户信息行为数据集）的全面和完备是基本前提。

现如今用户的信息行为几乎全部通过互联网实现，从信息需求的产生到满足，期间所涉及的信息检索过程、信息获取行为、信息分析与甄别等信息行动都会在互联网上留下信息痕迹，对信息个体来讲这个痕迹是反映个体信息素质的行为轨迹，对某一类或整个社会的信息群体来讲这个痕迹体现的是群体信息素质轨迹。在过去所谓的小数据时代，想要通过这些信息痕迹了解和评判某个个体或群体的信息素质，我们只能采集关键信息行为的部分数据，并且这些数据的采集、关联、利用和评价之间是存在壁垒的，而大数据技术恰恰能够打破这种壁垒。图2展示了大数据在信息素质评价中，提供可供测度的用户信息行为数据的作用。用户的任何一条信息行为轨迹都会产生大量具有分析评价意义的结构化、半结构化和非结构化数据，包括常规信息行为轨迹和突发信息行为轨迹。不难看出，在小数据时代，由于人工采样和计算机存储与处理技术的局限，无论提取怎样的关键数据集，用户信息行为评价数据的采集和利用都不可避免地存在偏差，同时由于无法准确定位偏差产生的数据节点和人为因素，矫正这种偏差的数据回溯就变得很困难。而大数据技术可以提取全部数据集，避免采样的偏差，同时数据挖掘、语义网、云计算等能够辅助实现数据集的自动关联，可以避免对用户信息行为数据尤其是突发或异常行为数据采集的遗漏，从而在数据集层面无限接近用户最真实的信息行为轨迹。

当然，在此需要强调的是，这种对用户个人大数据的采集和评价，前提必须是不侵犯用户个人隐私和数据权等相关权利，利用公共数据、依法公开数据或用户授权同意使用的数据来进行。

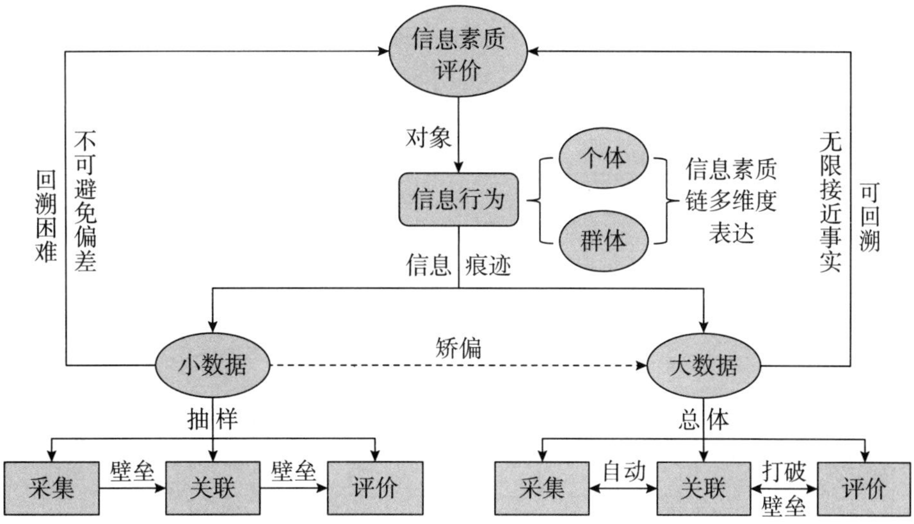

图2 大数据在信息素质评价中的作用

3.2.2 人工智能

人工智能分为通用人工智能和专用人工智能[32-33]，它可以为信息素质评价提供简单模拟人工系统。也就是说人工智能通过分析人的智能，模拟人的思维的信息过程，进而利用人的智能活动规律，来构造自己的智能系统。

通过人工操控的情境预设，人工智能可以替代人的部分简单重复性操作，基于这种对人类活动的机械性、简单化模拟，我们设想可以设计出一套反模拟人工系统，即反过来利用人的信息行为、信息心理、信息思维活动轨迹进行机器识别和精确计算的系统，从而使得信息知识、信息能力等硬信息素质，以及个体在信息认知、心理、品格等方面规律性的信息行为所体现的部分软信息素质变得可测度。比如信息素质链中的计算机素质、网络素质、媒介与信息素质、云计算素质等信息素质水平，绝大部分是可以通过用户的信息技能和规律性信息行为体现出来的。显然，这个设想是可以实现的。著名的图灵测试证明了“会思考的机器”是存在的，即机器可以具备人的部分智能，这是机器模拟人工系统的实现。反过来，测谎仪通过采集、记录和分析人在说话时由植物性神经系统控制的呼吸、脉搏、心率、血压、脑电波、声音、瞳孔、皮肤湿度等一系列生理变化，来判断人在某种特定情况下是否撒谎，这是人类行为可定量测度与评价的实现。当然从科学的角度来说，测谎技术只是有限度地“测谎”，只能在有限客观的数据上与个体常规生理数据进行比对分析。这一点与人工智能一样，只能实现对规律性行为的模拟和测度。图灵测试和测谎技术一定程度上说明了模拟人工系统实现的可逆性。所以，借助于现在的人工智能技术与原理，加之用户常规信息行为与信息技能的外显表达，是可以对信息素质链各维度上硬信息素质和软信息素质中规律性的部分进行科学测评的，具体实现如图3。

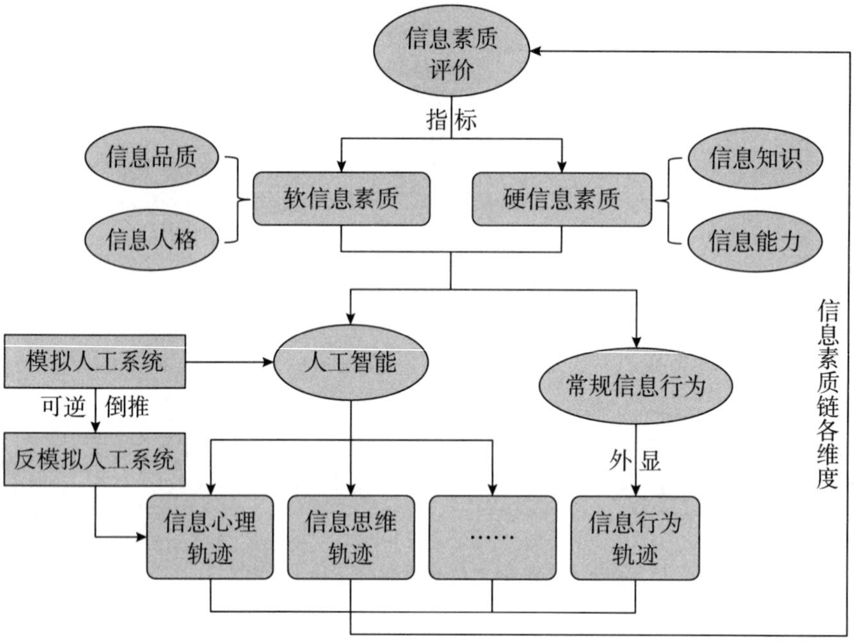

图3　人工智能对信息素质测评的实现

需要指出的是，人的主观认知是存在不确定性的，这是由于客观世界本身的不确定性引起的，如果机器能够具备人脑一样的对不确定性信息和知识的表示能力、处理能力和思维能力，那么人工智能也是可以实现对这种不确定性或者突变性的人的智能的识别的，而不确定性人工智能正是人工智能进入21世纪的新发展[34]。当前人工智能所提供的模拟人工系统，只能用于测度规律性信息行为所体现的信息素质，而用户的信息行为并不都是循规蹈矩的，甚至绝大多数信息行为都是存在突变因素的。比如信息素质链内容维度中的信息意识、信息潜能、信息批判性思维等信息素质，都会在这些突变信息行为中有所体现。

3.2.3　认知计算

认知计算能够为信息素质评价提供一种新的有效的计算模式和分析方法。认知计算是一项使人类能够和机器合作的技术方法，是借助认知科学理论构建算法，模拟人的客观认知和心理认知过程，使机器具备某种程度的“类脑”认知智能，它最明显的优势在于具备超强的自我学习能力、存储能力和计算能力[35]。IBM商业价值研究院的研究显示，认知计算将在互动、发现和决策三个领域展示其重要作用。认知计算有助于发掘即使最聪明的人类也可能无法发掘的洞察力，并且能够提供可追溯的证据以减少人为偏见[36]。也就是说，认知计算不仅能放大人类智能，还能在一定程度上进行纠错，辅助科学决策。

相比于人工智能着重开发能够实现人类认知功能、替代人的简单重复性活动的人工系统，认知计算则重在研究可以模拟人类认知功能的计算原理和方法，它试图解决生物系统中的不精确、不确定和部分真实的问题[37]。那么，运用在信息素质测评中，认知计算则可以着重解决人工智能的模拟人工系统无法对突发性、突变性及不确定性信息行为中所蕴含的信息素质进行科学测度的现实问题。因此，如图4所示，在人工智能的基础上运用认知计算，一方面可以解决信息素质链各环节规律性的信息行为、信息心理、信息思维等的测度问题，另一方面也可以实现对蕴含在信息行为、信息心理、信息思维等过程中的，能体现或影响个体信息素质的突变和不确定性因素与行为现象的识别、认知、和计算。

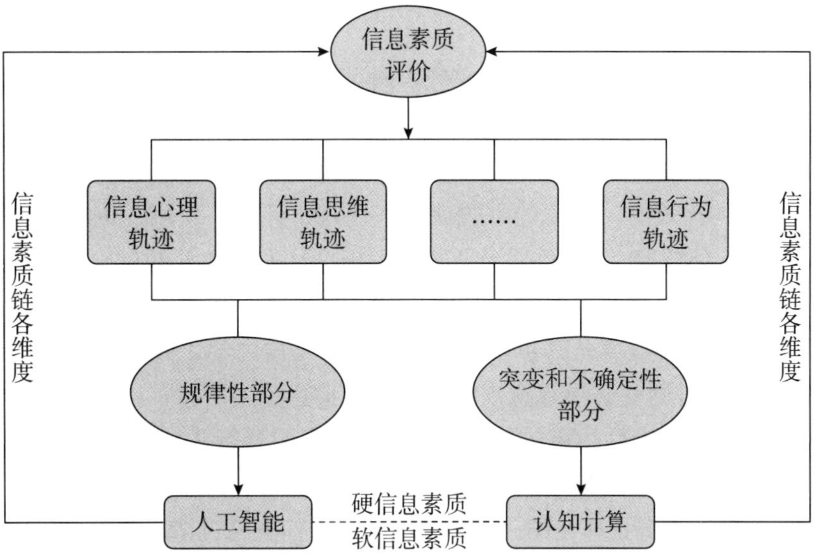

图4　基于人工智能与认知计算的信息素质测评

3.2.4　情感计算

情感计算可以为信息素质评价提供关于信息主体的主观体验、外部表现和生理唤醒等方面的计算服务[38]。情感计算的目的是赋予计算机识别、理解、表达和适应人类情感的能力，可穿戴计算机等情感饰物就是情感计算最常见的应用[39]。有研究显示“人类交流中80%的信息都是情感性的信息”，情感本身作为人类高级智能的一部分，个体不同的情感状态会导致大脑计算和分配资源的方式产生极大差异，从而影响思维执行路径的选择与实现[40]。因而个体在产生信息行为的过程中，主观的情感情绪是直接与行为结果和行为效率密切相关、相互影响的最微妙、最不易测度的因素。为了解决这个问题，科学家们将情感研究引入计算机学科，试图把“主观的情感”变为可计算的。现如今的多模态情感分析技术、基于人类社会活动“心理－情绪－认知－行为”四循环模型的人心识别技术、深度学习方法等，都已经逐步实现对个体或群体的情感监测与计算了，比如人脸表情识别（FACS技术）、语音情感识别、声纹识别、人机情感交互等。

人的信息素质在外显的过程中，必然会受到情感感知的影响，也必然会对情感情绪产生影响，这种或起伏不定，或波澜不惊的情感表达，都是能够通过情感计算揭示出来的，长期跟踪和计算个体的信息情感、信息情绪痕迹，也必将能够从一个侧面揭示出信息主体的信息品质与人格。将情感计算运用在信息素质测评中，可以辅助人工智能和认知计算，对信息素质链各环节各维度上信息素质中与情感情绪联系密切、容易受情感情绪影响、容易对情感情绪产生影响的诸多要素与行为进行识别、拆解与建模分析，从而对信息素质链上的情感因素进行可准确计算的测度。

除此之外，目前诸多领域广为关注的用户画像工具，也可以用于描述个人、群体的态度、价值维度、情感色彩等品质型软信息素质。

素质教育是教育的核心[41]，是国家教育改革发展的战略主题，是大学人才培养使命的题中应有之义[42]。教育能唤醒和帮助实现人的潜能，教育的价值在于促进受教育者的人格和精神健全发展[43]，信息素质教育恰恰契合这种理念，因为研究探索如何培养学生以批判的、有效的、道德的方式获取、理解、评估、使用、创造、分享所有格式的学术信息和媒体内容[44]，正是当下高等院校信息素质教育的目标之一。而且，信息素质教育的目的终究是面向人的文化养成和人格完善，超越工具和理性手段的人的软性主观品质的培养就显得尤其重要，其核心要义是增强学生在信息世界中的价值判断和价值选择[45]，否则就会导致愈来愈严重的高信息技术手段、高智能思维能力但缺乏信息道德规范和自我人性约束的信息违法甚至信息犯罪行为[46]。因此，本文主张将Information Literacy译为信息素质，尤其在技术强力驱动下，许多人更追求技术工具的应用及结果，但工具本身是理性的，信息是中性的，信息通过诸如情感、价值、期望与认知等人的品质因素并借助于工具才能发挥效力并形成目的性或针对性。由此，品质更彰显珍贵和不可或缺，因而信息素质应更突出的是主观的品质与人格而非技能与技术。借鉴信息链的思路我们首次提出“信息素质链”的概念，并基于对象维度、内容维度、技术维度、信息链维度和拓展延伸维度构建了信息素质链的多维关系模型，丰富和延伸了信息素质的内涵。同时基于人工智能、大数据和科学计算，认为信息素质（包括软信息素质）是可以通过大数据、人工智能、认知计算、情感计算等工具介入的方法进行科学测度的。

参考文献：

[1]黄金鲁克. 21世纪核心素养教育的全球经验[EB/OL]. [2018-08-28]. http://www.jyb.cn/world/gjgc/201606/t20160610_662321.html.

[2]DEMPSEY M E, DALAL H, DOKUS L R, et al. Continuing the conversation:questions about the framework[J]. Communications in information literacy,2015(2):164-175.

[3]韩丽风,王茜,李津,等. 高等教育信息素养框架[J]. 大学图书馆学报,2015(6):118-126.

[4]桂罗敏. 从技术到价值:《美国高等教育信息素养框架》的文化阐释[J]. 图书情报知识,2016(2):14-20,68.

[5]刘彩娥,贺利婧. 对ACRL《高等教育信息素养框架》的反思[J]. 大学图书情报学刊,2017(1):45-48.

[6]秦小燕. 美国高校信息素养标准的改进与启示:ACRL《高等教育信息素养框架》解读[J]. 图书情报工作,2015(19):139-144.

[7]马海群. 论信息素质教育[J]. 中国图书馆学报,1997(2):84-87.

[8]马海霞,武洪文. 信息素质内涵的再思考[J]. 河北科技图苑,2009(4):29-32.

[9]郭朝明. 信息化时代信息素养的内涵与培养[J]. 电化教育研究,2007(11):16-19.

[10]许军娥. 浅论高校图书馆对大学生信息素养的培养[J]. 理论导刊,2001(8):44-45.

[11]钟志贤. 面向终身学习:信息素养的内涵、演进与标准[J]. 中国远程教育,2013(8):21-29.

[12]梁战平. 论情报学研究[J]. 中国信息导报,2003(1):12-15.

[13]杨频萍. 南大教授叶鹰对高校学术论文的"趣味"分析:与一流大学差距不在成果数量在品质[N]. 新华日报,2018-07-25(13).

[14]贝克尔,卡明斯,戴维斯,等. 新媒体联盟地平线报告:2017高等教育版[R]. 殷丙山,高茜,任直,等译. 奥斯汀,德克萨斯:新媒体联盟,2017.

[15]贝克尔,卡明斯,戴维斯,等. 新媒体联盟地平线报告:2017图书馆版[J]. 开放学习研究,2017(5):1-13.

[16]任友群,随晓筱,刘新阳. 欧盟数字素养框架研究[J]. 现代远程教育研究,2014(5):3-12.

[17]陈阳. "媒介与信息素养五定律"解读及思考[J]. 图书馆建设,2017(7):4-8.

[18]张淑春. 创新素质的内涵、结构及特征[J]. 辽宁科技学院学报,2007(3):54-55.

[19]彭玲玲. 网络环境下用户信息心理分析[J]. 科技情报开发与经济,2007(12):30-31.

[20]王佑镁,杨晓兰,胡玮,等. 从数字素养到数字能力:概念流变、构成要素与整合模型[J]. 远程教育杂志,2013(3):24-29.

[21]新华网. 网络素养标准评价体系正式发布[EB/OL]. [2018-08-28]. http://m.xinhuanet.com/bj/2017-12/09/c_1122085409.htm.

[22]黄如花,李白杨. 数据素养教育:大数据时代信息素养教育的拓展[J]. 图书情报知识,2016(1):21-29.

[23]孟祥保,常娥,叶兰. 数据素养研究:源起、现状与展望[J]. 中国图书馆学报,2016(2):109-126.

[24]朱家存. 知识素质论:知识经济时代的知识素质探微[J]. 教育理论与实践,2001(1):1-4.

[25]汪明. 基于核心素养的学生智能素养构建及其培育[J]. 当代教育科学，2018（2）：83-85.
[26]秦殿启，张玉玮. 情报素养：信息安全理论的核心要素[J]. 情报理论与实践，2015（4）：30-33.
[27]蒲攀. 大数据环境下我国开放数据政策模型构建研究[D]. 哈尔滨：黑龙江大学，2016.
[28]每日经济新闻. 史上最严数据保护法来了 侵犯网民隐私可罚1. 5亿[EB/OL]. [2018-08-28]. http://finance.ifeng.com/a/20180528/16323541_0.shtml_zbs_baidu_bk.
[29]王子辰. 新闻分析：欧盟“最严”数据保护条例“严”在何处[EB/OL]. [2018-08-12]. http://www.xinhuanet.com/world/2018-05/24/c_1122881389.htm.
[30]徐力恒，陈静. 我们为什么需要数字人文[N]. 社会科学报，2017-08-24（5）.
[31]朱少平. 浅谈科学计算[J]. 物理，2009（8）：545-551.
[32]邹蕾，张先锋. 人工智能及其发展应用[J]. 信息网络安全，2012（2）：11-13.
[33]徐英瑾. 人工智能技术的未来通途刍议[J]. 新疆师范大学学报（哲学社会科学版），2019（1）：1-11.
[34]李德毅，刘常昱，杜鹢，等. 不确定性人工智能[J]. 软件学报，2004（11）：1583-1594.
[35]索传军，盖双双，周志超. 认知计算：单篇学术论文评价的新视角[J]. 中国图书馆学报，2018（1）：50-61.
[36]IBM商业价值研究院. 医疗保健的“强心针”[R]. 波士顿：IBM商业价值研究院，2015.
[37]徐峰，冷伏海. 认知计算及其对情报科学的影响[J]. 情报杂志，2009（6）：20-23，19.
[38]张迎辉，林学訚. 情感可以计算：情感计算综述[J]. 计算机科学，2008（5）：5-8.
[39]罗森林，潘丽敏. 情感计算理论与技术[J]. 系统工程与电子技术，2003（7）：905-909.
[40]竹间智能自然语言与深度学习小组. 情感计算是人机交互核心？谈深度学习在情感分析中的应用[EB/OL]. [2018-08-28]. http://mdsa.51cto.com/art/201707/544607.htm.
[41]霍小光，吴晶，施雨岑. 教师节，听听习总书记怎么说[EB/OL]. [2018-08-28]. http://www.chinanews.com/ll/2016/09-10/8000445.shtml.
[42]眭依凡，王贤娴. 再论素质教育[J]. 中国高教研究，2017（8）：30-35.
[43]胡友志，冯建军. 教育何以关涉人的尊严[J]. 教育研究，2017（9）：12-22.
[44]刘彩娥，冯素洁. ACRL的《高等教育信息素养框架》解读与启示[J]. 图书情报工作，2015（9）：143-147.
[45]瞿振元. 素质教育要再出发[J]. 中国高教研究，2017（4）：26-29.
[46]马海群. 论信息犯罪及其控制[J]. 中国图书馆学报，1996（1）：41-43.

（本文原发表于《情报资料工作》2019年第3期）

社交媒体中的突发公共卫生事件信息可信度影响因素研究

——以微信为例

曹树金　常倞玮（中山大学信息管理学院）

根据中国互联网络信息中心第45次《中国互联网络发展状况统计报告》，截至2020年3月，我国网民规模为9.04亿，互联网普及率达64.50%[1]。当突发公共卫生事件发生，相比于报刊、电视、广播等传统媒体，相关信息更多地通过网络传播，社交媒体则是网络传播的主力之一。有研究指出，社交媒体早已成为人们重要的信息来源[2]。社交媒体最基本的特征之一是能够实现“用户创造内容”的产生、传播和互动[3]，因此大量未经审核的信息得以在社交媒体网络中泛滥。人们认为社交媒体的实际影响力大于传统媒体，但也认为社交媒体的可信度不如以央视为代表的传统媒体高[4]。由于在过滤和利用信息时信息可信度最为重要[5]，而且对突发公共卫生事件来说不实信息的危害尤其巨大，十分有必要对社交媒体中的突发公共卫生事件信息可信度进行进一步的探究。

微信是一款由腾讯公司推出的即时通信应用软件。根据腾讯公司2019年年报，国内外的微信月活跃账户数高达11.65亿[6]。中国产业信息网（www.chyxx.com）也将微信列为2019年十大社交媒体品牌榜的榜首[7]。可见，微信堪称中国最流行、最普及的社交媒体平台。本研究以微信为例研究社交媒体中的突发公共卫生事件信息可信度，具有较强的代表性和广泛性。

探索用户对社交媒体中的突发公共卫生事件信息可信度的感知评价有着重要意义，本研究以微信为例，围绕“社交媒体中的突发公共卫生事件信息可信度的影响因素有哪些？”和“社交媒体中的突发公共卫生事件信息可信度的影响因素的作用机理与相互关系怎样？”两个研究问题进行研究，不仅有助于探究社交媒体用户评判此类信息的机理，提出帮助人们进行更合理有效判断的建议，还有助于相关个人、机构有效提高自身信息的可信度，有助于社交媒体对平台实施有针对性的信息管理，进而有助于国家对突发公共卫生事件信息的治理。

1　文献综述

“可信度”一词源自英文单词Credibility，在不同研究中被研究者赋予不同的定义[8]。信息可信度的概念来源于心理学领域和传播学领域，一般认为是信息接收者所感受到的信息来源或信息媒介的一种品质，即不论其传播的信息内容为何都能令信息接收者无可争辩地信赖[9]。

20世纪50年代，耶鲁大学心理学系教授Hovland团队在围绕“沟通和态度改变”的劝服效果实验中首次提出了来源可信度，即信息来源被信息接受者认为值得信赖和能够胜任的程度，并得到两个重要的测量维度：专业性和可信赖性[10-12]。20世纪60年代，David等提出传播过程理论，认为信息传播过程包括信息来源、信息内容、信息媒介、信息接收者四个要素，同时强调了传播过程是处于动态变化之中的[13]。Rosenthal最早对信息可信度和来源可信度进行区分[14]。早期的研究者更关注信息媒介的可信度或信息来源的可信度，注重客观属性的研究；后来的研究者开始更关注信息媒介或信息来源和信息接收者之间的关系，注重主观影响的研究[15]。Wathen和Burkell认为信息可信度的主要来源是专业性和可信赖性，结合传播过程理论，认为可从信息来源特征、信息内容特征、信息接收者特征和信息媒介特征等对信息可信度进行测量[5]。吴连伟等从信息来源、信息内容、信息主题、信息媒介、信息接收者五个维度总结出影响信息可信度的各种信息特征，指出信息内容可信度的用户感知评测指标有相关性、客观性、准确性、信息覆盖范围、可靠性、影响力、时效性、可证实性和通用性[16]。

目前，国内外学者对信息可信度的研究主要分为客观可信度计算测量和主观可信度感知评价两种。客观可信度可以理解为“可能信实的程度”，主观可信度可以理解为“可以信任的程度”，二者最大的区别在于各种测量是否源自用户感知。在本研究中，信息可信度指人们作为信息接收者主观上对信息真实与否的认知、判断和评价，即主观可信度感知评价。

客观可信度计算测量主要基于技术手段，通过获取信息系统中存在的特定数据对信息可信度进行客观的计算和测量，其本质接近于信息真实程度。高明霞和陈福荣从文本信息、信息传播、信息来源三个角度提出了基于信息融合的中文微博信息可信度评估框架CCM-IF[17]。李付民等提取用户资料信息、交互信息、行为信息的七种特征，基于关联关系评价微博用户的可信度[18]。郭顺利等基于加权灰色关联度提出了C2C平台商品信息可信度的计算方法[19]。靳嘉林等按来源权威性、内容重要性、网页相关性划分网页信息可信度评价指标体系[20]。陈燕方从评论内容、评论者特征和商家特征三个角度建立了基于DDAG-SVM的在线商品评论可信度分类模型[21]。张子良等通过数据起源模型抽象出微博的传播过程，弥补了对传播过程记录不足的现有微博可信度评估方案[22]。

主观可信度感知评价主要基于问卷调查，通过获取用户对与信息相关的特定特征的感知情况分析得到其对信息可信度主观的评价。魏宝祥等研究发现，对于旅游产品在线评论的可信度，内容可信度最为重要，内容的客观性和详尽性有着决定性影响；消费经验对评论受众的信任倾向以及是否重视评论影响较大，是影响受众信任度的关键[23]。张思豆等将可信度研究应用于旅游电商平台，认为用户的产品在线评论可信度感知分为固有可信度和最终可信度，固有可信度受网站评价、用户的信任倾向、购物经验和态度影响，最终可信度受评论本身和评论发布者影响[24]。钟喆鸣和许正良发现隐私的自我披露和系统披露对消费者在线评价可信度感知有正向影响[25]。张博和葛清秀总结发现，已有的网络口碑可信度的研究主要从来源、内容、渠道三个方面展开，忽略了消费者对信息的判断能力[26]。

对社交媒体信息可信度的研究较为丰富，多以微博[27]、微信[28]、社区[29-32]等作为案例。Alrubaian等利用用户特征信息、历史数据和情感倾向，基于用户信誉提出Twitter信息的可信度模型[33]。赵文军和陈荣元从用户特征和信息特征两个角度构建起社交媒体中的在线信息可信度评估模型[34]。朱侯等发现社交媒体公众平台的可信度指标体系有独立性、专业性、客观性、互动性四个维度，独立性最受重视[35]。Gao等利用启发式系统模型HSM发现高参与度和拥有先验知识的用户认为微博信息内容越客观可信度越高，而负面评论和高转发数会导致用户的怀疑[36]。李金城的研究发现人们总是习惯于使用已有知识或经验直觉来判断社交媒体信息的可信度，较少对信源进行判断[37]。

对突发事件、公共危机、卫生健康信息可信度的研究已有一定数量，是本研究的重要参考。徐绪堪等针对突发事件的动态性、分布性和不确定性，基于D-S证据理论建立出信任评估模型[38]。李明等构建突发事件环境下的虚拟问答社区知识可信度的影响因素评估模型，发现知识内容的客观性、完整性以及知识来源的专业权威性、发布动机等因素影响最大[39]。宋之杰等基于眼动追踪技术，研究发现博主的专业度和关注度正向影响突发事件微博的信息可信度[40]。薛传业等发现公众对突发事件中社交媒体信息信任度的评价受来源可信度、传播渠道可信度、信息内容可信度、传者专业权威性、传者可信赖性、网络依赖以及信息客观性正向影响，受评论质疑负向影响，网络使用和信息完整性的影响不显著[41]。宋士杰等发现人们对失真健康信息可信度的判断受信息特征中的陈述的积极消极、话题的专业普通显著影响，受个体特征中年龄、性别、健康素养等因素的显著影响[42]。吕亚兰等建立以用户为评价主体的健康信息可信度评价指标体系，包括合理性、公开性、时效性、信息来源、可理解性和特定用词[43]。汤志伟等发现在公共危机中，网民心中的网络新闻可信度受网络感知易用性和网络感知有用性正向影响，不受网络使用频率和网络依赖程度影响[44]；网民对网络公共危机信息可信度的评价受其网络经验、信任倾向影响显著，受性别、年龄等人口变量影响不显著[45]。

在现有研究中，虽然已出现少量与社交媒体中的突发公共卫生事件信息可信度相近的研究，曾对信息来源、信息渠道、信息内容、信息用户等方面进行了一定的分析，但相对偏重于信息来源和信息渠道；就社交媒体信息可信度研究而言，除将社交媒体信息作为整体进行分析外，多以微博、微信公众号、微信朋友圈、贴吧社区信息等为例进行研究，尚未对社交媒体信息或微信信息区别于其他信息的核心特征与传播特点有所考量；大多数信息可信度研究聚焦于分析各因素对可信度的影响，却较少对影响因素之间的关系进行研究。

本研究力图在四个方面进行创新：一是基于社交媒体社交模式可分为关系型和事理型[46]这一研究成果，结合微信信息可以分为公众号来源信息和好友来源信息这一客观事实，将微信信息来源进行区分并发掘两种信息来源的核心特征，从信息来源维度提出微信好友关系强度与微信公众号专业性两个影响因素并同时进行研究；二是更加以用户为中心，引入用于信息传播研究的用户知情意愿这一因素，并将其与用户信任倾向因素一同作为信息可信度影响因素的研究起点；三是引入信息环境维度和环境外部性因素，增加了信息可信度影响因素的研究维度与研究因素；四是越过来源可信度、内容可信度等常见中间因素，直接研究用户信任倾向、用户知情意愿、微信好友关系强度、微信公众号专业性、环境外部性等因素对信息可信度的影响，并对各个因素之间的关系进行研究。

2 研究假设

根据传播过程理论，信息可信度的影响因素常被划分为信息来源、信息内容、信息渠道和信息接收者即信息用户四个维度。在现实生活中，人们对事物的判断往往受到周围环境的影响，因此本研究引入信息可信度在环境维度的影响因素。本研究以微信为例研究社交媒体，渠道的特殊性与影响会直接反映在研究的问卷与数据分析结果之中，因而不再考量渠道维度的影响因素。基于此，本研究将从信息用户、信息来源、信息内容和信息环境四个维度考察信息可信度的影响因素。

2.1 信息用户维度因素对信息可信度的影响

本研究选取用户信任倾向和用户知情意愿两个变量作为信息可信度在信息用户维度的影响因素。信任倾向是心理学中的一种内在倾向，一个人的信任倾向影响其对他人或事物信任程度的感知、判断和评价[47]，已有实证研究证实用户信任倾向对信息可信度存在直接且显著的正向影响[45][48]。知情意愿指用户希望了解某种信息的程度，这一因素能够同时反映不同信息的特殊性和用户的个人特征，有研究通过仿真实验发现用户知情意愿正向影响应急信息的传播周期、范围和整体知情比例[49]，本研究认为可以将其作为信息可信度的影响因素加以探索。由此，提出以下假设：

H1：用户信任倾向对信息可信度产生正向影响。

H2：用户知情意愿对信息可信度产生正向影响。

2.2 信息来源维度因素对信息可信度的影响

本研究选取微信好友关系强度和微信公众号专业性两个变量作为信息可信度在信息来源维度的影响因素。有研究指出，社交媒体的社交模式分为关系型和事理型两种[46]，结合微信中好友与公众号两大区别显著的信息来源，本研究认为微信好友和微信公众号分别对应微信用户接收信息的关系型来源和事理型来源。

作为关系型信息来源，微信好友影响信息可信度的核心特征应当是关系强度，关系强度指微信等社交媒体用户之间关系的亲密程度以及不同用户在社交媒体中社会关系网络的重叠程度[50]。有研究者认为，个人作为信源时信息的可信度受个人的可印证性、交流稳定性和关系亲密度影响[51]；同时，社交媒体的三大特点之一就是存在可确认的用户社会关系网络[52]。可见，微信好友关系强度这一因素不论从个人信源角度还是从社交媒体特性角度看都十分重要。

作为事理型信息来源，微信公众号影响信息可信度的核心特征应当是专业性，专业性指微信公众号运营方、编辑、作者等在特定领域的学术地位和知识水平。由于突发公共卫生事件信息的特殊性，人们对信息来源的审视会更加谨慎理智，曾用于信息来源研究的吸引力等因素的重要意义与专业性难以相比较，而发布动机等因素则实际难以判断。因此，本研究认为微信公众号专业性这一因素可以作为微信公众号的核心特征加以探索。

由此，提出以下假设：

H3：好友关系强度对信息可信度产生正向影响。

H4：公众号专业性对信息可信度产生正向影响。

2.3 信息内容维度因素对信息可信度的影响

本研究选取内容客观性一个变量作为信息可信度在信息内容维度的影响因素。在对信息可信度的研究中，内容维度的因素有两种存在形式，一种以信息内容质量这样的综合体形式存在[41]，由信息内容的客观性、准确性、时效性、完整性、相关性、可证实性等特性组成，另一种则直接以信息内容的各种特性形式存在。在研究突发公共卫生事件信息时，信息内容是否全面、是否可证实对用户来说标准不一，信息时效性与相关性等在现实中也并非影响信息可信度的决定性特质，且曾有研究发现信息在表达上的准确性并不影响信息的可信度[53]，因此本研究保留信息内容客观性作为信息内容的核心特征加以探索。由此，提出以下假设：

H5：内容客观性对信息可信度产生正向影响。

2.4 信息环境维度因素对信息可信度的影响

本研究选取环境外部性一个变量作为信息可信度在信息环境维度的影响因素。网络外部性理论由Katz和Shapiro提出，指用户获得的效用并不一定完全取决于产品或服务本身，有时会随着其他用户的增加而增加[54]。这是人的社会性的一种体现，同一信息，看到的次数越多，或者自己熟悉的人也在传播，人们就更容易相信。已有研究证明了外部性对高校图书馆微信公众号用户[55]和政务微信公众号用户[56]的使用意向产生显著正向影响。本研究认为可以引入环境外部性因素，将其定义为用户感知到的传播相似信息的用户、公众号、媒体数量，或者说同一信息重复出现的次数等，并对其加以探索。由此，提出以下假设：

H6：环境外部性对信息可信度产生正向影响。

2.5 信息可信度各维度影响因素之间的影响

本研究以用户为中心，将用户维度因素作为研究模型的起点。因为模型中一切的因素都来自用户的感知，受用户特征的影响，且一个人越信任他人、越想知道某些事，一般来说就越会产生正向的感知，所以假设用户维度因素对其他因素产生正向影响。来源维度因素对内容维度因素的正向影响已有许多研究证实。本研究基于生活实际，假设来源维度因素对环境维度因素产生相应的影响，认为传播信息的微信好友关系越好，越会使用户产生信息已经广泛在自身周围传播的感觉，从而对相关信息在自身周围的传播感知提升；而传播信息的微信公众号越专业，用户越不会关注其他相似信息，从而对相关信息在自身周围的传播感知下降。由此，提出以下假设：

H7-1：用户信任倾向对好友关系强度产生正向影响。

H7-2：用户信任倾向对公众号专业性产生正向影响。

H7-3：用户信任倾向对内容客观性产生正向影响。

H7-4：用户信任倾向对环境外部性产生正向影响。

H7-5：用户知情意愿对好友关系强度产生正向影响。

H7-6：用户知情意愿对公众号专业性产生正向影响。

H7-7：用户知情意愿对内容客观性产生正向影响。

H7-8：用户知情意愿对环境外部性产生正向影响。

H8-1：好友关系强度对内容客观性产生正向影响。

H8-2：好友关系强度对环境外部性产生正向影响。

H8-3：公众号专业性对内容客观性产生正向影响。

H8-4：公众号专业性对环境外部性产生负向影响。

2.6 信息可信度各维度影响因素内部的影响

信任倾向是心理学中的基本特征，而知情意愿是在特定情境下产生的心理状态。一般来说，一个人只有愿意相信他人才会想要知情，否则将对信息不予理会。由此本研究假设用户信任倾向对用户知情意愿产生正向影响。在现实生活中，如有好友转发公众号信息给用户，一般而言会提高用户对公众号的评价，因此本研究假设微信好友关系强度对微信公众号专业性产生正向影响。由此，提出以下假设：

H9-1：用户信任倾向对用户知情意愿产生正向影响。

H9-2：好友关系强度对公众号专业性产生正向影响。

由于路径较多，省略假设编号、保留负向影响标注的微信中的突发公共卫生事件信息可信度影响因素研究假设模型如图1所示。

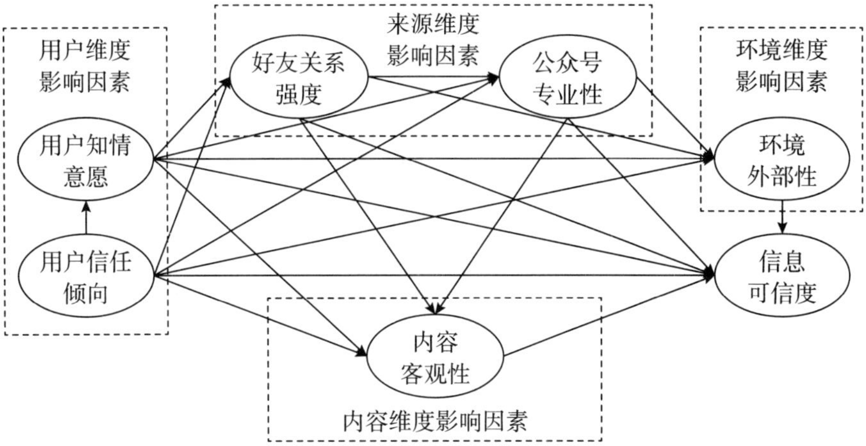

图1　微信中的突发公共卫生事件信息可信度影响因素研究假设模型

3　量表构建与调查样本

3.1　量表构建

基于前人研究使用的变量量表，结合突发公共卫生事件信息类型[61]以及实际情境，本研究使用了如表1所示的研究变量量表，设计了微信中的突发公共卫生事件信息可信度影响因素研究调查问卷。本问卷采取李克特5级量表形式，答题人在“完全不符合”“比较不符合”“一般”“比较符合”“非常符合”间选择。通过预调研，本问卷对题目进行了删改，增加了对较难理解之处的举例说明，提高了正式问卷的调查效果。

表1　研究变量量表

变量名称	测量题项	来源依据
用户信任倾向 UTT User Trust Tendency	我认为多数人是可以相信的	[24,48]
	我认为不熟悉的人也是可以相信的	
	我认为相信他人对我来说不难	
用户知情意愿 UWK User Willingness to Know	我希望了解突发公共卫生事件相关进展的通报信息	[57]
	我希望了解突发公共卫生事件相关的健康科普信息	
	我希望了解突发公共卫生事件相关的防控动态信息	
好友关系强度 FRS Friend Relationship Strength	我看到的传播突发公共卫生事件信息的微信好友与我熟悉	[58-59]
	我看到的传播突发公共卫生事件信息的微信好友是我的亲戚朋友	
	我看到的传播突发公共卫生事件信息的微信好友与我联系密切	

续表

变量名称	测量题项	来源依据
公众号专业性 OAS Official Account Speciality	我看到的传播突发公共卫生事件信息的微信公众号发布者具有相关知识技能	[60]
	我看到的传播突发公共卫生事件信息的微信公众号发布者是相关领域的专家	
	我看到的传播突发公共卫生事件信息的微信公众号发布者具有相关经验经历	
内容客观性 CO Content Objectivity	我看过的微信中的突发公共卫生事件信息的内容观点不情绪化或极端化	[16]
	我看过的微信中的突发公共卫生事件信息的内容不掺杂个人偏见	
	我看过的微信中的突发公共卫生事件信息的内容观点公平公正	
环境外部性 EE Environment Externality	我发现微信中的突发公共卫生事件信息时常有不止一位好友在传播	[56]
	我发现微信中的突发公共卫生事件信息时常有不止一个公众号在传播	
	我发现微信中的突发公共卫生事件信息时常不止在微信这一种媒介中传播	
信息可信度 IC Information Credibility	我认为微信中的突发公共卫生事件信息是真实的	[24,59]
	我认为微信中的突发公共卫生事件信息是准确的	
	我认为微信中的突发公共卫生事件信息是可信的	

3.2 调查样本

本研究问卷制作于问卷星平台，使用问卷星样本服务对网友随机发放问卷，共收回问卷493份。问卷星平台会在问卷中随机增加常识测谎陷阱题，认真阅读即可答对，答错则视为无效问卷。经过答题时长、相同选项重复率和各选项选择逻辑等系统加人工的筛选，得到有效问卷305份。样本具体情况如表2所示，从各个人口统计学变量来看，样本与网民特征比例比较相近。

表2 研究样本具体情况

人口统计学变量	选项	频数	百分比（%）
性别	男	131	42.95
	女	174	57.05

续表

人口统计学变量	选项	频数	百分比（%）
年龄	18 岁以下	2	0.66
	18—24 岁	75	24.59
	25—30 岁	92	30.16
	31—50 岁	124	40.66
	50 岁以上	12	3.93
教育背景	高中（中专）及以下	30	9.84
	本科（大专）	246	80.66
	硕士及以上	29	9.51
专业背景类型	人文社科类	150	49.18
	理工农军类（不含生物科学）	136	44.59
	医学或生物科学类	19	6.23
身份类型	学生	44	14.43
	机关、事业单位工作人员	64	20.98
	企业工作人员	170	55.74
	个体或自由职业者	24	7.87
	退休人员	3	0.98
在微信中阅读突发公共卫生事件信息的频率	几天一次	36	11.80
	一天一两次	144	47.21
	一天多次	125	40.98
合计		305	100.00

4 调查数据分析

4.1 信度分析

信度指的是量表测量结果的可靠程度，越高说明数据受随机误差的影响越小。本研究采用Cronbach's α 系数对问卷量表的信度进行检验，如表3所示。各变量题项的Cronbach's α 系数值均大于0.7，全部题项的Cronbach's α 系数值大于0.8，且删除题项不会提高Cronbach's α 系数值，综合说明数据信度质量较高，可用于进一步分析。

表3 信度分析

变量	项数	Cronbach's α 系数
UTT	3	0.770
UWK	3	0.703

续表

变量	项数	Cronbach's α 系数
FRS	3	0.818
OAS	3	0.742
CO	3	0.775
EE	3	0.741
IC	3	0.818
总计	21	0.868

4.2 效度分析

效度指的是量表测量结果反映测量对象的有效程度。为更好检测问卷质量，本研究先后对问卷量表进行探索性因子分析和验证性因子分析，如表4所示。在探索性因子分析中，KMO值为0.840大于0.8，对应p值为0.000，形成因子与变量因子中的各题项划分相符合，且所有因子载荷系数均大于0.5，初步说明研究数据效度非常好。在验证性因子分析中，各题项对应所属变量因子的标准载荷系数均大于0.6，7个变量因子对应的平均方差萃取AVE值均大于或接近0.5，组合信度CR值均大于0.7，说明研究数据具有尚可接受的聚合效度；7个变量因子对应的AVE平方根值最小为0.674，大于变量因子间相关系数的最大值0.484，说明研究数据具有良好的区分效度。以上指标综合说明数据质量较高，可用于进一步分析。

表4 效度分析

KMO 值				0.840		
Bartlett 球形度检验			近似卡方		2345.775	
			df		210	
			p 值		0.000	
变量	题项	因子载荷系数	标准载荷系数	平均方差萃取 AVE 值	组合信度 CR 值	AVE 平方根值
UTT	UTT1	0.701	0.722	0.527	0.770	0.726
	UTT2	0.849	0.725			
	UTT3	0.801	0.731			
UWK	UWK1	0.752	0.636	0.455	0.712	0.674
	UWK2	0.684	0.633			
	UWK3	0.809	0.739			

续表

KMO 值				0.840		
FRS	FRS1	0.771	0.781	0.604	0.820	0.777
	FRS2	0.828	0.751			
	FRS3	0.826	0.801			
OAS	OAS1	0.598	0.767	0.479	0.733	0.692
	OAS2	0.799	0.693			
	OAS3	0.815	0.635			
CO	CO1	0.819	0.663	0.536	0.775	0.732
	CO2	0.796	0.763			
	CO3	0.728	0.770			
EE	EE1	0.734	0.709	0.487	0.740	0.698
	EE2	0.817	0.703			
	EE3	0.799	0.682			
IC	IC1	0.810	0.821	0.605	0.821	0.778
	IC2	0.706	0.716			
	IC3	0.835	0.805			

注：变量间最大Pearson相关系数为0.484。

4.3 结构方程模型验证

本研究使用卡方自由度比、近似误差均方根、拟合优度指数、修正拟合优度指数、模型比较适合度、规范拟合指数等指标对结构方程模型进行拟合优度检验，利用影响关系MI值调整因子关系路径，得到修正后的拟合优度检验结果如表5所示，模型拟合效果较好，修正后的结构方程模型与路径系数如图2所示。

表5 拟合优度检验

拟合优度统计指标	理想标准[72]	可接受标准[73]	模型情况	符合程度
卡方自由度比（χ^2/df）	<3	<3	1.493	理想
近似误差均方根（RMSEA）	<0.08	<0.09	0.040	理想
拟合优度指数（GFI）	>0.9	$\geqslant 0.7$	0.927	理想
修正拟合优度指数（AGFI）	>0.8	$\geqslant 0.7$	0.903	理想
模型比较适合度（CFI）	>0.9	$\geqslant 0.7$	0.961	理想
规范拟合指数（NFI）	>0.9	>0.8	0.892	可接受

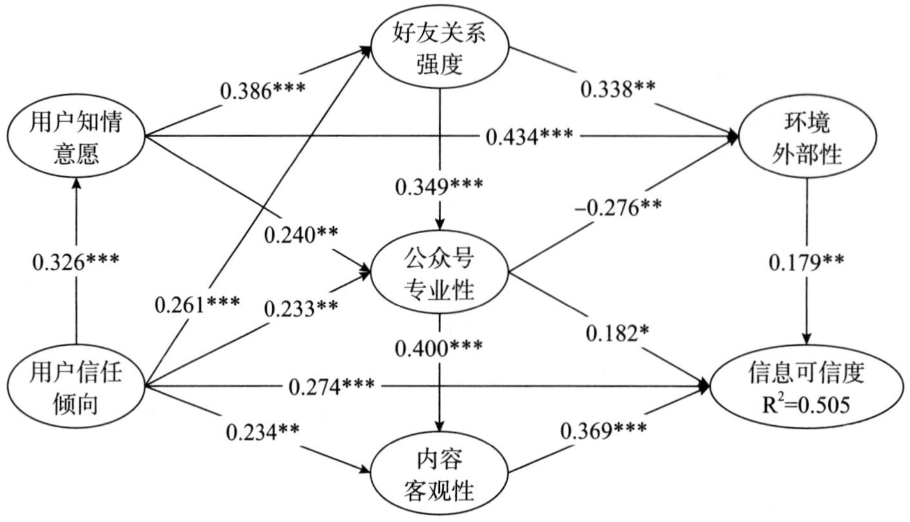

注：***表示显著水平p<0.001，**表示显著水平p<0.01，*表示显著水平p<0.05。

图2　微信中的突发公共卫生事件信息可信度影响因素研究修正模型与路径系数

由图2可知，假设H1、H4、H5、H6、H7-1、H7-2、H7-3、H7-5、H7-6、H7-8、H8-2、H8-3、H8-4、H9-1、H9-2验证结果为支持，假设H2、H3、H7-4、H7-7、H8-1验证结果为不支持。

5　结果与讨论

微信中的突发公共卫生事件信息可信度影响因素研究修正模型经过信度分析、效度分析和结构方程模型验证，形成了较为可靠的研究结果。下面从用户维度因素、来源维度因素、内容与环境维度因素、信息可信度的影响因素四个部分，对调查数据分析结果进行讨论。

5.1　用户维度因素

在本研究中，用户维度因素包括用户信任倾向与用户知情意愿。对用户信任倾向的假设得到了较好的验证，除环境外部性外，用户信任倾向对其他变量存在着不同程度的显著正向影响。一个人越倾向于信任他人，对事物的知情意愿就越高，越会觉得与好友的关系紧密、公众号具有高专业性、信息内容比较客观，越会觉得信息可信。以往研究中，用户信任倾向对其他具体变量因素的影响少有研究，但研究者们普遍认为用户信任倾向影响着用户对信息来源、信息内容和信息可信度的判断[60]，这与本研究的结果是相符合的。

对用户知情意愿的假设得到了部分的验证。知情意愿在仿真模拟实验中曾被证实对应急信息的传播存在显著的正向影响[49]，这与本研究中用户知情意愿显著正向影响信息环境外部性的结果相似，前者影响的是实际传播效果，后者影响的是用户感知到的传播情况，用户越想了解某些信息，越会注意到相关信息在周围的传播。用户知情意愿不直接影响信息可信度和信息内容维度因素，但会影响信息来源维度的因素，即用户越想了解某些信息，越会认为提供这种信息的好友与自己关系密切，越会认为提供这种信息的公众号在此领域比较专业。

5.2 来源维度因素

在本研究中，来源维度因素包括好友关系强度和公众号专业性。好友关系强度对信息可信度不产生显著直接影响，公众号专业性对信息可信度产生较小正向影响，这样的结果说明人们对突发公共卫生事件信息可信度的感知评价趋向于理性，较小受到信息来源的影响。对用户来说，是否相信一份信息与传播它的好友关系亲密程度无关，信息来源的专业性也只会少量影响用户对信息可信度的判断。在以往不区分好友和公众号的研究中，来源关系强度对信息可信度也不产生显著影响，而来源专业性等因素正向影响信息可信度[59]，这与本研究的结果相接近。

好友关系强度对环境外部性产生显著正向影响，这可能是因为对用户来说，传播给自己信息的好友与自己关系越紧密，越会使其产生身边人都在传播这类信息的感知；公众号专业性对环境外部性产生显著负向影响，这可能是因为当人们了解过自身认为专业的公众号信息后，会不再对其他相关信息继续关注，从而降低了对相关信息传播的感知。好友关系强度对内容客观性没有显著影响，而公众号专业性对内容客观性存在较大的显著正向影响，这说明如果信息的来源是好友，亲密度不会影响用户对信息是否客观的判断，而如果信息的来源是公众号，专业性会提高用户对信息内容客观性的感知。这一方面可能是因为用户对信息来源专业性的认知提高了对信息内容客观性的感知接受度，另一方面可能是因为专业性高的公众号信息内容确实更加客观。特别之处在于，好友关系强度对公众号专业性存在着显著的正向影响，这说明在好友转发公众号信息这一类特殊情况下，用户与好友的关系越好，就越会产生好友转发的公众号更加专业的感觉。

5.3 内容与环境维度因素

在本研究中，内容维度因素只包括内容客观性，环境维度因素只包括环境外部性。两者对信息可信度均产生显著的正向影响，即信息内容越客观，或信息在用户周围环境中越大量传播，用户越认为该信息是可信的。有研究验证过内容客观性经内容可信度的中介对信息可信度产生正向影响[41]，本研究则验证其存在直接影响；环境外部性曾被研究证实正向影响用户对信息的使用意向[56]，这与本研究的结果可以在一定程度上相互印证。

5.4 信息可信度的影响因素

在本研究中，信息可信度的直接影响因素按影响程度从大到小排列依次为内容客观性、用户信任倾向、公众号专业性和环境外部性，标准化路径系数分别为0.369、0.274、0.182和0.179，内容客观性和用户信任倾向的影响十分显著（$p < 0.001$），公众号专业性的影响显著性一般（$p < 0.05$），而环境外部性的影响比较显著（$p < 0.01$）。

首先，从维度上讲，用户维度、来源维度、内容维度和环境维度都存在对信息可信度的影响因素，这说明除传统研究中的来源和内容维度外，用户和环境维度的加入是正确合理的。其次，信息内容客观性对信息可信度的影响程度最大，大于公众号专业性，且好友关系强度不产生影响，而多数研究中信息来源对信息可信度的影响是大于信息内容的。这说明用户对突发公共卫生事件信息更多的是从信息本身进行评价，而非更加关注信息的来源，更不会盲信好友传播的信息，也符合“人们总是习惯于使用已有知识或经验直觉来判断社交媒体信息的可信度，较少对信源进行判断”[37]的研究结论。再次，用户信任倾向对信息可信度的影响排位第二，说明用户自身特征的影响是不容忽视的，其他特征也值得一定的探索。最后，环境外部性的影响系数虽然最小，但是比较显著，这说明信息环境外部性对于人们对信息可信度的感知影响不可忽视，作为一个较新的点值得加以重视和研究。

信息可信度的间接影响因素有用户知情意愿和好友关系强度，两者主要通过公众号专业性和环境外部性间接对信息可信度产生影响。虽然不直接影响信息可信度，但由图2可知，用户知情意愿是对环境外部性影响最大的因素，好友关系强度是对公众号专业性影响最大的因素，两者都处于较为复杂的各因素影响关系网络中。本研究认为，用户知情意愿和好友关系强度对信息可信度的间接正向影响直观存在且作用重要，符合“越关注某些信息越容易相信这些信息”和“越亲密的人传播的信息越被相信”这样的一般认知，值得关注并进行进一步的探索研究。

根据上述研究结果和讨论，可以得出以下结论：以微信为例的社交媒体中的突发公共卫生事件信息可信度存在着用户维度、来源维度、内容维度和环境维度四个维度的影响因素，按影响程度从大到小排序依次为内容客观性、用户信任倾向、公众号专业性和环境外部性。同时，用户知情意愿与好友关系强度通过其他因素对信息可信度产生着一定的间接影响。

基于研究结果与结论，本研究提出以下建议：对用户来说，在突发公共卫生事件信息上不盲信好友传播的信息是非常好的现象；信任倾向较高的用户应当适当提高自身对信息来源与内容的评价标准，防止轻信不实信息；信任倾向较低的用户需要适当提高自身对突发公共卫生事件信息的关注，防止错失重要信息；想要提高自身传播信息的可信度，需要在信息内容的客观性上下足功夫，力争将真实信息通过客观公正的表达传播出去，同时也不要轻易转发不确信的信息，以防误导他人。对公众号运营方来说，想要提高自身传播信息的可信度，同样十分需要重视文章内容的客观性，也要树立自身的专业形象。对政府机关、专业机构来说，突发公共卫生事件发生时，在相关信息的发布上一定要注重客观性和专业性，信息存在偏向或需要更正都会降低人们对其可信度的评价，在相关信息的传播上应当与各大平台、各家媒体强强联合，形成信息环境上的舆论合力，让谣言无所立足，安定民心。对微信平台和政府信息治理部门来说，对公众号传播信息的监管远比对用户传播信息的监管更加重要，尤其应当加强对重复出现量较大的信息的监管，以防出现恶意虚假信息由于传播量大而被大众误以为真的情况。

本研究的理论贡献在于，以微信为例构建了研究社交媒体中的突发公共卫生事件信息可信度影响因素的假设模型，基本实现了四个方面的创新，丰富了信息可信度的研究。首先，依据微信的特性提出好友与公众号的来源区分，分别以关系强度和专业性为核心特征，形成了好友关系强度和公众号专业性两个变量因素并加以研究，这是对社交媒体“社交性”的突出强调，是对社交媒体这一概念进行的合理细分。其次，在用户维度引入用户知情意愿，与用户信任倾向一同作为信息可信度的影响因素进行探索研究，证明了用户知情意愿对信息可信度存在着较为显著的间接正向影响，这进一步凸显了在信息可信度研究中用户维度的重要性。再次，验证了环境维度和环境外部性变量因素对信息可信度的显著正向影响，这丰富了对信息可信度研究可用的考量维度。最后，探究了信息可信度各直接间接影响因素之间的相互影响，这对发现更深层现象规律、提出更广泛观点建议起到了一定的作用。

本研究的实践意义在于，采用问卷调查法和数据统计分析，在微信这一社交媒体之中，对突发公共卫生事件信息可信度的影响因素进行了实证研究，为信息相关的各方都提出了相应的建议。尤其指出对社交媒体中微信公众号类的公共信息或者大量重复传播出现的任何信息，都要进行到位的监管。这有助于更加科学地进行突发公共卫生事件信息的管理，更对国家突发公共卫生事件的信息治理工作有着一定的参考价值。

本研究存在着一定的局限性。一是调查问卷的样本是通过问卷星平台在网络中进行随机发放，问卷样本的广泛性与代表性、问卷填写的质量等不能得到完全保证，这对本研究结论的普适性可能有一定影响。二是在研究中以突出重点的思路仅选取了最核心的研究变量，在已有研究中还有许多值得研究的因素尚未使用。在未来的研究中，一方面可以通过提高样本质量得到更为准确的结论，可以对不同人群进行取样分析，得到对不同人群的假设模型验证结果，并对其进行比较研究；另一方面可以增加研究选取的影响因素，从而使研究结论更加丰富，提高对信息可信度的解释度。

参考文献：

[1] 中国互联网络信息中心. 第45次《中国互联网发展状况统计报告》[EB/OL]. [2020-05-01]. http://www.cnnic.cn/gywm/xwzx/rdxw/20172017_7057/202004/t20200427_70973.htm.

[2] KIM K, SIN S J, YOO-LEE E. Undergraduates' use of social media as information sources[J]. College & research libraries, 2013, 52: 442-457.

[3] KAPLAN A M, HAENLEIN M. Users of the world, unite! The challenges and opportunities of social media[J]. Business horizons, 2010(1): 59-68.
[4] 王丽娜,马得勇. 新媒体时代媒体的可信度分析——以中国网民为对象的实证研究[J]. 武汉大学学报(人文科学版), 2016(1): 88-99.
[5] WATHEN C N, BURKELL J. Believe it or not: factors influencing credibility on the web[J]. Journal of the American society for information science and technology, 2002(2): 134-144.
[6] 腾讯. 腾讯公布二零一九年第四季度及全年业绩. [EB/OL]. [2020-05-01]. https://cdc-tencent-com-1258344706.image.myqcloud.com/uploads/2020/03/18/19b5f2e87c7fc5ac6f173eccc723c040.pdf.
[7] 中国产业信息网. 2019年十大社交媒体品牌企业排名[EB/OL]. [2020-05-01]. http://www.chyxx.com/top/201910/794943.html.
[8] 王平,程齐凯. 网络信息可信度评估的研究进展及述评[J]. 信息资源管理学报, 2013(1): 46-52.
[9] WEST M D. Validating a scale for the measurement of credibility: a covariance structure modeling approach[J]. Journalism quarterly, 1994(1): 159-168.
[10] HOVLAND C I, WEISS W. The influence of source credibility on communication effectiveness[J]. Public opinion quarterly, 1951(4): 635-650.
[11] RILEY M W, HOVLAND C I, JANIS I L, et al. Communication and persuasion: psychological studies of opinion change. [J]. American Sociological Review, 1954(3): 355.
[12] MICHAEL D N, HOVLAND C I, JANIS I L. Personality and persuasibility[J]. American sociological review, 1960(1): 131.
[13] MILLER G R, BERLO D K. The process of communication[J]. College composition and communication, 1960(4): 250.
[14] ROSENTHAL P I. Specificity, verifiability, and message credibility[J]. Quarterly journal of speech, 1971(4): 393-401.
[15] FLANAGIN A J, METZGER M J. Perceptions of Internet Information Credibility[J]. Journalism & mass communication quarterly, 2000(3): 515-540.
[16] 吴连伟,饶元,樊笑冰,等. 网络传播信息内容的可信度研究进展[J]. 中文信息学报, 2018(2): 1-11, 21.
[17] 高明霞,陈福荣. 基于信息融合的中文微博可信度评估方法[J]. 计算机应用, 2016(8): 2071-2075, 2081.
[18] 李付民,佟玲玲,杜翠兰,等. 基于关联关系的微博用户可信度分析方法[J]. 计算机应用, 2017(3): 654-659.
[19] 郭顺利,张向先,李中梅. 基于加权灰色关联度的C2C平台商品信息可信度评估方法研究[J]. 情报科学, 2017(7): 142-148.
[20] 靳嘉林,王曰芬,郑小昌. 面向网页信息筛选的可信度评估研究[J]. 情报理论与实践, 2017(5): 116-121.
[21] 陈燕方. 基于DDAG-SVM的在线商品评论可信度分类模型[J]. 情报理论与实践, 2017(7): 132-137.

[22]张子良,董红斌,谭成予,等. 微博信息可信度评估的数据起源方法[J]. 计算机应用研究,2018(11):3330-3334.

[23]魏宝祥,陆路正,王耀斌,等. 三人可成虎?——旅游产品在线评论可信度研究[J]. 旅游学刊,2019(8):78-86.

[24]张思豆,李君轶,魏欢. 旅游电商平台在线评论的可信度研究——以“阿里旅行·西安东线一日游”旅游产品为例[J]. 旅游学刊,2016(11):74-84.

[25]钟喆鸣,许正良. 在线评价中的信息隐私披露对消费者在线评价可靠性感知的影响研究[J]. 情报科学,2019(9):159-163.

[26]张博,葛清秀. 网络口碑可信度研究综述[J]. 新闻界,2017(1):77-83,95.

[27]刘银萍,李光强,余容,等. 基于AHP的社交网络信息可信度评价模型构建[J]. 情报探索,2018(9):28-34.

[28]樊茗玥,王若楠,覃睿,等. 基于MAIN模型的社会化媒体信息可信度影响因素研究——以微信公众号为例[J]. 情报科学,2017(7):101-106.

[29]MA T J, ATKIN D. User generated content and credibility evaluation of online health information: a meta analytic study[J]. Telematics and informatics, 2016(5):472-486.

[30]马亚雪,曾兰馨,邓胜利. 社交问答网站信息可信度评价指标分析[J]. 数字图书馆论坛,2015(6):16-23.

[31]沈旺,康霄普,王佳馨,等. 用户视角下社会化问答社区信息可信度评价研究[J]. 图书情报工作,2018(17):104-111.

[32]国佳,郭勇,沈旺,等. 基于在线评论的网络社区信息可信度评价方法研究[J]. 图书情报工作,2019(17):137-144.

[33]ALRUBAIAN M, AL-QURISHI M, AL-RAKHAMI M, et al. Reputation-based credibility analysis of Twitter social network users[J]. Concurrency & computation practice & experience, 2017(7):1-3.

[34]赵文军,陈荣元. 社会化媒体中的在线信息可信度评估模型研究[J]. 情报理论与实践,2015(12):68-72.

[35]朱侯,蒋彩莹,王可. 社会化媒体公众平台可信度体系构建[J]. 情报理论与实践,2016(11):111-115.

[36]GAO Q, TIAN Y, TU M. Exploring factors influencing Chinese user's perceived credibility of health and safety information on weibo[J]. Computers in human behavior, 2015(1):21-31.

[37]李金城. 社交媒体信息可信度的评估策略与影响因素[J]. 情报杂志,2017(1):181-186.

[38]徐绪堪,楼昱清,于成成. 基于D-S理论的突发事件多源数据可信度评估研究[J]. 情报理论与实践,2019(8):67-72.

[39]李明,李莹,许应成. 突发事件环境下的虚拟问答社区知识可信度影响因素研究[J]. 情报理论与实践,2019(9):128-132,145.

[40]宋之杰,刘绍山,石蕊,等. 基于眼动追踪技术的突发事件微博信息可信度影响因素研究[J]. 情报杂志,2017(1):101-107.

[41]薛传业,夏志杰,张志花,等. 突发事件中社交媒体信息可信度研究[J]. 现代情报,2015(4):12-16.

[42] 宋士杰，赵宇翔，宋小康，等. 互联网环境下失真健康信息可信度判断的影响因素研究[J]. 中国图书馆学报，2019（4）：72-85.
[43] 吕亚兰，侯筱蓉，黄成，等. 泛在网络环境下公众网络健康信息可信度评价指标体系研究[J]. 情报杂志，2016（1）：196-200，207.
[44] 汤志伟，彭志华，张会平. 公共危机中网络新闻可信度影响因素的结构方程模型研究[J]. 情报杂志，2010（4）：36-40.
[45] 汤志伟，彭志华，张会平. 网络公共危机信息可信度的实证研究——以汶川地震为例[J]. 情报杂志，2010（7）：45-49.
[46] 刘熙荧. 中国社交媒体社交模式研究[D]. 长沙：湖南大学，2014.
[47] 张明新. 网络信息的可信度研究：网民的视角[J]. 新闻与传播研究，2005（2）：17-27，95.
[48] 孙曙迎. 消费者网络信息可信度感知影响因素的实证研究[J]. 北京理工大学学报（社会科学版），2008（6）：50-54.
[49] 谷风引. 基于社交媒体的应急信息质量与信源可信度双路径模型研究[D]. 南昌：南昌大学，2019.
[50] STEFFES E M, BURGEE L E. Social ties and online word of mouth[J]. Internet research，2009（1）：42-59.
[51] 郑智斌，邓兰花. 网络个人信源及其可信度分析[J]. 情报理论与实践，2008（6）：58-60.
[52] WILLIAM H D. The Oxford Handbook of Internet Studies[M]. New York：Oxford University Press，2013：151-172.
[53] 查先进，张晋朝，严亚兰. 微博环境下用户学术信息搜寻行为影响因素研究——信息质量和信源可信度双路径视角[J]. 中国图书馆学报，2015（3）：71-86.
[54] KATZ M L，SHAPIRO C. Network externalities，competition，and compatibility[J]. The American economic review，1985（3）：424-440.
[55] 何建荣，吴松瑶. 高校图书馆微信用户接受和使用行为影响因素实证研究[J]. 图书馆研究，2018（5）：115-121.
[56] 汪岳新. 政务微信用户采纳影响因素的实证研究[J]. 情报探索，2018（1）：63-69.
[57] 李月琳，王姗姗. 面向突发公共卫生事件的相关信息发布特征分析[J]. 图书与情报，2020（1）：27-33，50.
[58] 吴双，闫强，周依群. 电子口碑平台对感知可信度及购买意愿的影响[J]. 北京理工大学学报（社会科学版），2018（5）：72-81.
[59] 丁学君. 网络口碑可信度的影响因素[J]. 技术经济，2012（11）：122-128.
[60] 丁科芝. 社交网络信息可信度研究[D]. 武汉：华中师范大学，2015.
[61] 吴海波. 基于结构方程模型的个性化阅读推荐对阅读决策影响研究[J]. 情报探索，2019（12）：81-88.

（本文原发表于《现代情报》2020年第9期）

基于复杂网络分析的智慧政务信息协同结构及特征研究

——以深圳市为例*

马　捷（吉林大学管理学院；吉林大学信息资源研究中心）
蒲泓宇　张云开（吉林大学管理学院）

1　引言

智慧城市建设的核心是智慧政府，在全国大力推进“互联网+政务”、“政务云平台”、“智慧政府”建设、倡导“智慧政务‘零跑动’”事项的背景下，人们反而越来越思考，无论是对智慧城市、智慧政府还是智慧政务，“智慧”的本质是什么，在智慧城市如火如荼的建设中，公众是否切实感受到了民生各项服务的智慧化。国家信息中心信息化研究部于施洋等认为，在智慧政府建设中，“智慧”代表着对事物能迅速、灵活、正确地理解和处理的能力[1]，智慧政务是智慧政府的基础，没有实现智慧政务的智慧政府只是空中楼阁。我国目前大力推进的智慧政务“零跑动”事项，即是实现“政府迅速、灵活、正确地理解和处理”公众相关事项办理的范例。“零跑动”或者“一次跑动”事项是指公众或者企业无须或仅需一次到政府部门，就可以办理好相关事项，其背后是政府多部门数据和信息的高效协同。

政府的信息资源总量约占全社会信息资源总量的80%[2]，所有公民的身份、信用、财务、教育、医疗等信息都掌握在政府手中，从数据关联与分析的角度来说，政府是最了解公民的组织，公民到政府办理的一切业务，其支撑和证明文件都在政府数据库中，只不过是因为政府功能部门相对独立组织的原因，将其割裂开来。在智慧政务建设中，要实现“迅速、灵活、正确”的理解公众需求，处理公众事务，就必须基于公众生命个体，针对具体事务，将割裂的公民数据重新关联起来，实现多部门协同服务。协同，是最基本的智慧，而我国大量智慧政府的建设，还没有很好地实现这种最基本的基于信息协同的智慧服务。要做好信息协同，首先需要解析具体城市的信息协同结构，这样才能清晰获得哪些数据需要关联，哪些部门之间需要协作，即根据解析出来的结构进行业务和信息协同，提高政务信息协同的效率，以实现智慧化。政务信息协同由政务服务中的

* 本文为国家社会科学基金重点项目“信息生态视角下智慧城市信息协同结构与模式研究”的成果，项目编号：17ATQ007。

各主体及其之间信息流实现，实质是以信息流连接各政府部门以及相关人员、机构的复杂的巨型网络。复杂网络分析方法可以实现对信息协同结构及其特征的解析。将信息主体抽象为节点，以信息流动情况为边，即构成静态有向信息协同网，通过复杂网络中的度、中心性、聚集系数等指标所反映出的各信息主体在网络中的角色功能和属性类别，能够分析信息协同网中的节点结构、链结构以及网络整体静态特征。通过复杂网络方法析出信息协同网络结构及特征，实现对政务信息协同状态的抽象与量化，能够发现信息协同网络中重要的信息主体及各主体间的协同倾向，有利于政务信息协同的分级分步建设，促进实现政务信息高效协同推动政务服务智慧化。

为能够清晰揭示实际信息服务过程中的信息协同结构，需选取国内智慧政务建设的代表性城市，且具有较为完备的、公开的政务信息数据作为数据源。德勤发布的《超级智能城市报告》[3]显示，深圳市位居中国超级智能城市第一梯队首位，是全国智慧政务建设的示范城市，而且其智慧政务的建设为“智慧深圳”建设的核心一环，政务信息协同结构比较完善和稳定；深圳市政府网站依据生命周期梳理的包括线上、线下办理的全部政府服务事项，并提供了详尽的业务流程信息，除事项名称、所需材料及受理部门外，其各项材料的来源部门也有清晰标注，有利于刻画完整政务活动信息链构建信息协同复杂网络。因此以深圳市为例进行研究，解析其智慧政务信息协同结构，并得出对各城市信息协同结构及特征分析的普适性方法。

2 相关研究

2.1 智慧政务信息协同

“协同”一词最早由德国物理学家Hermann Haken[4]提出，他认为协同即系统的多个子系统在一定条件下，宏观尺度上表现出的有序现象，形成协同效应。信息协同是协同理论在信息科学中的典型应用，是指两个及两个以上参与者在一定时间内通过信息交流以满足自身信息需求和达成共同目标的一种信息活动[5]。目前，智慧政务信息协同的相关研究虽仍未成体系，但已有其他诸多领域关注信息协同，如企业管理研究中，供应链信息协同的研究始终为一大热点，供应链协同的关键即高效利用信息资源完成的供应链条中各主体的协同[6]，蔡淑琴[7]等发现信息共享是供应链协同实现的必要但不充分条件，某些条件下，信息共享不能解决协同问题，相反还可能增大协同工作量，良好协同的实现需要合理的设计。在项目管理领域研究中，良好的信息协同是决策效率和质量的有效保障[8]，结合信息交互和集成的BIM技术，促进加强项目管理过程中各主体之间的协同，使得项目成本、工期均得到明显改善[9]，这对智慧政务信息协同研究也具有借鉴和指导意义。

其实，“协同政府”的理念早在1997年的英国政府改革中就已经提出，英国政府要求关注政府各部门之间的协同合作[10]，而且政府部门智慧化建设如火如荼，信息量激增后却产生大量数据烟囱、信息孤岛问题，顶层设计与底层需求之间形成偏差，以当前信息协同结构难以满足现实协同需求，因此，学术界也逐步开始重视在城市管理、政务服务过程中信息协同的研究，宋懿[11]等认为在政务信息资源跨部门共享的实现过程中，信息协同机制是地方政府调节“权力、权益与信息”三要素的各类管理行为的总称。可见，当下所言的政务信息协同并不局限于信息层面的协同，而是信息时代对早期协同政府的发展与完善[12]。陈锐[13-15]等对城市整体的信息协同模式和结构进行分析，明确大数据时代智慧城市运行管理过程中应具有的信息共享和实时感知两种信息流转模式，包含五类标准的信息协同标准体系，并基于模糊聚类方法测度智慧城市多源信息协同结构，依据某市物联网应用示范工程调研数据将城市管理大致划分为七个子群。现有研究对政府管理、服务中每个主体之间具体信息协同情况还没有充分揭示，政务服务信息协同结构及特征仍较为模糊。为清晰揭示政务服务过程中的信息协同结构，向智慧政务信息协同建设提供依据，本文拟基于具体政务服务流程构建政务信息协同网络，采用复杂网络分析方法进行探究。

2.2 智慧政务信息协同的复杂网络分析

智慧政务信息协同研究的实质就是让政务信息网络中各节点达到最佳配合以实现政务服务的灵活和高效，从而实现智慧化，因此研究对象可视为政务信息协同网络。为能够量化分析信息协同网络的结构和特征，采用复杂网络分析方法。自欧拉创造性地以图论解决“七桥问题”以来，网络图成为解决各类现实问题的重要手段[16]。复杂网络简而言之即呈现高度复杂性的网络，并非如网格图或随机图一般，而是具有一定的拓扑特性[17]。目前诸多现实问题都可以网络形式刻画，许多现实网络都是复杂网络[18]，如互联网、电网、交通运输网、生物神经网络、科研合作网络等，基于复杂网络分析方法中的度、度分布、中心性、聚集系数、平局路径等分析指标，能够对网络结构实现精准刻画和分析。例如，交通运输网的研究通常以站点[19]、港口[20-21]等为节点，以路段[18]、航线[19-20]等为网络连接边构建复杂网络；科研合作网一般以作者[22]、主题[23]、机构[24]等为节点，以合作关系[22]、关联关系[23]等为连接边；国际贸易网络一般以国家[25]为节点，以贸易流[25]为连接边；人口流动网络一般以省市[26]、乡镇[27]等行政区划为节点，以人口流动强度[26-27]为连接边；在信息网络中，通常以信息流为连接边，节点类型较为复杂，如卫星[28]、城市[29]、个体[30]等，但其性质均为接收或发送信息的信息主体，因此可以认为信息网络一般以信息主体为节点以信息流为边构建复杂网络。

智慧政务信息协同网络可视为以信息流连接各政务信息主体形成的网络，呈现出一定复杂性并具备独特的拓扑结构。政务信息协同过程中，信息协同网络拓扑结构对于协同过程最终产生的效能有着决定性的影响。以信息流构建起的网络，够直观地描述出政府每个部门间的实际政务服务过程，基于复杂网络分析中的度、中心性等指标，能够完成对政务信息协同结构的多维立体分析，网络无标度及小世界性质的分析可发现网络的宏观特征。

3 智慧政务信息协同复杂网络的构建

3.1 构建思路及方法

智慧政务信息协同可视为在政务服务过程中，两个或两个以上信息主体之间在一定时间内根据政务服务流程通过信息交流以满足自身信息需求，灵活、高效地完成政务服务目标的信息活动。可简化为信息供给主体向信息需求主体提供信息的过程，从而抽象得到以信息主体为节点，以信息流为连接边的信息协同网络。

政务服务的三大基本要素为“人”“事件”“信息”[12]，在政务信息协同过程中，“人”作为信息主体的主要组成部分存在，完成信息的提供和接收。依据全生命周期框架下的“事件”要素，基于公开的服务流程，能够基本梳理出每一项具体政务服务事项中的信息供给主体、信息需求主体以及信息流向情况，完成对“信息”要素状态的表达，构建出政务服务信息协同网络，过程如图1所示。进一步基于复杂网络分析方法，通过度、度分布、中心性等指标分析，以及无标度、小世界网络特征分析，结合政务服务实际情况，从而能够揭示信息协同网络结构及其特征。

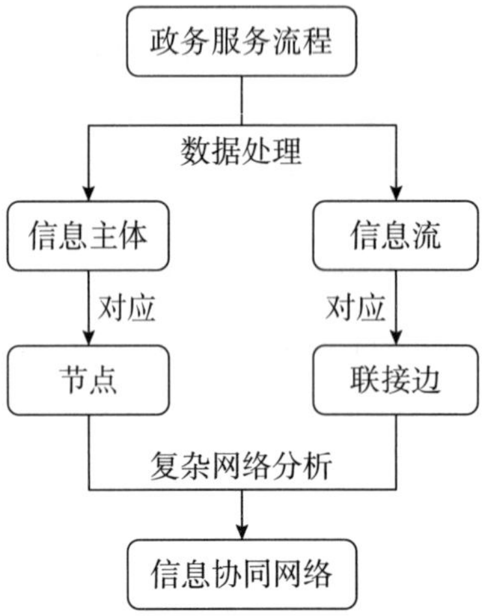

图1 信息协同网络构建思路

为了验证上文智慧政务信息协同结构构建思路，需要选取具体城市进行分析。考虑到深圳市智慧政务建设具有代表性且政务网上大厅信息完备，本研究以深圳市为案例，解析其政务信息协同结构。

3.2 数据采集

选取深圳市政府网站作为数据来源。深圳市政府网站已公开每一项政务服务详细的办理流程，包含办理事项的实施部门、事项名称、所需信息材料以及每种信息来源渠道等，内容示例如表1所示。总共采集722项服务事项，所需材料2917类，实施部门及来源渠道共632类。

表1　深圳市政务服务事项数据示例

序号	项目名称	实施部门	材料名称	份数		来源渠道
				原件	复印件	
1	基金会设立登记	民政局	基金会理事会会议纪要	1	0	申请人
			基金会法人登记申请表	1	0	申请人
			基金会理事、监事登记备案表	1	0	申请人
			基金会法定代表人登记表	1	0	申请人
			基金会住所使用权证明	0	1	申请人
			基金会原始基金验资报告	1	0	企事业单位（会计师事务所）
			原始基金捐赠证明	1	0	申请人
			理事会、监事会成员身份证复印件	0	1	申请人
2	基金会名称核准	民政局	字号授权证明	1	0	申请人
			委托授权书	1	0	申请人
			基金会名称预先核准申请表	1	0	申请人
			业务主管单位同意的证明材料	1	0	行政机关（深圳市各职能相关部门）
			申请人身份证	0	1	行政机关（公安机关）

由表1可知，每项服务事项对应多类所需材料，即每项业务的实施需要多类信息支撑，每一类信息均有对应来源渠道，因此可将来源渠道视为信息供给主体，将实施部门视为信息需求主体，同一事项对应的信息需求主体和信息供给主体之间应存在信息流，故从表格中采集实施部门和来源渠道两列，分别作为信息的需求主体和供给主体。

3.3　数据预处理

根据信息的流动情况，对多部门均可提供同一信息的情况进行拆分，完成需求主体和供给主体一一对应，以信息主体为节点，主要包括申请人、政府部门、企业等相关机构，根据政府服务事项流程中的既定规则，以各主体之间存在的信息流为连接边，通过Gephi软件实现可视化表达，采用YifanHu's Multilevel算法布局，结果如图2所示。

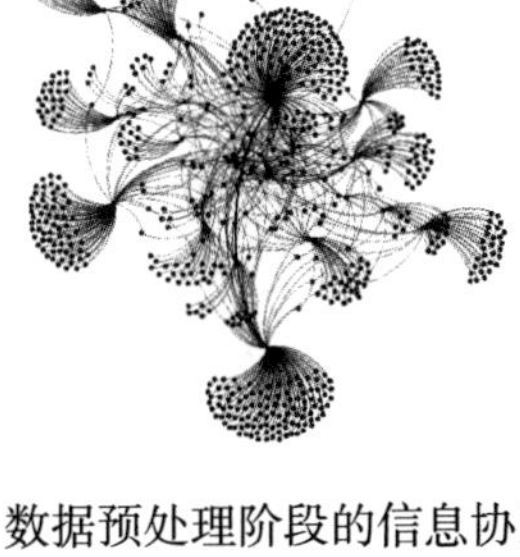

图2　数据预处理阶段的信息协同网络

由图2可知，不同节点的度大小悬殊，存在大量仅与一个节点相连的节点，即对于某一信息主体有且只有另一主体与之相连。由于大量利用率极低的主体存在，导致出现诸多孔雀尾型结构，但这与现实情况显然不符，一个机构只面向一个机构提供或索取数据的现象不应大量出现，经分析发现，出现大量节点的度为1的原因是由于部门级别不够统一，主体名称混乱导致的，孔雀尾结构中存在大量节点实为同一部门和机构却不同称呼，因此通过政府、企业等部门的机构设置进一步调查，访谈政务相关工作人员，结合实际情况和对信息主体名称进行规范化处理，名称对应情况示例如表2所示。最终将637类主体划归为35类，包括公安、财税等政府各职能部门25类，以及申请人、第三方机构、医疗机构、学校、部队、企业、金融系统、媒体报刊、测绘单位，共计9类，及事项中存在诸如申请人单位、用地单位等需视情况而定的非特定主体归为1类，称为非特定机构，具体如表3所示。

表2　名称规范化对应示例

序号	信息主体名称	原始数据名称
1	安全生产监督管理部门	安监部门、安全监督管理部门
2	部队	部队、申请人所在部队、人武部门、服役部门
3	财税部门	税务局、税务部门、地税部门、国家税务总局深圳市税务局、财政部门、税务机关、市相关财政部门、本市税务机关

表3　信息主体名称

序号	信息主体名称	序号	信息主体名称	序号	信息主体名称
1	安全生产监督管理部门	13	海关	25	申请人
2	部队	14	交通运输部门	26	市场和质监部门
3	财税部门	15	教育局	27	水务局
4	测绘单位	16	金融系统	28	司法
5	城市管理部门	17	经信部门	29	外事办公室
6	档案局	18	科创部门	30	卫计部门
7	党政机关	19	媒体报刊	31	文体旅游局
8	第三方机构（检测、公证等）	20	民政局	32	学校
9	发展和改革委员会	21	民族宗教事务局	33	医疗机构
10	非特定机构	22	企业	34	中央机构编制委员会办公室
11	公安局	23	气象局	35	住建部门
12	规划和国土资源部门	24	人社部门		

3.4 复杂网络的构建

根据复杂网络的特点和分析思路，将上述信息主体抽象为节点，依据服务事项列表，以各主体之间存在的信息流为连接边构成深圳市政务信息协同网络。

（1）网络节点设定：根据信息流向，设定信息供给主体为s_i，设定信息需求主体为t_j。

（2）网络连接边设定：根据服务事项一一对应信息供给主体s_i和信息需求主体t_j，将二者之间的信息流作为复杂网络的连接边c_{ij}，方向从信息供给主体s_i指向信息需求主体t_j，将两端节点完全相同的连接边出现的次数作为c_{ij}的值。

（3）构建信息协同矩阵：根据s_i、t_j及c_{ij}建立协同矩阵D，并通过Gephi实现政务信息协同网络可视化，结果如图3所示。

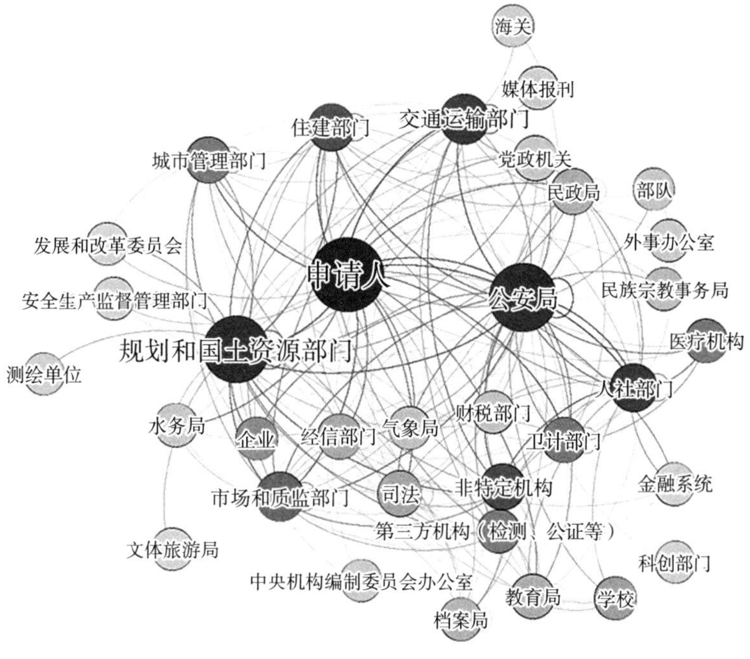

图3 深圳市智慧政务信息协同网络

4 深圳市智慧政务信息协同网络结构分析

4.1 协同网络节点结构分析

将信息主体抽象为节点，基于复杂网络分析中节点的度分析，发现信息主体的重要程度，反映信息协同网络的节点结构。网络中一个节点的度就是与该节点连接的边数，反映的是网络中各节点的重要性程度[16]，节点的度越大，则该节点在某种程度上越重要。本文研究的信息协同网络中的节点为信息协同主体的抽象，节点的度即反映各主体在信息协同过程中的重要程度。根据复杂网络分析软件Gephi统计，得到各节点的出度与入度，如图4、图5所示，取重要度最高前10位如表4所示。

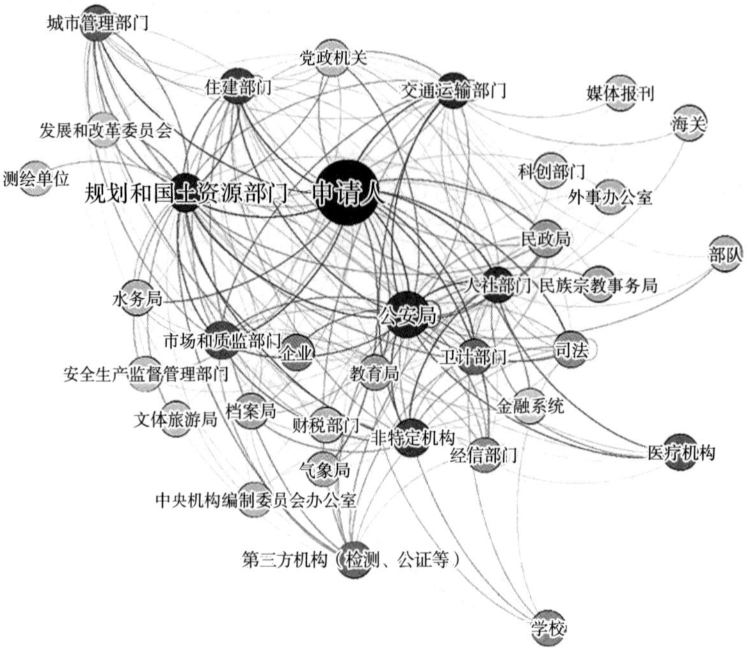

图4　深圳市政务信息协同网络节点出度

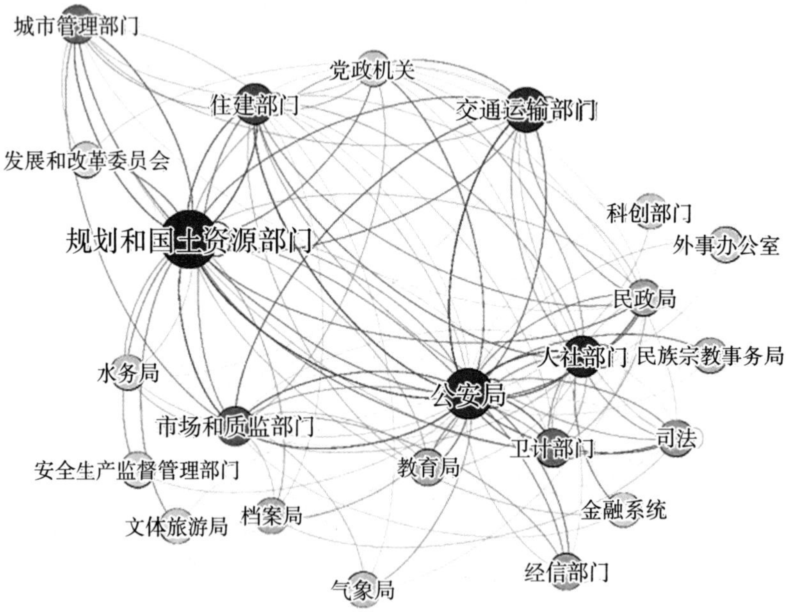

图5　深圳市政务信息协同网络节点入度

表4 出度、入度及度值排名前10的网络节点

排名	出度	出度值	入度	入度值	度	度值
1	申请人	2791	规划和国土资源部门	1754	申请人	2791
2	公安局	1074	公安局	1173	公安局	2247
3	规划和国土资源部门	347	交通运输部门	683	规划和国土资源部门	2101
4	市场和质监部门	320	人社部门	456	交通运输部门	762
5	非特定机构	283	住建部门	356	市场和质监部门	599
6	党政机关	180	市场和质监部门	279	人社部门	501
7	民政局	147	城市管理部门	250	住建部门	456
8	第三方机构	119	经信部门	249	民政局	310
9	医疗机构	119	卫计部门	232	城市管理部门	305
10	司法	110	司法	171	卫计部门	288

由图4、图5可以看出，具有出度的节点较多，而具有入度的节点较少，即在信息协同过程中，信息供给主体类别多于信息需求主体，存在很多只作为信息供给方的主体，如申请人、学校、医疗机构、企业等，结合其具体所涉事项分析发现，政府部门需要与大量非政府机构对接获取信息，来办理相关事务，而此类主体在政务服务过程中通常仅作为信息供给方。值得关注的是，所有具有入度的节点均具有出度，而并非所有具有出度的节点均有入度，这表明所有信息需求主体均在一定程度上向网络中其他主体提供信息，而信息供给主体却不一定有信息需求。

另外，网络中存在大量具有较高自环的节点，即该节点在一次信息协同活动中同时作为信息的供给方和需求方，此类信息协同主要为同一主体的内部协同，存在这类现象的主体大多为政府各职能部门。

结合表4进一步分析发现，出入度均较大的有规划和国土资源部门、公安局、市场和质监检部门及司法，出度入度均位列前十，此类主体在信息协同过程中，既是重要的信息供给方也是重要的信息需求方；出度较大而入度较小的有申请人、非特定机构、党政机关、第三方机构、医疗机构，此类主体在信息协同过程中，是重要的信息供给方；入度较大出度较小的有交通运输部门、人社部门、住建部门、城市管理部门、经信部门、卫计部门，此类部门主要为信息需求方。结合主体自身特征分析，大多数非政府部门的信息主体以及政府中的核心管理主体倾向于信息的供给方，而大多数具有专项职能的政府部门倾向于既作为信息需求方又作为信息供给方的第二类，第二类节点又包含两种，一种入度较大而出度较小的信息主体偏于信息需求倾向，另一种出入度较为平衡为信息需求供给兼顾。

申请人只有出度没有入度，总度却排名第一，这表明申请人的出度极大，经统计发现，申请人的出度约占总出度的45%，这表明需要申请人提供的信息量约占整体个协同网络中信息供给总量的近一半。

4.2 协同网络链结构分析

信息协同需由多主体参与，为了更好地发现各部门之间的协同关联，以各主体之间信息流量为权重构建权重网络，权重w_{ij}为节点i到j的信息流量，由于信息协同网络是有向网络，因此通常情况下$w_{ij} \neq w_{ji}$，节点大小由自身度值大小决定，边粗细及边标签颜色深度由边权重决定，建立权重网络模型如图6所示。

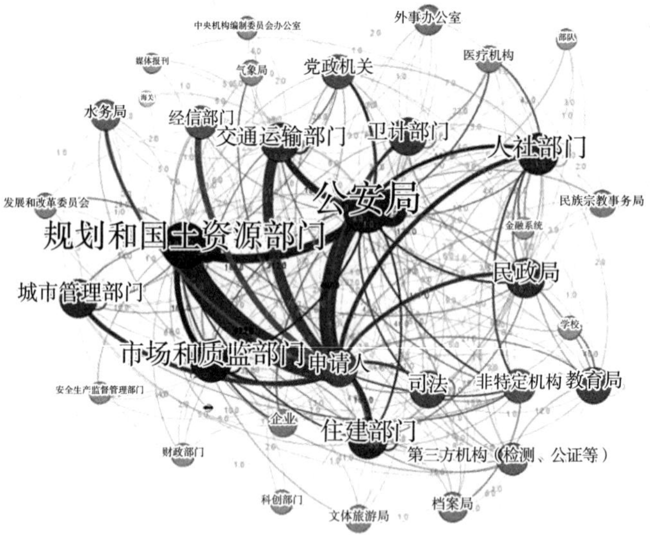

图6　深圳市信息协同权重网络

节点的度即与该节点连接的边数，因此权重网络中各节点度值大小反映与每一节点相连的主体数量，由图6知权重网络中度最大的节点并非申请人，而是公安局，可见在信息协同过程中申请人需要提供大量的信息，但信息流向相对集中于某一部分主体，公安局在协同过程中与最多主体相连，信息流向相对分散。根据权重网络度值统计结果，另有规划和国土资源部门、市场和质检部门、人社部门等主体的度值较高。

经统计，权重网络中具有35个节点，共268条边，按照权重值由小到大排序后的边权重分布如图7所示，可见存在大量权重较低的边，高权重边较少且分布较为离散，说明深圳各信息主体之间连接较为紧密，整体来看具有一定协同能力但对协同渠道的利用效率不足。

权重网络平均边权值为23.25，即平均每条信息链的信息承载量为23.25，共有46条边其权值高于平均水平，涉及22个信息主体，其中最高边权值为772，由申请人指向规划和国土资源部门。过滤掉权值较小边后，信息协同网络主干部分如图8所示。

分析发现，网络主干部分大致以申请人、规划和国土资源部门、公安局为三大主要节点，人社部门、市场和质检部门、住建部门同时与三大节点协同密切，民政局、司法、卫计、交通部门与申请人、公安局两大节点有较高协同度，教育局与学校二者之间协同度较高，而二者与其他主体之间协同度较低，构成一条独立的协同链。特别需要关注的是，以申请人为其中一个边节点的全部边的权值均远超平均水平，最低边权值为91，由于申请人仅作为信息供给主体，表明申请人在与其他信息主体协同过程中均需提供大量的信息。

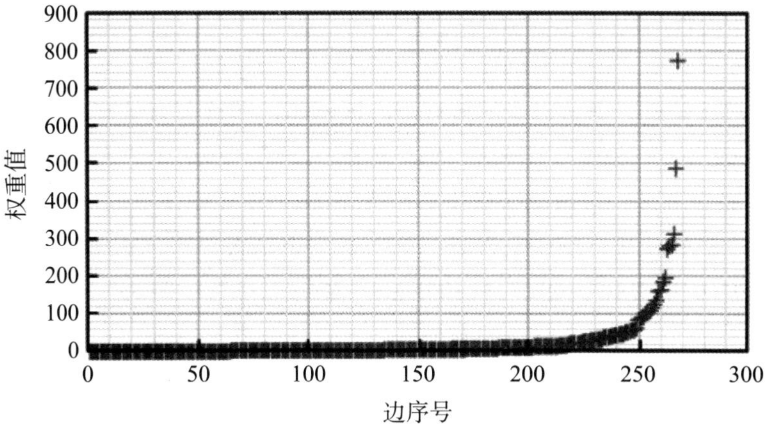

图7　权重网络边权分布

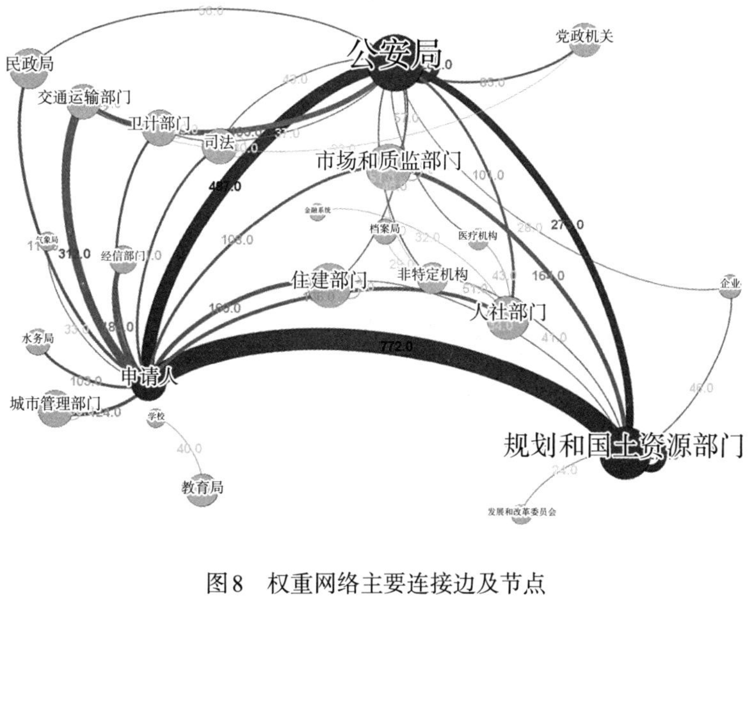

图8　权重网络主要连接边及节点

5　深圳市政务信息协同网络静态特征分析

5.1　网络节点的中心性

复杂网络分析中节点的中心性分析一般包括对点度中心性、接近中心性、介数中心性和特征向量中心性的分析，能够反映出节点在网络中的相对重要性。其中点度中心性就是节点直接相连的其他节点的个数，点度中心性的分析与前文分析所得结果相一致，故未做探讨，主要探究接近中心性、介数中心性和特征向量中心性。

（1）接近中心性

接近中心性反映节点的离中趋势，以接近中心度为指标，某一节点与网络中其他节点之间的距离都比较短，则该节点的接近中心度越高，即该节点的离中趋势越强对网络中各节点的接近中心度依值大小排序，结果如图9所示，网络中绝大多数节点的接近中心度大于0.4，有三分之一节点的接近中心度大于0.6，并且存在接近中心度很高的节点，网络整体紧密度较好。接近度中心性最高的节点为申请人，达到95.8%，即申请人与网络中心的接近度达到95.8%，是信息协同网络中能够以最短“距离”接触到其他各主体的节点。政府各部门中紧密度较高的有公安局、市场和质监等部门，与信息协同网络中其他主体的联系较为紧密。档案局、气象局的接近中心度较低，结合具体所涉事项分析，发现政务服务过程中这两类部门的信息供给主要指向自身，如档案局所提供的信息多与查档工作有关，其接受部门也为档案部门；在政务服务活动中，气象部门所提供信息多与气象活动、气象装置设置等事项有关，因此其信息需求部门也为气象相关部门。由此可知，接近度中心性可作为各部门信息协同程度的一项参照性指标。

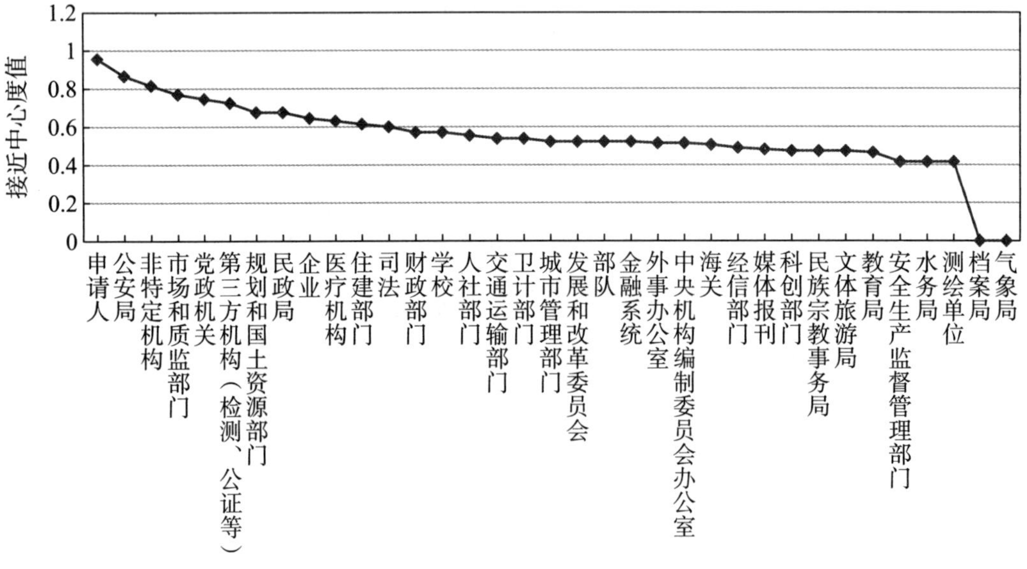

图9　接近中心性分布曲线

（2）中介中心性

中介中心性反映节点在网络中所起到的“中介”作用的强度，以中介中心度为指标，中介中心度越高的节点作为其他节点“中介”的作用越强。各节点的中介中心度依值大小排序结果如图10所示，网络中各节点的中介中心度普遍较低，存在一半以上节点的中介中心度为零，平均中介中心度值为0.014，中介中心性最高节点公安局的值为0.236，可见公安局在信息协同网络中是连接各信息主体的核心节点，但其对整个网络的连通作用仍较为有限。除公安部门外，另有规划和国土资源部门具有较高的中介作用，影响协同网络的连通度，但网络总体连通性不足。

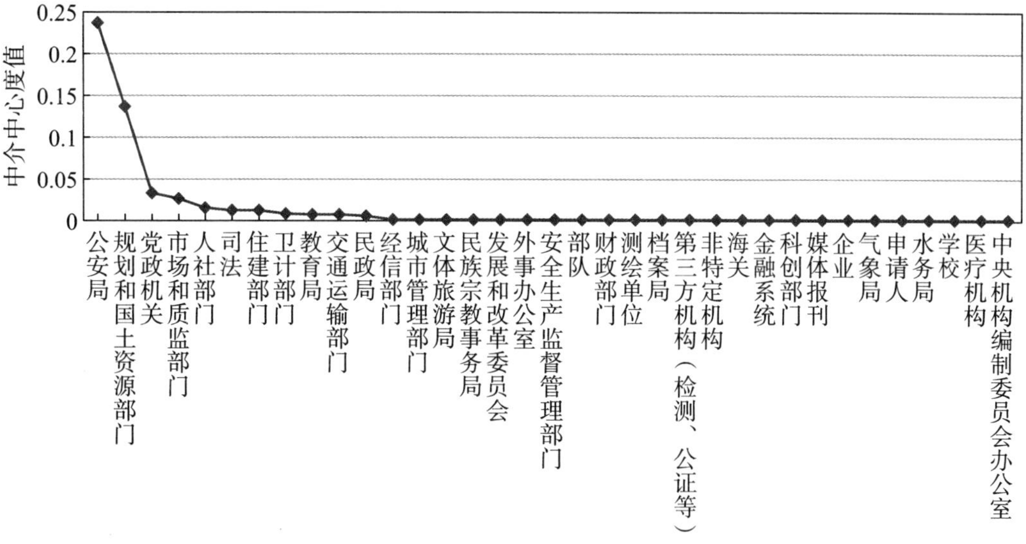

图10　中介中心性分布曲线

（3）特征向量中心性

特征向量中心性反映节点与重要节点之间的紧密程度，它首先指派给每个节点一个相对得分，对某个节点分置的贡献中，连到高分值节点的连接比连到低分值节点的连接大[16]。在协同网络中，高分值节点往往相对低分值节点更为重要，因此与高分值节点连接更为密切的节点在协同网络中的相对重要性更强，特征向量中心性反映的是节点向重要节点的趋向程度。各节点的特征向量中心度依值大小排序结果如图11所示，网络中各节点的特征向量中心度普遍较低，存在三分之一的节点特征向量中心度为零，但特征向量中心度的分布不均衡，仍然存在中心度很高的节点。规划和国土资源部门的特征向量中心度值达到1，与网络中各重要节点之间联系最为紧密，其次为公安局及交通运输部门。结合各节点的边的指向情况分析，特征向量中心性低的节点一般指向集中，或为出度或入度值较低的情况。

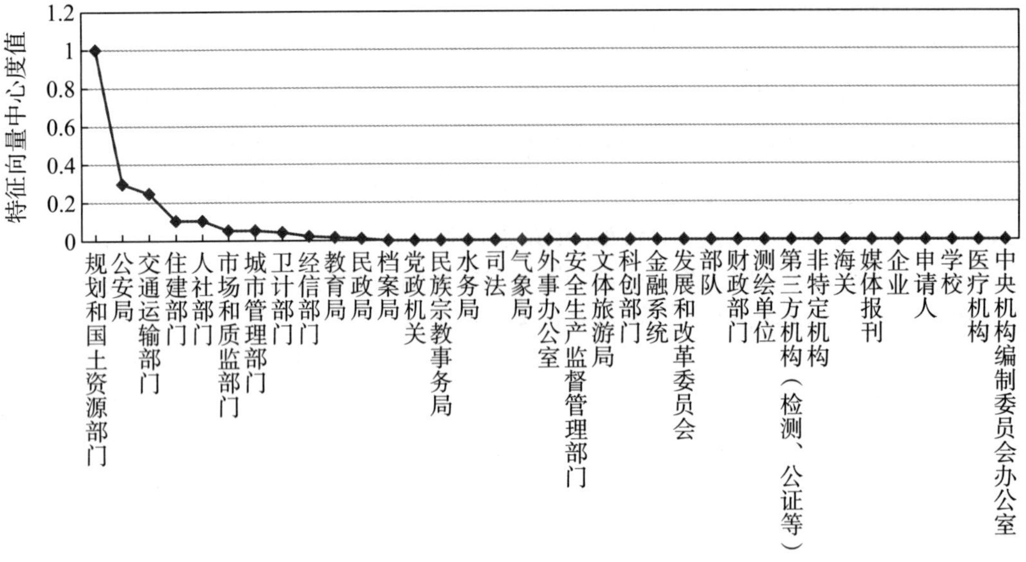

图11　特征向量中心性分布曲线

5.2　网络无标度特征分析

诸多复杂网络会不同程度地存在无标度特征，无标度是指复杂网络中往往存在大部分节点只有少数链接，而某些节点却拥有与其他节点的大量链接，其节点的度分布呈现幂率分布形态。

度分布是网络无标度特征的重要考察指标，由于网络较小，故采用度的累积概率分布来描述信息协同网的宏观统计特征。对35个节点的累积度分布进行统计发现其大致呈幂函数形态，通过幂函数拟合得到分布函数$P(k)=-30.27k^{-2.755}$，$R^2=0.8504$，如图12，说明网络的度累积分布概率与度数呈现一定的幂率关系，且指数2.755＞2，信息协同网络具有明显的无标度特征。

结合度值统计如图13，不同节点度的差异性非常大，只有少量节点具有极高度值，而大部分节点的度值较低，节点度分布不均衡，导致高度值节点在网络中的影响作用较强。深圳市信息协同网络呈现以申请人、公安局、规划和国土资源部门高度值主体为主导的形态，面对随机事件能够及时调整，以保证信息协同顺利完成，但由于高度值节点的协同压力过大，导致面对高度值节点遭受针对性冲击时，整体协同结构脆弱性偏高。

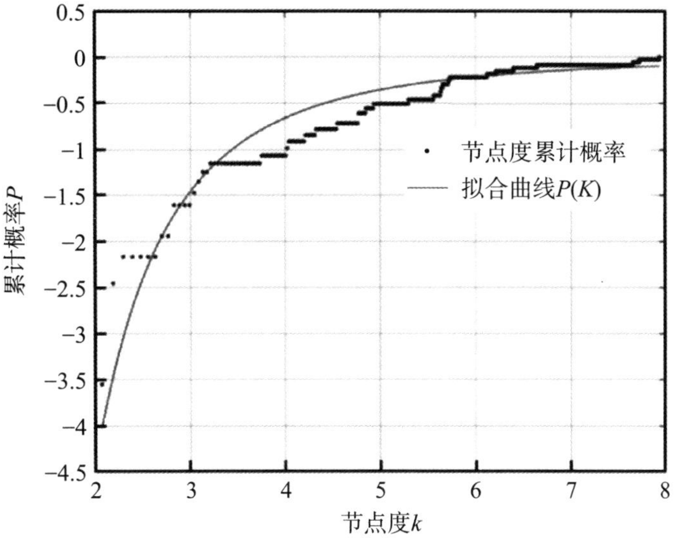

图12　信息协同网络节点度累积概率分布

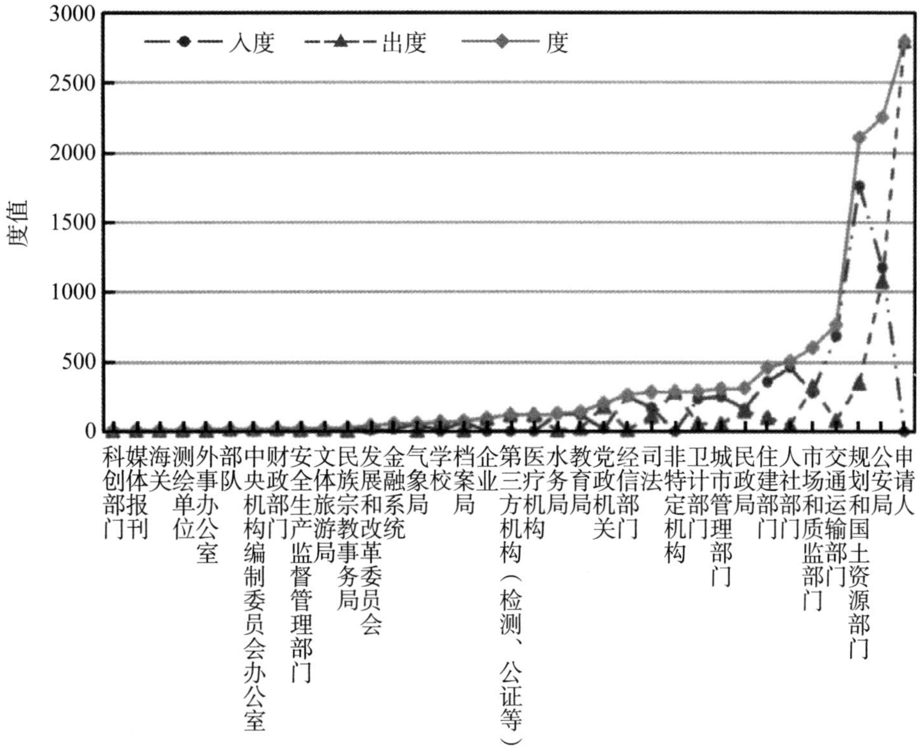

图13　网络各节点出入度值分布

5.3　网络小世界特征分析

小世界网络是常见的复杂网络之一，是指复杂网络大量节点间的平均路径长度较短，并且具有较大的聚类系数的网络，在小世界网络中，平均路径较短，因此信息传递效率较高，聚类系数较高，因此局部聚集性强，少量改变几个连接就能够对网络的性能产生显著影响。因此通过将平均路径长度和平均聚集系数作为小世界特征对深圳市信息协同网络进行考察，能够发现深圳市信息协同网络中信息的传递效率及局部聚集性。为能够更清晰地分析深圳市信息协同网络小世界特征的显著性，生成了与深圳市协同网络性质相同的随机网络，其相关指标分析如表5所示。

表5　信息协同网与随机网小世界属性参数比较

组别	节点	边	网络直径	图密度	平均聚集系数	平均路径长度
信息协同网	35	268	4	0.225	0.406	1.79
随机网	35	268	4	0.225	0.218	1.56

深圳市政务信息协同网平均聚集系数为0.406，高出随机网络近一倍，网络平均距离为1.79，即平均需要完成与1.79个主体的信息连接，但网络直径同样为4的随机网的平均路径长度仅1.56，低于信息协同网平均水平，因此深圳市信息协同网不具有较短平均路径，但局部聚集性较好。这表明，深圳市信息协同结构目前不具有显著的小世界特征，信息的传递效率较低，但能够通过信息协同结构的微小调整而实现信息协同网络整体的显著优化。

6　结论与展望

本文以深圳市智慧政务服务流程数据为例，提取信息主体及信息链，构建信息协同网络，以复杂网络分析方法分析深圳市信息协同网络结构及静态特征，通过分析深圳市智慧政务服务信息协同网络中特殊节点，发现政府虽拥有大量高质量的信息资源，但并未有效发挥其价值，政务服务过程中仍然依赖公众提供大量信息；各部门间的信息协同程度存在较大差异，但在政府各部门智慧政务建设过程中应当正确对待此类差异，信息协同的实现并非是追求网络连通性达到极致，实现全部门之间信息互通，而是依据政务服务中各部门实际的信息协同需求和角色属性等特征，制订优化方案。本文提出以复杂网络中的度、度分布、中心性、聚集系数、平均路径等分析指标的网络拓扑结构及静态特征解析路径，可用于精确解析各个城市、区域的政务信息协同结构及特征，将为目标城市或区域的智慧政务建设提供依据。

通过对目标城市政务服务流程数据的分析，可以解析其信息协同网络的结构和特征，但静态数据的分析无法进一步揭示城市智慧政务信息协同网络的演化和发展，因此，计划仍以深圳市为例，研究如何进一步跟踪城市政务服务流程改革进程，以期揭示智慧政务信息协同网络的演变，发现智慧政务信息协同建设的动态演化特征。

另外，将进一步采集其他地区的智慧政务业务流程数据，逐步实现区域性信息协同状态及发展情况的综合性分析，并检验复杂网络分析方法对于信息协同状态分析的适用性，逐步完善形成信息协同的分析和评价机制。

参考文献：

[1]于施洋，杨道玲，王璟璇，等. 基于大数据的智慧政府门户：从理念到实践[J]. 电子政务，2013(5)：65-74.

[2]陆健英，郑磊，DAWES S S. 美国的政府数据开放：历史、进展与启示[J]. 电子政务，2013(6)：26-32.

[3]Super Smart City：happier society with higher quality[R]. London：Deloitte. 2018：23-34.

[4]HAKEN H. Laser and synergetics[J]. Physik journal，1976(12)：583-590.

[5]马捷，张云开，蒲泓宇. 信息协同：内涵、概念与研究进展[J]. 情报理论与实践，2018(11)：12-19.

[6]赵谞博，侯贵宾. 港口干散货物流供应链信息协同运作模式分析[J]. 水运工程，2018(2)：151-156.

[7]蔡淑琴，梁静. 供应链协同与信息共享的关联研究[J]. 管理学报，2007(2)：157-162，179.

[8]KANG J H，ANDERSON S D，CLAYTON M J. Empirical study on the merit of web-based 4D visualization in collaborative construction planning and scheduling[J]. Journal of construction engineering and management，2007(6)：447-461.

[9]KHANZODE A，FISCHER M，REED D. Benefits and lessons learned of implementing building Virtual Design and Construction (VDC) technologies for coordination of Mechanical，Electrical，and Plumbing (MEP) systems on a large healthcare project[J]. Electronic journal of information technology in construction，2008，13：324-342.

[10]RICHARDS D，SMITH M J. Governance and public policy in the UK[M]// Governance and public policy in the United Kingdom. UK，Oxford：Oxford University Press，2002：238.

[11]宋懿，安小米，范灵俊，等. 大数据时代政府信息资源共享的协同机制研究——基于宁波市海曙区政府信息资源中心的案例分析[J]. 情报理论与实践，2018(6)：64-69.

[12]马捷，蒲泓宇，张云开，等. 基于关联数据的政府智慧服务框架与信息协同机制[J]. 情报理论与实践，2018(11)：20-26.

[13]陈锐，贾晓丰，赵宇. 大数据时代的城市运行管理信息协同模式研究[J]. 中国科学院院刊，2014(6)：708-717.

[14]陈锐，贾晓丰，赵宇. 智慧城市运行管理的信息协同标准体系[J]. 城市发展研究，2015(6)：40-46.

[15]陈锐，贾晓丰，赵宇. 基于模糊聚类的智慧城市多源信息协同结构测度与优化[J]. 计算机应用研究，2016(7)：1945-1951.

[16]孙玺菁，司守奎. 复杂网络算法与应用[M]. 北京：国防工业出版社，2015：1-2.

[17]Complex networks[EB/OL]. [2018-10-04]. https://en.wikipedia.org/wiki/Complex_network.

[18]丁卓. 基于复杂网络的智慧城市公共交通网络[D]. 广州：华南理工大学，2015：3-10.

[19]CRUCITTI P, LATORA V, PORTA S. Centrality measures in spatial networks of urban streets[J]. Pysical review E,2006(16):3682-3685.

[20]GUO J, WANG S, WANG D, et al. Spatial structural pattern and vulnerability of China-Japan-Korea shipping network[J]. Chinese geographical science,2017(5):697-708.

[21]郭建科,何瑶,侯雅洁. 中国沿海集装箱港口航运网络空间联系及区域差异[J]. 地理科学进展,2018(11):1499-1509.

[22]LIU X, BOLLEN J, NELSON M L, et al. Co-authorship networks in the digital library research community[J]. Information processing & management,2005(6):1462-1480.

[23]关鹏,王曰芬,曹嘉君. 整合主题的学科知识网络构建与演化分析框架研究[J]. 情报科学,2018(9):3-8.

[24]吕鹏辉,刘盛博. 学科知识网络实证研究(Ⅳ)合作网络的结构与特征分析[J]. 情报学报,2014(4):367-374.

[25]ANDRADE D, LOPES R, REGO, et al. The use of nodes attributes in social network analysis with an application to an international trade network[J]. Physica A:statistical mechanics and its applications,2018(2):249-270.

[26]陈锐,王宁宁,赵宇,等. 基于改进重力模型的省际流动人口的复杂网络分析[J]. 中国人口:资源与环境,2014(10):104-113.

[27]侯贺平,刘艳芳,李纪伟,等. 基于改进辐射模型的乡镇人口流动网络研究[J]. 中国人口:资源与环境,2013,23(8):107-115.

[28]罗凯,张明智,吴曦. 基于作战环的空间信息时效网关键节点分析模型[J]. 系统工程与电子技术,2016(7):1572-1576.

[29]王宁宁,赵宇,陈锐. 基于辐射模型的城市信息空间关联复杂网络研究[J]. 经济地理,2015(4):76-83.

[30]张子柯. 在线社交网络信息传播机制与动力学研究综述[J]. 情报学报,2017(4):422-431.

(本文原发表于《情报理论与实践》2020年第1期)

基于DEA模型的公共文化云平台运营效率研究*

韦景竹　李幸男（中山大学信息管理学院）

通过文化与科技融合，公共文化云平台整合区域内分布零散的文化资源，为公众提供综合性、协同化的公共文化服务。这种公共文化服务模式实现了不同公共文化机构资源与服务的整合，可以有效解决公共文化资源重复建设、内容分散等问题。随着国家对现代公共文化服务体系建设的重视，各省市公共文化云平台的建设运营近年来也在不断地发展和完善。2011年嘉兴“文化有约”上线运行，2012年哈尔滨提出“文化云”理念[1]。2015年国务院出台的《关于加快构建公共文化服务体系的意见》，提出加快推进公共文化服务数字化建设，实现公共文化“菜单式”“订单式”的服务精准配送等目标[2]。2016年3月上线运行的文化上海云平台首次实现省级区域内公共文化资源与服务的整合共享[3]。2017年《中华人民共和国公共文化服务保障法》出台，强调科技对公共文化服务的作用，鼓励运用现代信息传播新技术提升公共文化服务水平。国家公共文化云平台同年上线运行，联通全国各地各类型的公共文化机构，实现各地文化资源与服务的共建共享，提升公共文化的数字化服务水平与利用效能，成为整合各省市公共文化资源服务的国家级总平台[4]。

目前，我国多个省市已经陆续上线公共文化云平台，但是这些云平台的建设运营整体上还处于初期的探索阶段。公共文化云平台建设运营的科学性、合理性是为用户提供优质公共文化服务的基本前提，因此，在这一阶段，云平台运营效率是需要关注的重要问题，云平台构建维护和内容组织方面的投入是否能获得较好的效果和产出，需要进行测算分析，以发现云平台资源配置中的有效性问题，便于及时做出调整优化。

1　相关概念与研究范围

陈则谦等[5-6]认为公共文化云是把云计算、云存储、大数据等现代信息技术应用于公共文化服务领域所形成的新型公共文化服务模式的统称。李文川等[7]提出公共文化云服务是一种基于网络（互联网、物联网、电信网、广电网等）的、智能化的公共数字文化服务新模式。华方园等[8]认为公共数字文化服务平台是指由政府主导建设的依托

* 本文系国家社会科学基金重点项目“智慧公共文化服务及云平台优化研究”（项目编号：18AZD036）的研究成果之一。

于网络将不同类型公共文化机构的数字资源统一整合，并免费为公众提供服务的形式。结合学者们对于公共文化云平台概念的描述，可以看出，公共文化云平台是运用新兴科技整合各类文化资源，通过公共文化服务多主体协同，实现公共文化资源和服务的精准供给，融合线上线下服务的公共文化服务新形态。

公共文化云平台主要有网站、微信公众号、APP等形式，其中网站是当前公共文化云平台开展最为广泛的形式，因此本文针对此类云平台的运营效率进行研究。通过选取我国已经投入运营的15个省级公共文化云平台，运用DEA方法测算当前公共文化云平台运营效率情况，分析原因并提出改进建议。

2 研究方法的对比与选取

如何对网站效率进行测算一直是学术界非常重视的热点问题，本文对国内外相关研究方法进行对比分析，探讨DEA方法对本研究的适用性。Vatansever[9]等对网站效率研究方法进行了综述，并对各方法的占比情况做出了总结，根据该文献，我们将国外网站效率研究方法使用情况进行了汇总，如表1所示。

表1 国外网站效率研究方法

特定方法	占比	复合方法	占比
层次分析法（AHP）	25%	模糊层次分析法（FAHP）	14%
数据包络分析法（DEA）	10%	模糊层次分析与TOPSIS	15%
数理规划法（Mathematical Programming）	6%	模糊语言模型（Fuzzy Linguistic Modelling）	8%
模糊集合理论（Fuzzy Set Theory）	5%	其他	14%
网络分析法（ANP）	3%		

可以看出，国外对于网站效率研究方法的选取中，特定方法主要有层次分析法、数据包络分析法、数理规划法等，其中层次分析法应用最为广泛，但是层次分析和网络分析这两种方法在运用过程中都需要决策者依据经验进行定性分析；而数据包络分析法、模糊集合理论和数理规划法则是利用数学模型进行分析评价。对于复合方法，大多数文献以层次分析法、模糊综合评价法二者结合的方式进行网站效率评价[9]。

国内对于网站效率的研究也一直保持着较高热度，在中国知网中进行相关文献检索，共检索到期刊文献268篇。在此268篇文献的基础上，剔除掉与本研究不相关的文献以及无法从题名、摘要或关键词中获取研究方法的文献，最终得到78篇相关文献，通过人工识别每篇文献使用的研究方法并进行提取和整理，将国内网站效率研究中较常出现的研究方法按照出现频率进行排序，依次为数据包络分析法（DEA）、层次分析法（AHP）、内容分析法、模糊综合评价法和对比分析法。

综合国内外学者在网站效率方面的研究，可以发现主要集中选取层次分析法（AHP）和数据包络分析法（DEA）两种方法。层次分析法（AHP）主要用于确定效率评价指标体系的权重，大多和德尔菲、模糊综合评价以及平衡计分卡等方法结合使用，从定性分析的角度对网站进行效率评估实证研究。数据包络分析法则更多侧重对网站投入产出客观数据的计算分析，从定量角度来考虑网站的效率问题。

本文选取客观性较强的数据包络分析法对公共文化云平台运营效率进行量化分析。1978年美国运筹学家A. Charnes和W. Cooper等人提出基于线性规划模型的数据包络分析法。该模型通过借助数学线性规划问题对投入产出比率进行综合分析，根据决策单元（DMU）和有效单元之间的距离确定该决策单元的相对效率大小[10]。本文采用DEA-BCC模型来进行公共文化云平台网站运营效率的计算，对公共文化云网站进行DEA有效性分析的基础上，对非DEA有效的决策单元进行无效原因的探讨。

3 DEA方法在网站效率研究中的应用

目前关于公共文化服务云平台运营效率的研究较少。汤金羽和朱学芳[11]通过构建适用于公共文化云微信平台的投入产出指标体系，运用DEA方法对华东部分地区的文化云微信平台进行了服务效率的评价。而网站作为目前公共文化云平台最普遍的服务渠道，亟须进行运营效率评估分析，以提升公共文化云平台的整体效率。通过检索现有网站效率研究的相关文献，发现相关研究大多集中于电子商务和政务等领域，对该类研究进行梳理总结可以用于指导本文对公共文化云平台的研究。在电子政务方面，有学者从投入产出视角出发，运用DEA方法对政府网站和政府开放数据平台[12-13]进行了效率评价；在电子商务方面，有学者则将研究对象扩展到了电子支付网站[14]、在线旅游网站[15-16]以及保险商务网站[17]等；此外，还有学者曾对高校图书馆网站[18]以及军事信息网站[19]进行了效率评价。

通过对当前应用DEA方法进行网站效率评价的研究进行梳理总结，本文发现学者们在使用DEA模型进行网站效率评估时，在投入产出指标的选择上已经实现了较为一致的选择标准，投入指标一般会涉及网页总数[12-14][16-19]、链接总数[12][14][17][19]、连通率[12-14][18-19]、页面平均大小[14][17-19]、更新维护频率[15][17-19]等，产出指标则主要集中于访问量[12][14-15][17-19]、反向链接数[12][14][18-19]等。但是针对不同的网站类型，学者们选取的具体指标存在一定区别。例如，韩磊和胡广伟[12]在政府开放数据平台效率研究中增设了数据集总量、数据覆盖度等投入指标。由于数据开放平台的用途主要是为公民提供各类官方统计数据的下载，相关研究还利用数据集下载量来衡量平台的产出[12-13]；此外，张敏等[14]在研究电子支付网站效率问题时将网站安全性作为产出指标之一纳入效率评价指标体系当中。

4 研究思路与内容

本文对公共文化云平台运营效率的评估，本质上是研究公共文化云平台运营中的资源内容、组织维护等投入是否和产出相匹配的问题。参考已有研究成果，本研究以平台自身的规模、内容、结构、维护四个方面作为投入，将用户利用和平台质量水平作为产出构建指标体系，利用客观数据测算分析平台效率，探讨各省公共文化云平台运营过程中存在的问题以提出改进建议。本文具体沿着先确定研究对象，进行指标初步选取与确定数据来源，再进行指标筛选与确定，然后根据数据情况进行指标数据统计分析、模型计算与结果呈现，最后分析结果提出建议。

4.1 确定研究对象

运用DEA-BCC模型进行效率评估时应尽量保证研究对象的可比性、独立性、差异性，由于独立性和差异性是不同的公共文化云平台都已经满足的条件。而在可比性方面，公共文化云平台存在平台受众、地区水平等差异。因此，我们统一选择省级（直辖市、自治区）公共文化云平台进行效率评估对比，最大限度剔除外部因素的影响。

本研究中样本的选取基于本文提出的公共文化云平台概念，通过进一步筛选确定。筛选条件为：是否实现全省各市/各地区文化资源的汇总共享；是否实现在线活动预约、培训报名或场馆预订功能；是否实现与国家公共文化云平台的平台对接。经过对全国31个省市（直辖市、自治区）的公共文化云平台进行汇总筛选，总结出满足条件的省级公共文化云平台共15个，见表2。

表2 本文研究对象汇总

序号	名称	省份（直辖市、自治区）	网址
1	首都图书馆公共文化云	北京	http://yun.bjgxgc.cn
2	天津公共文化云	天津	http://tjpc.hanyastar.cn
3	山西文化云	山西	http://www.sx-cc.com
4	内蒙古文化云	内蒙古	http://www.nmgwhy.cn
5	百姓文化云	河南	http://www.zybxwhy.com
6	湖南公共文旅云	湖南	http://hnggwhy.wentiyun.cn
7	上海文化云	上海	http://www.wenhuayun.cn
8	江苏公共文化云	江苏	http://www.jsggwhy.com
9	浙江智慧文化云	浙江	https://www.zjwhtb.cn
10	安徽文化云	安徽	http://www.ahswhg.cn
11	山东公共文化云	山东	http://wenmind.sdlib.com
12	江西文化云	江西	https://gpcclouds.chaoxing.com

续表

序号	名称	省份（直辖市、自治区）	网址
13	重庆群众文化云	重庆	https://www.cqqyg.cn
14	陕西公共文化数字平台	陕西	http://www.sxsysg.com
15	吉林省数字文化馆	吉林	http://www.jlswhg.com

4.2 指标初步选取和数据来源

大多数学者在运用DEA模型进行网站效率评估研究时，投入产出指标的选择主要考虑是否能足够全面地反映网站建设维护投入；相关数据是否有较为权威确切的获取来源。本文通过综合分析其他类型网站利用DEA方法进行效率评价所选用的指标，结合公共文化云平台的特点，同时考虑数据可获得性和模型适用性，从规模、内容、结构、维护四个维度考虑投入指标的选取，以期客观、全面地反映网站建设的主要投入资源；产出指标则考虑用户访问量和平台质量两个方面。投入指标的选取除了选用网站效率评价较为通用的具体指标外，本文还增加了导航分类数这一指标用来了解和分析文化云平台的资源服务分类是否合理；此外，产出指标增加了搜索引擎收录情况来反映平台质量[20]。根据上述分析整理，本文建立了公共文化云平台的运营效率评估指标体系初步框架，如表3所示。

表3　公共文化云平台运营效率评估指标明细表

		指标	解释说明
投入	规模	总页面数（PAG）	反映平台信息组织规模
		总链接数（DL）	反映平台信息量建设规模
	内容	页面平均大小（APS）	反映平台内容的丰富程度
		导航栏目数（NC）	反映平台在内容组织方面的细致程度
	结构	链接完整性（LI）	反映平台内部链接的维护完好率
		外部链接占比（FLP）	反映平台结构稳定性和维护难易度
	维护	更新维护频率（FU）	反映平台信息更新维护及时性
		网页平均打开速度（WAS）	反映平台整体性能和查询效率
产出	用户	日均访问量（DIP）	反映平台被用户利用程度
	质量	搜索引擎收录（ISE）	反映平台整体质量水平

上述投入产出指标的具体数据均通过Maxamine Web Analyst软件“站长之家”、百度指数网站来采集，数据采集时间统一限制在2019年10月15至30日。总页面数（PAG）、页面平均大小（APS）、链接完整性（LI）、外部链接占比（FLP）、更新维护频率（FU）这五项指标的数据通过运用Maxamine Web Analyst爬取网站信息，生成报告后进行统计

整理；网页平均打开速度（WAS）可以通过“站长之家”整理获取，这一指标用来反映网站服务器的运行维护投入，速度越快（值越小）说明投入越大，所以需要将原始数据倒数化处理。鉴于部分公共文化云平台的百度日均访问量无法有效获取，为保证研究数据的完整性，本文提出基于PC端“文化”一词的百度指数来实现各省文化云平台日均访问量（DIP）的可比性，通过分析计算公共文化云平台的自带访问量数据和各地区PC端“文化”一词的百度指数，可以发现日均访问量和“文化”一词的百度指数存在非常显著的正相关关系（见表4）。因此，本研究利用该地区“文化”一词在PC端的百度日均指数对该省文化云平台的预计访问量进行估算，作为该地区文化云平台用户访问量的反映，“文化”一词的指数可以通过百度指数网站进行采集。

表4　平台访问量与“文化”百度指数相关性

相关性			
		云平台日均访问量	PC端文化指数
平台日均访问量	Pearson 相关性	1	0.926**
	显著性（双侧）		0.000
	N	10	10
PC端文化指数	Pearson 相关性	0.926**	1
	显著性（双侧）	0.000	
	N	10	10

注：** 表示在0.01水平（双侧）上显著相关。

4.3　指标筛选与优化

由于本文以全国15个省（直辖市和自治区）的公共文化云平台作为研究对象，而DEA方法需要满足样本量不少于指标总数量的2倍这一条件[21]。因此，需要对上文初步构建的指标体系筛选优化，本研究主要运用相关性分析方法从指标同向和共线两个层面进行筛选。将初始指标的数据导入SPSS软件进行相关性分析，得到表5所示指标间相关性。

表5　初选指标间相关性分析结果

		PAG	DL	APS	NC	LI	FLP	FU	WAS	DIP	ISE
PAG	Pearson 相关性	1	0.714**	0.046	0.063	−0.376	−0.188	0.005	−0.162	−0.152	−0.180
	显著性（双侧）		0.003	0.869	0.824	0.167	0.503	0.985	0.563	0.589	0.522
	N	15	15	15	15	15	15	15	15	15	15
DL	Pearson 相关性	0.714**	1	0.219	0.030	−0.292	0.236	0.376	−0.159	−0.117	−0.170
	显著性（双侧）	0.003		0.432	0.916	0.291	0.398	0.167	0.570	0.677	0.545
	N	15	15	15	15	15	15	15	15	15	15

续表

		PAG	DL	APS	NC	LI	FLP	FU	WAS	DIP	ISE
APS	Pearson 相关性	0.046	0.219	1	−0.81	−0.260	0.515*	0.314	−0.065	0.020	−0.145
	显著性（双侧）	0.869	0.432		0.775	0.349	0.049	0.254	0.818	0.944	0.606
	N	15	15	15	15	15	15	15	15	15	15
NC	Pearson 相关性	0.063	0.030	−0.081	1	0.078	−0.069	−0.335	−0.064	−0.529*	−0.549*
	显著性（双侧）	0.824	0.916	0.775		0.784	0.807	0.223	0.820	0.043	0.034
	N	15	15	15	15	15	15	15	15	15	15
LI	Pearson 相关性	−0.376	−0.292	−0.260	0.078	1	0.327	−0.162	−0.143	0.259	0.120
	显著性（双侧）	0.167	0.291	0.349	0.784		0.235	0.564	0.610	0.352	0.671
	N	15	15	15	15	15	15	15	15	15	15
FLP	Pearson 相关性	−0.188	0.236	0.515*	−0.069	0.327	1	0.165	−0.241	0.144	0.028
	显著性（双侧）	0.503	0.398	0.049	0.807	0.235		0.557	0.387	0.609	0.920
	N	15	15	15	15	15	15	15	15	15	15
FU	Pearson 相关性	0.005	0.376	0.314	−0.335	−0.162	0.165	1	0.404	0.211	−0.090
	显著性（双侧）	0.985	0.167	0.254	0.223	0.564	0.557		0.135	0.451	0.751
	N	15	15	15	15	15	15	15	15	15	15
WAS	Pearson 相关性	−0.162	−0.159	−0.65	−0.064	−0.143	−0.241	0.404	1	0.152	−0.138
	显著性（双侧）	0.563	0.570	0.818	0.820	0.610	0.387	0.135		0.589	0.625
	N	15	15	15	15	15	15	15	15	15	15
DIP	Pearson 相关性	−0.152	−0.117	0.020	−0.529*	0.259	0.144	0.211	0.152	1	0.751**
	显著性（双侧）	0.589	0.677	0.944	0.043	0.352	0.609	0.451	0.589		0.00
	N	15	15	15	15	15	15	15	15	15	15
ISE	Pearson 相关性	−0.180	−0.170	−0.145	−0.549*	0.120	0.028	−0.090	−0.138	0.751**	1
	显著性（双侧）	0.522	0.545	0.606	0.034	0.671	0.920	0.751	0.625	0.001	
	N	15	15	15	15	15	15	15	15	15	15

注：** 表示在0.01水平（双侧）上显著相关。* 表示在0.05水平（双侧）上显著相关。

4.3.1 同向性原则

为确保增加某项投入量而不至于使某项产出量减少，现规定投入产出指标变量之间不能存在显著的负相关关系[22]。投入产出指标变量之间的相关系数见表5，可以看出投入指标中，只有平台导航栏目数量（NC）对日均预计访问量（DIP）和搜索引擎收录量（ISE）两个产出指标在0.05水平上存在负向显著相关性。因此，我们选择剔除平台导航栏目数（NC）这一投入指标。

4.3.2 弱共线原则

为最大程度上减少指标数量冗余造成的效率结果不准确，同时为了避免指标信息重复情况的出现，需要保证同一指标层不存在较强的共线性关系。通过对比相关性，剔除正向相关程度高的指标，可以消除信息重复对评价结果的影响，从而精简指标体系[23]。从表5可以看出，投入指标中，平台总页面数（PAG）和平台总链接数（DL）之间在0.01水平上显著相关，具有较强的共线性关系。因此，为避免信息重复，我们选择保留平台总页面数（PAG）作为效率具体研究指标，剔除平台总链接数（DL）指标；产出指标中，平台预计日均访问量（DIP）和搜索引擎收录量（ISE）之间在0.01水平上显著相关，因此，我们保留预计日均访问量（DIP），剔除搜索引擎收录量（ISE）指标。

4.4 确定效率评价指标

通过前面两个步骤的筛选，我们已经得到了较为精简分散的效率研究指标体系，保留下的具体指标共7个，具体见表6。

表6 公共文化云平台效率评价指标体系

	具体指标	简称
投入	网站总页面数（PAG）	I1
	网站页面平均大小（APS）	I2
	网站链接完整性（LI）	I3
	外部链接占比（FLP）	I4
	网站更新频率（FU）	I5
	网页平均打开速度（WAS）	I6
产出	日均访问量水平（DIP）	O1

4.5 指标数据描述性统计分析

将收集整理后的指标数据进行描述性统计分析，得到各指标数值的最大最小、平均值和中位数的具体数值，见表7。

表7 投入产出指标数据描述性统计分析

	PAG	APS	LI	FLP	FU	WAS	DIP
最大值	577	620.5	1	0.36	0.38	0.05	10440
最小值	11	22.4	0.48	0.07	0.01	0.00	440
平均数	164	333.1	0.99	0.21	0.17	0.02	2470
中位数	67	270.8	1	0.22	0.10	0.01	1540

对投入产出指标数据进行统计整理后，可以对研究样本文化云平台的建设运行现状进行初步分析。首先，平台总页面数和网页平均大小数据的两极差距较大，同时两指标的中位数都低于均值，说明平台总页面数和网页平均大小未达到整个样本地区平均线的平台数量占大多数。从平台结构来看，大多数平台在链接完整性方面的数据都比较集中且中位数均高于均值水平，说明我国省级文化云平台的平台结构质量大多数处于较好水平，可能是因为文化云平台的建设作为政府部门出资建设的重要项目，在架构维护质量方面有较高的要求。平台更新维护频率和页面打开速度这两个指标的数据极值差距不大，但是二者的整体均值水平较集中，说明各文化云平台在更新维护频率和网页访问速度方面的投入和重视程度较为一致，相关投入水平大体相当。此外，平台的日均预计访问量最大最小值差距较大，同时存在中位数小于平均值的情况，即大多数公共文化云平台的预计访问量水平较低，没有达到平均水准，公共文化云平台的访问与运行效果不太理想。

5 模型求解与结果分析

数据收集准备工作结束后，将指标具体数据带入DEA模型中进行计算，然后对效率结果开展深入分析讨论，为公共文化云平台的运行效率提升给出优化方案与建议。

5.1 DEA模型求解

本文选择DEA方法中处于变动规模报酬情形下，可以将决策单元的效率分解为纯技术和规模效率的BCC模型。将投入产出指标数据导入DEAP2.1软件中进行计算，得到如图1所示结果。

将上述计算结果整理汇总，得到各省级公共文化云平台的运营效率结果如表8所示。

```
EFFICIENCY SUMMARY:

 firm  crste  vrste  scale

   1  1.000  1.000  1.000  -
   2  1.000  1.000  1.000  -
   3  0.239  0.963  0.248 irs
   4  0.108  1.000  0.108 irs
   5  0.170  1.000  0.170 irs
   6  0.174  1.000  0.174 irs
   7  1.000  1.000  1.000  -
   8  1.000  1.000  1.000  -
   9  0.529  0.804  0.658 irs
  10  0.501  0.990  0.505 irs
  11  1.000  1.000  1.000  -
  12  0.129  1.000  0.129 irs
  13  0.218  0.957  0.228 irs
  14  0.572  1.000  0.572 irs
  15  0.292  1.000  0.292 irs

 mean  0.529  0.981  0.539

Note: crste = technical efficiency from CRS DEA
      vrste = technical efficiency from VRS DEA
      scale = scale efficiency = crste/vrste
```

图1　公共文化云平台运营效率计算结果

表8　基于DEA模型的公共文化云平台运营效率结果

DMU	综合效率	纯技术效率	规模效率	规模效益
首都图书馆公共文化云	1.000	1.000	1.000	—
天津公共文化云	1.000	1.000	1.000	—
山西文化云	0.239	0.963	0.248	irs
内蒙古文化云	0.108	1.000	0.108	irs
百姓文化云	0.170	1.000	0.170	irs
湖南公共文旅云	0.174	1.000	0.174	irs
上海文化云	1.000	1.000	1.000	—
江苏公共文化云	1.000	1.000	1.000	—
浙江智慧文化云	0.529	0.804	0.658	irs
安徽文化云	0.501	0.991	0.505	irs
山东公共文化云	1.000	1.000	1.000	—
江西文化云	0.129	1.000	0.129	irs
重庆群众文化云	0.218	0.957	0.228	irs
陕西公共文化数字平台	0.572	1.000	0.572	irs
吉林省数字文化馆	0.292	1.000	0.292	irs
平均值	0.529	0.981	0.539	

注：综合技术效率（TE）= 纯技术效率（PTE）× 规模效率（SE）；
irs表示规模收益递增，—表示规模收益不变。

5.2　DEA有效性结果分析

表8为15个省级公共文化云平台的DEA效率计算结果。整体来看，文化云平台的平均综合效率仅为0.529，仅有33.3%的平台达到最优投入产出前沿，整体运营效率较低。纯技术有效的平台数量高达73.3%，平均技术效率为0.981，但规模效率均值仅为0.539，表明投入规模不合理是我国省级文化云平台运营效率低下的主要原因，因此未达到DEA有效水平的公共文化云平台应优化资源配置，更好地发挥规模效益。

综合效率方面，综合效率为1（也就是DEA有效）的公共文化云网站共有5个，分别是首都图书馆公共文化云、天津公共文化云、上海文化云、江苏公共文化云以及山东公共文化云。说明这5个网站的投入产出相对来说处于最优状态，网站运行效率相对最佳，且网站的投入产出规模处于相对最优水平。

纯技术效率方面，内蒙古文化云、百姓文化云、湖南公共文旅云、江西文化云、陕西公共文化数字平台、吉林省数字文化馆的技术效率为1，综合效率小于1，表明这6个网站属于弱DEA有效，即产出相对于投入达到最大化，要想达到当前产出水平，网站在规模、内容、结构和维护方面的投入已经无法再减少，但可以适当从规模角度加以调整，增加平台的规模收益，从规模角度考虑优化措施，提升规模效率水平，使之达到综合效率为1的最优状态。

规模效率方面，技术效率小于1的决策单元处于非DEA有效状态，说明存在投入要素的资源配置不合理情况，可以通过改善决策单元具体的投入要素水平来优化资源配置，进而提升效率水平[24]。而剩余的4个公共文化云平台的技术效率和规模效率均小于1，表明这些云平台的运营处于投入资源配置和投入规模均不合理的状态，需要从不同的角度来优化资源配置，提升资源配置有效性。

5.3 非DEA有效决策单元改进建议

除了可以对公共文化云网站DEA有效性进行分析外，DEA模型应用于网站运营效率评估的另一优点是可以对非DEA有效的网站进行进一步的分析，通过DEA模型计算可以得到非DEA有效的公共文化云网站各个投入产出指标的松弛变量数据，经过对DEA有效的决策单元前沿面进行投影，可以计算出投入产出值的冗余和不足情况，见表9。

表9 非DEA有效的公共文化云平台投入冗余产出不足情况

决策单元	PAG（I1）	APS（I2）	LI（I3）	FLP（I4）	FU（I5）	WAS（I6）	DIP（O）
	投入冗余率						产出不足率
山西文化云	3.72%	10.61%	3.74%	21.54%	31.51%	0.00%	158.58%
浙江智慧文化云	19.64%	40.88%	19.60%	54.45%	43.97%	60.00%	0.00%
安徽文化云	0.94%	0.94%	0.90%	28.75%	0.00%	0.00%	0.00%
重庆群众文化云	4.26%	4.26%	4.30%	37.22%	65.06%	0.00%	0.00%
平均值	7.14%	14.17%	7.14%	35.49%	35.13%	15.00%	39.65%

从投影分析结果计算出的投入冗余产出不足率，可以看出，未达到DEA有效的文化云网站的投入整体存在较为普遍的冗余情况。从平均冗余度来看，非DEA有效的网站外部链接比重和网站更新频率的冗余度较大，平均冗余度分别达到35.49%和35.13%。出站链接设置过多会降低用户浏览文化云页面信息的体验感。有的公共文化云平台的外部网站链接冗余度高达54.45%，笔者在访问该文化云时发现，该平台精品资源、网上书房、数字展厅三个栏目下的资源出现大量引用外部网站链接的情况，用户点击对应资源后会进入其他网站，不利于用户的留存和持续访问。因此，上述网站在建设过程中需要注意减少引用外部链接情况，尽量精简网站外部链接数量，或者根据用户喜好适当对出站链接设置方式进行优化改进；其次，过于频繁的更新平台页面信息和内容可能会降低用户黏性，无法使用户快速便捷获取所需文化内容。有的公共文化云平台在网站更新维护频率方面的冗余度高达65.06%，通过对该平台进行访问调查发现，2019年11月4至8日5天的期间内，该平台资讯中心共更新了251条文化资讯，但是文化资讯的浏览量均不足1，大多数文化资讯浏览量为0，说明这些资讯内容的更新和信息建设收效微

乎其微。因此，可以减少文化资讯的发布数量或降低更新频率，甚至可以考虑撤销文化资讯内容模块。此外，网站更新频率出现冗余，也可以理解为网站在信息更新速度方面过于频繁可能会导致网站信息得不到有效浏览。所以，对于文化云平台来说如何使网页内容发布得到有效浏览，吸引用户点击，以及找到更新频率和信息查找便利性之间的平衡是今后运行效率提升和改善需要重点把握的方向。

从个别网站的特定冗余指标来看，山西文化云和浙江智慧文化云两个平台均在网站平均页面大小这一指标上存在投入冗余的情况，页面平均大小一定程度上反映了网页中内容的多样性和丰富度，但是页面信息量过多或者内容过于丰富也会使用户降低浏览体验感，简洁的页面排版，合理的内容投入与分布对于网站来说是非常重要的优化方向。另外，一些公共文化云网站日均访问存在明显不足，说明文化云网站在用户访问利用上有较大的提升改善空间。网站用户访问量水平和网站宣传力度及网站影响力大小是分不开的，加大地方文化数字服务平台的宣传力度，使公众充分认识到文化云网站的作用和价值，提升公共文化云平台在公众中的口碑和认知度，才能更有效地提升公共文化服务效能。

6 提升公共文化云平台运营效率的策略建议

6.1 文化资源组织建设高效化

研究发现，目前我国省级公共文化云平台在运营效率方面普遍存在规模效率低下的情况，即大多数公共文化云平台相对于访问量来说，整体投入规模相对较大，如何最大限度地减少这种现象，有必要进行深入的思考探讨。本文认为，可以针对用户需求，建设更加简洁便利的公共文化服务云平台，帮助用户快速便捷地获取资源与服务，使建设运行中的公共文化云平台真正发挥应有价值，达到为公众提供高效率服务目的的同时，最大限度地减少平台建设运行过程中资源的浪费。本文研究还表明，对于公共文化云平台而言，过多的外部链接不利于留存用户，在一定程度上影响平台的访问产出，公共文化云平台在建设过程中应充分利用技术能力，在政策允许的条件下尽量减少外部链接，或设置便捷的反链，使链出用户能够方便迅速地返回平台。

6.2 信息动态发布应轻形式、重内容

从本研究可以发现，当前公共文化云平台存在的一个痛点是无法实现“形式”和“内容”之间的平衡，例如大多数公共文化云平台都存在的一个模块“文化资讯”其实是该地区文化领域或是文化机构日常活动的相关新闻推送，普通公众很少会关注这方面的新闻动态，这些资讯更像是平台的一种形式化展示，资讯内容既不吸引用户浏览，频繁的更新频率也未能有效改善服务效能。文化云平台信息的发布主要面向的群体是公众，而公众使用文化云平台的最主要目的是获取近域文化活动信息和相关资源，如何把

公众关注的内容做好，在内容发布方面更多地考虑如何吸引新用户，留存住原有用户是今后需要进一步加强的方向。

6.3 日常运行应加强用户数据管理

互联网信息碎片化、更新高速化往往使用户处于一种混乱迷茫、看后即忘的状态。当用户处于海量更新交替迅速的信息中，很难及时发现并找到自己需要的信息或服务，如果公共文化云平台的页面信息更新维护过于频繁，又没有考虑用户自身浏览信息的轨迹状态和特点，就会使用户难以熟悉平台应用，被困于大量无用信息动态中无法及时获取自身所需资源。因此，公共文化云平台在运行管理过程中要关注用户需求，了解和熟悉用户，设计人性化、智能化的平台建设方案，在日常管理和维护中充分考虑用户行为数据或评论等反馈信息，做出对应改进。具体来说，可以设置访问记录和访问偏好等智能化、人性化服务模块，根据用户数据和用户偏好进行服务提升。

6.4 平台优化与推广水平需提升

搜索引擎是用户获取信息的主要入口，对各类文化服务感兴趣的用户在搜索引擎中输入相关的词条后通常会得到与文化相关的各类网站。而对平台自身质量与内容的优化可以提高平台中的词条被搜索引擎收录的概率，同时也可以提升用户访问文化云平台的概率。此外，公共文化云平台作为一种公共文化服务方式，需要主动走近公众，积极提升公众对公共文化云平台的感知，将更多公众转化为平台用户。现有公共文化云平台面向公众的曝光度不足，而在平台建设运营初期阶段打好群众基础对平台的后期建设和持续发展有很大益处。因此公共文化云平台需要在优化自身建设水平，提升服务质量的同时，充分利用传统媒体以及各类新兴媒体进行推广宣传，扩大自身影响力和知名度，发掘平台潜在用户群体。

本研究通过构建公共文化云网站运营效率的投入产出指标，收集相关数据并运用DEA模型进行计算，研究分析各省（自治区、直辖市）公共文化云网站的运营效率。研究发现，我国这一时期投入运营的省级公共文化云平台效率还有待提升，处于非DEA有效状态下的云平台在内容、结构和日常维护方面需要进行技术和资源配置方面的均衡改善。提升公共文化云平台运营效率的策略需要放眼在以下几个方面：精简高效地进行文化资源组织、从内容角度出发吸引用户、加强对用户数据的管理分析、进一步扩大平台影响力和辐射范围。本研究的不足在于：一是受限于相关数据的获取难度，本研究选取的指标较为客观，并不反映公共文化云平台建设主观因素的情况；二是数据获取方面，由于较难联系到各样本的工作人员获取数据，本研究通过数据爬取软件和相关网站进行数据收集整理工作，数据存在一定的波动和偏差。今后的研究重点可集中于如何实现对平台效率主观影响内容的有效量化以及尽可能减少数据偏差。

参考文献：

[1]初霞. 打造“文化云”，提升软实力[N]. 哈尔滨日报，2012-06-26（4）.

[2]陆茜. 中共中央办公厅、国务院办公厅印发《关于加快构建现代公共文化服务体系的意见》[EB/OL]. [2019-10-22]. http://www.xinhuanet.com/politics/201501/14/c11139968994.htm.

[3]蒋肖斌. 上海建成公共文化数字化服务平台[EB/OL]. [2019-10-22]. http://zqb.cyol.com/html/2017-04/26/nw.D110000zgqnb_20170426_2-04.html.

[4]陈阁. 中国文化馆年会唱响“文化惠民”主旋律[EB/OL]. [2019-10-22]. http://jsjjb.xhby.net/mp2/pc/c/201711/30/c411275.html.

[5]陈则谦. 我国文化云的服务现状及展望[J]. 图书情报知识，2018（5）：62-71.

[6]陈则谦，刘昱杉，聂曲晗. 我国公共文化云的服务内容与特征分析[J]. 图书馆，2018（8）：27-31，46.

[7]李文川，陈承，胡雅文. 公共数字文化云资源服务创新研究[J]. 图书馆，2017（2）：18-23.

[8]华方园，陈思任，佘安琪. 国内公共数字文化服务平台建设现状调查分析[J]. 图书馆研究，2018（1）：37-45.

[9]KEMAL V，YAKUP A. Using multi-criteria decision making approaches for evaluating and selecting website：a literature review[J]. International journal of current advanced research，2017（4）：3388-3399.

[10]马占新. 数据包络分析模型与方法[M]. 北京：科学出版社，2010：143-153.

[11]汤金羽，朱学芳. 我国公共文化云微信公众平台服务效率评估[J]. 图书馆论坛，2019（9）：127-134.

[12]韩磊，胡广伟. 政府数据开放平台建设效率评估及其启示[J]. 数字图书馆论坛，2018（9）：52-59.

[13]海伦，邓崧. 基于数据包络法的城市政府数据开放平台效率评估[J]. 电子政务，2018（8）：112-118.

[14]张敏，霍朝光，吴郁松. 电子支付网站效率的DEA启发式评估分析[J]. 信息资源管理学报，2016（3）：66-76.

[15]ALZUA-SORZABAL A，ZURUTUZA M，REBÓN F，et al. Obtaining the efficiency of tourism destination website based on data en velopment analysis[J]. Procedia-social and behavioral sciences，2015（12）：58-65.

[16]张敏，阳小水，李胡蓉. 我国在线旅游网站运营绩效测评及改进策略分析[J]. 图书馆学研究，2016（10）：95-101.

[17]袁峰，陈俊婷，邵祥理. 基于SBM-DEA的保险电子商务网站效率评价[J]. 保险研究，2015（3）：36-45.

[18]闫现洋，余小萍，吴江. 基于DEA方法的高校图书馆网站效率评价研究——基于6所部属师范高校的实证分析[J]. 图书情报工作，2011（23）：68-71.

[19]杨选辉，葛伟. 基于DEA和外部认可的中文军事信息网站效率评价[J]. 情报杂志，2014（10）：184-189.

[20]赵乃瑄，张若冉. 跨系统区域图书馆联盟网络影响力评价研究[J]. 图书情报工作，2017（7）：28-33.

[21]熊国强，党兴华. 具有非正值评价指标的DEA方法及其应用[J]. 系统工程理论方法应用，2003（1）：53-56.

[22]岳洪江. 中国地区智库运行效率及影响因素评价——各省市区软科学成果转化数据分析[J]. 智库理

论与实践,2018(2):21-29.
[23]程慧平,周迪. 美国公共图书馆评价体系在我国区域公共图书馆效率评价中的应用[J]. 图书馆学研究,2015(12):15-20.
[24]汤志远. 基于PCA-DEA模型的在线视频网站效率评价[J]. 经营与管理,2017(5):110-112.

(本文原发表于《情报资料工作》2020年第4期)

第三部分

大数据环境中的
情报分析和知识组织

引 言

情报学一定程度上是以理论和技术手段来解决“信息爆炸”问题而产生并发展的，然而理论研究和技术的发展远远不及信息化带来的信息的恐怖式增长。如今大数据环境下的“信息爆炸”甚至是“数据爆炸”问题愈发明显，大数据对情报分析和知识组织的挑战也愈发强烈。但与此同时，数据的丰富也扩展了情报分析的对象、途径与方法。过去我们通过有限的信息获取知识和情报，如今我们可以从海量的数据中挖掘知识和情报，但问题在于必须不断提高获取情报、知识的质量和效率。近些年，情报分析和知识组织领域经常提及“数据驱动”，这意味着情报分析和知识组织的理论方法在大数据环境中必须有新的发展，甚至这两个在传统上相对独立的领域出现了相互融合的趋向。

近5年国内外有关大数据环境下情报分析的研究主要有，情报分析模型与方法研究[1-3]、情报分析技术与方法应用[4-6]、特定领域的情报分析[7-8]；大数据环境中知识组织的研究主要涉及知识组织发展方向的探索[9-11]，如对细粒度知识单元的组织[12]，基于关联数据、本体、语义网的知识组织[13-15]、知识图谱技术与应用[16-19]、组织系统实践[20-21]等方面。当前情报分析正向数据驱动型转变，情报分析的对象已不再仅局限于文献资料或单一数据源，而逐步扩展为相互关联的全源数据，情报分析方法也不断向智能化发展[1]。知识组织方面的研究多以技术视角探索知识组织的具体方法与应用，探索知识组织工具、方法和技术在多领域、多类型资源、多语种环境下的应用[11]。

这部分收录的10篇论文，一定程度上反映了大数据环境中情报分析和知识组织的进展与革新。从大数据环境中的情报分析方法出发，《论计算型情报分析》一文基于“数据驱动型社会”“计算社会科学”的思想，提出了计算型情报分析的概念——以计算机及相关信息技术为工具，以机器学习与知识理解等为核心技术，以情报分析方法和数学模型方法为组织分析手段，通过对数据内容及其关系、模式的深度解析、挖掘和发现，帮助分析人员解决情报问题，完成情报任务，是情报分析的“深度分析”表现形式。《基于复杂网络的信息分析模型研究》一文构建了基于复杂网络的信息分析模型，并对模型实现的关键技术与方法进行了探讨，认为复杂网络分析方法因在处理复杂性和不确定性数据上有明显的优势，更适合大数据背景下的信息分析工作。《我国应急管理体系下的数据协同整合及平台建设研究——以数据中台为例》一文就我国应急管理部门如何更高效地进行各部门的数据协同和整合问题，引入数据中台的技术概念，分析了数据中台设计思路，构建并设计了数据中台架构与核心功能模块，为应急管理体系的数据协同整合工作提供一种解决方案。《兰德公司的情报研究方法创新及其启示》一文就如何突破传统情报研究方法并不断创新，剖析兰德公司首创的情报研究方法、方法学研究中心和战略评估系统的形成过程、创新特征和应用效果，对我国特色新型智库的创新发展提供建议。《大数据环境对科学评价的影响研究》一文认为大数据环境与技术对科学评价的认识论和方法论产生了重要影响，科学评价的主体和客体发生了巨大的变化；在方法方面，“质”与“量”的融合将成为方法发展的主要趋势。《论从学术研究到智库研究的转化机制》一文根据学术研究和智库研究的内涵，分析出两者之间的9个相同点和10个不同点，并就学术研究与智库研究的10个不同点给出了学术研究转化为智库研究的具体措施建议，为我国学术机构向智库转型过程中存在的偏学术轻政策问题提供解决方案。《大数据驱动下情报研究知识库及其体系架构设计》一文在现有知识库研究的基础上，结合情报研究的概念、目标和流程，提出情报研究知识库并界定了其概念和内涵，并提出大数据驱动下的情报研究知识库构建思路和架构设计。

大数据环境带来的变化使得知识组织的思考维度、技术方法以及应用领域有了新的研究视角，《基于价值链的数据管理理论思考》一文分析了价值单元、价值链以及价值链网之间的逻辑关系，提出基于价值链解构与重构的企业数据管理架构，为资源的统筹规划、优化配置以及企业业务流程再造提供解决思路。《多层次融合的学术文本结构功能识别研究》一文对学术文本层次结构进行了解析，构建了多层次融合的学术文本结构功能识别模型，论证了各层次集成后的整体效果较单一模型均有不同程度提升，且深度学习算法在学术文本分类任务中的性能较传统机器学习算法SVM更优。《数字保存的风险检测》一文以PREMIS作为证据基础对映射过程中的映射相关性、核心职责的覆盖程度、保存系统的独立性以及实施方案中的风险检测级别、编码、保存政策、保存事件进行分析，论证了PREMIS对于数字保存风险检测的可用性并提供了优化意见。

情报本身带有极强的方向性和时效性，是针对问题的、针对决策的、针对战略战术目标的，这一功能属性在大数据环境中没有丝毫改变，也不会改变。大数据拓展了情报分析的对象，提供了新的工具、手段和思维模式。这要求我们在情报分析实践中充分利用智能化分析技术，加强分析方法创新，以充分发挥情报的价值。大数据同样拓展了知识组织的对象，大数据分析手段和智能技术也越来越多地应用于知识组织，同时，反映用户端的大数据会越来越多地成为知识组织的依据[9]。因此，对细粒度的知识单元进行深层的揭示与关联，对多源知识进行结构化分析处理，对情境因素和任务阶段的识别判断以及信息交互过程中的知识组织优化都将成为知识组织未来的研究重点。

参考文献：

[1]肖连杰，成洁，蒋勋. 大数据环境下国内情报分析研究方法研究[J]. 情报理论与实践，2020(2):40-47.

[2]杨曦，余翔，刘鑫. 基于多层视角模型的专利情报分析方法研究——以石墨烯技术为例[J]. 情报杂志，2018(8):64-70,91.

[3]余波，温亮明，张妍妍. 大数据环境下情报研究方法论体系研究[J]. 情报科学，2016(9):7-12.

[4]王静宜，徐敏，祝振媛，等. 情报分析中的方法应用研究[J]. 情报理论与实践，2020(1):33-41.

[5]曾文,李辉,李荣,等. 数据工程视角下的智能情报分析与应用探索[J]. 情报理论与实践,2018(7):31-34,59.
[6]杨宁,文奕,张鑫,等. 面向情报分析的普适知识计算平台研究与实现[J]. 情报理论与实践,2019(4):41-44,30.
[7]赵发珍. 我国突发事件中的应急情报研究——一个文献综述[J]. 现代情报,2020(2):168-177.
[8]丁晓蔚,苏新宁. 基于区块链可信大数据人工智能的金融安全情报分析[J]. 情报学报,2019(12):1297-1309.
[9]曹树金,刘慧云,张乐乐,等. 知识组织与检索语言学术研讨会综述[J]. 图书馆建设,2019(1):155-160.
[10]李旭晖,秦书倩,吴燕秋,等. 从计算角度看大规模数据中的知识组织[J]. 图书情报知识,2018(6):94-102.
[11]曹树金,王志红,王连喜. 国内外知识组织研究内容与发展——基于《图书情报工作》与*Knowledge Organization*期刊论文的比较分析[J]. 图书情报知识,2017(4):100-112.
[12]李祯静,秦春秀,赵捧未,等. 科技文献的资源语义空间:一种细粒度知识组织方法[J]. 情报杂志,2019(2):158-165,180.
[13]周义刚,姜赢. 语义网下动态知识组织模型构建研究[J]. 图书馆理论与实践,2019(9):84-90.
[14]张娟. 基于本体的单元信息知识组织体系构建[J]. 图书馆工作与研究,2017(12):62-65.
[15]陈烨,赵一鸣,姜又琦. 基于关联数据的知识组织研究述评[J]. 情报理论与实践,2016(2):139-144.
[16]王颖,钱力,谢靖,等. 科技大数据知识图谱构建模型与方法研究[J]. 数据分析与知识发现,2019(1):15-26.
[17]娄国哲,王兰成. 基于知识图谱的网络舆情知识组织方法研究[J]. 情报理论与实践,2019(1):58-64.
[18]BALLATORE A, BERTOLOTTO M, WILSON D C, et al. A structural-lexical measure of semantic similarity for geo-knowledge graphs[J]. ISPRS international journal of geo-information,2015(2):471-492.
[19]FRANCO-SALVADOR M, ROSSO P, GOMEZ M M Y. A systematic study of knowledge graph analysis for cross-language plagiarism detection[J]. Information processing & management,2016(4):550-570.
[20]王丹,张祥合,赵浩宇. 基于元数据的信息知识组织智能检索系统设计[J]. 情报科学,2019(9):113-116.
[21]曾文,韩红旗,张运良,等. 知识组织系统及其构建技术应用研究[J]. 情报科学,2017(4):79-83.

论计算型情报分析*

李广建　江信昱（北京大学信息管理系）

近年来，大数据所带来的思维理念、方法技术等一系列变化对社会生活的方方面面都产生了巨大的影响，研究人员也在思考应对的策略。例如，MIT人类动力学实验室Pentland教授[1]提出“数据驱动型社会”（Data-Driven Society），哈佛大学定量社会科学中心Lazer教授等人[2]提出“计算社会科学”（Computational Social Science）这一概念，强调用基于数据的分析方法与技术从海量数据中找出社会发展或科学研究对象的演变规律和潜在关系。在情报研究与分析领域，众多研究人员也在呼唤新的分析模式、方法、技术或服务，以应对大数据环境下情报研究工作面临的挑战。在理论上，相关研究特别强调定量化、可计算或自动化的思维理念，以数据为基础，以计算机技术为支撑，广泛使用定量或计算方法，重视数据化决策或数据驱动分析，分析技术的智能化应用，等等[3-6]。在实践上，情报研究与分析工作正从注重定性分析向注重定量分析转变[7-8]，强调利用多种数据并注重数据之间的相关性及与分析结果的相互补充[9]；同时，分析过程越来越重视数据分析技术（如数据挖掘、自然语言处理、可视化分析等工具或软件）在数据预处理和数据内容分析方面（如相关分析、共现、网络分析、建模仿真等）的深度整合[10-12]，以减少人工经验判断的主观性问题。换句话说，未来的情报分析会明显呈现出以数据为中心、定量化或数据化、分析方法和技术的智能化、多源融合、机器可处理等计算特征。

我们将这种具备上述计算特征的情报分析概括为“计算型情报分析”。本文的目的在于：梳理计算型情报分析的产生背景，界定计算型情报分析的基本概念和研究内容，分析计算型情报分析的思维理念，总结计算型情报分析与传统情报分析之间的关系，以期能对计算型情报分析这一概念有一个清晰的认识。

1　计算型情报分析的产生背景

大数据环境下，情报分析工作历经从经验科学向数据密集型科学过渡的范式转变[3]，情报学学科大量引入数理统计、计算机科学的领域知识和分析技术[7][13]，基于综述或定性分析的情报成果已经无法满足日渐复杂的决策需求和情报任务，转而需要综合利用

* 本文系国家社会科学基金重点项目“大数据环境下的计算型情报分析方法与技术研究”（编号：14ATQ005）的研究成果之一。

数据或信息进行更精细、准确的情报分析并提高情报服务质量[10][14]。情报分析的这种变化源自信息设备成本低廉化、处理对象数字化、计算方法智能化三个因素的共同作用，这三个因素对于情报分析向计算型情报分析的发展有决定性的促进作用。

1.1 信息设备成本低廉化

信息设备成本低廉化是指计算机、存储设备、网络设备等支撑计算型情报分析的物质基础的性能显著提高，而成本急剧下降。例如，英特尔公司在1993年推出奔腾微处理器，集成320万个晶体管，价格超过2000美元；现在的酷睿i系列处理器，集成超过5亿个晶体管，价格下降到200—300美元。一个集成电路集成越多的晶体管，意味着系统的处理性能越好，且CPU价格也越来越便宜。又例如，2002年，256MB、USB2.0接口的U盘价格超过600元人民币，到近年来16GB、USB3.0接口的U盘价格约100—200元人民币，不只数据的传输速度更快，单位价格的数据容量也大幅提高。不断下降的存储和传输成本以及不断增大的数据存储空间，促使数据和信息的处理和存储能力成百万倍地提升。近年来，云计算、分布式运算平台等新型技术设备的出现，又进一步改变了数据的存储、访问和计算方式。也就是说，在这些新技术出现之前，多数的数据分散存储在个人计算机或服务器中，而现在可以把数据上传到公有云或私有云中，通过分布式文件系统和计算技术把数据和计算资源分布到大量的计算机中，使数据存储和计算获得较强的可扩展能力，解决了传统单一物理机器或并行计算技术存在的CPU性能不足、内存计算慢、高能耗等问题。大数据环境下，情报分析工作历经从经验科学向数据密集型科学过渡的范式转变[3]，情报学学科大量引入数理统计、计算机科学的领域知识和分析技术[7][13]，基于综述或定性分析的情报成果已经无法满足日渐复杂的决策需求和情报任务，转而需要综合利用数据或信息进行更精细、准确的情报分析并提高情报服务质量[10][14]。情报分析的这种变化源自信息设备成本低廉化、处理对象数字化、计算方法智能化三个因素的共同作用，这三个因素对于情报分析向计算型情报分析的发展有决定性的促进作用。

在情报分析过程中，绝大部分计算工作不是简单的统计分析，而是要进行复杂的语义分析，这类分析工作涉及多种数据，计算量大，时间复杂度高，必须要有高速的计算和传输能力作为支撑，才能在有限的时间内完成相应的情报任务，使得情报分析的计算化成为可能。

1.2 处理对象数字化

处理对象数字化是指情报分析的处理对象由以往的纸质存在形式转变成数字存在形式。随着互联网的发展，各种类型信息及其载体的数字化已经成为一种常态，这不仅为情报分析提供了更多的可计算机会，也极大地拓展了传统意义上的情报分析处理对象的范围。例如，科技文献是情报分析的传统处理对象，近年的数字出版与出版物数字化，已经使得科技文献普遍呈现数字形式。如，DOAJ网站已有超过9000本开放获取期刊及超过240万篇论文，arXiv预印本公开网站已有超过120万篇预印本论文，WoS中的Data Citation Index数据库可以提供近200万条论文中使用的研究数据记录，WorldCat数据库收录自1971年建库以来近2万家图书馆收录的近19亿条馆藏纪录，高校或科研单位的机构知识库也提供机构成员的各种科研成果。又例如，情报分析在研究电子政务或政府政策时，会利用公开的政府信息进行数据分析或文件解读。随着政府信息化建设和开放数据平台的发展，各种数字化形式的政府数据不仅可以在线访问及获取，也允许再利用。如美国政府数据开放平台已累积超过20万组数据集，北京市和上海市政务数据服务网也提供超过900类数据集等，这些信息资源也已经成为现代情报分析的研究对象。

此外，Kleiner等人[15]在谈及社会科学的计算化时，将计算社会科学可用的处理对象总结为四类：第一类是管理型数据，是指社会管理机构（例如政府及其他机构）以管理为目的而收集的数据，它们记录了公共领域的日常活动，包括税收、劳工、教育、社会保险、重大事件、健康等，这类数据可以用来分析社会政策制定的得失和效果；第二类是社交媒体数据，是指人们在社交媒体平台如微博、微信上活动所产生的数据，这些数据可用来了解人们的真实行为与想法；第三类是事务数据，是指相关业务系统如客户管理系统、信用卡交易系统等在运行中所产生的数据，这些数据可用来了解系统用户的活动；第四类是文本数据，主要是指数字形式的文章、讲演稿、图书以及各种文本数据库。Kleiner等人认为，上述四类数据都是计算社会科学的研究素材，并且已经有成功的分析案例。笔者认为，Kleiner等人所得到的结论，同样适用于情报分析。这些数字化的数据资源都是情报研究进行全领域分析或多源知识融合分析的基石，主要特征在于机器可读和可处理，为计算型情报分析提供了计算基础。

1.3 计算方法智能化

计算方法智能化是指现在的软件及算法越来越智能，自然语言理解、知识表示、知识推理、机器学习等技术越来越成熟，软件与算法的功能早已超出以往统计计算的范畴，向更高层次的建模计算方向发展。在情报分析领域，海量数据隐藏了大量有价值的知识或情报，只利用简单的统计方法是无法将它们找出来的，只有通过智能化的计算方法或分析方法（指方法或技术能适应不同数据条件，自动地进行高级、复杂的数据处理与分析工作）[3][4][10]，才能发现更具价值的知识、揭示潜在关系或规律或回答更前沿、更复杂的问题，也才能代替情报分析过程中的人的脑力劳动。近年来，广泛地利用自然语言处理、数据或文本理解、深度学习、语义计算、可视化分析、知识图谱分析等相关方法和技术来完成情报课题任务，已经成为情报分析的一个热门趋势。例如，过去分析学科领域的主题变化多以计量方法进行词频或共现分析，较难识别出文献中其他的隐含主题关系，现在转而利用主题模型（如LDA、AT、DTM等模型算法），把每个主题看成词的概率分布，用以识别文献中的潜在主题或是结合其他特征进行主题演化分析[16-17]。又例如，在生物医学领域的情报分析中，2015年多伦多大学计算机工程学系组织生物医学相关团队，利用深度学习技术对全基因组数据进行基因与癌症的关联挖掘，其中的一项结果除了找出与结肠癌、胰腺癌和脊髓性肌萎缩症相关的新突变基因外，还发现了39个未曾发现的与自闭症关联的基因（以往文献只找出CTNND2、PTEN等几个基因与自闭症相关）[18]。

情报分析从简单统计计算朝向高级建模应用的发展，说明过去强调量的规律和变化的分析已经远远不能满足大数据环境对情报分析提出的新要求，随着数据量的急增，除了数据的属性和复杂性增加之外，也隐藏了更多以往观察中不易发现的点或关联[3][19]。也就是说，在数据不断增加的情况下，只靠人脑的判断力或简单统计方法无法完整揭示全部的数据关系并满足决策者对深刻洞察的需求。因此，需要借助机器可执行的计算方法或模型，帮助人们更快、更容易地发现海量数据的所有特征和关系，以支持对处理对象内容的深度分析或深度理解。可见，计算方法的智能化为计算型情报分析提供了手段上的支撑。

2 计算型情报分析的内涵

计算型情报分析并不是一个全新概念。相关研究已注意到，大数据时代和科学研究第四范式的发展，需要现有的情报研究融入新的思维，因而都提出了与表述情报分析向计算化方向演进的类似概念[10][20-21]。但是，学者们各自研究视角不同，在用词和表达方式上存在差异，因而也未就这一问题进行专门讨论。本文把这些类似的概念统一总结为“计算型情报分析”，并在相关研究基础上，进一步说明计算型情报分析的概念内涵。

本文认为，所谓的“计算型情报分析”，是情报分析与以计算机技术为核心的信息技术相结合的产物，它弥补了人脑在面对庞大信息时搜集、处理和分析上的自然局限，以计算机及相关信息技术为工具，以机器学习与知识理解等智能分析技术为核心技术，以情报分析方法和数学模型方法为组织分析手段，通过对数据内容及其关系、模式的深度解析、挖掘和发现，帮助分析人员解决情报问题、完成情报任务、辅助决策。

以上认识包括以下五层含义。

第一，从目标上看，计算型情报分析是为弥补人脑在面对庞大信息时搜集、处理和分析上的不足而产生的，这里所说的不足包括但不限于以下方面：用户需求表达不明确或者对用户需求理解的不到位[22]；不完全或有限的资料搜集范围；难以在有限的时间里对大量数据和资料进行快速有效的整理、筛选以及阅读理解；人工分析过程中存在主观性干预或非理性判读[23-24]；对同一现象或结果进行分析，不同背景的专家研究结论差异过大，等等。因此，为了避免人脑的自然局限带来的各种问题，需要做到全面地占有与情报任务有关的信息，充分利用计算机的快速处理和客观分析的计算能力，支持分析人员从不同视角去探索、挖掘或发现数据中的内容、关系、模式或异常，以避免人的主观性。

第二，从功能上看，计算型情报分析在本质上是情报分析，是情报分析的一种特定类型。它和一般情报分析一样，基本流程都是通过对数据或信息的搜集、整序、分析、浓缩、综合、评价等一系列研究活动，从中找出对决策有用的内容、知识或经过检验评估的可靠信息。也就是说，计算型情报分析最终要解决的问题和情报分析是一致的，都是要解决情报问题、完成情报任务，只是计算型情报分析借助计算机技术和定量化分析方法的优势，力求提供比一般情报分析更全面、快速、精准、客观以及有深度的情报分析结果。

第三，从实现上看，计算型情报分析的基础是计算机技术，它以计算机强大的计算能力为依托，运用数据挖掘与机器学习技术实现分析。因此，计算型情报分析的实现必须要广泛地应用网络传输、网络数据库、文本处理、数据融合、数据挖掘、机器学习、语义处理、可视化等相关技术，支撑分析过程中的数据处理、计算、建模或表示，同时也会借鉴或移植计算机科学、数据科学、数学或统计学等相关理论知识，用以指导分析过程的操作与结果诠释。也就是说，计算型情报分析的核心分析环节需要基于机器或计算机技术的分析环境，通过机器或计算机技术代替或补充人的分析或计算，其目的是为了提高分析的科学性，保持结果的可靠性，使结果逼近真实情况，对情报问题或情报任务提供系统性、多角度和可信的分析结果或解决方案。

第四，从分析方式上看，计算型情报分析以定量分析为主，包括情报分析方法中的计量方法（文献计量、信息计量、科学计量、网络计量、知识计量等）、引文分析、网络分析等，或是运用数学模型方法（指采用形式化的数学语言，概括地表达研究对象的主要特征、关系及结构）和其他数理统计方法，针对不同情报问题或情报任务组织或集成各种专门方法或一般方法，对数据内容及其关系、模式进行深度解析、挖掘和发现。因此，计算型情报分析除了强调用数据说话、让研究始于数据等思维之外，在具体实践中，它基于机器或计算机技术的分析环境，重视运用机器可读取、处理、理解的分析方法，来实现可定量、可计算、可检验的过程，其目的是减少人对分析结果生成的直接干预并确保分析结果可再现，为情报问题或情报任务提供研究对象的整体数量分布、规律或关系变化，模拟仿真的最优结果或发现新的知识。

第五，从知识体系上看，计算型情报分析不仅仅是计算机技术及算法在情报分析中的应用，它应该有自己的理论基础，即在情报学基础上借鉴或移植计算机科学、数据科学、数学统计等相关理论知识来定义或论证计算型情报分析的若干基本问题（如概念与内涵、范畴与边界、性质与作用、分析方法、应用模式等）。同时，它也应该有自己的分析思维与方法技术，即以数据为基础，注重定量计算方法，在基于机器或计算机技术的分析环境上执行机器可处理的分析方法。这些都体现出计算型情报分析与以往情报分析不同的理念及模式，它帮助分析人员以“数据驱动”取代传统“假设驱动”的研究方式，借助计算机技术实现分析过程的自动可控，并减少人为干预，借助定量分析方法，结合数据挖掘和机器学习技术，揭示数据内容中更多的变化规律、结构或关系特征，或是对不同的模型、关联与模式提供相应的仿真模拟与检验。所以，计算型情报分析不仅仅是一种实践，也是一种理论与方法，它既继承了情报分析的理论与方法，又发展出带有计算特征的情报分析理论与方法。

3 计算型情报分析的思维理念

传统的情报分析更多是建立在分析人员的“智慧”之上，是业务导向的分析研究工作，要求情报分析人员具备深厚的业务知识以及构建解决问题的方法及逻辑框架的能力[3][14][25]。业务导向的分析过程侧重于定义业务问题，通过分析人员自身深厚的业务背景及业务知识积累，对相关信息进行采集、选择、评价、分析和综合等，形成解决问题的方案或预定问题的答案，并在必要的情况下用数据来证实自己的分析结论。

计算型情报分析则是一种以数据为导向的分析工作。计算型情报分析当然需要分析人员的智慧支持，但它更强调对数据的获取、处理和利用，注重对分析对象的量化，关注数据之间关系的发现，强调在各种类型数据中持续探查，深入挖掘，从而得到相关结论。因此，计算型情报分析有自己的分析思维和理念。

3.1 定量思维

定量思维指一切事物及事物运动的状态皆可用定量的方式进行描述[19]，也是把被量化的事物和数字、数据建立映射（Mapping）的过程[26]。也就是说，把客观存在的事物或现象抽象概括为数量、模型、规律或公式、指标或变量等可量化的数学形式。例如，学术影响力可概括为论文发表数、被引量、H指数、期刊影响力模型等内容；测量学科知识结构变化可通过三大定律、引文指标、老化规律等揭示学科变化程度；信用评分涉及人的住房、收入、文化程度、年龄等指标。当我们把事物及其运动状态抽象成可量化的数学形式时，就可以进行数字统计、指标组合、模式发现、仿真模拟等计算过程，或者可以把这些量化的数学形式与计算机上的表达和执行联系起来[27]，实现后续分析的可计算过程，进而提供客观结果来精准解释事物或现象变化的发展和关系，也有助于对未知事物或现象给出一个清楚可行的定义范围。

3.2 自动化思维

自动化思维指通过数字化技术将数据、原始材料（如文本、视频、图片等）、分析方法或已量化表示的模型、指标、变量或量表转变成机器或计算机可理解、读取、存储、处理的形式[10][28]。计算型情报分析强调人尽可能少地干预分析的过程，且人的主观意识不直接参与最终结果的生成，是基于对数据和任务复杂性的考虑，并追求自动化本身的计算效率。例如，情报分析中的科学计量、引文分析和网络分析，在一定程度上都可以通过科学知识图谱工具来实现，用户只涉及数据导入、方法选择和参数调整，这就大大减少了人的劳动并提高了分析的效率。又例如，日本前七次的技术预见主要使用了德尔菲方法，每次可获得约2000—4000份问卷（有两轮调查），其数据处理和分析是重复性的劳动过程，且无法实时反馈结果[29]；到了第十次技术预见，除了增加调查专家数量，他们还在德尔菲方法基础上构建了一个在线调查系统，借助数据挖掘和可视化技术完成在线分析，既可短期收集到大量数据，也可实时更新和反馈结果[30]。

3.3 融合思维

融合思维指通过多源数据融合揭示同一个事实或规律的不同侧面。大数据环境下，同一个事实或规律可以同时隐藏在不同的数据形式中，也可能是每一种数据形式分别支持了同一个事实或规律的某一个或几个侧面[10][31]，这就要求情报分析要充分利用各种信息源并对它们做融合分析。例如，对学科领域发展研究来说，需要综合利用期刊论文、学位论文、项目、专利、会议等信息来描述和预测某项研究的整体发展；对于竞争对手分析来说，除了关注对手网站或产品信息，还要掌控相关领导讲话、行业招聘信息、相关微博、行业数据等各类信息[9]。又例如，在交通大数据中经常会有出行者分析的应用场景，为了揭示不同出行者的行为特征，需要收集GPS数据、公交或地铁刷卡数据、手机移动数据、出行者活动的娱乐场所数据、道路数据等多源数据，利用数据挖掘分析出行者的出行链并进行活动诱导，进而降低路网交通压力[32]。也就是说，融合思维强调多源数据隐含不同的相关性，通过协同利用多种数据，使其相互补充或印证，用以获得对同一事物全面的客观认识，这样才能提高数据分析的科学性和准确性。

3.4 容错思维

容错思维指绝对的精准不再是追求的主要目标，允许适当忽略微观层面上的精确度，允许一定程度的错误与混杂[19][26]。也就是说，在大数据环境下，数据分析不要求绝对精准，而是交换更多数据，通过多次检验，利用交叉印证来“逐步减少”问题的不确定性，使概率估计变得准确、结果逼近真实，而不是为了“完全消除”不确定性而舍弃相关数据或分析结果。对传统的情报分析来说，多数情况下并不需要使用大量数据，而是要获取与任务相关的关键数据，因此在适当的数据规模下，会要求数据质量与真实性[11]。对计算型情报分析来说，随着采集、存储和分析数据的成本降低（包括数据处理的物理限制和人脑分析的自然限制逐渐消失），分析人员可以不用再为了采集20%的核心数据而费时费力地“筛选”，同时还要冒舍弃80%的数据中包含有重要价值内容的风险。例如，过去网络舆情研究通常是随机选取某个时间段的社交数据，且分析结果距离数据产生已有一段时间。在大数据环境中，则可以使用流式计算建构可实时处理的网络舆情分析模型，其流处理系统可以稳定采集各种渠道的实时数据并主动分析，且系统的低延迟计算能力也有助于快速进行数据分析并及时反馈结果[33]。

4 计算型情报分析中值得关注的研究课题

计算型情报分析的研究刚刚起步，我们认为，在理论、方法及技术、系统以及应用等方面，都有一些值得关注的研究课题，说明如下。

4.1 理论研究

面对大数据和第四范式对情报分析的影响，现有研究不只是梳理总结大数据环境下情报分析的特征和变化[3][5-6][10][21]，也有从学科角度来思考情报学科、计算机科学、数据科学等相关学科的交叉或共同发展[34-36]。其中，深化原有理论基础是这些文献的共同看法，主要包括现有情报分析所使用的理论（如情报交流理论、计量学的三大定律、相关性理论等），需要结合计算机、网络、数据科学等学科的相关理论，这些理论是未来情报分析走向计算、拓展应用研究的重要支撑。例如，王芳等人[37]分析了十年的情报研究文献中的理论变化，发现我国情报研究除了使用传统理论，也采用了向量空间模型、粗糙集、复杂网络、模糊理论等作为情报分析的知识基础和论据。笔者认为，这些理论的引入有助于情报学科在数据密集型科研下的发展，也有利于情报分析在计算方法和挖掘技术方面的提升。

随着第四范式对情报分析的研究路径、分析视角、分析方法、分析对象等影响的加深，传统情报分析的思想和理论内容可能不适用于大数据环境。想要解决这个问题，我们需要进一步研究：①在概念上，剖析情报分析走向计算的特征与作用、大数据分析与情报分析的关联和边界差异等；②在知识体系上，建构一套基于情报学理论且融合相关学科的数据深度分析理论，研究数据驱动分析的机制或模型等；③在工作模式上，探讨现有情报分析模式和决策模式在大数据环境下的转变，培养分析人员的数据思维，挖掘用户对数据决策的任务需求等基本内容，进而解释情报分析计算化的现象，指导计算型情报分析的实践。

4.2 方法和技术研究

理论研究是认识计算型情报分析的基础，具体实践则涉及方法和技术的使用。对情报分析来说，情报分析方法是解决情报问题或情报任务的手段总和，而情报分析方法体系反映了情报研究的知识体系[25]。由于学者对情报方法的认识差异，构建的方法体系及其方法种类也不尽相同[38-40]，如三分法或四分法、面向分析流程、面向分析对象等方法体系，这说明情报分析方法体系尚未达成共识，且现有体系都存在方法的颗粒度或逻辑层次不一致的问题。

由于现有方法体系的结构表示和方法种类并没有揭示到可计算的指标层次，因此较难适用于计算型情报分析。要解决这个问题，我们需要进一步研究：①在概念上，厘清情报分析方法的本质和特征，辨析方法、技术和工具三者的关系，探讨情报分析方法和计算型情报分析的联系与衔接等；②在体系构建上，研究各种方法间的逻辑关系及相互作用机理、应用原理、适用范围、使用流程、前置条件和后续要求等，研究方法体系的容纳性和结构表示等；③在方法选用上，关注机器可处理的计算方法或技术、情报分析方法的自动化实现途径和适应性改造，调研支持数据深度分析的技术方法或算法，分析技术或算法的集成表示、面向情报任务或情报分析方法的算法调度、不同分析技术或算法的衔接或交叉应用等基本内容，进而指导分析人员解决情报任务。

4.3 系统研究

在计算型情报分析过程中，以机器或计算机代理人进行分析和计算、使用机器可处理的情报分析方法等是重要特征。因此，我们亟须数据分析平台，以便顺利完成上述工作，进而提高分析效率。现有研究大都是运用现成数据分析工具中的分析功能进行数据处理和计算的[41-45]，例如，用知识图谱工具来实现文献计量和引用分析，用网络分析工具来实现基于路径、关联或网络的相关分析等。

但是，这些现成工具都只能解决单一情报任务，而随着情报任务的日渐复杂，就需要综合利用多种数据、方法、工具解决任务中的不同情报问题，且要在有限的时间内及时反馈分析结果。其中，技术工具的分散、多源数据的融合处理、不同方法的衔接等问题都会大大影响情报分析结果的全面性和时效性。要解决这个问题，我们需要进一步研究：①在系统需求上，调研支持大数据或多源数据存储、处理和计算技术在分析系统中实现的解决方案，设计情报分析流自动化实现机制，研究人和机器如何协作完成情报任务等；②在功能设计上，调研现有情报分析系统已实现的方法功能与指标参数，分析“任务－数据－方法”关联模式作为系统建置的指导思想，规划基于任务问题分解的可配置分析流程，完善系统基础资源（如情报任务库、情报方法库和内置资源库）等基本内容，进而支持数据分析的全过程（从数据导入到结果输出），并有效支持用户对不同情报课题的分析需求。

4.4 应用实践研究

计算型情报分析和情报分析的本质是一致的，所解决的情报任务也是相同的。其中，除了可以应用在业务驱动的情报分析之外，计算型情报分析更强调数据驱动的情报分析，目的是对数据内容进行深层的挖掘，把情报分析从定量提升到计算层次[46]，向用户提供基于知识的深刻洞察和分析服务。这方面，已经有了一些很好的尝试，例如，融合特定技术利用多种数据进行技术洞察和评估发展潜力[47]，利用社交数据进行用户情感分析或舆情跟踪[48-50]等。又例如，商务管理、生物医学、政府治理或军事情报等领域也有基于大数据的情报分析应用，如竞争对手的实时动态跟踪分析、客户的精准营销策略分析、老药新用组合分析、公共舆情分析或城市问题管理等[51]。

由此可见，各领域都已经开始注重计算型情报分析的应用了，但这种应用在总体上看，多是利用数据来回答事实性的问题，即回答过去、现在、未来发生什么的问题，对于更复杂的技术及其应用规律还缺乏研究，为此，我们需要进一步研究：①在技术应用上，如何运用深度学习、情景计算、语义处理等新型计算技术对数据内容进行更细粒度的特征或是多维度的属性提取和处理，并在全面揭示事物的所有关系的基础上进行知识识别或知识融合等；②在结果适用性上，挖掘多种数据或情报产品中不同用户对情报课题需求的共性表现或差异特征，这样既有利于控制情报研究的质量，也可以增强情报分析结果的针对性和重用性；③在应用效率上，如何利用实时数据和近实时（Near Real-time）技术进行建模，通过多次数据计算改进模型仿真的精确性，进而降低因为历史数据所产生的分析滞后问题。

本文概略地探讨了计算型情报分析的提出背景、内涵、思维理念、值得关注的课题等几个方面，从中可以看出，计算型情报分析和情报分析的本质和功能是一致的，计算型情报分析应该是情报分析的“深度分析”表现形式，是情报分析为适应当今社会环境和社会需求的必然趋势。因此，探索及深入研究计算型情报分析的理论、方法、工具和应用，为改善和提高情报分析效率与效果提供理论依据和解决方案，将是促进情报学学科发展和情报行业地位提升的关键。

参考文献：

[1] PENTLAND A. The data-driven society[J]. Scientific American, 2013(4): 78-83.

[2] LAZER D, PENTLAND A, ADAMIC L, et al. Computational social science[J]. Science, 2009(5915): 721-723.

[3] 徐敏，李广建. 第四范式视角下情报研究的展望[J]. 情报理论与实践，2017(2): 7-11.

[4] 张志强，冷伏海，刘清，等. 知识分析及其应用发展趋势研究[J]. 情报科学，2010(7): 1100-1107.

[5] 吴晨生，李辉，付宏，等. 情报服务迈向3.0时代[J]. 情报理论与实践，2015(9): 1-7.

[6] 官思发，朝乐门. 大数据时代信息分析的关键问题、挑战与对策[J]. 图书情报工作，2015(3): 12-18, 34.

[7] 刘红煦，曲建升. 情报学定量研究现状与趋势分析[J]. 情报理论与实践，2015(12): 10-14, 36.

[8] 孙鸿飞，侯伟，周兰萍，等. 近五年我国情报学研究方法应用的统计分析[J]. 情报科学，2014(4): 77-84.

[9] 化柏林，李广建. 大数据环境下的多源融合型竞争情报研究[J]. 情报理论与实践. 2015(4): 1-5.

[10] 李广建，杨林. 大数据视角下的情报研究与情报研究技术[J]. 图书与情报，2012(6): 1-8.

[11] 李广建，化柏林. 大数据分析与情报分析关系辨析[J]. 中国图书馆学报，2014(5): 14-22.

[12] 赵纪东，张志强. 从主流应用工具看科技情报的定量化研究[J]. 情报杂志，2011(10): 4-8.

[13] 肖勇. 论情报学的数学计量化研究[J]. 图书情报工作，2004(6): 30-40.

[14] 徐峰，张旭. 面向决策的情报研究与服务探析[J]. 情报学报，2012(11): 1124-1130.

[15] KLEINER B, STAM A, PEKARI N. Big data for the social sciences: FORS working paper series[EB/OL]. [2016-09-10]. http://forscenter.ch/wp-content/uploads/2014/06/FORS_WPS_2015-02_Kleiner.pdf.

[16] 张晗，徐硕，乔晓东. 融合科技文献内外部特征的主题模型发展综述[J]. 情报学报，2014(10): 1108-1120.

[17] 王萍. 基于概率主题模型的文献知识挖掘[J]. 情报学报，2011(6): 583-590.

[18] XIONG H Y, ALIPANAHI B, LEE L J, et al. The human splicing code reveals new insights into the

genetic determi-nants of disease[J]. Science,2015(6218):1254806.

[19]舍恩伯格,库克耶. 大数据时代:生活、工作与思维的大变革[M]. 盛杨燕,周涛,译. 杭州:浙江人民出版社,2013:45-47,97-102.

[20]贺德方. 工程化思维下的科技情报研究范式——情报工程学探析[J]. 情报学报,2014(12):1-13.

[21]张志强. 论科技情报研究新范式[J]. 情报学报,2012(8):788-797.

[22]细野公男,邹永利. 情报需求及其表述中的知识结构与情报系统设计[J]. 图书情报工作,1999(1):1-7.

[23]王大龙. 基于情报决策者非理性决策的情报失察研究[J]. 现代情报,2011(8):18-20.

[24]沈固朝. 情报失察——西方情报研究的重要课题及其对我们的启示[J]. 图书情报工作. 2009(2):34-37.

[25]包昌火. 情报研究方法论[M]. 北京:科学技术文献出版社,1990:12-22.

[26]HUBBARD D W. How to measure anything:finding the value of intangibles in business[M]. New Jersey:Wiley,2014:48-50,148-152.

[27]WING J M. Computational thinking[J]. Communications of the ACM,2006(9):45-49.

[28]WING J M. Computational thinking and thinking about computing[J]. Philosophical transactions of the royal society A:mathematical, physical and engineering sciences,2008(1881):3717-3725.

[29]范晓婷,李国秋. 日本技术预见发展阶段及其未来趋势分析[J]. 竞争情报,2016(3):37-42.

[30]张峰,邝岩. 日本第十次国家技术预见的实施和启示[J]. 情报杂志,2016(12):12-15.

[31]化柏林,李广建. 大数据环境下多源信息融合的理论与应用探讨[J]. 图书情报工作,2015(16):1-6.

[32]吕明,程歆. 多源数据融合的出行者画像研究[J]. 科技创新导报,2017(10):143-144.

[33]高欢. 基于流式计算的网络舆情分析模型研究[J]. 情报学报,2016(7):723-729.

[34]叶鹰,马费成. 数据科学兴起及其与信息科学的关联[J]. 情报学报,2015(6):575-580.

[35]曾建勋,魏来. 大数据时代的情报学变革[J]. 情报学报,2015(1):37-44.

[36]周晓英. 数据密集型科学研究范式的兴起与情报学的应对[J]. 情报资料工作,2012(2):5-11.

[37]王芳,史海燕,纪雪梅. 我国情报学研究中理论的应用:基于《情报学报》的内容分析[J]. 情报学报,2015(6):581-591.

[38]化柏林. 网络海量信息环境下的情报方法体系研究[J]. 情报理论与实践,2012(11):1-5.

[39]化柏林,李广建. 面向情报流程的情报方法体系构建[J]. 情报学报,2015(2):177-188.

[40]余波,温亮明,张妍妍. 大数据环境下情报研究方法论体系研究[J]. 情报科学,2016(9):7-12.

[41]张雯雯,许鑫. 文本挖掘工具述评[J]. 图书情报工作,2012(8):26-31.

[42]COBO M J, LOPEZ-HERRERA A G, HERRERA-VIEDMA E, et al. Science mapping software tools: review, analysis, and cooperative study among tools[J]. Journal of the American society for information science and technology,2011(7):1382-1402.

[43]侯丽,李亚子. 情报分析方法与情报分析软件的适用性探讨[J]. 情报科学,2014(4):114-121.

[44]刘玉琴,彭茂祥. 国内外学术关系分析方法与工具研究综述[J]. 情报科学,2013(11):137-142.

[45]杨振瑜,王效岳,白如江. 国外主要可视化数据挖掘开源软件的比较分析研究[J]. 图书馆理论与实

践，2013（5）：89-93.
[46]李广建，江信昱. 情报分析计算化：背景、作用及关键问题[J]. 图书情报工作，2017（16）：24-30.
[47]乔晓东，朱礼军，李颖，等. 大数据时代的技术情报工程[J]. 情报学报，2014（12）：38-53.
[48]GOLDER S，MACY M. Diurnal and seasonal mood vary with work，sleep，and daylength across diverse cultures[J]. Science，2011（6051）：1878-1881.
[49]黄晓斌，赵超. 文本挖掘在网络舆情信息分析中的应用[J]. 情报科学，2009（1）：94-99.
[50]陈忆金，曹树金，陈桂鸿. 网络舆情意见挖掘：用户评论情感倾向分析研究[J]. 图书情报知识，2013（6）：90-96.
[51]李广建，江信昱. 不同领域的情报分析及其在大数据环境下的发展[J]. 图书与情报，2014（5）：7-12.

（本文原发表于《中国图书馆学报》2018年第2期）

基于复杂网络的信息分析模型研究*

卢小宾（中国人民大学信息资源管理学院）
翟　兴（中国人民大学信息资源管理学院；北京中医药大学管理学院）
王　涛（中国人民大学信息学院）

在大数据时代，最显著的特点是世界的“复杂性”和“不确定性”。“复杂性”首先表现在由于大数据环境下的数据量呈爆炸式增长，从而造成数据在存储和处理上的复杂；其次，大数据环境下的信息来源更加广泛，数据交互更加频繁从而造成数据在管理、组织和融合上的复杂；再次，由于数据产生速度的加快和人们对数据及时性要求的提高从而造成数据在实时处理方面的复杂；最后，虽然现实世界所产生的数据总量很大，但有价值数据的占比却很小，从而造成信息分析人员在数据分析和数据挖掘方面的复杂。“不确定性”是指客观事物在联系与发展过程中无序的、随机的、偶然的、模糊的、粗糙的、近似的属性[1]，是大数据和人工智能时代一个新的研究方向。在大数据环境下，由于数据的多源、异构以及不完备等特点，加之人们对数据分析和处理需求的多样性，使得大数据相比于传统数据有更多的不确定性。因此，关于大数据不确定性信息的表示与处理成为大数据智能决策理论方法研究中不可缺少的一部分[2]。能否合理地解决“复杂性”和“不确定性”问题已然成为衡量大数据环境下信息分析方法科学与否的一个重要标准。以往常用的信息分析方法大多以解决“确定性”问题和“简单小样本”数据为主，对解决复杂和不确定性问题并不擅长，因此，必须对信息分析方法进行创新才能适应大数据时代的发展要求。

复杂网络是一种具有自组织、自相似、吸引子、小世界、无标度（无尺度）中部分或全部性质的网络[3]，许多现实系统都可以抽象为网络的形式，利用复杂网络的分析方法可以达到对现实系统进行分析和预测的目的[4]。与其他信息分析方法相比，基于复杂网络的信息分析方法在解决“复杂性”和“不确定性”问题方面有着天然的优势。从解决“复杂性”问题方面来说，复杂网络首先通过网络建模将现实生活中的复杂事务抽象为网络中的节点，将事务之间的联系抽象为节点之间的连线，从而将“复杂”的现实问题“简单化”和“抽象化”。然后通过一系列网络分析方法（如网络中心性分析、网络拓扑分析和网络时空演化分析等）对网络的节点、结构、动力学特性和演变规律等进行分析，找出其中隐含的规律，从而为解决现实问题提供指导。从解决“不确定性”问题方

* 本文为国家自然科学基金项目“异病同治视角下基于文本挖掘和复杂网络的证候生物学网络建模研究”（项目编号:81603499）和中国博士后科学基金第60批面上资助项目（项目编号:2016M601201）的研究成果。

面来说，复杂网络研究中的一个基本问题就是复杂网络拓扑结构的不确定性。研究发现，很多实际的复杂网络既不是完全规则的网络也不是完全随机的网络，大多介于完全规则和完全随机之间。例如，复杂网络中的“小世界网络模型”就是一个介于完全规则和完全随机之间的网络。此外，复杂网络传播行为中的分形、混沌等现象也是对不确定性问题研究的典型代表。因此，复杂网络本身就是在研究和解决“复杂性”和“不确定性”问题，这恰恰符合大数据对于信息分析工作的要求。因此，将复杂网络分析方法应用在信息分析中，对于解决大数据环境下信息分析遇到的挑战具有重要的理论和现实意义。

1 复杂网络分析方法在信息分析中应用的优势

复杂网络最早起源于18世纪初应用数学领域中的图论和拓扑学，1998年Watts等[5]在“Nature”上发表的关于小世界网络的论文*Small world model*以及1999年Barabàsi和Albert[6]提出BA无标度网络模型（Scale-free Model）成为复杂网络研究的里程碑。复杂网络所具有的大规模节点、复杂的网络结构以及网络的动态时空演化等特性恰好与大数据时代数据复杂、多样和动态变化的特点相吻合，通过将复杂网络理论及方法应用于信息分析，有助于信息分析人员从整体上把握研究对象，实现对问题的协同分析和集成分析，达到快速、准确地发现事物之间的联系，提高信息分析的效度和信度的目的。近年来，越来越多的研究者开始将复杂网络技术应用于信息分析中。例如，在虚拟社区[7-8]、城市交通[9-10]、竞争情报[11-12]、生物医学[13-14]等多个领域的信息分析中都有通过复杂网络进行研究的相关报道。

基于复杂网络的信息分析法与传统信息分析方法相比具有明显的优势，更适合于大数据背景下的信息分析工作，如图1所示。

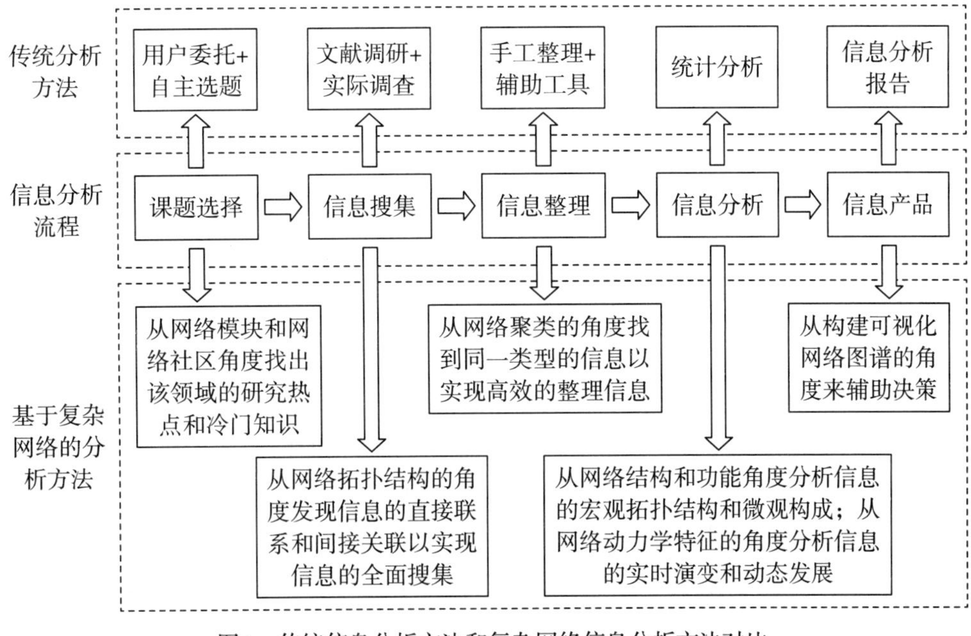

图1 传统信息分析方法和复杂网络信息分析方法对比

1.1 课题选择更有依据

传统的信息分析课题选择方法分为上级主管部门下达的课题、信息用户委托的课题和信息分析人员结合国民经济和社会发展，根据自己的知识积累和调研提出来的课题。在大数据环境下，每天都会有海量的新数据不断涌现，课题委托部门或信息分析人很难通过调查问卷、计量统计等传统的数据搜集和分析方法对当前国民经济和社会发展的最新进展有全面和及时的掌握。如果信息掌握不全面、不及时，往往会造成选题的盲目性，其结果要么是产生错误的信息分析产品，要么是信息分析产品对解决实际问题的帮助不大。

基于复杂网络的课题选择方法首先通过大数据网络爬虫技术从互联网爬取相关领域的最新资料，然后通过自然语言处理技术提取资料中的主题词、关键词等核心内容，通过构造复杂网络将这些知识进行关联，之后从复杂网络的网络模块和网络社区角度找出目前该领域的研究方向、研究热点和冷门知识等，最后结合社会发展的实际情况有针对性地选择研究课题。这样能够在很大程度上避免课题选择的盲目性，使课题的选择更有依据。

1.2 信息搜集更加全面

信息搜集是开展信息分析的基础，传统的信息搜集方法主要分为文献调研法和实际调查法两种，前者主要是针对文献信息，后者主要是针对非文献信息。在传统的信息分析活动中，无论是文献信息还是非文献信息，由于人类认知和信息搜集方法等的局限性，不可能将该领域的所有信息都搜集到。因此，信息搜集的不全面可能会造成分析的局限性并最终影响信息分析产品的质量。

基于复杂网络的信息搜集方法将从一个信息点出发，以滚雪球的方法关联与该信息相关的所有知识（包括直接联系和间接关联），直到把与该信息有关的内容都搜集到为止，这样就实现了对数据的全面搜集。只有数据全面和准确，才能保证后续信息分析工作的准确性与客观性。

1.3 信息整理更加便捷

信息整理的过程就是使信息从无序变为有序的组织过程，包括信息的分类、数据的整理、观点的总结和归纳等[15]。例如，需要按文献类型把搜集的数据分为期刊数据、图书数据、网络数据等，或者需要把数据中的同义和近义的词进行统一整理与合并。根据笔者多年的信息分析经验，在整个分析流程中有很多的时间用在了数据的整理和清洗环节。因此，如何提高信息整理的效率，找到更加便捷、高效的信息整理方法是目前信息分析人员急需解决的问题。

基于复杂网络的信息整理方法可以通过对网络的聚类分析找到属于同一类别的数据。例如，属于同一类型、同一地区、同一机构的数据，可以通过关联分析识别意思相同或相近的词语；又如，两个词之间虽然没有联系但他们经常与某一类词语相连，那么就可以判断这两个词也一定具有某种关系，进而再判断这两个词是否属于同义或近义词，是否需要进行词语合并等。因此，通过将复杂网络技术应用于信息的整理可以提高整理的效率，使信息整理更加便捷。

1.4　分析方法更加科学

分析是信息分析活动过程中最为关键的一个环节，是对整理加工后的信息进行系统分析，从中发现某些客观存在的异同点、经验教训或发展趋势等，从而形成新的增值信息产品，为用户决策提供咨询服务。传统的信息分析方法主要指科学计量、统计、计算机辅助分析等方法，分析的内容以文献为主。这些信息分析方法本身并没有问题，但随着大数据时代的到来，对海量复杂和不确定性数据的分析成为信息分析的重点，上述基于小数据的信息分析方法已经无法适应大数据环境下信息分析的需要。因此，必须要对信息分析方法进行创新，才能适应当前大数据时代发展的要求。

复杂网络信息分析方法可以从网络拓扑结构和功能的角度对整个系统的宏观架构和微观组成进行分析，即可以从整体的角度对系统进行集成分析，也可以从协同合作的角度研究各个子系统之间的依赖关系，使对问题的分析更加精确和全面。此外，大数据环境下的数据瞬息万变，人们对于信息分析的及时性和动态性也提出了更高的要求。通过将复杂网络的动力学分析技术应用于信息分析之中，可以更好地掌握信息的实时演变规律和动态发展方向，从而更有利于人们及时掌握事物的最新动态、及时跟进最新的变化做出正确的决策。

1.5　产品更加友好

信息分析人员通过对信息的分析、综合与提炼，形成有针对性的总结、汇编、方案和建议等信息分析产品。传统的信息分析产品大多以文字的形式呈现给用户，虽然对于不同的用户类型撰写的分析报告形式略有不同，但因为报告都需要遵循一定的行文规范，所以在长达数十页的分析报告中真正有价值的内容可能只占很少一部分，但用户却需要花费大量时间通读报告才能了解自己所感兴趣的内容。大数据时代，由于生活节奏加快，用户几乎没有太多的时间去仔细阅读一份厚厚的分析报告，并且社会瞬息万变，人们对于信息的及时性也提出了更高的要求，过了时效的信息分析产品价值会大幅度下降或者根本就不再具有价值。因此，如何对信息分析产品的形式进行改进，使用户能更加方便、智能、及时地从中获取自己感兴趣的内容是目前信息分析人员需要特别关注的问题。

在信息分析产品展现方面，将复杂网络与可视化技术相结合，通过图形化的形式对整个分析过程和分析结果进行可视化的展现，可以加快用户对分析结果的理解，有助于用户对结果的正确性进行判断。同时，通过制定评价标准对网络模型及分析结果的可信度进行评价，选择出最佳方案为决策提供支持。

2 基于复杂网络的信息分析模型构建

大数据背景下，信息分析的对象是现实世界中的复杂系统。传统的信息分析虽然也强调分析目标的系统性和整体性，但由于分析方法的局限性，在具体操作过程中更倾向于把分析的目标看作是独立而非相互关联的整体。基于复杂网络的信息分析不仅从理论上将分析问题看成是一个完整的复杂系统[16]，而且在具体操作流程上也从系统的观点出发，使分析人员能够快速、准确地掌握事物之间的内在联系并挖掘其内在机制和系统的动态演化规律[17]，进而理解真实系统的行为并对系统现象和行为进行预测和控制[18]。本文在已有的研究基础上，将信息分析中的具体问题抽象刻画为复杂网络系统，根据复杂网络的构成要素及其相互关系构建出基于复杂网络的信息分析模型。其主要由数据准备、数据分析和决策支持3个模块构成，如图2所示。

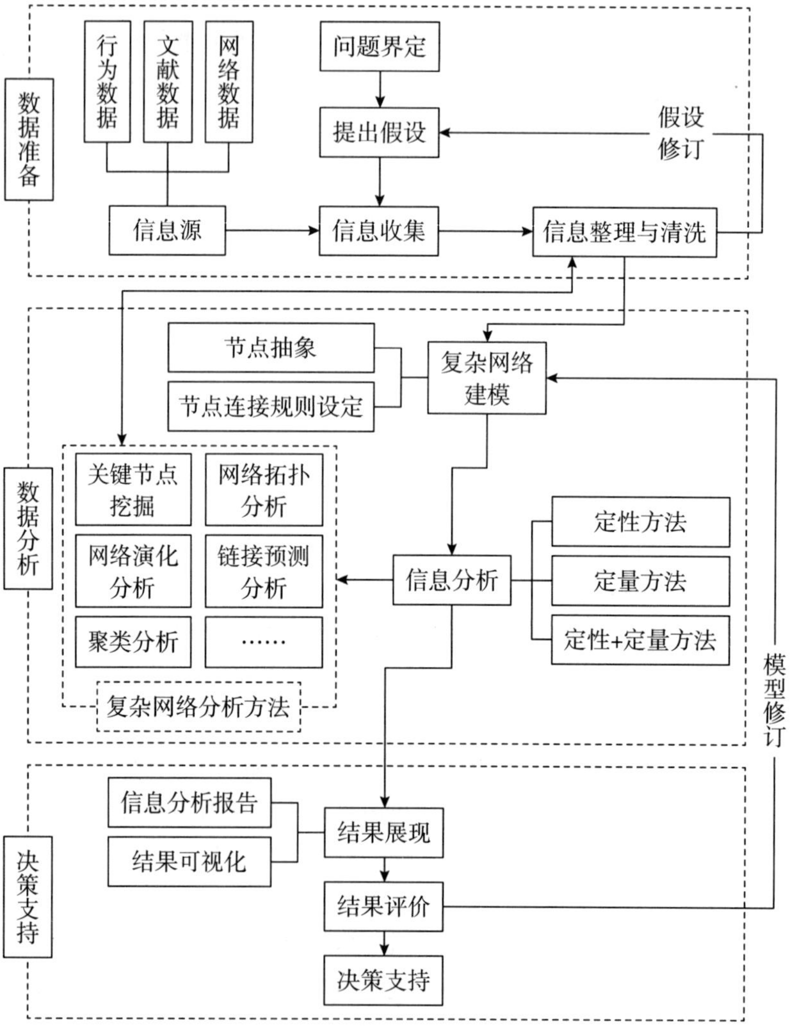

图2 基于复杂网络的信息分析模型

2.1 数据准备模块

数据准备模块主要由课题的选择、信息的搜集、整理与清洗等部分构成。利用复杂网络理论和技术进行信息分析的前提是找到适合于复杂网络解决的实际问题并界定问题的研究范围，为后续信息分析定下基调。大数据和人工智能时代，由于信息量大、结构复杂，因此在分析之前必须对搜集的数据进行筛选、整理与清洗，并根据搜集的数据适当调整研究假设，为网络的构建及后续的信息分析工作奠定基础。复杂网络分析方法作为一种有效的数据分析方法在其中发挥了巨大的作用。在进行信息分析之前，可以通过网络的聚类分析和时序分析等方法找到同一时间或不同时间同一类别的数据和异常数据，并通过可视化的形式展现给用户，供用户选择，为下一步的数据分析打下基础。

2.2 数据分析模块

信息分析活动在大多数情况下属于类似“黑箱”的操作，结果的科学性和合理性往往难以解释。如果将复杂网络分析方法应用于信息分析工作，通过构造网络图，将传统分析方法与复杂网络分析方法相结合，并以简洁明了的可视化图形方式展现整个计算过程，可以使用户清晰地观察研究对象的结构以及演化过程，更有利于隐藏信息的挖掘。数据分析阶段是整个信息分析过程的核心部分，只有对数据进行分析和挖掘才能够发现数据内部隐含的规律，找出想要的结论，从而为决策提供依据。

复杂网络主要由网络中的节点和连接节点之间的边构成，对于网络构建也主要是将现实世界进行节点抽象和根据节点间的关系制定它们之间的连接规则，进而对现实世界抽象建模。因此，在数据分析模块，首先需要进行节点抽象以及对节点间的关系进行设定，将现实世界抽象为复杂的网络模型。之后，通过关键节点挖掘、网络社团结构划分、链路预测等一系列复杂网络分析方法并结合传统的定性、定量或定性与定量相结合的方法对研究对象进行分析得出初步的结论。

2.3 决策支持模块

决策支持是决策者根据复杂网络分析方法分析和挖掘出的结果进行判断与决策的过程。需要将数据分析阶段得出的结果以可视化图形的方式进行展现。将分析结果可视化的目的是构建一个可观察的操作界面，可视信息通过视觉感知器官传递给大脑，由大脑对看到的可视信息进行解码并形成认知，最终将信息知识化，找到解决问题的方法。可视化的分析结果可以帮助用户轻松地理解信息分析过程及结果，大大提高获取知识的速度以及帮助用户及时发现错误。由于在不同场景下分析得出的结论会有所不同，信息分析人员还需要制定评价标准对网络模型及分析结果的可信度进行评价，以选择出最佳方案对分析决策提供支持。

3 模型实现的关键技术、方法与应用场景

3.1 关键技术

前文我们已经说过，复杂网络主要由节点和连接节点的边构成，因此构建网络的核心问题就是如何将现实世界的对象抽象为节点以及和根据现实世界中对象的关系指定复杂网络中节点之间的连接规则。

3.1.1 节点抽象

复杂网络中的节点代表所描述的现实世界中的基本单元。它们不但是构成现实世界的基础，也是构成网络的基石。网络建模前需先将真实环境中的基本单元抽象为网络的节点，根据研究内容的不同，节点可以代表不同的单元；根据不同单元的种类也可以将节点分为不同的类型，并对节点的属性进行刻画。例如，在分析人与人关系的研究中，复杂网络中的节点可以代表现实世界中一个具体的人类个体，构建人际网络图，也可以在与交通相关的分析研究中，代表一辆车、一栋建筑甚至是一个城市，构建交通网络图。如图3所示（图片来源http://image.baidu.com/）。

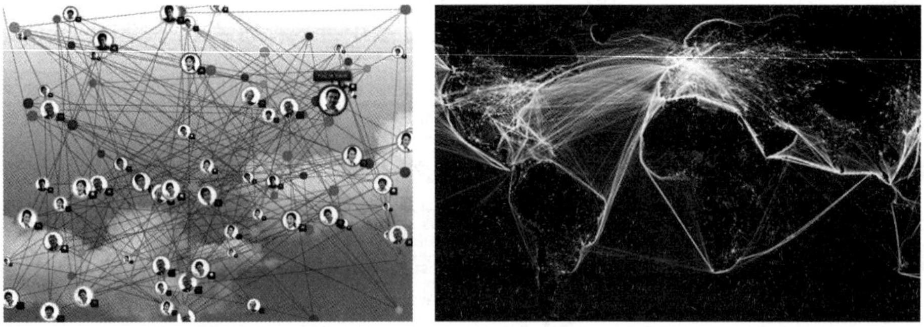

图3 人际和交通网络图

3.1.2 节点连接规则的制定

复杂网络中的边用来描述现实世界中各种基本单元间的作用关系。抽象出节点后，下一步就需要根据真实环境，设定各种单元间的关系，即制定节点间的连接规则（如节点间的联系是“三元组”关系还是“共现”关系，边是否有方向，边是否有权重等），然后通过节点间的连接规则构造关系矩阵，最后可以通过可视化软件将关系矩阵以图形化的方式直观地显示出来。

3.2 主要方法

基于复杂网络的信息分析需要解决的核心问题就是要在复杂的现实关系中找出问题的主要矛盾，通过对主要矛盾的分析来解决现实问题。另外一个需要解决的问题就是通过对已有数据的分析对未来的发展做出预测。

3.2.1　关键节点挖掘

复杂网络中的关键节点挖掘方法可以帮助信息分析人员在复杂的世界中找到问题的主要矛盾，从而简化问题的分析。目前，基于复杂网络的重要节点识别方法主要分为两个研究方向[19]：一个是节点重要性排序算法，即根据每个节点的重要性程度对节点进行排序；另一个是影响力最大化算法，即通过组合优化找出网络中的一组节点，这组节点能够最大限度地影响网络的结构或功能。

3.2.2　网络社团结构划分

网络社团结构是指一组相互之间有着比较大的相似性而与网络中的其他部分有着很大不同的节点的群。即在社团内部节点间的联系较为紧密，而社团之间的联系则较为松散。图4所示的Zachary空手道俱乐部网络是一个典型的社团结构网络基准图[20]。寻找社团结构并对其进行分析是了解现实生活中各种网络组织结构的一种很重要的方法，在信息分析领域有着广泛的应用[21]。例如，通过对网络社团结构的分析与划分有助于了解复杂系统中整体和局部、局部与局部以及群组内各事物之间的联系，掌握其协同演化规律，认清事物的本质，达到对事物由浅到深、由表及里的分析。

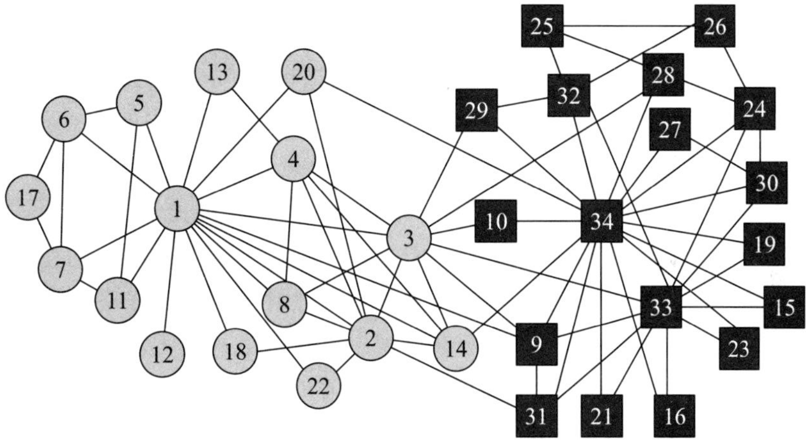

图4　Zachary空手道俱乐部网络

3.2.3　链路预测

复杂网络中的链路预测方法可以很方便地帮助信息分析人员通过已有的数据来预测未来可能发生的关系。此外，大数据环境下的数据价值密度降低，在构造的网络中往往会面临数据缺失、产生“假边”等问题，链路预测可以有效解决这类问题。

链路预测主要是从网络拓扑结构的角度出发，提取一些能够表征已知节点间相互作用关系的特征，来预测未知连边的可能性[22]。链路预测方法可以分为基于相似性的预测方法、基于似然分析的链路预测和基于学习的预测方法，如图5所示。基于结构相似性的方法是利用网络结构或者属性信息计算未连边节点之间的相似性，即两个节点越相似或者相近，这两个节点之间产生连边的可能性就越大。例如，两个人如果有相似的生存环境、相似的兴趣爱好等，那么这两个人就有比较高的概率成为朋友。基于结构相似性的方法又可以细分为基于路径[23]、基于局部信息[24]和基于随机游走相似性的方法[25]。基于学习的方法将链路预测问题看成是一个二分类问题。该方法认为网络中只有相连的节点和不相连的节点这两种节点对。因此，可以通过机器学习中的分类模型和概率模型等方法来解决链路预测问题。

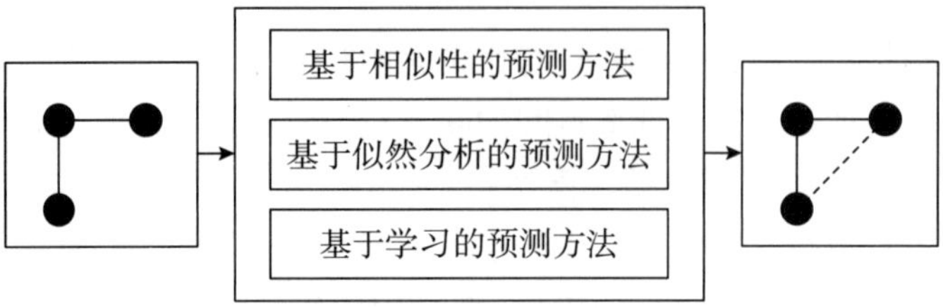

图5　链路预测方法框架

3.3　应用场景

基于复杂网络的信息分析模型可用于诸如竞争情报、人际情报网络、虚拟社区等领域。例如，在竞争情报领域，通过该模型可以对竞争情报网络中的节点和结构进行分析，找出“关键”节点和“小团体”，从而对这些节点和团体的情报权力进行控制以降低情报的泄密概率。在人际情报网络领域，通过该模型可以研究人际情报网络的演化与传播，以帮助企业更好地了解情报在人际网络中的传播方式和路径，从而能够及时掌握该领域的发展态势，对行业进行整体分析并制定有针对性的情报战略。相关研究表明，随互联网的普及，使用互联网的人群逐渐呈现出社会网络的相关特征[26]。因此，通过该模型可以分析虚拟社区的信息传播模式、社区用户交互关系以及社区的演化规律等，解决虚拟社区中的信息传播与扩散、社区意见领袖挖掘、舆情监控以及防止谣言与病毒的传播等问题。

大数据时代带来了信息的爆炸式增长，而信息的爆炸式增长又带来了复杂的数据结构关系。面对新的环境，传统的信息分析方法已无法满足大数据环境下信息分析发展的需要，而基于复杂网络的信息分析方法因其先天具有处理“复杂性”和“不确定性”问题的优势、量化大型网络的基本特征、识别网络演化的机制和信息扩散的模式，因此基于复杂网络的信息分析方法自然就成为新形势下信息分析领域的研究热点问题。本文通过文献调研，对基于复杂网络的信息分析方法的优势进行了探讨，分析了复杂网络技术在信息分析的课题选择、信息搜集、信息整理、信息分析和信息产品生成等流程中的具体应用，构建出基于复杂网络的信息分析模型，在一定程度上弥补了传统信息分析模型在处理“复杂问题”和“不确定性问题”方面的不足，为信息分析工作者提供了新的分析手段和方法。总之，随着信息技术不断发展以及复杂网络技术与信息分析实践的进一步的合，在大数据环境下，复杂网络技术在信息分析领域的应用将得到进一步的深化和拓展。

参考文献：

[1]王国胤，张清华，马希骜，等. 知识不确定性问题的粒计算模型[J]. 软件学报，2011（4）：676–694.

[2]于洪，何德牛，王国胤，等. 大数据智能决策[J]. 自动化学报，2020（5）：878–896.

[3]李晓辉，徐跃权. 复杂网络理论的情报学应用研究[J]. 情报资料工作，2007（3）：9–13.

[4]宋海权. 基于复杂网络理论的网络交通拥堵问题研究[D]. 成都：西南交通大学，2016.

[5]WATTS D J，STROGATZ S H. Collective dynamics of "small-world" networks[J]. Nature，1998（6684）：440–442.

[6]BARABÁSI A L，ALBERT R. Emergence of scaling in random networks[J]. Science，1999（5439）：509–512.

[7]魏思敏，张宪华，张祯，等. 基于复杂网络的虚拟品牌社区意见领袖识别研究：以魅族Flyme社区为例[J]. 山东大学学报（理学版），2018（11）：26–34.

[8]叶腾，韩丽川，邢春晓，等. 基于复杂网络的虚拟社区创新知识传播机制研究[J]. 现代图书情报技术，2016（S1）：70–77.

[9]吕文红，王国娟，王鹏飞. 基于复杂网络的交通运输网络可靠性研究进展[J]. 科学技术与工程，2019（24）：26–33.

[10]秦昆，周勍，徐源泉，等. 城市交通热点区域可靠性研究进展[J]. 科学技术与工程，2019（24）：26–33.

[11]胡安琪，周毅，吉顺权. 社交媒体企业竞争情报源的应用理论与功能价值研究[J]. 现代情报，2017（4）：48–53.

[12]曹超，盛小平. 社会网络在竞争情报源挖掘中的应用研究[J]. 情报理论与实践，2009（3）：60–62.

[13]LOSCALZO J. Network medicine and type 2 diabetes mellitus：insights into disease mechanism and guide to precision medicine[J]. Endocrine，2019（3）：456–459.

[14]HUANG M，WANG J，ZHANG R，et al. Symptom network topological features predict the effectiveness of herbal treatment for pediatric cough[J]. Frontiers of medicine，2020（3）：357–367.

[15]卢小宾. 信息分析概论[M]. 北京：电子工业出版社，2014.

[16]LI S，ZHANG Z Q，WU L J，et al. Understanding ZHENG in traditional Chinese medicine in the context of neuro-endocrine-immune network[J]. Systems biology，IET，2007（1）：51–60.

[17]韩运荣，高顺杰. 微博舆论传播模式探究[J]. 现代传播：中国传媒大学学报，2012（7）：35–39.

[18]HE D，JIN D，BAQUERO C，et al. Link community detection using generative model and nonnegative matrix factorization[J]. PLoS ONE，2014（1）.

[19]LÜ L，CHEN D，REN X，et al. Vital nodes identification in complex networks [J]. Physics reports，2016（13）：1–63.

[20]ZACHARY W W. An information flow model for conflict and fission in small Groups[J]. Journal of

anthropological research,1977(4):452-473.

[21]FORTUNATO S, CASTELLANO C. Community structure in graphs[EB/OL]. [2020-01-15]. http://www.researchgate.net/publication/1903620_Community_Structure_in_Graphs.

[22]张子柯. 在线社交网络信息传播机制与动力学研究综述[J]. 情报学报,2017(4):422-431.

[23]ZHOU T, LU L, ZHANG Y C. Predicting missing links via local information [J]. The European physical journal B,2009(4):623-630.

[24]LORRAIN F, WHITE H C. Structural equivalence of individuals in social Networks [J]. Social networks,1977(1):67-98.

[25]KLEIN D J, RANDIC M. Resistance distance J. Journal of Mathematical[J]. Chemistry,1993(1):81-95.

[26]WELLMAN B. Computer networks as social networks [J]. Science,2001(14):2031-2034.

（本文原发表于《情报理论与实践》2020年第5期）

我国应急管理体系下的数据协同整合及平台建设研究

——以数据中台为例

李玉海　朱　泽　唐亦非（华中师范大学信息管理学院）

为了应对当前世界各类灾害频发的现状，顺应国家体制机制优化改革的大势，保障人民群众生命财产安全，我国于2018年正式组建设立应急管理部，全国各级政府也层层响应，相继成立了相应的应急管理局和基层单位。针对以往我国在灾害应急处理的过程中存在的应对机制不足、管理体系混乱、各部门间统筹管理效率低下等问题，进行了重新定位、资源整合、组织改建、明确职权等方面的工作，我国应急管理体系建设进入了一个新的发展阶段。

当前，随着一些公关安全事故和紧急灾害的发生，应急管理体系的重要性也逐步凸显出来。人民群众对于应急管理体系的关注有了一定的提升，同时相关的管理压力也随之提升。我国应急管理体系面临着许多困难和挑战，其中较为突出的就是各应急机构和其他相关部门间职权结构重建后产生的信息鸿沟和协作障碍，体现在地方部门的工作中，就会出现面临灾害问题，各项职能部门各行其是，预防、减灾、重建各项体系的工作内容缺乏沟通，应急管理部门统筹能力不足。因此在应急管理体系建设的探索阶段，基于各部门的数据协同和整合是当前应急管理体系工作的重点。本文引入数据中台的概念，为应急管理体系的数据协同整合工作提供一种解决思路。

1　相关研究综述

针对当前我国应急管理体系的建设，学界观点认为整合统筹建设以应急管理部为中心的多部门合作共建的模式是正确且必要的。但在具体的执行中还需要注意许多问题，包括：救援体系单一、力量分散[1]；部门间沟通机制不畅通；权责边界不明晰；数据共享困难[2]等。在许多地方应急管理部门中，由于信息化水平不足，基本很难实现信息的共享。这一情况就可能导致不同部门间的分化加剧。对此，研究人员普遍强调数据在应急管理体系中的重要地位。一方面是大数据背景下，相关的数据分析技术可以对多样化的数据进行分析，从而提升应急管理体系对于风险的预测、监控和实时反应能力[3]。另一方面，数据的交流和沟通是推动应急管理体系内部聚合的关键因素，实现数据共享的过程也是推动各部门融合互信[4]。

在具体的数据协同方案上，许多省市都拿出了自己的数字平台，例如：上海的“一网统管”、贵州的“应急管理云”、浙江的“数字应急”[5]等，这些平台的使用都体现了打破数据壁垒的思想。当前，在企业中流行建设的数据中台概念逐渐被引申到政府部门当中。数据中台的概念最早由阿里巴巴提出，是为了应对像“双十一”这样的业务高峰、应对大规模数据的线性可扩展问题、应对复杂业务系统的解耦问题[6]。通过数据中台的建立可以很好地解决将自身积累的丰富数据能力有效的面向第三方应用和服务提供商开放的难题。这一思路被广泛移植到政府智慧治理的概念中[7]，同样也与当前的应急管理体系有一定的耦合度。

2 应急管理体系的数据协同需求

2.1 管理流程和决策的需要

当前针对应急管理部门有一个比较大的误解，就是认为应急管理部门应该是综合了应急救援、化解风险等任务的应急风险主责部门。事实上，应急管理部门的主要职责在于事前预防管控、事中协调资源、事后调查恢复等。而这些工作无一不需要大量的、多方的数据支撑。由于应急管理系统的管理、协调、统筹的特性，就要求其在管理流程中具备足够的决策和统筹高度，决策高度体现在决策的及时性、准确性、预见性，而统筹的高度则体现在全局性、综合性。这两类的特性对于数据的数量、准确性要求都较高。就目前而言，多数地方应急管理体系中的职能部门都还不能完全行使这类职权，其中数据数量和质量的缺乏所导致决策能力不足是一个重要原因。以企业生产安全问题为例，应急管理部门可以整合相应区域内所有企业生产安全建设情况的数据，但遭遇企业火灾等复杂性安全事故时，救援、重建上的数据无法及时准确地由应急管理部门获取，那么在未来的应急预案和资源调配中，应急管理部门将缺乏准确的决策支撑。另外，应急管理体系的一项重要工作是对可能发生的紧急事件采取预防、预测工作，而这只有通过对大量数据的分析后，才能获得比较可靠的方向和结果。因此这些工作要求就形成了相关的数据协同需求。

2.2 打破数据孤岛，实现数据共享的需求

应急管理部涉及11个职能部门，而将应急管理体系落实到各地方后，就会涉及众多原本自成体系的部门和组织，其中就包含原本的安全生产、林牧业、公安消防、水利等一系列独立的部门。这些部门在长时间的独立运作中，多数都积累了海量高维度、高精确度的数据资源，这些数据资源对于应急管理体系的部门而言，无疑是非常重要的。但从实际情况来看，由于各部门长期的独立发展，应急管理体系在获取数据时必然会面临各式各样的问题，如由于各部门信息化发展程度不同，各类数据的数字化程度也不尽相同，在数据标准、数据质量的上也有较大的差异。无论是

出于技术难度，抑或是管理问题，各部门间形成了一个个数据孤岛，数据很难共享和跨业务调用。

因此，针对这类问题就需要依靠数据中台，在分散的底层数据库和上层应用中间建立起一套数据架构，用于屏蔽掉底层的差异化，并建立统一的数据标准推动数据自由流动，以支撑上层业务的创新迭代。通过打通多源异构数据，统一治理、管理数据，数据中台可以让数据高效可用。如果可以实现各部门间的数据标准化和数据统一管理，将大大推动应急管理系统中的数据支撑力。

2.3 部门组织融合的需求

由于应急管理系统是从多个复杂政府系统中抽调了具体的统筹职能，而原本的部门系统中其他的功能组织依旧完整，跨部门的协调反而可能降低其工作的效率，因此在实际的运转过程中就会出现各行其是的情况，如图1所示。这种组织结构上的问题也体现在数据协同的理念上。由于缺乏沟通基础，很多部门间的联系只能依靠人际关系的维系，但如果可以开发各部门的数据协同共享机制，帮助各部门在组织构架的基础之上，成立更开放的数据关联关系。就能够在一定程度上提升各部门的组织融合，应急管理体系的整体构架将更加紧密，部门间的合作也能够更加透明化、多样化。以数据中台的建设为例，合理的顶层设计将有助于厘清应急管理系统中的组织关系和具体职权，提升部门组织间的融合度。

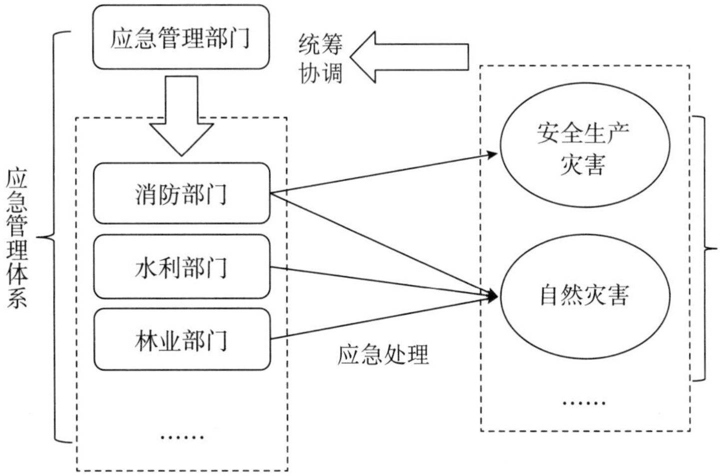

图1　应急管理体系的组织形式

2.4 高效服务需求

应急管理体系中的各单位，在日常工作中更多承担的是监管和指导的职能。无论是面向民众、企业或其他部门，很多时候起到了宣传和服务的作用。在政府智慧化治理的当下，许多部门和机构都在探索依靠多元化的应用，减轻自身和服务对象的负担，实现服务的网络化、便捷化、高效化。特别是现今疫情防控常态化的情况下，将更多的服务和指导工作转化到线上成为发展的趋势。而要形成高效的线上服务就需要打通各部门的平台通道，实现数据协同、服务协同。

3 应急管理体系数据中台的设计

3.1 数据中台设计思路

应急管理体系的数据中台的定位是数据协同驱动的应急管理体系融合，响应政府智慧治理的号召，重点需要消除应急管理系统所涉及部门之间的数据壁垒和组织壁垒。其核心功能是为体系内的数据提供采集、处理、管理、分析、开发、应用等全流程的数据平台。另外要提供保障条件，包括且不限于组织保障、数据意识保障、组织保障。重点工作是建设四大体系，即技术体系、数据体系、服务体系、运营体系。

其中技术体系分两个层面：大数据存储计算技术和数据台工具技术组件。数据体系则要求应急管理体系将从各部门或渠道汇集的数据，通过一定的标准和建模方式进行加工处理后，形成完整性与一致性较高的可靠数据，并形成应急管理体系的数据资产体系。这部分是数据中台建设中的核心内容，由于应急管理体系中部门众多，数据形式呈现为多源异构，因此能否实现体系内的数据协同，建立一个适合的数据体系是关键，同样也必然成为不同区域应急管理体系实现数据中台建设的难点。服务体系是数据中台不同于其他数据平台的关键。传统数据库中的数据是静态的，需要使用者自行开发利用，而数据中台则会不断调度数据服务，并将过程中产生的关联数据添加回数据库中，不断丰富和完善服务，并通过创新性的数据服务帮助应急管理体系形成科学、长效的服务模式。最后还需要根据应急管理体系的组织特征，构建运维、服务团队，建立长效运营的机制，从而呈现一个可见、可用、可运营的数据体系。

3.2 数据中台架构和模块的设计

3.2.1 数据中台架构设计

总体来看，应急管理体系下的数据中台需要兼顾数据采集处理、管理、应用，数据服务模块搭建，数据运营与安全体系构建，以及前端应用的设计。具体如图2所示。

3.2.2 数据中台核心功能模块的设计

针对应急管理体系构建相应的数据中台，其核心功能模块包括：数据采集交换模块、数据开发模块和数据资产管理模块。

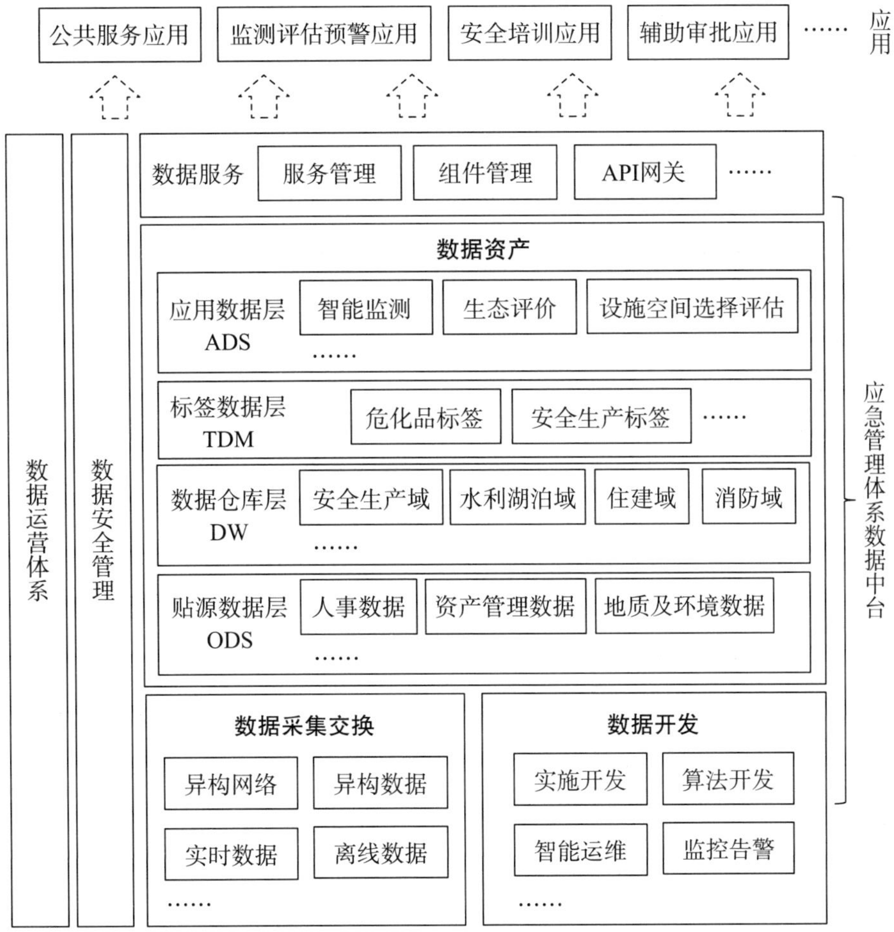

图2　应急管理体系数据中台构架设计

（1）数据采集交换模块

应急管理体系中存在多元化的内部和外部数据，且不同部门中的数据存在形式、数量等都有不同，其中了包括业务系统中的数据（以关系型数据库中存储的结构化数据为主）、线下表格中的数据、IT系统输出的日志数据（以数据流输出的日志类半结构化数据为主）及来自互联网上舆情数据等。这些多源异构的数据分布于不同的部门，这就需要数据采集交换模块对这些分散的数据进行采集。数据采集交换模块可以通过ETL、数据填报软件、日志处理软件、爬虫等方式将上述数据通过主动或者被动的形式采集到系统中，并选择适合的容器、技术对这些数据进行存储、清洗、转换、解析、预处理等操作，使数据具备完整性、一致性、规范性等质量要求。最后，将加工好的数据直接导入数据仓库中，以便进行持久性存储或提供给数据开发模块以实现数据的分析、探索、在线查询等操作。

在应急管理体系的数据中台建设过程中，由于各数据收集对象的部门存在信息化建设程度不一致的情况。有的部门业务信息化系统健全，拥有自己的管理系统和数据存储空间。有的部门可能信息化水平不够，缺乏可以直接利用的管理系统、平台，数据的存储方式比较传统，数字化程度不高。实际上，即使是业务系统健全的部门，也可能存在许多没有正式记录入库的数据。另外，应急管理体系所涉及的部门和人员众多，其数据采集过程必然烦琐，如果完全依靠人工填报，可能会给工作人员带来巨大的工作压力。因此，为了实现全量数据治理，必须采用系统化、高效率的方案，将自主填报和机器采集的方式相结合，全面提升数据来源的深度和广度，同时也培养体系各部门工作人员的数据采集习惯。

（2）数据开发模块

数据开发模块需要依据数据开发逻辑，建立起明确的开发模型。开发模型主要分为业务模型和数据模型。其中业务模型是应急管理体系数据中台的核心业务，需要应急管理体系对于自身的业务开展和价值来源有明确的结构划分。数据中台在企业进行构架时，通常利用信息价值链分析映射出模型元素与其他业务模型的关系，从而找出自身优势和价值。因此，政府部门同样可以依托于自身的价值链对重要的业务模型进行解析。目前来看，应急管理体系的核心业务价值链可以如图3所示。

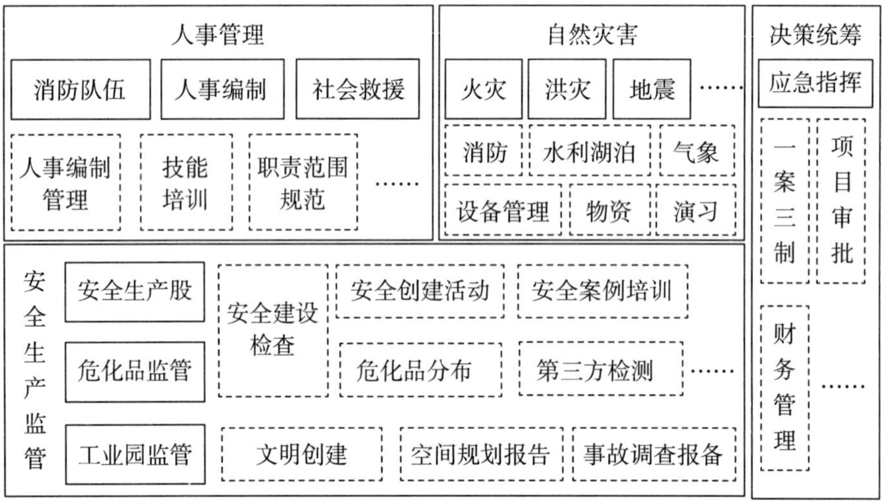

图3　应急管理体系业务价值链

而数据模型则是对于现实结构和业务的二维抽象，用于理解、运营和指导业务所需哪些数据属性，从全部数据模型的基础上依据整体分类到局部详情对数据模型进行分层，可以是主题域模型、概念数据模型和逻辑数据模型等。通过业务模型和数据模型基本可以确立应急管理体系数据中台的数据开发方向、主要内容以及功能实现。

（3）数据资产管理

传统的数据中台在建模时通常采取数据仓库的分层方法，如操作数据层（Operational

Data Store，ODS）、明细数据层（Data Warehouse Detail，DWD）、汇总数据层（Data Warehouse Summary，DWS）和应用数据层（ADS，Application Data Store）。而应急管理体系的数据应用场景较多，数据主题域复杂，传统的数据仓库分层方法难以全面表达一个多主题域的数据粒度。这时需要在统一数仓层上建设标签数据层来满足跨业务板块和数据域的数据组织，形成标签类目体系，更好地适应应急管理体系数据场景的需求。

对于应急管理体系数据中台的数据资产数据分层则可大致设计为4层，其中：贴源数据层（ODS），主要对各个数据源进行采集、汇聚，尽可能保留原始业务流程数据。公共数据数仓层（DW），类似于传统的数据仓库功能，对ODS层数据进行建模，并按照应急管理工作的业务模型流程对数据进行组织，确定主题域，定义一致的指标、维度，形成统一规范的标准数据。标签数据层（TDM），面向对象建模，对跨部门业务，通过具有相同主题的数据进行整合，将数据封装成不同类型的主题数据集，以针对特定场景提供数据。应用数据层（ADS），应用数据层是基于公共数据数仓层、标签数据层的建设，针对应急管理工作中的特定业务需求执行指令的个性数据组装层，除了特殊的业务个性标签需要单独加工外，其他尽可能复用公共数据数仓层和标签数据层的建设成果。

我国应急管理体系发展至今，已经由摸索试探期逐渐步入“深水区”，在实际工作中所面临的问题也逐渐突出，且部分问题愈加深入基层就愈加明显。面对日益严峻的国际形势和频发的自然灾害、公共卫生事件，加快应急管理体系的组织完善，提升应急管理体系的统筹能力、资源配给能力、预案预警能力、危机反应能力等，都是当前的重要任务。而针对多部门的全方位协作、协调创新，除了加强组织架构和顶层设计外，合理利用信息技术，加强部门间的连接，充分开发多部门的数据价值，促进数据的协同利用，都是帮助应急管理体系快速发展的重要举措。因此，借鉴类似于数据中台等统一平台的建设，可以帮助各部门间更好地融合互助，提升数据利用率，进而推动应急管理体系的创新发展。

当然，应急管理体系本身的复杂性和不同地区的特殊性，都给其数据协同整合发展带来了不少的问题。本文提出的数据中台思路也需要依据特定地区的特定情况加以改良完善，同时需要学界后续的研究和拓展。

参考文献：

[1]容志，王成程.重大突发疫情与中国特色应急管理体系再优化[J].党政论坛，2020(9):30-34.

[2]胡韬，王晟，陈征宇.数字化在应急管理中的应用[J].中国应急管理，2020(2):64-65.

[3]林永明.构建统一多元应急救援体系研究[J].中国应急管理，2019(7):42-43.

[4]王宏伟.中国应急管理的变革：难点、创新与挑战[J].中国安全生产，2019，14(3):36-39.

[5]陈晓春，苏美权.新发展理念下的应急管理发展战略研究[J].治理研究，2018(4):74-84.

[6]许苗峰，薛慧.智慧城市数据中台设计与应用[J].邮电设计技术，2020(2):84-86.

[7]石冬喜，汪思冰.基于数据中台架构的主数据平台设计与研究[J].甘肃科技纵横，2020(1):8-10.

[8]陆慧菁，杨广黔，彭俊丰，等. 基于智能医学数据中台的大数据科研平台应用实现[J]. 中国数字医学，2020(4):22-25.
[9]赵良，辛思海. 商务服务类企业数据中台建设实践[J]. 中国新通信，2020(1):78-79.
[10]杨灵运，邓生雄，文杰. 面向互联网平台的数据及业务中台模型研究与设计[J]. 中国高新科技，2020(1):127-128.

兰德公司的情报研究方法创新及其启示*

黄晓斌　罗海媛（中山大学信息管理学院）

随着社会经济的发展，智库情报研究面临的问题越来越复杂，传统分析方法的局限性越来越大。新兴的信息技术如大数据、云计算、人工智能等对情报研究方法提出了新的要求。因此，我国在建设特色智库过程中，如何突破传统的研究方法，不断创新与发展是当前一个突出问题。

国际一流智库十分重视情报研究方法的开发与创新，兰德公司就是一个最具代表性的例子。兰德公司正式成立于1948年11月，成立之初主要为美国军方提供调研和情报分析服务。目前是美国最重要的对国家安全和公共福利等各方面问题进行综合跨学科分析咨询研究的非营利性机构。兰德公司曾经做出过不少精确预测，其研究成果在国际上影响巨大，它通过对一系列国际热点问题的追踪，出版了大量的研究报告，打造出著名的兰德品牌。近年来，兰德公司注重跨学科、跨领域、多角度分析研究问题，发表了很多权威观点。例如，其在2006年发布《2020年的全球技术革命》预测了15年内的16个应用最广泛的科技领域，具有较强的前瞻性[1]。兰德公司的研究报告基于完备的数据、科学的方法、强大的专家智囊团，调查结果客观可靠，具有一定的战略高度。兰德公司高质量的战略研究报告离不开一系列新颖和独特的研究方法及工具的支持，注重研究方法的不断创新是其一个重要特点。

目前国内学者对兰德公司的研究主要以介绍性内容为主，集中于分析兰德公司的发展特点、在政策研究方面的做法以及在智库运行方面的成功经验等[2-4]。总的来说，较少有专门针对兰德公司情报研究方法的整体分析，缺乏对其研究方法利用与创新的总结。因此，本文通过对相关文献的调查、对兰德公司官网数据的分析和相关研究报告的研读，尝试梳理和分析兰德公司情报研究方法的特点，探讨其创新之处与原因，从中总结其情报研究的方法创新特征，并由此提出对中国特色新型智库建设与发展的启示。

1　兰德公司进行情报研究方法创新的原因与目的

兰德公司成立70年来，面临的社会和工作环境发生了显著变化，情报研究方法在不

*　本文为教育部人文社会科学研究规划基金项目“面向新型智库的情报保障体系与服务创新研究”（编号：19YJA870006）的研究成果。

同时期面临不同的问题，只有创新才能激发动能。兰德公司成立初期旨在为空军提供参考战略和战术，这一时期面临的最大挑战是如何实现效用最大和决策最优，其创造性提出了博弈论、系统分析法等方法，通过构建模型进行预测。随着研究范围的扩大，原有研究方法的局限性也逐渐显露。例如传统的分析模型在分析假设、对象和影响因素等方面存在不足，无法满足复杂多样的场景和不断变化的现实环境，因此必须进行创新，在传统建模分析的基础上尝试融入人工智能等计算机技术，实现模型的自动化推演。如今，随着新一轮科技革命兴起和新技术新产品的渗入，研究方法同样面临着新的挑战。例如大数据背景下信息源的处理、高度不确定性下的决策规划探索、长期政策分析的量化方法开发等，兰德公司有必要进行研究方法创新，提高自身做出快速判断和合理选择的能力。

兰德公司的情报研究方法创新的主要目的是：①研究方法创新是提高竞争力的核心所在。20世纪60年代后随着大量智库出现，兰德公司的生存发展面临着重大挑战。为了巩固研究的权威性，必须提高自身独特的竞争优势。智库的核心竞争力来源于高质量的成果产品，而高质量的成果产品必定基于科学的研究方法。因此只有随时把握时代发展进行研究方法的创新，才能在激烈的竞争中立于不败之地，这是其情报研究方法创新的出发点。②研究方法创新是兰德公司发展的持久动力。兰德公司擅长综合性和预测性战略研究，研究环境和研究问题的复杂性使传统研究方法越来越难以满足高质量研究成果的标准，因此需要根据研究问题不断开发新的研究方法和模型工具。变革创新是兰德公司发展的内在持久动力，也是情报研究方法创新的落脚点。

2　兰德公司首创的情报研究方法及应用

“工欲善其事，必先利其器”。兰德公司成立近70年来经久不衰，平均每年发表350—400份研究报告，其根本原因是具备一套系统的研究方法体系。兰德公司投入大量精力创新研究方法，形成了兰德公司独特的情报研究方法。兰德公司还首创了许多独特的研究方法和模型，如德尔菲法、系统分析法、模型和预测、博弈论方法、路线图、行动热点法、专家棱镜系统等，在情报研究领中具有广泛影响和普遍应用。下面对兰德公司情报研究中主要创新方法进行分类介绍（详见表1），分析其形成、特点和应用情况。

表1　兰德公司首创的情报研究主要方法一览表

方法类别	方法名称	
数据收集与质量控制类方法	多方式调查能力系统	Multimode Interviewing capability
	半结构化调查与焦点小组方法	Semi-structured Interviews and Focus Group
	连续性质量改进方法	Continuous Quality Improvement
预测类方法	德尔菲法	Delphi
	模型和预测	Modeling and Forecasting
	路线图	Road Mapping

续表

方法类别		方法名称	
决策类方法	风险型问题决策	系统分析法	System Analysis Method
		组合分析工具	Portfolio Analysis Tool
		离散选择模型	Discrete Choice Modelling
		博弈论	Gaming
		行动热点方法	Actionable Hot Spot
		专家棱镜系统	ExpertLens
	深度不确定型问题决策	探索性建模	Exploratory Modeling
		健全性决策	Robust Decision-making
		长期政策分析	Long-term Policy Analysis
		基于假设的规划方法	Assumption-Based Planning

2.1 数据收集与质量控制类方法

2.1.1 多方式调查能力系统（Multimode Interviewing Capacity）

多方式调查能力系统（MMIC）是兰德公司开发的综合信息系统，整合了包括网络调查、电话访谈、自我管理调查和个人访谈在内的多种调查模式，是用于设计和评价政策干预的理想工具。例如2012年美国总统选举的民意调查、兰德劳动力和人口调查、墨西哥社会政策干预设计与评价等，并已成为拉丁美洲社会政策中心使用的数据收集方法之一。该系统的主要优势是在数据集的处理实现了集成，借助先进通信技术提高研究人员获取需求的准确性和响应性，通过利用互联网、PDA和智能手机等设备实现了数据收集方法的多样性。

2.1.2 半结构化调查与焦点小组方法（Semi-structured Interviews and Focus Groups）

半结构化调查与焦点小组方法是收集定性数据的有效方法，技术性要求较高。兰德公司在其报告《数据收集方法：半结构化调查和焦点小组》中全面阐述了该方法。这两种方法都是较自然的非正式访谈，鼓励受访者自由表达观点，从中获取深度信息。特点在于通过参与者之间的互动发散和激励思维，激发创新思考和想法[5]。兰德公司采用这种方法发表了大量创新性研究报告，如2013年和2017年通过组织专家进行半结构式访谈后分别出版《2030年全球社会趋势及其对欧盟的影响分析》[6]和《了解区块链的态势——挑战、机遇和标准展望》[7]。

2.1.3 连续性质量改进方法（Continuous Quality Improvement）

兰德公司认为高质量不是来自于检查，而是来自于过程的改进。连续性质量改进方法（CQI）通过“Plan（策划）—Do（实施）—Check（检查）—Action（处理）”的循环不断改进现有工作并计划后续行动。CQI是医疗卫生保健领域的基础方法，现也用于社区服务组织的项目评价中，例如使用CQI改善和预防社区药物滥用治疗。质量改进战略管理的特点是突破性和创新性，因为每一次质量改进都是对前一个时期工作水平的超越和整体的优化。连续性质量改进在研究方法原理和操作上都有所变革：在原理上，它认为质量改进是经常性的，这就要求要不断创新产品和方法的研究，从源头上控制问题的产生；在操作上，它认为质量改进是过程的改进，是提高项目结果的一种系统、持续、有计划的过程，体现了从量变到质变的理念。

2.2 预测类方法

2.2.1 德尔菲法（Delphi）

德尔菲法也称专家调查法，是不确定条件下进行预测的一种多主体、多阶段分析方法，由赫尔姆和戈登于20世纪40年代首创。1946年兰德公司首次用这种方法进行预测，目的是为了克服专家集体讨论存在的屈从权威和盲目服从的缺陷。德尔菲法的基本理念是对专家意见进行多轮调查，专家间不得互相讨论，通过反复征询、归纳、修改，最后汇总成专家基本一致的看法作为预测结果。德尔菲法最经典的案例是从苏联战略规划者的角度，预测其对美国军工企业目标系统轰炸所需原子弹的数量。这也是兰德公司第一次向公众介绍该方法所提供的案例[8]。德尔菲法体现了一种群体思维，因为具有匿名性，每个专家的意见得到充分表达、集思广益。由于具有反馈性、统计性等优点，最终结果较客观可靠，基本能反映出专家的思想，德尔菲法几乎可应用于任何领域，是目前兰德公司200多种预测方法中使用最频繁和最广泛的咨询决策技术。

2.2.2 模型和预测（Modeling and Forecasting）

建模是为了预测以便做出更正确的决策。兰德公司在定量分析中重数据、重模型，建立了回归建模和探索性建模等方法衡量现有方案的效果并进行预测，在社会公共政策领域应用广泛。在预测大型组织的行为上，兰德公司关注的是制定组织决策过程的有效模式和假设，因而在建模上重在以一种全面且有远见的视角，充分结合人和先进的计算机技术，提高当前战略模型的预测准确性和有效性。典型案例是兰德战略评估系统，该系统创造性地将兵棋推演和分析模型结合起来，是一个全新灵活的框架。总的来说，结合尽可能多的知识构建一种理想的模型是对现实世界的抽象反映，通过定量模拟揭示潜在的政策权衡和社会经济驱动因素，有助于客观地认识世界，是科学发现和思维创新不可缺少的工具。

2.2.3 路线图（Road Mapping）

路线图最早出现于美国汽车行业，是为了促进组织研发和创新发展，将战略的愿景、任务、目标和行动方案有机结合的自上而下的灵活的战略规划管理工具[9]。路线图由简洁的图形、表格或文字组成，用于表示明确的时间或条件限制下科学技术的演进或任务完成的进度分布。兰德公司将路线图应用于企业和行业的战略管理，以及医疗和交通等公共领域中，如绘制病人健康信息和身份管理路线图、制定英国未来20年交通运输发展战略路线图等。在战略管理方面，2017年兰德公司为美国国家地理空间情报局（NGA）提供了一份关于员工如何在公开场合取得成功的计划路线图，以帮助其实现在安全和机密环境之外的任务。路线图体现的是系统思考和长远规划的兰德式思维。组织者借助路线图识别出关键技术及演进趋势，从而进行规划推演，制定灵活的组织计划和创新的管理模式，帮助企业持续走在市场发展的前沿，保持竞争优势。

2.3 决策类方法

在面临决策时存在着各种可能性，本文将兰德公司决策类方法分为风险型决策问题（即能通过概率分布或信息推理得知状态发生可能性）和深度不确定型决策问题（即不确定性太大而无法准确预测状态发生可能性）两种情况。

2.3.1 风险型问题决策

（1）系统分析法（System Analysis Method）

系统分析法源于第二次世界大战的运筹学研究，由兰德公司战略分析师爱德·帕克森于1947年提出。系统分析是在不确定的情况下分析一个基本问题的本质和起因，用系统的角度进行思维推理，探索可能的方案建立必要的模型，并通过对比分析选出最优方案的一种辅助决策的方法[10]。系统分析法主要用于武器系统的优化配置和成本效益分析问题[11]，后来也逐渐应用于商品服务和城市发展等社会领域，如研究无人机对包裹运输的影响[12]。兰德公司认为，系统分析是一种研究方略。用系统的思维方法提高工作决策建立在对现有分析方法的全面研究、科学思考和系统整合等基础之上，这种创新思维的产生是科学思维的一个划时代突破，标志着科学思维主要以“实物为中心”过渡到以“系统为中心”，为人类认识和改造世界提供了全新的科学理论方法。

（2）组合分析工具（Portfolio Analysis Tool）

组合分析方法起源于金融领域，兰德公司基于此开发了组合分析工具（PAT），运用该工具对军备能力选项进行组合评估分析，完成多种装备项目的开发。创新在某种意义上来源于资源的巧妙组合。组合分析的基本逻辑是通过权衡不同模块的效能和费用，利用算法迭代得到具体任务下的最佳备选方案，是组合思维在创新中的运用。兰德公司基于组合分析工具开展了一系列应用研究，主要用于解决武器装备体系作战效能评估与结构优化，例如《导弹防御的组合分析工具》《能力选项评估的组合分析方法》以及《新国防战略的资源配置》等[13]。此外，美国海军在《海军的分析能力：改进基于能力的规划》的研究中，也把组合决策作为武器装备论证的主要分析方法。

（3）离散选择模型（Discrete Choice Modelling）

离散选择模型（DCM）是分析和预测人类个性如何影响人们选择的方法，理论基石是效用最大化理论。离散选择模型应用十分广泛，例如通过分析消费者对不同商品、服务的选择偏好预测市场需求；通过分析个体对目的地、交通方式和路径的选择行为预测交通需求。兰德公司在分析个体或企业的选择行为中广泛采取这种方法，如运用DCM预测驾驶者是否愿意支付哥本哈根拟建的海底隧道通行费、了解欧洲消费者对新车的偏好、量化英国公众在考虑重复使用土地时做出的权衡等。

（4）博弈论（Gaming）

1928年，冯·诺伊曼证明了博弈论的基本原理，宣告了博弈论的正式诞生，其中“囚徒困境”是博弈论经典模型之一。博弈论研究的是参与者如何在冲突条件下进行决策以最大化效用，精髓在于寻找最优策略，现已广泛应用在金融学、经济学、政治学等众多学科当中。兰德公司最新的研究是将博弈论应用于太空控制，发布《太空博弈：用于评估太空控制选项威慑价值的博弈论方法》[14]。博弈是思维的博弈，博弈论采用数学模型将复杂行为抽象化，利用统一的分析框架将分析模式化，突破了信息不完全、不对称条件下的分析难点，因而博弈论是科学决策和策略性思考的有效工具。此外，兰德公司还围绕博弈论方法建立了方法学研究中心，采用实战演练模拟方法改善不同政策领域的决策水平。

（5）行动热点方法（Actionable Hot Spot）

行动热点方法（AHS）也是兰德用于决策的重要方法，最初被用来研究伊拉克的简易爆炸装置部署。AHS关注的是具有明显问题的区域，即可行动的热点。通过使用专题地图、Kernel密度差值和层次聚类三种方法，对历史数据进行地理空间分析并识别出热点聚类，然后为可行动热点优先分配资源并评估预期结果。优先处理关键问题反映出行动热点方法的聚类思维，解决了现有资源稀缺时的部署决策和效用最大化问题。

（6）专家棱镜系统（ExpertLens）

当希望纳入专家和/或利益相关方的意见时，兰德公司开发的专家棱镜系统便可快速有效地辅助复杂决策。ExpertLens基于迭代数据收集和小组反馈，由创意产生、评估、反馈和讨论、重新评估四轮工作组成。该方法的显著特征是结合定性和定量数据的能力，这有助于定性地确定两轮评估之间意见变化的潜在因子，具有匿名性和易用性等优势。该方法已被用于美国、加拿大和欧洲的众多社会项目中，如确定影响联邦机构研发投资的核心指标、预测2030年全球社会趋势对欧盟的影响等。

2.3.2　深度不确定型问题决策

（1）探索性建模（Exploratory Modeling）

探索性建模是兰德公司于20世纪90年代在开发联合一体化应急模型和战略评估系统的过程中逐步总结出来的一种定量系统分析方法。兰德公司的Bankes和Dewar博士于1993年提出探索性分析这一术语，并在专著《防务决策的新挑战和新工具》中介绍了该方法[15]，具体做法是：系统分析－设计情景－抽象建模－探索性实验－结果分析。这一方法的关键在于探索深度不确定性环境下的战略决策咨询以降低决策风险。探索性建模的优势在于：一是对问题有全面抽象的认识，初始方案合理性较高；二是通过大量探索性建模实验丰富对深度不确定性问题的处理，进一步提高决策方案的可靠性。兰德公司在探索性建模方法的应用上十分突出，受到决策机构和智囊组织的广泛重视。除了前述的联合一体化应急模型和战略评估系统，兰德公司还将其应用在武器优化配置、战术决策等军事咨询问题中，形成了一批具有影响力的成果，如《网络中心战》等[16]。

（2）健全性决策（Robust Decision-making）

预测是科学的基石，基于证据的定量分析对于做出正确的预测选择不可或缺，但多元的社会发展往往具有深度不确定性。健全性决策就是面对难以预测的高度不确定未来时应用的最佳分析方法。该方法又称鲁棒决策法（RDM），由兰德公司Lempert博士于2003年提出。它的创新之处在于“逆向分析”：传统决策方法使用模型和数据做出最佳预测和方案，而健全性决策是通过成百上千次运用模型来说明决策方案在未来各种可能情境下的实施情况，帮助决策者识别方案的缺陷并进行改进，从而制定更理性的方案。健全性决策为不确定环境下的决策提供了一种新的思考角度和分析方式，即按照逆向思维的方式进行分析，被用于政策分析、环境管理、智能自主决策等问题。典型应用如2001年评估联邦恐怖主义保险是否为纳税人省钱、2005年南加州水资源管理计划、2012年美国科罗拉多河流域未来50年的规划等。

（3）长期政策分析（Long-term Policy Analysis）

长期政策分析（LPTA）是一种全新量化研究方法，旨在系统地应对长远未来的不确定性，增强人类在面对深度不确定性时正确决策的能力。Dewar认为“长期”意味着深刻不确定性：包括系统层面的不确定性、事件发生的不确定性、价值迁移的不确定性以及正确目标的不确定性。兰德公司在《塑造未来百年——量化长期政策分析新方法》的研究报告中详细论述了该方法[17]。关键要素有4个：一是考虑大量场景集合；二是寻找鲁棒战略；三实现具有适应能力的鲁棒性；四是进行互动式探索。在制定人类社会可持续发展政策的过程中，情报分析人员很少进行长达几十年的系统评估，然而LPTA提高了人类思考远期未来的能力，是一种系统地考虑多种未来可能性并进行量化分析的新方法，在长期自然资源规划中尤其适用，例如制定水资源政策、基础设施建设和自然灾害风险管理等。

（4）基于假设的规划方法（Assumption-Based Planning）

基于假设的规划方法（ABP）同样用于处理不确定性情况下的决策。ABP产生于兰德公司1987年的Army21项目：该项目旨在帮助美国规划未来长达30年的陆军规划演习。ABP认为：如果一个组织的前提假设改变了，则相应的行动和计划也会改变，常被用于军队并购计划。传统的规划是根据过去的经验推断出未来的结果，但是新的项目往往缺乏经验，因此这种规划方法往往不可行，基于假设的规划方法克服了传统方法的缺点。经典的ABP由基础假设、关键假设、标志、实施行动和约束行动5个要素组成，其中最难的部分是量化和测试关键假设以证明假设是否正确。该方法的关键不在于制定一个计划，而在于提高现有计划的鲁棒性和适应性，帮助计划应对重大改变。兰德公司应用该方法开展了大量军队资源管理规划研究，如估计精益部队包的空军部署、不确定情况下的陆军战略发展等。

3 兰德战略评估系统的分析方法突破

兰德战略评估系统创建于20世纪80年代，是一套基于作战模拟和建模分析的自动化、计算机化的模拟推演系统，是美军最早的一套战略分析工具。它克服了原有战略评估方法在分析假设、对象和影响因素等方面的不足，核心价值在于“开创了现代美国战略评估与战略分析的新思维、新方法、新时代”[18]。兰德战略评估系统在情报研究中的突破主要体现在以下几个方面：

（1）在方法上：将兵棋推演和分析模型有机结合。“政治－军事”兵棋推演具有较大的灵活性和多样性，而分析模型具有较强的可再现性和透明度，但明确的模型无法满足不断变化的现实环境。将兵棋推演的情景丰富性与计算机模拟的明确性和可再现性结合起来。作为一种战略分析工具，兰德战略评估系统创造性地将这两者的优点合为一体，用计算机模型代替参与者和裁判员进行辅助模拟，并在自动化推演过程中进行分析，这是兰德战略评估中心所独有的。这种创新思想在军事行动战略规划、世界发展趋势和军力平衡、联合作战演习、制定和测试军事理论等方面发挥了强大的作用，对分析人员的思维模式、战略分析方法、发展战略等产生了深远的影响。

（2）在技术上：融合人工智能技术设计多方代理。兰德战略评估系统的建模方法与传统兵棋推演相比有很大改进：一是构建红方代理并结合多场景分析进行战略思考，从战略性思维的角度进行创新；二是将传统控制职能分解成场景代理、军方代理和系统监控三个独立的代理，代理间相互独立而具备灵活性。同时，该系统另一个新的挑战在于为代理编程，率先考虑将人工智能和作战建模技术运用其中，围绕自动化兵棋推演、基于规则的建模、军事行动分析结构化、互动型部队作战建模四个方面，形成了独特的“兰德方法”，是一套功能强大的分析工具。

（3）在思维上：系统性思考与多场景分析的思考模式转变。兰德战略评估系统的一个重大创新在于体现了系统性思考和多场景分析的思维，这种思考模式的转变是一种进步。首先，构建国家指挥层决策模型负责制定分析性战争计划，以一种整体的方式系统地考虑作战战略的多重组成部分。其次，打破固定场景的思考模式，注重多场景分析。通过分析不同情况可能造成的结果，确定具有决定作用的重要因素，从而达到战略平衡研究和战略分析的目的。随着“兰德系统”在美国各军事部门及其他部门的广泛使用，“兰德方法”也广泛流传开来，深深地影响着美军战略分析人员的思维模式，其兰德式的设计思想与理念对战略研究和分析方法产生了深远的影响[19]。

4 兰德公司情报研究方法的创新机制

兰德公司情报研究方法的创新机制离不开基础建设、人才队伍、研究选题和研究标准4个因素的共同作用，本质是对研究方法和技术的重视，如图1所示。

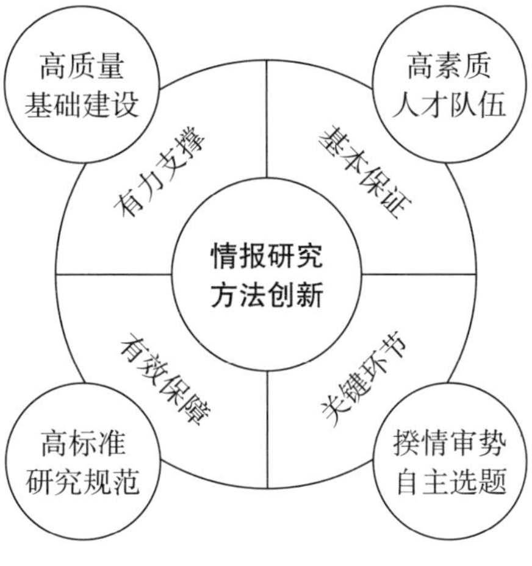

图1　兰德公司情报研究方法创新机制

在基础建设方面，高质量的基础建设是创新情报研究方法的有力支撑。兰德公司注重数据基础建设，例如从1972年就开始构建“反恐”数据库RDWTI，该数据库目前已记录了36000多个恐怖事件。自建数据库体系和图书档案馆等知识储备的积累是其信息资源建设的重要部分。兰德公司还设置多个方法学研究中心和科研部门，专门开发新型研究方法和精密的分析工具，大大提高了研究人员的方法创新能力。

在人才队伍方面，高素质、多样化的研究人员是创新情报研究方法的基本保证。人才是现代竞争力的核心，目前兰德公司拥有来自世界各地的1850名研究人员，91%拥有硕士以上学位。他们具有不同的专业背景，依靠专业知识研究高效率的研究方法和工具，为智库的发展提供智力支持。独特的“旋转门”制度打通了人员交流机制，有利于突破思维定式，帮助思想碰撞和融合，最终产生了德尔菲法、头脑风暴法等著名方法。

在研究选题方面，揆情审势自主选题是创新情报研究方法的关键环节。兰德公司的研究主题随着国际政治、经济形势的演化而变动，擅于根据国家发展战略和公众兴趣的转移调整研究方向，鼓励研究人员大胆选题，充分发挥自主性。兰德公司有一条特殊的规定叫作“保护怪论”，即对于那些看似异想天开的“怪论”不但不予以禁止，反而作为创新之源予以引导和保护，这让不少看起来荒诞的“怪论”后来逐渐成为优质议题，从而使研究具有新颖性和开拓性。

在研究标准方面，高标准的情报研究规范是创新情报研究方法的有效保障。规范制定了高品质研究的10个标准，在严格科学的标准指导下研究人员可准确地表达研究问题并精心设计研究方法，当引入新方法时需要详尽说明该方法的优势所在，将无形思维显性化。兰德公司还采用同行评审的方式定期对研究产品质量进行严格的审查和把控，力求研究的权威性。高质量的情报研究规范对研究工作提出了“综合性、创新性、持久性”的要求，对情报人员创新思维的培养起到了促进作用。

以兰德公司的《塑造未来百年——量化长期政策分析新方法》（*Shaping the Next*

One Hundred Years: New Methods for Quantitative, Long-term Policy Analysis）报告为例[17]，该研究旨在借助现代计算机能力发展新型鲁棒决策方法，选题方向契合发展热点，有助于研究思路的拓展。项目由兰德公司的重要科研部门之一帕蒂中心主导，研究团队借助丰富的数据库查阅和整合相关背景资料，并召集兰德公司不同部门的专家，代表持有不同观点的利益攸关方，共同引导启发进行研究，最终研发出系统地应对长远未来不确定性的全新量化研究方法，增强了人类面对深度不确定性时正确决策的能力。为保证研究方法具有创新性，该报告需要经过严格的内部审查制度，由2—3名领域内未参与此研究的研究人员组织期中、期末评审并由相关副总裁审定通过才可发表。由此可见一种创新方法的提出是基于合适的选题并参考大量数据、由研究人员共同配合并需要用严格的规范加以保障。

兰德公司认为公共政策的建议与影响需要以连续不断的多种创新的与跨学科的方法和工具为支撑，只是单一学科或者政策领域这种组织科学体系的传统方法不足以推动创新。为此，兰德公司专门建立了6个方法学研究中心，分别是：应用性网络分析和系统科学研究中心、质性和混合方法研究中心、实战演练模拟研究中心、因果推断研究中心、不确定状况下决策研究中心和可扩展计算分析研究中心[20]。每个中心都负责从不同角度创新研究方法，开发分析工具并探讨其在不同尺度上的扩展应用。他们不仅发展应用这些理论方法，还将其推而广之，在国际一流智库的舞台上发挥了重要作用。这种方式在其他智库不多见。下面是各个方法研究中心的主要方法创新活动和应用。

4.1 应用性网络分析和系统科学研究中心（RAND Center for Applied Network Analysis and System Science）

应用性网络分析和系统科学研究中心利用严格的网络研究方法为政策研究提供客观的解决方案，研究集中于犯罪等级制度、空军物流、非洲和中东HIV传播风险的降低以及风险和高风险人群的吸毒问题4个领域。该中心通过网络可视化图形、网络指标和描述、网络统计模型等网络分析方法更直观地理解网络关系的深度和广度、识别关键参与者、评估网络关系及其影响。这些方法在国家安全问题、社交媒体分析等得到了广泛应用，如用网络分析方法研究不同类型的住房政策与居民健康行为的关系；用社交媒体数据分析研究俄罗斯社交媒体的影响力等。

4.2 质性和混合方法研究中心（RAND Center for Qualitative and Mixed Methods）

政策研究往往需要考虑不同的环境和文化背景，质性和混合方法研究中心通过迭代、探索性数据收集分析开发和推广一系列基于经验事实的工具，运用半结构化访谈和焦点小组、文化领域分析、基于术语的主题分析、语料库分析等方法，适应了复杂的决策环境。一个现实案例是兰德公司使用探索性访谈和结构化访谈等多轮混合方法帮助美国国立卫生研究院确定针对无家可归男高风险性行为的干预政策，以降低无家可归人群中艾滋病的传播风险。

4.3 实战演练模拟研究中心（RAND Center for Gaming）

该中心又叫博弈研究中心，旨在支持博弈论的创新应用以及整个组织方法论知识的开发和发展，促进在研究中使用博弈论以改善各种政策领域的决策水平。兰德公司一直走在实战演练模拟的前沿。实战演练模拟可以在分析的各个点使用以实现不同的目标，常用的方法有博弈、模拟和建模。通过反复建模获取大量实验数据对现实情况进行模拟仿真，以保证设计方案在投入实际运用时产生最大效用和最小误差。研究领域包括战争游戏、军事战略、国家安全等。例如通过与专家进行桌面实战演练模拟研究提高未来空降部队在关键任务中作战能力的方法。

4.4 因果推断研究中心（RAND Center for Casual Inference）

复杂的社会问题使得理解因果关系成为政策研究的必要条件。因果推断研究中心致力于改善因果推断法在公众政策领域的开发和应用，包括健康、教育、环境、劳动力市场、公共和国家安全等，开发了随机研究法、倾向评分法、双差法、工具变量和回归不连续性（断点回归）等新方法。其中倾向评分法处于方法中心的显著位置，在因果推断中通过对观察性数据的有效处理，提高研究的质量与效率。例如兰德公司采用倾向评分法研究加利福尼亚州奥克兰市警察路检处理结果中是否存在种族歧视倾向、评估基于社区的社会心理治疗对青少年药物滥用现象的效果。

4.5 不确定状况下决策研究中心（RAND Center for Decision Making Under Uncertainty）

政策制定日渐复杂的情况下，需要有能够知道不确定状况下决策的方法、工具和过程。该中心评估政策研究中不确定性与风险杠杆的深度与广度，通过明确各种方案和潜在结果，改进复杂现实世界中的决策。研究人员在不同环境下采用不同的研究方法：在不确定性高、风险复杂并且决策影响长远的情况下的组织决策中多采用预测和决策支持法；在不确定水平受到较多限制且影响短期的个人决策中多采用心理模型和行为实验法等方法论的组合。兰德公司的专家运用行为学实验的方法考察被实验者的心智模式等并获取各项指标数据，作为决策制定过程中的直接参考。不确定情况下的决策制定在气候变化、医疗保健和国防等领域有着广泛应用，例如兰德公司通过分析气候变化帮助路易斯安那州评估飓风过后的风险和灾后50年的重建规划。

4.6 可扩展计算分析研究中心（RAND Center for Scalable Computing and Analysis）

可扩展计算分析研究中心旨在提高大数据分析思维方法和工具的创新能力，通过开发一套用于大规模分析的方法和工具，将其应用于政策研究并讨论对道德、公平、隐私等社会方面的影响。该中心围绕基础结构、算法和影响三个因素组织对大数据的思考和应用。基础结构的关键优势在于系统的可扩展性；算法适应了机器学习的趋势，能处理复杂的大规模数据；影响主要讨论的是对隐私的影响，在社会决策中使用大数据需要在隐私问题和公共利益之间进行权衡。典型应用如研发基于大数据云计算平台的兰德健康综合改革评估微观模拟模型，用于模拟主要监管工作的效果和医疗法案评价等。

5 相关启示

智库的作用是为有关决策服务，研究方法创新是智库生存发展的重要保障。兰德公司在研究中逐步形成了一套独有的情报分析方法体系，有助于进行精准预测和科学决策，产出高质量的研究成果。兰德原总裁赖斯认为："从长远的观点看，关于方法的创造性研究才是兰德最经久不衰的成就。"[21] 目前我国正处于建设有中国特色的新型智库阶段，兰德公司对研究方法和工具创新的高度重视值得我们借鉴。

5.1 注意与时俱进不断加强研究方法的创新

面临着日新月异的技术发展、层出不穷的社会需求和不断调整的政策变化，兰德公司自成立以来一直紧跟时代，调整研究范围、方法和技术，以应对不同的新情景，顺应时代发展。兰德公司与时俱进的主要做法体现在：①研究方法创新：这既是一流智库的发展基因，也是重要成果产出[22]。兰德公司突出围绕对国际化长远问题的战略研究和对科学技术前沿的实证分析，因此方法创新是必然要求，而实践应用也倒逼方法的进一步拓展。兰德公司先后在不同时期创造了德尔菲法、头脑风暴法、不确定条件下的决策方法、数学建模及仿真法、线性和动态规划等全新的研究方法，并一直坚持注意对方法的提炼与总结。②研究视野创新：兰德公司研究主题的起点是军事战略咨询，之后逐步国际化。《兰德公司与美国的崛起》一书中写道："50年代，兰德协助艾森豪威尔政府做应对核热点的准备，80年代里根时代提出小政府、外资干预政策都可追溯到兰德，海湾战略、伊拉克战略、军事变革等都是兰德策划已久的研究项目。"[23] 其研究多具战略预见能力。③研究工具创新：兰德公司利用计算机、网络等信息技术，建立和开发了许多数据库和信息系统，将有关方法工具化，提高了方法利用效率和准确度。由此可见，情报研究方法必须与时俱进，尤其是要以前瞻性的眼光看研究方法。理论创新可从方法形成的思维机制出发，借鉴其他学科成熟的研究方法，提升情报研究的服务和产品质量。我国智库发展与国外智库相比起步较晚，应将研究方法的创新性研究作为重要任务。顺应时代发展，自主研发并创新基于数据挖掘与人工智能的方法、开拓对特定政策问题的新研究方法、鼓励在研究视野上立足前沿大胆选题并科学求证。通过对这些创新方法的实践研究，验证其适应性并进行改进，加快中国特色智库的转型建设工作。

5.2 注意利用综合方法进行跨学科跨领域研究

兰德公司致力于跨学科、跨领域应用研究方法和工具，将理论构建与实际需求紧密结合。兰德公司意识到按照传统的学科背景或政策领域组织科学能力的方法已不足以加速创新。兰德公司认为公共政策的建议与影响需要以连续不断的多种创新与跨学科的方法和工具为支撑，因此，兰德公司专门设立了“方法研究中心”，以突破学科边界限制，采用一系列分析方法与工具进行跨学科、跨领域研究。纵观兰德公司的项目研究，几乎都是由不同学科不同研究方法共同完成的。例如在因果推断研究中同时使用倾向评分法和随机研究、在《综合政治战》中综合采用了文献调查法、半结构化访谈和案例分析法对多个案例进行深入剖析[24]。兰德公司利用多样化、多学科方法和工具的开发、创新与综合应用，以提供更高质量的报告、服务产品与思想见解，满足大数据时代日益提高的决策情报需求。马费成教授曾经指出，中国的情报学研究方式不拘泥于知识的组织和检索或信息交流过程中规律和知识的演化[25]。因此，智库的情报研究方法创新要注意综合利用多种分析方法，让数据从信息科学、管理科学、行为科学、系统科学和社会科学等不同角度“说话”，满足大数据时代复杂的决策需求。同时也要注意定性分析与定量分析的结合，讲究多元化的同时提升专业化水平。在综合方法的应用和改进中，逐步形成一套方法体系、扩展研究领域，打造智库的核心竞争力。

5.3 注意利用现代技术开发专业的分析工具

网络与大数据环境让科学决策日渐复杂，要做出快速、科学、动态的决策，离不开诸如自动化和智能化分析等关键核心技术的支持。早在20世纪80年代初兰德公司的计算中心就已具有较高的硬件和软件水平，目前计算机辅助决策系统已经在咨询领域被广泛应用。兰德公司建立了许多数据库和信息系统，还设有统计分析支持部门——“兰德数据统计小组”，由不同领域的数据分析专家组成，其职能定位于为研究人员获得满意的数据分析支持和咨询，以提高定量研究的质量。兰德公司不仅开发了MMIC、PAT等分析工具，还率先将人工智能应用于兰德战略评估系统，取代人工团队，综合运用信息技术、建模技术、数据技术和架构技术等现代技术，成为美军最早的一套战略分析工具。反观我国智库的情报研究，主要采用文献综述、个体经验及专家智慧，研究方法较单一，方法应用的基础条件较差。方法创新离不开科学技术的支持。现代信息技术的发展为新分析方法的产生创造了条件。计算机仿真、数据挖掘、人工智能等现代技术有助于提升定量分析的便捷性、研究过程的高效性和分析结果的科学性。因此，可借鉴兰德公司的做法，在经典研究模式的基础上注重数据积累，利用新的数据库和现代技术，开发有效的分析工具。例如，利用大数据技术提高情报研究的效率和精确性，探索面向数据挖掘与知识发现、可视化的分析方法，研究利用仿真技术的决策场景生成方法等，探索开发出新的分析工具，不断完善智库的情报分析系统。

5.4 注意从组织与管理上来保障方法创新和应用

良好的组织与管理是智库健康持续发展的基本保障。兰德公司的研究人员一方面在学部框架下进行管理和活动，另一方面根据不同项目的需要灵活流动和组配。建立多元化的团队，让不同的声音交融，真正实现兰德公司在其愿景中所宣称的“跨领域、跨学科”研究特色。兰德公司开发了一系列分析方法和工具，设立了不同领域的方法学研究中心，每个中心从不同角度创新研究方法并进行扩展，从组织与管理上保障研究方法的创新和应用，这种做法给我们提供了有关启示：为了保证研究方法具有延续性和创新性，在开发新的研究方法的同时也要加强组织和有效管理，集中专家开发新的研究方法并为其应用提供资源。建立一定的科学规范，从体系上保障研究方法的创新。兰德公司制定了一系列研究规范，将这些高质量标准作为确定“兰德型”战略研究的必备标志。规范明确要求：选题时要合理界定问题，明确研究目的；研究过程中精心设计和执行研究方法；应了解其他相关的研究项目；使用最优数据和信息；研究假设明确且合理；研究结果代表了必须与现有知识相结合的新知识；提出相关的启示意义和建议；研究文献应当表达准确、通俗易读、结构清晰；研究有使用价值，关乎利益相关者和决策者；研究观点要客观、独立和公平等。兰德公司的研究成果审查机制相当严格，每个研究项目都由学部主任选择数名该领域未参与研究计划的资深研究人员做评审员，负责项目的期中审查和的期末审查，写出评审报告，以判断是否达到要求。兰德公司还从社会上聘用具有名望的教授和高级专家作为特约顾问和研究员，参加兰德公司的高层管理，对重大课题进行研究分析和成果论证，以确保研究质量及研究成果的权威性[26]。科学的组织和管理使得研究方法能够不断完善，发挥更大的效益。

5.5 注意培养创新思维激发情报研究方法的创新

创新方法来源于创新思维，兰德公司每种研究方法都是其科学思考和创新思维的产物。例如德尔菲法利用群体智慧交流创新思想，健全性决策法基于逆向分析的全新思考角度，多方式调查能力系统实现了数据处理创新等。钱学森曾经说过，情报科学技术是思维科学的一门应用科学。因此，情报分析必须注重学习和训练，要培养创新思维。兰德公司一直以来重视量化思维，充分利用数据和模型分析，专门成立统计研究组（RSG）以确保为其所有研究人员提供统计技能。RSG由统计学专业的博、硕士和统计专家组成，主要开展必需的统计方法的研究与开发、为研究项目提供统计咨询、为所有兰德员工提供统计学教育。可以说，兰德公司高质量的研究成果与其数据收集分析、科学统计等方法的支撑是分不开的。通过建立模型对现实状况进行理性描述和客观反映，分析和整理现有数据。通过完善规则、多次迭代模型和集成多个模型等方法反映出规律，从多方位观察、多层面分析中发现突破点并进行深入挖掘，量化分析有助于实现研究思维上的飞跃。创新思维不是单一的思维类型，而是将多种思维方式综合得到的结果。通过有意识地培养归纳思维与演绎思维、聚合思维与发散思维、求异思维与求同思维等多种思维方式，有助于激发和创新研究方法。

参考文献：

[1] SILBERGLITT R, ANTON P S, HOWELL D R, et al. Global technology revolution 2020[EB/OL]. [2018-08-18]. https://www.rand.org/pubs/monographs/ MG475.html.

[2]王宏广，王革，韦东远，等. 高端科技智库建设要力争做到“九有”：兰德公司智库建设及其对我国科技智库建设的启示[J]. 科技中国，2018（5）：1-4.
[3]闫俊，郭正玉. 美国兰德公司70年发展启示[J]. 航空兵器，2017（6）：13-17.
[4]王铮. 美国兰德公司的运营特点与发展态势[J]. 智库理论与实践，2016（1）：81-89.
[5]HARRELL M C, BRADLEY M A. Data collection methods：semi-structured interviews and focus groups[J]. 2009（5）：2264.
[6]HOORENS S, GUERIN B, GHEZ J J, et al. Europe's societal challenges：an analysis of global societal trends to 2030 and their impact on the EU[EB/OL]. [2018-08-18]. https://www.rand.org/pubs/research-reports/RR479.html.
[7]DESHPANDE A, STEWART K, LEPETIT L, et al. Understanding the landscape of distributed ledger technologies/ blockchain[EB/OL]. [2018-08-18]. https://www.rand.org/pubs/research-reports/RR2223.html.
[8]DALKEY N, HELMER O. An experimental application of the Delphi method to the use of experts[J]. Management science，1963（3）：458-467.
[9]汪秀琼，谢佩帛，吴小节，等. 广东省科技型小微企业金融支持政策体系建设路径：基于路线图方法[J]. 科技管理研究，2016（10）：13-18.
[10]宋涛. 20世纪中国学术大典：经济学[M]. 福州：福建教育出版社，2005.
[11]BOLTEN J G, LEONARD R S, ARENA M V, et al. Sources of weapon system cost growth：Analysis of 35 major defense acquisition programs[EB/OL]. [2018-08-18]. https://www.rand.org/pubs/monographs/MG670.html.
[12]GULDEN T. The energy implications of drones for package delivery[EB/OL]. [2018-08-18]. https://www.Rand.org/pubs/research-reports/RR1718z1.html.
[13]唐狄，邹波，董伟. 装备体系结构论证中的组合决策分析框架研究[J]. 装备学院学报，2012（1）：123-126.
[14]MORGAN F E, MCLEOD G W, NIXON M, et al. Gaming space：a game-theoretic methodology for assessing the deterrent value of space control options[EB/OL]. [2018-08-18]. https://www.rand.org/pubs/research-reports/RR694.html.
[15]JOHNSON S E, LIBICKI M C, TREVERTON G F, et al. New challenges, new tools for defense decision making [M]. Santa Monica, CA：RAND Corporation，2003：48-49.
[16]PERRY W, BUTTON R W, BRACKEN J, et al. Measurements of effectiveness for the information-age navy：the effects of network-centric operations on combat outcomes[EB/OL]. [2018-08-18]. https://www.rand.org/pubs/monograph-reports/MR1449.html.
[17]LEMPERT R J, POPPER S W, BANKES S C. Shaping the next one hundred years：new methods for quantitative, long-term policy analysis[EB/OL]. [2018-08-18]. https://www.rand.org/pubs/monograph-reports/MR1626.html.
[18]李健，毛翔. 兰德战略评估系统及其影响[J]. 军事运筹与系统工程，2015（1）：5-12.

[19]汪永庆. 兰德战略评估系统的方法与推演设计建模[M]. 北京：航空工业出版社，2015.
[20]RAND Corporation. Methods centers at Pardee RAND[EB/OL]. [2018-11-18]. https://www.prgs.edu/research/methods-centers.html.
[21]乔迪. 兰德决策[M]. 成都：天地出版社，1998.
[22]张志强，苏娜. 国际一流智库的研究方法创新[J]. 中国科学院院刊，2017(12)：1371-1378.
[23]阿贝拉. 兰德公司与美国的崛起[M]. 梁筱芸，译. 北京：新华出版社，2016.
[24]ROBINSON L, HELMUS T C, COHEN R S, et al. Modern political warfare[EB/OL]. [2018-08-18]. https://www.Rand.Org/pubs/research-reports/RR1772.html.
[25]马费成. 情报学发展的历史回顾及前沿课题[J]. 图书情报知识，2013(2)：4-12.
[26]王佩亨，李国强. 海外智库：世界主要国家智库考察报告[M]. 北京：中国财政经济出版社，2014.

（本文原发表于《情报杂志》2019年第5期）

大数据环境对科学评价的影响研究*

邱均平　柴　雯（武汉大学信息管理学院；武汉大学中国科学评价研究中心）
马　力（湖北工业大学职业技术师范学院）

科学评价有广义和狭义之分。本文所研究的狭义的科学评价（以下均写作“科学评价”）指以科学研究活动为对象而进行的评价。科学评价起源于同行评议，从15世纪威尼斯共和国的专利审查制度建立，到如今各个国家科技评价政策和评审办法的建立与完善，科学评价随着科学技术力量的突显，逐渐受到政府和学术界的重视，为科学管理和科学决策贡献了重要力量。

随着科学评价应用的普及，科学评价结果在科技项目申请、论文发表、科研人员获奖、职称评定、期刊影响力、机构排名、科研经费分配等领域已起到重要的决策作用。随着时代的发展，我们所熟悉的科学评价的理论、方法、流程和环境也逐渐显露出一些不足，如缺乏价值认知、评价主体公信力不足、过于偏重定量化、缺少有效的监督机制和信息公开等问题都严重影响到科学评价的客观性和公正性，并阻碍了评价结果的良性反馈，使得当前科学评价面临着严重问题。然而，大数据时代为这些问题的解决带来了契机，新的思想、理论、方法和工具将为科学评价完善和变革提供了有力支撑。

当前国内外有关大数据环境下的科学评价的研究成果十分少，大致来讲可以分为两类：一类是以国外学者为代表的、研究基于大数据的具体评价问题，最为典型的是以J. Priem、H. Piwowar、R. Rousseau、J. Bar-Ilan、Ye Ying等为核心的Altmetrics研究群体[1]；另一类则是以国内学者为代表的、从宏观角度出发来探讨大数据环境所带来的影响和我们应做出的应对措施，主要研究者有蒋玲[2]、朱剑[3]、伍军红[4]等。

在已有的研究中，国内学者更倾向于探讨宏观问题，视角多样，但是缺少顶层设计，即缺少基于大数据环境的现实状况提出完整的、科学的大数据环境对科学评价的影响及应对措施，无法提供全面有效指导。基于此，本文将先探究大数据环境对科学评价提供变革契机的根本动因，即科研方式的改变及随之而来的数据收集与处理方式的改变。然后再分别从科学评价的理论、方法、流程和环境层面出发，深入各个角度分析大数据环境对科学评价的影响。

---

*　本文为中央高校基本科研业务费专项资金—武汉大学自主科研项目（人文社会科学）“中国科学评价研究中心建设”的研究成果。

1 大数据环境推动科学评价快速发展

大数据推动了科学研究第四范式的出现，这种以数据为导向的科学研究方式彻底改变了科学研究的思维与方法，同时为科学交流带来了巨大变革。这些改变都推动着科学评价发生变化，迫切需要我们改变思维、完善政策、革新理论、推出新的评价方法、流程和工具，以应对大数据浪潮。我们认为，大数据环境对科学评价带来的影响是巨大的，传统的科学评价需要汲取大数据的特点来推动变革，大数据环境也呼吁更为科学的评价为新的科研范式服务。

1.1 大数据环境下科学研究的第四范式

世界的本质就是数据[5]。计算机与网络技术的快速发展曾一度提高人们获取与处理数据的能力，然而这种能力的提升显然要慢于数据产生的速度。在航空、海洋、物理、生命科学等领域，备受瞩目的大型观测器、模拟机、基因库等科研项目的开展过程中都出现了数据海啸，这一现象不仅出现在这些前沿学科领域，同时也出现在搜索引擎、社交网站、图书馆、银行交易记录、电子商务平台和手机APP的日常使用中，日益迅速增长的非结构化数据，向我们展示大数据时代的到来。

与此同时，科学正进入崭新的阶段[6]。2007年，Jim Grey在NRC-CSTB的演讲报告中指出，人类的科学研究在经过经验范式、理论范式和模拟范式三个阶段之后，逐渐发展至今天将理论、实验和计算仿真统一起来的数据密集型科学发现，也称为第四范式①。新的科学研究范式是通过收集仪器或仿真计算产生的数据，使用软件进行处理形成信息和知识，存储于计算机中，最后由科学家利用数据采集、数据管理、数据分析和数据可视化工具分析和利用存储于计算机中的数据。

新的变化还发生在学科发展和科学交流。在学科发展方面，自然科学领域的变化尤其明显。计算、仿真、模拟使得各学科与计算科学高度交叉，逐渐发展出具有自身学科特点的计算科学分支，如计算生态学、计算生物学和计算化学等；而数据浪潮所带来的数据收集、编码、存储、管理、分析等一系列问题又使得各学科与信息科学高度交叉，衍生出各学科的信息化分支，如生物信息学、医学信息学和历史信息学等。在科学交流方面，学术信息交流体系正脱离基于纸质的传统学术信息交流体系的复制品。开放获取、互操作、统一数据描述、学术成果追踪、语义网、数据出版等新项目、新思想、新技术都使得学术交流体系从根本上发生变革，未来的学术交流体系将是一个基于机器可理解的、跨学科的、国际的、公开的、可追踪的全新模式。

1.2 大数据环境呼吁科学的评价

大数据所带来的科学研究、科学交流和学科发展的转变在科学研究活动中有许多表现。如，科学研究的对象、工具、方法、成果日益丰富；数据导向型科学研究的成果有可能是现如今无法解释和理解，但具有一定预测作用的相关关系；新的科学交流环境使得科学研究的过程和成果变得可实时追踪，科学交流的范围扩展到了跨领域和跨学科；科学研究成果和科研工作者个人的科学影响力受到更多复杂因素的制衡和影响等。基于此，大数据环境对传统的科学评价给予了新的启发、提出了新的要求，使得科学评价的对象、方法、流程、指导政策都迫切需要变革，以适应新的科学环境。

1.3 大数据环境下科学评价活动的特点

大数据时代的思维变革主要体现在三个方面：从随机样本到全样本，从精确性到混杂性，从因果关系到相关关系[7]。为适应大数据环境，现如今科学评价活动已发展出许多新的特点：①评价对象更加丰富。大数据环境所带来的新的科学研究环境下，科研目标、对象、主体、方法、工具、流程、成果都趋向于多样化，由此自然带来科学评价对象的扩充。非正式出版的科研数据与科研记录、学者的在线学术交流与科研活动、新的科研方法与工具都作为新的对象补充进来。如近几年出现的基于社会网络的学术影响力评价和学者影响力评价，都是在新环境下对原有评价对象的扩展。②基于小样本的评价变为基于大数据的评价。在大数据时代到来前，科研评价活动受限于难以获取的数据和稀少且昂贵的数据分析方法与工具，多采用统计学的理论与方法，基于小样本进行评价，评价结果虽能在一定程度上反映出客观事实，但是仍然不够全面、综合。计算机与网络技术的发展已然解决这个问题，数据采集、组织、管理和分析工具百花齐放，为使用“全体数据”搭好了技术基础。③评价指标、工具、方法更加多样化。Altmetrics[8]的出现是科学评价指标的一个重要变革，也是适应大数据环境的科学评价的重要实践。云计算等技术为数据分析提供便利[9]。④专业评价机构获得认同。与科研管理机构和同行专家相比，专业评价机构更能够驾驭复杂的数据和工具[10]。⑤过程透明，反馈机制灵敏。大数据的特质也体现在科学评价活动中，科学评价活动的每一个流程都可以被跟踪和数据化，评价结果不再是单调的排名、等级或者名单，评价流程数据也可以被公布，使得评价结果有源可查，更加公正客观。不仅如此，大数据技术使得我们可以迅速采集评价反馈，对评价的各个环节优化。⑥评价结果更接近价值评价而非量化评价。新指标新体系、定量评价与定性评价的结合使得评价结果不再是单纯的被引量，而是更能揭示对象价值的综合评价。

2 大数据环境对科学评价理论的影响

2.1 大数据环境对科学评价认识论的影响

大数据时代提及的重大思维变革之一就是从重视因果关系转向相关关系的发展趋势。相关关系的核心是量化两个事物之间的关系，这种关系可以方便我们通过关联物来分析现象，而无须揭示其内部运作机制。但是，相关关系有强弱之分，强相关的事物并不一定是客观事实，仅表示某种现象很可能会发生，这与强调客观规律的因果关系既有区别又有联系[11]。

科技哲学领域对因果关系与相关关系的探索从未停歇。一般认为一切科学都在追求现象之间的因果关系，因果关系是科学研究的基础[12]。大数据时代，关于科学研究中的相关关系和因果关系引来一片思考与争议，既然我们并非一定要知道现象背后的原因，那么所谓传统科学建立在因果关系的基础上这一理论是否还站得住脚。经过学者们的研究与讨论[13-17]，笔者总结出以下结论：尽管当前经典大数据分析案例告诉我们，相关关系具有重要价值，探求其背后原因已不再重要，但是这种退而求其次是受限于科学技术发展水平，在我们难以掌控如此巨大的数据之前，我们只好找出有用的部分，但是随着计算机与网络技术的发展，我们在获得数据之间的关系之后，也一定会继续探究这种关系背后的原因。科学研究依旧是以因果关系为基础的。但是不能否认，相关关系是当前科学研究的一部分。这对科学评价的认识论将产生重要影响。

科学评价是一种价值认识活动[18]，以事物的价值为对象，揭示事物对人的价值，形成价值判断，而这一价值认识的基础来源于对事物本质的事实认识，即事物所包含的自然属性和客观规律，事实上也是一种因果关系。缺乏因果性的相关关系难以以传统的科学评价眼光来看待，对相关关系的评价似乎应该从相关关系本身出发，然而这并不是相关关系重要意义之所在，同时相关关系作为一种可能性，其本身难以评价。因此我们对相关关系的评价主要还是着眼于其社会经济效益，其价值高低的标准来源于实践，而哲学意义上其本身的价值，我们难以判断。

2.2 大数据环境对科学评价方法论的影响

方法论是人们认识世界、改造世界的根本办法[19]。完整的科学评价方法论体系应该是包括科学评价活动的一般方法和具体方法的研究与应用，以及科学评价从确定目标与对象、制定评价体系、收集数据、实施分析与计算、到评价结论信度与效度检验以及科学评价实施管理与控制的理论与方法。方法论指导科学评价活动的实施。

大数据环境驱动科学评价活动发生改变，传统的分类体系已不能适应新的评价目标与评价对象；评价指标也应技术潮流的发展不断完善，并更新出新的指标和方法；数据收集、分析、处理工具层出不穷，旧的数据处理思路和方法也需要发生相应的改变，尤其是大数据与统计学样本区别甚大，信度和效度检验已不再满足新的评价方法；同时评价实施管理与控制也需相应实时更新和数据公开。由此，科学评价活动的方法论体系也发生着变化。

3 大数据环境对科学评价方法的影响

传统的科学评价方法包括：定性评价法、定量评价法、综合评价法[20]。定性评价是不采用数学的方法，而是根据评价者对评价对象平时的表现、现实和状态或文献资料的观察和分析，直接对评价对象做出定性结论的价值判断，比如评出等级、写出评语等。定性评价主要包括同行评议、德尔菲法、专家评议等。定量评价方法指应用数学、统计学以及科学计量等方法来进行评价，常见的定量评价方法有科学计量方法、社会网络法、数理统计分析法等[21]。综合评价方法[22]指综合运用定性和定量方法来进行评价的一种方法，也指运用系统模型的综合评价方法。常见的综合评价方法有层次分析法、模糊综合评价法、运筹学方法等。

然而不论何种方法，在具体的实施过程中都要经历信息（数据）的获取与收集、信息（数据）处理与综合分析（计算）得出评价结果。针对不同的评价方法，大数据技术在其不同环节产生的影响不同，尤其对定性评价方法和定量评价方法的影响为甚。

3.1 大数据环境下定性评价方法的改进

基于人主观价值判断的定性评价方法在具体实施过程中存在许多问题，如难以避免人情干扰，不同评议人之间存在争议，评议人的选取不科学，权威影响，性别歧视，出版偏见，知识剽窃等[23-25]。这些问题都体现了一个核心矛盾，即人的主观价值判断与定性评价的客观公正之间的矛盾。

为解决这一矛盾，国内外学者在专家库建设、专家遴选、制度改进等方面[26]做了许多努力，提出许多改进措施：①候选评议人的产生需要完善的制度支撑，以保证领域或行业的认同感，级别越高的候选评议人，就需要越严格制度来推举，常用的候选评议人产生制度有专家推荐、联名推举、专家投票等[27]；②需要建立一系列标准来衡量能够被纳入评议人选择范围的主体，不仅需要对其专业性进行评估，还需要评估其资历、道德、作风、评议态度、活跃度等[28]；③应构建一个具有开放性的信息管理平台[29]，用于实时跟踪和保存候选评议人信息，建立知识共享网络，并依据适当的算法在不同问题背景下产生合适的评议人；④运用数据挖掘、社会网络、语义技术等可以根据不同问题背景，从候选评议人中选择出在专业性、知名度、中立性、前沿认知等方面综合素质最优的评议人，以保证评议结果趋向客观公正；⑤将量化方法引入定性评价制度，一方面构建全面合理的指标体系，另一方面是将主观评语更改为量化评分，以约束评议人行为；⑥提倡线上评审[30]，即在互联网的辅助下，充分利用国内外专家资源，实现即时、低成本的群体评议。

在大数据支持的基础上，定性评价方法的修正依然围绕以上环节，在不同程度上利用大数据技术进行拓展与改进：①应用大数据技术可以对不同结构的、大规模的数据进行整合，一方面整合的专家数据可以扩展评议人选取范围，另一方面拓展的相关论文、项目、著作等数据库，可以为学术不端检测、论文创新点分析和引证动机分析提供有力支持，以科学的定量方法辅助定性评审克服主观偏差；②拓展评议人选择算法，在庞大的候选评议人数据基础上，利用大数据的相关数据挖掘及预测技术，在一定的问题背景下寻找合适的评议人；③基于大数据技术和网络的便利，以及手机互联等通信方式，构建基于社交网络的评议平台，以促进传统定性评议的在线交流、实时反馈和及时公开；④大数据时代，学术交流方式产生的巨变使得快速共享和自由交流理念迅速蔓延至纸质出版行业，激发了网络出版的流行，英美等西方发达国家早已顺应数字化与网络化发展的趋势，出现了纯网络期刊、开放存取期刊、在线论文发表网站等[31]。为了保证学术成果的质量，需要建立开放评审制度[32]，这一制度是对同行评议的创新，需要构建一个针对网络学术成果的开放交流互动的多元评审体系，从而真正提高网络论文的质量，实现优质科技信息资源的快速共享。

3.2 大数据环境下定量评价方法的改进

当前科学评价中的定量化方法主要是以可量化的科研成果为统计对象，依据一定的评价标准，进行统计分析，进而得出评价结果。这一过程存在许多问题：仅以可量化的科研成果（论文、著作、报告、会议文献等）为统计对象，忽视了不能量化的指标，如人的学术道德，论文创新性等；量化指标不全面[33]，如以被引频次反映科研成果的影响力而忽视了引证动机和科研成果的其他经济社会效益，以专利转让数量和金额反映高校的科技创新能力而忽视了高校的科技孵化与科研创新等，以SCI影响因子反映期刊与论文等级而忽视了时间、研究领域及数据来源等问题；单纯用“量”的统计来反映评价对象在某一领域的“质”缺乏公信力，量化的数量与被引频次不能反映科研论文或著作的科学性与创新性，对人才的评价也受制于“成果数量”的影响，难以正确评估其影响及发展潜力等；统计与计算方法存在缺陷，权重比例不科学，影响评价结果的准确性；评价结果虽然简单直接，却仍需要专业的解释和分析来表述其所反映的含义，容易产生歧义。

受理论与实践的约束，旧的定量评价方法在过去取得了较好的应用效果，但随着评价理念、评价方法与技术的进步，越来越暴露出其缺陷。尽管用以评价的指标体系越来越丰富，但是依旧是在原有的基础上填补，以达到全面反映评价目的的要求，没有从根本上解决定量评价中“质”与“量”的矛盾。

大数据时代为定量评价方法带来了新思路，一是评价数据来源大大扩展，构成新评价指标体系建立的基础。一方面学者学术行为，尤其是非正式学术交流行为相关数据可以通过在线社交平台、邮件、语音视频等获取，丰富了学者评价的相关指标体系；另一方面在线学术交流和学术成果在线出版引发了Altmetrics的热潮[34]，扩展了不同类型学术成果的评价指标体系，以期更全面客观地反映评价对象的质量。二是数据处理方法和技术更新，有利于大规模非结构化数据处理和内容挖掘。目前学界尚未对大数据技术进行严格的定义，通常认为，在海量数据的基础上，能够进行处理与运算的技术，都可以称之为大数据技术。建立在原有定量分析方法上的数据统计与分析技术，往往仅需要处理数量关系，即统计个数并加以运算。然而随着我们能够获取科学研究的主体、行为与成果等大量非结构化的文本、语音、视频等数据，用以挖掘深层次的“质”的数据，就需要应用新的数据挖掘、文本挖掘、文本分析等技术工具进行处理，以获取规范的量化结果。

4 大数据环境对科学评价流程的影响

传统的评价理论认为，从不同的角度来看，科学评价流程包括不同的环节。尽管细节存在些许差别，但评价的大体流程是相似的，包括评价准备阶段、评价实施阶段和评价结束阶段。评价准备阶段需要确立评价对象、评价主体、评价目标并收集信息，评价实施阶段需要建立指标体系、实施评价方法、进行评价并协调政策、决策者及评价主体之间的关系，评价结束阶段则是需要进行评价结果分析并撰写相应的报告。

大数据对科研工作的流程在许多方面有了不同以往的改善：随着认识论和方法论的扩充，为评价各环节带来了更广泛的选择；复杂结构的数据更容易获得，评价主体与对象的选择有了更好的算法支持；可以建立实时更新的数据库，用以评价各环节的调用；基于大数据的信息交流平台使得评价环节更透明，有利于各环节的监督与反馈。因此，新环境下的科学评价活动在原有基础上增加了新的环节，即：评价准备阶段，评价实施阶段，结果反馈阶段，评价结束阶段。详见图1。

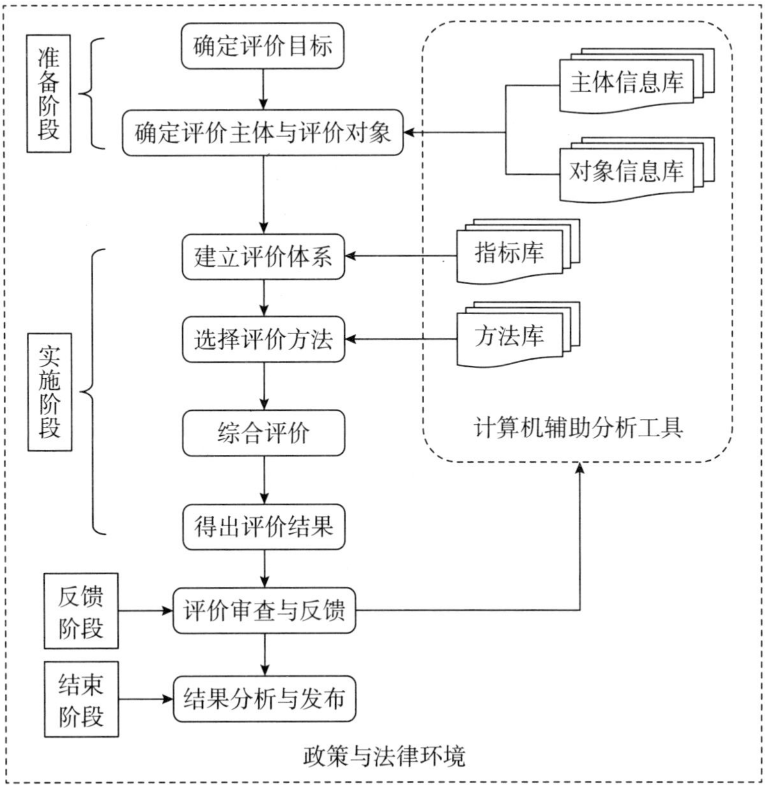

图1 大数据环境下科学评价流程

在评价准备阶段，依据评价目标与评价对象，可以在相应的主体信息库里获取评价主体的信息，评价主体可从对象信息库中获取需要评价的相关数据。评价实施阶段首先要建立相应的评价体系，用以确定评价的角度；其次选择可实施的评价方法，最后借助计算机辅助工具，依据一定的规则，得出评价结果。评价反馈阶段是大数据环境下评价活动中最为重要的一环。在这一阶段中，信息交流平台的建立及评价流程和结果的及时公开，使得意见的收集与反馈更为高效，评价活动不再是“黑箱操作”，而是看得见的活动；学者、机构、期刊编辑单位等对象可以及时地沟通意见，优化评价的数据源、方法、程序和制度等，调整评价结果不断趋于准确。评价的结束阶段是公开评价流程与结果、分析评价数据并撰写相关报告，为相关部门或决策者提供依据。

5 大数据环境对科学评价环境的影响

环境指包括相关事物在内的物质因素，也包括观念、制度、行为准则等非物质因素；可以包括自然因素，也包括社会因素。对于不同的主体而言，其环境的大小与内容也不相同。从物质与非物质的角度来看，科学评价的物质环境包括科学活动、科学技术、相关机构、科研工作者等，评价的非物质环境则包括价值导向、制度、政策与法律法规等。

传统的科学评价作为一个开放系统，与外界环境不断发生交互作用[35]。一方面科学评价利用物质环境为科技政策的制定与科学管理提供依据，如职称评定、绩效评定等；另一方面科学评价受非物质环境的引导，又对物质环境产生影响，如在国家的鼓励和资助政策下，国家重大自然科学项目的评定结果影响了科研机构与科研人员的科研条件、等级评定、科研生涯等。

大数据理念与技术也从这两个方面影响着科研评价的环境：一方面科研评价的物质环境发生了变化，表现为科研模式变革、科学交流方式扩展、信息来源多样化、可获取庞大的非结构化数据、计算机与网络技术不断更新、科研管理与决策范式转变、知识共享与信息管理平台不断完善等，导致科学评价的主体、对象、方法、技术与流程都发生了改变，评价过程更为清晰，评价结果趋于“质”与“量”的结合，评价的监督与反馈技术更为完善，评价流程更为透明，引导科研政策和制度的制定趋于标准化、规范化；另一方面，大数据技术使得第三方评价机构的能力得到认可，由于政府逐渐无力承担复杂数据结构和数据分析技术支撑的科学评价活动，可通过支持第三方评价机构的发展，引导科学评价活动不断繁荣发展。

大数据环境有力地推动了科学评价的快速发展，对科学评价的理论、方法、流程和环境都产生了巨大的影响。理论方面，大数据环境下，科学评价理论的认识论和方法论基础发生了变革，科学评价的主体和客体也都发生了巨大的变化。方法方面，科学评价的定量方法与定性方法在数据收集、计算与分析方面环节都发生巨大变化，并逐渐趋于“质”与“量”的统一。流程方面，大数据环境下科学评价的流程呈现复杂的结构，评价流程各环节的设置更为合理，各环节的配置也更为科学，评价的结果也变成动态更新的方式。大数据环境下科学评价更为标准化和规范化，对管理决策的作用更加重要，各国政府普遍更重视科学评价并对科学评价机构及其活动进行专门扶持，极大地认可了大数据环境对科学评价带来的影响，并致力于优化科学评价的环境。

参考文献：

[1][8][34]邱均平，余厚强. 替代计量学的提出过程与研究进展[J]. 图书情报工作，2013(19):5-12.

[2]蒋玲，杨红艳. 大数据时代人文社科成果评价变革探析[J]. 情报资料工作，2015(3):92-97.

[3]朱剑. 大数据之于学术评价：机遇抑或陷阱？——兼论学术评价的"分裂"[J]. 中国青年社会科学，2015(4):66-78.

[4][26]伍军红，汤丽云，肖宏. 大数据支撑下的创新同行评议[J]. 甘肃社会科学，2015(4):31-33.

[5]黄欣荣. 大数据的本体假设及其客观本质[J]. 科学技术哲学研究，2016(2):90-94.

[6]迈尔-舍恩伯格，库克耶. 大数据时代[M]. 盛杨燕，周涛，译. 杭州：浙江人民出版社，2013:17.

[7]孙建中，徐晓海. 大数据时代的思维变革[J]. 信息通信，2014(11):137-138.

[9]刘智慧，张泉灵. 大数据技术研究综述[J]. 浙江大学学报(工学版)，2014(6):957-972.

[10]朱剑. 科研体制与学术评价之关系——从"学术乱象"根源问题说起[J]. 清华大学学报(哲学社会科学版)，2015(1):5-15，180.

[11]史东君. 相关关系与因果关系[J]. 教育科学研究，2014(11):1.

[12]王天夫. 社会研究中的因果分析[J]. 社会学研究，2006(4):132-156，244.

[13]李海荣. 因果关系的或然性探究——以几种虚假因果为例[J]. 中共青岛市委党校青岛行政学院学报，2014(4):5-9.

[14]孙海龙，于剑光. 大数据环境下相关关系分析改善因果关系分析[J]. 科技展望，2016(20):13.

[15]GAMES P A. Correlation and causation[J]. The journal of experimental education，1990(3):239-246.

[16]Finding correlations in big data[J]. Nature biotechnology，2012(4):334-335.

[17]GRIMMER J. We are all social scientists now: how big data, machine learning, and causal inference work together[J]. PS: Political science & politics，2015(1):80-83.

[18]武林双. 价值·评价·认识[J]. 河南师范大学学报(哲学社会科学版)，2000(3):46-50.

[19]王福井. 世界观与方法论的区别和联系[J]. 高中生，2005(3):25.

[20]邱均平，文庭孝，等. 评价学：理论·方法·实践[M]. 北京：科学出版社，2010:147.

[21]余志伦. 浅谈定性评价与定量评价[J]. 中小学管理，1999(1):28-29.

[22]陈衍泰，陈国宏，李美娟. 综合评价方法分类及研究进展[J]. 管理科学学报，2004(2):69-79.

[23]任胜利，王久丽. 同行评议中审稿人遴选方式对审稿结果的影响——以《自然科学进展》为例[J]. 中国科技期刊研究，2006(5):722-725.

[24]WENNERÅS C, WOLD A. Nepotism and sexism in peer-review[J]. Nature，1997(6631):341-343.

[25]MAHONEY M J. Publication prejudices: an experimental study of confirmatory bias in the peer review system[J]. Cognitive therapy and research，1977(2):161-175.

[27]安梅，于世美，汤梅，等. 同行评议过程中审稿人的不同选择方式及审稿结果比较[J]. 编辑学报，2011

（S1）:33-35.
[28]赵黎明，徐孝涵，张卫东. 选择同行评议专家的指标体系[J]. 科研管理，1994（6）:17-21.
[29]田欣，马瀚青，郑军卫，等. 国内外5种主要网络同行评议系统平台对比研究[J]. 中国科技期刊研究，2014（11）:1363-1368.
[30]张恬，张宏翔. 同行评议形式的争论及发展现状[J]. 中国科技期刊研究，2009（1）:152-154.
[31]吴帆，秦长江. 国内外开放存取期刊平台对比分析[J]. 情报探索，2015（4）:23-26，30.
[32]付晔. 科技论文网络发表的开放评审机制研究[J]. 科技管理研究，2014（7）:194-197.
[33]周莹莹. 从我国科研产出的三个统计指标看科研成果评价体制[J]. 中国农业大学学报（社会科学版），2004（4）:89-93.
[35]文庭孝. 科学评价系统研究[J]. 评价与管理，2007（6）:66-69.

（本文原发表于《情报学报》2017年第9期）

论从学术研究到智库研究的转化机制

初景利　唐果媛（中国科学院文献情报中心；中国科学院大学）

智库（Think Tank）建设作为治国理政的一项重要战略工作，近年来受到党和国家的高度重视，并提出了建设中国特色新型智库的要求。智库的概念虽然来自西方，但智库作为辅助决策的一种机制古已有之，比如中国古代谋士制度等[1]。当下提出的中国智库建设跟我国古代的智库、西方的智库均有所不同，那就是要体现“中国特色”，是“新型智库”，有人解读为“坚持中国立场，采用中国视角，聚焦中国问题，促进中国发展”[2]。关于中国特色新型智库的内涵，2015年1月20日中共中央办公厅、国务院办公厅印发的《关于加强中国特色新型智库建设的意见》已经做了充分的阐述。

如何建设新型智库，如何参与新型智库建设，国内在这方面还处在探索和试验过程中。近几年，笔者走访了部分智库机构和智库专家，感受到我国部分智库机构发展比较迅速，比如：重庆智库于2013年正式成立，仅仅两年时间就在国内拥有重要影响力，截至2015年底创造了“十个全国第一”的佳绩[3]；中国（海南）改革发展研究院自1991年成立以来，向中央有关部委提交了200多份政策建议报告，获得了包括“五个一工程奖”“孙冶方经济科学奖”“中国发展研究奖”等在内的多个国家级奖项[4]。但总体而言，对于我国新型智库的发展，人们还存在一些疑惑，比如如何理解和认识中国特色新型智库以及智库如何发挥应有的作用。

有学者指出[5]，智库与学术虽然存在差异，但两者之间却并非完全不相干或很少有交叉，而是相互渗透，你中有我，我中有你。我国新型智库建设起步较晚，多数智库机构就是从学术机构转换而来，仍然沿袭传统学术模式，其运行逻辑与中国特色新型智库所要求的“以战略问题和公共政策为主要研究对象，以服务党和政府科学民主依法决策为宗旨”还有一定的差距，导致了智库研究存在“偏学术、轻政策”的问题[6]。

基于此，本文的研究重点是探讨把学术研究优势延伸转化为智库研究，通过明确学术研究和智库研究的含义，分析两者之间的异同点，针对各自的优势和不足，提出具体转化措施。

1 学术研究和智库研究的含义

1.1 学术研究的内涵及类型

学术研究是指面向特定的学科领域，以探究学术前沿问题为主导，遵循一定的方法和规范，实现对学术问题的理论、方法和应用上的突破，体现研究成果的原创性和创新性。该定义一是强调学科领域，学术研究通常面向社会科学领域、自然科学领域或技术领域等学科领域；二是强调学术研究解决的是学术前沿问题，是目前没有解决但又非常迫切的问题，该类问题预示了学科领域的发展方向；三是学术研究比较讲究方法和规范，强调对某学科领域理论、方法或应用上的突破，解决前人没有解决的问题；四是通过研究成果的原创性和创新性来判断学术成果的价值和地位。

从不同的角度可以将学术研究分为不同的类型。从研究性质角度，可以分为描述型研究、解释型研究、应用型研究和预测型研究；从研究目的角度，可以分为创新型研究和验证型研究；从研究对象和内容角度，可分为综合型研究、专题型研究和个案型研究；从研究范畴角度，可分为宏观研究和微观研究；从研究的时空角度，可分为横向研究与纵向研究；从资料分析的方法角度，可分为定性研究与定量研究[7]；从研究过程的不同阶段角度，可以分为基础研究、应用研究和开发研究；从研究对象特点的角度，可以分成自然科学研究、人文社会科学研究两种类型。

本文关于学术研究的分析，主要采用的是从研究对象特点角度的分类，自然科学研究是指对自然界各种物质的形态、结构、性质及其运动规律的科学进行的研究，人文社会科学研究是指对研究人类社会各种现象的所有相关学科的研究[8]。

1.2 智库研究的内涵及类型

智库研究是面向特定的问题与需求，以解决现实性或战略性公共政策为主导，通过科学研究及其研究成果，支撑或影响公共政策，支撑或参与战略规划制订，引导或影响公众对政策或战略的认知。该定义强调几点：一是智库研究与学术研究不同之处体现在，学术研究注重学科的体系及其建设，智库研究更多的是面向特定的问题和需求，满足政府或决策的需求。二是以解决现实性和战略性公共政策为主导，所以智库研究的特点是解决现实问题和战略性问题，而非解决历史问题。三是智库研究是面向宏观决策，即研究社会共性问题的公共政策，而非学术研究的某一个深入领域。

智库研究也是一种科学研究。支撑或影响公共政策、支撑或参与战略规划制订、引导或影响公众对政策或战略的认知这三点实际上是智库功能的三个层面。首先，智库提出的政策咨询建议必须有一定的影响，或短期或长期，或直接或间接。其次，战略规划是智库研究的重要问题，战略规划通常与政策相关，甚至本身就是一项政策，对一个地区、一个行业或者一个领域的影响至关重要。从这个角度来说，如果一个机构的主要功能就是制订战略规划，那么就可称为智库。最后，智库需要关注和解决的问题还包括引导公众对政策或战略的认知，这是一种重要的宣传和影响的作用，比如《光明日报》智库版和新华社瞭望智库。对于智库在这一层面的宣传功能，往往容易被忽视，但它与前两个功能是同等重要的。智库必须注重其宣传、引导公众舆论的作用，这是智库发挥作用的重要手段和途径。

智库研究的类型，可以从承担智库研究的主体或应用领域划分：党政军智库研究、高校智库研究（包括党校智库）、科技智库研究、企业智库研究等。从智库研究的性质来划分，可以分为智库理论研究（或智库学术研究）、智库实践研究（或智库应用研究）。

1.3 智库研究的作用与意义

智库研究的作用与意义可以从两个方面来阐释。

第一，从实践（应用）研究的角度。首先，智库研究有利于推动政策与决策的民主化与科学化，这是国家提出智库研究、加强智库建设最重要的出发点。以前政府做决策更多地依靠领导者个人的智慧，这就可能存在主观臆断的弊端，而现在，由于社会高度发展，不同研究领域交叉融合，一项决策可能涉及很多领域，而个人的知识掌握有限，那么做决策时就需要集体的智慧，体现政策和决策的民主化和科学化。其次，智库研究是我国治国理政的新战略和新要求，目前国家的许多决策、政策的出台都依赖于专家团队或智囊。智库机构的作用不可替代，任何个体决策者的知识都是有缺陷的，需要专门的智库团队来给其决策提供支持。最后，智库研究可以及时研究解决各领域的关键性重大问题，特别是面对一些关乎国家发展的重大问题时，智库需要做作出及时的反应。

第二，从理论（学术）研究的角度。首先，智库研究有助于提升智库在社会中的认知度和影响力，通过研究智库的运转方式、实施路径和功能影响，可以让公众了解智库以及智库能解决什么样的问题。其次，智库研究可以更好地推动智库建设和智库创新，通过在实践中不断摸索、创新，并对这些创新进行理论总结，让理论来支撑实践。最后，进行智库研究可以确立其学术和学科地位，目前有较多的智库理论性问题亟待解决，如何把智库相关问题提升为一种理论、学术，甚至是一门学科，这都需要通过智库研究去探索，以期进一步推动智库实践的发展。

2 智库研究与学术研究的相同点

本文的主要研究内容是从学术研究到智库研究的转化机制。智库研究与学术研究具有共同的基因和相近的渊源，它们之间有很多相同点。

独立的思考与见解。无论是智库研究还是学术研究，都需要有自己的观点、思想，即在其研究成果中要有灵魂，如果没有思想，只是拾人牙慧，或仅仅对文献进行总结，那么就不能称为好的研究成果。

创新性的选题与视角。所谓“好的选题是成功的一半”，有创新性的选题和视角对于学术研究和智库研究都是非常重要的，比如亚投行、“一带一路”倡议的提出。

良好的专业视野与把握。学术研究和智库研究都需要建立在对某一领域、专业深厚掌握的基础上，只有具备良好的专业视野与把握能力，才能在这一领域有所建树，才能提出重要的咨询对策。

科学的研究过程与方法。学术研究需要遵循一定的过程：确定选题、调研国内外研究进展、试验分析、得出结果结论，以及在这个过程中需要运用一定的研究方法。智库研究也遵循科学的研究过程和方法，需要科学方法论的指导。

充分的论证与分析。学术研究中，结论、观点固然重要，但最重要的是论证和分析的过程，因为这是评判结论是否正确的依据。与此相同，智库提出的对策建议，也需要论证，分析解决某个问题的原因，因为决策者比较看重该问题是否有决策意义和价值。

独到的观点总结与提炼。学术论文几乎都要求有研究结果和结论，这是对全文观点的总结与提炼，可以让同行尽快了解研究的创新性。而智库提出的对策建议需要呈阅相关决策者，更需要把智库报告的精华用清晰、准确、简洁的语言进行总结和提炼，激发决策者的阅读兴趣和决策意向。

严谨的研究规范与诚信。学术研究和智库研究一样，其研究成果不能抄袭别人的观点、论据，不可以有数据造假等，需要遵循严格的学术规范，包括参考文献规范、引用规范、写作规范等，遵守科研诚信，维护学术道德。

严密的逻辑结构与布局。无论是一篇学术文章还是一篇智库报告，其逻辑需严谨，结构需清晰，布局需严密，这才能让读者抓住主要内容，增强研究成果的可信度和说服力。

细致认真的文字撰写与修改。学术论文和研究报告是供人阅读的。要增强可读性，就要细致认真的文字撰写与修改，这决定了学术论文或者智库报告能否引起读者的兴趣或者决策者的关注。

基于分析智库研究与学术研究的相同点，可以认为：学术+智库=智库研究。智库研究如果没有学术作为支撑，也不可能成为真正高质量的智库研究；而学术需要跟智库结合，以符合智库的定位和基本要求。学术研究是智库研究的基础，智库研究是学术研究的制高点。如果一个人没有学术研究的基础，不了解科学研究的要求，不具备科学思维，不懂得科学研究方法，是不可能做好智库研究的。智库研究属于一种学术研究，但它的战略更高、要求更高，涉及方向性、战略性、趋势性、全局性的问题，所以智库研究是学术研究的制高点。

3 智库研究与学术研究的不同点

智库研究与学术研究有相同点或相似点，当然也存在不同点，主要体现在研究主客体、研究主题、研究驱动力、研究过程、研究方法、组织形式、技术手段、成果形式、评价标准、影响力等方面的差异性。

3.1 研究主客体不同

研究主体是指研究的实施者，研究客体是指研究成果的接受者。学术研究的主体，主要是高校、科研院所的教师和科研人员，他们采取专职或兼职的方式来从事学术研究。该群体的特点是学科背景全、学历高、科研能力强、学术视野宽、研究队伍庞大。学术研究的客体主要是面向相关学科领域的专业技术人员以及相关的学术社区。

智库研究的主体，除了部分高校和科研院所的部分人员外，还包括党政机关政策研究部门、部委研究院，以及专门的智库研究机构。智库研究主体的特点是：具有人文社科背景、学历层次不同、政策敏感度高、研究人数有限。智库研究的客体，是党政机关的领导和决策者，虽然数量不多，但需求比较明确。

从学术研究转化为智库研究，在研究主客体方面，需要从以下几个方面去解决：①设立“旋转门”机制，一方面是政府官员到智库机构中做研究，他们的优势是对政府的运作和需求更了解，研究更有针对性；另一方面是智库研究人员到政府去任职。②智库研究人员邀请科研人员多参与、承担智库研究选题，优势互补，形成多方协同合作关系，建立小核心、大网络组织形式。

3.2 研究主题不同

学术研究研究的是科学问题，其研究主题的特点是：研究范围无所不包，选题自由度大；研究主题可大可小；研究时间跨度长；注重原创性、前沿性、创新性；基础研究、应用研究、开发研究并重；指向性与探索性相结合。

智库研究研究的是现实政策问题，其研究主题的特点是：研究主题涉及的是国家（地区、行业）所重点关注或需要解决的重大问题，针对性强，政策导向明显；研究时间跨度短，需要快速反应，时效性强；以应用研究为主；委托研究、自由选题兼具。

需要重视把学术研究的主题转化为智库研究的主题。学术研究需要多关注学科发展战略，将学术问题转化为公共政策问题，引导政策制订，把解决学术研究问题和国家战略需求有机结合。

3.3 研究驱动力不同

在研究驱动力方面，学术研究需要有学术情节，以学术探究的兴趣驱动为主；需要有创新精神与好奇心，发现问题并解决具体问题；关注个人或团队的首发权和著作权；关注成果的传播与时效；关注成果的首创性。智库研究则是：需要有“家国情怀”，以治国理政的问题驱动为主，有强烈的责任感，受托或自主研究国家或区域或领域所关注的重大战略或公共政策问题，开展顶层设计；研究成果是机构拥有知识产权；为决策层提供重大问题解决方案。

将学术研究转化为智库研究的路径为：将具体问题研究与宏观战略与政策研究相结合，将个人（团队）的研究兴趣与学者的社会责任感与国家的命运相结合。要学以致用，避免“空对空”，避免功利主义。如果学术研究追求的是“顶天”，那么智库研究追求的是“立地”。

3.4 研究过程不同

学术研究按照研究对象特点可分为自然科学研究和人文社会科学研究。自然科学研究的一般过程为：确立科研课题－获取科学事实－提出科学假说－理论证明和实验检验－建立科学体系，人文社会科学研究的一般过程为：确立研究选题－调查准备阶段－调查实施阶段－分析研究阶段－总结应用阶段。

智库研究过程还处于探索总结阶段。本文提出的研究过程为：发现所需要解决的重大问题－调查研究、获取数据与事实－分析论证－提出政策建议。可见，智库研究的研究过程与学术研究的研究过程最大的不同是，智库研究最后的落脚点是提出政策建议。

从研究过程的角度将学术研究转化为智库研究的路径为：借鉴自然科学和人文社会科学的研究过程，提高智库研究过程的科学性、规范性、严谨性，加强对策性研究。

3.5 研究方法不同

学术研究的研究方法，一般分为三个层次：第一层是哲学方法，哲学方法是指导一切的研究方法；第二层是一般研究方法，如经验研究方法、理论研究方法、系统研究方法，适用于所有学科；第三层，是专门研究方法，适用于某一学科或领域，比如统计计量方法、社会调查方法、内容分析方法、实验方法、实证的研究方法等。

智库研究的研究方法有哪些，目前还没有形成系统、完备的方法论体系。其中一些对于智库研究比较重要的方法有：观察法、社会调查方法（田野调查法）、归纳推理法、评价分析法等。

从研究方法的角度，学术研究转化为智库研究的路径为：加强对各类学术研究方法在智库领域的应用性探索与适用性检验，加强对智库研究方法的总结、分析与评价，突出智库研究方法在整个智库研究中的地位，逐步构建适应智库研究需要的研究方法论体系。

3.6 组织形式不同

学术研究组织形式的特点为：个人与团队研究相结合，其中以团队研究为主体；鼓励跨国家、跨地域、跨机构、跨学科研究；机构形式主要为研究所、研究中心、国家重点实验室、国家实验室。

智库研究组织形式的特点为：以团队研究为主；以领域研究为主，也包括涉及国家或地区的综合性问题的研究；机构形式是智库机构或学术机构。

从组织形式的角度，学术研究转化为智库研究的路径为：智库重大问题研究必须协同各方有效力量的合作研究，建立矩阵结构，实行小核心、大网络；智库内部的专职研究人员不一定很多，可以聘请各个领域的特约研究员，不求所有，但求所用。

3.7 技术手段不同

学术研究注重各种最新技术手段的应用，需要最先进的技术设备，需要配备良好的实验室，需要人的智力与技术手段的有机结合。技术的发展与应用对学术研究具有直接的显著影响。技术的应用程度将一定程度上决定学术研究的发展水平与程度。

技术手段对智库研究同样是需要的，但并不一定具有直接的相关性。智库研究更注重通过发现问题，运用人的知识和智慧，提出解决问题的政策建议，结论（对策）的价值更重要。因此，人及其智慧的作用是至关重要的，对人的依赖比对技术的依赖更强。

从技术手段的角度，智库研究要重视如大数据、物联网、人工智能等的技术手段，运用技术手段发现问题、解决问题，提出政策建议。从未来的发展看，随着智库研究的深入，越来越需要技术手段的应用，通过技术的应用提升智库研究的质量和智库成果的影响力。

3.8 成果形式不同

学术研究的成果形式主要包括：论文、专著、教材、研究报告、会议文献、学位论文、专利、软件、标准等。学术研究的成果往往需要日积月累，需要严格的科学研究训练，需要在某一个领域有系统深入的研究。学术研究的成果往往拥有广泛的受众。成果被阅读、被利用的人数越多，成果的价值和意义越大。

智库研究的成果形式主要包括：战略规划研究、政策建议、咨询报告、决策支持报告等，其成果主要是面向领导决策的需要。对于智库研究的成果来说，非常重要的是要拥有或建立智库成果报送渠道或发布途径，可以直达决策者的桌面，更重要的是政策建议的及时性与针对性，能抓住决策者的心理和需求，能被决策和政策所吸纳。

从成果形式的角度，学术研究转化为智库研究的路径为：学术研究成果需要更高的站位，从智库角度思考问题并提出对策建议或问题的解决方案，将具有公共政策意义的成果析出，改写转换为智库成果，供决策部门参考，提高学术研究成果的社会价值与社会影响力。

3.9 评价标准不同

学术研究的评价标准为：选题的新颖性、前沿性、创新性，研究过程的规范性，研究方法与研究手段的科学性，研究结果的可靠性与可用性。学术研究典型的评价形式有：在被SCI收录、核心期刊上发表，研究成果被阅读、下载或引用，研究成果获奖（国家级、省部级）等。

智库研究的评价标准为：选题的现实性与重要性；研究论证的充分性；研究结果的

政策可借鉴性和可转化性；对策建议的可操作性；政策实施后的效果预期。智库研究典型的评价形式有：得到领导批示、被政策采纳、对政策制订具有积极影响等。

从评价标准的角度，学术研究转化为智库研究的路径为：注重学术研究成果的社会价值转化和社会经济影响，注重学术研究成果与智库成果的关联性，注重学术成果与智库研究成果价值的差异性。正如习近平总书记所说，"广大科技工作者要把论文写在祖国的大地上，把科技成果应用在实现现代化的伟大事业中"[9]。学术研究成果也要解决中国的问题，解决中国的现实问题，这也是我们智库所遵循的原则。

3.10 影响力不同

学术研究的影响力主要表现在：学术论文所发表的期刊的影响因子，注重研究成果的被引、下载，注重成果在学界业界圈子中的口碑和影响，成果好坏关系到个人的学术地位、机构的排名、学科建设与发展的速度与程度，学术研究宽容失败。

智库研究的影响力主要表现在：注重成果转化为政策的可能性，注重成果对政府制订政策和领导决策的影响。成果好坏具有广泛而全局性影响，一旦转化为政策，失败的责任更大、成本更高。

从影响力的角度，学术研究转化为智库研究的路径为：学术研究应高度重视研究成果的社会与政策影响力，推动从学术研究成果转化为智库研究成果，严格控制成果的质量，注重研究成果的智库价值，注重研究成果转化为政策的预期分析。

本文从学术研究和智库研究的内涵出发，总结出两者之间的9个相同点和10个不同点，并分别就这10个不同点给出了学术研究转化为智库研究的具体措施建议，期望为学术机构向智库转型过程中存在的"偏学术、轻政策"问题提供一些解决方案。当然本文提出的这些建议措施还属于理论层面的，实际应用效果还需要进一步通过实践来验证完善。

参考文献：

[1]王文，李振. 中国智库古今延承之路：历史溯源与未来启示[J]. 智库理论与实践，2016（2）：8-13，26.

[2]姜朝晖. 中国特色新型高校智库：内涵、特征及定位[J]. 高校教育管理，2016（2）：55-60.

[3]初景利，吕青. 以专业性和独立性打造智库知名品牌——专访重庆智库理事长王佳宁[J]. 智库理论与实践，2016（2）：126-130.

[4]中国（海南）改革发展研究院：以改革建设新型智库[EB/OL]. [2018-02-28]. http://www.xinhuanet.com/fortune/2016-10/26/c1119788082.htm.

[5]王文. 论智库与学术的异同[J]. 智库理论与实践，2017（2）：24-32.

[6]朱敏. 新型智库人才培养管理创新思考[J]. 管理世界，2016（3）：178-179.

[7]何星亮. 略说学术研究的类型[N]. 中国社会科学院院报，2005-03-15（3）.

[8]马颖，蒲十周. 论自然科学与人文社会科学研究方法的异同[J]. 福建论坛（人文社会科学版），2005

(4):94-98.
[9]广大科技工作者要把论文写在祖国的大地上[EB/OL].[2018-03-22]. http://theory.gmw.cn/2016-06/11/content20498935.htm.

（本文原发表于《情报理论与实践》2018年第11期）

大数据驱动下情报研究知识库及其体系架构设计*

王曰芬（南京理工大学经济管理学院；江苏省社会公共安全科技协同创新中心）
邹本涛　宋小康（南京理工大学经济管理学院）

情报研究工作在科学技术发展与应用中起着支撑、推动与引领作用。随着大数据时代的到来，“一切都被记录，一切都被数字化”使数据规模呈现海量化、指数化的速度增长，使信息表达形式与传播方式更加多样化，极大丰富了可利用的情报研究资源，同时受到科学知识传播与利用方式变革的深刻冲击。在大数据背景下，无论是多源繁杂信息的甄别与筛选，还是对各种信息进行聚合与根据不同需求进行知识挖掘，抑或将专家知识转化升华加以有效利用，都迫切需要技术方法运用的支撑。特别是，对多源异构、跨域关联的海量数据进行深度分析，从语义知识的层面上进行组织与融合，才能跟踪科技领域发展的前沿、动态、突变、趋势，从中探寻事件的来龙去脉、揭示技术发展的规律，这些更依赖于技术的有效运用。

在大数据的驱动下，未来的情报研究工作中，数字化是基础、网络化是手段、知识化是落脚点。从实现的难度、客观性与可行性来看，数字化与网络化依托于相关的技术方法易于实现。而知识化由于需要深入到所承载的信息内容层面，并受到知识解析与理解的主观影响，所以实现的难度很大。因此，如何深入到信息内容中建立实现知识化的特征并转化为计算机可处理编码，进而转化提取出用户可理解与有价值的知识，是实现知识化的必须环节。

知识库（Knowledge Base）是关于某一领域各种知识的集合，用于实现知识的存储、管理和重用。就其内涵而言，知识库是一种基于数据库技术，针对特定领域问题求解的需要进行知识抽取，并且根据一定的知识体系实现知识分类和组织后，针对知识特点和需求存储在计算机中的相互关联的有序化的知识集合，是一种专业化的面向用户需求的知识服务系统。知识库的建设就是对多源信息进行采集、快速甄别筛选、语义化组织存储与信息聚合的知识化过程。

因此，针对情报研究工作面临大数据驱动的挑战与需求，借助于知识库及其实现技术，构建情报研究知识库，支撑情报研究工作，使数据信息转化升华为新的知识，以实现科学决策，是情报研究工作深化发展的必然趋势。

---

*　本文为国家社会科学基金重大招标项目“面向知识创新服务的数据科学理论与方法研究”（16ZDA224）的研究成果之一。

1 相关研究的现状

1.1 情报研究的内涵、目标与作用

我国从20世纪50年代开始逐步建立情报研究工作体系之后，就一直坚持以专家为核心的文献研究和情报分析相结合的特色道路，并在适应社会需求的变化中不断的辨析与发展着情报研究的含义、目标与作用。如：包昌火等认为情报研究的基本内涵是根据特定的需求，通过系统化过程，将信息转化为情报的一种科学活动的统称，即Information的Intelligence化[1]；凌敏认为情报研究的基本含义是基于用户所提出的需求，情报研究人员根据相关领域的信息资源，使用计算机信息技术结合软科学的方法进行信息搜集，对搜集到的文献和数据进行整理和分析，生成能帮助用户解决问题的新知识或者有价值的研究报告等情报产品的整个过程[2]；《国家科学技术情报发展政策》蓝皮书明确指出情报研究工作的主要任务和目标是对信息资源的深度处理和加工，为各领域不同层次的科学决策不断提供可靠依据和保障，从而支撑科技进步和推动经济发展[3]；张志强指出数据密集型科研范式下，情报研究需要从面向有限信息资源的数据搜集转向面向大数据资源的知识挖掘，需要从简单重复的参考咨询转向运用现代技术方法的知识计算，需要从提供背景分析转向能解决实际问题和辅助决策的方案制定[4]；苏新宁指出如今大数据背景下情报工作依然应该起到“耳目、尖兵、参谋”的作用，即彰显情报研究工作的决策辅助和服务地位，情报工作强调主动性，针对科技、经济、社会等发展状况，主动搜集情报，加工处理情报，积极预测科技发展、主动参与决策，应该做到“引领”科技和决策的最好参谋[5]。

1.2 情报分析与挖掘

情报分析与挖掘是情报研究的重要方法和手段，从情报学著名的DIKW[6]（数据—信息—知识—智慧/情报）情报价值链可以看出，数据是情报研究的起点和基础。随着信息技术的发展，数字化能力越来越强，数据的内涵不断扩大，现在泛指一切由计算机处理的信息，包括数字、文本、图形、音频、视频等[7]。

随着情报学理论和方法的发展与科学技术的推动，在情报分析与挖掘上不断研究出许多方法。如：①计量分析方法，用于对领域整体分布[8]和技术预测等进行研究，可对时间、国家地区、信息来源、机构、创作者等信息资源的外部特征进行赋权和计算，也可以对主题、关键词等内容特征进行计算分析，可以综合多项信息进行生命周期分析等；②关联分析方法，用于从大规模数据集中发现关联集，包括关联规则挖掘和关联特征分析，比如文献引用、被引、被引耦合、引用耦合、参考、词语共现、作者共现、研究机构共现等；③网络分析方法，用于对情报研究要素中处在社交网络、合作网络、引文网络、专利网络、共词网络、知识网络、链接网络、人际竞争情报网络[9]中的网络特征、结构变化与网络影响力等进行分析，比如关联性分析、中心性分析、凝聚子群

或者兴趣共同体分析、结构对等性分析、学术影响力分析等；④演化分析方法，用于对研究所关注领域内的各种演化动态进行分析。在领域情报研究中从时间演化和空间演化两方面进行分析，技术时间演化是指研究特定技术领域的知识热点、趋势、突变、异化等技术演化脉络；技术空间演化是指研究特定时间段内技术领域在机构、生产者、作者、地区等空间维度上的分布与演化脉络；⑤聚类分析方法，用于将离散的资源聚集成相似性较大的类，从而从整体上把握一类资源的特征，有文献聚类、主题聚类[10]、作者聚类、用户聚类等；⑥主题挖掘方法，用于大规模数据的智能化分析和利用，以通过挖掘算法揭示数据背后的规律，从而实现从数据到知识的转化，有基于主题模型的主题特征抽取方法。

大数据分析与挖掘技术的应运而生也引发了情报研究领域的关注，如从数据来源、方法的运用、数据对象和数据规模等方面研究情报分析与大数据分析的异同，并认为情报分析的发展有必要从大数据中汲取营养，注重适量数据且要有核心领域等[11]。

1.3 知识库及构建

知识库的原型是20世纪时出现的演绎数据库，该系统是基于传统的数据库系统，将人工智能领域中的规则推理和演绎功能集合进来的产物，其实质上是在数据库基础上加上一个规则关联系统，通过接口利用已知的规则管理数据库中的原始数据[12]。

知识库构建的前提是知识表示。知识表示是按照一定的方法将人类知识表述为计算机能够识别和处理的结构的技术，是系统实现知识组织和存储的基础和关键，刘建炜和燕路峰指出将人类知识进行计算机语言表示时要兼顾系统存储效果和用户使用效果两个方面[13]。常用的知识表示方法有：谓词逻辑、产生式规则、框架、语义网络、面向对象表示法、粗糙集和本体等。

目前常用的知识库构建大体分成两类，基于数据库结合人工智能技术的构建方式和基于本体构建方式。其中：①基于数据库结合人工智能技术的构建方式是最直接的方法，一些研究者用此方式进行了广泛的实践。如：Cordon等人通过对数据库使用遗传算法生成规则库的方法构建一个可以自主学习的知识库，他们指出大多数自主学习的知识库系统都致力于从特定数据库进行其规则库的学习[14]；Qian等利用粗糙集算法实现完整和非完整两种数据结构知识库的新知识发现功能，并引入知识距离的概念来计算同一知识库中两种知识结构之间的差异[15]；Bezaire和Soltesz基于数据库技术和数据挖掘算法构建中间神经元锥体细胞连接知识库，可以进行大量文献和数据的挖掘和计算，实现对大鼠海马CA1区细胞和突触成分的定量估计[16]。②基于本体的构建方式不仅可以对模型进行语义描述，同时支持对模型进行层次结构的规范定义，在这方面已经有许多实践性的探索。总体看，本体有强大的知识语义描述能力和规范的表述形式，然而其构建复杂、不易更新维护和重用、难以满足动态需求等问题导致其无法大范围普及和使用[17]。而随着人工智能技术的飞速发展，基于数据库结合人工智能技术的知识库构建方法可以兼顾知识语义描述和快速运算能力，将更加具有普适性。

2 情报研究知识库的概念、功能与体系设计的思路

2.1 情报研究知识库的概念界定

大数据驱动下，面对海量的信息资源以及众多科研人员复杂多变的个性化需求，如何集专家智慧对原有资源进行有效的知识组织，将原有资源与新的资源进行整合关联，并充分利用现代化研究方法进行分析和挖掘，提供专业化、自动化、个性化的知识服务，是现代情报研究机构面临的一个难题。同时，已经建设的一些专门领域数据库或者知识库，主要从知识语义化组织存储角度进行设计，难以满足大数据的存储与处理，更无法与科学技术领域专家、情报领域专家的隐性知识进行关联组合，因而就不能深入地为技术领域演变动态跟踪、新技术研判与发展态势预测等提供语义知识检索、语义知识推荐和语义关联分析。情报研究的实质是一种典型的知识创新与生产活动，是人的大脑与知识原料相互作用的一种人类高级劳动。因此，情报研究迫切需要不断存储、组织、管理、计算和分析大规模数据资源的工具作为支撑，该工具需要深入到大数据内容中识别知识化的特征并将其转化为计算机可处理的编码，进而对大规模信息资源进行知识挖掘、提取和计算，形成有价值的产品或服务。

本文在现有知识库研究的基础上，结合情报研究的概念和目标，基于情报研究流程，提出情报研究知识库（Intelligence Analysis Knowledge Base，IAKB）的概念，情报研究知识库是以情报服务为目标，将某一领域的各种数据、研究人员的研究技能与经验、情报分析模型汇聚的集合，实现大规模知识的存储、管理、计算、分析和重用，以支撑智能化的情报研究产品与服务。就其内涵而言，情报研究知识库是一种基于数据库技术结合人工智能技术的面向用户需求的普适性知识服务系统，能够针对领域需求对大规模信息资源进行知识抽取，并且对领域资源进行语义分类和组织，实现语义检索。除了存储该领域所含有的显性知识及其关联外，还包括专家知识地图以揭示与获取领域专家和情报研究人员在工作过程中形成的独有信息源、解决问题的方法、工作经验、既成知识等，以及集成可用于情报研究的信息挖掘、分析、聚合与可视化等模型和方法，能够实现大规模数据的分析与挖掘。

2.2 情报研究知识库的功能分析

根据前述的概念界定，本文构建的情报研究知识库主要作用是：有效组织领域内的多源数据与信息，集成可用于情报分析和挖掘的算法与模型，根据任务需求和专家智慧生成智能化、个性化的情报研究产品和服务。情报研究知识库主要应具备以下三个功能：一是信息存储功能，大规模信息资源数字化、网络化存储是使用和挖掘的基础，包括多源异构数据，比如文献数据库资源、网络数据、业务沉淀数据、合作交易数据等；二是对大规模信息资源进行语义组织的功能，语义化组织是知识库构建的核心和落脚点，也是领域情报分析与挖掘的前提准备。需要在情报研究知识库中集成用于知识抽取和处理

的方法，从而抽取领域原始信息资源中的知识并进行语义组织成知识关联网络，以实现大规模数据的语义存储与检索；三是支撑情报服务的功能，在情报研究知识库中，情报研究人员可以基于领域信息资源和专家知识，调用情报分析与挖掘的算法和模型，生成智能化、个性化的情报研究产品和服务。

2.3 情报研究知识库的构建原则

为实现情报研究知识库的上述功能，其基本构建原则应包括以下几点：

（1）稳定性。情报研究知识库作为系统工具首先要保证在一定并发操作时的运行稳定，因此需要考虑系统的运算量和并发操作量进行综合考虑模块与运行流程设计，保证情报研究知识库系统的稳定运行。

（2）实用性。情报研究知识库面向的用户主要是情报研究人员，虽然他们会有一定的计算机操作基础，但在人机交互界面设计上还应保持简洁、直观、清晰和风格一致。特别是系统模型调用部分应有清晰的提示参数设置部分，避免让用户直接接触代码，并设计错误提醒，保证系统的实用性。

（3）开放性。情报研究知识库面对的信息资源包含领域相关的多源数据，比如网络数据、业务沉淀数据、合作交流数据等，资源存储和组织形式有所不同。另外，情报研究知识库集成情报分析与挖掘的模型与算法，模型与算法也需要根据技术发展进行相应的更新与维护，因此系统架构需要一定的开放性和可拓展性。

（4）个性化。在情报研究知识库中，应根据用户自身的需求和兴趣提供个性化功能设置，从而实现一些个性化推荐。另外，用户也可以个性化的选择不同的信息资源调用不同的情报分析模型来解决研究问题。

（5）多维度。传统的领域数据库或者知识库，主要涉及领域知识的存储与检索，本文构建的情报研究知识库在语义检索的基础上还提供语义推荐。对于系统的信息资源，用户不仅可以从内容角度调用模型进行多维度、细粒度的计算和分析，也可以从领域专家和领域术语角度进行领域动态分析，从更多的维度和视角全面掌握领域知识，满足自身需求。

2.4 情报研究知识库构建的理论基础与体系设计的思路

为使情报研究知识库构建具有理论支撑，基于上述的功能与原则分析，经过多方调研和借鉴已有研究成果，本文将以知识论、决策论和系统论相结合作为学理依据。其中，知识论是探讨知识的本质、起源和范围的一个哲学分支，在信息科学中被作为信息认知原理的理论基础。知识论中的“DIKW价值链”［数据（Data）→信息（Information）→知识（Knowledge）→智慧（Wisdom）］是阐述知识转化与创新生成的科学体系，该体系指出将数据、信息与知识递进转化并被理解后就可以生产出指导未来做正确事的智慧（新知识）。决策论是指根据信息和评价准则，用数量方法寻找或选取最优决策方案的科学，是运筹学的一个分支，在信息科学中被作为信息再生原理的理论基础。决策思维三要素（思维材料、思维工具和思维主体）是决策过程的基本构成，也是知识激活动态机制实现的基本单元。系统论是研究系统的一般模式、结构和规律的学问，系统论中的整体性思想是使知识效用发挥的保障，“输入—转换—输出”是表达系统结构的一般模式。基于知识论、决策论和系统论，将知识转化与创新生成体系、知识激活机制和整体性思想相结合，构成本文提出的情报研究知识库构建的理论基础，并由此提出的体系设计思路，如图1所示。

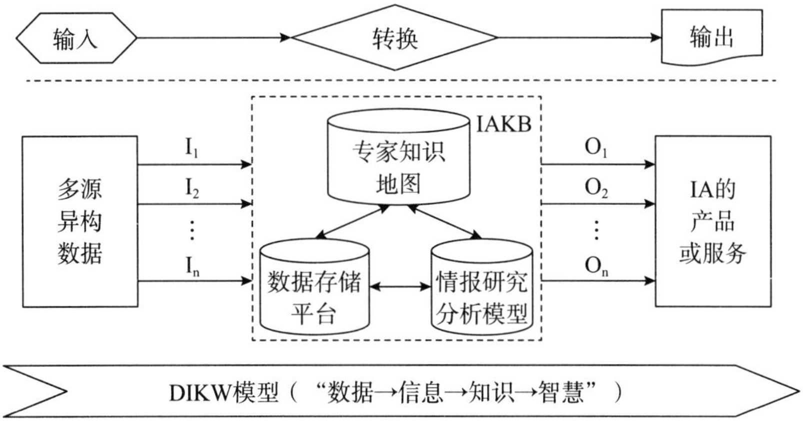

图1　情报研究知识库体系设计的思路

在图1中，多源数据作为情报研究知识库的数据/信息/知识的来源，是输入端；IA产品或者服务是情报研究知识库应用的出口，是输出端。在情报研究知识库中，数据资源存储平台可作为情报研究知识库运作的思维材料，情报研究分析模型库可作为支撑情报研究知识库运作的思维工具，专家知识地图可作为情报研究知识库运作的思维主体。专家知识地图一方面与数据资源存储平台相连，驱动输入端的数据/信息导入到情报研究分析模型库中，另一方面与模型库相连，指引模型库生产出情报研究需要的产品或者引向所需要的服务。由此构建的三位一体的情报研究知识库，将使思维材料、思维工具与思维主体紧密集成，将突破现有的数据库/知识库资源与情报研究脱离、专家人员的隐性知识无法充分利用、情报研究工具很少被运用等局限，为情报研究机构适应数据密集型科研环境提供有力的支持。

3　情报研究知识库构建的架构设计

3.1　情报研究知识库逻辑架构设计

综上，三位一体的情报研究知识库由数据存储平台、情报分析模型库和专家知识地图构成，其具体的逻辑设计如下。

3.1.1 数据存储平台

数据存储平台中的大规模数据资源和语义组织形成的文本语义空间将组成情报研究知识库运作的思维材料，是整个系统运行的知识来源。大规模数据资源主要包括购买数据库中的数据、业务沉淀数据、互联网数据等，利用这些数据进行情报分析和服务的首要任务就是将其以一定的格式存储起来，并深入资源内容进行知识抽取和组织。以本文后续应用为例，所用到的数据主要有两种，一是领域文献数据，二是领域专利数据，在数据存储平台中被设计为两个库，在进行情报分析时用户可以根据需求选择相应库中的数据进行操作。

领域文献库中主要存放领域文献的题名、作者、机构、发表年、关键词、期刊、摘要，其领域文献表如表1所示：

表1 领域文献表

字段	字段类型	说明	备注
title_id	varchar（20）	文献编号	主键
Title	varchar（100）	文献题名	
Author	varchar（100）	文献作者	可以多个，用“\n”隔开
Institution	varchar（100）	作者机构	可以多个，用“\n”隔开
Year	varchar（20）	文献发表年	
Keywords	varchar（100）	文献关键词	可以多个，用“\n”隔开
Journal	varchar（50）	来源期刊	
Abstract	varchar（2000）	文献摘要	

领域专利库中主要存放专利数据的标题、摘要、公开号、公开日、申请号、申请日、申请人、发明人、IPC主分类号，其领域文献表如表2所示：

表2 领域专利表

字段	字段类型	说明	备注
patent_id	varchar（20）	专利编号	主键
Abstract	varchar（2000）	专利摘要	
open_num	varchar（50）	公开（公告）号	
open_day	varchar（50）	公开日	
application_ number	varchar（50）	申请号	
application_day	varchar（50）	申请日	
Applicant	varchar（100）	申请人	可以多个，用“\n”隔开
Inventor	varchar（100）	发明人	可以多个，用“\n”隔开
Ipc	varchar（100）	IPC 主分类号	

数据存储平台不仅仅需要解决领域信息资源的存储问题，对大规模信息资源进行知识抽取和语义组织是情报研究知识库构建的核心和落脚点，也是领域情报分析与挖掘的前提。

3.1.2　专家知识地图

Phythian指出情报分析与挖掘中情境信息发挥着重要的作用，领域专家的隐性知识是构建研究情境的重要来源[18]。实际上领域的许多重要知识都是以隐性知识的形式被少数的领域专家所掌握，专家长期对领域和行业中某一事物进行深入研究，其形成的独特知识或见解能够为学科或行业的发展提供理论分析和实践指导，对热点、难点问题提供决策支持。专家知识地图是对领域专家和领域术语的有效组织，通过该地图可以快速发现相关的领域专家，从而进行跟踪研究或将专家作为外脑进行直接交流，从而获取可用于情报研究的隐性知识。专家知识地图是情报研究知识库的重要组成部分，在后续的研究中将详细介绍其具体内涵和构建方法。

3.1.3　情报分析模型库

信息技术的发展导致数字化资源数量不断增长，情报研究可获取的领域信息资源也呈现爆炸增长，情报研究面临的问题也从过去的信息获取不足变为信息过剩。在大数据背景下，无论是多源而繁杂信息的甄别与筛选，各种信息资源进行语义组织，以及根据不同需求进行情报分析与挖掘，都迫切需要技术方法的支撑。情报研究知识库将可用于情报分析与挖掘的模型和算法集成进来，以便进行领域大规模数据的分析与挖掘。在三位一体的情报研究知识库中，情报分析模型库是整个系统的分析工具，也是情报研究工作中的思维工具。本文整理了一些常见的可用于情报分析的模型和算法，如图2所示。

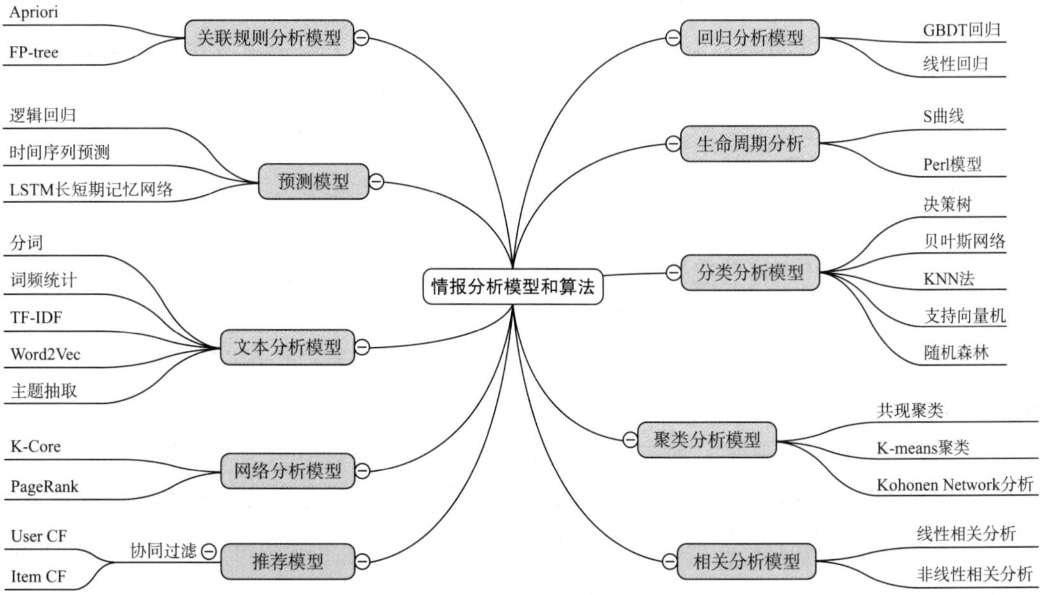

图2　可用于情报分析的模型与算法

3.2 情报研究知识库功能界面设计

3.2.1 功能模块设计

根据上文对情报研究知识库的功能分析和逻辑架构设计，情报研究知识库应该包含以下四个功能模块，如图3所示。

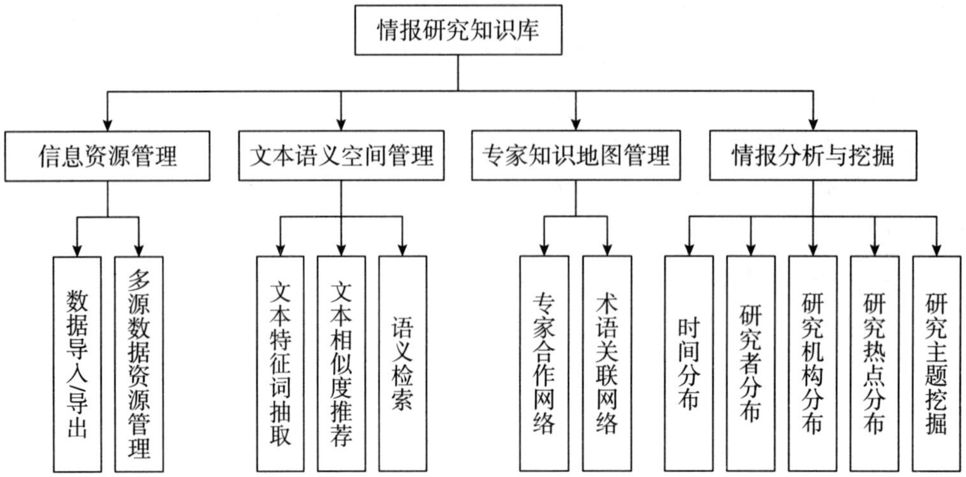

图3 情报研究知识库功能模块

信息资源管理模块主要涉及数据导入导出和查看修改等功能，导入数据时用户可以选择根据模板格式进行批量导入，也可以手动添加和修改；文本语义空间管理模块主要涉及对资源的提取和组织，包括对文本资源的特征词提取和加权、文本相似度计算以及基于特征词语义训练的语义检索；专家知识地图管理模块主要是领域专家的快速定位，针对专家团队的动态跟踪研究是领域研究的重要部分，用户可以通过专家合作网络和术语关联网络实现相关研究专家的快速发现；情报分析与挖掘模块是情报分析模型库的应用部分，用户可以根据需要调用相应的模型解决问题。

3.2.2 主界面设计

根据情报研究知识库功能模块设计的内容进行界面设计，为了全面表现情报研究知识库的功能，所设计的系统主界面如图4所示：

从图4可以看出，本文设计的情报研究知识库导航包括首页、信息资源管理、语义检索、文本语义空间、专家知识地图和情报分析与挖掘几个部分。由于语义检索是情报研究知识库的常用基础功能，所以将其放在与语义空间平行的位置，利用文本语义空间能够实现文本特征词抽取功能，利用专家知识地图能够进行专家合作和术语关联查询，利用情报分析与挖掘模型能够实现时间分布、研究者分布、机构分布、热点分布和主题挖掘等功能。

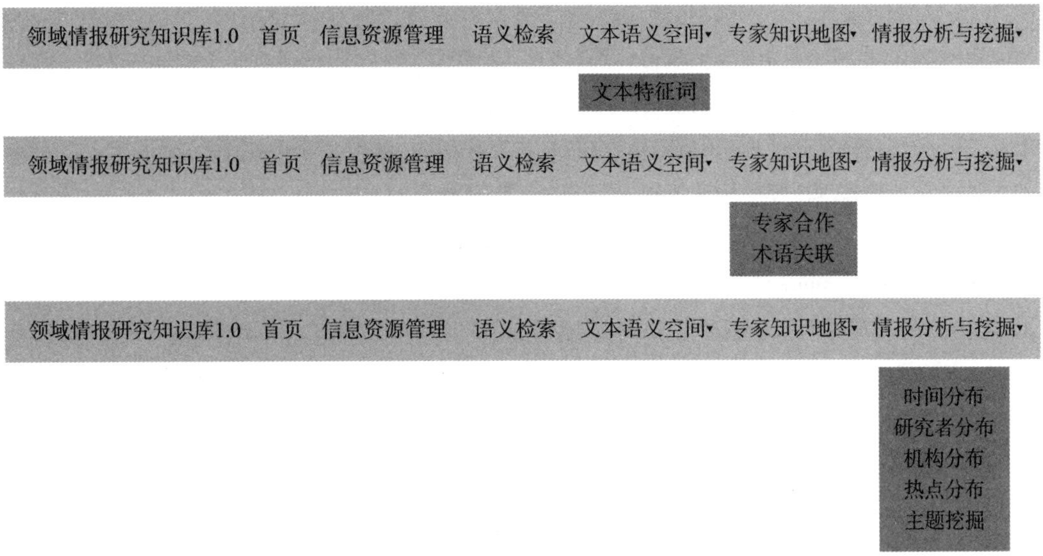

图4　情报研究知识库主界面

为迎接大数据时代的挑战，探索支撑情报研究工作的理论与方法。本文提出大数据驱动的用于不断存储、组织、管理、计算和分析大规模数据资源的情报研究知识库，其包含数据存储平台、情报分析模型库和专家知识地图三个组成部分，数据存储平台中的大规模数据资源和语义组织形成的文本语义空间组成情报研究知识库运作的思维材料，情报分析模型库构成支撑情报研究知识库运作的思维工具，专家知识地图构成情报研究知识库运作的思维主体。情报研究知识库将突破现有的数据库/知识库资源与情报研究脱离、专家人员的隐性知识无法充分利用、情报研究工具很少被运用等局限，将为情报研究机构适应数据密集型科研环境提供有力的支持。

参考文献：

[1]包昌火，王秀玲，李艳. 中国情报研究发展纪实[J]. 情报理论与实践，2010(1):1-3.

[2]凌敏. 新形势下情报研究工作及其发展的几个问题[J]. 华中农业大学学报(社会科学版)，1999(4):45-47.

[3]包昌火，刘诗章. 我国情报研究工作的回顾与展望[J]. 情报学报，1996(5):344-349.

[4]张志强. 论科技情报研究新范式[J]. 情报学报，2012(8):788-797.

[5]苏新宁. 大数据时代情报学与情报工作的回归[J]. 情报学报，2017(4):331-337.

[6]ROWLEY J. The wisdom hierarchy: representations of the DIKW hierarchy[J]. Journal of information science，2007(2):163-180.

[7]涂子沛. 数据之巅：大数据革命，历史、现实与未来[M]. 北京：中信出版社，2014.

[8]王立学，冷伏海. 简论研究前沿及其文献计量识别方法[J]. 情报理论与实践，2010(3):54-58.

[9]包昌火，谢新洲，申宁. 人际网络分析[J]. 情报学报，2003（3）：365-374.

[10]章成志，梁勇. 基于主题聚类的学科研究热点及其趋势监测方法[J]. 情报学报，2010（2）：342-349.

[11]李广建，化柏林. 大数据分析与情报分析关系辨析[J]. 中国图书馆学报，2014（5）：14-22.

[12]王新昊. 情报研究工作中知识地图和知识库的构建研究[D]. 南京：南京理工大学，2005.

[13]刘建炜，燕路峰. 知识表示方法比较[J]. 计算机系统应用，2011（3）：242-246.

[14]CORDON O，HERRERA F，VILLAR P. Generating the knowledge base of a fuzzy rule-based system by the genetic learning of the data base[J]. IEEE transactions on Fuzzy systems，2001（4）：667-674.

[15]QIAN Y，LIANG J，DANG C. Knowledge structure，knowledge granulation and knowledge distance in a knowledge base[J]. International journal of approximate reasoning，2009（1）：174-188.

[16]BEZAIRE M，SOLTESZ I. Quantitative assessment of CA1 local circuits：knowledge base for interneuron-pyramidal cell connectivity. [J]. Hippocampus，2013（9）：751-785.

[17]邱均平，王菲菲. 数字文献资源语义化计量本体的提出与构建[J]. 情报学报，2014（10）：1012-1021.

[18]PHYTHIAN M. Intelligence analysis today and tomorrow[J]. Security challenges，2009（1）：67-83.

（本文原发表于《情报理论与实践》2019年第1期）

基于价值链的数据管理理论思考*

李 纲 马亚雪 巴志超（武汉大学信息资源研究中心）

2017年12月8日，习近平总书记在中共中央政治局第二次集体学习时强调："大数据是企业信息化建设的新阶段。要推动互联网、大数据与人工智能同实体经济的深度融合，构建自主可控的大数据产业链、价值链和生态系统。"[1]由此反映出为推动产业向数字化、网络化、智能化发展，实现企业信息化建设在数据资源整合与开放共享环境下的转型升级，有必要从价值链的视角探究数据管理的架构、模型与方法。而随着全球市场逐步向区域联系更加紧密、产业分工更加细化、服务效率更加迅速的方向发展，传统价值链所秉持的线性思维以及企业信息化建设中业务流程固化所引发的数据过度嵌入，使得原有的信息化管理模式对业务流程所涉及的厚数据、快数据与慢数据的处理能力不足，导致企业难以借助数据管理实现资源的统筹规划与优化配置，进而无法实现数据驱动下的业务流程再造[2]。因此，面对大数据环境对企业数据管理提出的增强多源数据融合、实现信息化与管理提升充分结合的要求，需要突破组织界限的束缚，从"去企业边界"的角度对价值链进行解构，形成能够根据个性化需求进行动态组配的新型产业价值链网，通过提取与整合链网中全流程的数据资源，并面向具体的业务管理需要对数据资源进行再组织，提升基于价值链网的数据管理活动的灵活化、高效化与透明化。

1 企业信息化的发展与困境

纵观企业信息化的历程，其发展实际上是一个智能水平不断提升的过程。20世纪50年代中期，企业开始使用计算机进行简单的电子数据处理，如财务记账、生产计划制定、库存统计等，形成了企业信息化的雏形[3]。随后，由于计算机存储能力及数据综合处理能力的提升，出现了包括办公自动化系统（Office Automation System，OA）、决策支持系统（Decision Support System，DSS）在内的部门级管理信息系统，极大地提高了企业的决策、经营和管理效率。而后在市场的驱动下，为增强信息技术与企业内部各层级间的融合、提升信息资源的共享能力，美国于20世纪70年代提出计算机集成制造系统（Computer Integrated Manufacuring System，CIMS）的概念，用现代信息技术和管理理

* 本文为国家自然科学基金重大课题"国家安全大数据综合信息集成与分析方法"（71790612）研究成果之一。

论对企业活动全过程中各功能子系统进行集成，以实现企业生产经营目标的总体优化，并随之产生MRP、MRPII、CRM等具有一定集成度的综合应用软件，形成企业级的信息化集成应用[4]。20世纪90年代初期美国Garter Group公司在MRPII系统基础上提出企业资源规划（Enterprise Resource Planning，ERP）理念，整合客户需求、企业内部制造活动以及供应商资源，形成一条完整的企业供应链，使企业信息化进程升级为对供应链资源的集成化管理[5]。综上，回顾企业信息化从初步形成到部门级应用、企业级应用以及供应链级应用四个阶段的发展历程不难发现，企业信息化已经逐步融入业务流程管理的各个环节，在企业生产管理活动中所发挥的作用也已逐渐超越业务辅助的范畴以及企业的界限，向资源整合范围更广、集成度更高的层级发展。

然而，随着物联网、云计算等新兴信息技术的出现以及产业联盟、虚拟企业等组织形式在互联网背景下的发展，使得大数据环境下企业信息化所面对的数据量级、管理范围以及应用深度不断提高，加剧了信息化建设的难度，为企业信息化发展带来巨大的挑战。目前，企业信息化建设总体上面临着由于ERP流程刚性固化、系统集成性与可扩展性欠缺而引发的业务动态冲突问题，使得部门之间的自动协调与优化机制缺乏可执行性、系统适应业务环境变化的柔性不足，导致企业难以实现资源跨部门、跨组织的优化配置及业务流程再造[6-7]。具体而言，主要存在以下三个方面的问题：

（1）集成化信息系统体量庞大，造成系统维护和扩展成本高

企业由于受到资金及能力的限制，其信息化建设往往采用由局部应用逐渐过渡到全面应用的发展模式，使系统集成成为推进企业全局信息化建设的主要途径。而由于信息系统建设初期缺乏顶层设计，以及复杂的业务逻辑和大规模的数据资源，造成集成后信息系统的体量过于庞大，进而令系统的维护与扩展难度以及相关成本不断上升，故而企业信息化发展对信息系统的轻量化提出迫切的需求。

（2）信息系统功能的高度业务嵌入性，导致信息系统柔性缺失

一般来说，企业信息化建设大多以实际业务需求为驱动，相关信息系统的建立更是以服务现有的业务流程为目标，通常欠缺对未来应用方向的前瞻性，而这种信息系统与具体业务之间较强的依赖关系，使得系统适应业务逻辑大规模变更的灵活性不足，将导致在实际的业务变革中造成“牵一发而动全身”的局面，因此需要降低业务逻辑对信息系统拓展性的束缚，实现数据与业务逻辑的分离。

（3）信息系统对外部数据的感知与获取能力不足，难以适应业务创新与变革

全球化背景下，外部数据对企业发展的重要程度日益凸显，根据企业信息化发展历程可知，相关信息系统早已开始对企业外部数据进行管控。然而，由于不同组织间的数据存在物理孤岛与逻辑孤岛并存的现象，以及互联网数据及各类开放数据量级大、碎片化程度高的特征，加剧了信息系统感知与获取外部数据的难度[8-9]，使得现有的信息化能力无法通过整合并利用外部数据实现对相应资源的调用与配置，进而难以满足企业业务创新与变革的需求[illegible]此，需要针对大数据环境特征设计更加灵活化的数据组织与管理方案，以实现对内外数据资源的联动管控。

总的来看，对于以上三类问题究其本质，是由组织结构与数据结构之间的适应性不足所致。有必要探究能够实现信息系统轻量化、数据与业务逻辑分离化、内部与外部资源联动化的数据管理方法，以打破企业信息化的困境，实现资源优化配置及业务流程再造。根据波特价值链理论所述，企业由一系列相互依存的价值活动集合构成，通过价值活动的连接可形成以利润为主要目标的价值链，最终实现价值的创造[10]。这一理论在一定程度上淡化了企业作为价值创造主体的传统思维，将价值创造的实现归因于相对独立的价值活动，通过对价值活动的动态组合能够形成具有不同价值创造功能的价值链，为借助数据管理的手段实现资源联动与组配提供了解决思路。然而，传统价值链仍然是从企业的角度出发，其价值活动依附于企业这一主体，使得价值活动的开展受限于企业内部的资源与能力，基于这一理论进行数据管理仍旧无法摆脱企业信息化所固有的问题，进而难以满足需求多样、多变的个性化市场以及以融合多源数据、实现信息化与管理提升充分结合为目标的信息化建设的要求。因此，需要从数据管理的需求出发重新审视价值链在新环境下的应用模式，以探究适应信息化发展要求的新的价值增值方法。

2 数据管理视角下的价值链解构

自波特提出价值链理论之后，学者们又从不同角度对其概念及适用范围进行了拓展，包括将各类利益相关者[11]、企业联系[12]、需求链[13]等融入价值链中形成新的概念内涵，以及从全球产业视角对其概念进行延伸[14-17]。然而，尽管其内涵不断丰富，却仍然没有打破企业对相关价值活动的束缚，难以进行灵活化的资源调用与组配，以回应个性化市场及信息化建设对数据管理提出的需求。而由价值链衍生出的价值单元却为打破这一困局提供了思路。

价值单元的概念在学术界中并没得到统一，现有的研究主要可归为三类。其一，将价值单元定义为价值活动的基本单元，认为它是对企业进行细分后具有独立性的细小单元[18-19]；其二，将企业或价值网络参与者整体视作价值单元[20]；其三，有学者将其定义为从事相似业务活动的参与主体的集合[21-23]。基于本文的研究情境，价值单元被定义为能够独立运作而不失其价值增值功能的“原子”单元，其价值交换形式呈现出类市场环境的特点，具有明确的输入/输出，并且以实现价值增值、满足客户需求为目标[24]。

从数据管理的视角来看，价值单元独立实现价值增值的功能以及类市场环境的价值交换模式，在一定程度上弱化了其与所属企业之间的依赖关系，减弱了价值单元在企业内部调用与跨企业调用的区别，使得借助数据管理手段实现企业内外部资源联动的便利性得以提升。同时，由于价值单元以完成某一特定价值增值任务为目标，从全局的角度看，业务流程管理更关注价值单元任务的完成情况而非具体的实施细节，因此价值单元内部业务逻辑在流程管理的过程中可被视为“黑箱”。那么基于价值单元具有明确输入/输出的特征，在进行业务流程数据管理时，可根据具体需求设定价值单元的输出内容，然后对获取到的各价值单元数据进行统一的组织与整合以实现业务流程的管理，而无须集成相关价值单元内部信息系统。这一特征使得信息系统轻量化的要求得以满足，并且令全流程的数据管理能够摆脱价值单元内部复杂的业务逻辑的束缚。基于以上分析可以发现，将价值链解构为价值单元，从价值单元出发对业务流程数据进行管理，能够较好地解决企业信息化面临的三个问题，满足个性化市场及信息化建设的需求，进而实现资源灵活化配置及生产流程再造。因此，本文将价值单元作为面向资源配置与流程再造的数据管理的基本单元，以进行相应数据管理方法与模型的探讨。

在明确价值单元对数据管理的作用之后，需要探究如何对价值单元进行组织，以实现资源配置与业务流程再造，为建立与之相匹配的数据管理架构及模型提供指导思路。而这一研究主线需要引入价值链网的概念，以呈现该管理思想的实现路径。价值链网是在虚拟价值链[25]、价值矩阵理论[26]、价值星系理论[27]以及模块化价值链理论[28]的基础上对价值链的进一步拓展，其与价值单元、价值链之间存在着解构与重组的逻辑关系。价值链根据各价值活动的业务独立性进行解构即可得到价值单元，而具有业务关联性的价值单元根据业务需求组合便形成了价值链；同样，多条价值链基于业务拓展需求进一步连接可构建面向特定任务的价值链网，而已有的价值链网可根据业务模块划分分解为独立的价值链；另外，价值单元与价值链网之间还可突破价值链的“中介作用”进行动态组合与分解，进而可以突破企业边界形成更加灵活化的链网组建方式，如图1所示。

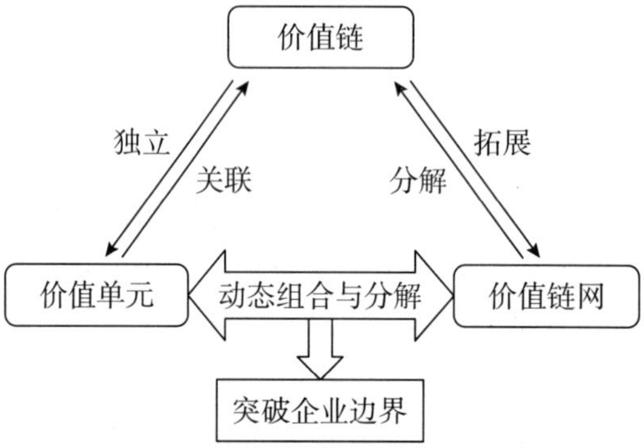

图1　价值单元、价值链与价值链网的关系

根据三者之间的关系可以发现，将价值链解构为价值单元，再以需求为驱动连接价值单元形成价值链网的过程，就是通过资源的重新配置实现业务流程再造的过程。由此出发，可以通过整合价值单元、动态构建价值链网的方法实现对产业内部资源的配置与业务流程的再造。具体来说，把产业内部各价值链解构为价值单元，然后将这些价值单元整合为可供调用的价值单元集合，当出现某个特定的业务需求时，目标价值单元（需求承担方）通过在价值单元集合中选择与连接具备相应价值增值功能的价值单元组（各价值单元可能来自不同的价值链），构建能够满足临时业务需求的价值链网，进而实现产业内部资源配置与需求驱动的流程重组。借助这一思想能够缓解企业资源闲置与资源不足的问题，在整体资源能力不变的情况下满足更加多样化的业务需求，使得资源配置向着帕雷托最优的方向发展。

运用数据管理的手段能够使这一思想得以实现。一方面，运用价值单元中与价值增值需求及业务进程相关的数据对价值单元进行结构化描述，使其以数据单元的形式存在，通过对数据单元的统一表示、存储与关联，能够实现对价值单元的整合。另一方面，以需求为导向对整合后的数据单元进行调用与连接，能够形成动态组建的价值链网，并借助数据管理的手段实现对资源的灵活配置。接下来将基于这一思想提出面向价值链网的数据管理架构。

3 面向价值链网的数据管理架构

数据是数据管理的核心。当前企业的基础数据主要包括产品数据、运营数据、设计数据及外部数据等，根据价值链网的组建以及业务流程管控的不同阶段，可将这些数据划分为价值单元基础状态数据与生产状态数据。前者主要包括存储于企业各类应用系统中的CRM数据、SRM数据、TQM数据等，能够用于标识价值单元的价值增值功能及其基本情况，通过对此类数据的组织与整合，使价值单元能够被区分、调用与组配，进而实现价值链网的组建；后者包括由信息系统、机器设备以及互联网等外部环境实时产生的数据，通过利用实际进度与生产计划之间的数据匹配关系，能够反映价值单元特定任务的实时完成情况，实现价值链网的业务进程管控。

综合运用两类状态数据对价值链网进行组建与管理，能够全面规划与调整价值增值计划、反映业务过程的完成进度、使资源灵活化配置，进而完成业务流程的升级再造。但在具体的实施过程中需要考虑三个关键性问题：①如何获取能够满足资源配置与流程再造需求的状态数据；②如何组织和整合价值单元基础状态数据，使价值单元能够在需求驱动下灵活组建价值链网；③如何分析价值链网中各价值单元的生产状态数据，为基于价值链网的管理与服务提供数据支持。为解决这三个问题，本文依据资源配置与业务流程再造的思想，以形成信息系统轻量化、数据与业务逻辑分离化、内部与外部资源联动化的数据管理为目标，提出包括“数据感知－数据集成－数据分析”三个核心步骤的面向价值链网数据管理架构，如图2所示。

此架构主要从价值链解构与需求驱动下价值链网动态重组的思想出发，在数据感知层面，将价值链解构为价值单元，通过接入价值单元并识别其关键业务环节，进行价值单元内部基础状态数据及生产状态数据的提取；在数据组织与整合层面，对价值单元基础状态数据进行规范化表示、有序化组织，将其虚拟化为数据单元，对数据单元进行弹性存储并构建关系网络实现价值单元的自治与推演，进而实现价值单元的整合；在数据分析与服务层面，对个性化需求进行识别与表达，将其与价值单元进行智能化匹配以构建价值链网，通过关联价值链网中各价值单元的生产状态数据，实现链网全流程数据的跟踪与分析，进而为业务流程管理提供服务。整体上，通过对价值单元状态数据的感知、集成与分析，实现对资源的优化配置以及业务流程的再造。接下来将详细阐述数据感知与获取、组织与整合、分析与服务三个核心数据管理模型的构建思想。

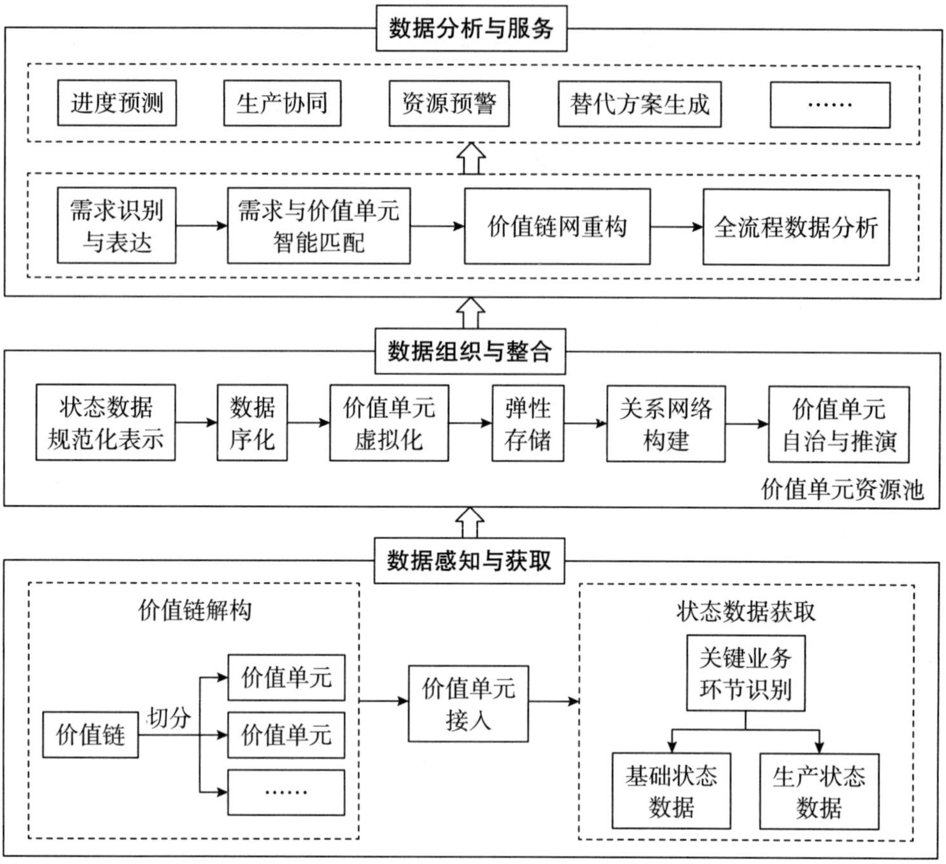

图2　面向价值链网的数据管理架构

4　面向价值链网的数据管理模型

由上可知，面向价值链网的数据管理需要解决三个关键性问题，即如何获取、如何集成以及如何分析数据，分别对应数据管理架构中“数据感知—数据集成—数据分析”三个核心步骤。本部分将针对这三个核心步骤，以价值链解构与价值链网动态重组思想为基础，结合先进管理方法及技术，构建数据感知与获取、组织与整合、分析与服务模型，以实现面向价值链网的数据管理，为资源优化配置与业务流程再造提供方法支持。

4.1 数据感知与获取模型

面向价值链网的数据管理以价值单元作为基础数据来源，使价值单元在数据感知与获取过程中发挥重要的作用。从宏观的层面来看，数据感知与获取的过程可归纳为部署采集系统、价值单元接入以及状态数据获取三个主要步骤。不同类型的数据采集方法、价值单元接入方式以及状态数据获取策略对价值链网状态数据的传输模式、获取流程的复杂程度都会产生不同的影响。结合价值单元以及价值链网数据管理的特征，从以上三个影响价值链网数据感知与获取的要素出发，解析价值单元状态数据的获取过程，实现面向价值链网的数据感知与获取模型的构建，如图3所示。

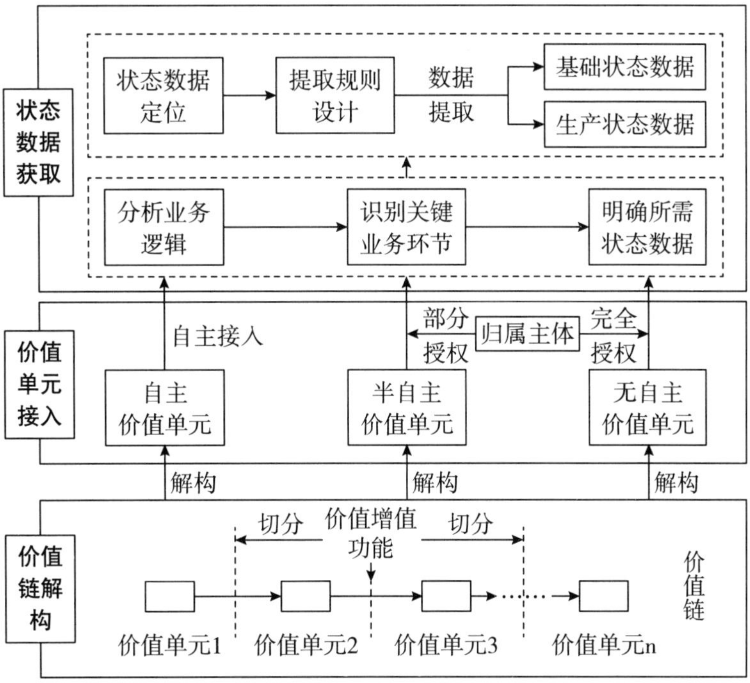

图3 数据感知与获取模型

就数据采集方法而言，现有研究中主要按照布局方式的不同将其分为分布式数据采集方法与集中式数据采集方法。总的来看，分布式数据采集具有较好的灵活性，集中式则易于控制全局数据。考虑到两种方法侧重点的差异，它们通常被用于满足不同类型的数据采集需求[29-30]。有学者提出在进行企业数据采集时，集中式数据采集的方法较适用于企业内部数据的获取，跨企业的数据获取则应以分布式采集方法为主[31]。而在本文的研究情境中，对价值链网中各价值单元状态数据的采集本质上类似于跨企业数据采集的模式，并且根据价值链网动态组建的特质，以及通过连接各价值单元状态数据实现链网全流程管控的需求，不难得出面向价值链网的数据感知与获取应当采用分布式数据采集方法，以更加灵活化的方式实现价值单元状态数据的获取。

就价值单元接入方式而言，由于价值单元是根据价值增值功能从价值链中解构得到的“原子”单元，其可能是一个完整的企业，也可能是企业中的一个部门，甚至是一个能够完成某一价值增值功能的个体。那么根据价值单元原有形态划分将存在自主、半自主及无自主三种不同状态的价值单元。自主状态的价值单元的接入方式最为简单，仅需得到价值单元的授权即可。无自主状态的价值单元需以其所归属的主体为中介，由归属主体授权接入；而半自主状态的价值单元则根据其自主能力的高低，采用自主授权或归属主体授权的方式进行接入。因此，在进行状态数据获取之前应当根据价值单元的状态选择不同的接入方式，以明确价值单元的接入程序。

根据价值链网的数据管理需求、价值单元及状态数据的特征，可采用如下步骤对价值单元状态数据进行采集：①对价值链解构后得到的价值单元内部业务逻辑进行分析，识别在价值增值功能实现中具有重要作用的关键业务环节，并明确所需状态数据的内容。②根据业务环节数据所在位置，通过数据接口连接价值单元信息系统，或在价值单元内部关键业务环节部署RFID设备、传感设备等数据采集装置，或使用具有人机交互及数据采集功能的生产设备，实现价值单元的接入。③根据数据获取需求及相关数据特征设计状态数据提取规则，其中基础状态数据需在数据组织与整合之前提取，而生产状态数据则在价值链网形成后获取。④根据相应的提取规则对价值单元状态数据进行提取，并依据数据传输协议将采集到的数据传输，为更高层级的数据管理提供支持。

4.2 数据组织与整合模型

对产业资源进行全面整合，使其能够根据需求进行灵活化调用，是实现资源优化配置的基础。从数据管理的视角，探究如何表示、存储与关联状态数据，以实现对价值单元的描述与整合。为解决这一问题，本文引入了“资源池”的概念。当前，资源池在资源组织与配置中得到广泛应用，它所具有的资源共享、按需分配、动态扩展、标准服务、自动管理等特点，能够为价值单元整合提供可行的解决途径。因此，下文将从资源描述、存储、池化、组织、自治等层次出发，构建面向智能化互操作、用户透明化访问的价值单元资源池，借助数据的集成实现价值单元的整合，为需求驱动下的价值链网动态组建以及面向价值链网的数据分析与服务提供支撑，如图4所示。

价值单元资源池用于存储价值单元，借助数据管理的手段对资源池中价值单元进行管理与动态配置之前，需要对价值单元进行虚拟化描述，使其能够以数据单元的形式进行调用。由于状态数据是价值单元中能够反映其价值增值功能及业务进程的数据，可借助状态数据对价值单元进行表征。首先，采用基于元数据和本体的表示方法对获取到的价值单元状态数据进行规范化表示。然后，从属性、要素、进程等不同维度对状态数据进行内容与形式上的序化，使得不同价值单元中状态数据的数据结构得以统一，并将价值单元内各类状态数据进行关联。最后，通过设计价值单元描述框架，将组织与关联后的状态数据进行封装形成数据单元，作为价值单元在资源池中的“镜像”。

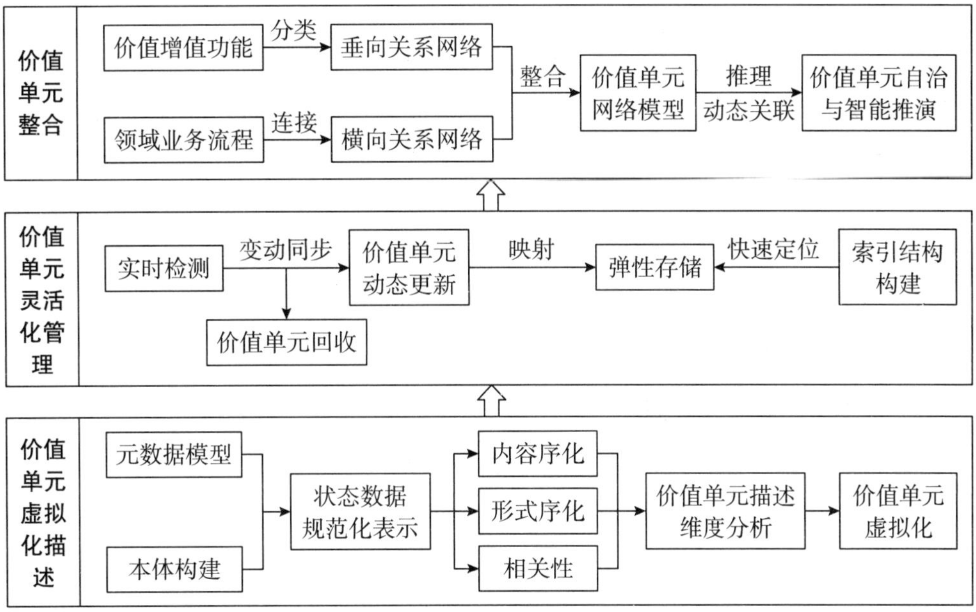

图4 数据组织与整合模型

将价值单元进行虚拟化后，需要探究与其动态管理需求相匹配的管理机制、存储方式以及索引模式，以实现价值单元的灵活化管理。针对价值单元的管理机制，由于价值单元与数据单元存在对应关系，相关数据的可靠性对价值单元的配置起到重要的作用。因此，需要对价值单元状态数据进行实时检测，对数据的变动进行及时同步，对失效的价值单元进行及时回收，以保证价值单元及其数据的有效性，从而为后续价值链网的组建提供可靠的数据支持。针对存储方式，以价值链网的动态组建及价值单元的灵活化管理为目标，有必要采用弹性存储的方式，利用层次概念网络建立价值单元模型到数据结构模型的映射，实现价值单元的动态加入与退出、扩展与更新，实现价值单元实时动态更新和柔性存储，以灵活化地实现价值单元的整合。针对索引模式，面对海量的价值单元，单一文件目录或者顺序查找的方式，必然会带来效率低下的问题，需要通过建立符合价值单元价值增值功能特征的索引结构，加快价值单元的查找速度。借鉴面向实体的索引结构的思想，设计分主题的、自适应价值单元实时索引结构，为价值链网动态组建、快速定位价值单元提供服务。

然而，实现价值链网的动态组建，还需要进一步对价值单元进行整合。根据价值单元价值增值功能能够服务的业务流程环节以及该环节在生产业务流程中所处的位置，可从两个维度对价值单元进行整合，以更加全面地呈现价值单元之间的关系。首先，依据价值单元的价值增值功能对其进行分类，构建资源之间纵向的关系网络，以明确完成某一特定业务生产环节所需的一类价值单元及其关系；再次，依据现实中具体领域的业务流程，构建价值单元之间的横向关系网络，以呈现满足某一特定业务需求的实现路径；

最后，构建价值单元间的交错关系，形成完整的关系网络模型；并以此关系网络为基础，通过关系模型学习不同价值单元间的动态关联，挖掘不同层次、不同类型的价值单元以及价值单元群之间的内在逻辑关系，增强价值单元间的联通，进而使得价值单元在资源池中能够实现自治与智能推演。基于以上对价值单元进行实时检测、弹性存储、建立自适应的价值单元索引以及通过建立关系网络模型使得价值单元能够实现自治与智能推演的方法，可以实现对价值单元的有效组织与整合，形成能够服务于价值链网动态组配需求的价值单元资源池。接下来将探究在面向具体需求时如何借助价值单元资源池实现价值链网的动态组建，并提供相应的管控服务。

4.3 数据分析与服务模型

需求是面向价值链网数据管理与服务的出发点。本文所提出的基于价值链数据管理的核心思想是借助数据管理的方法将价值链解构为价值单元，再以需求为驱动连接价值单元形成价值链网，以实现资源优化配置与业务流程重组。上述所提出的数据感知与获取、组织与整合模型为这一思想的实现提供了数据及技术的支持。本节以价值单元资源池为基础，提出面向价值链网的数据分析与服务模型，将探讨如何以需求为驱动智能匹配价值单元，实现价值链网动态组建，以及如何利用数据分析实现对链网全流程的业务管控，进而为业务流程管理提供服务，如图5所示。

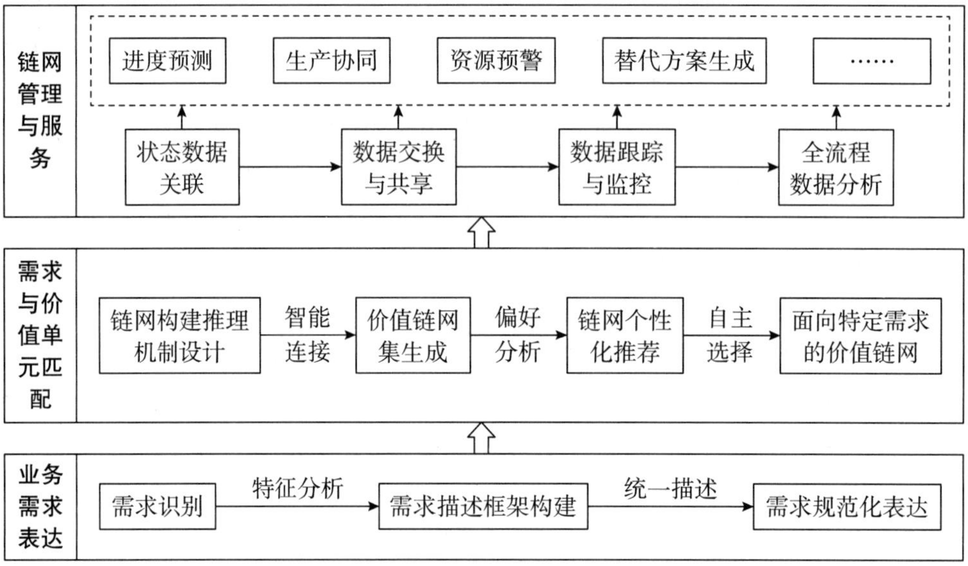

图5 数据分析与服务模型

由于价值单元被“投入”资源池后，其归属的主体将不再被强调，无论价值单元原状态如何，均被视为自主状态。在此情况下，当业务需求产生时即可通过相关计算机技术进行智能匹配快速达成供需连接以构建价值链网，完成资源的有效配置。由于业务需求与价值单元之间的匹配建立在需求识别的基础上，但通常不同主体对同一需求的描述在用词、表达方式等方面可能会存在差异，将导致难以根据其“自由化”的描述实现需求与价值单元间准确化的匹配[32]。因此，有必要建立统一的需求描述框架，对非结构化、半结构化和结构化的需求进行规范化表达。

构建业务需求描述框架后，根据标准化需求描述在资源池中快速抽取价值增值功能与该需求相匹配的价值单元，并基于价值单元关系网络模型，设计价值链网动态构建推理机制。然后，自生产流程的下游向上游逆向延伸，智能化连接价值单元形成能够满足目标需求的价值链网集合。最后，将所得价值链网集合进行智能排序，依据需求方偏好为其进行个性化推荐。并由需求主体根据实际情况自主选择得到最终用于服务的价值链网，实现价值单元与业务需求的智能匹配。

通过以上智能化匹配价值单元的过程，能够得到满足个性化业务需求的价值链网。然而，还需要通过对价值链网全流程数据进行分析，实现对链网整体及局部业务的多方位管控，并为价值链网管理提供服务。借鉴协同管理的思想，依托云计算、智能分析等先进技术，通过关联价值链网状态数据，实现对全流程状态数据的跟踪，并在此基础上对链网状态数据进行分析，为个性化管理需求提供数据支持及相应的管理服务。

具体来说，价值链网中各价值单元具有相同的数据结构，依据业务流程将价值单元的状态数据从时间、空间、资源等不同维度进行关联，使价值链网状态数据能够在各价值单元间进行共享与交换。然后，利用实时监控系统对生产进度、资源储量、业务需求等数据进行跟踪，设计异常变动预警机制以降低关键数据变动对业务流程造成的负面影响，掌控价值链网全局实时动态。最后，从不同管理需求出发，对链网全流程数据进行分析，实现包括进度预测、生产协同、资源预警、替代方案生成等功能，为不同用户提供数据支持及个性化管理服务。

综上所述，数据分析与服务模型通过对业务需求进行标准化描述，使价值单元能够根据业务需求进行智能化匹配动态形成价值链网，并在此基础上对价值链网全流程数据进行关联、跟踪与分析，实现利用数据管理的手段对价值链网业务进程进行管控，进而能够为个性化管理需求提供相应的服务。

当前企业信息化面临着集成化信息系统体量庞大、系统功能存在高度业务嵌入性以及对外部数据的感知与获取能力不足三个主要困境，造成信息系统维护和扩展成本高企、系统柔性缺失、难以适应业务创新与变革的问题，需要从价值链的视角探究数据管理的架构、模型与方法。传统价值链中价值活动的开展受限于企业内部的资源与能力，无法摆脱企业信息化所固有的问题，难以适应个性化市场与信息化建设的要求。因此，本文引入价值单元及价值链网的概念，以探究能够满足信息化发展要求的价值增值方法。根据价值单元、价值链与价值链网间的关系，将价值链解构为价值单元，再以需求为驱动连接价值单元形成价值链网的过程，即通过资源的重新配置实现业务流程再造的过程。基于这一思想，提出面向价值链网的数据管理架构，从如何获取、如何集成以及如何分析数据三个关键性问题出发，深入探究数据感知与获取、组织与整合、分析与服务的实现路径，对跨组织、跨地区、跨行业的资源进行整合与优化配置，最终实现业务流程再造。

这一面向价值链网的数据管理思想不仅能够满足企业信息化建设顺应大数据环境变革的需求，同时，还适用于公共安全信息的集成与分析、突发事件的资源整合与调度、城市管理流程的变革与优化等多样化应用场景，形成数据驱动下的资源优化配置、跨时空联动，为具体领域的管理模式变革与提升提供数据支持，具有广阔的应用前景。在今后的研究工作中，可结合各领域的需求特征将这一数据管理思想进一步推广，探究其在不同场景中的应用路径，推动特定领域向数字化、网络化、智能化发展。

参考文献：

[1]习近平：实施国家大数据战略加快建设数字中国[EB/OL]. [2017-12-11]. http://news.xinhuanet.com/2017-12/09/c_1122084706.htm.

[2]刘士军，王兴山，王腾江. 工业4. 0下的企业大数据[M]. 北京：电子工业出版社，2016：107-110.

[3]ROMERO D, VERNADAT F. Enterprise information systems state of the art: past, present and future trends[J]. Computers in industry, 2016(79): 3-13.

[4]MINCHALA L I, OCHOA S, VELECELA E, et al. An open source SCADA system to implement advanced computer integrated manufacturing[J]. IEEE Latin America transactions, 2017(12): 4657-4662.

[5]ADAM F, O'DOHERTY P. Lessons from enterprise resource planning implementations in Ireland—towards smaller and shorter ERP projects[J]. Journal of information technology, 2000(4): 305-316.

[6]蓝伯雄，郑燕. 基于供应链结构的企业资源计划系统[J]. 计算机集成制造系统，2005(11)：1580-1586.

[7]ALI M, MILLER L. ERP system implementation in large enterprises—a systematic literature review[J]. Journal of enterprise information management, 2017(4): 666-692.

[8]涂兰敬. 电子科技大学教授周涛谈大数据的变革[EB/OL]. [2017-12-10]. http://cloud.zol.com.cn/370/3703207.html.

[9]陆泉，张良韬. 处理流程视角下的大数据技术发展现状与趋势[J]. 信息资源管理学报，2017(4)：17-28.

[10]波特. 竞争优势[M]. 北京：中信出版社，2014：29-50.

[11]BUTLER J R, GUNN R, BERRY H L, et al. A value chain analysis of ghost nets in the arafura sea: identifying transboundary stakeholders, intervention points and livelihood trade-offs[J]. Journal of environmental management, 2013(1): 14-25.

[12]KAPLINSKY R. Spreading the gains from globalization: what can be learned from value-chain analysis[J]. Problems of economic transition, 2004(2): 74-115.

[13]WALTERS D, RAINBIRD M. The demand chain as an integral component of the value chain[J]. Journal of consumer marketing, 2004(7): 465-475.

[14]王岚，李宏艳. 中国制造业融入全球价值链路径研究——嵌入位置和增值能力的视角[J]. 中国工业经济，2015 (2): 76-88.
[15]GÓRA J. Global value chains as a tool for globalization studies[J]. Organization & management, 2013 (2): 43-64.
[16]GEREFFI G. International trade and industrial upgrading in the apparel commodity chain[J]. Journal of international economics, 2004 (1): 37-70.
[17]KAPLINSKY R. Globalisation and Unequalisation: what can be learned from value chain analysis? [J]. Journal of development studies, 2000 (2): 117-146.
[18]高闯，关鑫. 比较管理的研究对象与边界[J]. 中国工业经济，2010 (12): 138-148.
[19]苟娟琼. 虚拟服务价值网的建模与动态整合研究[D]. 北京：北京交通大学，2009.
[20]王晓明. 基于价值共赢的电信商业模式研究[D]. 成都：电子科技大学，2009.
[21]佟石. 基于价值网络的我国医药企业创新集成管理研究[D]. 上海：复旦大学，2004.
[22]王淑贤. 基于需求冲击分析的产业集群治理机制[J]. 当代经济科学，2006 (1): 22-26.
[23]张树臣，高长元. 基于价值网的高技术虚拟产业集群合作与竞争协同演化研究[J]. 软科学，2013 (9): 13-18.
[24]李亚函. 大型装备制造企业EVA价值单元体系构建研究[D]. 天津：河北工业大学，2012.
[25]LI J. Based on the virtual value chain and value net of the logistics value chain construction and management[C]// Fifth international conference on measuring technology and mechatronics automation. IEEE, 2013: 327-330.
[26]BROOKES B C. The foundations of information science: part I, philosophical aspects[J]. Journal of information science, 1980 (5): 125-133.
[27]傅代国，田小刚. 基于价值星系的战略成本管理研究——一个企业间的战略视角[J]. 中国工业经济，2008 (10): 119-128.
[28]PONTE S, STURGEON T. Explaining governance in global value chains: a modular theory-building effort[J]. Review of international political economy, 2014 (1): 195-223.
[29]GONG X M, CAO J P. Design and implementation of distributed data collection management platform[C]// International conference on computational intelligence and communication networks. IEEE, 2016: 820-822.
[30]KIM K, JIN S. Branch-based centralized data collection for smart grids using wireless sensor networks[J]. Sensors, 2015 (5): 54-72.
[31]张蕾. 基于云计算的大数据处理技术[J]. 信息系统工程，2014 (4): 121.
[32]王蕾，夏绪辉，曹建华，等. 再制造服务需求动态获取方法及应用[J/OL]. 计算机集成制造系统，2018 (3): 781-792. [2017-05-04]. http://kns.cnki.net/kcms/detail/11.3619.TP.20170504.0715.014.html.

（本文原发表于《信息资源管理学报》2018年1期）

多层次融合的学术文本结构功能识别研究*

王佳敏　陆　伟　刘家伟　程齐凯（武汉大学信息管理学院；
武汉大学信息检索与知识挖掘研究所）

近年来，随着科学研究工作的进展，科研论文的产量迎来爆发式增长[1]。以微软学术为例，截至2017年3月，其包含的数据记录达到1.68亿条，并且以每个月130万的记录量持续增长[2]。学术论文是科研人员进行学术研究最主要的信息来源，科研人员在获取学术信息的时候，往往是目标和任务驱动，更加关注文章的某一个特定部分，例如方法、结果或者相关研究的综述等[3-4]，不同结构部分对不同学者的重要性和吸引力也是不一样的[5]。在此背景下，学术文本结构功能识别已经成为学术大数据分析与挖掘领域亟须解决的热点问题[6]。学术文本结构功能是指对学术文献的结构和章节功能的概括，不同的章节对于论文内容的表达具有特定的功能性作用[7]。学术文本的结构比较规范和固定，具有一定的逻辑和层次。一篇学术论文通常由标题、作者、摘要、关键词和章节组成，章节又包括章节标题、段落、图表、公式、引用等内容[5][8]。尽管学术文本开始越来越规范和标准，尤其是以生物学领域为代表的IMRAD结构的采用[9]，但是这种结构化的论文格式并没有被所有的学术文本和研究领域采纳。而越来越多的研究指出，学术文本的结构功能对于信息检索[3]、关键词抽取[10]、引文分析[11-12]等任务的研究具有明显的提升作用。因此，对大规模学术文本实现结构功能自动识别具有重要的研究意义和实际应用价值。目前对学术文本结构功能识别的研究主要从文档逻辑结构的视角出发，采用基于规则或基于机器学习的方法，对学术文本不同层次的逻辑结构进行识别，如标题识别[4][7]、章节识别[13-14]、段落识别[15]等，在实际应用中取得了一定的效果，但是依然存在两个问题。第一，对学术文本不同结构部分进行单独识别，而没有从文章的整体层次结构出发，融合多层次结构特征进行识别。实际上学术文本不同层次的文本信息包含了不同的特征和语义信息，综合各个部分的信息可以提供更加完整和准确的判断。第二，传统的基于规则或者机器学习的方法需要人工构建规则或者提取特征，结果的好坏严重依赖于人工经验，迁移能力较低。而深度学习可以自动完成数据表示和特征提取，通过学习过程提取出不同水平、不同纬度的有效表示，从而提高不同抽象层次上对数据的解释能力[16]，具有增量学习、可迁移性强等特点。为了解决上

---

* 本文系国家自然科学基金面上项目“面向词汇功能的学术文本语义识别与知识图谱构建研究”（项目编号：71473183）研究成果之一。

述问题，本研究在对学术文本多层次结构进行解析的基础上，将学术文本正文划分为5个结构功能类别，采用深度学习和投票的方法，构建了多层次融合的学术文本结构功能识别模型，在计算机语言学领域学术文本数据集上对模型的有效性进行测试和评价。

1 相关研究

本研究主要关注从文本内容角度出发对学术文本结构功能的分析和识别，目前对该问题的研究主要围绕文档逻辑结构[17]展开，主要研究方法可以分为基于规则的方法和基于机器学习的方法。基于规则的方法主要通过从文档的布局和文本特征角度出发人工构建规则，实现对学术文本结构的划分。如J. Kim等人[18]通过对文档布局的分析和光学字符识别（Optical Character Recognition，OCR）结果特征的抽取构建规则，实现对生物医学学术文献中标题、作者、单位和摘要的自动标注。A. Constantin等人[19]设计了一个基于规则的系统PDFX，可以把PDF格式的学术文本的逻辑结构进行重组，并从标题、作者、正文和参考文献等语义层面对其进行描述。

基于机器学习的方法将学术文本结构识别转化为文本分类问题，采用相应的机器学习方法进行识别。如M. T. Luong等人[8]采用条件随机场的方法实现了学术文本标题、作者、摘要、图表、公式等逻辑结构的识别。S. Tuarob等人[13]采用随机森林、支持向量机和朴素贝叶斯等机器学习方法，通过划分章节边界实现学术文本章节语义层次的自动识别，虽然结果准确度达到了92.38%，但是只在227篇学术文档上进行了实验。黄永等人从章节标题[7]、章节内容[14]和段落内容[15]三个层次，分别采用CRF、SVM等方法实现了学术文本结构功能的自动识别，并取得不错的效果。

深度学习作为机器学习的一个分支，近年来在自然语言处理领域取得快速进展。深度学习概念最早由G. E. Hinton[20]在2006年提出，深度学习通过建立、模拟人脑的分层结构来实现对外部输入的数据进行从低级到高级的特征提取，建立起低级特征到高级语义之间复杂的映射关系。R. Salakhutdinov等人[21]将深度信念网络（Deep Belief Network，DBN）和堆栈自编码网络用于对文档建立索引以便检索。X. Glorot等人[22]将深度学习方法用于域自适应情感分类问题，从无监督的在线评论和建议中提取有意义的特征表示，实验结果表明用高阶特征表示训练的情感分类器的学习性能明显优于当前的其他方法。M. M. Rahman等人[4]将循环神经网络（Recurrent Neural Networks，RNN）引入文档结构深度理解研究中，并取得不错的效果。

综合来看，传统基于规则的方法需要人工构建规则，算法一般针对特定的文档类型，结果的准确性得不到保证。机器学习的方法较基于规则的方法在识别的精度和效率上有一定的提高，但该方法的缺点在于依靠人工经验抽取样本特征，模型学习后获得的是没有层次结构的单层特征。相比传统机器学习人工构建特征的方式，深度学习能够更加高效的自动完成数据表示和特征提取，通过低层的特征组合，形成更加抽象的深层表示类型或特征，从而提高数据的解释能力，近年来在文本分类领域得到了越来越多的应用。

2　多层次融合结构功能识别模型构建

2.1　学术文本多层次结构

学术文本通常具有严谨的逻辑结构和规范的层次，遵循科学研究的一般过程，从提出研究问题、介绍研究方法到结果的讨论和做出结论，具有不同目的和功能的章节部分组成了一篇完整的学术文章。本文主要针对学术文本正文部分进行结构功能识别，根据学术文本的逻辑结构，结合前人的研究成果[7][23]和本研究所使用的数据集，将学术文本的正文结构功能划分为“引言”“相关研究”“方法”“实验”和“结论”5个部分。

学术文本的正文由多个章节组成，每一个章节由章节标题（Section Header）和章节内容（Section）组成，每一个章节内容又包括数量不等的段落内容（Paragraph），如图1样例所示。结构功能识别就是对学术文本中章节的功能和目的的标注，其本质是一种基于学术文本内容的分类问题，根据研究对象和粒度的不同，其自动识别可以分为三个层次。第一，章节标题层次的结构功能识别，即根据学术文本章节标题文本进行章节功能分类；第二，章节内容层次的结构功能识别，即从学术文本章节全部内容出发进行识别，提供更多的文本特征信息；第三，章节段落层次的结构功能识别，首先对章节内所有段落进行文本分类，根据多数投票原则，所有段落中输出类别最多的那个类就是对应的该章节的结构功能。

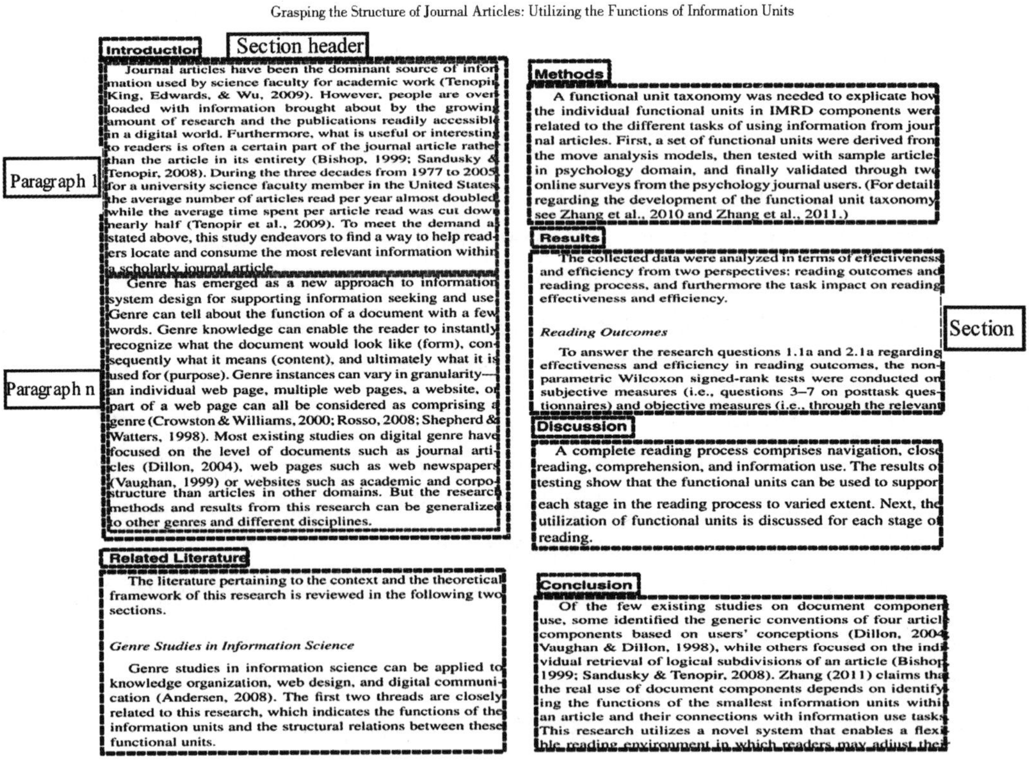

Grasping the Structure of Journal Articles: Utilizing the Functions of Information Units

Introduction

Journal articles have been the dominant source of information used by science faculty for academic work (Tenopir, King, Edwards, & Wu, 2009). However, people are overloaded with information brought about by the growing amount of research and the publications readily accessible in a digital world. Furthermore, what is useful or interesting to readers is often a certain part of the journal article rather than the article in its entirety (Bishop, 1999; Sandusky & Tenopir, 2008). During the three decades from 1977 to 2005 for a university science faculty member in the United States, the average number of articles read per year almost doubled while the average time spent per article read was cut down nearly half (Tenopir et al., 2009). To meet the demand as stated above, this study endeavors to find a way to help readers locate and consume the most relevant information within a scholarly journal article.

Genre has emerged as a new approach to information system design for supporting information seeking and use. Genre can tell about the function of a document with a few words. Genre knowledge can enable the reader to instantly recognize what the document would look like (form), consequently what it means (content), and ultimately what it is used for (purpose). Genre instances can vary in granularity—an individual web page, multiple web pages, a website, or part of a web page can all be considered as comprising a genre (Crowston & Williams, 2000; Rosso, 2008; Shepherd & Watters, 1998). Most existing studies on digital genre have focused on the level of documents such as journal articles (Dillon, 2004), web pages such as web newspapers (Vaughan, 1999) or websites such as academic and corpo-
structure than articles in other domains. But the research methods and results from this research can be generalized to other genres and different disciplines.

Related Literature

The literature pertaining to the context and the theoretical framework of this research is reviewed in the following two sections.

Genre Studies in Information Science

Genre studies in information science can be applied to knowledge organization, web design, and digital communication (Andersen, 2008). The first two threads are closely related to this research, which indicates the functions of the information units and the structural relations between these functional units.

Methods

A functional unit taxonomy was needed to explicate how the individual functional units in IMRD components were related to the different tasks of using information from journal articles. First, a set of functional units were derived from the move analysis models, then tested with sample articles in psychology domain, and finally validated through two online surveys from the psychology journal users. (For details regarding the development of the functional unit taxonomy see Zhang et al., 2010 and Zhang et al., 2011.)

Results

The collected data were analyzed in terms of effectiveness and efficiency from two perspectives: reading outcomes and reading process, and furthermore the task impact on reading effectiveness and efficiency.

Reading Outcomes

To answer the research questions 1.1a and 2.1a regarding effectiveness and efficiency in reading outcomes, the nonparametric Wilcoxon signed-rank tests were conducted on subjective measures (i.e., questions 3–7 on posttask questionnaires) and objective measures (i.e., through the relevant

Discussion

A complete reading process comprises navigation, close reading, comprehension, and information use. The results of testing show that the functional units can be used to support each stage in the reading process to varied extent. Next, the utilization of functional units is discussed for each stage of reading.

Conclusion

Of the few existing studies on document component use, some identified the generic conventions of four article components based on users' conceptions (Dillon, 2004; Vaughan & Dillon, 1998), while others focused on the individual retrieval of logical subdivisions of an article (Bishop, 1999; Sandusky & Tenopir, 2008). Zhang (2011) claims that the real use of document components depends on identifying the functions of the smallest information units within an article and their connections with information use tasks. This research utilizes a novel system that enables a flexible reading environment in which readers may adjust their

图1　学术文本结构功能示例

2.2 学术文本结构功能识别模型构建

本文以深度学习技术为基础，融合章节标题、章节内容和章节段落三个层次对学术文本结构功能进行识别，整体研究框架如图2所示，主要分为两个模块，基于深度学习的结构功能分类和基于投票方法的多层次融合。该模型的优势在于能够将学术文本不同层次的特征集成在一起，提供了从学术文本正文全局出发的结构功能识别，并巧妙地引入集成学习的思想并采用投票的方法对不同层次的识别结果进行融合。相比单一层次的识别，该模型的应用场景更加丰富，识别结果效果更好。

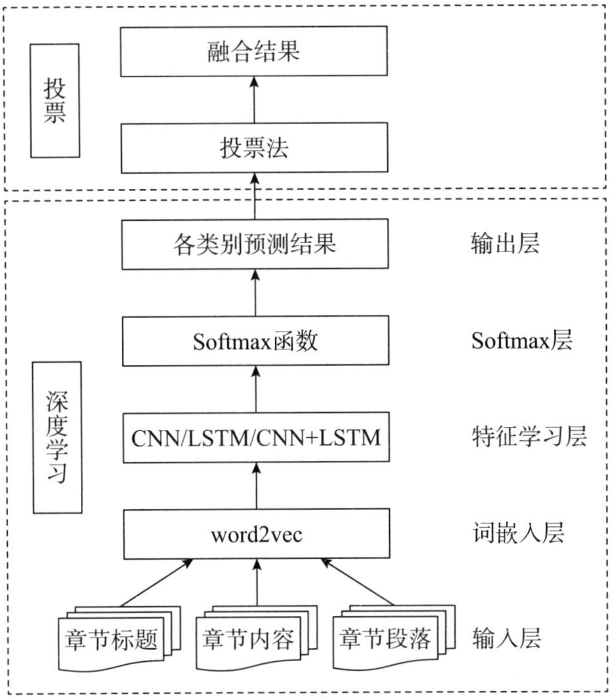

图2 整体研究框架

2.2.1 基于深度学习的结构功能分类

基于深度学习的学术文本结构功能分类模块分为5个部分：输入层、词嵌入层、特征学习层、Softmax层和输出层。输入层即分别由章节标题、章节内容和章节段落内容构成的带标签的训练集和测试集，并将待分类文本统一为同等长度。词嵌入层将输入层的文本转化为向量表示，本研究采用word2vec工具来生成词向量模型，将每个词用一个K维实向量进行表示。用word2vec生成的词向量不仅能很好地解决稀疏性的问题，而且可以通过余弦相似度、欧式距离等方法计算词之间的相似度。特征学习层是整个分类模型中最重要的部分，本文分别采用卷积神经网络（Convolutional Neural Network，CNN）、长短时记忆网络（Long Short Term Memory，LSTM）和CNN+LSTM模型对已知类别的词向量表示进行学习，得到训练好的模型，从而对测试集文本进行分类。Softmax层采用Softmax作为激活函数，对特征学习层模型传递来的信息进行学习，计算出待分类数据属于各个类别的概率，是深度学习多分类问题最常用的一个归一化函数。输出层将测试集各类别的预测结果及每一条数据归属各个类别的概率进行输出。接下来，分别对CNN、LSTM和CNN+LSTM模型进行描述。

（1）CNN。本文构建的CNN模型结构如图3所示，由输入层、卷积层、池化层和输出层组成。

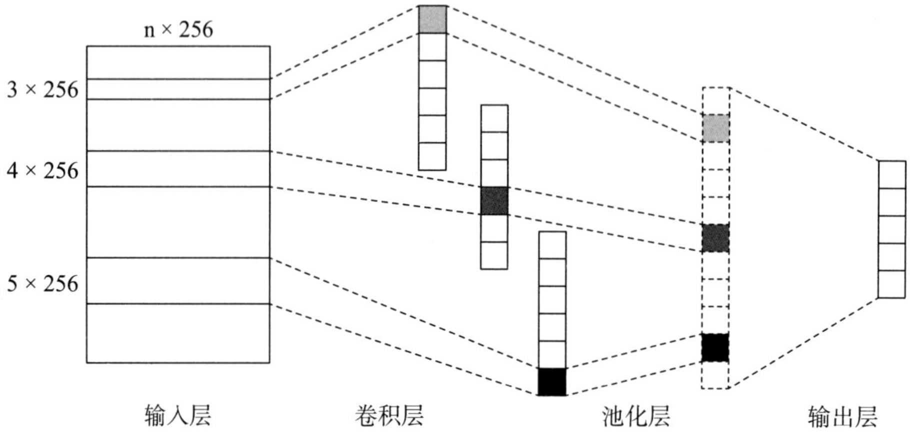

图3　CNN结构图

输入层是大小为n × d的学术文本各层次对应的词向量特征矩阵S，n表示输入文本的长度，对于长度不足的文本进行补零处理，d表示词向量维度，本文中Word Embedding长度均为256。卷积层是对文本特征向量进行高层次特征提取的过程，本文采用VALID Padding方式对边界进行处理，步长为1。对某一卷积核w，每一步在一个高度为h的窗口内进行卷积操作，提取出一个新的特征c_i：

$$c_i=f\left(w*S_{i:i+h-1}+b\right) \qquad \text{公式（1）}$$

其中，f代表激活函数，本文采用ReLU函数作为每个神经元的激活函数，b代表偏置，h代表卷积计算中滑动窗口的大小，为了尽可能充分提取出不同粒度大小的局部特征，本文设计了3、4和5这三种不同大小的卷积核结构组合使用。w在$\{S_{1:h}, S_{2:h+1}, \cdots, S_{n-h+1:n}\}$这n−h+1个窗口进行一轮完整的卷积运算，最终生成特征向量$C=[c_1, c_2, \cdots, c_{n-h+1}]$。

为了获取输入文本中最有用的文本片段，需要对卷积层提取出的特征向量C进行最大池化操作（Max Pooling），提取出最大值$\hat{c}=\max(C)$，即寻找对分类结果影响最大的因素。同时，通过池化固定了全连接层的神经元个数，也固定了全连接层输出特征的长度。

最后，在输出层通过全连接的方式将所有得到的局部最优特征连接到最后一层的输出结点，通过Soft-max函数输出学术文本结构功能的判别结果，并依据训练集中的真实标签，采用反向传播算法对CNN中的参数进行梯度更新。

（2）LSTM。LSTM模型是一种改进的RNN模型，针对RNN模型存在的梯度消失问题，由S. Hochreiter和J. Schmidhuber[24]在1997年提出。LSTM用一个记忆单元替换原来RNN模型中的隐藏层单元，该记忆单元由记忆细胞（Cell）、输入门（Input Gate）、遗忘门（Forget gate）和输出门（Output gate）构成[25]。记忆细胞通过状态参数（State）记录信息，并通过交互的门单元控制记忆信息值的修改和传递，输入门和输出门负责对参数的输入和输出进行取舍，而遗忘门用来设置选择性遗忘的权重。某时刻t，LSTM各结构状态更新公式如下：

$$i_t = sigmoid(W_i * [h_{t-1}, x_t] + b_i) \quad \text{公式（2）}$$

$$f_t = sigmoid(W_f * [h_{t-1}, x_t] + b_f) \quad \text{公式（3）}$$

$$o_t = sigmoid(W_o * [h_{t-1}, x_t] + b_o) \quad \text{公式（4）}$$

$$C_t = f_t * C_{t-1} + i_t * tanh(W_C * [h_{t-1}, x_t] + b_C) \quad \text{公式（5）}$$

$$h_t = o_t * tanh(C_t) \quad \text{公式（6）}$$

其中，i_t、f_t、o_t、C_t分别表示t时刻的输入门、遗忘门、输出门和记忆细胞状态，x_t表示t时刻的输入向量，ht表示隐藏状态，W_i、W_f、W_o、W_C和b_i、b_f、b_o、b_C分别表示对应的权重矩阵和偏置向量。LSTM正是通过这种特殊的门结构和记忆单元设置，才能选择哪些信息被遗忘，哪些信息被记住，避免了梯度消失问题，也能学到长周期的信息。

（3）CNN+LSTM。CNN模型的优点在于能够通过滑动窗口对局部文本进行卷积操作从而提取局部文本特征，缺点在于其对位置不敏感，没有序列刻画的能力。LSTM模型可以很好地捕捉词汇之间的序列关系，缺点在于其是一个“有偏”模型，次序越靠后的词语越重要。所以本研究尝试对CNN和LSTM模型进行结合，探究CNN+LSTM模型在学术文本结构功能识别中的效果，并与单独使用CNN或LSTM模型进行对比。CNN+LSTM的方法，具体来说，就是将LSTM的输出作为CNN卷积层的输入，将LSTM隐藏层的值与CNN池化层结果进行结合，最后通过全连接的方式在输出层进行类别输出。

2.2.2　基于投票法的多层次融合

投票法（voting）是集成学习里面针对分类问题的一种结合策略，基本思想是选择所有算法当中输出最多的那个类。相比单个分类算法，集成算法通过多个分类器解决同一个问题，具有更好的泛化能力，结果的质量要高于单个分类算法，在实际应用中取得较好的效果[26]。本文遵循多数投票法的规则，根据公式（7）对识别结果进行融合，即对于每一个章节x，H，P，S分别表示该章节对应的章节标题、章节段落和章节内容三个层次的分类结果，R为经过投票得到的融合结果，即分类结果中得票数最多的类别便为该章节的结构功能。

$$R(x) = Vote(H(x), P(x), S(x)) \quad \text{公式（7）}$$

3 实验与结果分析

3.1 实验环境

本文中所有的实验均在如表1所示的实验环境中完成：

表1 实验环境及配置

实验环境	环境配置
操作系统	Ubuntu16.04
GPU	NVIDIA GeForce GTX 750 Ti
内存	16G
编程语言	Python3.5
深度学习框架	TensorFlow1.2
word embedding 训练工具	Word2vec

3.2 数据集

本文的实验数据来自Science Direct数据库2000年至2014年的计算机语言学领域期刊论文，随机选取其中4000篇学术文献作为本次实验的数据集，共包含101种学术期刊，借鉴分层抽样法，将数据集按期刊名分成101层，等比例随机抽取其中3500篇文献作为训练集，500篇文献作为测试集。每一篇文献均包含章节标题、章节内容和章节内所有段落三个层次的文本，其中包含章节标题21526条，章节内容21526条，章节段落184433条。

3.3 评价指标

本文采用准确率（Precision，P）、召回率（Recall，R）和调和平均值（F1）对各个模型的识别结果进行评价，各指标的计算公式如下：

准确率P = 正确识别的结构功能数/识别出的结构功能数　　公式（8）

召回率R = 正确识别的结构功能数/实际结构功能数　　公式（9）

调和平均值F1 = 2*P*R/（P+R）　　公式（10）

整体准确率、召回率和F1值为对应各个类别P、R和F1值的加权算数平均值，作为衡量各模型整体性能的评价指标。

3.4 实验结果及分析

本文分别采用CNN、LSTM、CNN+LSTM三种神经网络模型在Google开源的Tensor Flow框架上对章节标题、章节段落和章节内容三个层次的学术文本数据进行结构功能识别的实验。CNN卷积核窗口高度设置为3、4、5，LSTM采用单向模型，2层隐层，梯度下降优化方法为Adam，激活函数采用ReLU，词向量维度为256，分别对各自的训练数据集迭代学习200轮（若模型效果长时间未有提升，则提前终止），其他参数采用单因子变量法实验确立最优参数，通过不断调整超参数训练神经网络模型，直至在训练集上得到最优的实验结果。达到最优实验结果时，其他神经网络模型参数设置如表2所示，各模型所需要的训练时间对比如图4所示，在每一个模型中从左到右依次对应章节标题、章节段落和章节内容三个层次的结果。

表2　实验参数设置

模型	章节标题	章节段落	章节内容
CNN	学习率 1e-05	学习率 0.001	学习率 0.001
	卷积核个数 128	卷积核个数 256	卷积核个数 128
	批尺寸 64	批尺寸 16	批尺寸 16
	丢弃率 0.5	丢弃率 0.5	丢弃率 0.5
LSTM	学习率 0.001	学习率 0.001	学习率 0.001
	隐层节点数 128	隐层节点数 128	隐层节点数 128
	批尺寸 64	批尺寸 16	批尺寸 32
	丢弃率 0.8	丢弃率 0.8	丢弃率 0.8
CNN +	学习率 0.001	学习率 0.001	学习率 0.001
LSTM	卷积核个数 128	卷积核个数 256	卷积核个数 256
	隐层节点数 128	隐层节点数 128	隐层节点数 128
	批尺寸 64	批尺寸 64	批尺寸 8
	丢弃率 0.8	丢弃率 0.8	丢弃率 0.8

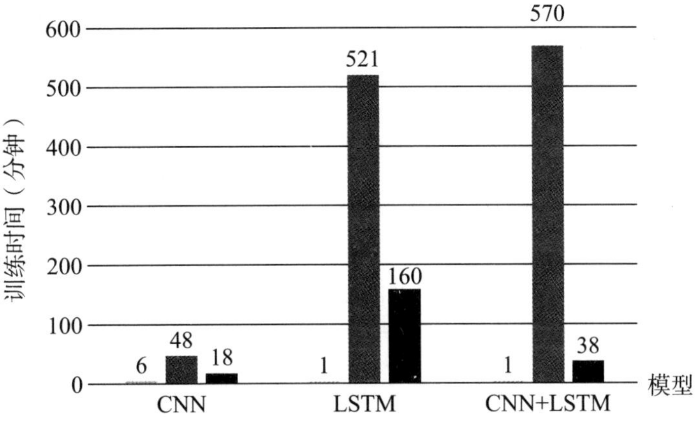

图4　各模型训练时间对比

从图4可以看出，三种深度学习模型在章节段落层次的训练时间最长，章节内容层次次之，章节标题层次时间最短，说明深度学习模型的训练时间与数据量的大小和复杂度成正比。从模型的角度来看，LSTM模型要比CNN模型的训练时间长，这与模型自身的复杂程度相关，而CNN+LSTM模型并没有表现出明确的时间增加或减少的现象。

接下来，采用训练好的模型分别对章节标题、章节段落和章节内容层次的测试集进行分类测试，并统计各层次对应的各个类别和整体的准确率、召回率和F1值，各层次实验结果分别见表3、4、5。

表3　章节标题层次实验结果

章节	CNN			LSTM			CNN + LSTM		
	P	R	F1	P	R	F1	P	R	F1
引言	1.00	1.00	1.00	1.00	1.00	1.00	1.00	1.00	1.00
相关研究	0.88	0.63	0.73	0.81	0.66	0.73	0.87	0.61	0.72
方法	0.72	0.87	0.79	0.70	0.86	0.77	0.72	0.84	0.78
实验	0.81	0.77	0.79	0.81	0.73	0.77	0.78	0.79	0.78
结论	0.98	0.91	0.94	0.98	0.91	0.94	0.98	0.90	0.94
整体	0.86	0.85	0.85	0.85	0.84	0.84	0.85	0.85	0.85

表4　章节段落层次实验结果

章节	CNN			LSTM			CNN + LSTM		
	P	R	F1	P	R	F1	P	R	F1
引言	0. 80	0. 83	0. 82	0. 83	0. 87	0. 85	0. 83	0. 85	0. 84
相关研究	0. 61	0. 15	0. 24	0. 73	0. 15	0. 26	0. 45	0. 23	0. 31
方法	0. 53	0. 76	0. 63	0. 57	0. 82	0. 67	0. 60	0. 68	0. 64
实验	0. 63	0. 74	0. 68	0. 67	0. 74	0. 70	0. 65	0. 78	0. 71
结论	0. 95	0. 43	0. 59	0. 96	0. 53	0. 68	0. 85	0. 60	0. 71
整体	0. 69	0. 65	0. 64	0. 73	0. 70	0. 68	0. 69	0. 69	0. 68

表5　章节内容层次实验结果

章节	CNN			LSTM			CNN + LSTM		
	P	R	F1	P	R	F1	P	R	F1
引言	0.86	0.93	0.89	0.92	0.57	0.71	0.84	0.87	0.85
相关研究	0.68	0.24	0.36	0.25	0.03	0.06	0.35	0.26	0.30

续表

章节	CNN			LSTM			CNN + LSTM		
	P	R	F1	P	R	F1	P	R	F1
方法	0.59	0.79	0.68	0.46	0.50	0.48	0.53	0.72	0.61
实验	0.79	0.66	0.72	0.45	0.42	0.43	0.79	0.60	0.68
结论	0.85	0.84	0.84	0.49	0.88	0.63	0.80	0.79	0.80
整体	0.75	0.74	0.73	0.53	0.52	0.50	0.70	0.68	0.68

从表3可以看出，章节标题层次的整体识别准确率均在85%以上，三种网络模型效果相差不大，其中效果最好的为CNN模型，其准确率、召回率和F1值分别为86%、85%和85%。在各个结构功能类别的识别结果中，“引言”的识别效果最好，在三种神经网络模型上的准确率、召回率和F1值均达到了100%，“结论”的准确率最高也达到了98%，“相关研究”和“实验”次之。“方法”在三个模型的分类结果中表现较差，准确率最高为72%，通过对语料进行分析，发现该功能部分章节标题表述形式多样，同时由于语料规模的限制，加大了模型对特征的判别难度，导致基于章节标题的“方法”功能识别结果较差，而其他结构功能标题特征的表述较为规范和集中，识别效果较好。

从表4可以看出，章节段落层次的整体识别准确率均在69%以上，其中效果最好的为LSTM模型，其准确率、召回率和F1值分别为73%、70%、68%。其中，CNN+LSTM模型在“方法”类别上的准确率最高，但F1值较LSTM低。在各个结构功能类别的识别结果中，“结论”的准确率最高，达到96%，但召回率仅为53%。“方法”的准确率最低，这一点与章节标题层次的识别结果一致。“相关研究”的召回率较低，说明该功能更容易被错分为其他类别。

从表5可以看出，三种神经网络模型在章节内容层次的整体识别效果相差较大，其中效果最好的为CNN模型，其准确率、召回率和F1值分别为75%、74%、73%，CNN+LSTM模型整体效果次之，LSTM模型整体效果在三者中表现较差。在CNN模型各个结构功能类别的识别结果中，“引言”和“结论”的识别效果最好，其准确率分别达到86%和85%。LSTM模型在“引言”功能上的准确率较CNN高，但F1值较低。“相关研究”的召回率仍然最低，这一点与章节段落层次的识别结果一致。

从各层次识别结果来看，章节标题层次的学术文本结构功能识别效果最好，章节内容层次的识别效果次之，而章节段落层次的识别效果最差。究其原因，章节标题所含的文本较短，且往往直接包含“引言”“相关研究”“结论”等信息，特征更加明显，模型比较容易学习到有效信息，因此效果最好；而段落和章节内容所包含的文本信息较长，直接以长文本进行学习，加大了模型获取有效特征的难度，效果相对较差。从各模型识别结果来看，三种模型在章节标题层次的识别效果相差最小，在章节内容层次的识别效果相差最大，其中CNN模型在章节标题和章节内容两个层次的整体效果最好，而LSTM模型在章节段落层次的整体效果最好，CNN+LST模型并没有对各层次整体识别效果产生提升。由此也说明，在特征较为明显的短文本分类任务上，CNN、LSTM和CNN+LSTM模型效果相差不大，随着文本长度的增加，在段落层次LSTM模型表现更好，而当文本长度继续增加到章节层次，CNN模型的表现更好。

接着，本文根据2.2.2小节的投票法对各层次的识别结果进行融合。其中，章节标题投票、章节段落投票和章节内容投票为三种深度学习模型在各个类别上的集成结果，综合投票为三个层次及对应层次下各模型的综合集成结果。投票结果如表6所示：

表6 投票结果

章节	章节标题投票			章节段落投票			章节内容投票			综合投票		
	P	R	F1	P	R	F1	P	R	F1	P	R	F1
引言	1.00	1.00	1.00	0.83	0.89	0.86	0.87	0.92	0.90	0.96	0.99	0.98
相关研究	0.89	0.63	0.74	0.76	0.17	0.27	0.70	0.24	0.35	0.94	0.39	0.55
方法	0.72	0.89	0.79	0.59	0.79	0.67	0.59	0.79	0.68	0.68	0.92	0.78
实验	0.82	0.76	0.79	0.67	0.78	0.72	0.79	0.65	0.72	0.87	0.78	0.82
结论	0.98	0.91	0.94	0.95	0.54	0.69	0.81	0.88	0.84	0.97	0.92	0.94
整体	0.87	0.85	0.86	0.74	0.70	0.69	0.75	0.74	0.73	0.86	0.84	0.84

从表6可以看出，经过投票之后，章节标题、章节段落和章节内容层次的整体准确率、召回率和F1值对比投票之前均有小幅度提升或维持不变，说明本文采用多数投票方法对各模型进行集成能够有效提升结构功能识别的整体效果，泛化能力相比单一模型更好。综合投票结果的整体准确率为86%，较章节标题投票结果低1%，较章节段落投票和章节内容投票结果的整体准确率分别提升16.22%和14.67%，说明章节标题是学术文本结构中最有代表性的部分，对整体融合结果的贡献最大。值得注意的是，尽管综合投票结果整体准确率略低于章节标题，但“相关研究”和“实验”两个功能类别的准确率分别比章节标题投票结果提升5.62%和6.10%，说明章节段落和章节内容对这两个功能类别的判断提供了很好的补充，进一步提高了模型的泛化能力。

总体而言，基于投票的融合方法在各层次上均取得不同程度的提升，综合各层次和各模型的融合效果在整体上较章节段落和章节内容的投票结果提升较大，较章节标题层次投票结果稍差。从结构功能类别来看，综合投票在“相关研究”和“实验”两个类别上提升效果较为明显。由此说明，章节标题层次的特征最明显，识别效果最好，一般可直接根据章节标题判断该章节的结构功能。但我们也发现，章节段落和章节内容的词汇特征对结构功能的识别也起到了一定的作用，尤其是在部分类别上展现出较好的优势，对章节标题提供了很好的补充。综合三种层次能够提供更全面的判断，在整体和各类别上均能达到较好的识别效果和泛化能力，在章节标题缺失的情况下通过章节内文本特征对结构功能进行判断也具有较高的可行性。

3.5 对比分析

支持向量机（SVM）是传统机器学习中常用的分类算法，在文本分类中有着非常好的分类效果，也是本文参考文献［14］和［15］中采用的分类器。本文采用Python机器学习工具包sklearn进行分类实验，并参照本文参考文献［14］和［15］设置，以词汇频次为特征进行结构功能分类。本文通过此实验对比传统机器学习算法与深度学习算法在学术文本结构功能识别中的性能差异。SVM实验结果见表7。

表7 SVM实验结果

章节	章节标题投票			章节段落投票			章节内容投票		
	P	R	F1	P	R	F1	P	R	F1
引言	1.00	1.00	1.00	0.57	0.49	0.52	0.73	0.71	0.72
相关研究	1.00	0.20	0.33	0.64	0.01	0.02	0.38	0.21	0.27
方法	0.70	0.82	0.75	0.49	0.80	0.61	0.58	0.48	0.52
实验	0.57	0.80	0.67	0.61	0.50	0.55	0.56	0.72	0.63
结论	0.97	0.55	0.70	0.61	0.10	0.18	0.76	0.80	0.78
整体	0.80	0.74	0.73	0.58	0.38	0.38	0.62	0.63	0.62

从表7可以看出，相比传统机器学习算法SVM，本文所采用的深度学习算法在章节标题、章节段落和章节内容层次的最优准确率较前者分别提高7.50%、25.86%和20.97%，说明深度学习算法在学术文本结构功能识别任务中的性能要优于传统机器学习算法。SVM作为典型的小样本学习方法，对分类类别规则和特征提取的依赖较大，尤其是在学术文本这种语料相似度较高的文本中，各类别浅层特征不明显，导致支持向量的数量较少，影响了SVM的分类性能。相对来说，深度神经网络能够有效利用句子之间和字与字之间的特征，在学术文本多分类任务中的优势更大。

3.6 错误分析

为了进一步发现实验结果中的错误分类情况，本文以综合投票实验为分析对象，输出其分类统计结果，如表8所示，其中行代表每一种结构功能被划分为各类别的比例，列代表各结构功能被划分为该类别的比例。

表8　综合投票实验结果错分表

章节	引言	相关研究	方法	实验	结论	合计
引言	99.00%	0	0.80%	0.20%	0	100%
相关研究	5.58%	39.06%	53.22%	2.14%	0	100%
方法	0.74%	0.59%	91.59%	6.64%	0.44%	100%
实验	0.27%	0.27%	20.42%	77.57%	1.47%	100%
结论	0	0	1.00%	7.42%	91.58%	100%
合计	105.59%	39.92%	167.03%	93.97%	93.49%	500%

从表8可以看出，“相关研究”被错分为“方法”的比例最高，被错分为“引言”的比例次之，而其他类别错分为“相关研究”的比例最低。究其原因，在计算机语言学领域学术期刊中，一方面“相关研究”中对方法、模型的介绍比较多，与“方法”部分的文本相似度较高，加大了神经网络模型学习过程中对这两个结构功能的区分难度；另一方面，部分学术论文的“相关研究”章节并没有单独列出，而是融合进“引言”或“方法”部分，导致该功能类别在语料集中所占比例较低。“方法”错分为“实验”的比例最高，而“实验”错分为“方法”的比例最高，说明这两个类别更容易相互错分，结构功能更为相似，这与本文参考文献［14］结论一致。从纵向来看，“方法”类别的比例最高，说明其他结构功能更容易错分为“方法”，其中“相关研究”和“实验”是错分为“方法”比例最高的两个类别，这也说明在计算机语言学领域中，对方法的描述在文章各个部分分布较为广泛，而其中“相关研究”和“实验”部分对方法的描述较多。

根据上述错误分析结果，本文认为可以从两个方面尝试进行改进。第一，在各功能类别中增加能代表该类别的词汇特征信息，即选择每一种结构功能与其他结构功能中具有差异的词汇，从而为模型的学习提供更有代表性的特征；第二，增加实验数据量并平衡各功能类别的数量，神经网络模型往往在大规模的数据上才能发挥出优势。

本文创新地将深度学习方法引入学术文本结构功能识别研究中，分别采用CNN、LSTM和CNN+LSTM模型对学术文本章节标题、章节段落和章节内容三个层次的文本进行结构功能识别，在此基础上，采用投票的方法探讨了不同层次和不同模型的融合效果。从各层次识别结果来看，章节标题层次整体效果最优，章节内容层次次之，章节段落层次较差。从模型角度来看，CNN模型综合表现比LSTM模型好，而CNN与LSTM的结合模型在本研究的分类任务中并没有比单独使用CNN或LSTM模型的效果好。通过与传统机器学习算法SVM对比，深度学习算法在学术文本分类任务中的性能更优。从融合结果来看，各层次投票后的整体效果较投票之前均有不同程度提升，而综合投票结果的整体准确率、召回率和F1值分别达到86%、84%和84%。整体来看，本研究提出多层次融合的学术文本结构功能识别模型高效可行，具有实际应用价值和增量学习、迁移学习的能力。

在学术大数据环境下，学术文本的挖掘向细粒度和深层语义理解方向发展，从结构功能角度理解学术文本能够促进相关研究向更深层次发展。例如，从结构功能角度出发对不同章节的词汇功能、词汇语义角色进行分析，提供更细粒度的研究；将文本结构功能与引文功能进行融合能够为引文推荐、知识结构的发现提供新的视角；此外，还可以探索基于学术文本结构功能的学术论文评价，为基于内容的论文评价提供支撑。

在下一步的研究中，本文将从两个方面尝试对模型进行改进。一是深度学习在提取文本特征时候，通过Word Embedding将词语转化为固定长度的向量表示，实际结果出现部分类别识别度较低和类别之间互相错分的问题。为此，本文拟尝试从各章节中词汇的功能特征和语义特征等角度增加文本分类特征，进一步提高类别之间的区分度，并将探索注意力机制在提高模型对文本的理解能力和对各个结构功能类别的区分能力方面的应用。二是增加语料规模，由于深度学习模型的训练对数据量的要求较高，在大规模的数据集上能发挥较大的优势，本文将结合人工标注和机器标注构建多领域大规模的结构功能数据集，进一步提升模型的性能和泛化能力。

参考文献：

[1] XIA F, WANG W, BEKELE T M, et al. Big scholarly data: a survey[J]. IEEE transactions on big data, 2017(1): 18-35.

[2] HUG S E, BRANDLE M P. The coverage of microsoft academic: analyzing the publication output of a university[J]. Scientometrics, 2017(3): 1551-1571.

[3] RIBAUPIERRE H D, FALQUET G. Extracting discourse elements and annotating scientific documents using the sciannotdoc model: a use case in gender documents[J]. International journal on digital libraries, 2017(3): 1-16.

[4] RAHMAN M M, FININ T. Deep understanding of a document's structure[C]// Proceedings of the 3rd IEEE/ACM international conference on big data computing, applications and technologies. Shanghai: IEEE/ACM, 2017: 63-73.

[5] ALZAHRANI S, PALADE V, SALIM N, et al. Using structural information and citation evidence to detect significant plagiarism cases in scientific publications[J]. Journal of the American society for information science and technology, 2012(2): 286-312.

[6] KHAN S, LIU X F, SHAKIL K A, et al. A survey on scholarly data: from big data perspective[J]. Information processing and management, 2017(4): 923-944.

[7] 陆伟，黄永，程齐凯. 学术文本的结构功能识别——功能框架及基于章节标题的识别[J]. 情报学报，2014(9): 979-985.

[8] LUONG M T, NGUYEN T D, KAN M Y. Logical structure recovery in scholarly articles with rich document features[J]. International journal of digital library systems, 2010(4): 1-23.
[9] SOLLACI L B, PEREIRA M G. The introduction, methods, results, and discussion (IMRAD) structure: a fifty-year survey[J]. Journal of the medical library association, 2014(3): 364-367.
[10] 方龙，李信，黄永，等. 学术文本的结构功能识别——在关键词自动抽取中的应用[J]. 情报学报，2017(6): 599-605.
[11] HU Z G, CHEN C M, LIU Z Y. Where are citations located in the body of scientific articles? a study of the distributions of citation locations[J]. Journal of informetrics, 2013(4): 887-896.
[12] DING Y, LIU X Z, GUO C, et al. The distribution of references across texts: some implications for citation analysis[J]. Journal of informetrics, 2013(3): 583-592.
[13] TUAROB S, MITRA P, GILES C L. A hybrid approach to discover semantic hierarchical sections in scholarly documents[C]// Proceedings of the 13th international conference on document analysis and recognition. Mancy: IAPR, 2015: 1081-1085.
[14] 黄永，陆伟，程齐凯. 学术文本的结构功能识别——基于章节内容的识别[J]. 情报学报，2016(3): 293-300.
[15] 黄永，陆伟，程齐凯，等. 学术文本的结构功能识别——基于段落的识别[J]. 情报学报，2016(5): 530-538.
[16] 奚雪峰，周国栋. 面向自然语言处理的深度学习研究[J]. 自动化学报，2016(10): 1445-1465.
[17] MAO S, ROSENFELD A, KANUNGO T. Document structure analysis algorithms: a literature survey[J]. Proc spie electronic imaging, 2003(5010): 197-207.
[18] KIM J, LE D X, THOMA G R. Automated labeling in document images[C]//Proceedings of the SPIE conference on document recognition and retrieval VIII. San Jose: SPIE, 2000: 111-122.
[19] CONSTANTIN A, PETTIFER S, VORONKOV A. PDFX: fully automated PDF-to-XML conversion of scientific literature[C]//Proceedings of the ACM symposium on document engineering. Florence: ACM, 2013: 177-180.
[20] HINTON G E, SALAKHUTDINOY R R. Reducing the dimensionality of data with neural networks[J]. Science, 2006(5786): 504-507.
[21] SALAKUTDINOV R, HINTON G E. Semantic hashing[J]. International journal of approximate reasoning, 2009(7): 969-978.
[22] GLOROT X, BORDES A, BENGIO Y. Domain adaptation for large-scale sentiment classification: a deep learning approach[C]//Proceedings of the 28th international conference on machine learning. Washington: Ominpress, 2011: 513-520.
[23] ZHANG L. Grasping the structure of journal articles: utilizing the functions of information units[J]. Journal of the association for information science and technology, 2012(3): 469-480.
[24] HOCHREITER S, SCHMIDHUBER J. Long short-term memory[J]. Neural computation, 1997(8): 1735-1780.

[25] GRAVES A. Supervised sequence labelling with recurrent neural networks[D]. München: Technische Universität München, 2008.
[26] 章成志. 基于集成学习的自动标引方法研究[J]. 情报学报, 2010(1): 3-8.

（本文原发表于《图书情报工作》2019年第13期）

数字保存的风险检测*

臧国全（郑州大学信息管理学院）
李　哲（郑州大学公共管理学院）

由于数字资源的脆弱性、载体依赖性、保存格式易过时性等特征，对其实施长期保存是一个充满风险的过程，检测风险应是数字保存的一项常规工作，也是规避和降低风险的基础。

1　检测方法的设计

1.1　设计思路

数字保存需要周期性（或实时）的风险检测，以期发现保存的哪些数字对象出现风险；就像人体需要周期性的健康检查，以期发现哪些器官出现异常。人体的健康检查是通过检测人体与健康相关的指标来实现；同样道理，数字保存的风险检测可以通过检查数字对象与风险相关的属性来实现。因此，实现数字保存的风险检测需要两个基础元素：一是检测对象，是对“数字对象的与风险相关的属性”的描述和记录；二是检测项目，是对数字对象进行检测所需的风险识别列表。

在保存系统中，数字对象的属性描述都是通过元数据实现的。不同类型元数据的作用不同，设置的元数据元素也就不一样。保存型元数据是用于记录数字对象长期保存的相关操作信息，保存系统使用这些信息实现维护数字对象可用性、可呈现性、可理解性、真实性和可识别性等的核心保存职责，采用的基本方法是识别实现每项核心职责的保存风险，进而采取相应措施规避和降低识别出的风险。目前，业已存在的保存型元数据方案有多个，其中PREMIS《保存型元数据词典》(以下简称“PREMIS”）是应用最广的一个，且已经成为国际上的“事实标准”[1]。由于设计一个全新的元数据方案工作量巨大，因此本研究直接选用该词典。

目前业已存在一些数字保存的风险识别模型，但在对风险识别模型的基本要求（包括：风险概念界定的清晰性、风险专指度的合适性与一致性、风险的全面性、风险识别

* 国家自然科学基金项目“数字保存的风险型元数据与风险监控研究”（批准号：71653255）的研究成果之一。

模型的易用性等）满足方面都存在不同程度的缺憾。为此，作者设计了一个《数字保存的风险识别模型》（以下简称“《风险识别模型》”），并直接选用该风险识别模型。

实施数字保存风险检测的思路为：①识别《PREMIS元数据词典》中与数字对象保存风险相关的元数据（PREMIS使用的是“语义单元”，为了便于理解，文中沿用传统称谓“元数据”）；②根据《风险识别模型》中每种保存风险的内涵，建立保存风险与PREMIS元数据之间的映射关系；③基于映射关系，设计保存风险检测逻辑流程图；④基于逻辑流程图，编制实现保存风险自动检测的程序；⑤选择一个保存系统，采集实验样本，运行检测程序，输出检测结果，并对结果进行分析。

1.2 选择《PREMIS元数据词典》的原因

《PREMIS元数据词典》是由OCLC和RLG于2005年在对全球主要数字保存的研究机构和保存项目进行调查和深度采访、全面考察保存型元数据的基础上并参考开放档案信息系统（Open Archival Information System，OAIS）制定的，且于2008年和2015年进行了两次修订。最新版本（V3.0）包括4个实体（对象、保存事件、行为主体、权利）、48个容器型元数据、199个元数据元素。

《PREMIS元数据词典》将其设计的保存型元数据界定为“为了支撑数字保存过程，保存系统所使用的信息，尤其是为实现其核心职责所需的信息”。因此，保存和维护保存型元数据的目的是提高保存系统实现其核心职责的能力，实现方式是通过记录数字对象的主要特征、出处、保存过程中涉及的保存事件、行为主体、权利等相关信息，使每件数字对象都拥有一组保存型元数据对其进行描述，从而使数字对象具有“自我记录性”（Self-documenting），这种“自我记录性”特征能够维持数字对象本身的真实性、完整性、可理解性和可呈现性的实现。另外，保存型元数据记录的信息常被视为“应急信息”，对其保存和维护以备未来之需，因为长期保存过程充满不确定性，这种“应急信息”可以帮助识别和规避由不确定性导致的潜在风险。因此，《PREMIS元数据词典》可以作为数字对象的保存风险识别的证据基础，与本研究思路吻合。

1.3 选择《风险识别模型》的原因

《风险识别模型》首先识别数字保存的核心职责，然后针对每项核心职责识别保存系统中影响该核心职责实现的各种风险。核心职责和包含的风险数量为：可用性（4种风险）、可识别性（3种风险）、持续完整性（5种风险）、可呈现性（5种风险）、可理解性（4种风险）和真实性（3种风险）。

《风险识别模型》中的数字保存核心职责是基于对数字保存领域的理论与实践全面考察的结果，在业界已有很强的共识。另外，该模型和《PREMIS元数据词典》都是基于保存系统生命周期设计的，包括的阶段有：数字对象的获取、保存、维护和传播使用，两者的兼容性较好。最后，该模型的所有风险都是仅针对保存的数字对象，而不针对保存系统本身（如保存系统经济方面的风险和法律方面的风险），这与《PREMIS元数据词典》也一致。

2 保存型元数据与保存风险之间的映射

2.1 映射方案

针对《PREMIS元数据词典》的对象实体，映射元数据包括两部分：一是针对容器型元数据，将其包含的所有下级元素归并一起，作为一个单元整体参加映射；二是针对非容器型元数据元素，直接参加映射。上述第一种情况有一个例外，即对象特征（Object Characteristics）容器型元数据，因为该容器型元数据包含的各个元素都是用来描述数字对象的不同特征，因此将该容器型元数据中的每个元素都作为一个独立的单元参加映射。

针对《PREMIS元数据词典》中其他实体（保存事件、行为主体、权利），各自仅作为一个单元整体参加映射。针对《风险识别模型》，映射也仅在核心职责的层面上实施。

采用上述映射方案的原因有二：一是减少参加映射的元数据和保存风险的数量，降低风险检测实验的复杂性。二是如果一个元数据元素与一种风险相关，那么该元素所属的容器型元数据也一定与该风险相关；反过来，如果一个风险与一个容器型元数据相关，那么该风险所属的核心职责也一定与容器型元数据相关，这样可以保证风险检测实验结果的真实性，但没有精确到具体的风险和具体的元数据元素。

2.2 映射结果及分析

基于上述设计的映射方案进行映射操作的结果如表1所示。

表1 《风险识别模型》中核心职责与《PREMIS元数据词典》的映射结果

《风险识别模型》核心职责	《PREMIS 元数据词典》映射元数据数量
可用性	18
可识别性	21
持续完整性	10
可呈现性	16
可理解性	17
真实性	13

2.2.1 映射的相关性

保存风险与元数据之间相关性的判断没有一个严格清晰的标准，有些是直接相关，而有些是间接相关，但针对后者无法度量其相关的程度。在映射实践中，对间接相关没有考虑相关程度，都进行了映射处理。可以根据风险检测的结果，分析这些间接相关是否保留。

基于对相关性的上述处理方式，再加上元数据和保存风险的本身特征，导致映射结果并不是一一对应关系。一个元数据可能映射多个风险，而这多个风险可能隶属于不同的核心职责，因此一个元数据可能映射多个核心职责。反过来，一个风险可能对应于多个元数据元素，而这多个元素可能隶属于不同的容器型元数据，并且一个核心职责又包括多个风险，所以一个核心职责可能映射多个元数据。

2.2.2 核心职责的覆盖程度

每个核心职责在《PREMIS元数据词典》中的覆盖程度取决于两个因素：一是相关元数据的数量；二是元数据与核心职责的风险之间的针对性。因此，相关元数据的数量多并不意味着核心职责的覆盖程度高，比如，核心职责"持续完整性"映射的元数据数量最少（10个），但覆盖程度相对较高，因为这些元数据所记录的信息都是针对持续完整性的风险。相反，虽然核心职责"可理解性"对应的元数据数量比"持续完整性"多，但是"可理解性"的覆盖程度较低，因为映射"可理解性"的元数据虽然相关，但针对性差，大多数元数据对识别"可理解性"相关风险的作用小，因为《PREMIS元数据词典》没有定义一组元数据提供帮助理解或解释所存储数字对象内容的信息，虽然这些信息可以存储在其他数字对象中，并且保存系统可以将该数字对象与包含该类信息的其他数字对象进行链接，但这种方式毕竟不是直接的。

2.2.3 保存系统的独立性

《PREMIS元数据词典》的设计基于一个假设：保存系统是一个独立系统，且控制所有的保存过程。但是，现行实践中不乏将一部分保存活动外包给第三方的实例。在这种情况下，整个保存过程将分布在多个保存机构中，可能会导致整个保存系统面临的风险不同于《风险识别模型》中界定的风险，并由此导致对作为风险检测证据基础的保存型元数据需求不同。

比如，对"可识别性"风险检测造成的影响。假如一个保存系统是由多个子系统集合而成（如数据库子系统、文件子系统、Web服务子系统等），基于一个子系统（如数据库）自动生成的数字对象唯一标识符，使用范围仅局限于该子系统，也仅支持该系统内的保存活动（如检索、复制、删除等），但无法支持跨越两个及其以上子系统的保存活动，也不适用于针对保存系统外包的第三方保存服务。因此，用于确保数字对象长久可识别性的唯一标识符不应该是保存系统中某一个子系统的属性，应该是整个保存系统的一个属性，而上述保存系统的分布式结构所产生的仅适用于某一子系统的数字对象唯一标识符，给"可识别性"风险的检测带来困难。

再比如，对"持续完整性"风险带来的影响。"持续完整性"的风险之一是比特保存，这是保存系统对数字对象存储的一项功能，但该项功能经常被外包给保存机构内部的一个IT部门或者外部的第三方。在这种情况下，保存系统就无法控制与比特保存相关的保存型元数据的信息采集和维护，导致"持续完整性"的风险检测困难。

为了充分反映数字保存的分布式结构，需要对《PREMIS元数据词典》和《风险识别模型》做一些改造，以满足分布式结构保存系统的风险检测需要。

3 保存风险的检测实施

3.1 逻辑流程图

鉴于篇幅，文章仅以“持续完整性”的风险检测为例，因为该类风险在《PREMIS元数据词典》中的覆盖程度相对较高。

“持续完整性”指构成数字对象的比特流持续存在且没有被破坏，并处于可使用、可被操作的状态，这些比特流可以从所保存的存储介质中被检索出来并进行相应的操作。《风险识别模型》中“持续完整性”的风险有：①数字对象的不合理或过失的操作或存储（如不适宜的保存条件）；②存储介质超出有效期；③用于访问存储介质所需的设备已无法获取；④存储介质或比特流序列的蓄意破坏（如存储介质的有意破坏或被盗，计算机病毒）；⑤由于软硬件或者操作人员的失误导致对存储介质和比特流序列的无意破坏。总的来说，对数字对象“持续完整性”的主要风险来自存储介质的管理、刷新方针、迁移政策和数据安全方针。

“持续完整性”风险检测的逻辑流程图框架如图1所示。针对每件数字对象，流程图输出一个用数字表示的检测结果，其中：“-1”表示对应元数据内容缺失；“0”表示检测出风险；“1”表示未检测出风险。

在数字保存实践中，数字对象有4类：文件对象、比特流对象、知识实体和表现。其中，知识实体是一件独立的知识作品，形式上包含一组文件，比如一本书（是一个知识实体）的每一页都是单个独立的PDF文件。表现是知识实体的展现形式，比如一篇论文（是一个知识实体）共12页，每页为一个TIFF图像，加上一个结构化元数据的XML文件显示页面顺序，这13个文件构成了一个表现。因此，知识实体和表现都为多个文件对象的逻辑组合，但持续完整性风险产生的数据单元是单个文件或比特流，所以图1不适用于知识实体和表现的检查，形式上，这两种数字对象的检查结果将不输出内容。

“持续完整性”的风险检测，除了数字对象范畴（Object Category）和数字对象标识符（Object Identifier）之外，还需两类元数据：数字对象存储（Object Storage）和数字对象的特征。

数字对象存储包含存储位置（Content Location）和存储介质（Storage Medium）两个元数据。需要检查数字对象有无存储介质，但无须检查具体的存储位置，因为“持续完整性”与具体存储位置无关，但与存储介质直接相关。不同存储介质的使用寿命差别较大，保存系统需根据介质使用寿命对存储的数字对象进行迁移，以避免存储介质的过期导致数字对象二进制数据流的破坏和无法完整读取呈现，因此“持续完整性”的风险检测需知晓数字对象的存储介质并由此获取其使用寿命。使用寿命可由相关元数据记录，也可从其他来源中获取，比如，从存储子系统记录的存储介质生产企业、出厂日期等信息中推算，因为任何一种存储介质都有一个大概的使用周期。

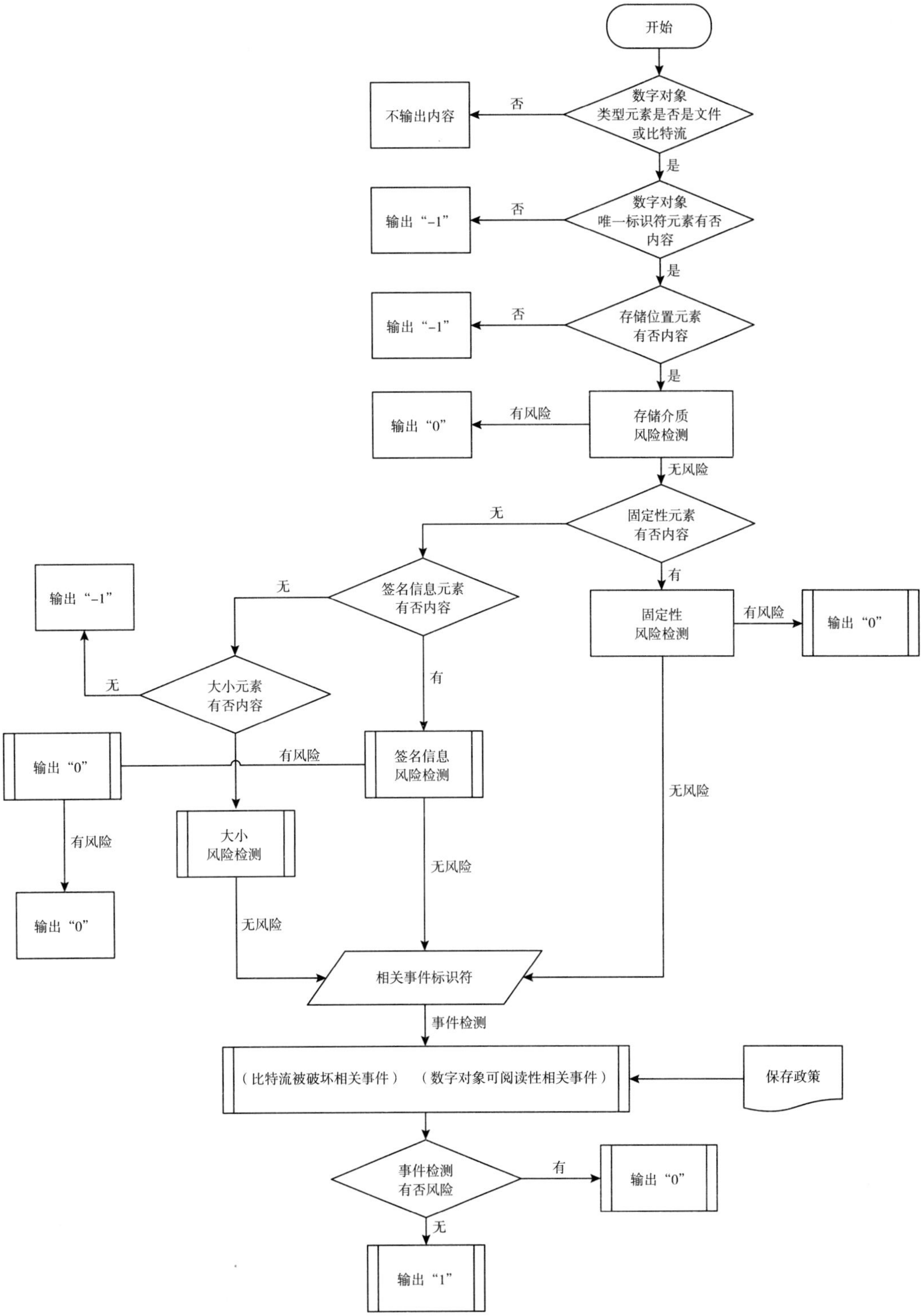

图1 “持续完整性”风险检测的逻辑流程图框架

数字对象的特征包含多个元数据，其中只有数字对象的固定性（Fixity）和和“持续完整性”风险检测密切相关。然而，如果保存系统没有记录Fixity元数据，可选择数字对象的签名信息（Signature Information）元数据检测数字对象的比特流是否被破坏，这是替代固定性检查的一种较好方式；如果连签名信息也没有记录，还可使用数字对象的大小（Size）元数据粗略判断数字对象是否被改变，但准确度不高。

接下来，通过数字对象的保存事件标识符（Linking Event Identifier），识别并检查相关的保存事件，在长期保存过程中保存系统执行这些事件的目的是防止或检查“持续完整性”的风险。事件有两类：一是与比特流顺序被破坏的相关保存事件；二是与数字对象可读性相关的保存事件。前者是针对数字对象比特流的被破坏进行检测和规避的活动（如固定性检查、病毒检测、备份和存储活动等），后者是针对保存介质的风险进行检测和规避的活动（如存储介质的刷新、更换等）。这两类事件的界限不太清晰，可能还存在重复（如都有备份事件），但不影响检测结果。

3.2 检测实施的相关问题

3.2.1 风险检测级别

检测实施前，需考虑在哪个层面上实施：在单件数字对象层面？一类数字对象层面？还是在整个保存系统层面？检测级别的选择取决于以下两个因素：

（1）风险的性质。“真实性”风险检测需在单件数字对象层面进行，因为同一类型或整个保存系统中不同数字对象的真实性可能不一样；“可呈现性”风险检测除了可在单件数字对象层面上实施外，还可在一类数字对象层面上进行，因为一类数字对象使用的软硬件环境（是“可呈现性”风险的主要来源）是相同的；如果数字对象的唯一标识符是由保存系统产生，或由外部注册中心提供且可以共享，那么“可识别性”风险检测（唯一标识符是主要的风险来源）还可在保存系统层面上进行。

（2）保存系统的风险检测需求。“可呈现性”风险可在一类数字对象层面上进行，也可以在单件数字对象层面上进行，不同保存系统可根据不同的风险检测需求来选择。因为风险检测需求有多个层面，所以用于不同层面的风险检测逻辑图也有所区别，比如，检测对象是某种格式的一类数字资源，那么在逻辑图中就无须判断数字资源的格式。

3.2.2 编码

元数据的赋值方式给风险的自动检测带来两个挑战：一是PREMIS中的一些元数据采用控制词表赋值，但仅推荐可采用的控制词表，没做统一的规范性要求，这样，不同保存系统可能采用不同控制词表，导致含义相同的赋值内容所使用的词汇或表达方式不一样；二是有些元数据采用自由文本式赋值，也会导致同样的问题。解决方法是对赋值内容进行编码，对含义相同的内容给一个编码。编码方式应具有通用性，如果存在相应国际标准应予以采用。但目前PREMIS没有涉足该项工作，增加了风险检测程序编制的工作量，且检测程序在不同保存系统之间也难以通用。

3.2.3　保存政策

映射结果表明，《PREMIS元数据词典》支持风险检测的一个缺陷是缺乏用于描述保存政策的元数据，而这类元数据对于风险检测是至关重要的。比如，数字对象存储介质的刷新频率是一项保存政策，记录该保存政策对“持续完整性”核心职责的“保存介质不可用”风险的检测起重要作用。实际上，任何一个保存系统在数字对象长期保存过程中都需要一系列保存政策，但目前《PREMIS元数据词典》没有提供元数据给予记录（除保存级别元数据之外）。如果一些政策仅适用于某些类型的数字对象，而不适用于保存的所有数字对象，这样不同类型的数字对象就要采用不同的保存政策，这些政策记录的缺失使得相应的风险检测愈加困难。

3.2.4　保存事件

（1）保存事件的定义与归类。《PREMIS元数据词典》对保存事件的定义是开放的，没有预先定义事件的类型，保存系统可根据需求具体定义。这对保存风险检测的实施是一个挑战，因为不仅要对各种事件进行定义，而且需将性质相同或相近但名称不同的事件搜集归类（如备份事件和复制事件），以避免保存系统已经执行了该种事件但由于事件名称不同而导致风险检测结果的误判。实现这种归类的一种有效方法是参考和分析IT领域中数据存储实践的保存事件以及与数据完整性和可使用性相关的保存事件，因为这些类型的事件与持续完整性的风险关联度较大。

（2）保存事件的来源。一部分保存事件是由保存政策决定的，比如，保存政策要求存储介质的刷新周期为半年，那么就需要一个实施存储介质刷新的保存事件。因此，保存系统应该制定各种保存政策，但PREMIS没有设计元数据记录保存政策。为此，本研究的风险检测需从外部获取保存政策信息。

（3）安全性事件不予考虑。安全性事件也与持续完整性相关，密码泄露、黑客入侵和过失操作等都会对数字对象的完整性、机密性和可用性造成风险，执行相应的安全性事件可以规避和降低这些风险，通过对安全性事件实施情况的检查可以实现对这类风险的检测。但安全性事件风险是针对整个保存系统，文章的“持续完整性”风险检测是针对具体的数字对象，所以没有考虑安全性事件的风险。

4　实验

4.1　数据采集

数字对象样本来源选取CNKI的《中国期刊全文数据库》，样本集为1万件数字对象。

数字对象样本采集方法采用分层随机抽样法，使各类数字对象以接近的概率被抽样，而后通过套录形成有代表性的数字对象样本集。针对CNKI的《中国期刊全文数据库》，首先，依据学科、年代区间等分类标准，将数字对象划分为若干个层次；然后，根据各层次单元的数字对象数量与《中国期刊全文数据库》数字对象总数量的比例，依据设定的抽取样本总量，确定从各层次单元中抽取样本的数量；最后，基于无重复抽样的简单随机抽取法从各层次单元中抽取样本。如，依据上述方法计算出层次单元为“2015年图书馆学的期刊论文”的样本抽取量为10篇，在中国知网以“期刊”为文献类型，在高级检索界面中输入“中图法分类号＝G250”且“年代＝2015”，获得检索结果为3610篇，而后在1到3610之间随机生成10个不重复的数，套录该10个数对应的检索结果数字对象，获得该层次单元的样本。

保存型元数据内容的样本采集主要针对上述采集的数字对象，纯粹为了研究的目的，由CNKI帮助提供相应保存型元数据和描述型元数据内容。将保存型元数据转换为《PREMIS元数据词典》的格式，然后针对转换后为空的保存型元数据元素，若描述型元数据对应元素有内容，则直接套录。上述过程由代码实现，但需人工进行干预，比如需对名称与《PREMIS元数据词典》不同但含义相同的元素赋值给PREMIS对应的元数据。

4.2 实验结果

基于风险检测的逻辑流程图（图1仅为整个流程图的很小一部分），编制“数字保存风险检测”程序，针对上述采集的实验数据样本集运行该检测程序，输出检测结果。实验的相关界定为：检测级别为单件数字对象层面，实验用的元数据内容进行规范编码，定义必要的保存政策（如磁性存储介质刷新频率为30天），对保存事件名称进行规范化处理。另外，为了简化结果，将图1中输出为“–1”（表示元数据内容缺失）和“0”（表示检测出风险）聚类，同视为检测出风险。

4.2.1 全风险检测

全风险检测结果如图2所示，横轴代表风险类型，纵轴代表存在风险的数字对象数量（检测的数字对象数量为1万件）。

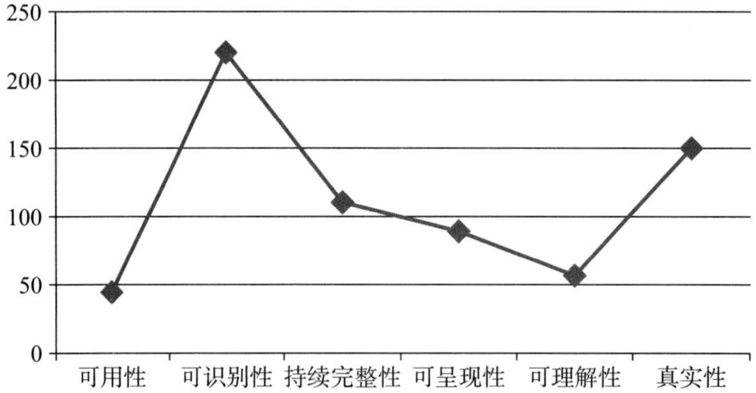

图2 全风险检测结果

全风险检测结果显示，最大风险来自数字对象的可识别性，可能原因是元数据没有被充足抓取或良好维护，或虽被抓取但元数据与其所描述的数字对象之间的链接没有被抓取或维护。其次是数字对象的真实性风险，可能原因在于长期保存过程中，数字对象发生了改变（可能是合理改变、恶意修改或者错误改变），但合理改变部分没有被完整记录。再次是持续完整性风险，可能原因是没有执行存储介质的刷新操作、存储介质超出有效期、由于病毒或操作失误等因素导致比特流序列破坏等。其他类型的风险较小。

4.2.2　单风险检测

针对每类风险分年代区间进行检测，结果见图3，横轴代表年代区间，纵轴代表存在对应风险的数字对象数量（检测的数字对象数量为1万件）。

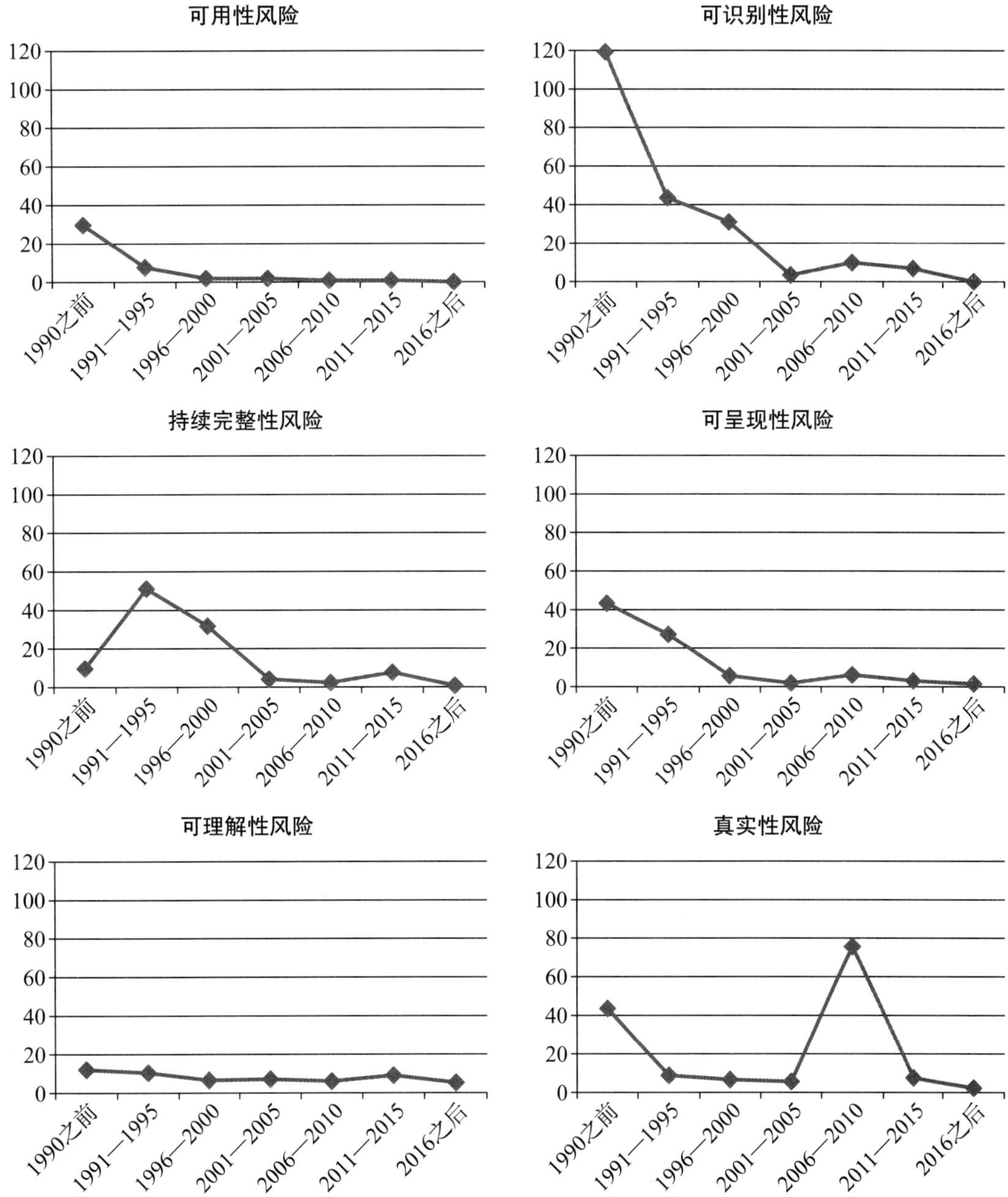

图3　单风险检测结果

可用性风险主要分布在1995年之前，这部分数字对象完全由数字转化生成，可能原因是转换质量不理想。

可识别性风险总体最差，主要分布在2000年之前，这部分数字对象大多由数字转化生成，元数据需要人工赋值，可能原因是这部分的元数据描述充分性较差。

持续完整性风险主要分布在1991—2000年，可能原因是这部分数字对象的存储介质维护不到位。

可呈现性风险主要分布也在1995年之前，同样由于这部分数字对象完全来自数字转化，在转化过程中数字对象的主要特征抓取效果不理想，一些体现数字对象重要特征的细节没有被有效抓取。

可理解性风险整体情况最好，但存在些许风险，可能原因是保存系统没有获取和保存用户群体所需的充足的附加信息

真实性风险主要分布在1995年之前和2006—2010年，可能原因是该两个时间段的数字对象在保存过程中改变较多，但缺乏详细记录。

风险检测的目的是为保存系统的维护提供依据。根据上述实验，保存风险主要发生在2000年之前的数字对象，保存系统需要加强对这部分数字对象的质量、元数据描述及其与数字对象之间的链接、保存事件导致数字对象变化的记录等方面的维护。

实验表明，《PREMIS元数据词典》可以作为证据基础支持数字保存的风险检测。但是，存在下述问题：①缺乏保存政策方面的元数据，而这类元数据不仅关系到保存事件的定义，而且还直接关系到风险的判断；②虽然有保存事件元数据，但缺乏具体保存事件的清晰定义，导致不同保存系统可能定义不同的保存事件，难以建立通用的风险检测算法；③元数据赋值的欠规范化，不仅体现在采用控制词表进行赋值的元数据上，而且也体现在采用自由文本进行赋值的元数据上，导致风险检测软件运行的困难；④缺乏对分布式保存系统的支持，这与现行保存系统的实践不完全一致。

因此，有必要建立针对数字保存风险检测的风险型元数据，以弥补上述保存型元数据的不足。风险型元数据的建立可以采用两个步骤：一是根据全面风险管理理论，从数字对象、保存事件、行为主体、保存政策、知识产权、保存系统等6个角度分析数字保存风险的产生因素，分别建立6种类型的风险型元数据；二是参考已有的保存型元数据、管理型元数据、描述型元数据等，并在征询专家（尤其是数字保存的实践专家）的意见和面向公众讨论的基础上，完善风险型元数据。

参考文献：

[1] PREMIS Editorial Committee. PREMIS Data Dictionary for Preservation Metadata (version 3.0) [EB/OL]. [2016-01-24]. http://www.loc.gov/standards/premis/.

[2] OCLC, RLG working group on preservation metadata. Preservation metadata and the OAIS information

model：a metadata framework to support the preservation of digital objects[EB/OL]. [2016-03-02]. http：//www.oclc.org/research/activities/past/orprojects/pmwg/pm framework.pdf.

（本文原发表于《大学图书馆学报》2017年第6期）

第四部分

支持创新的情报学方法和情报工作

引　言

1912年，奥地利学者Joseph Alois Schumpeter在《经济发展理论》中首次提出Innovation Theory，由此开始“创新”进入研究视野。本书查询中国知网近五年内主题为“创新”的中文期刊论文，发现年平均发文量已不低于8万篇。在情报学领域，“创新”同样是一个经常出现的概念，但是对情报理论、情报服务、情报工作进行创新的研究目前远多于支持创新的情报理论、支持创新的情报服务、支持创新的情报工作的研究。

党的十八大以来，习近平同志把创新摆在国家发展全局的核心位置，高度重视科技创新，围绕实施创新驱动发展战略，加快推进以科技创新为核心的全面创新，提出一系列新思想、新论断、新要求[1]。支持创新是情报学和情报工作责无旁贷的任务。刘琦岩等提出从研发的前端到成果管理的后端，强有力的数据资源、情报方法和信息服务保障是我国科技进步的必要条件[2]；Nemutanzhela等发现情报和企业创新能力之间存在关系[3-4]；还有学者提出，通过深度挖掘专利情报和区域情报能够有效加速创新要素聚集，推动地方创新发展[5]。

从情报学和情报工作的角度探寻支持创新的理论和方法，是创新驱动发展战略背景中情报学的必然回应。近年来，支持创新的情报学研究主要涉及情报、情报机构、情报工作在创新中的作用和地位[6]；面向创新的专利情报分析[7-8]；面向创新的竞争情报利用[9]；面向创新的信息资源建设与共享[10]；面向创新的情报服务[11-12]；创新识别的情报学方法[13]等。

第四部分收录的论文主要从理论方法和实际工作的角度，探究情报、情报学应该如何支持创新发展。《推进竞跑阶段的创新情报研究》一文提出竞跑阶段情报需求的内容本质正由科技情报转向创新情报，并详细解释了创新情报的内涵，就中国科学技术信息研究所如何围绕“一智库两中心”的定位为创新提供服务展开论述。《面向管理与决策的中国科技创新图谱研究》一文阐述了为科技规划、科技决策等提供支撑的中国科技创新图谱，其以事实数据为基础，结合专家智慧，支持科技管理决策部门更加深刻和确切地掌握科技事业发展规律与进展态势，助力“创新决策”。《颠覆性技术识别方法发展现状及启示》一文提出识别潜在颠覆性技术有助于抢占科技制高点，在科技竞争中取得先发优势。文章研究了目前识别标准的不足，提出不断完善面向创新的技术颠覆潜力评价方法，推动新的颠覆性技术产生。《战略语境下企业情报服务工作的探讨》一文总结企业情报服务工作的特点并探讨了面向企业提供情报服务的对策，提出企业情报服务的提供者应该立足企业战略决策需要，实现情报需求的快速响应。《数据智能技术驱动的情报全流程变革及发展》一文厘清了情报工作面临的挑战和情报全流程变革，指出未来面向创新竞争的情报工作必是利用数据智能技术实现数据到知识、知识到决策、决策到行动的快速转化。

创新发展，情报先行。情报不仅是引领科学、技术和产业创新发展的“风向标”，还是支持其创新发展不可或缺的“智慧库”。支持国家创新驱动发展战略，情报学责无旁贷。

参考文献：

[1]中共中央文献研究室. 习近平关于科技创新论述摘编[M]. 北京：中央文献出版社，2016.

[2]刘琦岩，陈峰，郑彦宁. 科技情报和信息服务为战略决策提供支撑[J]. 中国国情国力，2019（10）：33–37.

[3]NEMUTANZHELA P，IYAMU T. The impact of competitive intelligence on products and services innovation in organizations[J]. International journal of advanced computer science and applications，2011（11）：38–44.

[4]POBLANO-OLJINAGA E R，LOPEZ R R，GOMEI J A H，et al. Effect of competitive intelligence on innovation capability：an exploratory study in Mexican companies[J]. Journal of intelligence studies in business. 2020（3）：62–27.

[5]王根. 面向协同创新的地方专利信息服务组织管理研究[J]. 现代情报，2016（5）：35–40.

[6]陈超. 科技引领发展 情报支撑创新——写在上海科学技术情报研究所创立60周年之际[J]. 竞争情报，2018（5）：3.

[7]郑丽霞. 面向高校科技创新的专利情报服务架构研究[J]. 情报理论与实践，2018（11）：101–106.

[8]NERI F. Information search and classification to foster innovation in SMEs the AREA science park experience[J]. Text mining & its applications to intelligence CRM & knowledge management，2014，17：285–291.

[9]龚花萍，刘嘉良，余建兵. 面向区域科技创新的竞争情报联动供给服务模式研究[J]. 情报杂志，2020（5）：64–70，88.

[10]刘岩，刘宝瑞，刘伟东. 面向科技创新智库的信息资源保障体系建设研究[J]. 现代情报，2017（2）：78–82.

[11]钱虹. 面向技术创新生态系统的科技情报服务体系研究[J]. 情报理论与实践，2019（11）：52–56.

[12]段黎萍，曹燕，齐娜. 面向创新的科技情报服务与支撑——以新能源汽车为例[J]. 情报工程，2016（6）：109–116.

[13]王金凤，吴敏，岳俊举，等. 创新过程的技术机会识别路径研究——基于专利挖掘和形态分析[J]. 情报理论与实践，2017（8）：82–86.

推进竞跑阶段的创新情报研究

戴国强（中国科学技术信息研究所）

1 竞跑阶段科技情报研究的时代背景

中华人民共和国成立70年来，我国已逐步缩小了与发达国家之间的差距，快速跟上了全球发展的步伐。在经济方面，我国已建立较为完整的产业体系，GDP位列全球第二，出口多年保持世界第一。在社会发展方面，中国在快速发展的同时关注可持续协调发展，充分利用现代信息技术所带来的服务模式创新改变着传统生活和消费模式。在科研方面，创新活力得到极大释放，在科研和创新领域均取得了长足进步。2018年，中国在国际顶尖学术期刊上发表的论文数量排名世界的第四位，国际高被引论文和热点论文数量继续保持世界排名第三位，发表在各学科最具影响力国际期刊上的论文数量连续第八年排在世界第二位，同时三方专利数量申请量位列世界的第四位。在工程技术、材料技术等多个领域的创新引领和支撑了我国经济和社会发展。由此看出，中国已进入与发达国家在同一发展跑道上的竞跑阶段。

中国科技情报事业经过60多年的发展已经取得了长足的进步，但在新时期面临更多的挑战。这些挑战不仅仅来自于科技、经济和社会发展所带来的创新情报需求变化，更重要的是由于技术发展、用户行为变化所带来的科技情报工作体系与业务模式的变革。

1.1 应对竞跑迫切需要提升科技情报工作的战略定位

长期以来，我们一直生活在“真实的”物理世界。近70年来最大的变化之一是我们必须与物理世界和虚拟世界共存，虚拟空间、物理空间和社会空间逐渐融通[1]。过去科技情报主要是围绕物理世界提出战略选择和发展方向决策建议，主要研究对象是“物”，现在则必须扩展深入到具体的研究过程，研究的是“理”，即物的形成过程。进入竞跑阶段，我们面对的是不断发生的更多变化，尤其是社会的变革与技术选择关系重大。科学技术在提高人类生活品质同时，其应用也可能会给社会带来巨大风险，互联网和大数据分析技术已经引发人们对隐私保护的担忧，在提升社会公共管理效率和水平的同时，也带来社会治理方面的诸多新挑战。例如，机器人带来的无人系统是否将引发社会伦理和规则的变革，基因编辑和合成生物学等生物技术带来的生物安全和社会伦理问题等，这些变化有些是演进的，更多是突现的。因此，社会和技术变革对科技情报工作提出了巨大挑战。化解复杂系统的不确定性，实现资源优化配置，支撑科学发现、技术创新和经济高质量发展，都需要提升科技情报工作的战略定位。

当前科技、经济和社会发展越来越依赖原始创新，而原始创新则更加依靠情报。情报先行不仅是已知世界的验证性支撑，而是更多地支撑和引领未知的领域，找到通往未知的可能路径，到达尚未全面认知的领域，开辟一个全新的认知空间。这就需要科技情报工作制定自身发展战略，准确定位，围绕着宏观、中观和微观不同层次的需求、重大发展方向开展情报研究，对重大趋势方向、事件预测、结果判断、科研绩效评估、关键技术遴选与研发组织等进行深入研究，为科技创新管理与决策提供情报支撑。

1.2 创新情报正在成为科技情报工作的重点范畴

传统科技情报工作一直面向科研与生产活动，在竞跑阶段，科技情报工作则需要进一步延伸，将以现代经济体系的“创新链、产业链、人才链和资金链”作为服务对象。这种变化不仅仅会带来用户对象的扩展，更重要的是带来情报需求内容本质上的变化，即由科技情报转换为创新情报。科技情报服务于科技创新，更要服务于社会、经济发展，不仅仅服务于科学技术领域，更多地与社会、经济发展相融合，情报研究从研究深度、研究时间范围、广度都有较大拓展。在创新情报中要做到宏观趋势正确、中观方向准确以及微观的路径精确。今后科技发展的宏观趋势判断和选择更为重要。如果趋势判断本身就是错误的，那么即使沿着“可信的”技术方法所确定的未来发展的路径和方向也最终难逃失败的命运。在中观方面，我们要面向更细粒度的描述单元进行组织和循证分析。通过大量的科技文献内容，可能会发现同一个研究问题，不同的研究团队得到不同甚至截然相反的研究结论。以往科技情报工作将不同研究结论的相关成果提交给信息资源需求者即可，但如今则需要对不同的原因进行更加深入的系统化、知识化挖掘，揭示深化研究方向。在微观方面，创新情报则需要更加细粒度的分析支持。例如，科学评价作为科技情报工作的一项基本任务，在未来研究将需要更加细粒度的模型设置，特别是更精准的评价参数标准设置。除了分析深度上的影响外，在创新情报研究中时效性问题将变得更加突出。在未来创新竞争日益激烈的背景之下，技术越来越快速迭代，产品的生命周期多是三至五年，甚至更短，这对作为创新支撑的情报工作而言也是极大的压力，科技情报工作需要快速感知需求端的变化，跟进技术的变化，为产业技术的发展提供支持。对创新情报的关注，并不是说科技情报工作并不再关注科学研究活动，而是将科学研究活动置于整个创新活动之中，从而考虑如何为科学研究的创新提供情报支撑。随着各种数据量的增长，数据粒度更加精细深入，科学研究也产生了一种新的研究范式，即数据密集型的研究范式[2]，在此类研究中发挥重要作用的是进行数据分析的人员，而不是做实验进行探索或验证的人员。基于实验或实证的科学研究创新将逐步拓展到基于数据或模型的创新。当科学研究范式发生变化时，科技情报工作模式也要与之相适应。

1.3　跨界竞争正在改变科技情报工作传统模式

数字化与网络技术的发展大大提高了各类信息数据的可获得性，大数据技术的兴起降低了情报分析的行业门槛，开源运动的发展进一步降低了情报分析技术应用的成本。这些技术发展所带来的影响极大地影响了科技情报行业的发展态势。

科技信息数据的可获得性不断提高，严重地削弱了科技情报机构的资源独占优势，越来越多的机构，特别是大数据企业凭借自己的技术与服务优势开始进入科技情报服务行业，科技情报行业的跨界竞争态势日益加剧。日益激烈的行业竞争正在影响科技情报工作的模式，科技情报工作正在由以情报专家驱动的线性业务流模式转向以问题为导向、以用户为核心的一种协同工作模式。这种模式变化将进一步影响情报分析中的数据、方法、产品、交互等不同要素。情报研究将会更加注重多学科交叉结合研究，情报研究中数据的采集和获取范围将会从单一的结构化数据转变为加入更多的非结构化数据，分析方法将会从原来的人工分析为主体转变为计算机智能化为主体的智能分析。

在这个以用户为核心的协同工作模式中，微观情报工作流程由线性结构转变为一个开放透明的网络结构，情报用户将参与情报分析“黑箱”流程之中。一方面，情报分析循环[3]的逻辑起点将进一步前置，由关键情报问题提前到用户决策问题分析；另一方面某些情报用户将以领域专家的角色参与到情报分析的整个过程之中[4]。这种协同工作模式一方面可以保证情报研究与决策问题之间的紧密耦合，实现问题导向的情报分析，同时还要使用户以需求分析、数据建模、可视交互等不同形式深入融合到整个分析过程中，从而了解整个情报研究过程的效度与信度。此外，由于情报用户的深度参与，可以帮助情报分析人员聚焦研究问题、缩短研究周期，提高研究效率，最终为情报用户提供更具时效性的情报产品。此时，情报分析模型将由“问题分析－建立模型－评估数据－填充模型－进行预测”进一步概念化为“描述－诊断－预测－决策”的一般模型，分析模型的时间与空间尺度将进一步扩大，而建模精准化、计算即时化将是其核心特征。

1.4　“去中心化”正改变科技情报工作方法技术

大数据时代的到来，给科技情报行业的冲击首先是去中心化。传统科技情报机构都是通过政府授权或集中购买的形式获取资源，“去中心化”使许多数据或信息没有必要进行“组织”或“结构化”。随着数据来源的复杂性，可以预见未来科技信息网络中非结构化信息的比例将极大提高。同时在“去中心化”的环境中，原有工作体系中的“中心节点”所具有的信息过滤功能不复存在，数据独立性、一致性和真实性难以认证，质量参差不齐，甚至欺骗性信息获得同样的“组织、处理与利用”机会。这一形势要求情报、信息、服务与科研人员（用户）的融合、协同，创造新的科技情报处理方法和手段，特别是情报甄别方法，迎接科技情报工作所面临的技术挑战。

未知世界和已知世界的信息是流动、开放且杂乱的，探索未知真相和验证已知世界都需要利用信息的过滤、甄别、还原与组装。定制化的情报需求导致情报系统复杂性呈指数化增长。情报分析中信息数据可信判断任务变得更加艰巨。科技情报工作的信息环境发生了很大变化，信息海量、易获得，但是大数据中很多噪声数据存在，导致在情报研究中经常无法做出准确的分析结果。在网络信息空间中，主观故意和客观无知引导的事件越来越多，导致情报分析工作越来越困难。如何从大量的数据中去伪存真，得到可信的情报是情报学及情报工作研究的重要课题。情报研究要利用信息技术包括数据技术作为情报分析的工具，当然不能是唯一的工具。当今面临信息技术尤其大数据爆发，更需要注意发展情报研究领域特有的工具，情报工具的创新必须走在创新的最前端，非常有必要借鉴当前自然科学的最新研究成果。人工智能、脑科学和基因技术等可以为情报研究工作提供丰富的技术支撑和方法借鉴，如生物技术的RNA的复制和控制（选择、变异和隔离）、神经网络中高维结构难题的降维处理等，都有助于启发、形成情报研究的新方法、手段和工具。

2　新时期“情报”概念的新内涵

在过去的追赶阶段，中国快速发展的原因之一是中国的学习能力得到较好发挥。我们进入创新发展阶段后，科技创新不仅需要继承学习的能力，还要强化科研供给体系建设，围绕提质增效发挥创新引领作用。“创新驱动、情报先行”，科技情报工作理应充当科技供给侧结构改革的先锋。但是在这种新的时代背景之下，需要重新审视“情报”这一核心概念。

“情报”是情报学的基础核心概念，本应构成情报学领域学术共同体的共识。然而从情报学科建设的视角来看，关于这一核心概念的认识存在不同的观点[5]。无论是从产出或过程视角进行描述，还是从信息与知识的本质属性进行定义，都在一定程度上表明了“情报”这一概念外延的多样性。但从科学研究的视角来看，这种多重概念操作化定义（概念界定）是提高研究效度的有效途径之一，特别是在社会科学研究之中。从“情报”概念界定的演化来看，情报从最早的实践描述，如“定敌情如何，而报于上官者”，开始转向于其本质属性界定，如“信息”论、“知识”论（情报是激活的、活化的知识）[6-8]。这些概念研究在一定程度上转化成为具体的科技情报工作理念，从而影响着中国科技情报事业的发展。但随着大数据时代的到来，数据可获得性的不断提高，越来越多的机构与企业开始提供与科技情报机构类似的情报服务。“情报”的信息属性或知识属性的观点，可以为不同类型机构的科技情报服务提供理论阐释，但对于传统科技情报机构而言，却无法体现其核心业务特点及优势。换言之，从情报学的研究范式来看，我们需要重新界定“情报”的概念，或者说要在新的社会需求背景下重新解读“情报”概念的外延。

情报是人类社会发展的产物，作为人们传递交流对象的一种知识，通过信息负载与传递发挥作用，同时情报也是一个处于发展中的概念，不同历史时期社会条件和环境的变化使得人们对情报这一概念的理解因人而异、纷繁多样。从话语分析的视角来看，尽管对情报有多种解释，但从“情报”的中文和英文的本意，我们仍可以深度分析或重新阐释科技情报工作的内涵和重点。从“情报”的金文字形“[illegible]”看，情报的意思是人用心获取并用手去解开纠缠杂乱的绳索行为，强调了情报在主观上的“感知”过程，其中“感”表现为主动去获取信息、了解变化，“知”则强调理解、分析、评估与问题解决。情报内涵的“感知”认识，实际上也可以视为情报概念研究从本质属性界定再次回归到了实践描述这一经典视角。

“情报”一词最早与“Information”相对应，但在英文中还与“Intelligence”相映射。“Information”（信息）和“Intelligence”（智能）的分歧在情报学的发展中伴随始终，争议不断，并基于此形成了情报观的分歧[8]。实际上，智能与信息是情报的两个方面，知识将它们连成了不可分割的一个整体，它们同时构成了科技情报工作的逻辑基础。从知识管理理论来看，信息是已知的呈现与具象，而情报则是对未知的刻画与表达。从经典知识管理模型来看，信息是面向已知世界的，以验证型研究为主，而情报是面向未知领域的，以发现型研究为主。科技情报工作过去主要在“已知世界”不断进行系统化、知识化和资源化，不断扩大“知已知”范围（如图1所示）。

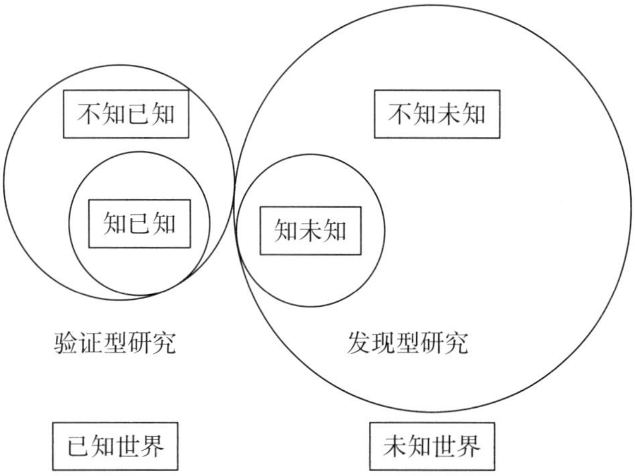

图1　知识类型的划分

随着人类认识世界的经验知识不断丰富、手段不断改进，特别是信息技术对大数据的相关性汇聚和小数据的因果分析，有效提升了人类对不知已知范围的认识。然而，人类对于弱信号（孤立、窄行业、范围小众）数据的挖掘处理仍面临挑战，表现为对“未知世界”的探索远远落后于人类探索世界并与世界和谐发展的需要。为此，科技情报工作需要回归情报本身，强化对未知世界的探索，建立智能和感知的情报系统，不断丰富面向发现型研究的情报方法与工具，将科学灵感和情报推理等有机结合，提升对信息的认知与分析预测水平支撑判断决策，从而推进落实“情报先行”。

3 新时期科技情报工作的新理念

中国创新进入竞跑时代，这将构成中国科技情报事业发展的主要社会背景。新时期的科技情报机构不仅在社会需求方面面临从科技情报向创新情报转变所带来的方法论与战略定位的挑战，同时在情报服务供给侧方面还面临着由于跨界竞争以及技术发展所带来的业务模式变革压力。如果说社会经济发展背景定义了科技情报工作的问题域，即情报需求，那么数据资源与技术工具将决定科技情报工作解决相关问题的实施路径，而科技情报工作理念则是在问题域与实施路径间建立耦合关系的方法论。

3.1 适应变革是新时期科技情报工作必然要求

新时期的科技情报机构在思考与应对现实挑战与压力时，还必须考虑一些更具体的社会因素影响，如供给侧结构性改革、创新驱动发展战略、科技体制改革等对情报需求或业务组织模式的潜在影响。科技情报工作发展到新的阶段，情报学及情报工作的理念、研究内容、技术方法等方面都必须与宏观社会经济发展需求相适应。同时科技情报行业也必须融入社会，强化自身情报能力建设，依托最新的科学技术自主开发出新型情报分析方法和技术工具，强化情报学基础研究与应用研究的融合，加强与不同学科领域的跨学科、多学科协同融合，实现对经济社会发展的引领，最终实现支撑变革的能力。“融合协同、自主创新、引领发展、支撑变革”将成为新时期科技情报工作的核心目标。

3.2 四化融合是新时期科技情报工作支撑手段

新时期科技情报工作的问题域是以创新情报为核心展开的，而大数据与人工智能技术将成为影响科技情报工作路径的主要因素。一方面，传统科技情报机构的优势文献资源，如论文、专利正在迅猛增长；另一方面由于关注点转向创新，更多的数据源被纳入科技情报研究的视域之下，将涵盖从宏观社会经济发展数据到微观科学数据等更广泛的数据来源。而从数据中，特别是从非结构化数据中发现情报则需要对数据进行语义化与语用化加工，应对这些技术挑战的途径之一就是人工智能技术。新时期的情报业务模式将是一种面向问题的、以用户为核心的协同工作模式，为支撑这种高效、协同的业务模式，就需要一种在数据资源、分析工具、业务流程三个层次同时具有灵活性的、可重组的、可计算的、智能化的业务支撑环境。即一种“情报智能化、智能工具化、工具业务化、业务自动化”的情报理念。“情报智能化”与“智能工具化”是情报工作的本质要求，主要面向探索未知世界所需要的发现型研究；而“工具业务化”和“业务自动化”则是情报工作效率，特别是时效性的根本保障，主要是面向已知世界挖掘所需要的验证型研究。

“情报智能化”是新时期科技情报工作的手段要求，也是科技情报工作的核心属性所在，即通过更加智能的手段探索未知；“智能工具化”是新时期科技情报工作方法论的核心特征，是对新时期情报分析方法、技术与工具的要求；“工具业务化”是新时期科技情报业务形态的概括，即所有的科技情报服务要素，如数据资源、软件工具、分析平台、咨询服务等都应通过应用服务的形式实现按需组配与再造。“业务自动化”是新时期科技情报工作的目标定位，即在智能工具与业务平台支撑下，围绕任何一个决策问题实现关键情报课题解析、分析模型构建、数据资源汇聚、模型实时计算与评估、分析结果反馈与修正、情报产品生成与发布、分析过程监控等情报研究任务的自动生成、人机协同、记录保存等功能。

3.3 情报工程是新时期科技情报工作实现途径

科技情报工作要实现快速响应，必须在上述理念的指导实现情报的工程化[9]。科技情报机构应致力于打通情报各环节数字化，实现端到端的全链路数字化。对数据资源进行细粒度的深度加工，使得信息数据成为一种可计算的资源。数据资源变为可计算化是实现情报工程化的基础，如果数据资源没有变成可计算的资源，则无法实现大数据技术赋能于情报分析[10]。大数据时代尤其需要实现情报业务的工程化。科技情报工作不仅需要关注信息的物理属性，还需要围绕情报的认知属性，把信息变成知识和情报[11]，这也是科技情报工作的研究出发点。情报需要对信息进行感知、分析和挖掘，才能形成有价值的可以指导行动的知识。进入大数据时代，需要变革传统科技情报工作模式，建立大数据运维和保障支撑体系，需要建立标准规范、加工机制以及可靠的技术支撑，面向多源甚至全源[12]的数据进行集成，形成综合专业数据库，动态地对多种情报分析对象进行采集监测，进行数据分析和挖掘。为此需要建立多种模型分析的算法和计算模型，实现对数据的关联、组织与挖掘，从定性分析进入定量分析阶段，最终进入数据驱动的决策应用场景，通过精准画像和海量异构数据集成，分析优化设计，形成情报分析产品。

4 中信所情报工作创新服务的新路径

针对社会需求以及技术发展所带来的挑战，中国科学技术信息研究所（简称“中信所”）基于“情报智能化、智能工具化、工具业务化、业务自动化”的理念，围绕着“一智库两中心”（即国际科技战略智库、科技资源大数据中心、科技信息共享服务中心）的战略定位，通过情报工程化建设积极推动了一些探索性的项目研究，从而实现科技情报创新服务。

4.1 通过企业数据库建设为创新情报研究提供产业经济数据支撑

在创新情报研究中，仅依靠科技文献资源无法形成用户满意的参考性判断。因此，中信所以现代经济体系中的产业链、创新链、人才链和资金链协同为出发点，推动了上市公司年报数据项目的建设工作，进一步丰富反映创新体系的数据源。以该数据源为研究样本，深入地分析科技对经济发展的促进或者引领影响。通过财务数据与非财务信息的集成融合，展开更为全面的产业、行业科技经济竞争情报研究；通过研究上市公司的合作者、竞争者、供应链和产业链，实现情报对产业的赋能；通过对专利、科技报告和科技成果的集成，对用户信息和行为的追踪，深度揭示产业和用户与技术成果的相关性，促进产学研合作。

4.2 通过创新图谱建设为情报研究智能化提供可计算资源支撑

为进一步推动创新情报研究智能化水平，依托在知识组织领域的技术优势，中信所设立了中国创新图谱建设项目[13]。该项目的核心目标是构建一个面向创新分析的知识图谱，基于该知识图谱实现创新相关数据与指标在空间、时间以及创新理论视域下的细粒度描述，不仅实现异质异构数据资源的集成，更重要的是实现数据在创新情报研究中的语义化与语用化。创新图谱不仅可以有效地支撑不同可视化形式的表达，同时也为分析模型构建提供了有效的可计算资源。创新图谱面向科技管理与决策需求，实现中国科技创新信息数据的动态、交互、可视化展示，用于分析国家、区域、省、市等多个层次的科技创新发展状况，发现蕴含的科技创新规律，预测未来科技创新发展趋势，支持国家、区域、省、市乃至创新主体等多个层面的科技创新管理与决策。

4.3 通过决策剧场建设积极探索工具业务化在创新决策中的应用

中信所依托决策剧场对工具业务化进行了探索性研究，面向创新决策过程中的情报需求，以可视化决策支持平台的形式实现决策者、领域专家以及情报分析/专家的业务协同。决策剧场以数据库和决策对象作为公共资源，对复杂问题的决策过程和结果进行图形可视化呈现，是一种面向复杂问题的集体决策辅助工具。科技决策剧场通过融合数据驱动的情报分析与专家智慧挖掘讨论协商，有助于提高决策效率与准确率。决策剧场建设的最终目标是在统一的可计算资源视角下将已有的各种数据资源、计算资源、工具与模型资源配置为一个面向创新决策的业务支撑环境。

4.4 通过监测平台建设探索科技情报核心基础业务的自动化

在一个海量规模、开放可得的数据资源背景下，科技情报发挥“耳目、尖兵、参谋”作用迫切需要一种新路径，即业务自动化。一方面，中信所依托自身科技文献数据的资源优势着手了科技信息大数据中心的建设工作；另一方面，积极利用大数据技术推动科技情报核心业务的自动化建设工作，如科技情报监测平台。科技情报监测平台定位于科技情报的“耳目”功能，面向国家科技发展战略提供全景扫描、跟踪监测、异常预警等情报功能支撑。该平台在底层技术上采用了大数据技术框架，在业务层上实现了面向监测的业务功能单元动态重组与跨单元协同。通过此平台可以实现世界主要国家（地区）的发展规划、战略布局、各国科技政策等的动态跟踪，监测学科发展前沿与关键技术发展，预测科学领域发展动向与关键技术突破。

在我国已经进入世界创新轨道的背景之下，今后的科技情报工作将越来越多地进入原先不熟悉的领域，科技情报工作的重点正由科技情报转向创新情报。随着中国逐渐进入创新无人区，无人领航、无人跟随等新情况不断出现，科技情报工作如何发挥作用，如何支撑科技创新，需要深入研究。新时期如何更好地发挥耳目、尖兵和参谋的作用，依然是科技情报工作者孜孜以求的研究命题。情报学研究与科技情报工作更加需要深厚的知识和经验积累，需要与情报需求在合适的时间更加紧密地结合。为此，需要科技情报工作者不忘初心，从科技情报工作的本原出发，尊重客观规律，才不至于被功利心所蒙蔽、做不出令用户满意的情报产品。“创新驱动，情报先行”是对科技情报工作提出的新要求、布置的新任务，探索并实现科技情报工作“融合协同、自主创新、引领发展、支撑变革”是科技情报工作者当仁不让的责任，期待通过共同的努力，迎来科技情报工作的新春天！

参考文献：

[1] 翟书颖，郭斌，李茹，等. 信息物理社会融合系统：一种以数据为中心的框架[J]. 大数据，2017(6)：85-92.

[2] HEY T，TANSLEY S，TOLLE K. 第四范式：数据密集型科学发现[M]. 潘教峰，张晓林，等译. 北京：科学出版社，2012.

[3] TREVERTON G F，BRYAN G C. Assessing the tradecraft of intelligence analysis[R]. Santa Monica：RAND，2008.

[4] 克拉克. 情报分析：以目标为中心的方法[M]. 北京：金城出版社，2013.

[5] 文庭孝，刘刚，张洋. 我国情报学发展的危机种种[J]. 情报理论与实践，2005(4)：342-345.

[6] 李艳，赵新力，齐中英. 钱学森的情报思想与我国情报学学科体系重构[J]. 情报理论与实践，2010(6)：1-4.

[7] 吕斌，李国秋. 钱学森情报学思想及其对情报学持续发展的启示[J]. 情报理论与实践，2010(7)：1-6.

[8] 王琳. 钱学森情报学思想及其对情报学学科建设的启示[J]. 情报理论与实践，2012(12)：22-26.

[9] 王知津，宋正凯. 论情报学发展的后现代主义趋势[J]. 情报理论与实践，2007(2)：145-148.

[10] 贺德方. 工程化思维下的科技情报研究范式——情报工程学探析[J]. 情报学报，2014(12)：1236-1241.

[11] AGARWAL R，DHAR V. Editorial-big data，data science，andanalytics：the opportunity and chanllenge for IS research[J]. Information systems research，2014(3)：443-448.

[12] 梁战平. 情报学若干问题辨析[J]. 情报理论与实践，2003(3)：193-198.

[13] 赵志耘，张均胜，姚长青，等. 面向管理与决策的中国科技创新图谱研究[J]. 情报学报，2018(8)：774-781.

（本文原发表于《情报学报》2019年第8期）

面向管理与决策的中国科技创新图谱研究*

赵志耘　张均胜　姚长青　刘志辉（中国科学技术信息研究所）

随着大数据时代来临，大数据对人类社会发展已经产生了深远的影响。大数据不仅改变了人类的生产生活方式，还深刻影响并改变了人类的思维方式。大数据中蕴含着巨大的价值，如何认识、理解和运用大数据产生更大的价值，成为学术界和产业界共同关心的问题。从海量数据中发现知识，寻找隐藏在大数据中的模式、趋势和相关性，揭示各种社会现象与社会发展规律，都需要有更好的数据洞察力。

在信息分析与管理决策过程中，数据是重要的依据和基础，而正确地解读数据则是关键。可视化作为一种技术手段，对于分析数据、理解数据以及管理决策起到重要的帮助作用。数据可视化借助于图形化手段，意在清晰有效地传达与沟通信息。进入大数据时代，可视化技术日益发挥重要的作用。可视化技术通过计算技术和图形图像技术，使隐含于数据之中不可见的现象成为可见，为人们洞察数据的内涵、理解数据蕴藏的规律、找到数据之间的关联以及发现隐藏在数据背后的知识提供了重要的手段。

大数据热潮不断升温，越来越多的机构部署使用了大数据平台，并建立起基于大屏幕显示的可视化系统平台，用于数据信息的可视化展示并进一步支持管理决策。大屏可视化展示不仅能够多方位展示实时信息起到数据新闻的作用，还可以通过直观形象的方式传递信息，有助于系统用户快速了解大数据中蕴含的信息、理解局势并做出判断决策。

大数据对科学研究和科技发展也产生了深远影响。科学研究已经进入到数据密集型时代[1]，不仅自然科学研究面对大数据的分析与计算，社会科学研究、政策和创新研究等也越来越依赖大量的数据作为分析和决策的基础。此外，工业企业选择技术与产业发展方向、制定路线，都离不开对相关技术、产品大数据的分析。

科技创新对建设创新型国家具有重要意义[2]，如何利用大数据支撑科技创新管理与决策成为重要的研究问题并且极具应用价值。城市作为科技创新的主要阵地，建设创新城市是建成创新国家的关键。对创新型城市建设而言，创新资源的管理[3]以及创新决策都需要大数据的支撑。如何利用科技信息大数据支撑科技管理与决策成为科研工作

* 基金项目：国家科技管理信息系统建设专项“基于科技信息大数据的中国科技创新图谱研究”（GKG2017-06）。

者、管理决策者、企业家以及风险投资人等共同面临的问题。从宏观的国家创新管理与决策，到中观的行业、产业发展管理与决策，再到微观机构组织乃至个人的科研管理与决策都有大数据支持决策的强烈需求。

1 相关研究

现代社会科技研究活动日益活跃，众多的科研活动中产生了海量的数据共同形成了科技大数据。科技大数据的组织与可视化紧密相关，可视化是对经过数据组织的结构化数据的可视化图形展示，而科技大数据的合理组织则是可视化的基础保障。

1.1 知识图谱

知识图谱（Knowledge Graph）是由Google于2012年提出的概念。知识图谱由知识以及知识之间的关系组成。知识之间的关系通过两个实体之间相连接的边来表示。本质上，知识图谱是一种揭示实体之间关系的语义网络[4]，可以对现实世界的事物及其相互关系进行形式化地描述。现在的知识图谱已被用来泛指各种大规模的知识库。

知识图谱的构建方法通常有自顶向下和自底向上两种。所谓自顶向下的方法是指先构建知识图谱的本体，即从行业领域、百科类网站及其他等高质量的数据源中，提取本体和模式信息，添加到知识库中；而自底向上的方法是指从实体层开始，借助于一定的技术手段，对实体进行归纳组织、实体对齐和实体链接等，并提取出具有较高置信度的新模式，经人工审核后，加入到知识图谱中。然而，在实际的构建过程中，并不是两种方法孤立单独进行着，通常是两种方法交替结合的过程。在构建多数据源的知识图谱时通常结合两种方法，首先采用自顶向下的方式来构建本体库，然后采用自底向上的方式进行提取知识来扩展知识图谱。不同的学科领域已经陆续建立学科知识图谱，其中生物医疗等领域走在知识图谱建设工作的前列。

1.2 科学知识图谱

人类利用形象思维将数据映射为形象视觉符号，从中发现规律，进而获得科学发现，其中可视化技术对重大科学发现起到重要作用[5]。大数据可视化分析将成为大数据时代科技创新管理和决策的新手段。科技管理与决策所依赖的可视化技术中，科学知识图谱（Mapping Knowledge Domains）是其中非常重要的一项[6]。科学知识图谱可以作为宏观层面跟踪科技前沿、选择科研方向、预测学科发展、开展知识管理与辅助决策的有效工具。科学知识图谱和知识图谱的侧重点不同，表现为：知识图谱侧重于知识组织，本质上是用语义网络的知识表示方法将知识点和事实数据进行关联组织；科学知识图谱则侧重于利用可视化技术对知识点之间的关联进行图形化展示，主要目的是通过可视化结果支持科技发展规律发现及趋势分析。

科学知识图谱兴起于20世纪末期，其发展过程可以划分为如下阶段：在初始阶段，主要是研究人员基于自身兴趣展开的自由探索，其开发的工具普遍具有功能单一、界面简单等特征。在发展阶段，研究机构和信息服务企业开始重视和投资开发功能全面、界面友好、兼容性强的软件工具。在应用阶段，随着科学知识图谱和可视化技术成为信息科学的研究热点，集成数据清洗、数据分析、数据挖掘、知识可视化等多领域技术进步成果的大型综合性软件工具开始出现，并在不同的行业领域广泛应用。

世界各主要国家地区，特别是传统科技强国，都在科学知识图谱和可视化技术方面开展了研究工作。通过科学知识图谱和可视化技术开发与应用研究，为研究机构、企业、政府等提供从技术到内容、从开发到分析、从设计到传播的全面信息支持服务，利用可视化工具设计出很多面向经济和科学决策、科普等方面的精美知识图谱。这些科学知识图谱和可视化技术方面的成果和活动已经产生了巨大社会影响。在科学知识图谱和可视化技术发展方兴未艾的阶段，美国就已经认识到它的重要价值，并开始通过国家公共资金渠道投入和打造知识图谱和可视化技术开发与应用研究团队。美国印第安纳大学Katy Borner教授组建科学知识图谱和可视化技术开发与应用研究团队开展“知识领域可视化”研究[7]。

随着数据挖掘技术、科学计量学、信息计量学和计算机技术的不断发展和进步，科学知识图谱和可视化技术的应用范围在不断扩展，呈现出从知识组织展示，到发展规律分析，再到技术预见与决策支持的发展路径。传统的科学知识图谱是以科学计量学原理为基础，通过简单图表直观地表达了一些科学统计结果。主要应用范围集中在知识组织呈现，例如利用文献共词、共引和耦合、合作网络分析等基础理论，研究知识或文献的组织规律和发展脉络。进入20世纪以来，随着数据挖掘领域的进展和高性能数据计算能力的提高，科学知识图谱和可视化技术的应用扩展到对科学问题发展规律的分析，在研究某学科的全球发展结构，分析科技人才队伍结构和协作情况，检测科技产出与影响力分析、发展趋势跟踪等方面发挥重要作用。2005年通过可视化技术发现并展示了生物化学和生物工程稳步地进入化学领域，并对化学领域的知识基础产生影响。近年来，在技术预见和宏观决策支持领域中，科学知识图谱和可视化技术已经开始发挥重要作用[8-9]。

1.3 基于文献数据的决策需求

除了科研机构进行科学知识图谱研究外，传统的科技信息服务公司基于海量文献信息数据库也不断推出可视化分析产品与服务。汤森路透、爱思唯尔集团在各自研发大型文献数据库的基础上，重点研发和推出了集成数据分析、数据挖掘、知识可视化等多领域技术的大型综合性软件工具平台。汤森路透推出的InCites工具，能够帮助政府和学术研究机构中的决策者、科研管理人员分析本机构的学术表现和影响力，并针对全球同行的研究成果进行比较。爱思唯尔研发的SciVal从可视化视角衡量一个机构多年来在科学领域的研究表现。将各个专题领域的总体规模进行量化，使机构能了解其研究的重要性和市场份额及其在领域内的竞争排名。

基于海量文献信息数据库基础的科学知识图谱分析软件工具的发展方向，一是分析学科主题与领域发展状况和规律。构建一个学科主题的按时间维度发展的图谱，反映学科的衍生、发展、成熟和衰退状态。同时，可利用关键词共现网络的分布，识别学科热点和发现研究前沿。二是分析科学家、研究团队、机构、国家的产出分布、合作和相互关系。展现国家、机构、团队、科学家等不同层次的科研合作网络，定位空间和时间分布情况。三是表现科技投入与科技产出的关系。将科技投入与产出的状况和关系在一起集中展示，直观地展示科技投入效果与效率。这些应用都为政府和管理部门制定科技规划和布局提供了有效的决策支持。

在大数据时代下的科技管理与决策，需要决策机构具备“智慧决策”的能力，即对海量数据的挖掘和分析能力、对抽象和复杂体系的模拟及发展预测能力，以及对潜在风险和机会的识别和管理能力[10]。科学知识图谱和可视化技术的发展，正是从这几个方面提供了更多工具和方法，将科学发展的全貌进行整合、分析，从中提炼出最具意义的信息，以多视角的、精确的、易读的和深刻的形式展现。科学知识图谱和可视化技术的发展信息科学和相关领域技术进步的综合体现，其中融合了数理统计与分析、系统分析与数据库技术开发、高性能计算与建模、复杂软件系统架构、专用硬件系统开发、创新图表设计等众多领域的研究成果与突破，以事实数据为基础，结合专家智慧，支持科技管理决策部门更加深刻和确切地掌握科技事业发展规律与进展态势，为科技规划、科技决策等提供支撑，助力科技管理实现“智慧决策”。

2 中国科技创新图谱：概念与目标

2.1 概念

中国科技创新图谱综合利用文本分析、信息组织、数据挖掘与可视化等关键技术，面向科技管理与决策需求，实现中国科技创新信息数据的动态、交互、可视化展示，用于分析国家、区域、省、市等多个层次的科技创新发展状况，发现蕴含的科技创新规律，预测未来科技创新发展趋势，支持国家、区域、省、市乃至创新主体等多个层面的科技创新管理与决策。

为了对中国科技创新状况进行了解和分析，需要可视化展示科技创新现状，并进行各个方面的创新数据分析。对中国科技创新的监测与评价可以分为国家、区域、省/直辖市/自治区以及区县级城市等不同层级。其中，城市科技创新通过区域协同构成区域科技创新城市群，而科技创新城市群进一步形成国家级的宏观科技创新状况。中国科学技术信息研究所结合城市创新监测与评价工作开展了中国科技创新图谱研究，从城市科技创新的监测与评估入手，研究中国区域乃至国家的创新发展。

建设创新城市对于建成创新型国家具有重要意义。由于城市聚集了绝大部分的创新力量包括人才、资金、知识、技术等，建成创新型国家必然需要建成众多创新城市。建设创新型城市是开展国家创新活动、建设创新型国家的重要基地和力量之源，也是探索城市发展新模式和推进城市可持续发展的迫切需求。创新型城市主要由创新资源、城市创新载体、城市创新平台、城市创新服务、城市创新环境和城市创新通道等六大要素构成[11]。城市创新资源包括创新人才、创新企业、科研机构、大学教育、金融投资、中介机构、政府机构等。城市创新资源是建设创新城市和构建城市创新体系的重要基础，创新资源越丰富的城市，其城市创新能力越强，城市创新潜力和动力越大。创新城市建设迫切需要对城市及其下辖区县科技创新状况进行监测、评估，并制定相关的科技政策促进科技创新发展。

在科技创新决策时，如何通过可视化、交互直观地了解科技创新状况，利用科技创新大数据发现规律和存在的问题，对于科技创新发展有重要的支撑作用。建设创新城市，需要对城市进行科学的管理与决策。政府通过制定创新政策、开展创新项目，引导创新资源的配置和发展方向。创新决策面临的问题日益复杂，基于事实证据的科学决策已经成为发展趋势。

2.2 目标

中国科技创新图谱的目标是基于海量科技信息资源，利用大数据分析和可视化技术展现科技创新现状、发现创新规律、预测科技创新发展趋势、辅助科技政策制定影响科技创新要素及科技创新绩效变化，支撑科技决策促进科技创新发展、助力经济发展。

中国科技创新图谱系统秉承开放、集成、大数据、交互、可视化的设计理念。由于科技创新的监测与评估设计多来源、多类型的数据，只有开放和集成才能实现综合科技创新数据并进行分析的目标。科技创新活动活跃，经过多年积累的海量数据与正在生成的科技信息数据形成了科技大数据，是科技管理和决策数据基础。交互和可视化则是科技管理与决策的需求，通过交互式访问、可视化呈现有助于管理决策者快速直观地了解所需的数据和信息，促进科技管理决策的科学化。

中国科技创新图谱系统将从多种信息资源收集、加工开始，利用信息处理技术处理数据，分析文本、对数据库的抽取建立实体之间的关联。基于不同实体之间的关联，对不同信息资源的展示、科技创新现状的监测、创新达标评价与预测，以及创新要素在不同地点之间的流动。基于科技创新图谱平台，实现对科技创新现状的展示，通过可视化分析工具辅助发现创新规律，辅助专家智慧进行科技创新决策。

3 中国科技创新图谱系统设计

3.1 需求分析与系统功能架构

中国科技创新图谱的用户主要包括政府、机构及科技人员。政府科技管理部门可以了解国家、区域、省市等不同层次的科技创新现状，不同区域、省市之间的优劣势对比，对于创新城市的目标设定、政策制定、科技资金投放等具有参考价值。不同的机构如高校、企业和研究院所等，可以了解城市、区域乃至国家的产业布局，了解机构所在城市在学科、产业以及产学研合作等方面的发展情况，对于企业了解竞争情报、指定企业发展战略起到参考作用。对于科技工作者，了解国家在不同区域、省市的科技创新状况，对于个人从业、职业选择等具有一定的参考价值。

围绕中国科技创新监测与评估需求，中国科技创新图谱为科技管理与信息服务提供支持，同时为科技情报分析与决策提供支持。具体功能包括：①展示创新现状：城市创新要素和创新绩效的现状，创新要素在城市的分布情况，不同城市之间的创新状况对比，城市的优劣势学科、产业、行业及对比。②创新发展趋势：在时间维度上展现创新要素的变化、创新绩效成果的变化；在空间维度上展现创新要素如资金和人才的流动，创新成果如知识和技术的流动。③挖掘创新规律：创新要素在不同城市之间的流动，不同创新要素流动之间的关联关系，城市创新发展趋势对比。

中国科技创新图谱可以从国家、区域和城市等不同层面展示和分析科技创新。国家科技创新主要侧重于监测中国在世界科技创新的指标及排名情况，了解国家在世界科技创新格局中的位置与发展趋势，同美国、英国、德国、日本等世界科技创新强国的对比，发现中国科技创新发展的优劣势，为国家层面的科技创新规划和决策提供事实数据和发展情报。在区域层面，通过对京津冀、长三角、珠三角等科技创新重点区域以及城市群等进行科技创新的监测与评估，对于了解国内区域科技创新发展布局与规划具有重要的参考价值。创新城市作为建设创新型国家的重要基本单位，监测各个城市创新主体包括科技创新机构如高校、科研院所和企业等科技创新活动及发展状况，有利于对创新城市建设状况进行评估，找出城市发展的优劣势，为加快城市科技创新及产业升级等提供针对性的建议。

基于中国科技创新知识图谱和科学知识图谱等可视化技术，进行科技创新的监测、展示，通过设定评价指标体系进行科技创新评价[12-13]，利用科学计量、系统动力学、主题模型等方法工具，可以进行科技创新发展预测，支持科技创新管理与决策。图1显示了以创新城市为重点的中国城市创新图谱平台的系统功能架构，从各种信息资源收集、加工开始，利用信息处理技术处理数据，分析文本、对数据库的抽取建立实体之间的关联。基于不同实体之间的关联，对不同信息资源的展示、科技创新现状的监测、创新达标评价与预测，以及创新要素在不同城市之间的流动。基于科技创新图谱平台，实现对科技创新现状的展示、通过可视化分析工具辅助发现创新规律，辅助专家智慧进行科技创新决策。对于区域和国家层次的科技创新分析，可以基于城市科技创新状况进行聚合形成区域和国家层面的创新数据统计，进一步可以对城市或区域之间的协同创新合作与竞争等方面进行更加宏观的分析。

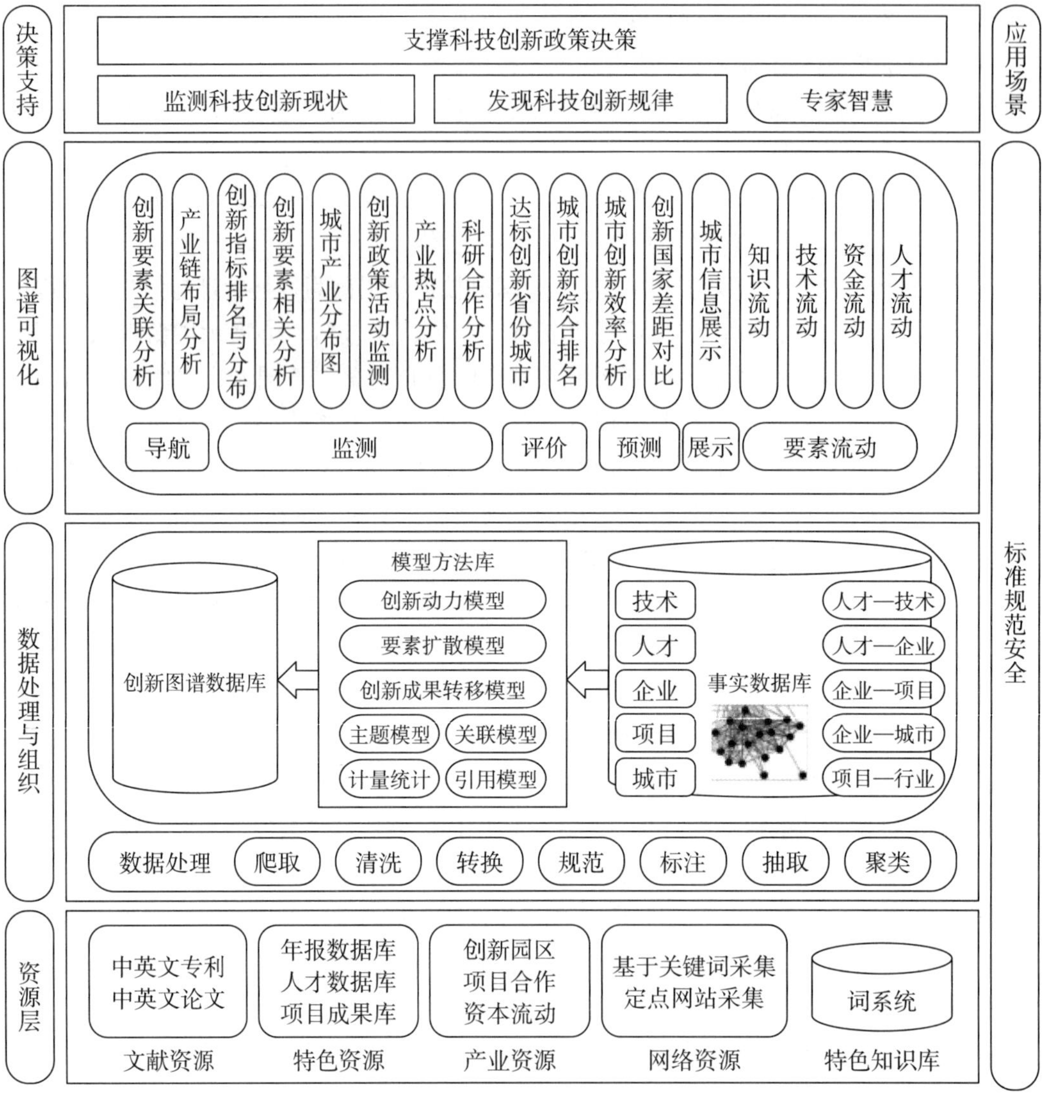

图1　以创新城市为重点的中国城市科技创新图谱系统功能架构设计

3.2　数据组成与关联

数据资源包括科技文献资源如论文、专利和科技报告等，科技人才、科技政策、科技项目等科技管理数据，高新技术企业和上市公司年报等经济相关数据，以及科技领域主题词表及科技词系统等数据资源。面向数据准、全、新的目标，有大量的数据处理工作，包括数据的爬取、清洗、转化、规范化、对数据资源的分析标注、信息的抽取、分类等。科技创新资源所在地归属加工时根据署名单位地址映射到对应的城市。多源数据的集成过程中，通过建立匹配规则利用机器自动映射后采样人工审核的断定数据准确率，根据需求不断提高数据质量。

中国科技创新图谱涉及众多类型的科技信息资源类型，除了中国科学技术信息研究所自身加工采集的数据外，还需要通过采购和合作交换等方式，吸收集成、定期更新数据。由于不同类型数据资源更新和加工周期不同，中国科技创新图谱的数据根据决策需求和数据加工采集情况处于不断地更新和补充过程中，不同类型科技信息资源的更新周期和频率不尽相同。部分指标以年度为单位进行更新，论文、专利、政策、报告和成果等数据根据需要可以达到季度或半年更新。

创新城市数据范围由初始科技部公布的创新型城市试点城市逐步扩展到所有中国大陆地级市。同为城市却有不同的规模，如北京、上海、天津、上海等直辖市，副省级城市、省会城市、计划单列市以及普通地级市等。在进行创新试点城市比较时，根据城市发展情况选择合适的城市进行对标。

利用知识图谱等技术将多类型的实体进行语义关联，形成中国科技创新知识图谱。图2显示了在中国科技创新图谱中不同实体之间的语义关联关系。通过异构关联关系网络可以实现相关科技信息资源的关联展示与分析。利用不同实体类型之间的关联路径，可以实现不同中国科技创新资源在不同层次，如国家、区域、省份和城市的映射，近期的工作主要侧重于支持城市层面科技创新的展示、监测与评估。大规模的基础细节数据存储于关系数据库中，为了适应快速检索的需求，利用Elasticsearch技术建立分布式索引。利用知识图谱关联组织不同科技创新实体之间的关联，方便不同类型实体之间的信息关联检索与导航浏览。

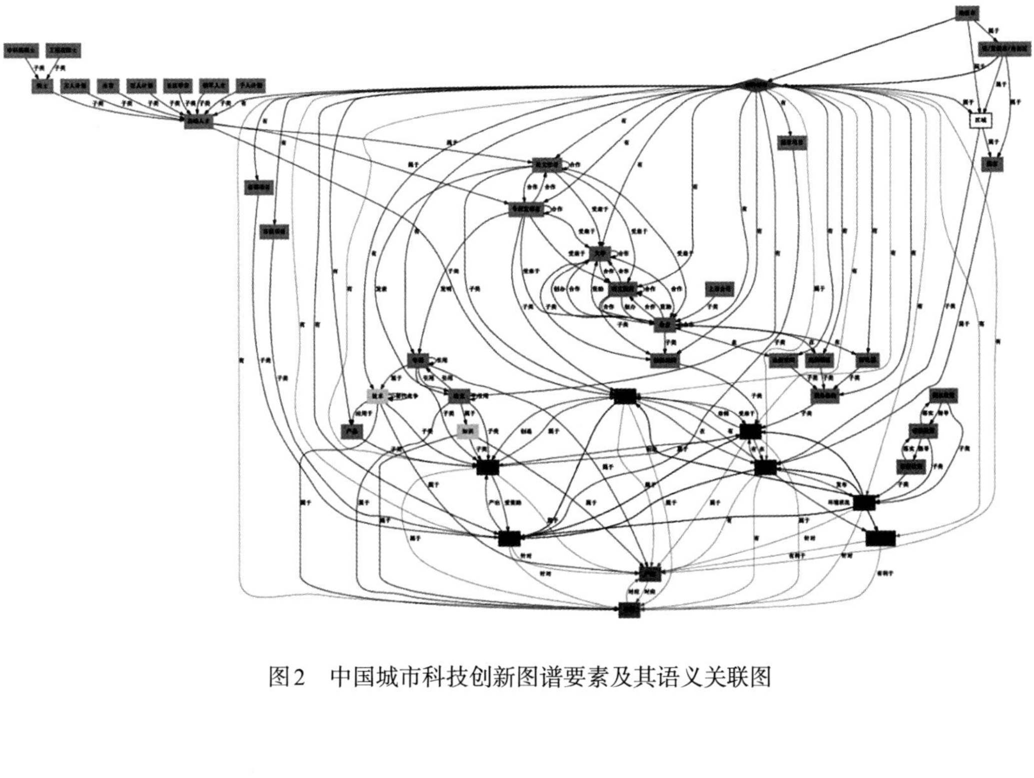

图2　中国城市科技创新图谱要素及其语义关联图

3.3 与已有系统的比较

中国科技创新图谱系统综合利用地理信息系统技术、知识图谱、科学知识图谱、信息可视化、大数据处理等多项技术，围绕中国科技创新的监测与评估需求，从数据收集、处理、关联组织、可视化等多个方面设计开发形成系统平台。与知识图谱和科学知识图谱相比，设计的数据范围、功能定位等更加全面，并且与具体的城市创新监测结合，对科学研究、技术研发及交易、上市公司及高新技术企业等多方面数据进行整合分析，包括在产学研结合情况分析等分析的尝试[14-17]，有助于科技情报分析与科技智库建设的整合[18]。

与InCites和SciVal相比，中国科技创新图谱系统包括的数据资源类型更加丰富。InCites和SciVal主要侧重于科技论文，通过科技论文的产出反映不同国家、地区和城市的研究实力及趋势变化，其主要目的是从科技产出方面提供事实数据，为科技管理与服务提供支持。在中国科技创新图谱中，科技论文和专利仅是其中科技成果的一部分，将数据范围拓展到创新主体包括企业、高校、院所，并对科技创新相关的政策和项目等加以考虑，在更大的范围和链条上分析科技创新，不仅能够对科技产出进行分析，结合创新投入对城市、区域和国家的科技创新进行评估，通过交互式可视化界面，更加有助于探索发现科技创新规律，对科技创新发展的趋势进行对比与预测，支持国家、区域和城市层面的科技创新管理与决策。

基于大数据的管理与决策已经成为时代发展的趋势，科技信息大数据的形成与发展必将对科技管理与决策产生深远的影响。通过可视化技术展示和预测科技创新发展的历史、现在和未来，有助于科技管理与决策的科学化和民主化。在顺应基于大数据的科技管理与决策的潮流下，通过调研国内为科技管理与决策领域的研究与应用状况，中国科学技术信息研究所率先开展中国科技创新图谱研究、开发与应用，基于海量、多源的科技创新要素数据，利用大数据分析方法与技术，特别是可视化技术，在时间、空间及创新专题等维度，呈现中国的科技创新的发展状况，辅助科技创新管理与决策。目前，中国科技创新图谱研究主要结合创新城市科技监测与评估开展研究与应用，从世界和国家的宏观层面，到中观的区域省市，再到微观的组织机构乃至个体科研工作者，展现中国城市科技创新的发展状况，创新要素的分布和流动，分析预测发展趋势与规律，支撑创新城市的建设，特别是城市科技创新的管理与决策。中国科技创新图谱研究及成果推广应用将在中国科技创新发展过程中起到重要的支撑作用。

参考文献：

[1] GRAY J. What next? A dozen information-technology research goals[J]. Journal of the ACM, 2003(1): 41-57.

[2] 张来武. 科技创新驱动经济发展方式转变[J]. 中国软科学, 2011(12): 1-5.

[3]陈宏愚. 关于区域科技创新资源及其配置分析的理性思考[J]. 中国科技论坛,2003(5):36-39。
[4]漆桂林,高桓,吴天星. 知识图谱研究进展[J]. 情报工程,2017(1):4-25.
[5]陈明. 大数据可视化分析[J]. 计算机教育,2015(5):94-97.
[6]SHIFFRIN R M, BÖRNER K. Mapping knowledge domains[J]. Proceedings of the national academy of sciences of the United States of America,2004(Supplement 1):5183-5185.
[7]LEYDESDORFF L. Katy B?rner:Atlas of science:visualizing what we know[J]. Scientometrics,2011(2):675-677.
[8]宋娜,王迪,王东雨,等. 国内移动医疗研究的可视化分析[J]. 情报工程,2017(2):100-107.
[9]CHEN C M. CiteSpace II:Detecting and visualizing emerging trends and transient patterns in scientific literature[J]. Journal of the association for information science and technology,2014(3):359-377.
[10]化柏林. 科技信息大数据在情报研究服务中的应用[J]. 图书情报工作,2017(16):150-156.
[11]方创琳,刘毅,林跃然. 中国创新型城市发展报告[M]. 北京:科学出版社,2013.
[12]邹燕. 创新型城市评价指标体系与国内重点城市创新能力结构研究[J]. 管理评论,2012(6):50-57.
[13]张洁,刘科伟,刘红光. 我国主要城市创新能力评价[J]. 科技管理研究,2007(11):74-77.
[14]蒋勋,潘云涛,苏新宁. 从文献产出透析我国官产学研合作研究发展的演变规律[J]. 管理学报,2015(12):1805-1814.
[15]王少华. 国内产学研合作研究综述——基于2002—2012年期刊文献分析[J]. 科技管理研究,2015(11):217-220.
[16]周晓阳,王钰云. 产学研协同创新绩效评价文献综述[J]. 科技管理研究,2014(11):45-49.
[17]付鑫金,朱礼军,曹燕,等. 科技查新用于识别产学研潜在合作对象的方法研究[J]. 情报工程,2018(2):101-111.
[18]徐峰. 科技情报与科技智库的融合发展探析[J]. 情报工程,2017(5):4-11.

(本文原发表于《情报学报》2018年第8期)

颠覆性技术识别方法发展现状及启示*

苏　鹏　苏　成　潘云涛（中国科学技术信息研究所）

1995年，哈佛大学商学院教授C. M. Christensen提出一个极具冲击力的观点：很多经营良好、管理完善的大公司会因为忽视颠覆性技术而在竞争中失利甚至走向破产[1]。近年来，颠覆性技术这一概念在国家层面被日益关注，各国相继采取措施，美国国防高级研究计划局（DARPA）不断推动新的颠覆性技术产生，已然成为颠覆性创新的标杆[2]；日本决定推行颠覆性技术创新计划（ImPACT）找寻颠覆性技术，促进社会产业变革[3]；中国更是将颠覆性技术创新写入十九大报告，将之作为一项重点工作[4]。当前，颠覆性技术研究主要有3个方面：以机理特征为主的理论研究、以识别预测为主的应用研究和以培育机制为主的战略研究，其中颠覆性技术识别方法研究承接特征分析，并为颠覆性技术的培育战略提供支持，是颠覆性技术领域研究不容忽视的一环。基于C. M. Christensen的颠覆性创新，国内外研究机构和学者展开不断探索，试图优化颠覆性技术识别方法。本文对颠覆性技术识别方法研究现状进行整理和归纳，分析现有问题，尝试提出合理建议。

1　颠覆性技术概念回顾

颠覆性技术最早由C. M. Christensen在《颠覆性技术：逐浪之巅》一文中提及，他根据市场变革的情况，将技术创新分为延续性创新和颠覆性创新，并认为两种创新模式最大的差异在于是否具备“变革市场的潜力”[5]。随后，他出版《创新者的窘境》一书完善颠覆性技术理论，认为很多原本制度完善、经营良好的大公司会因为颠覆性技术而失败。相对于颠覆性技术被颠覆的技术可以被称为在位技术[1]。在他的观点中，产品功能是产品竞争的重要基础，颠覆性技术得以出现最重要的前提是在位技术的功能供过于求，当两种或两种以上产品可以满足市场中大多数消费者对功能需求的时候，那么产品之间的竞争将从功能性竞争转入到例如可靠性、便利性、价格其他领域中去，由于大企业原有的技术体系难以与新兴的颠覆性技术兼容，新兴的颠覆性技术不得不与小企业结合，从低端市场立足，最终向上攀登完成颠覆过程[1]。

*　本文系中国科学技术信息研究所重点项目“颠覆性技术感知响应平台研发与应用示范”（项目编号:ZD2019-13）研究成果之一。

后续研究人员围绕这一基本概念，逐步展开探究。颠覆性技术的现有概念界定主要是从3个方向展开的。第一种肯定并实证C. M. Christensen对颠覆性技术的定义，如S. Hüsig等[6]、A. Stoiciu等[7]分别在局域网、能源等领域开展实证分析并肯定了C. M. Christensen的研究。第二种从技术影响程度上进行阐述，如麦肯锡认为具有极大潜力改变人类生活现状的技术就是颠覆性技术，A. Keller等[8]、D. Nagy等[9]从对产品市场影响的角度出发，认为颠覆性技术通过提供在位技术所不能满足的新功能改变市场标准和消费者期望，王安等[10]从对产业生产影响的角度出发，认为颠覆性技术能够提高生产效率并推动生产方式变革。第三种从技术来源上进行阐述，如E. Danneels[11]等认为颠覆性技术的技术来源应当是源于其他领域的交叉技术组合，A. Ganguly等[12]和V. Govindarajan等[13]认为颠覆性技术的来源不仅仅可以是一系列已有技术的组合，也可以是一种全新技术。综上所述，可以认为颠覆性技术是一种受到其他领域影响，并可以引发产业格局巨变的技术创新过程。

颠覆性技术识别主要解决的问题是从一系列技术中筛选出具有颠覆潜力的技术。其与通常的技术预见不同，如新兴技术趋势等方面的预测往往更侧重于技术自身的发展和演化，而颠覆性技术识别更关注这项技术能否给产业带来变革。更具体地来说，颠覆性技术的成功往往会破坏产业内原有技术的发展趋势，进而引发这些技术的衰亡，这种激烈的破坏性是以往技术预见中所不多见的，这也同样是颠覆性技术识别重要的意义之一。

2 研究思路与文献搜集

下文分析主要分为以下5个步骤：第一，基于主题检索和引文回溯搜集颠覆性技术识别相关文献；第二，梳理和总结现有研究方法，根据其研究人员学科背景将颠覆性技术识别方法划分为4类；第三，从多个维度对方法的优势和劣势进行对比，分别讨论各个方法的现状和未来趋势；第四，总结颠覆性技术识别方法整体的研究现状，分析主要问题；第五，在主要问题的基础上展望识别方法的未来趋势。

为比较全面地搜集颠覆性技术识别相关文献，本研究选择主题检索和引文回溯两种方法搜集文献。同时，根据不同语种选择不同数据库：中文文献方面，选择中国知网、万方数据及国家工程技术图书馆馆藏资源作为文献来源，外文文献方面以英文文献为主，主要在Web of Science平台的核心合集中制定检索策略。具体检索过程分为3个步骤：①初步主题检索：中文数据库具体检索策略为：（颠覆性技术or破坏性技术or突破性技术or颠覆性创新or破坏性创新or突破性创新）；颠覆性技术的英文名称并无争议，因此外文数据库具体检索策略如下（（“disruptive innov*”）OR（“disruptive technol*”）），以上检索过程中，由于颠覆性技术概念由C. M. Christensen于1995年初次提出，因此检索时间限定为（1995年至今），检索日期为2018年9月5日。②人工筛选：检索得到中文文献题录信息大约700余条，外文文献题录信息约2000余条，但其中包含大量与颠覆性技术识别无关的噪音，故检索后人工阅读文献标题和摘要，筛选得到与颠覆性创新研究相关文献300余篇，颠覆性技术识别相关文献40余篇。之后，遴选其中与颠覆性技术识别相关文献并以国家工程技术图书馆馆藏、SpringLink、Elsevier、EBSCO等文献资源数据库补充文献全文。③文献回溯：逐篇阅读文献并根据其参考文献追溯颠覆性技术识别相关文献，在追溯文献过程中，采用人工阅读的方式，并不限制追溯的深度，追溯到所找到的文献难以再发掘到新的颠覆性技术识别相关文献为止。最终获得与颠覆性技术识别相关的文献54篇。基于以上文献，本研究将梳理颠覆性技术识别的主要方法，并结合具体实践，对未来可能的发展方向进行展望。

3　识别方法发展现状

3.1　识别研究概况

尽管目前颠覆性创新研究热度很高，但颠覆性技术识别直接相关的研究数量并不多，本研究共搜集到54篇国内外文献，颠覆性创新从1997年《创新者的窘境》问世后引起广泛关注，2000年后研究人员逐步将关注点转移到颠覆性技术识别中来，研究可以划分为3个阶段：①2015年以前，颠覆性技术识别研究的文献数量大致维持在年均1—4篇的水平；②2015年以后文献数量陡然增长，并于2016年、2017年达到一个高峰，从数据情况来看，这种高峰主要是因为国内学者在2016年和2017年大量发表颠覆性技术识别的研究成果，使论文整体数量变多；③2018年及2019年文献数量不多，其原因可能是最新的研究文献尚未被各数据库收录。见图1。

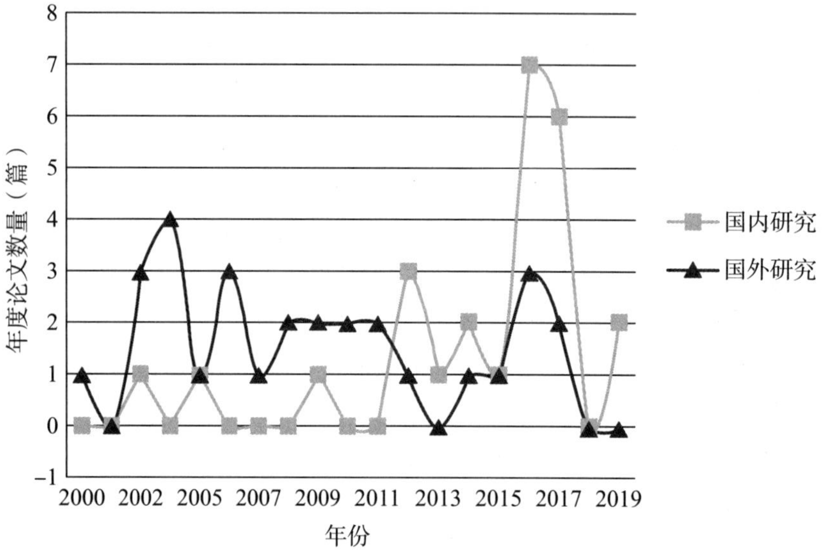

图1　颠覆性技术识别研究总体趋势

3.2 识别研究的学科背景划分

当前，颠覆性技术识别并无一种被广为认可的方法，研究人员对方法的选择往往取决于其自身学科背景，如图书情报背景研究人员往往会选择以专利计量为主，辅以文献计量和内容分析方法；工程开发背景的研究人员往往会选择技术路线图、TRIZ理论等研究技术进化本身的方法进行识别；经济研究背景的研究人员倾向于选择企业投入、市场占用等市场分析常用指标；此外，还有很大一部分研究人员基于对C. M. Christensen颠覆性技术理论的探索，试图构建一套专属于颠覆性技术的识别方法，尽管该领域的研究人员学科背景同样来自于前述3类，但由于其识别研究理论基础不同，所使用的方法也往往是基于C. M. Christensen理论的自行构建。因此本研究将这类学者单独划分一类，称作“Christensen流派”。目前该领域并未形成一套统一理论，研究人员之间对观点的引用不多，尚处于各自为战的局面。总体来说，当前颠覆性技术识别研究尚处于开荒阶段，没有一套具有广泛说服力的方法，研究人员往往被自身知识背景所限制，对其他领域的方法吸收借鉴不多。根据研究人员的背景，梳理出4类主要的研究方法，下文对其进行介绍。

3.2.1 图书情报领域识别方法

2004年，R. N. Kostoff等[14]最早将文献与颠覆性技术联系起来，根据技术的核心成分、主要专家、专家所在机构以及专家之间的合作情况初步评估和展示技术状况，然后综合专家意见识别潜在的颠覆性技术。但在这之后很长一段时间没有学者将文献与颠覆性技术识别联系起来。2009年后，S. Kassicieh等[15]认为颠覆性技术都是来源于科学研究，因此他们提出基于科学文献和专利文献的识别方法。B. Buchanan等[16]则提出一种科学密集型颠覆性技术识别框架，该方法既可以分析现有或者未来的颠覆性技术，也可以发现某特定领域是否存在潜在的颠覆性技术。I. Bloodworth等[17]则更进一步，基于科学文献和专利文献的数据，构建了技术前沿性和技术性能突破这两个评判指标，来识别颠覆性技术。这类方法虽然在使用科技文献，但并没有太多地将图书情报领域常用方法引入到颠覆性技术识别中去，专家评价占据更加主要的位置。2011年后，图书情报领域的常用方法逐渐出现在颠覆性技术识别研究中。在引用方面，陈傲等[18]曾选择高被引专利作为颠覆性技术展开研究，还有张金柱等[19]选择借助专利引用表征知识突破的方法识别颠覆性技术，栾春娟等[20]则更加注重颠覆性技术的创新程度和技术影响力，将专利申请活动、专利引用次数以及技术新颖程度作为颠覆性技术的识别指标。A. Momeni等[21]基于利用专利技术路径（即专利前引）、聚类分析和主题模型3种方法结合对颠覆性技术进行识别，该类方法的核心问题在于，他们认为颠覆性技术应该是基于高被引专利的，但却没有给出高被引专利和颠覆性技术其必然联系的证明。苏敬勤等[22]试图先探究颠覆性技术与专利演化轨迹的关联，以智能手机为例，对颠覆性技术早期的专利演化轨迹进行研究，指出在专利演化过程中，专利量、专利引用量和专利引用率等随时间变化应该符合J∧L型曲线，但专利轨迹完成这类曲线演化时，往往意味着相关产业已经基本完成技术积累，实际识别效果还有待实证。在主题研究方面，F. Dotsik等[23]利用词频网络共现的方法，分析商业文章和科学文献主题和结构的时间变化，赵格等[24]尝试从论文、专利和新闻3个领域的主题热度差异来识别颠覆性技术，白光祖等[25]和刘秋艳等[26]识别科学论文与专利数据主题突变程度，并结合专家遴选进行识别，黄鲁成等[27]采用类似的方法从不同角度识别颠覆性技术。此外，专利数据与分析模型的结合，也是颠覆性技术识别重要方法，例如黄鲁成等[28]曾经尝试将物种入侵模型融入专利分析中识别颠覆性技术，Y.Cheng等[29]基于SIRS传染病模型对颠覆性技术的爆发进行分析。

综上所述，图书情报领域颠覆性技术识别主要发展有3个阶段（见图2）：2004年，第一次将科技文献和颠覆性技术识别搭建联系；2009年，将专利以外的其他文献纳入数据源中，同时正式将科学计量学常用的引文分析和主题聚类引入该领域；2012年以后，图书情报研究人员发现，研究领域内潜在的新进入主题往往具有潜力成为新的颠覆性技术，因此他们将目光投向潜在主题识别的方法研究，文本挖掘、语义分析和数据模型成为研究热点，各路方法和观点呈现出多元化的趋势。时至今日，图书情报领域研究人员的潜在主题识别已有成绩，但潜在主题如何转化成为颠覆性技术仍旧没有明确思路，当前在实际研究过程中，大多选择回避，采用专家评价的方法替代这一步骤。因此，如何评价潜在主题的颠覆能力，将成为颠覆性技术识别需要解决的问题。

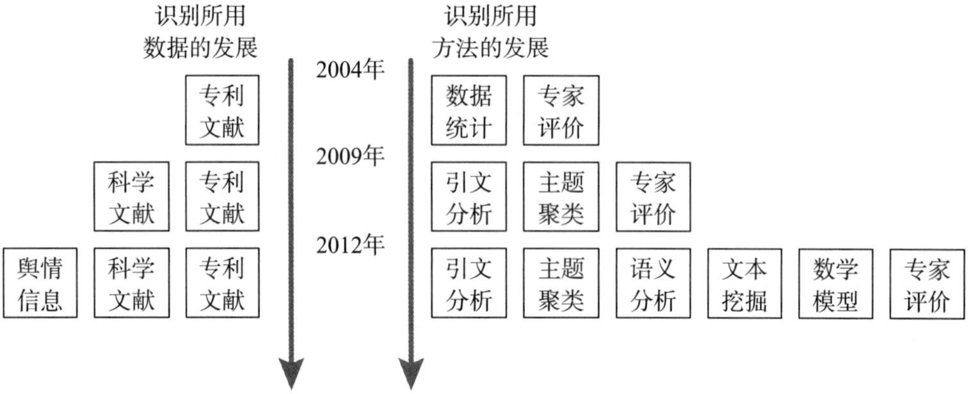

图2 图书情报领域颠覆性技术识别主要情况

3.2.2 工程管理领域识别方法

技术路线图是技术预见的重要手段，因此也多次被应用于颠覆性技术识别。B.A.Vojak等[30]将技术路线图作为颠覆性技术决策支持的辅助手段，但单独的技术路线图往往对延续性技术创新的识别效果较好，颠覆性技术的识别并非技术路线图所擅长，因此很多学者试图对技术路线图进行改良，S.T.Walsh等[31]对技术路线图的分析流程进行了改良，卢光松和卢平则在技术路线图中加入相关利益者这一因素[32]。情景规划同样是颠覆性技术识别的重要方法，S.A.Drew等[33]使用情景规划法通过颠覆性技术的应用场景进行识别；

P.J.Schoemaker等[34]基于情景规划法对技术市场进行定位，E.Danneel等[11]则将情景规划法与技术路线图结合，R.N.Kostoff等[35]则选择文本挖掘与技术路线和情景规划结合的方法，利用文本挖掘法识别颠覆性技术潜在的应用场景和关键技术组成要素，在此基础上绘制技术路线图。在技术路线图和情景规划之外，发明问题解决理论（TRIZ理论）被应用于颠覆性技术识别，孙建广等[36]根据颠覆性技术的特征，描述非主流技术与TRIZ进化理论模型的吻合程度，徐泽浩等[37]则根据TRIZ进化理论技术成熟度指标，对颠覆性技术的培育情况进行分析。随后，徐泽浩等[38]又将TRIZ进化理论与SNM理论（战略生态位管理）相结合，进一步说明了颠覆性技术的分析方法。

综上所述，工程管理领域常用的识别方法并没有像图书情报领域那样具有清晰的时间脉络，该领域的识别方法主要以技术演化的探究为主，可以分为3大类：技术路线图、情景规划法以及TRIZ理论（见图3）。该领域的研究方案往往比其他领域更依赖专家评价，前文提及的技术路线图、情景规划法以及TRIZ理论都需要领域专家的密切参与。诚然，工程管理领域的研究人员与技术本身的关联最为密切，甚至有些研究人员就是一线的技术开发者，但该领域在采用方法时更加考虑可靠性和实用性，往往会采用已有的成熟方法，而不愿意冒风险去为颠覆性技术量身打造一套新的方法。研究人员面向实践时，将方法的可靠性和实用性作为重要原则固然是正确的行为，但也正是因为这样，使得该领域的识别方案过于稳定，少有理论方面的突破。今后，如何能使颠覆性技术识别与工程实践结合，可能是该领域更需要关注的问题。

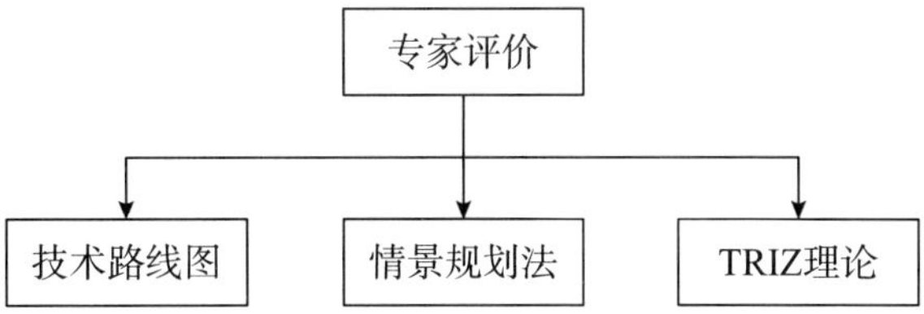

图3　工程管理领域常用识别方法

3.2.3　经济研究领域识别方法

从市场角度看待颠覆性技术，是颠覆性技术识别的一个重要研究方向，D.Nagy等[9]则提出了包括技术标准、技术功能和专属权在内的3个指标的评价体系，并提出颠覆性技术识别方法需要判断技术新功能能否产生技术新标准和新专属权，以及判断技术与企业价值链和既有技术的对比，A.Ganguly等[12]通过文献调研和专家意见征求，提出目标细分市场对比、在位企业技术成熟度、技术采用率和期望效用值对比指标评价颠覆性技术，J.D.Linton等[39]基于Bass模型对新技术在多个市场的发展情况进行独立分析G.M.Schmidt等[40]从价格和细分市场两个角度构建指标进行识别，并构建了侵蚀模型对新技术在市场的扩散模式进行分析，为颠覆的主客体划分提供依据，宋建元等[41]则从不同角度构建企业、产业乃至于国家颠覆性技术的动态模型。李存斌等[42]从技术投入、扩散和支撑3个方面构建指标，L. M. Sainio等[43]则从顾客利益、核心战略、战略资源和价值网络4个维度构建颠覆性技术评价体系，A. Keller等[8]针对颠覆性技术在市场的不同阶段，提出将颠覆性技术的识别分为3个阶段：颠覆性技术立足阶段、进入主流市场阶段和主流市场企业失败阶段，并针对3个阶段的不同特征，构建了3种不同的指标体系。张光宇等[44]将颠覆性技术的发展阶段分为了技术的选择、市场的选择、市场的建立、市场的扩大和范式的形成5个阶段，并以战略生态位这一概念评价技术的演化情况。F. P. Adams等[45]探究能源产业中颠覆性技术的评估方法；陈劲等[46]选择使用模糊评价从定性定量结合的角度构建复合的指标体系。

相对于其他方法，市场分析方法往往不关注技术层面的变化，而是从市场绩效中捕捉信息。由于可以直面市场，所以可从产业、政府、消费者、产品、资金等多方面衡量技术对市场的颠覆情况，见图4。这类指标看似很全面，但实际上并未提出直接与颠覆性技术密切关联的指标，大多数指标在评价其他技术时也同样在使用，是否能够通过对以往常用指标的重新组合就能够满足颠覆性技术识别需求，还有待考证。同时，这类方法存在注重数学模型的趋势，在指标选择时往往会优先选择定量指标或者具有成熟方案能够完成定量化的指标，但当前颠覆性技术主要的特征都是以定性方式描述的，也没有形成一套可用的体系能够使这些定性特征定量化。本研究认为，经济研究领域与图书情报领域存在同样的难题——当有一项潜力技术摆在面前时，如何评价其颠覆能力。尽管经济研究领域对这个问题研究得很早，但仍旧未能给出可靠的答案。

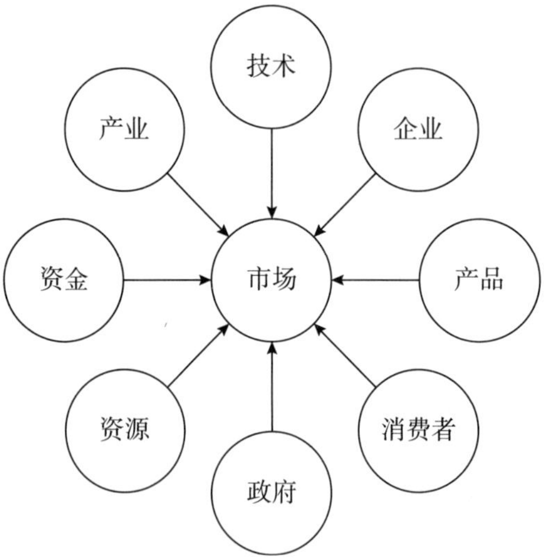

图4　经济研究领域常用识别指标

3.2.4　Christensen流派识别方法

颠覆性创新理论源于C. M. Christensen，在颠覆性技术识别过程中，也存在很大一部分研究人员并未从自身学科背景出发，而是基于C. M. Christensen的理论继续探索，本研究将这些学者归类为Christensen流派。林春培等[47]基于颠覆性技术特征标准、技术性能供给和需求变化轨迹构建了颠覆性技术识别框架，预测颠覆性技术可能会出现的时间点以及技术未来的发展趋势。S. Hüsig等[6]则针对技术性能的需求设计了涵盖颠覆性技术特征的调查问卷。J. Paap等[48]将性能的供给与需求与技术成熟度挂钩。R. Vecchiato等[49]将用户认知管理作用于颠覆性技术预测。R. Adner等[50]则基于性能需求，模拟用户对技术的评估过程，分析技术性能变化可能会引起的连锁反应。A. Sood等[51]则针对技术性能的变化情况，构建了技术风险模型，通过风险系数预测颠覆性技术的出现。C. Chen等[52]则通过分析，认为技术性能的发展应当符合S曲线，与传统的生命周期规律高度相关，他们认为通过技术性能的S曲线可以对颠覆性技术的发展进行识别。季丹等[53]构建指标的范围更广泛一些，选择从技术、产品、市场、竞争4个宏观角度进行构建。L. O. Gaviao等[54]提出一种复杂矩阵和概率组合构成的多准则决策模型，对技术的颠覆能力进行评价。V. Govindarajan等[55]从技术的信度和效度的角度评价颠覆性技术。J. F. Guo等[56]从主导力、成熟度和扩散能力的角度评价颠覆性技术。

基于C. M. Christensen理论的颠覆性技术识别方法尚不系统，还处于摸索阶段，各类研究人员相互之间少有共识。甚至在《创新者的窘境》一书过后，包括C. M. Christensen本人在内的这一流派都再没有提出过被广泛认可的观点。在识别研究方法方面，该领域可谓五花八门，如图5所示，主要思考的方向包括风险、功能、性能、需求、生命周期、技术轨道等，但不论哪个方向都未整理出一套系统化的理论。该领域是基于颠覆性创新理论自身发展而来，在分析过程中对颠覆性技术特征的讨论最多，但是其特征仍旧停留在文字描述的阶段，未能转化成实际可操作的识别方法。这类方法往往将探究得来的特征逐条列出，然后转呈给领域专家，令其直接将特征对号入座。这种方法"简单粗暴"，但在实践操作过程中领域专家对特征的理解各有不同，使得其评判标准难以统一。因此，该领域实际上缺少一套系统方法，使领域专家将其专业知识和颠覆性技术的特征真正联系起来。在未来，也许通过更加充分的特征讨论，可以使领域专家以外的人也能够评判技术的颠覆潜力。但在当前，该领域最需要解决的仍旧是如何将这些特征转化成具体的可操作方法。

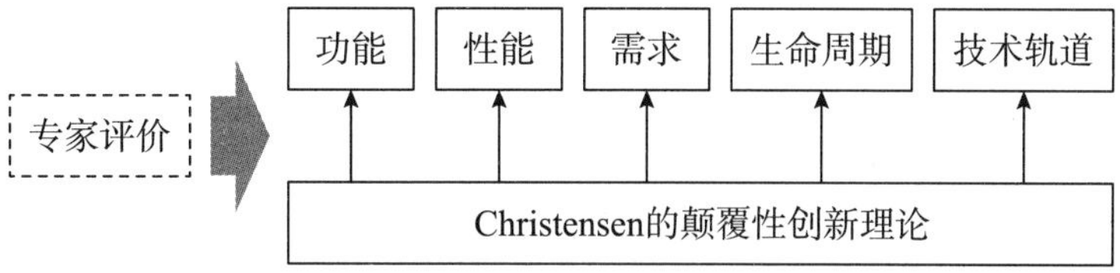

图5　Christensen流派的识别方法探索

3.3 发展现状小结

DARPA曾经使用文献调研法，通过文献调研，判断今后和未来的军事需求[57]。英国政府以及美国国防部曾分别通过水平扫描方法，对世界各国相关的技术政策进行分析[58]。这些方法并不常规，这类识别属于政府行为，且并未找到具体操作方法，因此并未纳入前述分类中。前述的4类识别方法各有特色：图书情报领域重点关注一个领域内的潜在技术，将一项还处于潜伏状态的技术挖掘出来，然后由专家去判断这项潜伏技术是否是颠覆性技术；工程管理领域则侧重于邀请领域专家，对一个产业领域发展趋势的完整预测，颠覆性技术只是他们在预测这个完整趋势过程中的一块拼图；经济研究领域则倾向于构建数学模型，试图以严格的数学推导给出一项技术的颠覆概率；Christensen流派则围绕着C. M. Christensen的理论不断探索，其方案和手段百花齐放，试图在不断尝试过程中探索到一条可行的方法。不论哪一类方法都有其优势和劣势，并不存在绝对的可行或不可行；但不论哪一类方法也都没有从根本上落成颠覆性技术识别方法。根本的问题还是在于缺少一套识别颠覆性技术的评价标准。从思路上看，评价颠覆能力的主要思路有4种：①评价产业原有技术是否达到成熟或者衰退期；②评价这项技术自身的发展潜力是否足够强势；③评价这项技术是否能够迎合社会未来发展趋势；④是否有更多的资源被持续投入这项技术中。但当前大部分识别方法或者指标都源于其他领域理论的迁移，具体想要转化成具体的方法还有很长的路要走。具体如表1所示：

表1　主要识别思路

识别思路	常用识别方法或指标
评价原有技术是否处于成熟或者衰退期	技术路线图绘制、原有技术成熟度评价、技术风险监测、S曲线、技术竞争能力评估等
评价这项技术本身的发展潜力是否足够强势	情景规划、TRIZ理论、技术路线图绘制、技术理论支撑、价格评价、战略生态位评价、技术成熟度、S曲线评价、生命周期评价、技术扩散能力评估、技术主导能力评估、产品便捷程度、产品简化程度等
评价这项技术是否与社会需求协调一致	情景规划、技术路线图绘制市场发展分析、细分市场评价、市场侵蚀模式、顾客利益评价、技术价值评价、性能需求评价等
是否有更多的资源被持续投入到这项技术	政策评估、水平扫描、资金投入程度等

4 识别方法研究现状及趋势

4.1 识别方法现状

回顾颠覆性技术识别的4类方法，基于以下6个维度对比不同领域方法的主要优势和劣势：人员背景、定性或定量、数据来源、针对性、识别依据、识别效果。详细情况见表2。

表2 不同领域识别方法的比较

不同方法比较维度	图书情报领域	工程管理领域	经济研究领域	Christensen 流派
人员背景	图书情报研究人员为主	工程管理、技术研发人员为主	经济学、企业研究人员为主	人员背景分布较为零散，各领域都有
定性或定量	基本为定量分析	定性与定量结合	定性与定量皆有	仍以特征描述为主
数据来源	专利数据及论文数据，较易获取	以专家经验为主	产业研究报告、企业财务报表等	无特定数据来源
针对性	传统计量学指标并非为颠覆性技术所设计，其针对性不强	对延续性技术分析效果较好，颠覆性技术识别效果尚需完善	颠覆性技术理论从市场研究形成，具有一定针对性	针对颠覆性技术形成的理论，但尚不系统，有待完善
识别依据	发现领域内潜在技术后，依靠专家评价	现有的方法与专家智慧结合	根据市场绩效判断，但具体指标尚无共识	观点不成体系，以支持Christensen的观点为主
识别效果	缺少直接针对颠覆性技术的指标，能较好发现领域内新进入的外来技术，但后续识别比较无力	根据技术进化情况，划分较为零散，主要与领域专家能力相关，与专家团队能力密切相关	对需求感知较为敏感，但识别技术趋势的能力较为薄弱，颠覆性技术早期易被忽视，具有滞后性	特征分析较为充分，但难以转化成具体识别指标，当前缺少可操作指标

在当前阶段，颠覆性技术识别方法主要有3个来源：图书情报领域、工程管理领域和经济研究领域，图书情报领域擅长对潜在主题的挖掘，工程管理领域精于组织协调领域专家，经济研究领域则在搭建指标和数学模型方面有独到之处；Christensen流派不断尝试但尚未取得共识，理论基础相对单薄，但这类研究最有可能在颠覆性技术早期特征方面取得突破。识别标准主要源于专家智慧和颠覆性技术的特征，但颠覆性技术特征尚未与方法层面达成协调一致，实际操作过程中仍旧依赖于专家智慧。因此，当前颠覆性技术识别方法存在着依靠专家评价“生拉硬凑”的嫌疑。但一项新兴的研究领域在最初始的时候难免会存在着各种不足，正是这些不足指明了颠覆性技术识别方法研究未来的发展趋势。颠覆性技术识别方法研究现状见图6。

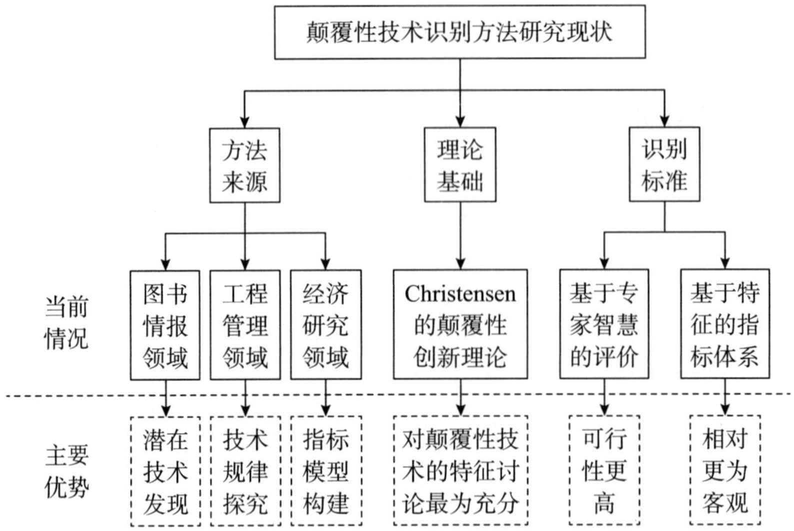

图6　颠覆性技术识别方法研究现状

4.2　当前方法主要问题

4.2.1　过度依赖专家评价

本研究对颠覆性技术现有的识别方法做出划分，尽管各学科背景之间采用的方法存在差异，但大多数方法都或多或少需要与专家识别结合，或是筛选主题缩小范围后让领域专家遴选（图书情报领域），或是设立原则让领域专家打分（经济研究领域和Christensen流派），或是让领域专家全程参与（工程管理领域），当前几乎没有哪一种方法可以完全抛弃专家评价。从目前来看，颠覆性技术识别很难摆脱对专家评价的依赖。由于颠覆性技术具有情况多变和难以预料的特点，同时在该领域又没有成熟而完善的方法可以使用，因此采用专家评价作为方法的补充实乃无奈之举。但研究人员需要注意的是，许多颠覆性技术识别研究在开篇时都会提及“传统的专家评价很难识别出颠覆性技术”。并且，颠覆性技术识别也不同于以往的技术预见。颠覆性技术最早期的特征就是难以被主流市场所接受，这一特征也往往会导致从早期看来，颠覆性技术所提供的新功能或者新性能不容易被其他专家接受，尤其当专家们最终讨论或者投票的时候，早期的颠覆性技术容易被专家所不看好、不理解和不接受；甚至徐匡迪院士曾表达说，颠覆性技术很容易被专家所“投没”[59]。B. T. Murat和N. Ramzi使用专利计量和文献计量的方法对专家德尔菲法的技术预见结果进行了检验，发现当预测时间到达时，被行业专家认为需要优先发展的20项技术领域中，至少有四分之一的技术领域只有极少的科学论文或者发明专利，同时还有大约四分之一的技术领域其科学论文和发明专利数量都没有出现明显增长[60]。从而可以看出，专家对颠覆性技术的主观判断也可能存在偏差。这就要求研究人员在采用专家评价的时候，不能拘泥于传统的专家评价方法，而应该建立一套属于颠覆性技术体系的理论，帮助领域专家规避传统评价难以规避的盲区。

4.2.2 识别标准缺少针对性

当前的识别方法中，经济研究领域和工程管理领域的识别标准往往依据现有的指标进行套用，少有专门为颠覆性技术识别而设计的特色指标。图书情报领域当前还专注于如何识别一个领域的潜在技术，并未直面颠覆性技术识别，而Christensen流派尽管一直在以各种形式分析颠覆性技术特征，但他们所得到的特征却难以转化成为真正的可用指标。因此，当前颠覆性技术识别处于一个特殊的困境——拥有可落地方法的研究人员（图书情报、经济及工程领域）难以直接将自己的方法与颠覆性技术的特征对应，而分析颠覆性技术特征的研究人员（Christensen流派）难以将自己的特征转化为可用的方法。在实践过程中，4类研究人员不约而同地选择专家评价使特征和方法达成统一，这也是当前研究很难彻底抛弃专家评价的主要原因。但专家终究是一种宝贵的人才资源，应当尽可能减少对专家资源的肆意消耗，识别研究人员还是应该尽可能地将颠覆性技术特征转化为识别方法，以降低专家评价在方法中占据的比重。

4.2.3 提前识别或超前识别研究不足

颠覆性技术的阶段性特征，尤其早期特征在颠覆性技术识别过程中尤为重要。当前，4类方法中只有Christensen流派最关注颠覆性技术发展的早期特征，但其所关注的阶段性特征又难以以标准化的形式推广。其他领域的研究人员尽管认识到颠覆性技术的早期特征研究对其识别具有重要意义，在实际操作过程中，图书情报研究人员将早期特征对应为某一领域的潜在主题，在完成潜在主题识别后将后续问题留给了领域专家；工程管理领域依靠领域专家预测技术演化规律，对早期颠覆性技术的关注程度与领域专家的自身认知程度密切相关；经济研究领域对颠覆性技术的识别往往需要颠覆性技术在市场层面产生某种信号才能奏效，而这种市场层面的信号往往滞后于技术本身，很难在技术发生变化而市场还未响应之前做出预警。可以看出，除了图书情报领域研究人员可以挖掘潜在主题之外，其他领域很难对早期的潜在技术有所察觉，即使有所察觉也要依靠专家个人的敏锐洞察力而非有效的方法，而即使是识别阶段相对早期的图书情报领域，也只能做到潜在主题的挖掘，回避了潜在主题如何转变成颠覆性技术这一问题。因此，又回到了前两个问题，研究人员究竟该如何将颠覆性技术的特征，尤其是早期特征转化为识别方法，以降低专家主观认知对方法的影响？这是一个亟待解决的问题。

4.2.4 颠覆性技术识别方法研究未来趋势

2009年，美国国家科学院曾向美国国家研究委员会提出建立一种“持续的颠覆性技术预测系统”[61]。尽管时至今日并未从公开的信息中得知这一系统是否建成，但这一提案中的有些观点很值得借鉴——颠覆性技术具有极其复杂和难以预测的特点，一个领域研究人员单独作战绝非上策，多领域联动可能才是颠覆性技术识别方法研究的主要趋势。从不同研究领域的关系来看，颠覆性技术识别实质上被拆分成了具有先后顺序的两个部分，如图7所示：

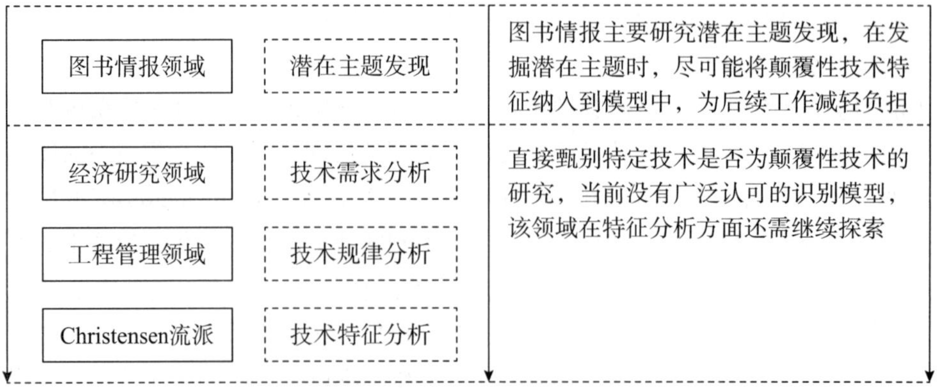

图7　颠覆性技术识别体系的两部分

前半部分，潜在技术主题发现。即图书情报领域当前的工作，该领域学者凭借之前在新兴技术识别、前沿识别等研究中的积累，将之代入颠覆性技术识别中，并且将研究点转变成“发现领域内新进入的潜在技术”，这使得图书情报领域学者在发现潜在颠覆性技术方面具有得天独厚的优势，但同时也因为回避了颠覆性技术的直接评价，使得图书情报领域的学者必须反复强调潜在颠覆性技术识别和新兴技术的识别有何区别。但从当前该领域所使用的方法来看，识别潜在技术和新兴技术时并没有在方法层面形成质的区别。将现有方法与颠覆性技术特征结合，将成为识别研究的主要工作。

后半部分，技术颠覆能力评价。即颠覆性技术识别的核心难点———究竟该怎样评价一项技术的颠覆潜力，这是一项至今没有得到共识的研究。但可以预料的趋势是，需要将颠覆性技术特征和识别方法搭建联系。预计未来仍旧会呈现出百花齐放的讨论趋势，但最终还是应当将颠覆性创新回归到技术演化的规律中来。当前的主要思路有4种：①评价原有技术是否“日薄西山”；②评价这项技术本身的发展潜力；③评价这项技术是否与社会需求协调一致；④评价资源投入情况。具体的评价方法尚无定论，但这4种思路想要转化成具体的方法还有很长的路要走，至少在目前，还没有哪一种思路或者方法可以摆脱对领域专家的依赖。

从短期趋势来看，现有的识别体系难以将早期特征与识别方法严格对应，无法摆脱对专家评价的依赖。但识别研究不能完全依靠专家评价，也不能完全依靠旧有的、面向延续性技术的技术路线图、情景规划等方法规范专家评价。因此，应当建立一套切实可行的、完全面向颠覆性技术识别的专家评价方法。这个过程中，需要将颠覆性技术的特征尤其是早期特征转化成切实可行的标准，在专家评价过程中给予约束。如有必要，识别研究人员应当对以往那些被专家识别所忽视的颠覆性技术进行分析，剖析其共性特征，提炼可能会被专家忽视的因素，去帮助专家规避潜在的盲区。

从长期趋势来看，颠覆性技术识别想要走向成熟，必须逐步降低领域专家主观意愿在识别体系中的比重。这需要研究人员将早期特征转化成切实的识别方法，在这个过程中需要不同学科背景的研究人员通力合作，在不断完善颠覆性创新理论的基础上，发挥其各自领域的优势。也许，实现颠覆性技术的识别并非是一个方法，而需要一整套的方法体系。其中，如何评价一项技术的颠覆潜力，或者说如何通过设定一系列识别标准判断技术对一个产业的威胁能力，仍旧是这套法体系中最为核心的部分。但不论有多特殊，颠覆性创新也只是一种特殊的技术创新规律而已，只要最终把握住其技术规律和阶段性的矛盾转化，这个问题迟早会得到解决并形成共识。至于具体的解决方案，也许是在前文提及的4种思路中选择一种，也许是4种思路并举，或许是在4种思路以外的方法。从笔者自身观点来看，这4种思路实质上以及是指标抽象后的结论，已经接近识别方法的需求，接下来要考虑的工作是如何将这4种思路转化成识别方法并取得广泛认可。

本文对现有的颠覆性技术识别方法进行梳理，根据其所属不同领域将方法划分为4类，分别为：图书情报领域、工程管理领域、经济研究领域和Christansen流派。通过7个维度的比较，指出现有方法存在过分依赖专家评价、识别标准缺少针对性、早期特征识别能力不足等3方面的问题，其中识别标准缺少针对性是最为迫切的问题。这个问题直接导致现有的研究方法很难识别颠覆性技术的早期特征，不得不去依赖专家智慧。本研究认为，当前颠覆性技术识别方法很难彻底摆脱对专家评价的依赖，但需要通过颠覆性技术的特征为专家评价设计规则，从而避免以往专家“错杀”颠覆性技术的结局。但专家评价的原则设计只能解决短期需求，从长远来看，通过设定识别标准进而产生具有共识的识别方法才能解决根本问题，但这需要有一个从百花齐放到达成共识的时间，需要4类领域的研究人员共同努力。

参考文献：

[1] CHRISTENSEN M C. The innovators dilemma: when new technologies cause great firms to fail[M]. Cambridge: Harvard Business School Press, 1997.

[2] Defense Advanced Research Projects Agency. Innovation at DARPA[EB/OL]. [2018-07-29]. http://www.darpa.mil/attachments/DARPA_Innovation_2016.pdf.

[3] 中国科协创新战略研究院. 日本颠覆性技术创新计划研究要点[J]. 中国高新科技,2017(1):93-95.

[4] 习近平. 决胜全面建成小康社会夺取新时代中国特色社会主义伟大胜利[EB/OL]. [2018-07-29]. https://www.guancha.cn/politics/2017_10_27_432557.html.

[5] BOWER J L, CHRISTENSEN M C. Disruptive technologies: catching the wave[J]. Harvard business review, 1995(1): 75-76.

[6] HUSIG S, HIPP C, DOWLING M. Analyzing the disruptive potential: the case of wireless local area network and mobile communications network companies[J]. R&D management, 2005(1): 17-25.

[7] STOICIU A, SZABO E, TOTEV M, et al. Assessing the disruptiveness of new energy technologies: an exante perspective[EB/OL]. [2018-07-29]. http://bach-s49.wuwien.ac.at/4310/1/ISM_ESTT_WP2_Assessing_the_Disruptiveness_of_New_Energy_Technologies.pdf.

[8] KELLER A, HUSIG S. Exante identification of disruptive innovations in the software industry applied to

web applications: the case of Microsofts Google's office applications[J]. Technological forecasting and social change, 2009(8): 1044-1054.

[9] NAGY D, SCHUESSLER J, DUBINSKY A. Defining and identifying disruptive innovations[J]. Industrial marketing management, 2016(8): 119-126.

[10] 王安,孙棕檀,沈艳波. 国外颠覆性技术识别方法浅析[J]. 中国工程科学,2017(5):79-84.

[11] DANNEELS E. Disruptive technology reconsidered: a critique and research agenda[J]. Journal of product innovation management, 2004(4): 246-258.

[12] GANGULY A, NILCHIANIR, FARR J V. Defining a set of metrics to evaluate the potential disruptiveness of a technology[J]. Engineering management journal, 2010(1): 34-44.

[13] GOVINDARAJAN V, KOPALLE P K. Disruptiveness of innovations: measurement and an assessment of reliability and validity[J]. Strategy manage, 2006(2): 189-199.

[14] KOSTOFF R N, BOYLAN R, Simons G R. Disruptive technology roadmaps[J]. Technology forecast social, 2004(1/2): 141-159.

[15] KASSICHIEH S, RAHA N. A model for disruptive technology forecasting in strategic regional economic development[J]. Technological forecasting and social change, 2007(9): 1718-1732.

[16] BUCHANAN B, CORKEN R. A toolkit for the systematic analysis of patent data to assess a potentially disruptive technology[R]. [2018-07-29]. http://citeseerx.ist.psu.edu/viewdoc/download?doi=10.1.1.637.8497&rep=rep1&type=pdf.

[17] BLOODWORTH I. A search for discriminative linguistic markers in ICT practitioner discourse, for the ex-ante identification of disrup-tive innovation[J]. Proceedings of the IEEE, 2012(9): 1511-1519.

[18] 陈傲,柳卸林. 突破性技术创新的形成机制[M]. 北京:科学出版社,2013.

[19] 张金柱,张晓林. 利用引用科学知识突变识别突破性创新[J]. 情报学报,2014(3):259-266.

[20] 栾春娟,程昉. 技术的市场潜力测度与预测——基于技术颠覆潜力与技术成熟度综合指标[J]. 科学学研究,2016(12):1761-1768.

[21] MOMENI A, ROST K. Identification and monitoring of possible disruptive technologies by patent-development paths and topic modeling[J]. Technological forecasting and social change, 2016(3): 16-29.

[22] 苏敬勤,刘建华,王智琦,等. 颠覆性技术的演化轨迹及早期识别——以智能手机等技术为例[J]. 科研管理,2016(3):13-19.

[23] DOTSIKA F, WATKINS A. Identifying potentially disruptive trends by means of keyword network analysis[J]. Technological forecasting and social change, 2017(3): 114-127.

[24] 赵格. 基于多源异构数据的颠覆性技术识别[D]. 武汉:华中科技大学,2017.

[25] 白光祖,郑玉荣,吴新年. 基于文献知识关联的颠覆性技术预见方法研究与实证[J]. 情报杂志,2017(9):38-44.

[26] 刘秋艳. 基于科学论文和专利数据的颠覆性技术识别方法研究[D]. 兰州:中国科学院兰州文献情报中心,2017.

[27]黄鲁成,蒋林杉,吴菲菲. 萌芽期颠覆性技术识别研究[J]. 科技进步与对策,2019(1):10-17.

[28]黄鲁成,成雨,吴菲菲,等. 关于颠覆性技术识别框架的探索[J]. 科学学研究,2015(5):654-664.

[29]CHENG Y, HUANG L, RAMLOGAN R. Forecasting of potential impacts of disruptive technology in promising technological areas: elaborating the SIRS epidemic model in RFID technology[J]. Technological forecasting and social change, 2017(4): 170-183.

[30]VOJAK B A, CHAMBERS F A. Roadmapping disruptive technical threats and opportunities in complex, technology-based subsystems: the SAILS methodology[J]. Technological forecasting and social change, 2004(1/2): 121-139.

[31]WALSH S T. Roadmapping a disruptive technology: a case study: the emerging microsystems and top-down nanosystems industry[J]. Technological forecasting and social change, 2004(1/2): 161-185.

[32]卢光松,卢平. 企业颠覆性技术路线图制定研究[J]. 科技进步与对策,2011(11):81-86.

[33]DREW S A. Building technology foresight: using scenarios to em-brace innovation[J]. European journal of innovation management, 2006(3): 241-257.

[34]SCHOEMAKER P J, MAVADDAT V M. Wharton on managing e-merging technologies[M]. New Jersey: John Wiley & Sons, 2000: 206-241.

[35]KOSTOFF R N, BOYLAN R, SIMONS G R. Disruptive technology roadmaps[J]. Technological forecasting and social change, 2004(1): 141-159.

[36]孙建广,檀润华,江屏. 基于技术进化理论的破坏性创新预测与实现模型[J]. 机械工程学报,2012(11):11-20.

[37]许泽浩,张光宇,亢凯,等. 基于TRIZ理论的颠覆性技术选择环境研究[J]. 工业工程,2016(4):44-47.

[38]许泽浩. 颠覆性技术的选择及管理对策研究:基于TRIZ理论与SNM理论视角[D]. 广州:广东工业大学,2017.

[39]LINTON J D. Forecasting the market diffusion of disruptive and discontinuous innovation[J]. IEEE transactionson engineering management, 2002(4): 365-374.

[40]SCHMIDT G M, DRUEHL C T. When is a disruptive innovation disruptive[J]. Journal of product innovation management, 2008(4): 347-3698.

[41]宋建元. 成熟型大企业开展破坏性创新的机理与途径研究[D]. 杭州:浙江大学,2005.

[42]李存斌,鲁平. 基于突变理论的国网公司颠覆性创新技术评价研究[J]. 陕西电力,2016(4):60-64.

[43]SAINIO L M, PUUMALAINEN K. Evaluating technology disruptiveness in a strategic corporate context: a case study[J]. Technological forecasting and social change, 2007(8): 1315-1333.

[44]许泽浩,张光宇,廖建聪. 基于战略生态位管理视角的颠覆性技术成长过程研究[J]. 中国科技论坛,2016(2):5-9.

[45]ADAMS F P, BROMLEY B P, MOORE M. Assessment of disruptive innovation in emerging energy technologies[EB/OL]. [2018-07-29]. https://ieeexplore.ieee.org/stamp/stamp.jsp?tp=&arnumber=7051685.

[46]陈劲,戴凌燕,李良德. 突破性创新及其识别[J]. 科技管理研究,2002(5):22-28.
[47]林春培,张振刚,薛捷. 破坏性创新的概念、类型、内在动力及事前识别[J]. 中国科技论坛,2012(2):35-41.
[48]PAAP J, KATZ R. Anticipating disruptive innovation[J]. Research technology management,2004(5):74-85.
[49]VECCHIATO R. Disruptive innovation, managerial cognition, and technology competition outcomes[J]. Technological forecasting and social change,2016(12):116-128.
[50]ADNER R. When are technologies disruptive? A demand-based view of the emergence of competition[J]. Strategic management journal,2002(8):667-688.
[51]SOOD A, TELLIS G J. Demystifying disruption:a new model for understanding and predicting disruptive technologies[J]. Marketing science,2011(2):339-354.
[52]CHEN C, ZHANG J, GUO R S. The d-day, v-day, and bleak days of a disruptive technology:a new model for ex ante evaluation of the timing of technology disruption[J]. European journal of operational research,2016(2):562-574.
[53]季丹,郭政. 破坏性创新:概念、比较与识别[J]. 经济与管理,2009(5):16-20.
[54]GAVIAO L O, FERRAZ F T, LIMA G B A, et al. Assessment of the "disrupt-o-meter" model by ordinal multicriteria methods[J]. RAI revista de administrao eInovao,2016(4):305-314.
[55]GOVINDARAJAN V, KOPALLE P K. Disruptiveness of innovations:measurement and an assessment of reliability and validity[J]. Strategy manage,2006(2):189-199.
[56]GUO J F, PAN J F, GUO J X. Measurement framework for assessing disruptive innovations[J]. Technological forecasting & social change,2019(1):205-265.
[57]贾珍珍,曾华锋,刘戟锋. 美国颠覆性军事技术的预研模式、管理与文化——以美国国防高级研究计划局(DARPA)为例[J]. 自然辩证法研究,2016(1):41-45.
[58]樊琳. 美国防部启动技术监视/水平扫描项目,以监控全球潜在的颠覆性技术[EB/OL]. [2018-08-10]. http://roll.sohu.com/20140117/n393694401.shtml.
[59]樊丽萍. 徐匡迪院士:对颠覆性创新意愿应宽容支持[EB/OL]. [2018-09-11]. http://wenhui.sumg.com.cn/html/2016-08/16/content_456128.html.
[60]MURAT B T, RAMZI N. Forecasting emerging technologies with the aid of science and technology databases[J]. Technological forecasting and social change,2006(7):835-844.
[61]National Academy of Sciences. Persistent forecasting of disruptive technologies[EB/OL]. [2019-03-37]. http://www.nap.edu/catalog/12557.html.

(本文原发表于《图书情报工作》2019年第20期)

战略语境下企业情报服务工作的探讨

郑彦宁　郑　佳（中国科学技术信息研究所）

1　战略与企业战略

1.1　战略

战略起源于军事。《孙子兵法·始计篇》有云："兵者，国之大事也。死生之地，存亡之道，不可不察也。"最初，战略是指导战争全局的谋划。在中国古代，战略常被称为兵略、谋略、韬略、方略。18世纪，德国军事理论家卡尔·冯·克劳塞维茨（Carl Von Clausewitz）认为，战略是为了达到战争目的而对战斗的运用[1]。毛泽东在《中国革命战争的战略问题》中指出，战略是研究战争全局性、规律性的东西。从这些描述和释义中不难看出，战略具有计划性、全局性以及智谋特点。可见，战略是一种从全局考虑谋划、实现全局目标的规划。其意义在于，基于客观情况，运用谋略，对全局进行洞察和规划，变被动为主动，化劣势为优势，以实现预期目标。

1.2　企业战略

在企业管理领域，战略的引入为企业发展带来了新的动力。从历史发展来看，20世纪初，切斯特·巴纳德（Chester I. Barnard）在其著作《经理人员的职能》一书中首将战略思想引入企业经营领域，企业战略思想由此开始萌芽[2]。到20世纪60年代，以美国管理学家艾尔弗雷德·钱德勒（Alfred D. Chandler）的著作《战略与结构：美国工商企业成长的若干篇章》出版为标志，逐渐发展形成体系化的企业战略问题研究[3]。由此奠定了企业战略在推动企业发展进程中的重要地位。

企业战略是以未来为主导，为求得生存发展而做出的有关全局的策划和谋略。它具有四个显著特点：一是面向未来，不论是在军事管理还是企业管理领域，战略的初衷都是洞察可能发生的变化，科学预测未来发展中可能面临的威胁与机遇[4]；二是面向全局，只有尽可能全面地掌握和处理好全局中的各种关系，才能统筹协作，调动各方面的资源优势，增强企业动态能力[5-6]；三是精准定位，通过全局分析，发现对企业发展起决定作用的关键问题，进而制定并实施针对性策略；四是赢得竞争优势，企业战略的目的在于积蓄企业优势，在激烈竞争环境下形成长久不败的竞争力。

1.3 战略决策过程与决策服务

企业战略的形成和实现过程，离不开战略决策的支持。战略决策则是对未来各项行动进行前瞻性判断而进行的选择，以此获得利益或效益的最大化。

战略决策是一个连续复杂的综合过程，其过程链由理解环境、确定策略、选择路径以及制定政策四个功能节点构成，在每个功能节点上需要进行相应的逻辑推演和判断，通过情报研究、战略研究、规划研究和策略研究分别形成各阶段的前瞻性判断，其具体过程如图1所示[7]。

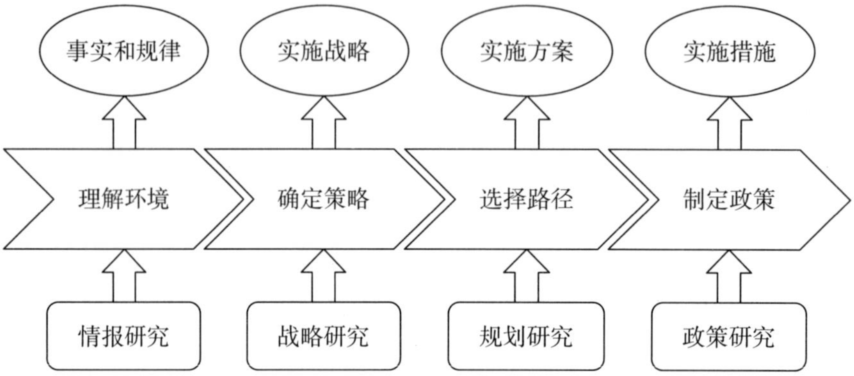

图1 战略决策的过程链

在战略决策过程中，情报研究是揭示与决策的对象相关联的客观事实、客观事实发生的机理和客观事实相互之间的关系以及对决策对象的影响，识别出机会和风险。战略研究是基于情报研究的成果，综合决策的需求和目标以及各类资源条件，做出选择，形成实施战略。规划研究是顶层设计实施战略的路径和可行方案，其结果应是最优的实施路径和实施方案。政策研究是制定保障决策目标实现的制度安排、体制机制和可操作的配套措施。在情报研究、战略研究、规划研究、政策研究的逻辑推演和判断基础上，决策者才能做出前瞻性的判断和选择，实现科学决策。

2 企业情报服务内容

情报是战略决策的基石，是企业情报服务的关键。在信息搜集和分析基础上，甄别、重组以获得解决特定问题所需的情报，这一过程如同完成“拼图游戏”。每一个形状各异、内容不同的拼图碎片都是构成整个拼图的不可或缺的部分，从琐碎的原始信息材料到最终的完整拼图，情报研究在其中发挥的作用就是对各种原始信息材料加以去粗取精、去伪存真、由此及彼、由表及里的分析和重组，从而针对特定问题提炼出关键点，为整幅拼图的完成提供支持和参考[8]。在针对企业实际问题开展情报服务时，可以从技术、政策、机构与人、市场四个方面展开，结合宏观与微观因素，把握研究对象的动态变化趋势，以此抓住解决问题的关键[9]。

（1）技术方面。技术情报研究是通过搜集、分析和发布等方式，及时提供与企业所处环境的技术事实和趋势相关的信息，以支持企业技术管理领域的决策活动。研究关注的焦点主要包括技术热点、技术空白点、替代技术、新技术、颠覆性技术以及未来趋势等内容，通过跟踪包括替代技术在内的产业技术的发展现状和趋势，挖掘其中的技术机遇，识别企业技术发展的潜在风险。

（2）政策方面。政策情报研究关注的是影响决策活动的相关政策法规，具体包括两方面的内容：一是通过系统、完整地提供和解读政策法规，以及对现在或未来可能的影响进行分析研究。例如，中国欧盟商会通过深入分析和解读“中国制造2025”，为欧盟机构及其成员国政府提出升级投资审查机制、建立全新国际投资准则的建议，并针对在华欧盟企业提出了结合中国产业升级、持续创新等建议，为欧盟企业在华发展提供了及时有效的政策情报支持[10]。二是对外部环境变化与热点进行监测分析，判断和预测政府可能出台的影响发展的新政策或法规，并向决策主体提供及时合理的应对策略和方案。

（3）机构与人方面。机构与人的情报研究关注的是影响决策活动的相关组织机构和个体，主要包括可能成为竞争对手或者合作伙伴的企业、科研院所，以及在竞争合作中发挥重要作用的关键人才。针对机构与人展开情报研究活动的目的在于了解具体领域中主要组织机构所扮演的竞争对手和合作伙伴角色，洞察其在可能发生的行业变化或更广泛的环境变化中可能做出的应对策略，从而站在决策主体的角度，为其提供相适应的情报支持。

（4）市场方面。市场情报研究关注的是企业等主体在经营活动中的市场需求、销售需求以及与产业产品发展密切相关的社会环境和经济环境监测与分析。具体内容包括产量与产值分析、市场需求量分析、销售模式及销售情况分析、原料及产品进出口情况、产品价格情况、行业竞争力等。

3　企业情报服务工作案例分析

在开展企业情报服务工作时，需要从战略决策支持角度出发，更加深刻地理解环境变化，应对国际竞争深化对企业战略规划带来的影响。一方面，企业需要重视战略前沿技术发展，关注前沿技术对产业生态可能造成的颠覆性影响，从中捕捉新兴技术与自身核心技术和产品服务结合的潜在机遇。另一方面，企业还需要洞察产业生态中的动态变化，同时警惕竞争对手带来的威胁，防之于未萌、治之于未乱。通过加深对企业环境的理解，企业情报服务工作才能更好地为决策者提供科学有效并且准确快速的情报服务支持，为推进企业战略决策进程，完善企业战略顶层设计而服务。本文以面向A公司提供情报服务的实践为例，分析企业情报服务工作的需求和特点，进一步探讨如何面向企业开展情报服务工作。

3.1 新兴技术研判

随着科技发展步伐的加快，新兴技术不断呈现。将新兴技术与企业现有核心技术融合，形成新的产品和服务，或者提升现有产品和服务，可以为企业发展寻求新机遇以及提升企业的竞争优势，这是企业战略关注的重要问题。这就要求企业对新兴技术发展动向有所把握，结合自身业务发展进行融合创新。A公司作为先进制造领域的优势企业，在核心产品的产业链中已经形成了完整布局。如何进一步拓展自身产业优势，成为A公司战略发展的关键。A公司一直关注对无人机等新兴技术，以寻求机会将先进技术与自身核心产品和服务进行有机结合。针对A公司的情报服务需求，研究团队结合长期跟踪先进技术形成的研究优势进行了快速响应，对无人机技术以及针对A公司的应用场景展开深入研究。

2015年，全球无人机市场迎来广泛关注。随着“互联网+”计划的提出，“无人机+”成为促进信息化和工业化融合发展的全新方式，其多领域应用前景十分广阔。在市场发展方面，无人机技术迅速崛起，民用市场前景被看好。在20世纪80年代军用无人机的现代系统得到大发展的背景下，民用无人机才开始尝试应用，但各领域全面开花应用只有十余年时间。近十年来，民用无人机市场的兴起与硬件产业链的成熟、成本曲线不断下降密不可分。随着移动终端的兴起，芯片、电池、惯性传感器、通讯芯片等产业链迅速成熟，成本下降，使智能化进程得以迅速向更加小型化、低功耗的设备迈进，给无人机整体硬件的迅速创新和成本下降创造了良好条件。在应用领域方面，无人机的“智能化空中机器人”优势明显，拥有巨大的想象空间。作为联结工具与大数据采集平台，无人机可以搭载不同的设备，在大数据和可视化技术支持下，可以不断扩大其应用范围，实现业务监测智能化，极大地降低各业务领域活动的成本和风险。目前，在农业植保、灾后救援、警用安防以及影视航拍等许多领域，无人机均有应用先例。常见无人机主要包括轻小型无人机（固定翼轻小型无人机）、电动多旋翼机（四旋翼、六旋翼）、油动无人直升机，其中固定翼无人机和无人直升机价格基本都是百万以上。通过对无人机技术及其应用进行系统研究，研究团队结合A公司核心业务提出了无人机的7种应用场景，并对国内11家和国外7家无人机企业的技术研发水平、产品性能、服务方案进行了深入研究分析，A公司可以根据自身需求，据此选择合适的无人机厂商洽谈合作。

从上述分析可以看到，无人机在民用、消费等领域有着广泛的市场空间和发展潜力。特别是在A公司的核心业务领域，集成更多机器人技术和更先进算法，装备更多传感器，加载更多任务载荷设备，接入外部网络的无人机及无人机系统，将更加智能化地完成各种复杂情景下的任务。在其业务范围内投入无人机技术，对A公司的发展来说无疑有着较高的应用价值和潜力，可以为企业创造一定的竞争优势和利润增长空间。

3.2 竞争对手分析

在关注先进技术发展的同时，市场环境瞬息万变，企业战略的实现面临着来自竞争对手等多方面的挑战。为谋求生存发展，企业需要在复杂竞争环境中综合分析竞争对手的威胁，通过战略决策过程形成科学决断，避免竞争格局突变等突发情况对自身造成沉重打击。此时，企业可以通过情报研究来洞察竞争威胁，并积极准备应急预案，真正做到未雨绸缪，防患于未然。

2017年3月，有报道称B公司和C公司正在就合并其核心业务进行洽谈，引起业界广泛关注。B公司和C公司分别是A公司在市场竞争中的两大对手，其市场份额在全球范围内位居前列。一旦合并成功，将深刻改变所在行业的全球市场竞争格局，极有可能对A公司造成冲击。当A公司提出针对竞争对手的情报服务需求时，研究团队结合长期开展情报服务工作所形成的研究基础和研究优势，做出了积极快速的响应。针对未来可能发生的竞争对手合并局面，结合A公司的实际情况，我们系统梳理了B公司、C公司以及其他主要竞争对手的国际化战略，对B、C公司合作的背景、未来合作方式以及对A公司的影响进行了研究。

两大巨头之所以谋划合并其核心业务，与全球市场竞争态势及其自身发展状况密不可分。作为此次合作方之一的B公司，近年来遭受了严重的财务困难，为获取资金支持度过财务危机，不得不选择外部合作。另一方面，随着近年来A公司的崛起，B公司、C公司等业界传统巨头市场份额持续走低。面对新的竞争者带来的残酷竞争压力，传统巨头选择了引进资金或整合业务的方式为公司寻求发展支撑。通过合并公司的核心业务，B和C两家公司可以迅速扩大业务规模，强化技术优势，进一步降低成本。如此一来，也将有利于打造可以与A公司相抗衡的市场规模和市场竞争力。

在这一场尚未真实发生的合并中，存在三种情景：一是两家巨头企业深度整合，将其地区市场和技术储备进行彻底整合；二是选择持股合作，B公司通过转让股份的形式在保持一定独立性的同时开展战略协同合作模式；三是合并计划搁浅，考虑到过去几年里B公司、C公司曾就合并事宜进行过多次谈判协商但均未成功，以及种种业务因素的影响，这次合并最终搁浅的概率也并不低。而两家巨头一旦合并其核心业务，将会对A公司的市场和业务造成不小的影响。一方面，合并后两家企业将实现知识产权的共享，其专利实力将被重新评估，这对于A公司未来的知识产权布局和产品市场策略都有直接影响。另一方面，合并后两家企业的产品将实现良性互补，产品覆盖全产业链，这势必会影响A公司未来产品研发和市场布局。此外，B和C公司合并所形成的核心技术垄断和市场壁垒，将增加A公司进入其主要业务地区，如欧洲、北美等市场的难度，将对A公司扩张海外业务形成巨大阻力。

针对上述问题，通过分析竞争对手的国际专利布局以及技术输出情况，研究团队在研究B公司、C公司等竞争对手的国际化战略基础上，围绕知识产权布局、产品发展以及投融资等内容提出了具体的建议：建议A公司在巩固本土产权优势的同时，加强海外知识产权布局；在密切关注竞争对手投资方向及重点的同时，寻求潜在的产业增长亮点；在发挥竞争优势的同时，加大国际合作力度，寻求合适的投融资机会。

情报服务成功与否，取决于是否得到服务企业的认可，以及能否对企业战略决策和未来经营发展有所帮助。在本次情报服务工作中，A公司高层管理人员认为，研究团队所提供的情报服务内容对于业务发展具有很大的帮助，为他们提供了诸多启发。同时，A公司还进一步表示，希望后续能够就某些业务细节问题与研究团队展开深度合作。此外，研究团队针对竞争对手的国家化战略研究成果还得到了A公司最高层管理者的迅速回应和高度认可。由此看来，此次面向A公司的情报服务无疑是一次比较成功的企业情报服务实践。

4 企业情报研究工作特点与对策

4.1 企业情报服务特点

通过分析面向具体企业的情报服务实践，可以发现企业情报服务具有以下三个特点：

（1）企业对情报服务的要求是准确快速

情报是支撑企业战略谋划、经营发展的基石，准确、快速的情报则是抓住机遇的关键。在竞争格局加速变化的今天，企业所急需的情报服务是能在短时间内为之提供解决关键问题思路及方法的服务。只有做到准确快速，情报服务才能切实地帮助企业管理层在最短时间内了解问题症结所在，掌握企业竞争优势与劣势，进而根据既定战略目标合理配置资源、规划战略部署。

（2）情报服务是不断变化的过程

企业所处环境是不断变化的，与之相适应的情报服务同样是一个不断变化的过程[11-12]。主要体现在：①随时局而变，如目前我国制造业面临产业升级的发展需求，众多企业提出了转型升级战略，企业情报服务随之做出适应调整；②随技术发展而变，如案例分析中A公司关注到无人机这一先进技术的应用或有可能提升企业业务能力，因此开展了相关的深度调研；③随产业生态而变，过去产业结构单一，企业情报需求主要集中于企业所处的产业链，现如今随着产业结构多元化，产业生态逐步形成，企业情报需求变得多样化，产业生态中的各种因素相应的也就成为企业情报服务关注的焦点；④随企业定位而变，如面临转型需求的传统制造业企业，其情报需求相应的也就从传统制造工艺转变为关乎智能发展的相关制造技术。总而言之，情报服务并非一成不变的，定式的服务思维、模式和方法很难为企业带来精准的内容和产品。这就要求情报服务做到动态响应需求，根据可能的变化趋势调整服务，提供契合企业实际情况的情报产品。

（3）情报服务需求具有多样性

在围绕企业实际问题展开情报服务工作的过程中，可以发现企业对情报服务的需求是多样化、多层次的。具体表现为：企业高层管理人员需要站在谋求企业发展的长远视角考虑问题，因此所需要的是能够解决企业发展核心问题、提供战略决策支持的关键情报服务，而这一服务可能涉及政治、经济、文化、社会等多方面、综合化的宏观内容；

而身处业务一线的企业人员，相比战略层面的情报服务，更需要的是能够解决当下面临的实际困难，以及能够切实提升业务绩效的情报服务，具体可能包括数据信息服务、咨询决策服务等内容。这就意味着，在提供情报服务时，需要充分考虑企业不同层次用户群体的需求，从而提供有针对性并且多样化的服务方案。

4.2 企业情报服务工作对策

随着全球化对国际市场格局影响的加深，企业高层在战略决策过程中越来越重视情报研究工作，但为企业提供情报服务是一项要求很高的工作。作为企业情报服务的提供者，在面向企业提供情报服务时，为有效提高服务效率、提升服务质量，多学科背景的专业研究团队不可或缺，同时还需加深与企业团队的交流合作，从而实现情报需求的快速响应。

（1）组建多学科背景的专业研究团队

企业情报服务的质量一定程度上依赖于情报服务工作者的专业水平和综合素养。同时，不同企业的行业背景决定了其需求具有差异性。这就要求情报服务机构组建一支多学科背景的高水平、专业化的研究团队，从多种角度剖析企业问题，洞见机遇与价值，形成有深度和可行性的决策建议。多年来的实践经验表明，情报研究团队成员一方面要具备专业的情报学、管理学知识，另一方面还需要有理工科的专业知识背景。在开展企业情报服务工作时，才能集众人之所长，群策群力，通过知识共享将情报研究方法与行业专业知识相结合，为企业提供更为专业化、高水平和准确快速的情报服务。

（2）与企业团队建立协同合作机制

在面向企业开展情报服务时，情报研究的问题往往是复杂的、宽泛的，而企业情报需求也是不断演进的，需要结合企业实际情况来分析。这就需要情报服务提供者采取一种协同合作的机制，与企业团队共同建立长期、稳定、信任的合作关系，形成需求及时沟通、信息互通有无的协作方式。通过与企业团队合作的方式，才能准确把握企业实际情况，以解决问题为导向开展情报服务，发挥重要的决策参考作用。

（3）面对情报需求实现快速响应

市场竞争瞬息万变，如果无法在最短时间得到最准确的情报支撑，势必会影响企业战略决策的有效性，对企业利益造成难以估量的损失。因此，在开展企业情报服务工作时，一个关键内容就是以最快速度给出企业最需要的情报。这就要求情报研究工作者熟悉并掌握企业的情报需求，从宏观层面和微观视角对需求进行剖析和扩展，从而发现并围绕核心问题搜集企业当前“最需要”的情报。同时，发挥情报研究工作者的专业敏感度，并结合情报服务实践经验，对情报内容做出迅速判断，从而实现“最快”的目标，由此为企业战略决策的全过程提供更好的支撑。

参考文献：

[1]克劳塞维茨. 战争论[M]. 北京：商务印书馆，1978：175.

[2]巴纳德. 经理人员的职能[M]. 北京:中国社会科学出版社,1997.
[3]钱德勒. 战略与结构:美国工商企业发展的若干篇章[M]. 云南人民出版社,2002.
[4]MINTZBERG H. Patterns in Strategy Formation[J]. Management Science,1978(9):934-948.
[5]TEECE D J. Explicating Dynamic Capabilities:the Nature and Microfoundations of (Sustainable) Enterprise Performance[J]. Strategic management journal,2007(13):1319-1350.
[7]夏禹龙,刘吉,冯之浚,等. 企业战略的特征[J]. 世界科学,1989(7):52-52.
[8]郑彦宁,赵筱媛,陈峰. 我国科技情报机构政府决策服务的最佳实践特征研究[J]. 情报学报,2012(1):4-8.
[9]郑彦宁,刘志辉,赵筱媛,等. 基于多源信息与多元方法的产业竞争情报分析范式[J]. 情报学报,2013(3):228-234.
[10]郑彦宁,赵筱媛,陈峰. 产业竞争情报的解析[J]. 情报学报,2009(6):917-922.
[11]European Union Chamber of Commerce in China. Business Confidence Survey 2017[EB/OL]. http://www.europeanchamber.com.cn/cms/page/en/publications-business-confidence-survey/283.
[12]张冬梅,曾忠禄. 企业战略管理对竞争情报需求的演变研究[J]. 情报学报,2014(1):4-10.
[13]蓝海林. 企业战略管理:承诺、决策和行动[J]. 管理学报,2015(5):664-667,678.

(本文原发表于《情报学报》2017年第12期)

数据智能技术驱动的情报全流程变革及发展

栗　琳（军事科学院国防科技创新研究院）
孙　敏（远望智库）

信息时代，数据量以前所未有的速度快速增长，已成为支撑社会经济发展和国家安全的重要战略资源。如何在情报工作中面向具体问题求解，从纷繁复杂的海量数据中获取、处理、分析、分发情报产品，是大数据智能时代情报学应研究的问题。“情报学以情报为核心研究对象，以数据、信息、知识、智能、情报的生产、转化、管理及利用的理论、方法和技术为主要研究内容”[1]，旨在解决信息不完备问题，减少决策过程中的不确定性。因而，情报学与大数据、机器学习、云计算等数据智能技术存在天然的密切联系。对于情报工作而言，数据智能技术带来的影响是全局性和根本性的，从“数据世界”的获取和管理，到“知识世界”的知识发现和情报转化过程。数据智能技术在情报领域的应用具有增强情报全流程各阶段的潜力，因此日益成为世界主要国家情报竞争的制高点。

1　新时代情报工作面临的挑战

情报工作要想充分利用数据智能技术带来的机遇，不仅需要技术、方法、工具方面的创新，还在组织架构、工作流程乃至人才结构方面面临挑战[2]。

（1）传统思维方式阻碍数据智能技术在情报流程中的应用。随着数据智能技术领域的进步，商业人工智能技术与情报界独特的数据和系统相结合的能力，为改善情报界如何搜集，处理和从数据中获取有价值的见解，并为决策者提供可行决策建议提供了前所未有的机会。但情报机构管理者传统思维定式，以及情报和数据架构的安全性和技术现状，可能会阻碍情报界利用数据智能技术的能力。此外，情报机构内部的专业人员很多是外语等非技术型的人员，在未来应用人工智能的工作场所中，应该如何进行培训，他们是否还需要学习编码？情报界人才结构应如何调整，等等。此类问题目前还没有明确的答案。

（2）信息共享不足导致大数据智能技术工具应用面临挑战。长期以来，情报机构一般围绕特定的“情报源”和具体任务而设计，积累了独特的专业知识和文化。目前，重要数据通常仍然隐藏在情报机构的各个孤岛，或无法共享的数据架构中。即使实现简单共享，用于情报应用程序的最有用的人工智能方法也需要大型、高质量且标签一致的数据集。情报机构之间，甚至有的情报机构内部也采用不同的标签标准，意味着分析师仍然必须花很多时间开展数据处理，以至于加剧了数据访问、体系结构和格式化的挑战。因此，即使有大量数据存在，如果分析人员无法共享或访问，就无法转化为具有洞见性的情报产品。

（3）智能技术快速发展对情报管理体制、采购机制带来挑战。情报界的技术采购模式与国防领域类似，采购周期通常需要数年。而大数据智能技术创新周期非常快，等到情报机构采购的系统工具、技术产品交付时，这些技术已经过时了。情报界漫长的研究、开发、测试和评估时间反映了情报工作的特点，即需要考虑风险和安全性要求，但会阻碍其快速获取、集成和应用人工智能技术的能力。此外，情报机构还需要时间适应已采购的人工智能系统工具，并重组关键任务（例如，重新训练机器学习算法），这些挑战使得适应不断变化的情报需求和情报任务环境变得更加困难。

2 数据智能技术对情报全流程的作用影响

大数据时代，数据驱动是基础，技术工具至关重要，但仅有这些还远远不够，问题导向的决策活动需要人们具备驾驭数据的思维方法和专业能力，情报学也要随着时代的发展而不断创新。数据到决策技术旨在通过开发利用海量数据信息的创新技术手段，实现对来自各种信息源的文本数据、音频数据、视频数据等进行自动、实时分析和融合，将感知、认知和决策有机结合起来，从根本上改变传统的主要依靠人的经验和智慧做判断的决策模式，从而提高复杂环境下的决策科学水平和快速反应能力。

2.1 开源情报提取能力将成为界定情报业务水平高低的分水岭

开源情报是指产生于公开可得信息且被及时搜集利用，并分发到用户以满足特定需求的情报。大数据时代，情报学领域一个最重要的变化，就是开源情报重要性日益突出。开源情报的发展历程实际上就是情报界观念转变的过程，越来越多的情报专家认识到：运用经验和技术从公开渠道信息（PAI）中寻找和获取有价值开源情报（OSINT）的能力，将是界定未来数十年情报业务水平高低的分水岭，进而影响国家安全、科技发展以及军事竞争等领域的战术优势与战略全局。公开渠道信息在补充秘密情报方面的价值，很久以前就已经得到承认，但大数据和社交媒体的兴起，给开源情报带来了革命。美战略情报官2017年底在《由木见林：开源情报对于美国海军的价值》的论文中提出，强调获取、甄别并利用开源情报，将对美军未来作战能力产生重大影响[3]。

第一代开源情报的业务主要是翻译，目标是使情报分析人员能读懂外国的报告，以定期出版物为典型情报产品。美国1941年设立的外国广播监测服务处（FBMS）是典型的第一代开源情报机构，主要负责监测和分析轴心国的宣传项目，在世界各地设立了20多个机构，可以高效地搜集所需的材料，并开展有价值资料的翻译。第二代开源情报业务依赖技术专长，往往需要更广泛的获取、处理和利用公开渠道信息，以生产出一个可以被集成到某个已完成全源产品之内的情报产品；正在发展的第三代开源情报，依赖机器学习和自动推理，以提升扩展处理信息并挖掘有价值情报的能力。随着时代发展，针对情报的需求会越来越多，必须借助以大数据及人工智能为代表的技术和工具，才能有效处理海量信息以满足情报需求[4]，具体见表1。

表1　开源情报的特征（根据兰德研究报告整理）

开源情报	第一代开源情报	第二代开源情报	第三代开源情报
美国起始时间	始于1941年美国外国广播监测服务处的成立	始于2005年美国家情报总监开源中心的成立	即将到来
发展背景	面向国防与军事应用	Web 2.0——因特网与社会媒介发展	Web 3.0——即“语义网”的兴起
主要职责	90年代前，主要是监听和翻译外国的新闻信息源。冷战期间，该机构为军方提供了关键的洞见和决策点，包括苏联从古巴撤走导弹的第一波征兆、苏联从阿富汗撤军的预警，以及匈牙利和捷克危机。90年代后，情报界开始呼吁、探讨开源信息管理、收集、处理、分发方式变革	开源信息的巨大体量，必须花费大量时间把可靠“好”情报与“坏”情报分开。情报分析人员必须能够收集、判断和整理信息，了解信息的局限性，并理解不同用户、需求、任务、信息组合、组织、机构和法律，以便给出分析性结论	目前还未明晰，但主要国家已经开始相关研究。例如，美国地理空间情报专家学者每年都会参加“ImageNet”挑战赛。一种数字驱动的心理学分支——心理计量学有可能进一步模糊开源情报与心理学作业的界限。可得数据的体量很可能被新型数据存储和处理能力抵消
主要特征	依赖翻译专才； 常需要实体的信息获取途径； 定期出版物； 资料搜集是第一代开源情报工作的重中之重	依赖技术专才； 虚拟的信息获取途径； 不间断地获取； 聚焦于利用和生产，情报分析师需要开展基于学科主题的背景分析	依赖机器学习和自动推理； 广泛采用加密技术有可能导致获取途径不畅； 智能技术应用于情报流程的所有环节

公开渠道信息往往是免费的，并且很容易获取，从而可以促进情报的搜集工作。此外，不同于机密资料，开源情报有利于实现机构之间的共享。国家安全问题往往涉及政治安全、国土安全、军事安全、经济安全等多方面，情报机构必须实现情报信息共享才能满足国家安全领域决策科学化的要求。但由于情报机构的特殊性，对保密工作的严格要求制约了情报信息共享的推进。例如，美国的情报机构众多、情报资源和能力强大，但各自为政、彼此封锁形成了情报机构的“烟囱”现象，是美国情报界未能分享关键信息，提前预警“9·11”恐怖袭击的重要原因[5]。开源情报的又一优势是其传播速度快，能够实时、准确地对事件进行决策。同时，开源情报成本较低，并且对数据量没有限制，可对整个时间轴进行数据搜集。但是，公开渠道信息也有一些缺陷。首先，庞大

的数据量对情报机构来说是一个巨大的挑战，对数据的搜集及评估带来很大的困难。其次，这样的工作需要大量有能力的分析人才以及计算机专家，才可以迅速地找到正确的信息源及数据并进行评估。

2.2 数据处理能力将填补情报信息搜集与分析之间的“鸿沟”

数据技术已经改变了情报界搜集及存储信息的方式。在传感器激增，数据和计算呈指数级增长的世界中，大数据技术可以帮助情报机构实现数据搜集自动化，简化数据的处理，并跨各种“情报源”（地理空间情报、信号情报、人力情报和开源情报）确定搜集目标的优先级。此外，智能应用程序可以协助分析人员接收、可视化和利用这些数据，从而为决策者提出有价值的见解。

大数据时代情报学面临的一大挑战是，海量数据导致信息搜集和信息分析之间出现了“鸿沟”。单纯提高信息搜集能力，并不能获得等量的情报价值提升。目前，情报机构一般采用情报整合中心、信息共享、强化信息技术工具、全面的信息搜集和培养优秀的情报分析人员等举措，但这些都无法保证一定获得高质量的情报产品。之所以会出现这样的问题，是因为情报机构的信息搜集人员和分析人员，都不愿意花费精力对已经搜集到的情报信息进行管理，如果在信息搜集之后、情报分析之前这段时间内，缺少数据处理框架，则大数据时代情报机构的作用无法保证。

在信息爆炸的时代，对于情报机构来说，想要获得及时、可靠、准确的情报产品，填补数据搜集与分析之间的“鸿沟”，建立起从掌握的信息向有效的情报产品转化的桥梁，离不开情报信息的加工与整合能力，而这些能力都与数据处理密不可分。例如，北约部队在波黑利用分布式更新和分布式查询机制，实现其位于萨拉热窝的指挥部和三个地区分部之间的情报信息管理、存储和共享，希望建立一个地理空间可显示的、相互对照的、联合的、融合的情报工作方式。但在实际工作过程中，由于作战环境恶化、大量的信息和数据丢失、分析人员工作任务繁重等因素，导致情报产品质量下降；情报人员为解决这一问题不断加大工作量，导致恶性循环。针对出现的问题，北约加强了情报部门的数据处理能力，通过后续的实践证明，这些改变是成功的[6]。数据处理作为独立步骤出现，是大数据带来的影响。这一步骤的职责，一般由情报机构承担，但是数据处理所需的方法工具大多数由科技公司开发。

2.3 人工智能将在从数据到决策的转化中发挥关键作用

新时代，情报学面临很多新的挑战。一方面决策者面临的环境更加复杂且瞬息万变，不确定因素日益增多，情报学需要多方面学科的知识积累与应用。另一方面，物联网、云计算、社交网络等技术应用迅速发展。如果按照传统的情报方法，分析人员将因为数据太多无法正常工作，数据科学和人工智能将在从数据到决策的转化中起到关键作用[7]。同时，情报工作仍然保留了其本身的特点：关注的是对手的行为意图；需要从大规模看似无关甚至矛盾的信息中，发现弱信号并管理相关信息，时间要求高。此外，由于情报工作本身的对抗性，对手的战略欺骗将长期存在，即使信息呈现出显著相关性也不一定代表了其真实意图，需要情报人员分析这些信息的逻辑关联。

美情报高级研究计划局（IARPA）作为情报界高新技术研发机构，已发布相关研究项目62项，分别隶属于数据分析、预测性情报、数据采集和计算技术四大领域。具体如表2所示[8]。

表2　美情报高级研究计划局数据智能计划汇总

序号	领域	数量	主要内容
1	数据分析	16项	主要关注自然语言处理、计算机视觉、图像识别、语音识别和人类行为学等方向
2	预测性情报	12项	主要关注颠覆性技术预警、网络安全预测、人工智能安全、政治与社会危机、流行病和生物安全等方向
3	数据采集	18项	主要关注传感器技术、地理定位技术、通信信息系统、生物监测等方向
4	计算技术	16项	主要关注超导电子学、量子计算、计算神经科学、机器学习和网络安全等方向

分析师应能够利用包括深度学习在内的人工智能技术来帮助筛选报告流，以识别和可视化模式，趋势和威胁，并将其集成到他们的分析中。数据智能技术还可以改变和增强分析师如何理解不断增长的数据，以及如何与机器一起为决策者提供及时的洞见。中央情报局前首席学习官约瑟夫·加丁认为，情报分析将受到人工智能、大数据和机器学习等技术的巨大影响，而这些工作长期以来一直是人类擅长的领域。分析师可以利用AI来更有效地查找和过滤证据，使用机器衍生的证据来完善和检验他们的判断，以及使用简单且必要，但耗时的任务自动化。情报分析人员有更多的精力，开展他们擅长的运用背景，历史知识和主题专业知识开展分析的工作中，以明确对政策制定者的影响和机会。

3　未来情报工作发展预测

数据智能技术将解决数据爆炸性增长带来的管理和利用难题，改进对海量数据的获取、处理、分析和利用能力，实现数据到知识、知识到决策、决策到行动的快速转化，推动情报工作创新发展。

3.1　数据智能技术助力情报工作变革

数据科学当前的处理分析技术因为具有黑箱特征并不能完全满足情报工作需求。因此，唯有将信息处理技术与人的分析相结合，才能应对新时期的情报工作挑战。大数据时代未来情报发展的一个重要趋势，就是将各类情报源（信号情报、开源情报、人力情报、测量与特征情报、地理空间情报）信息的对比分析和关联发现等工作，从情报流程后期的情报分析环节，前推到情报信息的处理阶段，主要目标是避免重要信息遗漏在“不同的情报机构和烟囱式信息系统”之间，增强对情报分析非常重要的弱信号发现能力。美国情报专家P. Biltgen，S. Ryan将其称为“敏捷情报”（基于活动的情报）（Activity-Based Intelligence），即：为了发现关联、解决未知、理解网络、发展知识和驱动情报搜集，融合使用多样化、多门类情报数据集的一系列时空情报分析方法[9]。

传统的情报流程如下[10]：计划与指导、搜集、处理与利用、分析、生产与分发（PCPAD）。这种情报流程是以情报分类和情报机构为核心构建，具有像工业流水线一样的线性特点，多机构的情报融合一般由全源情报分析人员手工实现。这种流程存在的基本假定是具有已知明确的情报需求和目标，能够根据目标特性展开相应的情报信息搜集处理工作（比如图像情报），继而由情报分析人员进行类似因果关系的情报研究，得出相应的情报产品。尽管数据科学分析方法给前期的信息搜集处理能力带来很大提升，但是不同情报机构分别实施信息处理仍然使得很多弱信号信息（这里指因为意义不明确而被情报人员忽视的少数孤立信息，在事后分析中却被认为意义重大）丢失在“信息系统之间”。因为未能发现潜在联系并未充分利用，而全源情报分析人员却又花费了80%的时间来寻找相关信息。

反恐战争中，美国情报界发现非国家行为体形成的安全威胁具有多样化、动态化和不确定的特点。比如：恐怖分子采用民用交通工具实施炸弹袭击的行为，具有很强的隐蔽性。如何捕捉和预测此类安全威胁给情报机构带来巨大挑战。美国家安全局在对特定地区脸书、推特等新媒体公开情报信息进行处理的过程中发现：将具有共同时间和空间属性的图像信息进行关联分析和模式识别，能够发现感兴趣的特定实体。通过交互可以筛选确定情报对象，以开展下一步情报工作；而暂时不感兴趣的情报信息将被归档，以供将来使用。这一实践颠覆了之前的情报业务流程，被称为美国情报界在伊拉克和阿富汗战争中最重要的情报方法创新[11]。

在推广应用敏捷情报的过程中，美国情报界提出利用数据分析技术，将信息综合利用环节提前到数据处理阶段，一方面提前发现各情报机构的弱信号信息间的潜在联系；另一方面减轻情报分析人员的信息搜集压力。主要思路是一旦信息获取，不论是哪种搜集取得获得的情报信息，也不论它们是由哪些情报机构获得的，马上对其进行时间、空间与实体性（人物、地点、特征等）的语义标注，利用数据挖掘技术对所有获取信息进行关联分析，尽早发现弱信号和潜在联系，根据标注向承担相关任务且具有权限的情报分析人员，实时推送信息相关性结果。情报人员主要利用自身知识和经验积累，通过综合使用合适的结构化方法对获取的关联性信息进行分析，并向情报机构提出新的情报搜集需求，以便动态调整情报搜集规划。情报管理人员根据结构化方法产生的相应线索对情报产品实施评估审查和及时分发。

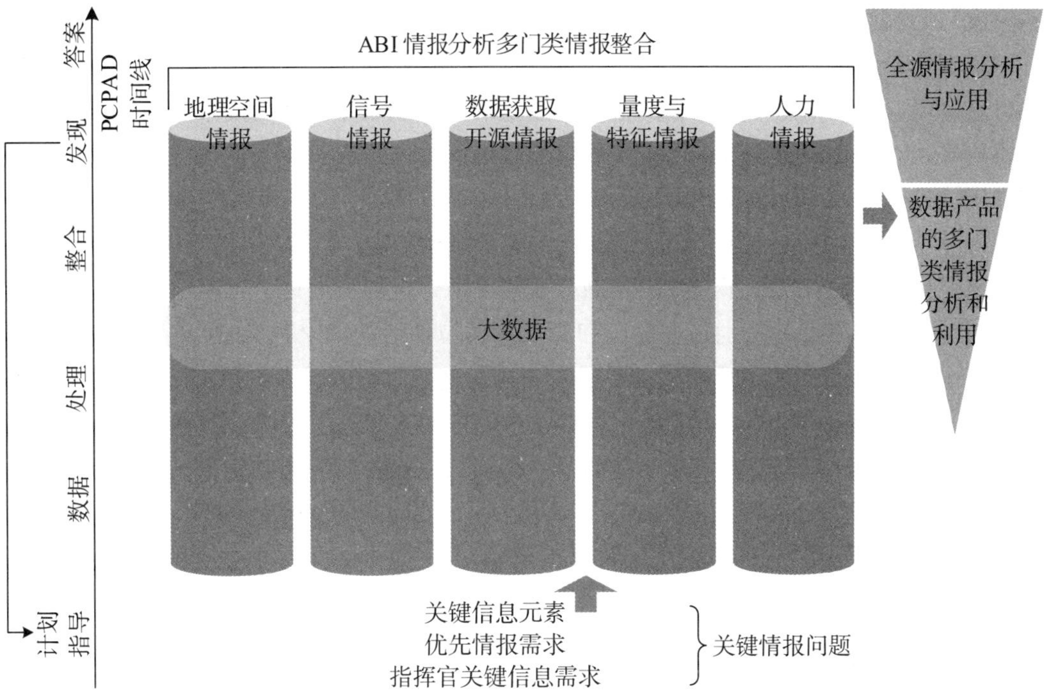

图1　传统情报流程如何向“敏捷情报”转型

“敏捷情报”基于大数据处理技术，通过信息挖掘和多模态智能关联分析，为完成复杂情报任务提供了新的方法和工作思路，见图1。和传统情报业务相比，该思路遵循以下原则：①时空推理发现：基于所有实体、事件、活动和关系均具备时间和空间共同属性，聚焦在空间和时间上关联的多门类数据集进行信息相关性以发现关键事件、趋势和模式；②数据中立性：不考虑情报信息来源是公开还是秘密，在分析中对所有数据一视同仁；③顺序中立性：可能先实现情报预测才提出情报问题（尤其适合解决情报中“我们不知道我们不知道”的棘手难题，以黑天鹅事件为代表）；④融合先于处理：尽可能早地关联数据，不依赖于已完成的机密情报产品，因为看上去不重要的单门类情报在融合其他门类情报后可能很重要[9]。

3.2　情报工作重点将向分析预测转变

一直以来，情报机构的主要功能就是搜集整理决策所需的情报信息。美国著名情报专家肯特在1949年出版的《战略情报——为美国世界政策服务》中就提出：情报机构主要开发三大类战略情报产品，包括：基本描述类、动态报告类和预测评估类。主要目标是要获知“对手”的静态和动态情况，理解其潜在意图；获知既定事实、事情的动态和未来可能的发展，以确保“美国的政治家和军事家在制订计划与行动方案时，不会因为无知而使事业遭受损失”[12]。但从传统情报机构完成的主要工作看，大部分是基本情况和动态报告。特别是第二次世界大战期间，美国情报机构要负责搜集世界各地“基本情况”为决策服务。

随着信息时代的到来，互联网改变了传统的信息获取模式，基本情况类情报所占份额日益降低。当前情报工作面临的主要挑战是确定可能发生事件的迹象遗漏的信息，情报机构必须从一个分析人员提供细节的描述性组织，转变为分析人员描述可能发生事件的预测性组织。利用大数据技术可以实现这一转变，因为大数据能够更准确、更及时地了解对手，辅助决策者更快地进行预测分析并做出决策。美情报高级研究计划局发起的“水星挑战赛”颁奖给了开发出定制算法的团队，能够有效地“预测军事行动、国家内乱或传染病的事件，特别是在中东和北非讲阿拉伯语的国家”。2019年8月19日，美国防情报局局长表示正在开发“机器辅助分析快速数据库系统”（MARS），该系统利用云计算、人工智能和机器学习等技术，使许多目前由人工完成的任务实现自动化。按照设想，该系统将是美军所有国防情报的公共存储数据库，用户可以使用不同的应用程序以获取所需的信息，该系统可以大幅度降低分析人员从多个数据库筛选信息的时间。此外，充分利用开源情报，实现开源情报与其他情报数据相结合，可以显著提高情报预测的准确性[13]。

3.3　科技情报机构开始向智库转型，实现情报链的全覆盖

国际知名智库都根据自身基础条件，聚焦主攻方向，全面搜集、长期积累、持续建设，通过对已有的资源、知识、经验等进行重新梳理，不断提高研究成果的质量，最终形成自身独特的优势领域和品牌产品。科技情报机构往往在某一专业领域具有长期的研究积累，与智库专业化的发展理念非常契合。此外，一流智库“出思想”“出对策”的研究理念，契合了新时代科技情报机构的发展目标，能够弥补这些机构长期以来缺少有影响力、高水平研究报告的短板。因此，科技情报机构扛起了转型的大旗，凝聚共识，促进发展。

首先，情报天生具有“目的性”，面对特定问题的解决，提供及时的、针对问题解决的信息和知识。其次，情报具有“运动性”，具体表现为“激活”和“活化”，静止的、不随过程变化的不是情报，情报相当于变量。情报具有效用性的特点，情报必然是需求的产物，是为决策提供服务的信息或知识，所以很多战略情报本身就带有智库资政的色彩，情报的作用中，“参谋”就代表了决策咨询的含义。从服务于咨询与决策的根本目标上看，智库与情报学有着深厚的渊源和“近亲”关系。第二次世界大战之后的美国兰德公司、英国国际战略研究所、日本国际问题研究所等智库组织机构具有高度敏感的情报意识和情报认知，他们提供的战略咨询服务都离不开深厚的情报工作能力。

在当代中国社会发展和中文语境下，智库建设与发展面临诸多挑战和机遇，也为情报学与情报工作带来了新的发展机遇，聚焦情报服务于分析、研判、决策的主要目标。情报学应用于智库建设，是新时期情报学发挥社会职能的有为之地。

具有中国特色的科技情报工作实践和智库建设对于情报学创新发展具有重要的推动

作用。随着大数据智能时代的到来，情报与智库的概念内涵不断扩展，内在联系更加紧密，理论体系日趋完善，实践价值日益提升。系统研究我国的“情报与智库”理论方法具有十分重大的学术价值和实践意义。

参考文献：

[1]杨建林. 大数据浪潮下情报学研究与教育的变革与守正[J]. 情报理论与实践,2020(4):4-5.

[2]KATZ B. The intelligence edge:opportunities and challenges from emerging technologies for U. S. intelligence[R]. CSIS,2020.

[3]廖南杰. 美军情报官分析开源情报对于美国海军的价值[EB/OL].(2018-01-19)[2020-09-09]. https://mp.weixin.qq. com/s/PAT2dpHj-96Q5vUfGPU8uw.

[4]WILLIAMS H J, BLUM J. Defining Second Generation Open Source Intelligence (OSINT) for the Defense Enterprise[R]. RAND Corporation Santa Monica United States,2018:11-12.

[5]栗琳等. 智库建设背景下的情报机构转型研究[J]. 科技情报研究,2020(2):4.

[6]PALFY A. Bridging the gap between collection and analysis:intelligence information processing and data governance[J]. International journal of intelligence and counterIntelligence,2015(2):365-376.

[7]PORCHE I R, WILSON B, JOHNSON E E, et al. Data flood:helping the Navy address the rising tide of sensor Information[M]. California:Rand corporation,2014.

[8]肖翔,李斌. 美军情报体系人工智能技术发展研究[EB/OL]. [2020-09-09]. https://mp.weixin.qq.com/s/z8Y1PieBCBtPKFOYT8TSiw.

[9]BILTGEN P, RYAN S. Activity-based intelligence:principles and applications[R]. Artech House,2016.

[10]CHANDLER P. ATWOOD C P. Activity-based intelligence revolutionizing military intelligence analysis[R]. FQ 77,2nd Quarter 2015:24-29.

[11]TREVERTON, GREGORY. Creatively disrupting the intelligence paradigm[J]. ISN security watch, 2014(2).

[12]肯特. 战略情报:为美国世界政策服务[M]. 刘薇,等译. 北京:金城出版社,2012:3.

[13]陈培. 美国防情报局局长阐述情报工作三大重点[EB/OL]. [2020-09-20]. https://mp.weixin.qq.com/s/cAXwdDIGmtD-UWzq7waSjA.

（本文原发表于《情报理论与实践》2020年第10期）

第五部分

情报学与情报事业的过去和未来

引　言

"科学给人知识，历史给人智慧。"[1]傅鹰曾简洁地道明了科学历史的价值。"历史地看待"对任何一门科学的重要性不言而喻。例如，在心理学独立之初，艾宾浩斯曾这样概括地描述心理学的发展历程："心理学有漫长的过去，但只有短暂的历史。"[2]人们虽然都不自觉地使用着心理学，但在很长一段时间里，却对它缺乏关注，甚至忽视它的存在。情报学的发展与心理学极为相似，也有漫长的过去，但却只有短暂的历史。情报自古有之，"知己知彼，百战不殆"的情报思想影响了千年的军事行动。直至《诚如所思》的发表开启了情报学理论化科学化研究的道路，中国科学院科学情报研究所的成立开启了我国科技情报事业的大门。"当下乃为成事而拾掇的往昔，往昔尤为解惑而展开之当下。"[3]情报学的发展一直伴随着对其历史的回顾，对当时当下情报理论、工具的探究与应用，以及对前沿的追寻和对未来的思考。如今大数据与智能化环境下，情报学理论研究和情报工作实践又处于新的变革中。变革带来了机遇：借助人工智能和大数据，情报学多了新的研究方法和模型，情报工作多了新的分析手段和工具，情报人多了新的数据思维和创新视角。变革也带来了挑战：情报学是否会被逐渐边缘化，是否会被数据科学所取代？未来的情报工作是否会逐渐被人工智能化？未来的情报工作人员是否会被人工智能所取代？机遇往往和挑战并存。机遇更大还是挑战更多，这个讨论的意义不大。面对挑战，我们不妨更多地探讨情报学和情报工作如何更好地利用新技术支持科研和创新，如何支持人工智能向真正的智慧发展。

近五年的国内外相关研究可以简单分为情报学的发展研究和情报工作的发展研究两个部分。情报学的发展研究主要涉及学科发展定位、理论框架研究等方面[4-13]。情报工作的发展研究主要从其历史使命与定位、工作体系与情报体制建设等方面开展[14-19]。国内外的相关研究焦点有所不同，国外在情报学发展研究方面和国内类似，但很少从情报工作、情报事业这个大的方面展开综合分析，更多的是直接聚焦在跨学科的实际应用领域。

大数据及国家安全与发展战略正在促使情报学和情报工作进入一个新时代。以史为鉴、面向未来。从学科发展角度，《在新的时代格局中坚守和发展情报学》一文围绕情报学学科发展与坚守主题，分析学科面临的新环境，讨论对学科发展现状的不同看法，阐述当前学科发展中必须坚守的五个方面，提出了有关学科发展战略和方向的建议。展望未来，《不忘初心、牢记使命　展望情报学与情报工作的未来》一文针对新时代、新环境、新技术、新战略背景，探索了如何在"不忘初心、牢记使命"这一宗旨下发展情报学与情报工作，并分析了情报学与情报工作发展的历史机缘，展望情报学与情报工作未来发展的机遇，给出情报学与情报工作未来发展的六点思考，并解析了《南京共识》。《大情报观下情报学研究方法体系构建思路刍议》一文首先肯定了历史研究对情报学存在合法性和问题意识的价值，随后基于我国情报学学科的本土性，“知己”地在对情报学学科内部异质性进行梳理的基础上，提出大情报观下广义情报学研究的研究体系，进而为如何构建情报学研究方法体系提出可能的思路。从情报工作与事业角度，《中国科技情报事业发展历程与发展规律研究》一文对中国科技情报事业发展历程中标志性重要事件的标志性意义，按照大约十年为一个发展阶段，简述中国科技情报事业60年发展历程，并对发展演变的五个方面特征进行分析，提出中国科技情报事业发展的五个方面的演变规律。“历史地看待”要求我们“求是，致用”。本着服务、致用的态度，《基于国家科技管理平台的科技情报事业发展思考》一文回顾科技情报事业创立初衷、发展历程，分析当前面临的困境与挑战，结合国家科技管理平台的建设，研究科技情报业务融入科技项目管理过程的可行性，并从构建新型科技情报网（站）体系、构建科研信息化协同服务平台等角度，探讨面向科技计划实施的科技情报业务总体框架，提出融入科技管理平台的科技情报服务模式，阐述基于国家科技管理平台的科技情报事业推进策略。

大数据与智能化环境为情报学和情报事业带来了新的发展机会，此时我们应在智能和数据洪流中找准情报学定位，重视技术和人文在情报学中的价值，勇于开展跨学科融合的尝试，积极进行跨领域应用的创新。情报学人当不忘初心、积极探索、砥砺前行，规划未来的情报学蓝图，共创情报学的未来。

参考文献：

[1]袁江洋. 科学史的向度[M]. 武汉：湖北教育出版社，2003.

[2]EBBINGHAUS H. Psychology: an elementary textbook[M]. Boston: Heath, 1908.

[3]杜兰特. 历史的教训[M]. 成都：四川人民出版社，2015.

[4]李树青，周小康，丁晓蔚，等. 面向国家战略层面和社会应用层面的我国情报学学科发展定位及其思考[J]. 图书情报知识，2020(5):54-67.

[5]曹文振，赖纪瑶，王延飞. 人工智能时代情报学发展走向之辨——对本体论、感知论、方法论、服务论的再思考[J]. 情报学报，2020(5):557-564.

[6]陈芬，苏新宁. 我国情报学学科发展现状与未来思考[J]. 情报学报，2019(9):988-996.

[7]李品，杨建林，杨国立. 作为科技发展先行者的情报体系理论框架研究[J]. 情报学报，2019(2):111-120.

[8]彭靖里，李建平，GAO J. 发展情报学思想的产生及其理论研究进展[J]. 情报理论与实践，2019(4):12-17.

[9]MESCHEDE C, HENKEL M. Information science research and sustainable development[J]. Proceedings of the association for information science and technology, 2018(1):871-872.

[10]HJØRLAND B. Theory development in the information sciences[J]. Journal of the American society for

information science and technology, 2017 (7): 1796-1801.

[11]赖茂生. 新环境、新范式、新方法、新能力——新时代情报学发展的思考[J]. 情报理论与实践, 2017 (12): 1-5.

[12]李阳, 李纲. 我国情报学变革与发展："侵略"思索、范式演进与体系建设[J]. 图书情报工作, 2016 (22): 5-11.

[13]杨志维. 情报学学科发展现状与问题浅议[J]. 情报理论与实践, 2016 (3): 1-5.

[14]赖茂生. 新时期新格局呼唤新战略——对我国科技情报事业发展战略的思考[J]. 情报理论与实践, 2020 (8): 1-8.

[15]赖茂生. 新时期 新使命 新定位——对我国科技情报工作发展方向的思考和建议[J]. 情报理论与实践, 2020 (7): 1-5.

[16]胡康林. 中国情报学界的情景应对研究进展分析[J]. 图书情报工作, 2020 (12): 11-18.

[17]张惠娜, 周京艳, 刘如, 等. 我国社科情报工作发展回顾与思考[J]. 情报理论与实践, 2019 (9): 171-176.

[18]包昌火, 马德辉, 李艳, 等. 我国国家情报工作的挑战、机遇和应对[J]. 情报杂志, 2016 (10): 1-6, 17.

[19]赵冰峰. 论面向国家安全与发展的中国现代情报体系与情报学科[J]. 情报杂志, 2016 (10): 7-12.

在新的时代格局中坚守和发展情报学

赖茂生（北京大学信息管理系）

第十届全国情报学博士生学术论坛、中国情报学年会暨情报学与情报工作发展论坛就要隆重召开了。2020年情报学博士生论坛的主题是“情报学的坚守与发展”，这虽然不是我们学科的新话题，但是，当前这样形势下，它确实是一个很有现实意义的重要议题。年会论坛的主题则具有鲜明的时代特征——应对不确定的未来：情报学和情报工作的使命与挑战。近年来，陆续有一些文章和会议在讨论情报学的发展方向问题。今年恰逢规划年，从上到下都非常关心我国科技情报事业的发展战略、业务定位和策略措施等重大问题。为了回答好处理好这些问题，我们需要首先认识面临的新环境、新格局，站在一个大格局的高度上来考虑我们的发展问题。

1 我们面临的新环境

1.1 国际国内发展新格局

目前，国际形势非常复杂严峻，世界大格局正在发生大变化。美国对我国持续疯狂打压和围堵。发达经济体在全球经济治理的基本理念和原则上与新兴经济体的分歧持续加大，一些国家保护主义和单边主义盛行。世界性新冠疫情危机与经济危机叠加在一起，还有石油危机和可能出现的粮食危机。经贸冲突与政治、地缘矛盾交错激化。少数发达经济体依仗自身的政治军事优势、要素质量优势、金融优势和规则制定优势来压制新兴经济体的发展和赶超，从而引发剧烈冲突。这一切使世界变得越来越混乱无序，局部性冲突空前增多，世界性战争的风险也骤然增大。

为此，中央指出，我们遇到的很多问题是中长期的，必须从持久战的角度加以认识，加快形成以国内大循环为主体、国内国际双循环相互促进的新发展格局，建立疫情防控和经济社会发展工作中长期协调机制，坚持结构调整的战略方向，更多依靠科技创新，完善宏观调控跨周期设计和调节，实现稳增长和防风险长期均衡。一些有识之士也建议国人要立足这样的世界新格局来进行战略决策，坚持以夯实自身为前提，以“守义为先，维利为次”为价值导向，以“大国之争，不在攻而在持”为首选之策，不轻易出牌，力争将自身的受损度降至最低，推动全球政治经济由“大破”向“大立”转化。

1.2 行业发展的新格局

在信息行业和科技情报行业，由于中美科技竞争加剧，国际科技交流今后会遇到更多更大的障碍。冷战时期西方国家对社会主义阵营国家科技事业进行极力封锁的做法今天又在重演。“脱钩”风险，再次被西方少数霸权国家孤立和封锁的风险，还在迅速增大。我国在产业链和供应链的稳定和竞争力方面还有很多短板，高端产业链中还有很多“卡脖子”技术尚未掌握，实现核心技术自主可控尚需时日。科技情报界如何为进一步打通“内循环”和尽快突破“卡脖子”技术提供有力的情报支撑？如何建立和强化面向新的“双循环”经济结构的情报支撑体系？如何配合国家要突破硬核技术实现自主可控的战略目标开展更有效的工作和服务？等等。这些都是我们在制定新时期科技情报事业和情报学学科发展战略时必须考虑和回答的重大问题，也是我们的新使命。另一方面，由于新一代信息技术的飞速发展和广泛应用，人类正在进入一个大数据、大传播时代。这是一个信息噪声越来越大的时代，也是一个真相越来越昂贵的时代。科技情报界需要积极面对，自觉地更有效地担负起帮助用户“降噪捞针”的艰巨任务。这又是一个信息生产和消费模式出现颠覆式变革的时代，一个信息跨界竞争越来越激烈的时代。少数信息寡头在网上网下激烈地争夺信息资源、传播渠道和用户。传统的信息搜集模式、增值加工模式和服务提供模式已经越来越不适应需要了。科技情报界和情报学界更要积极地去面对这种新的变革和竞争局面，加快研究和确定新的发展战略和业务定位，积极采取措施，强长板，补短板。

1.3 我国高等教育发展的新格局

世界新格局迫使我国进一步加快各方面的改革和发展，包括教育领域的学科建设和人才培养方面。我们需要抓紧提升文、理、工、商、农、医各学科的科研和教育水平，急需提高和培养一大批高素质、能适应新格局的国际化专业人才。为此，近几年教育部联合有关部门按照《加快推进教育现代化实施方案（2018—2022年）》要求，制定并在加紧实施“六卓越一拔尖计划2.0”，建设新工科、新医科、新农科、新文科。这些政策的主要精神就是强调明确学科发展的使命导向，例如，新文科建设要面向我国在治国理政、经济建设、扶贫抗疫、生态文明等方面的创新探索和实践，总结中国经验，阐释中国理念，建立中国学派，弘扬先进的中华文明和价值观；强调树立新的学科教育理念，即强调社会实践问题导向，能力培养和素质培养并重，培养创新型高质量人才；强调学科教育的新定位，例如新文科的定位是强调要为人文社会科学研究、公共文化服务和社会治理等领域培养具有文化自信、使命感强、有担当、创新创业能力、跨界融通整合能力的高素质人才；强调学科教育的新结构，改变学科设置不合理和社会实际需要脱节的状况，提倡学科交叉融合，建设新学科；强调人才培养的新模式，例如新文科就是要求进行“课堂革命”，淘汰“水课”，打造“金课”，推动课程体系、教学内容、教学方法、效果评价的改革，着力打造线下、线上、混合式、虚拟仿真、社会实践等5类“金课”，全面提高教学质量。

2 如何认识我们学科的现状?

关于学科发展问题，我觉得今年六月份发表的两篇文章很值得关注。一篇是冯惠玲教授发表在《信息资源管理学报》第3期上的，题名为“学科探路时代——从未知中探索未来”。文中提出：需要重新确定图情档学科的研究对象范畴和知识体系。图情档学科教育的探索正在以信息管理为圆心扩展半径，融入信息时代的运行轨道。作者认为，图情档学科的未来发展的一大特点是：学科口径大幅度扩展，立足于广义的信息管理是学科生存发展的根本出路和方向[1]。本人认为，这些观点是很有见地的，提得很及时，希望有关部门和本学科的广大同人能加以重视和协力推动其早日实施。

另一篇文章是柯平教授发表在《情报理论与实践》2020年第6期上的，题名是：情报学教育向何处去？文章首先谈论了科技情报专业的兴衰问题和改名潮，认为情报学教育出现了随市场泛化、专业模糊的现象，以信息管理教育替代情报学教育，培养了一大批名不副实的“三无”（无在情报所实习的经历、无学科理论基础、无专业研究成果）毕业生。作者进一步认为，当前学科的痛点是“丧失科技情报和本科之痛”，要恢复情报学的本科教育和重建情报学教育体系[2]。我本人是不同意上述观点的，因为这些观点和判断缺乏事实依据和数据支撑。但是，我很赞同柯教授文中的两个观点，即：要审慎地处理与iSchool运动的关系，不要盲目跟随，要争取中国的话语权。进军军事和安全领域会使学科偏离主航道。这两点提醒是非常必要和及时的。

显然，这两篇文章的主要观点是对立，对学科现状的判断是截然不同的。而且，这两位作者都不是一般的教授，都兼着图情档学科评议组成员的身份，对学科发展特有话语权的。这就难免会使在这个学科讨生活求发展的师生们产生困惑和忧虑。

3 情报学要坚守什么?

在我国情报学界，提出和关注“坚守”的口号已经有很长一段时间了。但是，到底要坚守什么？至今好像也没有一个公认的明确说法。据了解，有人提出过“坚守优势领域”的主张。2018年，ASIS&T年会的主题也提出了一种坚守：“构建一个新兴技术背景下恪守伦理与可持续发展的信息未来”。本人认为，在当前的形势下，情报学最需要坚守的主要是下列5个方面。

3.1 坚守初衷，不忘初心

这要追溯科技情报工作的起源。近代科学的出现，使得科学交流活动逐渐增多。为了方便科学家之间的学术交流，于是出现了学术社团和科学期刊。这些新的交流工具和环境就成了催生科技情报工作的温床。科技人员历来重视科技情报工作，许多科技人员都曾经亲自做或兼做科技情报工作，因为科技情报工作本来就是科学研究工作的组成部分。随着研究人员的增多，期刊数量的增多，研究论文发表量越来越大，论文的查阅和管理渐渐地成为一种负担。于是，社会就有了新的分工，出现了文摘索引工作，从最初简单的刊附式文摘索引慢慢地发展为独立的文摘索引刊物。这种情报性的刊物从18世纪起就逐渐盛行起来，此项工作就被称为文献工作，从事此项工作的就被称为文献工作者。19世纪起，科学文摘刊物逐渐走向成熟，其标志是德国《药学总览》（后改名为《化学文摘》）的问世。许多重要的文摘索引刊物相继出现，被科学技术界广泛利用，奠定了它们在科学交流中的重要地位。这就是科技情报工作发展过程中的文献工作阶段。这是科技情报工作从科学研究活动中独立出来的标志，也就是科技情报工作的第一阶段。

20世纪上叶爆发了两次世界大战，特别是第二次世界大战，对科学研究产生了非常大的影响，催生很多新科技，科研活动的规模空前扩大，国家直接干预、组织领导科研工作，科研成果数量也呈爆炸性增长。如何将这些战时产生的大量的科技成果和知识利用在和平时期的国家建设上？这个战略性问题在二战快要结束时被提出。于是，就有了美国科技界提出的“科学：无止境的边疆”这样的战略报告和具体探讨有关实施策略的重要文章：“As We May Think”。紧接着就有了国家出面组建的各种科技情报机构和科技情报计划，有越来越多的科技人员分流出来做科技情报服务工作，有越来越多的人开始研究开发能解决科技情报的快速传播、快速检索和机械化存储与管理的技术和设备。情报学发展史上的一个最重要国际活动是1948年英国皇家学会召开了国际科学情报会议。另外，二战结束后迅速出现了东西方两个阵营对峙的冷战局面和科技封锁，迫使我国为了发展科学技术和突破西方的科技封锁而加紧开展科技情报工作。

从此渊源可以看出，开展科技情报工作的初衷是服务于科学研究，促进科学交流和科技发展，不断开拓科学的新边疆、知识的新边疆。所以，很多情报学家都把科学交流和创新支撑作为情报学研究的核心领域之一。在今天，尽管世界已经大变了，科技情报工作的基本使命没有变。情报学界首先要坚守这个初衷，不忘初心。

3.2 坚守理论来源于实践的理念和理论与实践相结合的原则

情报学的来源和基础是科技情报工作实践。科学研究过程和成果传播给科技情报工作提出了信息需求和情报应用场景。在英国，情报学的发展是先有“情报科学家”（information scientist），后有“情报学”（information science）。这是指20世纪50年代的事情。在欧洲大陆，则是先“文献工作”（documentation）后有“文献工作者”（documentationists）。在我国，也是先有“工作”后有“学”，先成立一批科学（或科技）情报研究所，开展科技情报工作。高校也是先成立的科技情报专业，后来才逐渐开始使用“情报学”这个名称。这些都表明国外和国内的情报学学科的来源和基础是实践。情报学的发展和生命力也需要依赖实践这个“根”，需要贯彻情报学研究要与实践相结合的原则，强调情报学研究要服务于实践。现阶段，我国的情报学研究就是要坚持服务于科技情报工作的新定位，即，创新支撑、决策咨询、安全预警、信息保障。我国情报学界轻视实践、脱离实践的现象和倾向需要引起重视和加以纠正。

3.3 坚守以开源信息为研究对象

科技情报工作的起源和发展都是以开源信息作为工作对象的。早期的工作对象是科技期刊，手段是手工摘录、编排和印刷发行，工作成果和产品主要是文摘索引和快报简讯。后来越来越多的文献类型（如会议文献、研究报告、专利说明书和技术标准等）相继成为工作对象。其中，除了研究报告被称为“灰色文献”，其他都是标准的开源信息。而所谓“灰色文献”主要是指它属于非正式出版和非公开发行的文献资料，是属于“半开源”的，但不是秘密的。加之科技情报工作的初衷就是要促进科技交流。所以，情报学要坚守这个初衷和行业传统，坚持只以开源信息为研究对象，不涉猎秘密信息和资料。在学科名称上，对应的英文也应该继续坚持使用“information science”，而不是“intelligence studies”。因为使用前者意味着一种“开源”取向，使用后者则意味着放弃“开源”而追求“特殊手段”或“秘密手段”的取向。

历史的经验值得重视。据报道，1996年2月的一次讨论会上，当时的美国中央情报局局长约翰·多伊奇宣称“中央情报局保留打着美国记者或其组织的旗号从事谍报活动的权利”。随后，国际新闻学会召开了一次世界大会，来自世界各国报刊的300多名主编和负责人纷纷谴责多伊奇的上述言论，并通过了一项决议，敦促各国政府禁止情报人员冒充记者的做法。联想到今天如此复杂的国际形势，正常的国际学术交流被肆意污蔑和刁难，明确并强调坚守以开源信息为研究对象，非常有现实意义。

3.4 坚守学科的核心领域

作为一个学科，情报学是在两大环境因素推动下，在长期的科技情报工作实践的基础上诞生的。这两大环境因素就是“信息爆炸”和社会缺少合适的系统或工具来管理和获取这些信息。一个学科不能没有核心领域，否则，它的研究对象就会飘忽不定，成天追风赶时髦。它的知识库就会缺少坚挺的躯干和科学体系。情报学的核心领域是什么？对此，不同国家，不同时代，不同学派，可能会有不同的认知和主张。

例如，在美国，我们的同行一开始对“Information Science”的知识体系和核心领域就有许多不同看法，逐渐地形成了不同的风格、范式和流派。1998年任ASIS主席的巴克兰（Michael Buckland）就把美国的Information Science研究概括为两种传统：计算传统和文献传统。2000年，ASIS推出了一部概论性著作：*Introductory Concepts in Information Science*，主编是Melanie J. Norton，全书只有8章：①Information and Information Science；②Information Science的两种视角（即信息全覆盖视角和元科学视角）；③信息传播；④信息检索；⑤文献计量学；⑥信息经济学；⑦信息价值的解释；⑧数字权利：社会阶层变动中信息的价值。

2011年，ASIS又组织专家编写出版了一部专业教材：*Introduction to Information Science and Technology*，主编是Charles H. Davis和Deborah Shaw。共有14章：①信息的

世界（主要介绍“世界3”理论）；②信息科技基础：介绍基本术语和学科史；③信息需求、信息查寻行为和信息使用；④信息表示：介绍主题标引过程中的信息分析和内容分析方法，包括语境分析、话语分析、解释学分析、符号学分析、文摘工作、标引作业等；⑤信息组织：自然语言、受控语言、名称规范、分类法、元数据、信息构建、归档理论；⑥计算机与网络：软硬件问题、因特网、组网原理，云计算，计算机安全；⑦结构化信息系统：系统分析与设计、概念建模、数据库；⑧信息系统的应用：计算机检索方法和程序、数字图书馆、电子资源管理；⑨信息系统评价：自学习、实验室研究、田野研究、可用性、人机交互；⑩信息管理、社会信息学和知识管理；⑪信息生产、学术交流（协同研究、同行评议、开放存取）、文献计量学、引文分析、网络计量学；⑫信息政策、信息经济学、知识产权、信息标准、信息自由；⑬信息职业谱系和价值观、信息伦理；⑭信息理论（信息论、网络理论、小世界理论），Information Science与传播学及哲学之间的联系和问题，该章强调Information Science的跨学科性质和哲学理论的价值。

在我国，情报学界对情报学的知识体系和核心领域也有不同的看法。而情报学界集体编撰的权威工具书则可以在一定程度上体现学界的共识。例如，《中国大百科全书》（第一版，1988年）图情档卷中情报学部分就将情报学的内容概括为11个方面：①情报的产生、内容、特点和结构；②情报的传播、交流和利用；③情报的贮存和检索；④情报的标准与规范；⑤情报系统和网络；⑥情报用户和情报需求；⑦情报的大容量存储和高速传递；⑧情报学与相关学科；⑨现代化信息技术和手段在科学情报领域的应用；⑩情报的经济学与社会学；⑪信息化社会。2010年出版的由中国科技情报学会组织编撰的《中国情报学百科全书》则这样展示情报学的知识体系：①理论与方法；②情报源与情报采集；③情报加工处理与信息组织；④情报检索；⑤信息服务；⑥情报研究；⑦情报技术与基础设施；⑧情报事业与管理；⑨情报成果与出版物；⑩情报机构和人物；⑪综合与相关学科。

尽管教科书与百科全书二者的编撰目的和用途是不同的，展示的知识体系不是完全可比的，但是我们从中也可以看到国家的差别和时代的差别。

3.5 坚持创新是学科发展的核心理念

坚守不是目的，发展和创新才是学科生命力的源泉。我们要坚守的东西是我们学科的起点，发展的基础。没有它，一切无从谈起。但是，如果只是坚守，不重视发展和创新，坚守就会退化为抱残守缺，到头来什么也守不住。

时代在前进，社会在迅速变化，科学技术在快速进步，信息技术及其应用日新月异。我们学科的各个分支领域都面临着不同的问题和挑战。例如，在信息组织领域，现有的检索语言、标引和分类方法都越来越难以适应科技创新、智能技术应用和广大非传统信息用户的新要求。在信息检索领域，原来基于传统的文本信息的检索理论、模型和技术，面对网络和许多新媒体产生的信息，其局限性日益明显。在文献计量学领域，随着科研管理和学术评价的要求不断提高，其天生的缺陷越来越引起使用者的质疑。在用户研究方面，过去主要局限于研究用户的信息查寻行为和引用行为。今天的用户已经不仅仅是信息使用者，同时还是信息的生产者和传播者。用户生产内容，用户频繁转发各种信息等现象，已司空见惯。这给信息搜集、加工处理、信息服务、传播把关、企业经营、社会治理和国家安全都带来了巨大的挑战。大数据的出现，由信息爆炸发展到数据爆炸，更是对我们学科的一次全面的挑战。数据的组织、检索、保存和利用，在理论和技术方法上，我们学科的知识库中许多地方都处于空白状态或失能状态。对此，在2020年9月26日吉林大学图情档学科创立40周年的云端庆祝大会上，武汉大学信息管理学院新任院长陆伟教授在报告其研究团队的新探索研究成果时，也发出了某种悲观的感慨。这些都说明，对于我们学科来说，坚守固然重要，发展创新更为重要。我们应该有紧迫感，进一步增强创新意识和创新力度。

4　关于学科发展战略和方向的建议

说了那么多情况和问题，最终免不了俗：提建议，开药方。然而，自己已经离开教学科研第一线多年，实际情况了解不多，也不容易了解。加上以前的身份是学校的教员，没有在专业研究院所和企业或政府机构工作过，谈学科发展问题难免会有片面性。下面谈的几点建议，只是个人的思考心得，谈出来供大家参考。

4.1　强基础，求卓越

教育部制定的“6卓越1拔尖计划2.0”的主要精神就是强基础，求卓越。对于图情档学科来说，强基础意味着什么？本人认为，根据本学科的性质和社会需求，强基础就是要进一步建设好“信息管理与信息系统”这个本科专业，使之成为一个基础坚实、知识体系先进、培养模式实用有效的、强大的本科专业。这样才能向图情档学科和其他相关学科输送高质量的本科生，使我们的学科水平提升有优秀的生源保证。图情档学科基本上都属于应用性学科。我们过去的办学经验和欧美的办学模式都表明，这个学科更适宜采用研究生教育来培养人才，而不是办本科专业。清华大学新闻与传播学院今年就决定不再招收本科生。这个决策在社会上反响很大，赞成和质疑的声音都有。这是清华大学根据新闻学和传播学的性质和建设新文科的要求做出的明智决定。我们学科的情报学专业，23年前就把本科层次的科技信息专业合并到信息管理与信息系统专业，这不仅是贯彻当时教育部提出的“厚基础，宽口径”的要求，也符合社会信息化的大趋势和科技情报院所的人才需求。本人以前也参加过科技情报研究院所的人才招聘和职称评定工作，对它们的人才需求有一定了解。它们确实需要各种专业背景的人才，特别是一些基础学科的毕业生。所以，我们应该进一步坚定信心，心无旁骛地努力办好信息管理与信息系统专业，强化图情档学科的大基础。

4.2 着力发展自身的交叉学科优势

情报学本身就是一门具有交叉学科性质的学科。中国学者和外国大多数情报专家都认为情报学属于一门新兴的交叉学科，是自然科学和社会科学的合成学科，它作为理解现代化通信与知识综合化所必需的一个领域而存在。联合国教科文组织的情报专家曾经从工作实践出发，把计算机和通讯科学、图书馆和文献工作、管理和系统科学这三大领域的交叉产物视为情报学。

目前，我们在这方面存在的主要问题是还没有很好地实施学科交叉融合，学科交叉的优势远没有体现出来。要改变此局面，首先，院系领导层要高度重视，要有切实可行的规划和目标及措施。其次，要创造条件，开展院系合作、科教合作、产教合作，通过不同的场景和资源的融合来推动学科之间的交叉融合。第三，积极吸引相关学科的专家学者来参与交叉性课题和项目的研究，要组织得当，机制灵活，目标明确。对院系内已有的不同学科背景的人，要了解他们的需要，帮助他们发挥好作用和尽快融入主体学科。

4.3 加快建设有中国特色、世界水平的学科

“6卓越1拔尖计划2.0”要求建设具有中国特色、世界水平的新工科、新医科、新农科和新文科，加快构建具有继承性、民族性、原创性和时代性的学科知识体系和文化体系，构建有中国特色的学科体系、学术体系、话语体系和教材体系。我们的图情档学科就有一定的中国特色。例如，图书馆学就继承了一定的中国文化传统，书史课、目录学课，其设置和内容就很有中华民族的特色。我们的信息管理转向比欧美早，信息管理设在本科层次，覆盖面、课程体系和教学内容等，都有我们自己的特色。情报学也与欧美的有所不同，一开始学苏联的比较多，重视科技情报和情报研究，并提出了我们自己的情报工作方针：广、快、精、准。改革开放后，学欧美的多了，对我们学科的发展确实起了很大作用，但是也出现了一些偏差和问题。有过度西化、过分强调量化、食洋不化的倾向。近年来，国人逐渐意识到，如果一个学科从理论方法到思维表达都是西方的，就值得反思了。有学者说，他最近读了西方编写出版的四部有代表性的经济学著作，发现其中的理论、实例选择、表述都明显表现出许多西方的偏见，有些甚至是霸道。在我们学科，当国内开始热衷于引进“世界3”理论时，就有两位年青学者发文章对该理论进行了质疑和批驳。现在很有必要重新审视这几十年来我们引进的一些学说和理论。

4.4 强长板，补短板

据了解，有人提出过“坚守优势领域”的主张。我们学科时常会暴露出某种“取巧”的文化特性，主要表现为：盲目跟风、乱蹭热点、冒充创新。这些做法都不会使学科真正发展和强大起来。正确的导向应该是：强长板，补短板，提升学科内涵，强化学

科竞争力。首先要做好以下几项方向性的转变工作，即：由文献信息向开源信息转变，由信息向大数据转变，由用户查寻行为向用户信息行为转变，由信息咨询向提供解决方案转变，由文献计量向大数据分析转变，由文本检索向数据（集）检索转变。其次是针对我们的弱项，组织力量和通过合作，研究、引进、消化和掌握那些卡脖子的理论问题、技术问题和方法问题。同时注意发现人才、引进人才和培养人才。

4.5 优化学科发展的生态环境

李克强总理在2019年的政府工作报告中指出，我国有世界上最大规模的科技人才队伍，营造良好的科研生态，就一定能够迎来各类英才竞现、创新成果泉涌的生动局面。本人认为，要实现这个目标，首先是要创建一种包容性的学术环境，学者与学者、学者与院校系所、学者与社会和谐相处。其次，是教育管理、科研管理要落实以人为本的宗旨。对于图情档学科来说，就是要大力提倡团结合作，共同发展，不要闹独立。对于信息管理和信息系统专业，全国有近600所高校设有这个专业。这些高校类型多样，条件层次不同，背景和隶属关系复杂。合作得好，就会形成巨大的力量和资源，对推动专业建设和提高人才培养会有莫大的好处。遗憾的是，它至今都没有一个独立的教育部高等学校教学指导委员会来做团结协调工作。这是一种严重的生态环境缺陷。希望大家能多呼吁一下，争取得到有关部门的理解和支持。在问题解决之前，建议中国科技情报学会教育专业委员会和国务院学位委员会办公室学科评议组能出面多做些工作。美国20多个图情院系在2005年能搞起一个iSchool联盟。我们1998年就有150多个高校设立有信息管理与信息系统专业，却一直不能组织和联合起来，做些利教利民的事情。真是令人扼腕。

4.6 打造有大格局的人才

学科建设和人才培养都需要重视格局的打造。格局大小对事业的兴衰和个人的前途影响都很大。格局有层次之分，如国际格局、国家格局、行业格局、组织和企业的格局、个人的格局。行业和组织层面的格局的内涵主要有：价值观、政治站位、事业布局、业务定位、发展目标、角色定位、文化品位等。个人的格局主要指见识、眼界、价值观、气度等。一个有大格局和气度的人主要表现是：容人、识人、不负人，上不负国家、民族、人民、投资者，下不负用户、跟随者等。同时，他（她）通常都有乐观的心态，对不确定性保持乐观，愿意尝试和探索，不甘平庸，不傲骄；对重要的事情有判断力和定力，不被短期利益所左右。心中有格局，脑子里懂格局，行动上顾大局。

在纷繁复杂、迅速多变、矛盾丛生、危机四伏的外部环境下，信息管理和图情档学科更要重视培养和打造有大格局的人才。要通过各方面的工作和努力，使我们自己和我们的毕业生成为价值观正确、政治站位高、有国际视野、有大气度和乐观向上心态的优秀人才。

近代开始的科学活动和社会交流活动孕育了科技情报工作和情报学。人类创造和积累的浩瀚信息和知识海洋滋养了情报学。情报学和情报工作以信息的科学管理和促进知识的有效利用为使命，并通过在履行使命过程中创造出越来越多有价值的知识和智慧来反哺人类和科学，为社会不断进步做出应有的贡献。科技情报工作和情报学的诞生与发展虽与战争有某种关联，但是它们的另一个天职就是面对世界的不确定性的不断增大，以信息降熵，以情报止战，运用信息、情报和知识来促进人类的和平发展。建设和发展一个能更好地担负上述伟大使命的强大的学科和事业，就是我们今天的重要责任。

参考文献：

[1]冯惠玲. 学科探路时代——从未知中探索未来[J]. 信息资源管理学报,2020(3):4-9.

[2]柯平. 情报学教育向何处去? [J]. 情报理论与实践,2020(6):1-9.

不忘初心、牢记使命　展望情报学与情报工作的未来*

苏新宁（南京大学信息管理学院；
南京大学江苏省数据工程与知识服务重点实验室）

情报学是研究情报的采集、处理、组织、加工、分析与服务过程中所涉及的相关理论、技术与方法的学科，也是研究情报实践过程中所涉及问题解决方法的学科。所以，从情报学学科诞生起，就和情报工作密切联系在一起，它是一个和时代发展紧密相关的学科之一。从宏观角度看，情报学是一个涉足安全、科技、文化、社会、经济、医学、公共管理、决策支持等众多领域的学科，可以说，情报无所不在，情报学无所不及。

情报工作的主要内容，是对情报信息的收集、组织、整理、选择、分析，提供情报报道、专题情报分析、决策支持建议、紧急事件预警、情报评估等。同样它服务于各个领域，不仅在保卫国家安全，维护国家主权和利益方面发挥重要作用，在促进国家科技、经济、社会文化的发展方面也不可或缺，同时为政府决策、政策制定、重大事件处理等提供情报支持。除此以外，情报工作还为提升人们生活品质、提高工作效率等提供情报和咨询服务。

《中国情报学百科全书》定义：情报学是研究情报的产生及有效收集、组织、存储传递、转换和利用规律，并运用现代科学技术管理和利用它们进行分析、合成、发现、解答、控制、学习和决策的一门学科[1]。由此可见，情报学是一门应用型、交叉型学科，随时代发展渐进并深入的学科，大数据时代更有可能成为具有横断属性的学科，所以，情报学在推动其他学科的发展中将会发挥更加重要的作用。情报工作是社会发展的需要，也是科技进步的必然[1]，它是将决策支持、高效管理及咨询服务融为一体的智慧活动，是情报学研究成果实践的场所，在国家安全与发展、提升政府部门的决策支持能力及促进科技与社会进步的过程中有着重要的作用。

20世纪50年代中期，国家以及各省市相继成立了科技情报研究所，由此，大规模的、面向科技与社会发展的情报工作正式启动。情报工作者树立起成为国家建设和发展中的“耳目尖兵参谋”角色之心，并肩负着为振兴国家科技、促进社会发展、保卫国家和人民安全提供情报支持的使命。新中国建立之初，百废待兴，工农业生产和科技发展亟待科技文献的支撑，情报工作承担了科技文献检索，科技文献文摘出版、翻译、简报

---

* 本文系2017年度国家社会科学基金重大项目“情报学学科建设与情报工作未来发展路径研究”（编号：17ZDA291）成果。

的重要责任；70年代以后，随着计算机检索技术的发展，情报工作的重点又增添了计算机文献检索的重任，开展了脱机检索、联机检索的服务，主要为科技人员、科技项目提供国外最新科技文献信息；90年代以后，尤其是新世纪开始，互联网的普及和应用的深入，情报工作在信息资源建设、应用服务平台建设方面开展了大量工作，同时相关先进信息技术也成为情报工作的重要手段。半个多世纪以来，情报工作在国家安全与发展中发挥了重要作用。

与此同时，我国情报学诞生之初，情报人怀揣着振兴我国情报事业、建立具有完善的情报学学科体系、创新情报学理论方法之心，铭记着为国家培养“耳目尖兵参谋”式情报人才之使命。与情报工作相匹配的情报学，在早期开创时主要以科技文献为主要研究对象，当时的学科名称为科技情报专业，90年代以后，“信息爆炸”的出现，大量信息技术应用于文献和信息处理过程，情报学研究对象开始扩大到信息。21世纪以来，情报学领域针对网络信息资源的采集、处理、组织、分析与服务等方面的研究成为最重要的领域，经过几十年的成长，情报学学科得到飞速发展，已拥有近百个硕士点和十多个博士点，在国家学科体系中占据重要角色。

随着大数据时代的到来，人工智能技术的发展，面对国家安全与发展战略、智库战略的需要，情报学与情报工作将如何发展？这是情报领域十分关注的问题。情报学与情报工作如何在新时代、新环境、新技术、新需求下不忘初心、牢记使命？我们必须重新审视和定位学科的未来发展，重新规划和设计情报工作的未来路径。如，初景利教授指出：在变化的时代面前，情报学与情报工作需要转型与变革，要突破以文献为基础的学科固有范式，拓展以情报交流为特征的学科边界，以智能情报分析为核心，以技术开发应用为手段，以大数据为核心能力，以数据科学为新的增长点，构建情报学与情报工作新的核心能力与竞争力[2]。

1　情报学与情报工作发展的历史机缘

作为应用型学科的情报学，其学科定位始终与国家需要、社会发展紧密联系，并不断与时俱进，情报工作更是如此。国家需要、社会发展需求、科学技术发展的推动以及信息技术手段的更新等，都为情报学与情报工作的发展提供了机遇，促进了情报学的广泛深入发展和情报工作的拓展和变革。

新中国成立之初，工农业生产水平落后且效率低下，科技水平与国外发达国家之间差距甚大，当时又面对西方国家的科技、经济等方面的封锁。科技人员获取国外科技资料十分困难，国家科技、经济、社会发展困难重重。在这样一种形势下，在党和国家领导人的关注和指示下，1956年成立了中国科学院科学情报研究所[3]，其后各省市以及一些国有大型企业相继成立了科技情报所。国家各行业、科技领域对科技文献资料的需求，使情报机构获得了快速发展的机遇，情报机构对国内外科技情报展开了采集、编译、撰写科技简报，编制科技文献检索工具和文摘，跟踪国际科技进展，为新中国初期社会主义建设立下了汗马功劳。也几乎在同时，1958年中国第一所情报大学——“中国科学情报大学”成立[1]，虽然昙花一现（1960年并入中国科技大学），但也说明当时国家教育机构对情报学教育开始重视起来。1977年恢复高考以后，1978年武汉大学率先建立了科技情报专业，并开始招收本科生[4]，同年，中国科学技术情报研究所也开始招收情报学研究生[5]。正是由于和当时的情报工作相匹配，情报学专业开办的初期，无不充满着科技文献的元素。再加上当时科技情报专业由图书馆学专业延伸出来，所以，情报学学科的创办初期，教学与研究内容主要集中在科技文献采集、文献整理、文献检索、文献服务，情报交流理论也主要偏重于文献交流。因此，早期中国的情报学虽然声称科技情报学，更准确的应该称之为科技文献情报学，因为当时的科技情报工作主要内容是针对科技文献的服务[6]。70年代后期，社会科学情报工作也开始引起重视，1977年中国社会科学院成立了社会科学情报研究所，1986年中国社会科学情报学会成立[7]。这些标志了我国情报学与情报工作开始走进社会科学领域。

20世纪80年代中后期，计算机开始进入情报机构，我国情报工作又拓展到利用计算机编制索引数据库，如期刊论文篇名数据库等，计算机检索服务工作成为情报机构的重要工作，针对国外数据库的脱机检索服务（包括：定题情报提供SDI，Selective Dissemination of Information）、联机检索服务在情报机构得到了广泛应用。90年代开始，随着信息爆炸的出现，信息技术、信息概念在冲击着情报工作，信息管理与服务工作成为各情报机构的主要工作，信息服务平台在情报机构大量产生。许多情报机构更名[8]，如“中国科学技术情报研究所”更名为“中国科学技术信息研究所”，高等院校的图书情报系（学院）大量更名为信息管理系（学院）。其后，情报学研究基本打上了“信息”的烙印，情报的采集、处理、加工、检索、分析、服务等名词在文章和教学中很少出现，基本上被信息所取代。例如：信息采集、信息处理、信息检索、信息分析、信息服务、信息评价等，同样在情报学领域的课题，也极少出现“情报”字样，情报在学术研究中逐渐淡化[9]。

21世纪以后，随着网络的普及和广泛应用，情报工作得到进一步升华，情报学又迎来了发展和转变的良机，网络信息资源建设、信息服务综合平台、语义网技术等在情报学领域得到广泛开展，原有的信息管理领域的研究课题逐渐拓展到网络环境下研究。这一时期，情报学与情报工作领域发展十分迅速，也非常活跃。情报工作为国家和地方政府的决策做出了许许多多的支撑。情报学学科的发展也十分迅速，情报学硕士点、博士点得到迅速增加。目前，拥有情报学硕士点（包括图书情报专业硕士）的高校已有百所左右，拥有情报学博士点的高校也有10余所。如此良好的发展势头，情报界对未来充满希望，同时也对过去进行了反思。一个重要的焦点就是：情报学与情报工作如何“回归”情报，更有学者对建立情报学一级学科提出了自己的建议和看法[10-12]。无论这些观点和建议正确与否，都从一个方面表现了学者对情报学与情报工作寄予很高期望，对情报学与情报工作的发展充满信心。

通过如上简短的阐述可以看出，情报学与情报工作的发展从最初的科技文献入手，到面向信息管理的情报学与情报工作，再到关注网络信息资源的情报学与情报工作。这些转变是顺应国家需求、社会发展、历史变迁、技术进步和国家发展大环境的需要，情报学者与情报工作者并没有忘记振兴我国情报事业的发展、建立具有完善的情报学学科体系和创新情报学理论方法之心，并时刻铭记着为国家培养“耳目、尖兵、参谋”式情报人才之使命。这并非是完全悲观的观点，如情报学已经不再研究情报了[13]。

今天，我们处在大数据时代，环境的改变、技术的发展为情报学与情报工作的变革提供了契机。国际国内的社会环境变化，国家智库战略、安全与发展战略都对情报学与情报工作的发展提出了更高的要求，习近平总书记提出的“总体国家安全观”思想，为情报学与情报工作指明了方向。正如学者刘如等人在《中国科技情报工作的传承与发展》一文中指出，情报学与情报工作在智能化与智库化战略下，正处在转型发展阶段[14]。在这样一个大环境下，情报学与情报工作如何不忘初心、牢记使命，促进情报学与情报工作更加快速健康的发展，这就要求必须深入分析发展环境，瞄准目标，把握机遇，接受挑战。

2　情报学与情报工作未来发展的背景、机遇与挑战

情报对提升人们的生活品质、促进科技的创新与发展、保障人们的医疗和健康、促进工农业发展以及辅助政府决策等有积极作用，可以说情报的应用领域无所不及。作为研究情报的采集、处理、分析和交流原理的情报学，以及为各个领域提供情报的情报工作，其未来发展与科学发展的背景、国家安全与发展的背景、国际大环境背景有着紧密联系。我们必须了解这些影响情报学与情报工作发展的背景，把握机遇迎接挑战。

2.1　大数据背景下的机遇

大数据影响着人类生活的方方面面，影响着科学研究的主导范式。数据科学的兴起，为擅长于数据采集、处理、分析的情报学与情报工作带来了极好的发展机遇。但机遇和挑战并存，大数据强调的概率分析、趋势分析以及4V特征与我们过去的情报学（情报工作）中强调的精准以及传统方法尚有不少区别。因此情报学研究与情报工作重心必须要有所改变，其研究与工作内容也将面临新的变革。在这样一种背景下，大数据环境下的情报分析必然成为情报学的重要研究领域。为此，研究大数据环境下的情报采集、情报关联分析、情报分析模型、决策支持情报系统等将成为未来情报学的重要研究领域。

大数据环境下的数据分析发生了根本转变：要求能够树立总体数据分析的思想，不再依赖采集的样本；不再执迷数据精确性，而接受纷繁混杂数据关联一起的数据分析思想；更注重数据（事物）之间的关系，不再强调数据（事物）间难以捉摸的因果关系。为此，大数据背景下的情报学研究应当顺应这些转变，树立大数据时代的情报分析思想，并关注大数据为情报学与情报工作带来的机遇：

（1）大数据为情报学与情报工作带来了积极的推动力，不仅促进情报学领域研究与实践的深层次变革，而且对情报工作在数据管理、数据分析、数据使用及数据服务中的职责，提出了更高的要求。情报学在大数据时代既应坚守历史演化所积累的学科特色，也应积极响应时代挑战，拓展新的研究领域，促使以文献为主的研究向网络复杂数据拓展，从结构化数据组织与处理向复杂结构数据扩展，并基于此，研制大数据情报分析工具，重建情报学理论方法是情报人必须完成的任务。

（2）大数据技术与方法的应用对情报学的理念、研究内容、主要技术方法等产生了重要的影响。大数据思维将逐步改变传统情报分析思路，大数据分析理念将使得情报分析的结论由宏观走向微观。通过大数据分析可以得到情报分析的宏观结论和基础，而深度的情报分析可以在大数据分析的基础上，借助智能分析的方法进一步深入到微观。因此，如何将大数据分析应用于情报分析？如何将大数据理念融入情报分析的技术与方法之中？这是情报学与情报工作需要探索和研究的。

（3）在大数据环境下，情报工作在范围、特征、作用、形式、对象等各个方面发生了巨大变化，其主战场不仅仅是科技与安全领域，已经拓展到社会经济、人类健康、生态环境、历史文化等方方面面。情报工作将会在社会经济、科技创新、医疗卫生、国家安全和提升人类的生活品质中发挥“耳目尖兵参谋”的作用。因此，情报学与情报工作可以此为契机，将情报理论、技术和方法影响各个学科领域和决策领域，并逐步把各级（类）情报所建设成政府、行业和各个领域的重要智库。

（4）大数据环境下的情报学与情报工作将面临全面创新，加强大数据环境下的情报学理论、方法与技术的深入研究，建立适应面更加广泛的情报理论、方法和分析模型，构建情报学独特的方法体系，是未来情报学的重要任务。展望未来，如何创建具有横断性的情报学理论、技术和方法？如何将情报学理论、技术和方法影响到各个学科和领域？这就需要情报人具有多方面知识。情报学必须要培养具有科技、文化等专业背景的多栖情报人才，为情报事业新的腾飞做好准备。

2.2 国家安全背景下的机遇

2014年4月，习近平总书记在中央国家安全委员会第一次会议上提出了“总体国家安全观”思想[15]，明确指出要既重视发展问题，又重视安全问题，发展是安全的基础，安全是发展的条件。2015年，习近平总书记在第十二届全国人民代表大会第三次会议解放军代表团全体会议上，明确提出把军民融合发展上升为国家战略，指出要加快形成全要素、多领域、高效益的军民融合深度发展格局，丰富融合形式，拓展融合范围，提升融合层次[16]。2017年6月，《中华人民共和国国家情报法》的颁布[17]，体现了决策层对我国情报事业的密切关注，为国家情报工作在“总体国家安全观”框架下的发展提供了法律支撑。在此背景下，传统的情报学研究需要做出改变，从新中国成立以来的科技情报、社会情报、竞争情报等扩大到安全情报领域，军民情报融合与面向安全与发展的情报研究将成为未来情报学与情报工作的重要方面。

从国家安全与发展背景来考虑未来情报学与情报工作的发展，必须将传统思维中的情报学与情报工作进行拓展。一是拓展对传统的、面向发展的情报学与情报工作的安全问题研究，如情报处理、存储、传播过程中的安全性问题；二是针对国家安全问题的情报学与情报工作的研究，即针对国内的社会稳定、人民财产安全等问题的情报学与情报工作的研究，以及国外某些不友好势力通过经济、政治、军事、文化等多种途径对我国安全构成威胁的情报学与情报工作研究。

由于我国长期以来，面向国家安全和社会发展的情报学与情报工作分属两支平行的系统，几乎不交融。地方高校、相关情报科研院所与军事公安高校及相关情报科研院所在研究过程中，没有形成完善的资源共享和协同创新体系，军（军事情报、安全情报等）、民（科技情报、社科情报等）情报学在理论、方法、人才、技术方面的融合形式、融合范围、融合层次都不够，难以形成优势互补。在复杂严峻的国际安全形势下，情报学研究分而治之的状况限制了情报学为国家安全和社会发展提供决策支撑的优势。在此背景下，如何加快拓展情报服务适用范围以满足新时代国家安全需求，构建情报法框架下的跨界融合的“大情报学”理论体系，实现军、民情报学理论、方法的融合互补，为国家安全与发展做出更大贡献，将成为情报界关注的领域。

2.3 国家智库战略背景下的机遇

2015年，中共中央办公厅、国务院办公厅颁布了《关于加强中国特色新型智库建设的意见》[18]，强调了智库在健全中国特色决策支撑体系中的重要作用。情报工作和智库工作在很大程度上存在相交部分，不论是研究内容、工作机制、服务目标上都有着天然的相关性，他们之间相互支撑、相互承继，如学者袁建霞、张薇等所述：智库的具体咨询研究需要情报研究的前端支撑功能[19]。

智库建设已成为国家战略，并得到各级政府和有关部门高度重视。作为与智库密切相关的情报学与情报工作有了更佳的实践平台。为此，在积极参与中国特色新型智库建设的过程中，情报学一方面要为智库的建设提供理论、方法、技术、人才支撑；另一方面，情报研究机构自身也需要积极进取，成为国家的重要智库，努力保证情报工作在社会发展进程中起到“耳目尖兵参谋”作用。因此，如何培养智库型人才？如何解决情报教育和情报工作严重脱节的问题？如何把情报机构建设成国家重要智库？这是情报界未来必须关注的方面。

然而，长期以来情报学对人才的培养、情报工作自身的定位似乎更强调服务。但为适应国家智库战略，未来将会强调情报学与情报工作引领科技发展的作用，将会努力发挥情报工作辅助政府决策的角色，将能够在各行各业担当“耳目尖兵参谋”的责任。这一切，也是情报学的使命，智库战略让情报学与情报工作再一次重视自己的使命，为情报学培养多栖人才和引进其他学科人才进入情报学领域设立了通道，使未来的情报学与情报工作在新型智库建设中发挥更大作用。

2.4 技术引领背景下的机遇

情报学与情报工作的发展在很大程度上受到科学技术的推力。例如，布尔逻辑检索技术、逆波兰技术等技术的引入，诞生了计算机情报检索系统；信息自动处理技术使情报检索系统中的自动标引、自动分类、自动摘要得以实现；数据库技术保证了情报资源的结构化存储；数据仓库与联机分析处理技术（OLAP，OnLine Analytical Processing）使情报分析能够实现多维分析；语义网技术和本体技术使情报检索能够实现语义检索；知识库技术使情报分析专家系统得以实现；另外，还有数据挖掘技术、知识图谱、互联网等都对情报学与情报工作产生了积极影响。总之，科学技术的相关成果不断地提升情报的处理、交流、传递和分析的水平，也使情报工作的技术手段发生了翻天覆地的变化。那么，人工智能技术的发展将会给情报学与情报工作带来什么变化，我们应当如何把握这一机遇？

人工智能就是让机器或相关设备成为人类专家。如何通过人工智能让机器成为情报专家？这就需要我们思考如何将人工智能引入情报工作，过去有许多难以让机器做到的情报工作，今天可以让人工智能来完成。例如，竞争情报系统、决策支持系统等需要大量人脑介入的情报系统，我们可以充分分析人工智能特点，研究适合人工智能处理的、又能够完成竞争情报功能的智能竞争情报系统。同样，将人工智能技术与语义技术结合，促进情报检索实现对未知对象的检索（即，不知道检索结果的对象，如，南京最早的地名是什么？语义检索可以通过已知地名推理得到）。总之，情报学与情报工作如何把握先进技术成果，如何在技术应用的过程中提升情报能力，是我们未来必须要重视的。

2.5 学科发展背景下的机遇

任何一个学科的诞生、成长，都需要有催生它的“土壤”和孕育它的环境。为了满足科学发展、社会发展的需要，在社会环境的滋养下，在技术发展的推动下，情报学得到了快速发展。作为一个“年轻”的学科，情报学走过了以科技文献、信息管理、网络信息为主的发展历程。大数据时代已经来临，情报学的发展环境发生了很大的变化，国家智库建设对情报学学科提出了更高的要求并寄予无限的希望，“总体国家安全观”的提出，为情报学开辟了又一重要研究领域，《中华人民共和国国家情报法》的颁布使举国上下重视情报。因此，国家安全与发展视角下的情报学将会成为国家、社会和全民非常关注的学科，情报学学科会随着时代发展再次转型，并且由此成为与国家安全与发展紧密相关的重要学科。

情报学发展初期较长一段时间以文献情报为主要研究对象，信息技术和网络的发展，促进了信息科学的融入，并将情报学拓展至信息科学领域。这种既传统又扩张的现象，不仅体现在情报学教育中，也同样反映在情报工作中，即重点局限在文献和信息的情报工作，未能充分发挥网络和大数据时代情报工作“耳目尖兵参谋”的作用。马费成教授指出，情报学的大发展来自四大背景：文献学背景、图书馆学背景、现代科学的情报危机或者说情报爆炸、第二次世界大战[4]。正是如此背景推动了情报学的繁荣发展。大数据开拓了情报学研究视野，丰富了情报学研究方法，使得作为一门学科的情报学的内涵和外延都有了很大的拓展。

顺应学科发展的需要，情报学需要有更加明确的发展目标和高瞻远瞩的学科定位。长期以来，情报学一直用文献、信息代替情报的研究模式，造成情报淡化，情报工作也是把文献服务、信息服务当作主要工作，由此大大削弱了情报本身的内涵。情报学学科需要坚守情报阵地，在国家创新驱动发展战略和“总体国家安全观”的框架下建设学科，走出一条有中国特色的情报学发展道路。

情报学作为一门交叉性学科，与许多学科有着紧密的联系，尤其是在数据科学的发展和驱动下，情报学特有的情报分析的理论技术与方法将会对其他学科产生影响，将会推动数据研究范式在其他学科（包括社会科学）广泛应用，所产生的理论和方法将可能渗透到许多学科。这就需要情报学能够按照横断学科的目标发展，促进情报学在整个科学领域中发挥更大作用，获取应有的学术地位。

情报学学科本身也需要向深度和广度发展，仅仅局限于科技情报、图书情报或局限于军事情报的情报学已不适应国家安全与发展战略的需要，必须要进行学科内的融合（科技情报、经济情报、医学情报、军事情报、安全情报等），形成“大情报观”下的情报学。近两年，情报学界对创建情报学一级学科开展了大讨论，不论是否必须建立情报学一级学科，但这对把情报学做大做强是十分有利的，这种“大情报观”的思维对情报学的快速发展也是一个极好的契机。

2.6 国际大环境背景下的机遇

国际大环境也对情报学与情报工作的发展提出了更高要求。情报学研究内容（如竞争情报、科技安全、国家安全等）需要扩大到全球范围。我国正在从经济大国、贸易大国、科技大国向经济强国、贸易强国、科技强国迈进，国际地位不断攀升，所面临的竞争也日益激烈。

在经济方面，我国对外贸易的规模不断扩大，与世界各国尤其是西方发达国家的贸易争端也日益增多。西方发达国家为了维护其在世界贸易中的优势地位，通过各种方式设置贸易壁垒，同时还歪曲中国的贸易政策，指责中国实施创新重商主义政策，使得我国企业在走出去的过程中面临的竞争环境日益严峻和复杂。

在科技方面，以美国为首的西方国家对中国崛起的恐慌加剧，采取了强硬政策打压中国，限制中国技术引进和开发。2018年美国发起了第六次针对中国技术转让、知识产权和创新的301调查，并以违反美国技术出口管制法律为由，对中国中兴通讯股份有限公司处以8.92亿美元的巨额处罚，2019年美国又对我国科技企业华为采取全面封杀，等等。

在国家安全方面，斯诺登事件揭露了美国国家安全局对全世界的绝密电子监听计划，以“基地”组织、“东突”组织和“伊斯兰国”为代表的恐怖组织一直在威胁人们的安全，尤其是美国打算退出《中导条约》，有可能将世界重新带回冷战。除了经济、科技和安全之外，西方国家还利用媒体、智库等宣传武器向中国施加压力，恶意塑造中国经济利益至上者和规则破坏者的形象。

中国经济科技实力增长的过程也是应对国际竞争环境下众多优势产业的成长过程，应对国际竞争需要倚重竞争情报和科技情报。无论是高新技术引进，还是国家之间的贸易争端谈判，都需要情报能力的支撑。这样一种国际环境对我国情报学与情报工作提出了新的挑战，如何助力我国获取经济科技国际竞争优势地位，支撑我国经济科技安全实力，实现和平崛起。这对情报学研究与情报工作的范围扩大提出了新的要求，同样也为情报学与情报工作的发展带来了机遇。我们一直认为，国际竞争、国家安全需要情报学与情报工作，情报学与情报工作也能够在国际竞争的环境下发挥重要作用。

3 情报学与情报工作未来发展的思考

如上所述，新时代、新技术、新的国家战略都赋予情报学与情报工作新的使命，情报学与情报工作有着极大的上升空间。情报研究领域和情报工作范围将得到极大的拓展，人工智能技术推动着情报研究与情报工作走向纵深，国家智库战略为情报工作提供了又一崭新思路，“总体国家安全观”思想为情报学与情报工作指明了方向。因此，我们需要将情报研究领域和内容重新定位，需要借助数据科学理论加速对情报学的理论技术和方法的创新，具体思考如下。

3.1 情报学研究的思考

3.1.1 构建大情报科学体系

未来的情报学应当是一个涉足军事、国防、安全、科技、医疗卫生、生态环境、社会经济、政府决策、历史文化等跨学科的学科体系，也就是涉及各个领域的情报学（例如，军事情报学、科技情报学、医学情报学、社会情报学等），各领域情报学均有着自己的特点，需要相互取长补短，在理论方法上融为一体，在技术应用上相互兼容。我们应当用大情报观思维看待情报学，增进各行业、领域情报学相互联系、相互交流，避免囿于在各自的领域发展各自的情报学。

在设立情报学一级学科的讨论中，一些学者为情报学学科的架构提出过建议。包昌火等学者认为：情报学学科体系应由科技情报学、竞争情报学、军事情报学、公安情报学、国安情报学[20]等构成。此前，中国人民公安大学谢晓专教授[11]也提出过相同的架构。我们认为，从大情报观视角构建情报学学科，要考虑学科的交叉性和领域的广泛性。大数据环境下，各个行业、各个学科之间数据相互关联，对某个领域的情报研究可能会涉及其他相关领域。这就要求在大情报观下研究情报学，构建军（军事、安全、边防、国防等）民（科技、社科、医卫、生态环境等）情报学为一体的情报学学科，从而形成大情报科学体系。

3.1.2　聚焦“情报”研究，开拓研究视角

未来的情报学理论、技术与方法不应局限于情报本身，应当放眼整个科学领域、决策领域。大数据时代，数据科学将影响着整个科学领域，情报学对情报（数据）分析的独到之处，可为其他学科研究提供更加科学有效的数据（情报）分析方法。因此，未来的情报学理论、技术与方法要着眼于科学研究的普适性，向横断理论、技术和方法去发展，向横断学科发展来建设情报学学科。力争将情报学发展成为在国家安全与发展战略中不可或缺的学科，在科学学科体系中发挥重要作用。

另一方面，情报学研究内容应聚焦“情报”，重点关注“情报”的采集、处理、组织、分析、传播等理论方法与技术，改变过去以文献和信息为主导的情报学研究。我们查阅过许多关于情报学研究内容的统计分析文章，真正情报学的核心问题都不是最为热点的研究内容。例如，邓淑卿等学者的《我国情报学研究主题内容分析》一文中分析出的情报学热点前5位主题分别为：图书馆管理、文献计量、知识管理、知识服务、信息素养[21]，可见，情报领域目前重点关注的是文献和信息。当然，并不是说情报学研究不能包含文献、信息等方面的研究，而是应当把文献和信息当作“情报”的原料来研究，情报研究的真正的目的是通过它们生成“情报”、分析“情报”，并以此提供支持决策的“情报”。可以认为，“情报”研究才是情报学的核心，有别于计算机科学和其他相关领域所进行的信息处理等研究。

3.1.3　注重高端情报人才的培养

长期以来，情报学的人才培养把重点放在了服务型人才的培养上。例如，强调做科学技术研究的“仆人”（研究资料提供者），而非“引领”科学研究的情报人。这与情报学教育使命——培养“耳目尖兵参谋”式情报人才尚有一定距离。因此，情报学人才培养不仅重视服务型人才的培养，更要注重“耳目尖兵参谋”式人才的培养，使他们能够在科技创新活动中起引领作用，在政府决策过程中做参谋角色。因此，情报学应注重高端情报人才的培养，注重从其他学科的博硕士中招收情报学博士生，对具有非情报专业的情报工作者进行情报学继续教育，为科技一线培养具有专业素养的情报工作者。

另外，在情报学专业的教学培养体系中，注重学历教育和继续教育共存，学术学位与专业学位同进。在课程体系设置中，加强“情报”元素的灌输，提升教学体系情报意识，突出情报观念，注重情报方法。因此，需要对当前的情报学专业课程进行改造，淡化信息，突出情报，保证学生真正掌握情报采集、处理、组织、分析与服务过程中的理论技术与方法，培养出名副其实的情报人才。

3.2　情报工作定位的思考

3.2.1　情报服务的转型

长期以来，情报机构的情报工作重点放在了“服务”上，也就是甘当各行各业的“仆人”。在服务形式上，大多采取被动等待式的服务。如，完成上级下达的情报分析任

务，等待用户“上门”提交情报需求。虽然，情报服务机构提供了网上信息服务平台，但同样是等待用户上网自助服务或网上提交情报服务请求。当然这些都是情报机构基本职能，但大数据环境下，数据挖掘、人工智能技术的发展，探索未知情报已经变得比过去更加方便。因此，情报服务需要转变思想。

首先，变被动接受任务的情报分析转向主动探索的情报发现，也就是主动探索科技发展、行业发展、市场状况，为本地区、为国家各行各业提供有价值的情报；其次，将以服务为主的情报工作向决策支持与情报服务并重的方向发展，情报工作要更多地为决策支持提供情报，尤其是主动地情报分析服务；最后，转变情报工作的服务观念，以“引领”创新、发展、做决策的耳目参谋为主的情报支持，而非单纯强调“服务”。例如，在科技创新的服务中，应在做好服务科技创新的情报工作外，加强引领、推动创新的情报工作，并将其放在重要的位置上。

3.2.2 注重将先进技术充分应用于情报工作

情报工作是一项智慧性的工作，传统信息技术重点体现在数据层面的情报处理能力，但在对情报的推理、判断、深度分析等方面，则显得力不从心。机器学习、深度挖掘、人工智能技术的逐渐成熟和广泛应用，使情报处理、情报分析更加拟人化，甚至超越人的思维。许许多多难以用计算机高质量完成的情报工作，未来将可以借助这些技术在计算机上得以实现，这些技术将催生完善的竞争情报系统、科技预测与引领系统等。可以展望，未来的情报工作在机器学习、人工智能等技术的切入下，情报工作和情报系统的效能会有极大的提升。

另一方面，用于信息处理分析等技术应用于情报领域，还需要进行改进和升华，使之真正具有处理、分析情报的能力。所以，情报领域要加强情报技术的研究与创新，并将这些技术应用于情报工作，应用于情报服务平台，使情报系统发挥更大效能。

3.2.3 情报工作的融合、创新与发展

习近平总书记提出的“总体国家安全观”思想为国家安全与发展战略指明了方向，同样也是指引我国情报学与情报工作发展方向的指南针。长期以来我国安全情报学（工作）与发展情报学（工作）（如科技情报、社会科学情报等）是相互分离的，它们几乎是顺着两条平行线各自发展，互不相交。虽然从保密安全角度出发，军事情报、国防情报、边防情报、外交情报等不能随便公开，但从国家安全与发展战略角度来看，我们可以研究如何在保证情报安全的情况下，实现军民情报学与情报工作的融合，探索军事、外交等情报不泄密的情况下，实现军民情报学与情报工作的融合，建立一体化的创新、发展、安全框架下的情报学与情报工作的融合。我们应当研究如何将民用情报助力军事情报系统，如何将军事情报的方法与技术促进民用情报工作。推动两条平行线下的情报系统在保密的情况下，优势互补，完善各自系统，实现情报工作的创新、融合与发展。

情报学与情报工作迎来了大好时机，大数据环境、先进的信息技术为情报学理论、技术与方法提供了极大的上升空间。新的思维、新的理念、国家战略为情报工作的创新与发展指明了方向，未来的情报学与情报工作一定会成为科学体系、国家安全与发展战略中的重要组成部分。

4 《情报学与情报工作发展南京共识》解读

2017年10月29日，中国科学技术情报学会与中国社会科学情报学会在南京大学共同主办了“情报学与情报工作发展论坛（2017）”会议，会上针对我国情报学与情报工作的未来发展发布了《情报学与情报工作发展南京共识》[22]（下文简称《南京共识》)。《南京共识》对情报学发展、情报工作的性质和任务、情报教育的模式等进行了准确定位。因此，需要我们在展望我国情报学与情报工作发展的同时，能够吸收理解《南京共识》。

首先，《南京共识》提出了要重新定位情报学学科的发展目标。这主要是告诉我们应当在大情报观的视角下建立情报学学科，建立军民情报融合的大情报科学。学科建设着眼于国家安全与发展，坚守情报阵地，不忘初心、牢记使命，走出一条具有中国特色的情报学发展道路。

其次，《南京共识》指出要重新认识情报工作的性质与作用。这一点明确阐述了情报工作应成为“国家和人民安全的耳目、引领科技创新与科学发展尖兵、政府决策的参谋与智囊”，情报工作要更加积极主动，创新情报服务模式，发挥情报机构丰富的信息资源优势，把情报机构建立成国家重要智库，使情报工作与国家战略需求相匹配。

第三，《南京共识》提出了要重新设计情报学课程体系。这一点指出了情报学的人才培养要高端情报人才（“耳目尖兵参谋”式情报人才）和普通情报服务人员并举，积极吸纳和鼓励各学科的硕士或博士进入情报学领域学习，同时还要加强在职情报人员的继续教育学习。另外还强调，情报学教学过程中，要凸显情报元素，提升学生的情报能力。

第四，《南京共识》强调要重新认识理论、技术、方法的重要性。这主要从两个方面来认识：其一，指出要以大科学观研究情报学的理论、技术与方法，创建具有横断性质的情报学理论技术方法，扩大情报学学科的影响力；其二，加强能够真正面向情报采集、处理、加工、分析的情报学理论、技术与方法的研究，保证其充满情报元素、具有情报特色。

最后，《南京共识》指出，要重新认识情报的能力。过去人们对情报能力的认识就是服务，也就是服务于各行各业。简单地说，是各行各业的配角。《南京共识》要求我们重新认识情报能力，主要体现情报的“耳目尖兵参谋”的能力和作用，认识到情报工作在实施国家战略中的能力和作用。

我国和平时期的情报学与情报工作已经历了半个多世纪的历程，情报学的主要研究内容在不断变化，情报工作的重点也在不断转移，但这些变化和转移是环境、技术和社会需求所推动的，是一个进步的过程。情报人始终没忘初心，牢记使命，励志振兴我国情报事业、建立完善的情报学科学体系、创新情报学理论方法、做“耳目尖兵参谋”式情报人。大数据时代的来临，人工智能等先进技术将逐步进入情报领域。新时代、新技术、新环境、新思维为情报学与情报工作带来新的活力，情报学与情报工作迎来了极好的发展机遇，我们必须砥砺奋进。我们相信，在广大情报人的共同努力下，未来的情报学与情报工作一定会得到更加快速繁荣的发展。

参考文献：

[1]《中国情报学百科全书》编委会. 中国情报学百科全书[M]. 北京：中国大百科全书出版社，2010：191-194.

[2]初景利. 新时代情报学与情报工作的新定位与新认识——"情报学与情报工作发展论坛（2017）"侧记与思考[J]. 图书情报工作，2018（1）：140-142.

[3]戴国强. 勇于创新铸辉煌：纪念中国科学技术信息研究所建所60周年[N]. 科技日报，2016-10-15（2）.

[4]马费成. 情报学发展的历史回顾及前沿课题[J]. 图书情报知识，2013（2）：4-12.

[5]武夷山. 我所情报学研究生教育三十年漫议[EB/OL]. [2019-07-27]. http://blog.sciencenet.cn/blog-1557-40823.html.

[6]苏新宁. 大数据时代情报学与情报工作的回归[J]. 情报学报，2017（4）：331-337.

[7]张惠娜，周京艳，刘如，等. 我国社科情报工作发展回顾与思考[J/OL]. [2019-07-27]. http://kns.cnki.net/kcms/detail/11.1762.G3.20190520.1631.010.html.

[8]王洪林，赵冰峰. "科技情报"改名"科技信息"后的反思[J]. 情报杂志，2014（6）：1-3.

[9]苏新宁. 大数据时代情报学学科崛起之思考[J]. 情报学报，2018（5）：451-459.

[10]黄长著. 关于建立情报学一级学科的考虑[J]. 情报杂志，2017（5）：6-8.

[11]谢晓专. 关于设立"情报学一级学科"之浅见[J]. 情报杂志，2017（7）：1-2，15.

[12]袁勤俭. 关于设立情报学一级学科之我见[J]. 情报杂志，2017（6）：8-9.

[13]包昌火，李艳. 情报缺失的中国情报学[J]. 情报学报，2007（1）：29-34.

[14]刘如，吴晨生，刘彦君，等. 中国科技情报工作的传承与发展[J]. 情报学报，2019（1）：38-45.

[15]习近平. 坚持总体国家安全观 走中国特色国家安全道路[J]. 中国监察，2014（9）：4.

[16]曹智，李宣良. 习近平出席解放军代表团全会强调深入实施军民融合发展战略巩固发展军政军民关系，为实现中国梦强军梦凝聚强大力量[N]. 人民日报（海外版），2015-03-13（1）.

[17]全国人大常委会. 中华人民共和国国家情报法[Z]. 北京：中国民主法制出版社，2018.

[18]加强中国特色新型智库建设[N]. 人民日报，2015-01-21（1）.

[19]袁建霞，董瑜，张薇. 论情报研究在我国智库建设中的作用[J]. 情报杂志，2015（4）：4-7.

[20]包昌火，金学慧，张婧，等. 论中国情报学学科体系的构建[J]. 情报杂志，2018（10）：1-11，41.

[21]邓淑卿，徐健. 我国情报学研究主题内容分析[J]. 情报科学，2017（11）：83-88.

[22]中国科学技术情报学会，中国社会科学情报学会. 情报学与情报工作发展南京共识[J]. 情报学报，2017（11）：1209-1210.

（本文原发表于《科技情报研究》2019年第1期）

大情报观下情报学研究方法体系构建思路刍议

朱庆华　吴剑泽（南京大学信息管理学院）

不论是从相关组织机构的建立与更名历程考察情报学的史前史[1]，还是借用库恩的"范式"理论对情报学诞生以来的各种研究进行系统归类[2-6]，情报学俨然成为一个可以从历史中汲取存在合法性和问题意识的独立学科。与此同时，国内情报学界尽管从未停止对"情报"及其相关概念（如"信息""知识""智能"等）在本体论层面的理论探讨[7-9]，但近年来重新从情报观这一认识论视角入手所展开的讨论使得不同学者对于"情报"及"情报学"的理解差异最终在一定程度上得以在"大情报观"下达成和解[10-12]。就情报学学科而言，《南京共识》规定下的"大情报观"主要强调了两个方面：一是情报学学科应加强情报学的内部融合以及对于其他学科的外部影响，二是情报学学科应满足国家发展的需要[11]。显然，这对于新时期情报学研究方法体系的构建具有一定的指导意义，即不同研究方法之间的异同既需要在情报学学科内部予以考察，又需要采取一定的外部视角予以审视。尽管关于情报学方法体系以及情报学研究方法体系的讨论已然存在[13-20]，但由于情报学内部固有的异质性尚未探明，在大情报观得到广泛认可的背景下，立足于对情报学内部差异的深入辨析，重新讨论如何构建情报学研究方法体系或许会带来一些新的启发。

1　情报学学科的本土性

严格来说，当下国内情报学界所称的"情报学"是一门仅存在于国内的学科，而在"大情报观"的视角下这种学科的本土性则显得愈发明显。当然，这并不是说当下情报学的研究内容在国际学术环境下找不到对应物。事实上，很多在机构上隶属于情报学教育部门或情报学研究部门的学者都可以与国际上从事Information Science & Library Science、Operations Research & Management Science、Computer Science等领域①之研究的学者展开对等的交流。然而，《南京共识》关于当下情报学的学科定位赋予了作为整体的情报学以合法性。因此，这里所讨论的情报学不是科技情报学、社科情报学、军事情报学、安全情报学等的简单加总，也并非information science、intelligence studies、library & information science的中文翻译，而是"大情报观"下作为整体的情报学。对于此一作为

---

① 此分类依据Web of Science对研究领域的划分。

整体的情报学，必须首先看到其在我国历史上的多重建构性才能认识到其本土性[21]。关于情报学在我国从科技情报工作到社会科学情报研究，再到包括军事情报学在内的情报学教育以及21世纪信息科学的介入这一发展历程已为学界共识[11]。之所以强调其历史建构性，则是因为这一发展历程并不像线性的历史陈述那样自然而然，而是在国内诸多学者间的辩驳与争论[6][22]下达成的和解，因而本土性必然内嵌于其中。也因此，本文在讨论情报学相关问题的时候以国内学者的研究为主，而不再通过跨语言间的映射关系纳入国外学者对其所认为的information science等学科的学科定位的讨论。

需要指出的是，这一本土化的、作为整体的情报学其内部的异质性尚未被充分探明，“军口”与“民口”的外在区分[11][21]似不足以完全澄清这种内在的异质性。尽管得到广泛认可的大情报观为情报学学科指明了发展方向，使学界对情报学学科内部的“同”达成了共识，但是只有对情报学学科内部客观存在的“异”进行充分的认识，才有可能使情报学的学科发展真正实现面向未来的内部融合。

2 情报学学科内部的异质性

本土化的、作为整体的情报学的内部异质性主要体现在三个方面：①信息范式与情报范式的差异；②情报学研究与情报工作的差异；③理论研究与实证研究的差异。

2.1 信息范式与情报范式的差异

情报学学科内部范式的差异经过长期探讨已基本形成共识：源于intelligence studies的情报范式与源于information science的信息范式[5-6][21]。前者强调决策支持，后者则更关注信息服务。尽管决策支持必然依赖于特定的信息服务，然而信息服务却未必需要直接地支持决策。若要追根溯源，这一重心的分离实际上发轫于我国早期的科技情报工作。在我国受到其他国家科技封锁的特殊历史背景下，信息服务（当时还停留在文献服务阶段）的内涵基本等同于对于国家的决策支持[6][21]；然而当这一历史阶段过去以后，信息范式的研究与工作和情报范式的研究与工作便逐渐分归二途。正是这种范式上的差异使得信息范式的研究与工作常常招致情报范式的学者对其缺乏“耳目、尖兵、参谋”之功能的指责[10]。

那么，在大情报观下情报学所达成的和解是如何解决这种范式差异的呢？就《南京共识》而言，情报范式的研究诉求与工作诉求基本主导了情报学学科的话语权。尽管可以认为这是对以往情报范式研究与信息范式研究间不平衡现象[6]的反拨，然而如何具体嫁接源于情报范式的决策支持需求与信息范式的研究实际与工作实际还需要进一步的讨论。在这进一步的讨论中，首要的则是区分情报学研究与情报工作的差异。

2.2 情报学研究与情报工作的差异

在情报学学科内部，情报学研究与情报工作的关系仍未达成共识[23]。这一共识尚未达成不是由于不同学者在观点上存在差异，而是由于参与讨论的学者极为有限。在这极为有限的讨论中，“情报学研究为情报工作提供理论与方法指导”的论述占据主流[23-25]，而情报学也被规定为一门应用性学科[23][25]。从讨论中还可以看出，这种论述与规定是与前述之情报范式紧密相关的，而开展信息范式之研究的学者则很少参与情报学研究与情报工作之关系的讨论。

与此同时，已有学者指出，当下我国情报工作缺少科学系统的研究与定位[26]。实际上，在大情报观下对于情报工作的重新定位是至为关键的。一方面，开展信息范式研究的学者在其研究语境中或许并不存在“情报工作”的概念，而更多指向“信息工作”，尽管这两者之间存在紧密的关联[6]，这类学者仍需在其研究语境中重新“发现”情报工作；另一方面，开展情报范式研究的学者则既需要帮助开展信息范式研究的学者发现其研究语境中的情报工作，又要积极地在大情报观下对情报学研究与情报工作间的关系进行更为深入的思考。这其中首要的就是大情报观下情报学研究的应用性问题。在以往情报范式的论证中，情报学研究的应用性来源于情报工作的应用性，情报工作是直接地为国家、政府、情报机构服务的；而在大情报观下，情报学研究的应用性则必须与情报工作的应用性进行细致的区分，并且不同范式情报工作的应用性之间是否是同质的也需要通过具体实例来予以说明。只有对大情报观下的情报学研究与情报工作在何种意义和程度上是应用性的这一点展开深入讨论，而不再以“应用性”一词进行简单的概括，才能深入对学科内部差异的认识，进而在互相了解的基础上展开有效的对话，从而避免产生自说自话的现象。

然而，到目前为止，由于缺少关于情报学研究与情报工作之关系的更为广泛的讨论，若仅根据已有学者对此二者之关系的论述，则会发现很多名义上的情报学研究实际上介于情报学研究与情报工作之间，可视之为情报工作性质的研究。考虑到这一点，并且结合前述之情报学研究与情报工作的区分目前只在情报范式中存在的现状，本文对以往情报学学科内部情报范式下的情报工作性质的研究、情报范式下的情报工作和情报范式下的情报学研究进行了区分。情报范式下的情报工作性质的研究，即从具体的现实需求出发，应用某种方法或技术基于系统性地收集的经验资料进行识别、跟踪、比较、评价、预测；情报范式下的情报工作则是在此基础上加入对具体决策过程的建议，服务于特定的决策者；情报范式下的情报学研究则可以被定义为从情报工作及情报工作性质的研究的需求出发，发明、引入、改进某种方法或技术以更好地支持情报工作的研究。

对于情报范式下情报工作性质的研究和情报范式下的情报学研究的区分可以举例说明。如对新能源汽车产业的专利趋势分析[27]使用了已经被发明并引入专利分析方法中的专利地图技术，可以算作情报工作性质的研究；又如情报学研究热点识别[28-29]使用了基于文献外部特征的文献计量方法以及基于文献内容特征的聚类方法，这些方法也是在研究热点识别这一情报工作中业已成熟的方法，故也只能算作情报工作性质的研究。而如对于多维多源创新资源集成平台应用绩效的评价指标体系构建[30]则可以算作情报范式下的情报学研究，因为这一研究可以支持对特定对象进行评价类的情报工作及情报工作性质的研究，并且所构建的指标体系并非已经存在的指标体系；再如构建SIR-EGM模型用于网络舆情跟踪与预测的研究[31]，尽管已有学者将SIR模型用于网络舆情研究，但结合了EGM模型的SIR模型仍然可以视为一种技术上的改进，故可以算作情报范式下的情报学研究。

2.3 理论研究与实证研究的差异

由于情报范式下情报工作性质的研究在已有文献中仍属于情报范式下的情报学研究，因此本文暂将此类研究归入广义的情报学研究之中，同时在广义的情报学研究中纳入信息范式下的情报学研究，以使得广义的情报学研究区别于情报范式下的情报学研究（狭义）[23-25]。由此，本文可以从对情报学学科内部异质性的考察深入到对广义情报学研究（暂不考虑与之相对的情报工作）内部异质性的考察之中。

那么应该如何看待这一广义的情报学研究呢？本文认为，应当从情报学学科在我国学术体系中的位置入手加以考察。当下我国学术体系是我国现代性学术体系的一个发展阶段。从知识系统所包含的内容来看，我国现代性学术体系的建立可以追溯至晚清时期的西学东渐。从甲午战前新式学堂的设立以及对西书的译介，到甲午战后分科观念的普及以及"格致学"的移植和"法政诸学"的初建都为现代学术体系的建立打下了必要的知识基础[32]。新中国成立后，我国人文社会科学之发展对苏联模式的非辩证态度使得即使在1978年学科重建后仍然与西方人文社会科学之发展存在一定的距离[33]。然而近年来我国学术体系不断调整，主要表现在本科专业目录的更新换代[34]以及更多新兴二级学科和交叉学科的涌现[35]。在这种时代背景下，结合大情报观的视角和以往学者对情报学作为"社会科学"[36]、"交叉学科"[23]的学科定位，本文将积极地吸纳社会科学领域其他学科相关的论述作为补充。

在社会科学中，普遍存在理论研究（theoretical study）与实证研究（亦称经验研究，empirical study）的区分[37-38]，其主要区别则在于研究结论是否基于系统性地收集的经验资料得出。经验资料，可以是问卷、访谈所得的文本、实验结果、客观数据等，而文献回顾或专家意见则不在经验资料的范畴之中。借鉴此一分类，本文根据理论、方法、技术①与经验资料的关系提出广义情报学研究的两种类型：理论研究与实证研究。理论研究包括：①不依赖系统性地收集的经验资料构建理论②的研究；②不依赖系统性地

---

① "方法"与"技术"在不同的学者眼中有不同的含义。在本文中，"技术"指的是在原理上实现方法的具体流程及可能存在的方案选择。以聚类方法为例，该方法指的是将相似的元素尽量聚在一起而将不同的元素尽量区分开，其涉及的技术包括特征表示方法的确定、相似度度量依据的选择、聚类算法的选择等。

② 需要指出的是，"理论"往往被认为是一组逻辑上相互联系的命题，并且默顿（R. K. Merton）指出理论具有宏大理论、中层理论与微观理论的层次之分（参见文献[32—33]）。因此本文中的"理论"不仅指代古典信息理论派、社会传播派、智能过程派、属性结构派、决策功能派和系统理论派这些不同学派所持有的宏大理论，而且同样包括基于经验资料所构建或检验的中层理论与微观理论。

收集的经验资料发明、引入、改进方法或技术的研究。实证研究包括：①基于系统性地收集的经验资料构建理论的研究；②基于系统性地收集的经验资料检验理论的研究；③基于系统性地收集的经验资料检验方法或技术有效性、优越性的研究；④应用某种理论、方法、技术对系统性地收集的经验资料进行某种知识活动（如识别、跟踪、比较、评价、预测）的研究。可以看出，前述之情报范式下的情报工作性质的研究即此实证研究中的第4种类型，而前述之情报范式下的情报学研究（狭义）则包括理论研究的第2种类型与实证研究的第3种类型，而这三种研究共同构成了情报范式下的广义情报学研究。

综上，可以得到大情报观下广义情报学研究的研究体系（见图1）。

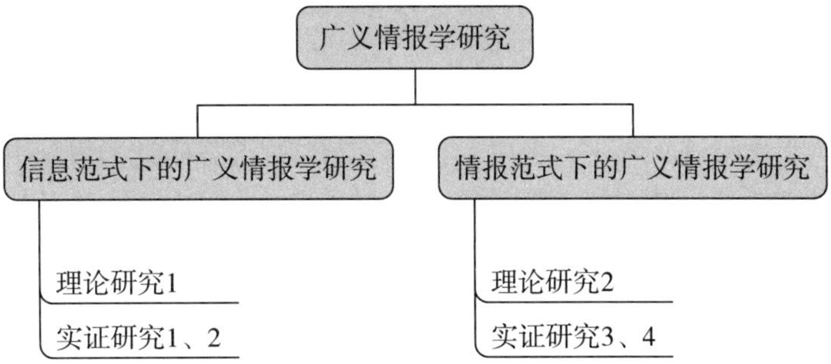

图1　大情报观下广义情报学研究的研究体系

3　关于如何构建情报学研究方法体系的思考

关于对情报学方法体系的构建，已有学者做出了一些尝试[13-20]。然而已有的方法体系多未区分情报学研究与情报工作、信息范式与情报范式以及理论研究与实证研究，往往用单一的“情报研究”来涵盖情报学学科下的所有研究内容与工作内容，这就难免存在削足适履的情况。本文认为若要构建情报学研究方法体系，首先需要明确情报学研究的不同类型，即构建前文所述之广义情报学研究的研究体系。然后，在此研究体系的基础上，结合已有方法体系的构建思路，最终形成广义的情报学研究方法体系。

已有方法体系的构建思路可以归纳为六种不同的方式：层次说、流程说、功能说、二分说、对象说、时代说[20]。其中，“功能说”与“流程说”对本文构建广义情报学研究方法体系具有一定的参考价值，在此予以说明。

“功能说”是一种基于方法功能构建情报学方法体系的建构方式[39]。其中存在着研究方法之功能与研究活动之目的的错置，如将“预测”看作某类研究方法的功能特点。实际上，与其说“预测”是某类研究方法的功能特点，不如说“预测”是一种研究、工作活动的“目的”；在预测类的研究、工作活动中，可以采取多种研究方法，而这些研究方法却未必都与预测类的研究、工作活动绑定。

“流程说”则是一种基于情报实践活动之流程构建情报学方法体系的建构方式[14-15]。显然，这一方法体系对于特定历史时期的情报工作来说是有效的，但不足以涵盖信息范式下的广义情报学研究以及情报范式下的狭义情报学研究。不过其思想值得借鉴，因为各种方法的命名标准并不统一[20]，有的方法规定了从数据收集到结果分析的整个研究流程，而有的方法只涉及数据的收集或者只涉及结果的分析。如果将这两种位于不同层次的方法放在一起讨论显然是不合适的。一个可能的解决方案是学界尽快形成对“原子方法”（即不能再分解为更低层次的方法）的共识。

综上，本文认为若要构建广义情报学研究方法体系，需要在广义情报学研究体系的基础上，根据由“功能说”改造而来的“目的说”对不同研究类型继续细化，然后对不同目的的研究描述其研究流程，进而在研究流程的不同阶段讨论可能用到的方法，最终形成广义情报学研究方法体系。

本文通过对大情报观下本土化的中国情报学学科内部异质性的重新审视构建了广义情报学研究的研究体系，并在此基础上讨论了广义情报学研究方法体系的构建思路。

然而，需要注意的是，情报范式下的情报学研究（狭义）不断为情报工作性质的研究以及情报工作引入新的方法与技术，如果如本文所述将情报范式下情报工作性质的研究视为情报范式下的广义情报学研究，那么这些新引入的方法与技术必然会不断更新已有的广义情报学研究方法体系。如此看来，构建广义情报学研究方法体系的必要性和可能性也仍然是一个值得讨论的话题，而对方法进行体系化构建这一行为本身似乎也暗含了本质主义的哲学假设。对于这一问题，本文无力做出回答，暂且提出以就教于学界同人。

参考文献：

[1]马费成. 情报学发展的历史回顾及前沿课题[J]. 图书情报知识，2013（2）：4–12.

[2]梁战平. 情报学若干问题辨析[J]. 情报理论与实践，2003（3）：193–198.

[3]李赞梅，周鹏，王璇. 当代情报学理论思潮：历史主义[J]. 图书情报知识，2012（1）：30–35，42.

[4]马费成. IRM-KM范式与情报学发展研究[M]. 武汉：武汉大学出版社，2008.

[5]肖勇. 新世纪中国情报学发展走向的展望与思考[J]. 情报资料工作，2007（4）：5–10.

[6]周晓英，陈燕方. 中国情报学研究范式的冲突与思考[J]. 公安学研究，2019（2）：27–44，123.

[7]吴晨生，张惠娜，刘如，等. 追本溯源：情报3. 0时代对情报定义的思考[J]. 情报学报，2017（1）：1–4.

[8]付宏，杜智涛，刘光宇，等. 情报概念的变迁与情报“元问题”的回归[J]. 情报理论与实践，2020（7）：31–36.

[9]杨建林. 情报学哲学基础的再认识[J]. 情报学报，2020（3）：317–329.

[10]苏新宁. 大数据时代情报学与情报工作的回归[J]. 情报学报，2017（4）：331–337.

[11]中国科学技术情报学会，中国社会科学情报学会. 情报学与情报工作发展南京共识[J]. 情报学报，2017（11）：1209–1210.

[12]周京艳，刘如，赵芳，等. 新时代大情报观的重塑[J]. 情报理论与实践，2019（8）：9-12，5.
[13]王崇德. 情报学研究方法概论[J]. 情报科学，1985（6）：1-7.
[14]缪其浩，徐刚. 论科技情报分析研究工作的方法体系[J]. 情报理论与实践，1988（2）：17-20，6.
[15]包昌火. 方法论的建设对情报研究工作的重要意义[J]. 情报理论与实践，1988（2）：3-6.
[16]余波，温亮明，张妍妍. 大数据环境下情报研究方法论体系研究[J]. 情报科学，2016（9）：7-12.
[17]李博闻，章成志. 我国情报学研究方法研究综述[J]. 情报理论与实践，2019（2）：1-6，37.
[18]唐明伟，蒋勋，徐臻元，等. 大数据环境下情报学方法与技术体系构建[J]. 情报科学，2020（5）：106-111.
[19]肖连杰，成洁，蒋勋. 大数据环境下国内情报分析研究方法研究[J]. 情报理论与实践，2020（2）：40-47.
[20]李博闻，章成志. 我国情报学研究方法体系构建研究的转向突破[J]. 情报理论与实践，2020（6）：37-43.
[21]李阳，孙建军. 中国情报学与情报工作的本土演进：理论命题与话语建构[J]. 情报学报，2018（6）：631-641.
[22]包昌火. 对我国情报学研究中三个重要问题的反思[J]. 图书情报知识，2012（2）：4-6.
[23]杨建林. 情报学学科体系的再认识[J]. 现代情报，2020（1）：4-13，23.
[24]陈超. 谈谈情报学研究与情报工作[J]. 竞争情报，2017（4）：3.
[25]苏新宁. 不忘初心、牢记使命　展望情报学与情报工作的未来[J]. 科技情报研究，2019（1）：1-12.
[26]王艳卿. 关于我国情报学发展的问题研究[J]. 图书情报研究，2020（1）：29-34，39.
[27]谢志明，张媛，贺正楚，等. 新能源汽车产业专利趋势分析[J]. 中国软科学，2015（9）：127-141.
[28]邱均平，温芳芳. 近五年来图书情报学研究热点与前沿的可视化分析——基于13种高影响力外文源刊的计量研究[J]. 中国图书馆学报，2011（2）：51-60.
[29]赵蓉英，余波. 近三年国际图书情报学研究热点比较分析[J]. 情报科学，2019（4）：3-9，170.
[30]迟婧茹，武思宏，廖苏亮，等. 多维多源创新资源集成平台应用绩效评价指标体系研究——基于德尔菲法[J]. 情报工程，2020（2）：48-56.
[31]彭程，祁凯，黎冰雪. 基于SIR-EGM模型的复杂网络舆情传播与预警机制研究[J]. 情报科学，2020（3）：145-153.
[32]左玉河. 从四部之学到七科之学：学术分科与近代知识系统之创建[M]. 上海：上海书店出版社，2004.
[33]袁曦临. 人文社会科学学科分类体系研究[D]. 南京：南京大学，2011.
[34]中华人民共和国教育部. 教育部关于公布2019年度普通高等学校本科专业备案和审批结果的通知：教高函〔2020〕2号[EB/OL]. [2020-08-28]. http://www.moe.gov.cn/srcsite/A08/moe_1034/s4930/202003/t20200303_426853.html.
[35]中华人民共和国教育部. 学位授予单位（不含军队单位）自主设置二级学科和交叉学科名单[EB/OL]. [2020-08-28]. http://www.moe.gov.cn/jyb_xxgk/s5743/s5744/A22/202008/t20200827_480690.html.

[36]叶鹰. 图书情报学中定性和定量研究方法的科学哲学基础及双重整合原理探析[J]. 中国图书馆学报,2017(2):4-12.
[37]风笑天. 社会学研究方法[M]. 3版. 北京:中国人民大学出版社,2009.
[38]陈晓萍,徐淑英,樊景立. 组织与管理研究的实证方法[M]. 2版. 北京:北京大学出版社,2012.
[39]刘东维. 情报研究方法论纲[J]. 情报学报,1988(3):186-192.

中国科技情报事业发展历程与发展规律研究*

周晓英　陈燕方　张　璐（中国人民大学信息资源管理学院）

1　概念分析与研究方法

1.1　科技情报工作和科技情报事业的概念

关于科技情报工作的概念，目前存在多种说法。严怡民教授在其主编的《情报学概论》一书中列出了几个常见的定义：我国长期从事情报工作的著名化学家袁翰青认为，“科技情报工作，就是把科学技术知识从创造发明者那里得来，经过有组织的加工整理后，通过文字的、图像的、胶片的或录音等形式固定下来，传递给使用者的一项工作。”苏联情报学家米哈依洛夫等给出的定义是“以一定形式组织起来，以提高科研和设计效率为其目的，搜集、分析、综合加工、存储和检索文献上所载有的科学情报，并以科学研究人员和专家认为方便的形式，及时提供给他们的一种科学活动。”日本《情报管理便览》一书中将科技情报工作定义为：“有控制地进行人类知识的传递，有组织地使其变成容易利用的形式及其运用的一项工作。”严怡民教授则认为：“所谓科技情报工作，就是运用科学的方法，把国内外有用的科学知识和新的科研成果，有计划、有目的、准确、及时地提供使用的一种交流科学情报的科学技术工作。”[1]以上定义虽然在表述上有所差异，但关于科技情报工作的本质内涵是一致的，本文认为：科技情报工作就是把科技知识和科技成果，通过组织加工后，准确、及时地提供给使用者的传递工作。它是根据国民经济及科学技术发展的客观需要，有目的、有计划、有组织地从事国内外最新科技情报的搜集、整理、传递、交流和利用的情报活动。

科技情报事业是指以推动、促进科技情报传播和提高科技情报利用能力为宗旨的社会活动[2]，其主要包括的内容有：建立国家情报系统，制定情报事业和情报管理的政策，培养情报人才，推行情报传播利用的先进技术手段，开展国际国内的合作和交流。

从事科技情报事业的一系列社会活动可以体现在科技情报工作实践之上，由科技情报工作来完成活动的任务，同时科技情报工作实践也需要情报学理论、方法和技术的支持。

---

*　本文系国家社会科学基金重大项目“情报学学科建设与情报工作未来发展路径研究”（编号：17ZDA291）成果。

1.2 研究方法和数据来源

本文采用文献调研、网络调查等方法首先对我国科技情报事业发展的历史事件进行了全面梳理，提取了其中的具有标志性意义的重要事件，在文献研究的基础上，采用背景分析、内容分析、归纳分析的方法对中国情报事业的历史沿革和发展规律进行研究。

在梳理我国科技情报事业发展史实的过程中，本文参阅了大量有关科技情报工作或科技信息工作方面的经典著作，国内著名情报学专家撰写的核心论文，各科技情报机构、学会、协会的官方网站及其出版的机构大事记，以及科学技术相关的政策文件汇编等。主要的信息来源为：第一，中国大百科全书出版社于2010年出版的《中国情报学百科全书》，该书较为系统全面地梳理了我国科技情报工作发展过程中的政策文件、成果专著、机构和人物，是我们梳理史实过程中重要的参考资料；第二，60多年来，我国正式出版的科技情报工作方面的著作有几十种，其中最具里程碑意义的是由国内数十位专家执笔，分别于1984年、1993年、1995年由科技文献出版社出版的《科技情报工作概论（试用版）》《科技情报工作概论》和《信息工作理论与实践》[3]。这些著作中的部分章节详细阐述了我国科技情报工作发展史上的重要事件，是重要的补充资料；第三，中国国防科学技术信息学会主编的《情报学进展（第一卷）》的附录B简略罗列了国内外科技情报工作发展大事记，作为查漏补缺的重要资料；第四，很多专家发表的科技情报工作回顾性文章，各机构、学会、协会的官方网站等内容翔实的史实内容，作为查漏补缺的重要资料。

为了保持用语的一致性，本文在“情报”和“信息”名称的使用上，统一采用“科技情报”、“科技情报工作”和“科技情报事业”，而未采用“科技信息”“科技信息工作”和“科技信息事业”。

2 中国科技情报事业重要事件及其标志性意义分析

根据对大量文献梳理出的中国科技情报事业发展大事记，笔者选取了可能具有里程碑意义的标志性事件，选取的依据是首次出现的、对中国科技情报事业后续发展产生了较大影响的事件。这些事件反映了中国科技情报事业自1956年开创以来，完成的多个首次任务，包括首次纳入国家战略发展规划、设立首个综合性科技情报机构、发布首个法令性文件、召开首次全国科技情报工作会议、设立科学技术情报学会等。以下根据选取的里程碑意义的重大事件，绘制了中国科技情报事业发展重要事件的图示，如图1所示，并简要阐述事件的内容及其标志性意义。

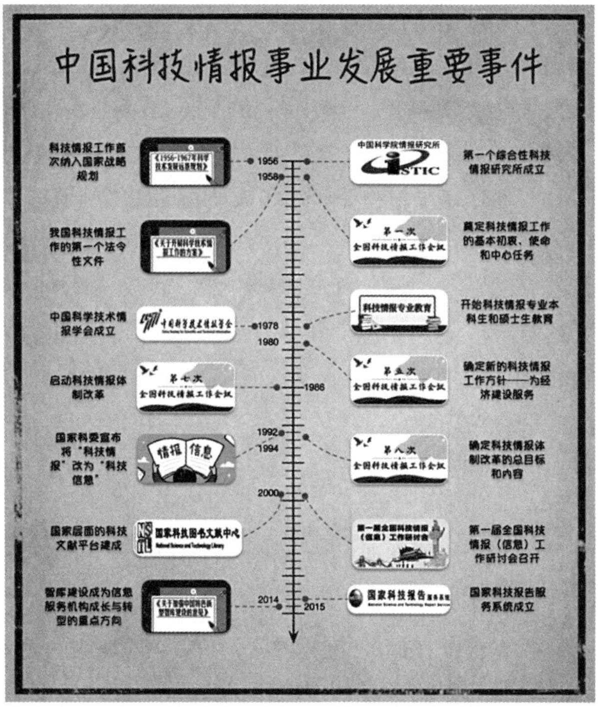

图1　中国科技情报事业发展标志性事件

图1所述事件之所以作为标志性事件的意义分析如下。

1956年：国家科委编制了第一个国家科学技术发展规划《1956—1967年科学技术发展远景规划》(以下简称《规划》),《规划》的第57项规定明确指出“我国科学技术情报工作的基础非常薄弱。情报工作的任务主要是迅速建立机构，培养情报工作的专家，全面地和及时地搜集、研究和报道国内外，特别是科学先进国家的科学技术发展情况和新的成就，使全国科学工作能及时地了解这些发展与成就”[4]。该活动标志着我国科技情报工作正式纳入国家科技战略中，开始起步发展。

1956年：10月15日，我国第一个综合性科技情报研究机构——中国科学院科学情报研究所正式成立，1958年更名为中国科学技术情报研究所，简称中情所，1992年9月更名为中国科学技术信息研究所，简称中信所[5]。随后各省、市、自治区也先后成立了地方科技情报研究所，同时各行业也先后成立了行业情报研究所。该活动标志着我国综合性和行业性科技情报研究机构开始在全国建立起来，逐步形成较为完整的工作体系。

1958年：国务院批准了我国科技情报工作的第一个法令性文件——《关于开展科学技术情报工作的方案》[6]。该活动标志着我国科技情报事业的发展得到国家的认可，科技情报工作的目标和方向得到了确定。

1958年：11月1日至12日，第一次全国科技情报工作会议在北京召开，会议通过了《关于加强科学技术情报工作的意见（草案）》《科技情报工作基本原则和方法（草案）》《关于组织国内科技情报网的意见（草案）》等文件。11月13日，《人民日报》头版发表《做好科技情报工作》的社论，提出科技情报工作必须遵循“广、快、精、准”的方针起到耳目、尖兵和参谋作用[7]。该活动标志着我国科技情报工作确定了统一的基本方针、政策和工作目标，这些要求和标准成为随后多年科技情报工作遵循的基本准则。

1978年：开始科技情报专业本科、硕士生教育。武汉大学创办了科技情报专业并招收第一届科技情报专业本科生，标志着正规情报学教育得以恢复；同年，中国科学技术情报研究所成为首批招收科技情报专业硕士研究生的单位之一[8]。该活动标志着我国高等院校科技情报教育的兴起。

1978年：8月中国科技情报学会正式立。26个省、市、自治区也先后成立了地方科技情报学会，并积极开展各种学术活动[9]。该活动标志着中国科技情报事业开始了广泛的理论和实践探索，为科技情报事业的发展奠定了基础。

1980年：7月15日至20日，国家科委主持召开了第五次全国科技情报工作会议，会议的中心议题是适应经济建设方针的重大转变，确定了新的科技情报工作方针，会议通过了《关于加强科技情报工作的意见》[7]。该活动标志着科技情报工作转向面对经济建设主战场的指导思想的转变，从而成为全国科技情报工作的一个新起点。

1986年：10月13日至18日，国家科委在北京召开第七次全国科技情报工作会议，会议的中心议题是如何深入开展科技情报体制改革，以及科技情报工作如何更有效地为国民经济建设服务，会后国家科委下发《关于加强科技情报工作与经济建设服务的意见》《中国国家科技情报改革要点及其说明（草案）》《1986－1990年我国科技情报发展规划（草案）》等文件[5]。该活动标志着在面向国民经济建设主战场的总方针指导下，我国科技情报工作开始要求广泛延伸到技术、经济和社会多个领域。

1992年：9月15日至19日，国家科委在北京召开第八次全国科技情报工作会议，会上提出科技情报体制改革的总目标和改革的内容，会后出台了《国家科委关于进一步加快和深化科技信息机制改革的意见说明》和《国家科委关于加快科技信息服务业搞活纲要和政策要点》[10]。该活动标志着全国科技情报体制改革进一步推进，同时这次会议是科技情报事业发展史上最后一次全国科技情报工作会议。

1992年：9月，国家科委宣布用“科技信息”取代“科技情报”，落实中共中央关于“稳住一头、放开一片”的科技改革方针[8]。该活动标志着全国性的情报机构名称“情报”改“信息”以及全国情报学教育机构的“情报”改“信息”浪潮的开始。

2000年：第1届全国科技信息工作研讨会召开，主要讨论科技信息体制改革、定位与服务创新，以及中信所转制改革的总体思路和工作进展[5]。该活动标志着科技情报工作以“科技信息工作”新身份亮相8年之后，开始探讨所面临的体制改革、服务内容和发展方向的问题。

2000年：国家科技图书文献中心建成，标志着国家层面科技文献平台的建成，随后各省科技情报院所纷纷牵头建设了省级科技文献共享平台[11]。

2014年：3月1日，“国家科技报告服务系统”（www.strs.cn）正式开通运行，标志着我国科技报告制度建设取得实质性进展[12]。

2015年：1月20日，中共中央办公厅、国务院办公厅印发了《关于加强中国特色新型智库建设的意见》[13]，该文件的第九条“建设高水平科技创新智库和企业智库”中，提到的“围绕建设创新型国家和实施创新驱动发展战略，研究国内外科技发展趋势，提出咨询建议，开展科学评估，进行预测预判，促进科技创新与经济社会发展深度融合”等要求，与科技情报工作任务有较大的关联性，智库建设成为各个信息服务机构成长与转型的重点方向。

3 中国科技情报事业的60年发展历程

在已有研究成果中，学者们从不同的研究视角对我国科技情报工作的发展阶段进行过划分。典型的几种有：符福峘等[14]从情报理论与方法建设的角度，将我国科技情报工作划分为创建初期（1956—1966年），挫折、恢复、调整和改革时期（1966—1980年），深化改革与全面发展时期（1980—1992年），以及1992年至今4个阶段；关家麟等[15]从社会、经济和技术发展变革的角度，将我国科技情报事业的创建与发展大体分为3个阶段，即：初创阶段（1956—1976年）、开创阶段（1977—2000年）及当前所处的发展创新阶段（2001年至今）；包昌火[16]从科技情报研究的角度，将我国科技情报研究发展过程分为兴起阶段（20世纪50—60年代）、向软科学研究方向发展的阶段（20世纪70—80年代）、全面进入咨询业领域的阶段（20世纪90年代—2010年）3个阶段；吴晨生等[17]从科技情报服务的角度，将我国科技情报服务发展历程分为情报1.0时代（1950—1978年）、情报2.0时代（1978—2000年）、情报3.0时代（2000—2015年）3个阶段。

本文基于史实的梳理和归纳发现，中国科技情报事业的发展经历了开创与初步发展阶段、低谷和恢复发展阶段、改革和全面发展阶段以及创新与跨越发展几个不同的阶段，中国科技情报事业发展六十年，如果按照大致十年一个区间（受标志性事件时间的影响，十年的时间节点没有严格按照十年一个节点，而是略有一二年的差异）的发展历程来分析，中国的科技情报事业的发展呈现以下的特征：

3.1 1956—1965年为创立之初和确立方向的十年

1956年科技情报工作正式纳入国家战略发展规划，并开始设立专业科技情报机构，从此拉开了我国科技情报事业建设发展的序幕。中国科技情报机构全面建立起来，逐渐覆盖全国，工作系统基本完备，在国家政策支持下，确立了科技情报工作发展的基本方针、工作方案、工作目标和社会作用。

60年代初期，中央决定对国民经济实行“调整、巩固、充实、提高”的方针，科学技术战线进一步贯彻了党的“自力更生、发奋图强”的方针[8]48。在调整阶段，针对国外情报工作，打破封锁，广辟来源，广泛吸收国外最新的科学技术成果；针对国内情报工作，国家科委进行积极的整顿，提出“集中力量，形成中心，形成拳头，广辟来源，加强管理，搞好服务”的要求，充分利用国内取得的科学技术成就和经验，努力解决工农业生产中的科学技术问题。在人才队伍建设方面，开始编写情报讲义教材，进行各种业务训练和培训，为我国的情报事业培养了一批骨干力量。

1963—1965年，由于贯彻执行了“调整、巩固、充实、提高”的方针和“关于自然科学研究机构当前工作的十四条意见”，我国的国民经济和科学技术事业重新出现了欣欣向荣的大好形势。1962年12月开始编制的《1963—1972年科学技术发展规划》中，科学技术情报工作规划被列为重点任务（专45项）[5]。新的形势对科技情报工作提出了更高的要求，也促进了情报事业的发展。1963年召开第三次全国科技情报工作会议，总结了前七年的经验，讨论了科技情报工作十年发展规划，提出了急待解决的问题和措施，明确了情报机构的性质和任务。第三次全国科技情报工作会议后，直至“文化大革命”爆发以前，我国的科技情报事业在组织规模、发展速度、所取得的社会效益等方面有了很大发展。

这一时期我国的科技情报工作，主要在于开展情报业务的基础建设，推行“广、快、精、准”的科技情报工作方针，开展手工采集（检索）文献、处理技术报告、编译原始文献或报道它们的二次文献等文献服务。此外，这一时期针对国外的科技情报工作也有部分的军事情报特点，即通过海外人员对国外新闻报道、杂志书刊的大量收集，以内参的形式进行汇编，并传递回国。整体而言，这一时期的科技情报工作主要以文献工作和报道国外先进科学技术的发展水平动向为主，结合国家科技经济发展规划与重点项目开展情报研究，有针对性地提供情报资料，为生产和科研工作服务，为国防和三线建设服务，到“文化大革命”前，中国科技情报研究所已初步形成了国家科技情报系统和服务网络，为国家的经济建设和科技发展做出了应有的贡献。

3.2 1966—1976年为基本停滞和勉强维持的十年

1966年，“文化大革命”开始，国家的各项事业都遭到严重破坏，科技情报事业也未能幸免。

1970—1974年，周恩来总理主持中央日常工作期间十分关心科技情报工作，各级科技情报机构部分恢复工作，一些被下放调离的情报人员陆续重返岗位。为了更好地服务于制订科学技术发展规划，情报研究工作有了新的发展。一批质量较高的、有材料、有分析、有观点、参考作用较大的情报研究报告，受到各有关方面的重视和欢迎，如中国科技情报所的《鹿岛的变迁》《鲁尔的兴衰》、冶金部情报所的《钢铁是这样炼成的》等，情报机构在情报研究工作方面迈出了新的一步。

1975年5月3日至19日，中国科学院在北京召开了第四次全国科技情报工作会议，会议强调要组织和规划全国科技情报工作，健全和发展全国科技情报网和加强科技情报调研工作[7]。1976年，邓小平同志在毛泽东同志支持下主持中央日常工作期间，召开了工业、农业、交通、科技等方面的一系列重要会议，对许多工作进行整顿，也促进了情报工作的发展。胡耀邦同志主要主持中国科学院的工作，对科技情报工作也给予了很大的关怀。

在此期间，中国科技情报事业受"文化大革命"的影响，其发展几乎停滞，尽管在中央领导人的关怀和支持下，工作的恢复出现了1970年和1975年两次的转机，国外科技发展动态研究等部分科技情报工作内容得以小量恢复和勉强维持，但整个中国科技情报事业发展处于倒退和停滞的状态。

3.3 1977—1985年为恢复重建和走向正轨的十年

1977年8月，在中国共产党第十一次全国代表大会上，党中央正式宣布"文化大革命"结束，此后我国科技情报事业跟国家其他事业一样，都进入快速的恢复发展阶段。

1978年3月，全国科学大会在北京召开，大会上再一次把科技情报工作提到重要日程[18]，标志着新时期科技战略转折的实现，促进了科技情报事业的发展，科技情报工作迎来了春天。中国科技情报机构在改革开放的新形势下，适应社会主义经济建设需求，快速恢复并不断发展，形成了由中国科学技术情报研究所的综合性科技情报中心和各专业性情报机构组成的多层次的科技情报工作系统，同时，我国科技情报检索语言研究、检索刊物体系、情报学术活动、科技成果奖励与交流、国际科技情报合作与交流等方面取得了很大的成就。

1980年7月，国家科委主持召开了第五次全国科技情报工作会议，这次会议明确了新时期科技情报工作的方针，突出强调了科技情报工作必须为经济建设服务的指导思想。1982年第五届全国人大第五次会议把科技情报工作首次列入国民经济和社会发展五年计划。1984年，党和国家对发展我国信息产业做出了战略性部署，这对我国信息产业从无到有，从小到大不断健康发展产生了深远影响。根据科技工作面临的新形势、新要求，国家科委于1984年1月召开了第六次全国科技情报工作会议，到1985年，以中国科学技术情报研究所为核心的全国性情报工作系统基本形成[19]。

在此十年中，科技情报工作恢复确立其为科技、经济和社会发展服务的基本工作任务，进一步明确了为经济建设服务的新方针，其主要工作任务是进一步加强科技文献资源建设，开始文献标准化工作，基于已有的图书、期刊等纸质资源进行分类、组织和加工，为科技工作者和科学研究人员提供文摘、目录、索引、咨询等基础信息服务产品。此外，高等学校开始招收学士学位和硕士学位的科技情报专业学生，中国科技情报学会等行业学会开始成立，中国科技情报事业发展开始走向正轨。

3.4 1986—1995年为调整改革和适应市场的十年

80年代中期开始，我国改革开放进程开始从计划经济向市场经济转向，完善市场体系、推动市场竞争是经济改革的重点。1984年10月，中国共产党第十二届三中全会通过了《关于经济体制改革的决定》，1985年开始改革由试点向全国逐渐全面铺开。1985年3月，《中共中央关于科学技术体制改革的决定》公布，标志着科技体制改革进入有领导、有步骤、有组织全面展开的阶段。从1986年第七次全国科技情报工作会议开始，中国科技情报体制改革启动，到1992年第八次全国科技情报工作会议确定科技情报体制改革的总目标和内容，再到1992年国家科委宣布将“科技情报”改为“科技信息”，这些事件都体现了这十年中，中国科技情报事业的发展主调是调整改革和适应市场需求的十年。

科技情报工作如何贯彻国家改革开放的方针政策，跟上国家改革开放的步伐，适应社会主义市场经济发展的需要，重新确立自己的社会地位和功能，有效地为国民经济建设服务，是这一阶段的主要任务。

3.5 1996—2005年为技术冲击和关注服务的十年

1996年1月，中国公用计算机互联网（Chinanet）全国骨干网建成并正式开通[20]，90年代计算机和网络技术快速发展并逐渐普及应用到我国的各个领域。90年代中期，随着因特网检索工具特别是搜索引擎的出现和普及应用、数字图书馆建设的逐步开展，信息与通信技术对传统的科技情报服务工作模式带来冲击，ICT技术的影响开始凸显。用户的需求和行为习惯逐步发生变化，网络资源的数字化服务对科技情报工作带来了挑战。1996年，科技情报机构的体制改革继续进行，科技信息机构开始实行聘任制，1999年逐步实施情报机构内有创收能力的经营部门剥离，部分产业部门的情报信息机构分别转为科技型企业，有的整体或部分进入企业，有的转变为技术服务与中介机构。

在此十年，科技信息机构体制改革形成了科技情报机构多元化的管理体制，同时由于受技术的冲击，科技情报工作的服务模式产生了根本性的变化，尽管信息技术一直以来都影响着情报工作，但是，这十年是科技情报事业诞生以来技术冲击最大、对工作影响最深刻，因而是需要对科技情报服务关注最多的十年。这十年科技情报机构的名称由“情报”改“信息”之后，更多体现了对信息资源和信息化建设的重视以及对国际学术交流的重视。

整体而言，这一时期的科技情报主要工作内容是：着重加强电子科技文献资源建设；引导信息与文献标准化工作走上健康发展的道路；通过联机检索技术，获取、查询、传递具体的科技文摘；保证情报（信息）咨询业的稳步成长；开启科技查新工作等。相比于早期提供的文摘、目录、索引、咨询等基础信息服务产品，这一时期重点强调利用刚起步的互联网技术为国家科研项目、企业咨询课题提供编译报道、专题检索、咨询、研究、查新等综合性信息服务。

这十年是科技情报工作受到信息技术冲击较大，是更加关注用户的需求、注重服务模式和服务效果探索的十年。

3.6 2006—2015年为拓展服务和创新发展的十年

2005年12月30日，国务院正式发布《国家中长期科学和技术发展规划纲要（2006—2020年）》（以下简称《规划纲要》），在“关于实施《规划纲要》若干配套政策”中也为科技信息事业的发展创造了良好条件。配套政策中明确指出要重点建设一批科学数据共享平台、科技文献共享平台、成果转化公共服务平台、网络科技环境平台等，以全面加强对自主创新的支撑；并要加大对公益类科研机构的稳定支持力度，从2006年起大幅度提高投入力度，达到与其承担国家科研和公益服务相适应的水平[8]。

2006年1月，中共中央、国务院召开全国科学技术大会，明确提出了用15年时间把我国建设成为创新型国家的战略目标，并提出发展国家科技创新体系，即建设技术创新体系、知识创新体系、国防科技创新体系、区域创新体系和科技中介服务体系5个体系[8]。5个体系都需要一个收集、加工、传播和应用知识的基础平台来支撑，而这正是科技信息工作的核心内容。因此，充分发挥公益性科技情报（信息）机构在实施自主创新战略的基础性支撑作用，将对创新型国家的建设发挥作用。

同时，2006年以来，语义网、大数据、云计算、人工智能的影响逐步显著，对科技情报工作也提出了新的要求。

2015年1月，随着中共中央办公厅、国务院办公厅《关于加强中国特色新型智库建设的意见》发布，引燃了中国科技情报机构建设智库的热情，科技情报事业发展迎来新的机遇和挑战。

在此期间，建设创新型国家重大战略的提出、中国特色新型智库建设标志着我国科技工作进入一个全新的发展阶段，也为科技情报（信息）事业的发展带来了有利的发展契机。中国的科技情报事业发展面向未来，谋求拓展服务、探索创新发展的路子，除了延续传统的信息服务工作，更多开展知识服务，同时以知识组织、知识挖掘为主的知识服务，正在进一步向人—机—网相结合的、以智能计算、智力开发为主的智能服务升华。

4 中国科技情报事业发展演变的特征分析

4.1 应国家科技发展战略的需要而诞生和发展

20世纪50年代中期由于我国对国外科技动态和成果的把握不力，直接影响到我国科技和经济的发展。1956年，周恩来总理在听取汇报了解到我国对国外科技发展情况了解甚少时，当即指出：“搞科研像打仗，你们搞了这么多年科研，连个情报机构都没有建立，你们的仗是怎么打的？！”[8] 1956年，国家科委编制了第一个国家科学技术发展十二年规划《1956—1967年科学技术发展远景规划》，该规划的第57项规定明确指出：“我国科学技术情报工作的基础非常薄弱。情报工作的任务主要是迅速建立机构，培养情报工作的专家，全面地和及时地搜集、研究和报道国内外，特别是科学先进国家的科学技术发展情况和新的成就，使全国科学工作能及时地了解这些发展与成就。”[4] 1956—1991年，我国还制定了多个科技情报工作相关的科学技术发展规划、科技情报工作条例、科技情报工作方案、科技情报发展规划以及科技情报政策，见表1。

表1　中国科技情报工作政策文件

政策类型	文件名称	颁布时间
科学技术发展规划	《1956—1967年科学技术发展远景规划》	1956年
	《十年科学技术发展规划（1963—1972）》	1962年
	《1978—1985年全国科学技术发展规划纲要》	1977年
科技情报条例、方案	《关于开展科学技术情报工作的方案》	1958年
	《国防科技情报工作条例》	1984年
科技情报发展规划	《1961—1962年科技情报工作规划（草案）》	1961年
	《全国科学技术情报工作十年规划》（1963—1972）	1963年
	《1986—1990年我国科技情报发展规划（草案）》	1986年
	《1991—1995年国家科技情报发展规划》	1990年
	《九五国家科技信息服务业发展计划》	1995年
科技情报发展规划（专项）	《全国科技情报计算机检索系统规划》	1984年
	《全国科技文献检索刊物编译出版规划》	1984年
	《文献工作标准化发展规划》	1984年
	《科技情报干部培训规划》	1984年
科技情报政策	《国家科学技术情报发展政策》	1991年

国家科技发展战略规划对科技情报工作的需求，直接导致了1956年底中国第一个综合性的科技情报机构的产生，科技情报工作开始了其初期最主要的业务，即搜集、研究和报道国内外的科技状况和成就，为全国的科学工作服务。此后，科技情报政策和规划为科技情报工作的公益性社会服务、为领导科技决策服务等任务的完成提供了保障。

可以说，科技情报工作应国家科技战略发展的需要而诞生，随着国家科技战略发展和社会经济发展的需要而调整和变革，上述相关的国家政策、条例、规划是我国科技情报工作产生和变革的主要驱动力，总体上保证了我国科技情报事业在政策的促进下稳步发展。

4.2　较完善的工作体系保证了工作目标的落实

我国科技情报工作体系的建设，早期学习苏联的模式，建立了覆盖全国、省、市各个级别的科技情报研究所以及按照部委建立的各个行业的情报研究所，从1956年第一家开始建设，截止到2006年，全国部委、行业、省市自治区以及地市县等各级政府已建有预算支持的科技信息机构近400个，从业人员近万人，科技情报事业已经形成了一个较为完整具有中国特色的科技情报行业系统。我国省级科技情报所成立时间，见表2；

各个行业情报所成立时间，见表3。

表2 各省级科技情报所成立时间

时间	省级科技情报所名称
1958 年	贵州省科学技术情报研究所、广东省科学技术情报研究所、河北省科学技术委员会科技情报研究所、内蒙古自治区科学技术信息研究所、黑龙江省科委科技情报处、上海科学技术情报研究所、浙江省科委科技情报处、甘肃省科学技术情报研究所、陕西省科学技术信息研究所、天津市科委技术情报处、湖北省科委科学技术情报研究所、宁夏回族自治区科委情报资料室
1959 年	湖南省科学技术信息研究所、吉林省科技情报研究所、河南省科学技术情报研究所、山东省科学技术情报研究院、广西壮族自治区科学技术情报研究所、新疆维吾尔自治区科学委员会
1960 年	安徽省科学技术情报研究所、福建省科技情报研究所、山西省科学技术情报研究所、江苏省科学技术情报研究所
1971 年	重庆市科技情报中心、云南省科学技术情报研究所、江西省科技情报研究所
1973 年	北京市科学技术情报研究所、青海省科学技术情报研究所、海南行政区科学技术情报研究所
1974 年	西藏自治区科委科技情报室、中国台湾科学技术资料中心

表3 各行业科技情报研究所成立时间

时间	各行业科技情报研究所名称
1956 年	北方科技信息研究所、航空科学技术情报研究所、中国农业科学院情报研究所
1958 年	铁道部科学技术情报研究所、一机部技术情报所、建筑工程部批准设立技术情报局、中国医学科学院情报研究室
1959 年	中国国防科技信息中心、化工部科技情报研究所、信息产业部电子科技情报研究所、煤炭工业部科学技术情报研究所
1961 年	核科学技术情报研究所、船舶科技情报所
1963 年	国防部第七研究院科技情报研究所、冶金工业部科技情报产品标准研究所
1964 年	中国林业科学研究院林业科技情报研究所、石油工业部科技情报研究所
1978 年	轻工业部科技情报所
1984 年	北京空间科技信息研究所
1985 年	国家地震局地震科技情报中心
1988 年	中国专利信息中心
2000 年	国家科技图书文献中心、水利部发展研究中心

中国科技情报学会成立之后，26个省、市、自治区又先后成立了地方科技情报学会[8]109，科技情报行业定期召开工作会议，确定国家情报工作的任务、方针、方向和

重点。中国科技情报工作史上的重要会议以全国科技情报工作会议为主线，它是中国科技情报工作方针、内容和方向发展和转型的指南针。1958年11月1日至12日，第一次全国科技情报工作会议召开，此后至1992年，共连续召开8次全国科技情报工作会议。下表是中国科技情报事业史上的一些重要会议及召开时间，详见表4。

表4　中国科技情报事业史上的重要会议

会议类型	会议名称	会议时间
全国科技情报工作会议	第一次全国科技情报工作会议	1958 年
	第二次全国科技情报工作会议	1961 年
	第三次全国科技情报工作会议	1963 年
	第四次全国科技情报工作会议	1975 年
	第五次全国科技情报工作会议	1980 年
	第六次全国科技情报工作会议	1984 年
	第七次全国科技情报工作会议	1986 年
	第八次全国科技情报工作会议	1992 年
全国科技情报（信息）工作研讨会	全国科技情报（信息）工作研讨会（共 9 届）	2000—2010 年
全国科技情报事业创建纪念大会	全国科技情报事业创建 30 周年纪念大会	1986 年
	全国科技情报事业创建 40 周年纪念大会	1996 年
	全国科技情报事业创建 50 周年纪念大会系列会议	2006 年
其他会议	全国科技情报检索刊物协作会议	1977 年
	全国科学大会	1978 年
	中国科技文献编译委员会第五届会议和情报学会筹委会扩大会议	1978 年
	全国文献工作标准化技术委员会成立大会	1979 年

中国科技情报事业发展过程中，在全国基本上形成了以中国科学技术情报研究所的综合性科技情报机构和各专业性情报机构组成的多层次的科技情报工作系统，这种比较完备的工作体系，有效地推动了中国科技情报事业早期的快速发展，保证了科技情报事业发展过程中，确立的为科技发展服务、为科技政策服务、为经济建设服务、科技情报体制改革等目标和任务的落实。

4.3 基础设施和基础条件建设满足了社会需求

中国科技情报事业发展过程中，建立了资源和服务的基础设施和基本条件，从而具备了满足社会需求的能力。主要的基础设施和基本条件建设包括以下内容：

4.3.1 科技文献资源建设

在开创初期，我国各级情报机构搜集并积累了大量国内外科技文献资料，进行不同形式的加工、整理、报道和服务工作，奠定了文献基础。经过60年发展，全国科技信息资源分别形成了科技期刊、专利、标准、学位论文、会议论文、政府研究报告等各类科技信息资源体系。上述各类科技信息资源体系的形成，一方面为广大科技人员和管理人员查阅相关信息提供了方便，人们通过计算机及其网络可以迅速查到自己需要的相关信息；另一方面也为科技情报机构服务于政府、企业和社会提供了基础条件。

4.3.2 检索刊物体系建设

1977年7月19日至26日，经中国科学院批准，中国科技情报研究所在河北省石家庄主持召开了全国科技情报检索刊物协作会议[9]。这次会议标志着我国开始有计划、有组织、有领导地统一建立我国的检索刊物体系。1979年，根据科学技术发展规划，又分别制定了《关于建立健全我国科技文献情报检索刊物体系的方案（草案）》（以下简称《方案》）和《1979—1985年全国科技文献检索刊物编译出版规划》（以下简称《规划》）。上述《方案》和《规划》使我国检索刊物向体系建立方向跨出了一大步。至此，中国科技文献检索刊物开始走上系统建设阶段。

4.3.3 文献数据库建设

全国科技情报机构加工形成大量的文献数据库，建立了信息时代科技情报服务的基础。主要的科技情报数据库产品包括：中文科技期刊数据库、中文学位论文数据库、中文学术会议论文数据库、技术标准规程系统、中国专利数据库、政府研究报告、科技年鉴数据库、科技成果数据库、科技图书系统等。以中国科学技术情报研究所专利数据库建设为例，2011年，中国科技情报研究所采购世界专利组织、欧洲专利局和美国、英国、德国、法国“四国两组织”专利文献2368万件，经过2012年、2013年的进一步扩充后，数量达到2635万件。同时，为了支撑重点领域深度分析等情报研究工作，中信所建立了基于“五国一组织”（中国、美国、日本、德国、俄罗斯和世界知识产权组织）专利数据的ISTIC专利分析数据库，以及经过深加工的重点领域专题专利数据库。2013—2014年，中信所不断加强“五国一组织”专利数据加工、清理工作，同时建成纳米技术、太阳能、电动汽车、生物质能、信息技术和生命科学等重点领域的专利数据库[5]。

4.3.4 资源共享和服务平台建设

为了保证服务效果，节省资源，科技情报服务还建立了科技信息资源有效共享的机制和条件，随着国家科技文献信息资源与服务平台战略的实施，科技信息资源的共建共享受到前所未有的重视，各种科技信息文献平台迅速出现，其中影响最大、最具代表性的为国家科技图书文献中心（NSTL）和中国高等教育文献资源保障体系（CALIS）[22]，这些资源共享和服务平台作为基础设施和条件为社会形成了资源保障。以近年来的科技报告服务平台建设为例，2012年，中共中央、国务院《关于深化科技体制改革加快国家创新体系建设的意见》明确强调，对财政资金资助的科技项目和科研基础设施，加快建立统一的管理数据库和统一的科技报告制度，并依法向社会开放，我国的科技报告制度建设就此拉开帷幕[5]。2012年，按照科技部的统一部署，依托科技部发展计划司和中信所，成立了国家科技报告制度建设联合办公室，落实和推进国家科技报告制度建设工作。2013年4月，科技部发展计划司印发《关于在国家科技计划中开展科技报告试点工作的通知》，正式启动科技报告试点工作，并颁布了《国家科技计划科技报告管理办法》。2014年，科技报告相关核心标准的制修订工作取得成效，科技部和中信所组织完成的《科技报告编写规则》《科技报告编号标准》《科技报告保密等级代码标识标准》《科技报告元数据标准》4个标准得到国家标准化委员会审批通过，已正式颁布和印制，为规范科技报告编写、加工和管理等重点环节提供了技术支撑。2014年3月1日，“国家科技报告服务系统”（www.strs.cn）正式开通运行，标志着我国科技报告服务制度和服务平台取得实质性进展[12]。

在上述这些基础设施和基础条件的支撑下，我国科技情报工作发展顺利，各项服务广泛开展，为社会服务构筑了很好的群众基础，为企业服务建立了良好的信用，为政府服务提供了科技政策和科技规划的支持。科技文献的提供服务、科技情报分析研究、科技情报咨询服务、科技查新服务、科技成果管理和报道服务等各项工作在此基础上得以顺利开展，满足了社会不同层次人群的需求。

4.4 信息技术推进了服务模式的变革

信息技术和情报技术是科技情报事业发展的另一重要驱动力。科技情报领域一直站在信息技术应用的前沿，情报服务模式的形成和改善很大程度上受到信息技术和情报技术发展的影响。

从信息技术应用方面看，80年代，全国情报部门已有电子计算机设备981台，其中微型机924台，大、中、小型机57台，终端机320台[23]。90年代中后期，为了利用现代化手段为社会提供网上科技信息资源服务，“九五”期间，加速了信息资源网络建设，建立了各种形式的数据库，采用脱机、联机检索、电子邮件、电子公告板等各种手段，对文献信息资源进行深度开发利用，以满足用户日益增长的需求。此外，电子资源建设和网络建设方面也取得了显著进展。到20世纪90年代末，我国科技信息部门率先建立起分布式信息服务网，已初步建成国际和国内联机检索服务体系以及一些基于因特网的服务系统，如国家部委级科技信息部门建立了综合性的网上信息服务系统[8]。

从文献工作标准化建设方面看，1978年9月，中情所代表我国作为正式成员加入了国际标准化组织——信息和文献标准化技术委员会（ISO/TC46），1979年4月派代表去波兰首都华沙参加了该委员会第18届年会，开始参与国际文献标准化活动。1979年11

月全国文献工作标准化技术委员会成立以后，我国科技文献工作走向标准化、系统化和统一化的道路，全国文献工作标准化技术委员会此后相继成立了6个分委员会。此后，全国信息与文献标准化技术委员会（以下简称“文标会”）积极完成各项标准的修订工作，并加强国内外的交流培训活动，自成立到1997年10月底以前，技术委员会已经制定了40余项信息与文献国家标准，如文献叙词标引规则（GB/T 3860—1995）、信息与文献交互式文本检索命令集（GB/T 19689—2005）等，这些标准为规范和保障中国信息中心、出版机构、档案馆、图书馆等的正常运转和业务持续发展起到了重要作用，也为信息技术的应用提供了基础条件[8]。

从情报技术手段发展来看，为了缩短与国外情报技术差距，加快科技情报工作的发展，我国科技情报界在20世纪60年代就开展了现代技术在情报工作中应用的可行性研究。1961年召开的第二次全国科技情报工作会议把机器检索列入全国科技情报工作的发展规划；1963年召开的第三次全国科技情报工作会议，把研究新型复制方法和设备、情报检索机械化、机器翻译和电子情报逻辑机等4项任务，列入《全国科学技术情报工作十年发展规划》；1965年5月，中信所开始“机械穿孔的情报检索”研究，开创了我国情报工作计算机化的尝试；1974年参加“748工程”，系统开展“情报检索”和“机器翻译”研究[5]；1978年12月，首次试验了我国“英汉题录机器翻译”[5]83；1983年建立了国内最早的联机情报检索终端[5]。随着信息处理技术的发展和互联网时代的来临，我国中文信息处理技术获得了较快的发展，目前，汉语信息处理在机器翻译、汉语的人机对话和中文情报检索等方面，已经取得了一定的成果。检索语言兼容性和汉字信息处理系统集成在实践上也取得了丰硕成果。

从情报组织和管理技术发展来看，为了充分发挥检索刊物的作用，提高科技文献的利用，1960年初，我国完成了《国际十进分类法》详表的翻译工作；1964年，我国公布了第一部标题表《航空科技资料主题词表》；1975年，科学技术文献出版社出版我国第一部用于图书馆界的新版中国图书分类表《中国图书馆图书分类法》；1975年6月，《中国图书资料分类法》出版发行；1976年3月，《汉语主题词表》编制任务列入1977年国家科学技术发展计划。20世纪90年代中后期，我国图书、文献分类法得到了进一步完善，主要表现在以下几个方面：①1999年，在前3版的基础上，《中国图书馆图书分类法》又作了进一步修订，将原名改为《中国图书馆分类法》，并由北京图书馆出版社出版。②1995年《中国图书资料分类法》成立了独立的编委会，负责《中国图书资料分类法》的修订、出版和管理，并于2000年2月出版第4版，修订版在改进传统体系分类法，使之向体系－组配式分类法方面迈进了一步，是科技情报界检索语言研究所取得的丰硕成果之一。③《中国分类主题词表》是一部大型的文献标引工具书，1994年出版了第1版，2005年出版了第2版和电子版。第2版应用范围广泛，可适用于图书馆、档案馆、情报所、书店、电子网站等进行各种类型、各种载体文献数字信息资源的分类主题一体化标引和检索，它不仅适用于综合性文献标引和检索的需要，而且也照顾到专业文献信息资源标引和检索的需要。同时《中国分类主题词表》的电子版为实现机助标引和自动标引提供了知识库和应用接口。

信息技术的广泛采用、文献工作标准化建设、情报存储和传播利用技术的开发、情报组织和管理技术的成就，不断影响传统情报工作转变观念、推陈出新，文献数据库和信息资源服务网络开始普及利用，情报检索开始了自动化、远程化处理，信息的自动分类标引开始实施，传统的服务工作从纸质资源到数字资源，从现场服务到远程服务，从手工处理到自动处理，新的服务模式产生的同时原有服务模式不断完善。

4.5 国际交流与合作加速了情报事业的发展

20世纪50年代，由于西方国家对我国实行封锁，我国国际合作的空间很小，仅同苏联和东欧国家开展了合作。20世纪60年代，我国同时开展了与西方国家和第三世界国家的合作，先后与苏联、德意志民主共和国、捷克、古巴、越南等国建立了资料交换关系，还与英国、法国、瑞士、瑞典、日本、丹麦等国家建立了直接或间接的资料采购关系；间接进口了一些设备，如法国布尔计算机、联邦德国复印机等，一些社会主义国家开始对中国科技情报工作给予关注，通过访华考察加深了认识和了解；20世纪60年代后期，因受“文化大革命”影响，对外合作全部停止，外事工作基本中断；20世纪70年代，中国科学技术情报机构对外交流工作重新起步，当时的主要活动是参加外国来华展览会和技术交流，在这期间，与国外的资料交换关系逐渐恢复，对外技术座谈会和其他学术交流活动也逐渐展开；“文化大革命”结束后，以中情所为代表的中国科技情报机构积极开展科技情报的交流与合作工作，与美国、英国、日本、法国、联邦德国等建立了双边合作与交流关系。

为引进国外技术服务，自1975—1980年，中国积极参与联合国教科文组织（UNESCO）开展的双边交流活动，先后加入了世界科技情报系统（UNISIST）、国际标准化组织文献技术委员会（ISO/TC46）、国际文献联合会（FID）等国际组织。

进入21世纪后，我国科技信息机构对外交流与合作进一步拓展。中国科技情报研究所先后成功举办了“2011年国际科技信息委员会夏季大会”“第六届科技信息资源共享促进国际会议”以及“第二届中日韩科技信息机构联合会议”“中日两国机器翻译技术合作学术交流会”等国际学术会议。同时，我国科技情报界先后派人参与多项科技情报领域相关会议，2015年6月1日至5日，国际标准化组织信息与文献标准化技术委员会（ISO/TC46）第42届全体会议在北京召开。此外，中信所还积极开展联合国教科文组织全民信息计划，和美国、日本、英国、德国、加拿大、意大利等多国进行了交流与合作。

国际交流合作拓宽了我们的视野，我国科技情报事业发展从最初的学习国外的理论方法和技术，到参与国际标准化建设和国际科技情报活动，到主办国际会议和提供中国特有的服务产品，逐步发展壮大。国际交流与合作加速了我国科技情报事业的发展。

5　中国科技情报事业发展演变规律研究

根据以上对中国科技情报事业发展的演变过程和特征的归纳和分析，结合科技情报事业发展的世情、国情和社会背景，笔者从以下几方面总结了中国科技情报事业发展的演变规律。

5.1　“情报—信息—多元范式的大情报”的演变

在中国的话语体系中，“情报”一词有不同的内涵。从中国科技情报工作发展过程来看，在20世纪60—70年代，科技情报初创时期，在情报流通不畅、情报手段不利的早期，作为科技情报工作对象的科技情报的主要含义是国外重要的、对我国产生影响的科技动态和科技发展信息，主要为国家战略和国家政策服务；20世纪80—90年代，和平时期的经济发展成为主要社会关注点，在情报流通渠道日益丰富、情报手段较为先进的时代，情报多少去掉了其神秘的部分，成为大众可得的“信息”，主要为经济建设和社会发展的需要服务；21世纪的今天，由于国际形势日趋复杂，国际冲突和竞争趋势凸显，中国科技情报工作对象有从“信息”回归“情报”的趋势，新的情报含义我们可以称之为多元范式的“大情报”。大情报不是简单回归情报，而是融合情报和信息的服务特征，是面向安全和竞争的情报与面向发展和创新的信息加以融合的多元范式下的大情报。因此，中国科技情报事业发展演变过程中，呈现了从“情报”到“信息”的演变，将来会呈现从“信息”到“多元范式的大情报”的演变趋势。

5.2　从“机构服务”到“平台服务”的演变

与国际科技情报工作发展的趋势一致，中国的科技情报服务经历了20世纪50年代创立之初到20世纪80年代期间的科技情报机构建立、科技情报资源建设并由科技情报机构为用户提供服务的历史，90年代中期开始，科技情报资源的服务逐渐由建立科技情报资源服务平台的方式来取代（并非完全取代），提供服务的主体不再是单一的机构，提供的资源可以有多个来源而不再完全是机构自己拥有的资源；服务的形式由数字化服务占主流。因此，中国科技情报事业的发展经历了从“机构服务”到“平台服务”的演变过程。

5.3　从“收集提供”到“分析挖掘”的演变

20世纪50年代中国科技情报工作开创初期，主要的工作内容是科技信息资源收集、保存和提供，情报产品对信息资源的智力加工程度比较低，在当时我国信息资源稀缺、获取国内外信息难度大的条件下，该项服务起到了很好的服务效果；21世纪的信息环境发生了很大变化，信息资源丰富、获取渠道多、获取成本低，科技情报服务从过去的基础性的“收集提供”服务模式，发展到需要深度分析用户需求、寻找资源并挖掘资源、提供更加适合需求的深度挖掘和分析的情报产品，科技情报服务逐步演化到“分析挖掘”模式，对信息资源的智力加工程度高，才能充分体现信息社会科技情报服务的价值。

5.4 从“文献资源”到“数字资源”再到“综合数字资源”演变

20世纪50年代，科技情报服务工作主要提供纸质文献资源服务；20世纪90年代开始，科技情报服务工作主体向提供数字化资源服务方向演化；21世纪，由于大数据、云计算、人工智能、服务平台、服务设计等领域科学与技术的发展，用户需求的进化，科技情报服务工作正在向提供“综合数字资源”服务的方向发展演变，所以“综合数字资源”是指“多来源多类型的数字文献资源+多来源可机读的数字数据资源”所形成的融合性的、可交互的综合数字资源。

5.5 从“资源服务”到“方案服务”的演变

20世纪50年代科技情报服务工作开展初期，提供的是初步的形式化和简单语义化加工的信息资源。信息技术发展和信息处理手段的进步，使科技情报服务从单纯检索信息和提供服务的模式，发展到提供资源整合性、深度加工的信息产品，虽然科技信息服务比之以前有了很大的发展，但这些服务仍然属于“资源服务”模式。

2015年中共中央办公厅、国务院办公厅印发了《关于加强中国特色新型智库建设的意见》，2016年5月30日，习近平总书记在《为建设世界科技强国而奋斗》重要讲话中强调，“要加快建立科技咨询支撑行政决策的科技决策机制，加强科技决策咨询系统，建设高水平科技智库”[24]。此后，中国新型智库建设呈现井喷现象，也成为各个信息服务机构成长发展与转型的重点方向。全国各省区市科技信息服务机构的智库服务工作在有序推进，努力向智库化转型。比如，2018年，北京市科学技术情报研究所也成为北京市首批智库“北科智库”的重要成员单位；苏州市科技情报研究所以科技咨询服务平台为依托构建了苏州科技智库，范围包括文献情报、创业培育、决策参考以及科技咨询专家库等。智库服务不是简单的资源服务，而是在资源利用的基础上提供解决方案，科技情报服务工作正在经历从“资源服务”向“方案服务”演化发展的过程。

从“资源服务”到“方案服务”不是一个简单的量变过程，而是一个质变过程，成功的转型将为科技情报事业的发展迎来新的生机。

参考文献：

[1] 严怡民. 情报学概论[M]. 武汉：武汉大学出版社：1983：24.

[2] 王小华. 基于情报学学科重构的“报事业”类目创建探讨[J]. 图书情报导刊，2018（3）：1-6.

[3] 霍忠文，阎旭军. “情报”、“Informagence” 与 “Infotelligence”：科技情报工作科学技术属性再思考[J]. 情报理论与实践，2002（1）：1-5.

[4] 华勋基. 情报科学导论[M]. 广州：中山大学出版社，1990：396.

[5] 中国科学技术信息研究所. 甲子辉煌：中国科学技术信息研究所成立60周年纪念[M]. 北京：科学技术

文献出版社，2016：2.
[6]包昌火，刘彦君，张婧，等. 中国情报学论纲[J]. 情报杂志，2018（ 1 ）：1-8.
[7]《科技情报工作概论》编写组. 科技情报工作概论试用本[M]. 北京：科学技术文献出版社，1984：549-552.
[8]中国科学技术信息研究所. 中国科技信息事业55年（综合卷）[M]. 北京：科学技术文献出版社，2011：113.
[9]李毅. 我国科技情报工作的产生和发展[J]. 情报学刊，1981（ 2 ）：67-70.
[10]陈怀珍. 第八次全国科技情报工作会议在京召开[J]. 科技管理研究，1993（ 1 ）：9.
[11]杨阳，任佳妮，李苗苗，等. 我国省级科技情报机构业务发展探析[J]. 情报理论与实践，2016（ 7 ）：32-35.
[12]华春雨. "国家科技报告服务系统"正式开通运行[J]. 科技致富向导，2014（ 8 ）：7.
[13]中共中央办公厅、国务院办公厅印发《关于加强中国特色新型智库建设的意见》[EB/OL]. [2019-09-20]. http://www.gov.cn/xinwen/2015-01/20/content_2807126.htm.
[14]符福峘. 我国情报学理论体系建设的伟大成就：庆祝我国科技情报事业创建50周年[J]. 情报理论与实践，2006（ 4 ）：385-389.
[15]关家麟，张超. 我国科技信息事业发展的回顾与展望[J]. 情报科学，2007（ 1 ）：1-7.
[16]包昌火，王秀玲，李艳. 中国情报研究发展纪实[J]. 情报理论与实践，2010（ 1 ）：1-3.
[17]吴晨生，李辉，付宏，等. 情报服务迈向3. 0时代[J]. 情报理论与实践，2015（ 9 ）：1-7.
[18]王扬宗. 中国科学技术事业的历史性转变：回望1978年全国科学大会[J]. 中国科学院院刊，2018（ 4 ）：351-361.
[19]中华人民共和国技术部. 国家科学技术条件发展60年（ 1949—2009 ）[M]. 北京：科学技术文献出版社，2009：13.
[20]中国互联网发展大事记（ 1994—1996年 ）[EB/OL]. [2016-01-11]. http://www.wm23.com/resource/R01/2112.htm.
[21]贺德方. 继往开来再创辉煌：有感于中国科技信息事业创立暨中国科学技术信息研究所创建五十周年[J]. 数字图书馆论坛，2006（ 10 ）：1.
[22]刘顺利，岳秀丽，肖颖，等. 科技文献资源建设与高效检索利用[J]. 科技管理研究，2011（ 13 ）：173-175.
[23]丁庆生. 中国科技情报事业发展势态分析[J]. 技术与市场，1989（ 5 ）：10-13，62.
[24]习近平：为建设世界科技强国而奋斗[EB/OL]. [2016-05-31]. http://www.xinhuanet.com//politics/2016-05/31/c_1118965169.htm.

（本文原发表于《科技情报研究》2019年第1期）

基于国家科技管理平台的科技情报事业发展思考*

曾建勋（中国科学技术信息研究所）

2014年12月，国务院发布《关于深化中央财政科技计划（专项、基金等）管理改革方案》（国发〔2014〕64号），要求建设完善国家科技管理信息系统，同时实现与地方科技管理平台互联互通。2018年国务院机构改革中，将“牵头建立统一的国家科技管理平台”作为重新组建的科学技术部的主要职责之一。为此，中国科学技术信息研究所从2012年开始陆续开展了国家科技报告系统建设、国家科技管理平台的顶层设计，以及“国家科技计划申报中心”建设工作。目前中信所有四个部门负责国家科技管理平台相关工作，科技计划管理支撑中心负责项目申报流程管理，科技报告中心负责科技报告和科技成果管理，技术支持中心负责科技管理平台数据服务，信息资源中心负责科技项目档案收集管理。

国家科技管理平台主要对中央财政科技计划（专项、基金等）的需求征集、指南发布、项目申报、评审立项和预算安排、监督检查、结题验收等进行统一的全流程信息监管和评估，平台运行的信息流和数据链，其实都是科技情报工作处理的数据对象。将科技情报工作融入项目管理评估和创新研发过程的每一个环节，将会夯实科技计划项目实施管理的数据基础，提升科技计划项目信息化管理水平，同时实现科技信息资源的标准化管理和规范化整合，发展科技规划、科技监测、科技预测、科技监控等科技智库服务，深化科技查新、内容查重、申报指导、进展综述、智能检索、团队识别、专题咨询等知识服务，既提升科技管理过程中的信息服务层次，又构造面向科研流程的一站式科技情报服务模式，形成集项目管理、成果管理、专家团队管理、绩效评估，以及信息整序、信息分析、信息构建、信息推演等于一体的科技情报服务体系。

1 科技情报工作的发展历程与面临的挑战

1.1 科技情报工作的初衷与使命

为了落实周恩来总理关于“必须为发展科学研究准备一切必要条件，如图书、档案

* 本文系国家社会科学基金重点项目“基于知识组织的图书馆资源发现服务体系研究”（17ATQ002）成果。

资料、技术资料和其他工作条件，以便尽可能迅速地用世界最新的技术把我们国家的各方面装备起来”的指示[1]，1956年10月中国科学院科学情报研究所正式成立，建所之初设立了资料室、科学新闻编辑室、四个编译室和出版处、情报方法研究组，主要跟踪、收集、研究、报道、评述国内外科技发展动态、水平和进展，标志着我国科技情报事业正式创立。1958年国务院批准颁布《关于开展科学技术情报工作的方案》，将“中国科学院科学情报研究所”改称“中国科学技术情报研究所”，作为全国科技情报中心，并在天津、上海、沈阳、西安、武汉、成都、广州7个城市建立地区科学技术情报分中心[1]。同期召开的第一次全国科技情报工作会议正式赋予我国科技情报机构“耳目、尖兵、参谋”的使命，确定科技情报工作的中心任务为资料工作、交流工作和情报调研，提出了“广、快、精、准”的科技情报工作方针[2]。

从科技情报事业创立背景中可以发现，科技情报工作初衷是为了抵制西方的技术封锁，进行科技文献信息资料的收集、整理、组织和编译报道，面向管理决策和科研创新进行情报调研。所以，为科技创新主体提供信息支撑，为科技规划管理提供决策支撑，成为科技情报工作一直以来不可动摇的历史使命。具体表现为信息的序化和情报的转化。信息的序化就是进行文献情报采集、整理、组织，并进行检索工具建设，构建“文献库（信息库、知识库）”；情报的转化是对组织的文献情报进行分析研究，将其转化为知识、情报、谋略和方案等，发展“思想库（智囊团、智库）”，即在公开文献信息（包括部分灰色文献）整序基础上进行战略和战术情报研究。

1.2 科技情报工作的发展历程和范畴

1956年之后，从1958年至1992年期间一共召开了8次全国科技情报工作会议，确立了科技情报工作各个时期的重点。1958年召开第一次会议，奠定了科技情报工作的基本初衷、使命和中心任务。1963年召开的第三次会议启动了情报方法如机器翻译、分类法、主题法的研究。1975年召开的第四次会议，通过了《关于健全和发展全国科学技术情报网的几点意见》和《关于加强科学技术情报资料工作的几点意见》两项文件。1980年召开的第五次会议强调紧密为经济建设服务的指导思想。1984年召开的第六次会议，颁布了科技情报工作条例，规定科技情报工作的主要任务是广泛而有侧重地进行国内外科技文献资料和国家重要科学技术成果的搜集、整理和报道，围绕重点需求报道国内外科学技术成就和动向，发展战略情报分析研究。1986年召开的第七次会议颁布了《中国国家科技情报政策要点》。1992年第八次会议宣布“情报”改“信息”，科技部信息中心随之并入中国科学技术情报研究所，并改名中国科学技术信息研究所（简称“中信所”）。从1993年起全国科技情报工作会议不再召开，而改为一年一度的、由全国情报所长参加的科技情报工作交流研讨会，历届会议在交流经验和研讨工作的同时提出若干政策建议[3]。

在科技情报事业发展过程中，从1958年开始，全国各个部委、省市开始陆续成立科技情报机构，到“九五”末期，全国共有32个专业部委所、29个省市所、200多个市

（地）所和一些县级情报机构，大量的工矿企业、研究设计院（所）、大专院校也设立了情报资料部门，各种科技情报网站也不断涌现。此后，科技情报事业进一步发展，具有法人地位的科技情报机构一度超过400个、情报网站达9600多个，从业人员10万余人，形成了条块分割、纵横交叉、覆盖全国的科技情报研究工作体系[4]。总体来说，按照苏联模式构建起来的科技情报事业，经历了创立、发展、壮大、挫折、恢复、改革与创新等多个历程。经过60多年的发展，我国科技情报工作建立了资源丰富、媒体多样的信息资源保障体系、情报报道与检索体系、情报研究与动态跟踪体系、战略决策咨询服务体系、现代化信息网络系统以及情报产品生产企业和市场营销体系，还形成了情报学教育培训、学术交流体系以及全方位国际合作与交流格局。具有文献数据集成和信息组织优势，强调以文献元数据为基础的信息整序和集成搜索；具有文献计量和情报分析优势，强调以知识单元或实体对象为基础的统计分析和战略研究。

关于科技情报工作的业务范畴，其实早在1958年的首次全国科技情报工作会议上就提出了“三大类、九小类”情报刊物体系[5]，即检索类的目录、文摘、索引，报道类的消息、快报、译报，研究类的动态、进展报告、述评，由此确定了科技情报工作的基本产出形式，形成了我国科技情报收集、加工和编译、报道的情报服务体系。检索类的目录、文摘、索引，在当时是编制文摘刊物，在进行主题、分类标引基础上供读者手工检索，而在今天许多文摘刊物纷纷转变成数据库系统，在进行信息资源组织基础上提供文献文本搜索。对于国外文献，需要进行有选择的编译报道，当时是通过人工遴选、翻译、校对形成消息、快报和译报，也出现了一些译文刊物和译文文集等；而随着计算机信息技术发展，近年已经演变成机器翻译、自动识别和头条推荐等。研究类的动态、进展报告、述评等，通过全面调查收集有关文献，经过整理分析、综合归纳编写出来的专题报告、报道国内外科技发展水平和动态趋势的综述评述，在当时即形成了形式多样的《科技参考》、《科技专报》和研究报告，提供给领导决策参考，并延续至今，只是产生参考、专报和报告的情报研究工具、方法和形式发生了某种颠覆性变化，目前主要在数据清洗、文本规范和信息关联耦合基础上，利用文献计量、数据挖掘、情报计算和人工智能等相应技术方法，形成定量与定性相结合、逻辑推理与智能计算相匹配的工程化新型情报研究体系。

综上所述，科技情报工作的核心业务范畴有五个方面。其一是资源建设及其信息组织，在科技情报发展最初时是对信息资源进行编目、著录、识别、描述，如今信息组织主要对象转变为数字资源并拓展至引文，以及碎片化、细粒度知识单元等内容，最终构建各种类型的数据库。其二是情报检索，包括信息导航、智能检索、信息搜索、相关性排序、关联性推荐等方面。情报检索的方式方法也在改变，从手工检索的文摘、索引向电子化智能检索转变，如《化学文摘》等知名文摘杂志，目前只以电子版形式出版，并支持分子式检索。其三是编译报道，在资源建设、采集并且序化基础上进行资源报道，包括动态参考、机器翻译、数据挖掘、自动文摘、自动综述、机器写作等方面，其方法也随着技术的发展不断创新。其四是情报研究，是科技情报工作的重点，从20世纪60

年代初开始，情报分析研究工作在文献工作基础上，着重报道国外先进科学技术的发展水平动向，结合国家科技、经济发展规划与重点项目开展情报研究。最后是情报学及其方法研究，包括情报范式、信息生态、信息行为、科学交流、情报体制、服务模式等主题的理论研究，以及编纂《中国图书馆分类法》《中国图书资料分类法》等大型工具和情报方法论方面的专著。

1.3 科技情报事业面临的困境与挑战

20世纪90年代以来，面对科技体制改革的需要、对外开放的现实和互联网信息技术的突飞猛进，科技情报工作无论是信息资源建设还是情报研究分析都遇到了新的问题，某些领域被相关信息链上的机构所超越，“源头”受到出版商、数据库商、搜索引擎等冲击，而“出口”又与咨询机构、评估中心和战略研究院等形成强烈的竞争关系，致使科技情报业务内涵模糊、用户主体不明确、方法手段陈旧，现状颇为窘迫。

1.3.1 情报改信息带来“情报”边界不清、业务内涵模糊

1992年为落实“稳住一头，放开一片”的科技改革方针，国家科委将“科技情报”改名为“科技信息”，由此引发了一系列连锁反应。机构名称上，科技情报局、科技情报研究所、科技情报专业/系纷纷改名为科技信息司、科技信息研究所/院、信息管理学院/系；学科概念上，情报管理、情报研究、情报组织、情报检索、情报系统等“哗变”为信息管理、信息分析、信息组织、信息检索和信息系统等。一贯公益性质的单位要么开始尝试下海感觉，什么挣钱干什么，要么听命于各自主管，相关事务越来越多，冲淡了原有的业务范畴。加之情报机构与各类科研过程脱节，与创新环节脱钩，没有嵌入到科研活动中，围绕选题、申报、跟踪、开发研究和结题验收、产业化等环节为科研人员提供针对性信息服务。科技情报工作一方面向传统情报所以外的机构延伸，即出现了战略院、评估评价中心等，或分化出专业数据库服务机构等，另一方面原有情报所业务不断泛化或核心业务淡化或被其他机构所蚕食，自身优势特质削弱，致使科技情报范畴开始模糊，核心业务开始蜕化，原有数据集成、信息组织、情报分析优势逐渐弱化，科技情报工作处于混沌期[6]。

1.3.2 数字出版与知识服务的融合，挤压信息服务生存空间

随着印刷出版向数字出版，甚至语义出版的转型，出版业开始从制造向服务转变，直接跨过图书情报机构，面向最终用户提供服务；而随着学术搜索引擎和资源发现系统的元数据规模不断扩张，并与各图书馆OPAC系统（包括图书借还阅系统）联通起来，OPAC数据开始被全面融入发现系统中，原有MARC业务流程也在被元数据体系所替代，文献业务流程正在被颠覆[7]。资源发现系统在取代图书馆系统的同时，也在替代情报机构文献数据处理和信息组织业务，情报所以往的信息集成与检索发现优势退化。目前除NSTL及其成员单位在国家科技文献专项经费支持下，每年订购保障26000多种外文文献和以全国开通方式保障19个回溯数据库和600多种国外中小型学（协）会数字期刊外，更多的科技情报所仅仅订购一些国内科技文献数据库产品，已经没有保障国外科技

文献资源的能力；e-science环境下，科研用户情报获取渠道多元化，获取方式数字化，吸收过程流程化，更加适应学术搜索引擎的服务，用户在线订购使用数据库的方式也使集成商、出版商牢牢把握着用户日志及其情境场景数据。由此科技情报机构失去把握用户行为的主动权，原有的用户群体开始流失，逐步丧失科技文献第一获取渠道的优势，导致科技情报战线原有情报网（站）体系逐渐消失，缺失真正的科技信息服务核心用户群体[8]。

1.3.3　互联网环境下，信息组织流程难以适应资源形态和交流模式的变革

互联网环境下，科学交流模式和科学研究范式发生了显著变革，除基础性文献资源外，新型资源层出不穷，数据库商和出版商在不断推进事实型、关联型、术语型、工具型资源等更高附加值资源发展。除此之外，随着开放运动出现，开放资源、OAJ、OA仓储越来越多，非正式交流的形式日益丰富，学术博客、网络社区、即时交流工具等蓬勃兴起，文献之间的引用与共享不再是科学交流的唯一方式；然而科技情报机构往往死守原先的基础型资源，固守原有的信息组织方法，没有发挥早期在叙词表、分类法、规范文档方面编制与应用的优势，没有将本体技术、语义分析技术等与原有信息组织方法相结合，将知识组织工具应用于数据的自动标注、关联揭示和相关性计算之中。热衷于建库（数据库、语料库）、建网（信息系统、数据平台），没有全面揭示数据间的语义关联，开发先进的知识集成、知识组织、知识描述、知识计算和知识分析等相关工具。在数字科研环境下，科学研究进入数据密集型范式，各种载体、数据、内容、工具资源的跨界融合越来越强烈，大数据生产需要对科技情报工作进行流程化与标准化管理，多源异构数据的融合需要实现各实体、要素、流程和方法等的统一标准化处理。在原有文献管理和知识管理进入数据管理阶段之时，需要改造传统文献组织与知识转化方式，借助元数据、数据获取、数据关联与聚合等技术，进行数据组织、数据转化、数据融合，然而，科技情报机构没有针对多维度、多结构、多来源、多类型资源构建数据清洗规范、关联揭示，以及聚合与融合化组织的加工体系，以至于无法支撑从数据向情报的转化；无法围绕用户工作流程、嵌入用户工作环境，无法按照用户使用习惯，根据用户身份来设计、组织、重组、装配资源与服务。

1.3.4　大数据时代，云计算、人工智能正在冲击传统情报研究方法

基于文献信息源进行编译报道，以动态、进展、综述或述评为主要产品形式的情报研究，其原有情报研究方法、手段脱离了决策过程，越来越不适应互联网环境下新型决策活动的需要。20世纪凝练的《情报研究方法论》[9]也没有突破性地在信息分析方面吸取数据挖掘等技术的营养，文献计量方法在吸纳国外相关定律和指标基础上进行应用，也没有获取大数据运算的支撑。当前，情报研究方法正在经受大数据、云计算、人工智能的洗礼，需要在传承既有方法基础上，突破固有模式，融入知识计算体系，将工程化思维嵌入到情报流程的各个环节，改造情报方法论体系，开发情报工程学[10]，将数据分析、文本分析、计量分析、社会网络分析和移动媒体分析等引入情报支持决策，推进工具化、算法化和平台化的计算型情报研究[11]，用数据聚类、数据挖掘、机器学

习、空间分析、时序分析、可视化技术等大数据分析方法对传统情报学方法予以改造创新，以适应知识化服务需要[12]。

2 国家科技管理平台建设及带来的机遇

2.1 国家科技管理平台的建设目标

国家科技管理平台是以国家科技计划管理的战略目标为导向，以提高项目实施效率和效益为目的，支持决策分析、控制执行、过程管理的人机交互系统[13]。公开统一的国家科技管理平台构建，能够实现跨地区、跨部门、跨行业、跨学科、跨系统的协同，在为科技计划管理体制机制优化提供制度性基础服务的同时，还可以为科技创新提供全程化科技情报服务。按照新的国家科技计划管理流程要求，国家科技管理平台需要实现从服务科技管理者向全部创新主体的转变，从政府科技计划管理抓手向综合服务平台的转变，从面向科技创新链的单向信息服务模式向融合产业链、创新链与资金链的综合信息与数据服务模式转变，形成公开统一、功能完整、互联互通、安全高效的科技管理与信息服务平台[14]。

为达到这些要求，国家科技管理平台不仅需要全面支撑科技计划推进中指南编制、项目申报、项目评审、项目实施的各个环节，而且可以形成全面涵盖科技活动主体、科技资源、科研条件、创新要素等各类实体的科技信息大数据中心，实现全国科技信息高度共享，为各类创新主体和各级科技规划管理主体提供智能化、精细化的决策支持服务，发挥资源统筹、过程控制、科研评价、绩效考核、知识服务、归档保存等作用，提升科技治理与服务的信息化水平，促进科技决策科学化、治理现代化、监管社会化、服务信息化。

2.2 科技情报业务融入科技管理工作的可行性

早在1963年9月国家科委就发布了《关于上报和登记科学技术研究成果的若干规定（试行草案）》，首次在国内建立了科技成果登记制度，并在中信所设立科学技术研究成果登记办公室，对上报和登记的科技研究成果，以《科学技术研究报告》的形式出版，并出版《科学技术研究成果公报》提供索引和检索服务，实际上成为中国科技报告制度的雏形，也是我国科技情报工作参与科技管理和渗入科技创新过程的开端。

科研信息化环境下，科技情报工作更具融入科技管理平台的可行性。首先，两者需要建设统一的数据库（文献库、项目库、专家库和机构库），实现对科技计划、项目、成果、人才、文献与科学数据等要素的管理；其次，科技管理具有评审、评价需求，而科技情报工作具有相应理论方法和数据处理工具；第三，科技管理平台除了集成项目申报、立项、验收等过程管理之流程外，也需要查重查新、分析统计、评价审核、时序演化、日志分析等情报研究功能辅以支撑；第四，科技管理平台的用户也是科技情报服务的核心用户。所以，两者有机地结合起来，将科技管理平台建设与运行管理作为科技情报工作的重要组成部分，可以重塑新时代科技情报事业的发展体制。

2.2.1　两者可以构建统一的数据库

国家科技计划项目实施过程之中产生和使用的各种数据，其实也是科技情报系统中所需收集、处理、组织、分析和服务的数据，因此可以构建统一的数据库，实现数据互操作和资源共建共享。科技计划项目管理过程中，一是需要按照统一的数据结构，执行统一的标准规范与数据交换标准，制定项目、人员、成果、机构等数据唯一标识符，并开发数据唯一标识注册工具；二是利用统一的数据采集、加工、整理、组织方法和流程，推进元数据的集成整合与应用[15]，开发配套的数据清洗加工平台，形成全面覆盖各类科研要素的数据库体系，包括指南库、项目库、成果库、专家库、信用库、财务库、文献库和知识库等，并实现数据库间的互联互通；三是在构建科技计划领域分类体系与学科分类体系映射、关联规则基础上，实现科技管理平台与科技情报工作在信息源标准上的互操作，进而对不同渠道的异构信息进行自动映射、比对标引，形成包含科技计划、科研项目、科研主体、科技成果、科研文献等不同类型科研实体，具有语义关联的统一的信息索引库[16]。

2.2.2　两者具有相同的用户群体

科技管理平台的用户是科技管理活动中的各类主体，包括科技管理机构、项目承担机构、科技人员和社会公众四类，实际上与科技情报系统的服务对象相统一，具有相同的用户群体。有数据显示，80%的科研人员会参与国家级或省部级科技计划项目的申请，其显然需要使用各级科技管理平台，因此无论是科技部、地方科技厅还是院校（所）级科研处的科技管理人员也都是国家科技管理平台的用户。基于此，将科技文献信息服务嵌入国家科技管理平台中，不仅可以规范和完善对申报项目、在研项目和结题项目的配套服务，还可以贴近科研需求和创新一线推广科技信息服务，实现科技信息服务的全程化、嵌入化，并实现原生科技信息大数据的同步生产、积累和再利用，创新科技情报工作模式，重建新型科技情报网（站）体系。

2.2.3　两者融通可形成更加完整的服务功能

服务对象与资源对象的统一表明科技管理平台与科技情报工作具有相通的服务功能，主要包括管理服务和信息服务两方面。对于前者，既涵盖计划制定、项目评审、项目实施等方面的全程化管理，又涵盖项目经费、科技专家、科技成果、基础条件等方面的全要素管理，体现监督评估功能，注重信用监管、决策结果监管、实施过程监督、风险预警、绩效评价等管理手段的综合应用。对于后者，强调围绕项目申报与实施环节进行资源共享、决策支持、统计分析等信息服务组织，体现科技传播功能，注重实现科技信息共享、科技政策传播、科技成果展示、创新方法宣传、科学知识普及等。这其中都需要有良好的科技信息保障与服务、科技查新与文本检测、专利分析与趋势预测、主题分析与热点追踪等科技情报服务功能，两者的融通可以形成更加完整的服务功能体系，提供给科技管理人员和科研创新人员更优质、更及时、更满意的服务。

2.3 面向科研生命周期的科技情报工作新机遇

2014年以来的科技体制改革，特别是由中国科学技术信息研究所负责的国家科技管理平台建设，实际上是科技情报工作发展的新机遇，是科技情报工作走出困境的大好时机。首先，可以借助这一平台重新塑造核心用户群体，以申报对象（科研人员）为用户主体，以科技项目从指南产生、申报、评审到过程管理、验收等全生命周期为关键节点来改造国家级、区域级、机构级和团队级科技情报服务平台，优化科技情报服务模式，形成基本的市场服务主体。其次，可以面向各级科技管理部门和广大的科技创新机构，改造和构建统一的既适合于科技管理，又适合于科研创新的数据库系统，包括专家库、机构库、指南库、项目库、文献库、成果库等，并且形成相互关联、相互融合的文本大数据体系，通过嵌入各级科技管理平台大幅提升资源价值。第三，可以按照有所为有所不为之原则，立足于自身优势发挥基础上，嵌入科研创新各环节，强化市场化可持续的数据库服务和专题化分析产品的研发和推广，在做好公益基础服务同时增强增值服务能力。

2.3.1 支撑多层级科研管理组织，构建新型的科技情报工作网（站）体系

国家科技管理平台是各级科技管理部门，上至国家、地方科技行政管理部门，下至相关专业管理机构、基层科研单位和课题组，进行科技项目过程监控和成果管理的统一平台，而科技情报工作则是面向这些科技管理部门和创新机构提供信息服务的保障系统。以科技情报工作与政府科技项目管理的密切结合为基础，可以搭建统一开放的公共服务平台，一方面提供指南发布、项目申报与评审、中期检查、结项验收、成果转化等全程化管理服务，实现全生命周期的科技项目证据留痕管理；另一方面，将原本分散在各个“信息孤岛”上的各级科技管理人员集中到统一开放的科技管理公共服务平台上，形成涵盖中央、地方、科研机构、课题组等四级科研管理组织的新型科技情报体系，逐步恢复原有从中央到地方，从大学情报所（室）到工厂院所情报网（站）的科技情报工作体制，进而在数据汇交和深度分析的基础上，提供内容查新、数据挖掘、诚信监测、项目查重、专家遴选、信息发布等一站式服务，为各级管理人员的科技决策提供支撑服务。

2.3.2 实现科研创新的全过程信息服务，重塑核心用户群体

基于科研创新的全流程管理过程，以科技项目为纽带，在集成关联各级各类科技成果的同时，将信息服务嵌入国家科技管理平台，可以更好地为各级各类科技人员和科技管理人员提供更具针对性的信息服务。在指南发布阶段，可以提供指南解读、选题推荐、国内外领域进展分析等服务；在课题申报与评审阶段，可以提供研究综述、科技查新、团队识别、内容相似性检测、评审专家推荐等服务；在课题实施阶段，可以提供学术论文、专著、科技报告、标准、专利等文献服务；在课题结题验收阶段，可以提供领域对比分析、技术路线分析、内容查重、成果存储共享等服务；在项目转化阶段，可以提供技术竞争情报、专利风险评估和设计图纸等技术信息服务，支撑科技项目实施的每

一个环节。基于科技管理平台，使科技情报工作重新扎根于科研单位、学术创新团体，聚焦于科技人员、领域专家等核心用户群体，提供针对性的科技情报服务，全面支持科研创新和规范科研管理。

2.3.3　基于项目科研生命周期，实现原生大数据资源积累与共享

在项目实施过程中，会产生大量的学术论文、科技报告、标准、专利、软件等科技信息成果和样机、仪器、设备、工程等有形实物成果，也会产生大量的过程数据，包括行为数据、实验数据、观测资料等。实现科技情报工作向科研管理过程的无缝衔接，一方面可以全面采集、保存数字化科研成果，持续存储数字科研档案，另一方面可以积累反映创新过程、科研环节的过程数据，形成我国科技界原生的本土化科研大数据资源，实现国家科技战略信息资源的持续积累，在此基础上经过数据整理、数据分析、数据挖掘，可以构成科研机构知识库，形成学者个人知识空间，发现科研兴趣偏好和创新规律，进一步服务于我国科技创新工作。

2.3.4　嵌入科技管理信息系统，构建科研信息化协同服务平台

在互联网+的作用下，政府科研项目的全生命周期正在形成一种创新知识生产方式的泛在科研环境。在科技计划项目实施过程中，结合学科研究情景与科研管理目标实现科研人员、科研机构和科研经费、科研条件、科研数据、科技信息、科研成果等要素的交互作用，形成新型的科研生态，科技情报工作融入这种泛在科研环境中，提供各类信息支撑，如图表、指标、参数、设计、技术、产品等知识要素，形成强大的知识网络和社会关系结构，能够支撑跨机构、跨领域、跨地区科研人员协同创新，实现工程化、流程化情报研究分工作业，与科研管理同步提供相对应的信息服务，有利于形成数字科研信息化协同服务平台。

3　基于科技管理平台的科技情报事业发展模式

3.1　面向科技计划实施的科技情报业务总体框架

构建面向计划管理、项目实施、监督检查、评审评估等科技计划实施全过程的知识管理平台，不仅需按照项目的产生、成长、发展、成熟、衰老、结束、完成等科技项目全生命周期实施管理，而且需围绕项目定义与决策、项目计划与设计、项目控制与实施、项目完成与交付、项目运营与维护、项目分解与集成等不同环节进行监控。此外，需要系统全面地汇集科技计划项目各种信息资源，提供专家遴选与回避、科研设备共享、财务监管、科研信誉监管、多维统计分析与可视化、定期提醒、留痕与日志管理等相关过程服务，全面、准确反映科技计划项目的实施过程，支撑科技计划的决策管理、组织实施和监督检查。形成如图1所示的科技情报业务总体框架。

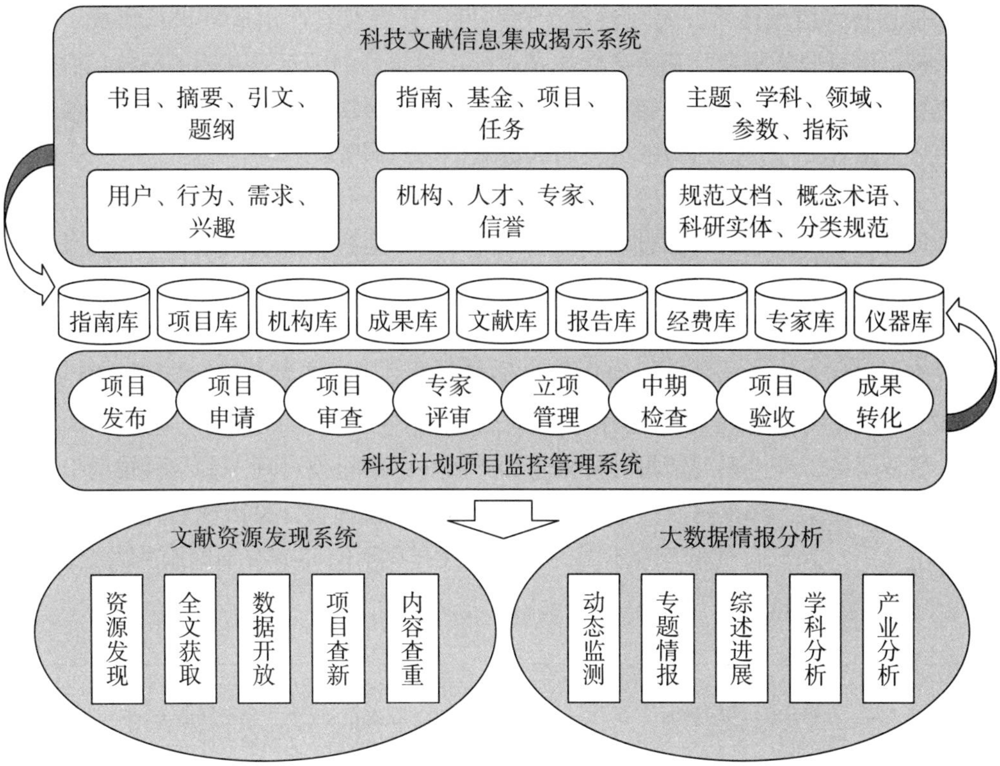

图1　面向科技计划实施的科技情报业务总体框架

对于科技项目实施与管理过程中产生的内部或公开出版的各类信息资源，需要既从国内外公开渠道广泛收集，又从科研管理过程中持续汇交沉淀，还从非正式交流渠道中定向遴选抓取。继而以元数据为中心进行统一组织，除了涵盖以往的书目、摘要、题录等二次文献，以及综述、述评、进展、报告等三次文献外，还包括主题、学科、领域、参数、指标等知识单元元数据，以及科研实体、用户属性、使用行为和兴趣需求等用户特征元数据；并从学科、主题和领域、行业等方面去识别、揭示和标引元数据及其知识对象，从知识结构的演化、交融、冲突、变异、激活等角度进行语义层面的知识组织，形成文献型、事实型、数值型、术语型和工具型等多类型资源数据库。

在此基础上，围绕科技项目全生命周期的管理流程和组织机制，进行信息服务业务构筑和国家科技管理平台嵌入，一方面提供文献资源发现服务，如信息检索搜寻、全文提供、科技查新、知识产权管理、文本内容检测与语义查重和第三方数据服务等；另一方面提供基于大数据的情报分析服务，如专利分析、趋势预测、主题监测、专家识别、学科分析和综述进展等。

3.2　基于科技管理平台的科技情报服务模式

国家科技管理平台是围绕科技计划项目的公开申报及对其科研全生命周期进行过程

管理的信息技术应用体系，是对科技计划项目信息流及其产出成果进行集成、组织与发布的科技信息服务平台，其主要功能是对国家科技计划项目及其相关科技信息资源进行收集、存储、加工、传送、转换、发布等，为国家各级科技决策管理部门提供科技统计、趋势预测等支撑，同时为各类科研人员提供信息服务。

为实现基于科技管理平台的科技情报服务，需要强化科研信息链条的融合，将科研项目管理过程和科技信息服务过程相融合，实现科研全生命周期的过程跟踪服务和资料汇集服务，塑造数字科研空间，提供科研创新各环节的知识保存服务和科研数据管理服务。实现科研过程中的信息资源融合，实现公开出版资源和科研灰色资源的整合，完整推进资源发现服务和获取服务；进而在数据融合基础上，支持第三方用户的数据分析，实现知识服务和数据服务；强化各类分析工具和可视化工具的融合与应用，实现分析服务、智慧服务，推进系列情报分析报告的产出。由于科技管理平台与科技情报工作具有统一的服务对象，都是科研人员、科研机构、项目管理者、决策规划者，在整个数字科研环境之中，对不同对象有着不同的服务方式，在不同环节有不同服务内容，如图2所示。

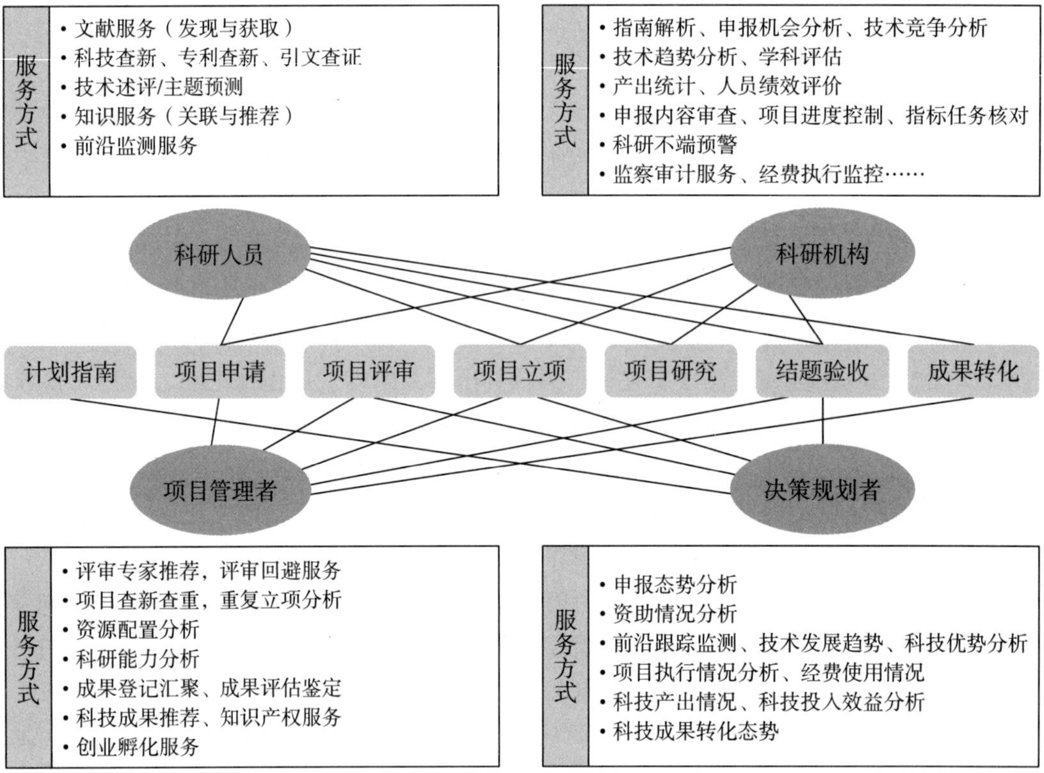

图2　基于科技管理平台的科技情报服务模式

3.3 基于国家科技管理平台的科技情报事业推进策略

基于科技管理平台的科技情报事业发展，需要以科技创新效率提升为目标，以基于生命周期的科技项目全程化监控为主线，围绕指南发布、项目申请与评审、项目执行、效果评估等关键环节进行信息流程再造。首先，需要构建国家科技管理平台，服务于科技项目过程监控和科技规划，方便科研人员的项目申报、科研阶段的材料上传和验收评审等。其次，需要构建国家科技文献服务中心，对科技管理平台产生的和社会上公开的科技信息等进行统一的收集整理，针对指南、项目、课题、专家、人才、成果、档案、经费、仪器等，构建统一的科研实体数据库体系，为各级服务主体提供项目查询、信息交互、文献保障等公益服务。第三，需要构建国家科技情报研究系统，在利用各类型数据库基础上，进行统一的大数据挖掘和情报分析，提供项目内容查重、科技查新、区域优势分析、团队识别、主题演化、研究综述、方案论证、信用评估等增值服务。国家科技管理平台与国家科技文献服务中心、国家科技情报研究系统三者联合起来，形成统一服务于科研创新的知识服务总体框架。针对科技规划决策、创新研发过程和成果转化环节，为科研项目的全程化管理提供信息服务支持，形成拥有统一的用户环境、面对统一用户群体的既分工又融合的大系统。基于国家科技管理平台的科技情报事业从5个方面推进，如图3所示。

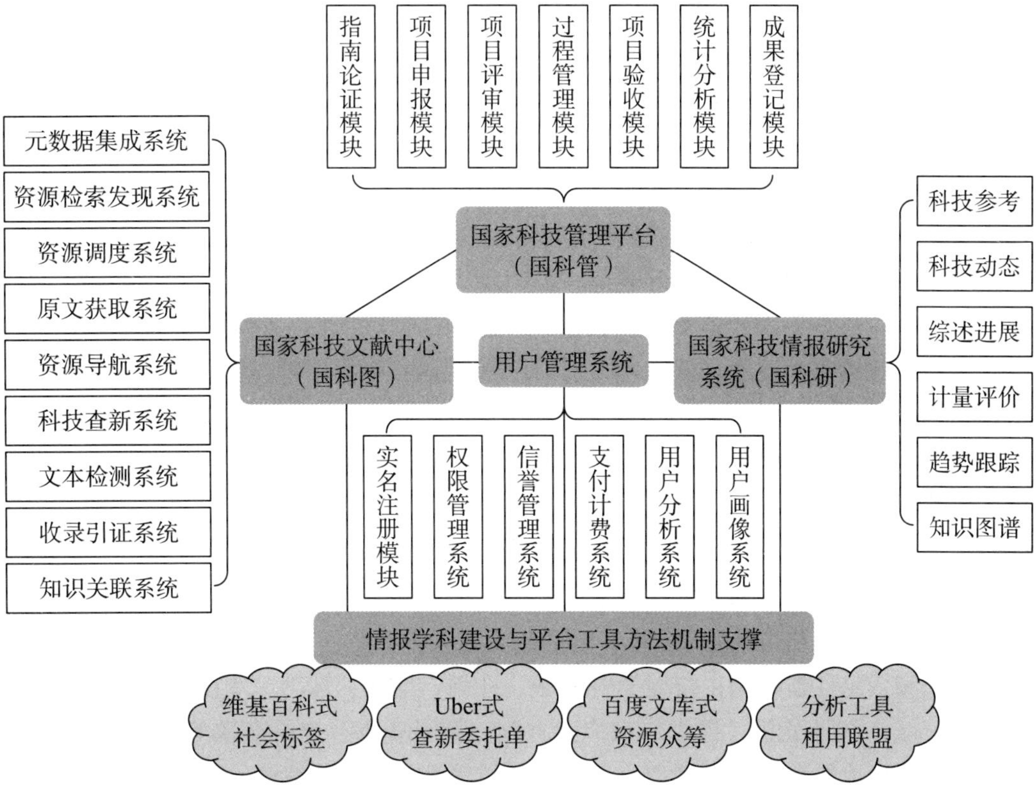

图3　基于国家科技管理平台的科技情报事业推进策略

3.3.1 发展科技管理信息系统工程

国家科技管理平台分为3个层次，即国家与地方的科技计划管理信息系统，以及科研院所、高等院校和企业研发机构等基层单位的科研管理系统。科技项目或课题组既要向各自单位科研管理系统填报相应项目课题档案信息，又要按照项目课题管理要求向相应的项目课题管理系统提交相关项目课题档案。目前，我国科技管理平台建设相对滞后，尤其是科技管理平台的组织结构不成体系，科技计划管理信息化运行不规范，科技资源数据体系的关联网络尚未形成，以科研院所、高校、企业、科研人员为主体的服务模式缺失，极大地制约了我国科技计划管理与服务功效。因此，需要设计国家科技管理平台整体架构，围绕科研人员、科研项目、科研过程、科研环境、科研产出等关键创新要素，并利用科技情报工作方法流程，推进国家科技管理与信息服务一体化建设。

国家科技管理平台是科研创新过程的监控治理系统，需要将其中的申报验收系统与科技报告系统、科技档案系统、科技成果登记系统和专家评审系统结合起来进行，在科技计划项目从指南发布、申报立项到验收结题的流程管理中，同步进行科技计划项目档案的收集管理和验收，同步采集科技报告和科技成果，同步实现专家评审和专家库更新，结合科技计划本身特征和管理目标，面向科研人员与科研单位提供项目信息申报、材料提交、科研进展提醒等服务，面向社会公众提供计划公开、项目公示、服务引导、信息查询等服务，形成各种信息资源的一站式采集、整理、验收、审核和信息统计、文本查重、趋势图谱、知识推荐等服务。

3.3.2 夯实科技文献信息基础工程

科技情报工作融入国家各级科技管理平台需要基于科研全生命周期的信息链管理，实现基于统一标准的各类数据库建设。针对国家科技管理平台中的各类信息流和知识对象，需要按照统一的标准规范，分门别类地构建既满足于科技管理评估，又适宜于科技创新信息需求的各类专业数据库，例如，针对项目、课题、子课题、研发任务等构建科技项目（课题）数据库，针对科技计划、科技项目、科技领域、科技活动等构建科技档案数据库，针对包括高等院校、科研院所、重点实验室、企业研发机构、工程中心、医院等各类科技计划项目承担主体构建科研机构数据库，针对研发阶段、技术领域、技术方向、产业类别等构建科技人才（专家）库，针对科技项目产出的各类成果和科学数据分别构建相对应的科技文献库或科技报告库、科技成果库等，并对项目、课题、机构和专家、成果、文献、报告等按照不同行业领域和学科进行统一分类、主题标引和规范处理等。在此基础上建立各类数据库的更新维护、发布授权、版权登记和信息注册机制，按照学科领域、计划、地区、部门、承担机构、项目等维度进行导航和统计分析，提供信息检索查询、项目查重、全文获取等公益信息服务，实现这些数据库随科技项目管理流程，与科技管理平台同步管理、同时更新和同步索引、同步服务。

3.3.3 强化计算型情报研究智库工程

针对我国科技规划、科技管理和科技创新、成果转化等各级各类决策需求，需要一方面侧重于学科或地域支撑战略情报研究，进行科技领域的国别分析、地区分析和动态监测、趋势预测，另一方面侧重于领域和产业支撑技术情报研究，进行关键技术的演化分析、专利分析和产业分析。大数据环境下，为提升智库服务的质量，推进数据驱动的科学治理，需要推进计算型情报研究智库工程，在利用各类科技信息数据库的基础上，借助语义分析、内容抽取、数据挖掘、语义标注等技术手段，进行科研人员、机构、主题、参数、指标等的标注、关联与计算，提取出高频或高影响力的科研实体，建立科研主体关系网络和主题关联地图，构建计算型科技情报协同分析系统，发挥科技监测与创新趋势分析、国家科研投入评估和人员绩效考核系统的功能[17]。与此同时，还需要基于国家或地方战略需求建立科技计划、科研项目、科研团队的计算型科研评估评价体系，基于分领域的科研能力、科研成果、科技产业评估评价模型，利用文献计量和知识组织方法进行科研项目、科研机构、科技人才的科技实力分析评估，不断提升科学计量、科技进展、科技预测和科学评价的水平和能力。

3.3.4 推进情报方法工具的集成应用工程

科技情报工作融入社会创新环境，嵌入科研管理过程，服务于科技战略规划、计划项目管理和创新研究，首先，需要强化情报学理论与方法创新，构建基于大数据的工程化知识组织理论体系和基于人工智能的情报研究方法论，引领情报学科建设与发展；其次，需要强化核心技术的研发和把控，提升情报系统和信息集成平台的设计与支撑，深化蕴涵特色情报方法的工具开发与集成应用，提升自身在内容和智库行业的竞争力；第三，需要构建互联网环境下基于众包模式的信息开放服务机制[18]。借鉴共享经济的理念，推进科技情报资源建设、信息组织、专题服务和情报研究的社会化共建共享[19]。例如，百度学术本身并不占有学术资源，通过信息集成技术实现规模化信息搜索服务；“滴滴出行”本身不拥有小汽车，通过约车平台，发动车主参与租车服务。同理可以构建科技查新委托平台，实现科技查新的联合服务；构建维基百科式的社会标签平台，实现文献标引的专业人士参与；构建分析工具的租用联盟，实现情报研究的协同分析。

3.3.5 建立统一实名注册的用户服务工程

针对科技管理平台、科技文献服务中心和科技情报研究系统所面向的统一的科技人员队伍，应在整个流程管理与服务中，实现统一的用户实名注册、权限分配与信誉等级管理，强化用户信息权益保障和数据资源的公共认证机制。注册用户不仅包括各类自然人用户等，还包括各类项目管理、咨询、承担的机构。通过统一的实名认证程序，将用户分成不同类型、领域、地域、层级，并赋予不同权限。同时，为保障数据安全，需要对数据进行密级划分并采取差异化保障措施，对于涉密信息均按照国家规定进行安全管理；对于涉及知识产权的信息，要严格按照相关著作权法规范控制使用；对于其他不会危及国家安全和影响政府政务的数据和信息则都应按照“完全开放”的原则进行管理。

进而在遵循项目实施单位和科技人员知识产权利益的框架下，提供不同服务方式和数据内容，为各级各类服务主体在系统界面设置相应的接口或入口，提供良好的人机交互界面及亲和服务体验。

国家科技管理平台既是科研项目及其产出的管理平台，又是各类科研要素和绩效的管理系统；既是一个全过程覆盖的科研项目管理、监控和统计分析业务平台，还是一个服务于科学研究、科研管理和成果共享与应用的信息平台。在云计算和大数据环境下，通过嵌入国家科技管理平台，将使我国科技情报工作在借鉴苏联模式基础上，进一步融合美国的科技报告服务模式，实现科技情报工作与科技创新体系、政府科技项目管理的融合，嵌入科研机构和科技人员的创新环境，进而有利于科技情报业务重新组建覆盖各科研管理层级的科技情报网（站）体系，重新塑造具有主体业务范畴的主流用户群体，集成融合公开和灰色文献构建更具价值的科技信息资源体系，再造基于数字科研环境的信息资源组织流程和情报分析协同平台，推进科技信息资源开放共享，深化科技情报服务层次，开创科技情报服务新模式，创新科技项目的过程管理与评价考核机制，进而提升科技创新的效率和效益。

参考文献：

[1]中国科学技术信息研究所. 中国科技信息事业55年（综合卷）[M]. 北京：科学技术文献出版社，2011.

[2]陈则谦，白献阳. 我国科技信息事业发展的轨迹：从信息服务走向知识服务[J]. 现代情报，2007（12）：11-15.

[3]汪传雷，刘新妍，汪涛. 科技信息资源开发利用法规政策演进研究[J]. 情报理论与实践，2012（1）：123-128.

[4]曾建勋. 花甲之年的惆怅：科技情报事业60年历程反思[J]. 情报理论与实践，2017（11）：1-4.

[5]武衡. 当代中国的科学技术事业[M]. 北京：当代中国出版社，1991：266-269.

[6]王洪林，赵冰峰. "科技情报"改名"科技信息"后的反思[J]. 情报杂志，2014（6）：1-3.

[7]殷红，刘炜. 新一代图书馆服务系统：功能评价与愿景展望[J]. 中国图书馆学报，2013（5）：26-33.

[8]望俊成，张玄玄，范畅，等. 用户崛起与科技情报工作的创新[J]. 图书情报知识，2017（6）：73-78.

[9]包昌火. 情报研究方法论[M]. 北京：科学技术文献出版社，1990.

[10]张家年，马费成. 立足情报服务，借力工程思维：大数据时代情报工程学的理论构建[J]. 情报学报，2016（1）：4-11.

[11]李广建，江信昱. 情报分析计算化：背景、作用及关键问题[J]. 图书情报工作，2017（16）：24-30.

[12]曾建勋，魏来. 大数据时代的情报学变革[J]. 情报学报，2015（1）：37-44.

[13]曾建勋，曹继东，苏静. 国家科技管理信息系统构建及其对科技情报工作的影响[J]. 情报学报，2016（9）：900-910.

[14]戴国强. 国家科技管理信息系统建设专题序言[J]. 情报学报，2016（9）：899-899.

[15]赵捷. 面向发现服务的图书馆元数据集成管理系统构建研究[J]. 数字图书馆论坛，2018（7）：11-21.

[16]胡少华. 面向国家科技计划管理的知识平台应用研究[J]. 软科学，2012（6）：65-69.

[17]李广建，江信昱. 论计算型情报分析[J]. 中国图书馆学报，2018（2）：4-16.
[18]张卫东，韩效东. 图博档数字资源的众包模式研究[J]. 情报理论与实践，2016（10）：74-79.
[19]赵宇翔. 科研众包视角下公众科学项目刍议：概念解析、模式探索及学科机遇[J]. 中国图书馆学报，2017（5）：42-56.

（本文原发表于《情报学报》2019年第3期）